西南交通大学年鉴

（2017）

《西南交通大学年鉴》编辑委员会　编

西南交通大学出版社
·成都·

图书在版编目（CIP）数据

西南交通大学年鉴：2017 /《西南交通大学年鉴》编辑委员会编. —成都：西南交通大学出版社，2018.12
ISBN 978-7-5643-6625-4

Ⅰ. ①西… Ⅱ. ①西… Ⅲ. ①西南交通大学 - 2017 - 年鉴 Ⅳ. ①G649.287.11-54

中国版本图书馆 CIP 数据核字（2018）第 268077 号

西南交通大学年鉴
（2017）

《西南交通大学年鉴》编辑委员会　编

责任编辑　万　方　刘　立　金雪岩　张　波　罗小红
封面设计　曹天擎

出版发行　西南交通大学出版社
（四川省成都市二环路北一段 111 号
西南交通大学创新大厦 21 楼）
邮政编码　610031
发行部电话　028-87600564　028-87600533
官网　http：//www.xnjdcbs.com
印刷　成都勤德印务有限公司

成品尺寸　210 mm × 285 mm
印张　34.75
字数　1001 千
版次　2018 年 12 月第 1 版
印次　2018 年 12 月第 1 次
定价　198.00 元
书号　ISBN 978-7-5643-6625-4

《西南交通大学年鉴》编辑委员会

目　录

一、西南交通大学概况……1

二、学校领导……3

（一）学校领导……3

（二）校长助理……3

三、机构与队伍……4

（一）党群机构设置……4

（二）党的基层组织设置……5

（三）行政机构设置……7

（四）教学科研机构设置……8

（五）直属业务机构设置……9

（六）常设委员会及各工作领导小组……10

（七）2017年成立、调整、撤销委员会及各工作领导小组……28

（八）2017年成立或调整的机构……29

（九）西南交通大学中层领导干部名单……30

（十）教师在国务院、教育部各学术委员会任职情况……41

（十一）教师在各民主党派、社会团体任职情况……41

（十二）教师担任各级人大代表、政协委员、政府参事等情况……43

四、特载与专文……46

五、党建及思想政治工作……127

（一）组织干部工作……127

（二）宣传思想工作……129

（三）纪检监察工作……131

（四）统战工作……133

（五）教师思想政治工作……134

（六）学生党建及思想政治工作……139

（七）离退休工作……141

（八）武装保卫工作……143

（九）工会与教代会工作……144

（十）共青团工作……146

（十一）机关党委与机关工会工作 ······ 148

六、发展规划与学科建设 ······ 150

（一）发展规划 ······ 150
1. 内控指标 ······ 150
2. 办学规模 ······ 150
3. 师资队伍建设 ······ 150
4. 学科建设 ······ 150
5. 人才培养 ······ 150
6. 科技创新 ······ 151
7. 实验室体系 ······ 151
8. 教育国际化 ······ 151
（二）学科建设 ······ 151
1. 学科概况 ······ 151
2. “双一流”建设 ······ 151
3. 国家重点学科 ······ 152
4. 国家重点（培育）学科 ······ 152
5. 四川省重点学科 ······ 152

七、人才培养 ······ 153

（一）办学层次 ······ 153
1. 博士学位授权一级学科 ······ 153
2. 博士学位授权二级学科 ······ 153
3. 硕士学位授权一级学科 ······ 153
4. 硕士学位授权二级学科 ······ 153
5. 专业学位授权点 ······ 153
6. 本科专业设置（按学科门类排序） ······ 155
7. 成人教育专业 ······ 157
8. 网络教育专业 ······ 158
9. 西南交通大学2018年拟上岗招收博士研究生指导教师汇总表 ······ 160
（二）办学规模 ······ 191
1. 2017年本科新生分省录取统计表 ······ 191
2. 2017年各专业硕士研究生招生统计表 ······ 192
3. 2017年各专业博士研究生招生统计表 ······ 196
4. 2017年各教学单位全日制本科生入学、毕业、在校人数 ······ 198
5. 2017年各专业硕士研究生毕业、在校人数 ······ 199
6. 2017年各专业博士研究生毕业、在校人数 ······ 209

7. 成人高等学历教育办学规模……213
8. 网络教育办学规模……213
（三）教育质量及水平……213
1. 教学改革与建设……213
2. 教学成果奖……215
3. 2017 年毕业生就业情况……218

八、科学研究……219

（一）科技工作……219
1. 科研经费……219
2. 科研项目……219
3. 科研基地……221
4. 科研队伍……222
5. 科研成果……222
6. 科研奖励……222
7. 科研合作与成果转化……225
8. 军工科研……225
9. 国际化科研……225
10. 科研体制机制改革……225
11. 期刊社 2017 年主要工作简述……225
（二）科技产业……228

九、师资工作……230

（一）教职工队伍结构……230
1. 教职工人员结构……230
2. 专业技术人员学历年龄结构……230
（二）专任教师增减变动情况……231
（三）中科院院士、工程院院士（含双聘）……231
（四）讲座教授、特聘教授名单……232
1. 教育部长江学者……232
2. 西南交通大学首席教授（9 人）……233
3. 西南交通大学特聘教授（22 人）……233
（五）各类人才工程入选名单……234
1. IEEE FELLOW（5 人）……234
2. 国家杰出青年科学基金获得者（22 人）……234
3. 国家高层次人才特殊支持计划……234
4. 科技部中青年科技创新领军人才（6 人）……234

5. 国家级教学名师（6人）……234
6. 国家优秀青年科学基金获得者（3人）……234
7. “百千万人才工程”国家级人选（10人）……234
8. 国家有突出贡献的中青年专家（8人）……235
9. 教育部新世纪优秀人才（63人）……235
10. 教育部跨世纪优秀人才（4人）……235
11. 四川省人才项目……235
（六）2017年新增具备高级专业技术职务任职资格人员名单……240
（七）2017年度博士后科研流动站一览表……239
（八）2017年博士后出站人员名单……242
（九）2017年在聘名誉教授名单……242
（十）2017年在聘顾问教授名单……242
（十一）2017年在聘兼职教授名单……242

十、学院工作……243

（一）土木工程学院……243
（二）机械工程学院……245
（三）电气工程学院……247
（四）信息科学与技术学院……254
（五）经济管理学院……256
（六）外国语学院……259
（七）交通运输与物流学院……261
（八）材料科学与工程学院……265
（九）地球科学与环境工程学院……268
（十）建筑与设计学院……270
（十一）物理科学与技术学院……272
（十二）人文学院……276
（十三）公共管理与政法学院……279
（十四）生命科学与工程学院……281
（十五）力学与工程学院……293
（十六）数学学院……295
（十七）马克思主义学院……297
（十八）心理研究与咨询中心……298
（十九）工程训练中心……302
（二十）体育工作部……304
（二十一）茅以升学院（唐臣书院）……306
（二十二）医学院（临床医学院、基础医学院）……308

（二十三）利兹学院 ······310
（二十四）国际创新创业学院······312
（二十五）竺可桢书院······313
（二十六）牵引动力国家重点实验室 ······314

十一、对外合作与交流······316

（一）国际合作与交流······316
1. 境外培训 ······316
2. 在校生出国留学 ······316
3. 协议签署······316
4. 聘请外国专家······316
5. 中外合作办学 ······316
6. 因公出国（境） ······317
7. 国际会议······317
8. 来华留学生 ······317
（二）国内合作与交流（含各研究院、董事会工作情况） ······317
（三）服务社会 ······317
1. 与各界合作协议一览表 ······317
2. 对口支援工作 ······317
3. 精准扶贫工作 ······318

十二、校友联络······319

（一）校友会工作 ······319
（二）基金会工作 ······319

十三、财务收支情况 ······320

（一）2016—2017 年决算收入情况 ······320
（二）2016—2017 年决算支出情况 ······320
1. 2017 年支出决算情况说明······320
2. 支出情况说明 ······320
3. 财政拨款支出情况说明 ······320

十四、审计工作······321

（一）概　况 ······321
（二）审计制度建设 ······321
（三）经济责任审计 ······321
（四）专项审计 ······322
（五）工程建设审计 ······322
（六）审计管理 ······322

（七）审计队伍建设……323

十五、采购与招标工作……324

（一）概　况……324
（二）主要工作……324
1. 突出重点，争创一流……324
2. 优质采购，助推一流……325
3. 提升内功，对标一流……325
（三）2017年集中采购项目一览表……325

十六、办学条件……339

（一）校舍构成情况……339
（二）实验室分布一览……339
（三）教学科研仪器设备分配表……344
（四）多媒体课室情况……345
（五）图书馆年度经费使用情况……345
（六）图书馆馆藏文献一览表……346
（七）图书馆服务状况统计表……347
（八）校档案馆馆藏档案（资料）及利用情况……348
（九）校史馆服务状况……348
1. 场馆建设……348
2. 开放接待……348
3. 专题展览……349
4. 学术交流……349
5. 宣传教育……349
（十）网络运行情况……349
（十一）新增大型仪器设备……349

十七、后勤与基建工作……356

（一）概　况……356
（二）党建工作……356
（三）工会、退休工作……357
（四）计生工作……358
（五）人事管理……358
（六）基建工作……359
（七）饮食服务中心……360
（八）物业服务中心……361
（九）医幼及场馆服务中心……361
（十）维修、水电及运输服务中心……362

十八、资产管理……363
（一）概　况……363
（二）实验教学……364
（三）房屋资源……365
（四）设备家具……365
（五）资产综合运行监管……366
（六）公共资源……366
（七）实验室建设……366
（八）分析测试中心……368

十九、附属学校……369
（一）附属中学……369
（二）子弟小学……370

二十、附　录……371
（一）西南交通大学 2017 年大事记……371
（二）表彰与奖励……384
（三）2017 年接受捐赠情况……500
（四）2017 年学校事业发展统计数据（截至 2017.09）……500
（五）2017 年西南交通大学各地校友会统计……502
（六）西南交通大学社团一览表……503
（七）2017 年西南交通大学出版社出书目录……507
（八）2017 年度重要文件索引……531
（九）2017 年度新闻媒体报道西南交通大学的主要消息索引……533
（十）2017 年西南交通大学董事单位名单……539
（十一）2017 年与学校签订合作协议的单位……542

一、西南交通大学概况

西南交通大学是教育部直属全国重点大学，国家首批“双一流”“211 工程”“特色 985 工程”“2011 计划”重点建设并设有研究生院的研究型大学，主体坐落于中国历史文化名城、国家中心城市——成都。

学校创建于 1896 年，前身为山海关北洋铁路官学堂（Imperial Chinese Railway College)，是中国第一所工程高等学府，中国土木工程、交通工程、矿冶工程高等教育的发祥地，“交通大学”最早两大源头之一，以“唐山交大”“唐院”之名享誉中外，素有“东方康奈尔”之美誉，毛泽东同志为学校题写了校名。建校以来，学校先后定名交通大学唐山工（程）学院、国立交通大学贵州分校、中国交通大学、北方交通大学、唐山铁道学院等。1952 年，全国高等学校院系调整，学校部分系科师资调入清华大学、天津大学等兄弟院校；1964 年，根据中央建设“大三线”精神内迁四川；1972 年，更名西南交通大学；1989 年，迁成都。现有成都九里、犀浦和峨眉三个校区，占地 5 000 余亩，犀浦校区为主校区。

在 122 年的办学历程中，学校始终坚守大学使命，服务国家社会，逐渐形成了“竢实扬华、自强不息”的交大精神，“严谨治学、严格要求”的“双严”传统和“精勤求学、敦笃励志、果毅力行、忠恕任事”的校训，培养和造就了以茅以升、竺可桢、林同炎、黄万里等为代表的 30 余万栋梁英才，师生中产生了 3 位“两弹一星”元勋、60 位海内外院士和 24 位国家工程勘察设计大师；改革开放以来，我国轨道交通领域产生的院士几乎全部出自我校。邓小平同志给予学校高度评价：“这所学校出了不少人才”。

学校以工见长，形成了工、理、文、生四大学科群，设有：26 个学院，1 个中外合作办学学院，1 家附属医院（成都市第三人民医院），2 个异地研究生院（青岛研究生院、唐山研究生院）；拥有机械工程、交通运输工程 2 个一级学科国家重点学科，车辆工程、桥梁与隧道工程等 10 个二级学科国家重点学科，19 个一级学科博士学位授权点，39 个一级学科硕士学位授权点，11 个博士后科研流动站。交通运输工程学科位居全国第一（A+）并进入国家“双一流”建设序列，土木工程学科位居全国第七（A－），材料科学、工程学、计算机科学进入 ESI 世界排名前 1%。

学校建有轨道交通国家实验室（筹）、牵引动力国家重点实验室等 13 个国家级科技创新平台和 36 个省部级科研基地，构建起了世界轨道交通领域最完备的学科体系、人才体系和科研体系，围绕高速铁路、磁浮交通，新型城轨、真空管道超高速（1 000+）、超级高铁等领域大力开展基础研究与原始创新，构建了以世界公认的“沈氏理论”和“翟孙模型”为标志的铁路大系统动力学基础研究体系，科技成果三次入选“中国高校十大科技进展”。在轨道交通领域获得的国家科技奖励总数位居全国高校、科研院所和行业企业第一，为中国轨道交通事业发展做出了不可磨灭的贡献。此外，学校还在国防科技、智能制造、生物医药、大数据以及物理科学、人文社科等领域取得了许多重要成果。

学校构建起“价值塑造、人格养成、能力培养、知识探究”四维一体拔尖创新人才培养体系，全面实施本科生大类培养，建有茅以升学院（唐臣书院）、詹天佑学院、竺可桢书院等，培养拔尖创新人才。

学校坚持国际化办学，同美国伊利诺伊大学香槟分校、意大利米兰理工大学、俄罗斯交通大学等 59 个国家和地区的 203 所高校及科研机构建立了合作关系，与英国利兹大学合作成立“西南交大-利兹学院”，“2 + 2”“本硕 4 + 1”“中法 4 + 4”等留学、游学、访学项目涵盖全部年级；作为中国政府指定高校，与印度铁道部合作援建印度铁道大学；有 3 个国家外专创新引智基地，办有 3 个国际学术期刊。

学校坚持政产学研协同创新，与中国中铁、中国铁建、中国中车、中国中交等深入合作；与成都市共建世界一流大学，打造“环交大智慧城”，助力成都建设世界轨道交通之都。学校积极服务国家战略，对口支援建设西藏大学、新疆农业大学，精准扶贫马尔康市、阿坝县、峨边县；设有上海研究院、深圳研究院、青岛研究院、天府研究院等 7 个产业研究院和国家级大学科技园、国家级科技企业孵化器、国家技术转移中心，建立了“科技—孵化—产业”互助成果转化模式，在全国率先探索开展职务科技成果混合所有制改革，被誉为科技领域的“小岗村实验”。

竢实扬华，交通天下。以习近平新时代中国特色社会主义思想为指引，西南交通大学正全面深化改革，深入推进“双一流”建设，主动对接国家“一带一路”“交通强国”、中国高铁“走出去”等倡议和规划的需求，坚定不移朝着“交通特色鲜明的综合性研究型一流大学”总目标，扎扎实实建设轨道交通领域世界第一的西南交通大学，为谱写中华民族伟大复兴中国梦的西南交通大学篇章而努力奋斗。

二、学校领导

（一）学校领导

党委常委： 王顺洪　徐　飞　陈志坚（-2017.04）　晏启鹏　桂富强
朱健梅　蒲　云　张文桂　冯晓云　张　兵　沈火明

党委书记： 王顺洪

校　　长： 徐　飞

党委副书记： 徐　飞　陈志坚（-2017.04）　晏启鹏　桂富强

副 校 长： 朱健梅　蒲　云　张文桂　冯晓云

总会计师： 张　兵

（二）校长助理

校长助理： 周仲荣　何　川　王晓茹

三、机构与队伍

（一）党群机构设置

党政办公室

纪律检查委员会办公室

党委组织部（党校）

党委宣传部（新闻中心）

党委统战部（社会主义学院）

党委教师工作部

党委学生工作部

党委老干部部

党委人民武装部、党委保卫部

工会

团委

（二）党的基层组织设置

- 机关党委
- 峨眉校区党委
- 土木工程学院党委
- 机械工程学院党委
- 电气工程学院党委
- 信息科学与技术学院党委
- 交通运输与物流学院党委
- 经济管理学院党委
- 马克思主义学院党委
- 人文学院党委
- 材料科学与工程学院党委
- 物理科学与技术学院党委
- 外国语学院党委
- 建筑与设计学院党委
- 生命科学与工程学院党委
- 力学与工程学院党委
- 数学学院党委
- 地球科学与环境工程学院党委
- 公共管理与政法学院党委

后勤与基建管理处党委

产业（集团）公司党委

离退休工作处党委

牵引动力国家重点实验室党委

竺可桢书院党总支

远程与继续教育学院党总支

附属中学党总支

茅以升学院党总支

图书馆党总支

子弟小学直属党支部

工程训练中心直属党支部

医学院直属党支部

利兹学院直属党支部

心理研究与咨询中心直属党支部

体育工作部直属党支部

国际教育学院直属党支部

（三）行政机构设置

- 战略发展处（高等教育研究所）
- 学生工作处
- 教务处
- 研究生院
- 教师发展中心
- 对外合作与联络处
- 科学技术发展研究院
- 文科建设处
- 人事处（人才工作办公室）
- 计划财务处
- 招生就业处
- 国际合作与交流处（港澳台事务办公室）
- 资产与实验室管理处（分析测试中心）
- 审计处
- 监察处
- 保卫处
- 离退休工作处
- 后勤与基建管理处
- 采购与招标管理办公室
- 产业处（国家大学科技园管理办公室）
- 信息化与网络管理处

（四）教学科研机构设置

- 土木工程学院
  - 道路与铁道工程系
  - 桥梁工程系
  - 地下工程系
  - 岩土工程系
  - 建筑工程系
- 机械工程学院
  - 机电测控系
  - 制造工程系
  - 热能与动力工程系
  - 机车车辆系
  - 建筑环境与设备工程系
  - 工程机械系
  - 交通设备与控制工程系
  - 摩擦学研究所
- 电气工程学院
  - 电力工程系
  - 电力电子与电力传动系
  - 电工电子系
  - 电子信息工程系
  - 城轨电气系（峨眉）
- 信息科学与技术学院
  - 计算机科学与技术系
  - 软件工程系
  - 通信工程系
  - 自动化系
  - 电子工程系
  - 铁道信息工程系
- 经济管理学院
  - 会计学系
  - 工程管理系
  - 金融与财务学系
  - 产业与区域经济学系
  - 管理信息系统与电子商务系
  - 市场学系
  - 组织与战略管理系
  - 运营管理系
  - 理论经济学系
  - 财会系
- 外国语学院
  - 英语系
  - 日语系
  - 德语系
  - 法俄系
  - 国际汉语系
  - 翻译系
  - 工程英语系
  - 商务英语系
- 交通运输与物流学院
  - 交通运输系
  - 交通工程系
  - 安全工程系
  - 物流工程系
  - 物流管理系
- 材料科学与工程学院
  - 生物医学工程系
  - 金属材料工程系
  - 材料加工系
  - 高分子材料系
- 地球科学与环境工程学院
  - 地质工程系
  - 测绘遥感信息系
  - 环境科学与工程系
  - 消防工程系
- 建筑与设计学院
  - 建筑系
  - 城乡规划系
  - 风景园林系
  - 艺术设计系
  - 工业设计系
  - 美术学系
- 物理科学与技术学院
  - 电子信息科学与技术系
  - 应用物理系
  - 物理系
- 人文学院
  - 中文系
  - 传播学系
  - 音乐系
  - 哲学与历史研究所
- 公共管理与政法学院
  - 公共管理系
  - 政治学系
  - 法学系
- 生命科学与工程学院
  - 化学化工系
  - 生物工程系
  - 药学系
- 力学与工程学院
  - 工程力学系
  - 飞行器设计与工程系
- 数学学院
  - 数学系
  - 信息与计算科学系
  - 统计系
- 马克思主义学院
  - 思想政治教育系
- 心理研究与咨询中心
  - 心理教育系
- 峨眉校区
  - 土木工程系
  - 机械工程系
  - 电气工程系
  - 交通运输系
  - 计算机与通信工程系
  - 人文与社会科学系
  - 财会系
  - 外国语系
  - 基础课部
  - 体育工作部
- 工程训练中心
- 体育工作部
- 茅以升学院
- 医学院
- 利兹学院
- 国际创新创业学院
- 竺可桢书院
- 轨道交通国家实验室（筹）
- 牵引动力国家重点实验室
- 轨道交通电气化与自动化工程技术研究中心
- 超导与新能源研究开发中心
- 智能控制与仿真工程研究中心
- 信息化研究院
- 陆地交通地质灾害防治技术工程国家实验室
- 网络空间安全研究院
- 国际老龄科学研究院
- 唐山研究生院
- 深圳研究生院
- 青岛研究生院
- 智能检测研究院

（五）直属业务机构设置

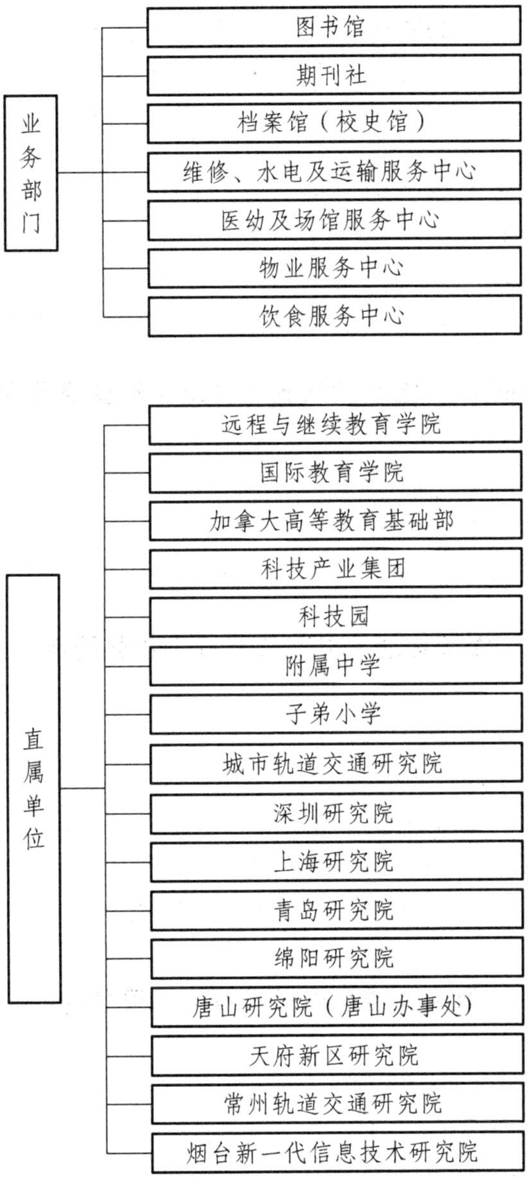
业务部门
图书馆
期刊社
档案馆（校史馆）
维修、水电及运输服务中心
医幼及场馆服务中心
物业服务中心
饮食服务中心
直属单位
远程与继续教育学院
国际教育学院
加拿大高等教育基础部
科技产业集团
科技园
附属中学
子弟小学
城市轨道交通研究院
深圳研究院
上海研究院
青岛研究院
绵阳研究院
唐山研究院（唐山办事处）
天府新区研究院
常州轨道交通研究院
烟台新一代信息技术研究院

（六）常设委员会及各工作领导小组

中国共产党西南交通大学委员会

书　记： 王顺洪

副书记： 徐　飞　陈志坚（-2017.04）　晏启鹏　桂富强

常　委： 王顺洪　徐　飞　陈志坚（-2017.04）　晏启鹏　桂富强　朱健梅（女）
蒲　云　张文桂　冯晓云（女）　张　兵　沈火明

委　员：（按姓氏拼音首字母为序）
陈维荣　陈志坚（-2017.04）　冯晓云（女）　桂富强　郭　俊
甘　灵　郝建平　何　川　刘国祥　罗乾超　蒲　云　任平弟
沈火明　谭建鑫　王顺洪　徐　飞　向仲敏　阎开印　晏启鹏
张　兵　朱健梅（女）　朱旻昊　张文桂　翟婉明　赵彦灵

中国共产党西南交通大学纪律检查委员会

书　记： 陈志坚（-2017.04）

副书记： 葛永明　靳能法（-2017.09）

委　员：（按姓氏拼音首字母为序）
陈志坚（-2017.04）　冯军焕　葛永明　靳能法　吴晓雄　杨　宁　郑　江

西南交通大学第二十届工会委员会

主　席： 阎开印

副主席： 盛　鹏　陈　光（兼）　马德芹（兼）

委　员：（按姓氏拼音首字母为序）
陈　光　陈尚云　陈兴莲　戴　齐　甘　灵　高　凡　高　庆　关秦川
郭　俊　郝建平　贺　平　李　箐　李　涛　李彤梅　刘　菲　刘占祥
马德芹　盛　鹏　苏小桦　王建琼　阎开印

西南交通大学第八届学术委员会

主　任： 翟婉明

副主任： 范平志　钱清泉

委　员： 徐　飞　何　川　何云庵　朱旻昊　张卫华　孙林夫　高仕斌　彭其渊
黄登仕　沈中伟　高　凡　陈　光　董大伟　赵　勇　倪少权　阎开印
周先礼　贾焕玉　杨　晗　王　平　李永乐　段从学　张秀峰　翁　杰
钱林茂　潘　炜　朱　庆　胡卸文　李成坚　康国政

秘　书： 庞烈鑫

西南交通大学第十二届学位评定委员会

主　席： 徐　飞

副主席： 钱清泉　翟婉明　冯晓云

委　员： 孙林夫　何　川　周仲荣　周先礼　郝　莉　蒲黔辉　陈维荣　潘　炜
黄登仕　刘晓波　奥德加（A.Jacob Odgaard）　朱旻昊　闫智勇　刘庆想
康国政　李成坚　刘国祥　石　磊　黄清吉　杨　晗　林伯海

土木工程学位评定分委员会

主　席： 蒲黔辉
副主席： 富海鹰
委　员： 刘学毅　王明年　王　平　马建林　叶跃忠
李　乔　李永乐　何　川　赵人达　赵世春
易思蓉　杨顺生　姚令侃
秘　书： 王　骑

机械工程学位评定分委员会

主　席： 翟婉明
副主席： 袁艳平
委　员： 刘启跃　钱林茂　董大伟　高宏力　程文明
丁国富　李　芾　雷　波　陈春俊　曾　京
罗世辉　温泽峰　杨　冰
秘　书： 崔顺吉

电气工程学位评定分委员会

主　席： 陈维荣
副主席： 马　磊
委　员： 王晓茹　冯晓云　刘志刚　许建平　李春茂
吴广宁　吴积钦　何正友　张昆仑　周利军
赵　舵　高仕斌　蒋启龙
秘　书： 肖　嵩

信息科学与技术学位评定分委员会

主　席： 潘　炜
副主席： 戴　齐
委　员： 陈向东　范平志　方旭明　冯军焕　郭　进
李天瑞　彭　强　孙林夫　唐小虎　王小敏
闫连山　杨　燕　张家树
秘　书： 邸志雄

经济管理学位评定分委员会

主　席： 黄登仕
副主席： 朱宏泉
委　员： 李　军　史本山　郭　强　耿黎辉　周嘉南
李海波　聂佳佳
秘　书： 谢　静

交通运输与物流学位评定分委员会

主　席：刘晓波
副主席：江欣国
委　员：张　锦　帅　斌　彭其渊　马　驷　罗　霞
李宗平　牟瑞芳　倪少权　李延来　徐　菱
冯　春　蒋阳升　吕红霞
秘　书：李　娜

建筑与设计学位评定分委员会

主　　席：奥德加（A.Jacob Odgaard）
执行主席：沈中伟
副 主 席：崔　叙
委　　员：支锦亦　杨青娟　刘春尧　林　青　舒　波
王　侃　陈　颖　赵　炜　唐莉英　陈立民
董石羽　李　江
秘　　书：刘春尧

材料科学与工程学位评定分委员会

主　席：朱旻昊
副主席：王　勇
委　员：吕其兵　周祚万　翁　杰　王　进　冷永祥
李孝红　朱德贵　陈　辉　权高峰　周绍兵
谭　睿
秘　书：李　雪

生命科学与工程学位评定分委员会

主　席：闫智勇
副主席：李遂焰　封　顺
委　员：高　峰　喻　凯　茆灿泉　陆　群　王万军
李卫东　雷　涵　王　枢　王萃娟　蒋合众
秘　书：华晶晶

物理科学与技术学位评定分委员会

主　席：刘庆想
副主席：贾焕玉　李相强
委　员：王红艳　刘运林　刘福生　许宇鸿　李金龙
何　钰　郭春生　廖　成
秘　书：王静雅

力学学位评定分委员会

主　席：康国政
副主席：李映辉　杨翊仁
委　员：李翔宇　谢建华　沈火明　江晓禹　蔡力勋　蒋　晗
秘　书：李翔宇（兼）

外语学位评定分委员会

主　席：李成坚
副主席：俞森林　杨安文
委　员：王鹏飞　吕长竑　莫光华　王俊棋　易　红
徐晓燕　李海振　曾祥敏　宋美华　黎　斌
任显楷　温　杨
秘　书：蒲茂华

地球科学与环境工程学位评定分委员会

主　席：刘国祥
副主席：齐　华　胡卸文
委　员：朱　庆　巫锡勇　黄丁发　黄　涛　张建强
程谦恭　欧阳峰　肖世国　朱　军　袁林果
赵晓彦　赵　锐
秘　书：贾洪果

人文学位评定分委员会

主　席：石　磊
副主席：宁维卫　沈如泉
委　员：徐行言　汪启明　柏　桦　王长才　李　岗
刘广宇　蒋宁平　肖　平　甘　霖　杨树莉
陈　丽　陈　华
秘　书：董首一

公共管理与政法学位评定分委员会

主　席：黄清吉
副主席：李华强　廖楚晖
委　员：陈　光　陈家宏　戴　宾　郭红玲　何德文
雷叙川　刘桂花　苗　苗　王永杰　魏　琼
于凌云　赵　成
秘　书：陈冬菊

数学学位评定分委员会

主　席： 杨　晗

副主席： 刘　品　唐家银

委　员： 徐　扬　秦克云　周正春　赵海良　陈滋利
王　璐　潘小东　范小明

秘　书： 黎定仕

马克思主义学位评定分委员会

主　席： 林伯海

副主席： 谢　瑜

委　员： 刘占祥　田永秀　胡子祥　许义文　田雪梅

秘　书： 傅　芸

西南交通大学关心下一代工作委员会

主　　任： 桂富强

常务副主任： 段雪芬

副　主　任： 李万青　戈满寿

秘　书　长： 戈满寿（兼任）

委　　员：（按姓氏笔画排序）
马　琼　孔祥彬　宁维卫　吕和林　朱剑松　刘咏梅　刘冠军
刘朝晖　苏小桦　杨　元　李志辉　李国芳　李锦红　李　毅
汪　铮　张　华　陈　勇　周　丹　周　志　郑　江　孟　锦
贺　剑　夏伟蓉　高　磊　黄春蓉　曹林元　盛　鹏　章春军
梁锦唐　董艳云　蒋　佳　傅尤刚　谢成枢　鲜于浩　熊　钰

西南交通大学本科教学工作委员会

主任委员： 龚　晖

副主任委员： 郝　莉　董大伟　汪启明

委　　员： 易思蓉　王晓茹　杨　燕　吴　平　李宗平　王建琼　高增安
冯晓云　刘　江　许义文　陈　华　唐跃勤　崔　珩　王　进
范小明　高平平　肖　平　李柏林　钟　冲　李遂焰　黄　涛

西南交通大学博士后管理协调委员会

主　任： 分管人事的校领导

成　员： 有关学科专家、人事处、计划财务处、科学技术发展研究院、
国际合作与交流处、资产与实验室管理处、保卫处等相关职能部门负责人

西南交通大学收费管理委员会

主　　任：分管计划财务的校领导

副 主 任：分管工会、学生工作的校领导

成员单位：计划财务处、纪律检查委员会办公室（监察处）、审计处、校工会、资产与实验室管理处、学生工作部（处）、远程与继续教育学院

秘　　书：计划财务处处长（兼任）

西南交通大学普通高考招生委员会

主　任：校　长

副主任：分管招生就业工作的校领导

成　员：校内各普通本科办学单位行政负责人；纪委副书记；纪律检查委员会办公室（监察处）、党政办公室、党委宣传部、战略发展处、教务处、研究生院、国际合作与交流处、文科建设处、学生工作部（处）、招生就业处、信息化与网络管理处第一负责人或主要负责人；学校教代会代表、校友代表、学生代表各1人

西南交通大学国有资产管理委员会

主　任：分管资产工作的校领导担任

副主任：分管产业工作的校领导担任

成　员：分管科技工作校领导、分管后勤、基建工作校领导、分管教学工作校领导、联系峨眉校区工作校领导、资产与实验室管理处、计划财务处、产业处、科学技术发展研究院、对外合作与联络处、人事处、审计处、党政办公室、党委组织部、图书馆、采购与招标管理办公室、峨眉校区、唐山办事处等二级单位主要负责人

西南交通大学实验室工作指导委员会

主 任 委 员：蒲黔辉

副主任委员：高芳清　高增安

委　　　员：张　兵　李远富　郝　莉　马　磊　李春茂　高宏力　王培俊　李宗平　马　驰　邹喜华　刘国祥　姜向东　卢晓英　李　异　封　顺　宁维卫　袁　俭　杨　平　高平平　董艳云　庞烈鑫　李怀龙

秘　　　书：宋世军

西南交通大学校园规划建设委员会

主　任：校　长

副主任：副校长（分管基建工作的校领导）

成　员：各相关职能部门负责人、峨眉校区分管规划建设校领导、战略发展处、教务处、研究生院、科学技术发展研究院、人事处、计划财务处、资产与实验室管理处、审计处、

后勤与基建管理处、科技产业集团、轨道交通国家实验室（筹）、土木工程学院、建筑与设计学院、信息化与网络管理处

秘　书：校园规划与建设处总工程师

西南交通大学公共管理硕士（MPA）教育指导委员会

主　任：徐　飞

副主任：冯晓云、公共管理与政法学院院长

成　员：研究生院、科学技术研究院、人事处、教务处、资产与实验室管理处、公共管理与政法学院、经济管理学院等

西南交通大学体育运动委员会

主　任：分管体育工作的校领导

副主任：计划财务处处长、体育工作部主任、工会主席、校团委书记、峨眉校区分管体育工作的校领导

委　员：（下列单位的第一负责人）

学生工作部（处）、后勤与基建管理处、校医院、土木工程学院、机械工程学院、电气工程学院、信息科学与技术学院、经济管理学院、外国语学院、交通运输与物流学院、材料科学与工程学院、地球科学与环境工程学院、建筑与设计学院、物理科学与技术学院、人文学院、公共管理与政法学院、生命科学与工程学院、力学与工程学院、数学学院、马克思主义学院、心理研究与咨询中心、茅以升学院、詹天佑学院、医学院、利兹学院、国际创新创业学院、竺可桢书院、附属中学、子弟小学

西南交通大学教职工福利基金管理委员会

主　任：分管工会工作的校领导

副主任：分管财务工作的校领导、校工会负责人、校教职工生活福利工作委员会负责人

委　员：人事处、审计处、计划财务处负责人

西南交通大学人事、劳动争议调解委员会

主　任：校工会主席

副主任：教代会生活福利委员会主任　人事处副处长

委　员：后勤与基建管理处、产业处、党政办公室、校医院相关负责人及教代会民主管理委员会主任、峨眉校区工会主席

西南交通大学文化建设委员会

主　任：党委书记　校长

副主任：分管宣传思想工作、文化建设、学生工作的校领导

委　员：党委宣传部、党委学生工作部、党委教师工作部、校工会、校团委、教务处、研究生院、后勤与基建管理处、文科建设处、档案馆、图书馆等部门机构负责人

西南交通大学专项奖助学金评审委员会

主　任：分管学生工作的校领导

成　员：学生工作部（处）负责人、教务处负责人、研究生院负责人、科学技术发展研究院负责人、文科建设处负责人、校团委负责人、各学院（中心、所）学生工作负责人

教育部高校辅导员培训和研修基地（西南交通大学）管理委员会

主　任：王顺洪

副主任：冯晓云　桂富强　沈火明

委　员：高平平　林伯海　刘占祥　宁维卫　周先礼　任黎立

秘　书：任黎立（兼）

西南交通大学学生申诉处理委员会

主　任：分管学生工作的校领导

委　员：学生工作部（处）负责人1人、研究生院负责人1人、教务处负责人1人、远程与继续教育学院负责人1人、国际合作与交流处负责人1人、依法治校办公室（信访与法律事务科）负责人1人、教师代表3人、学生代表2人、法律顾问1人

秘　书：刘　娟

西南交通大学九里校区管理委员会

主　　　　任：分管后勤、校园规划建设相关工作的校领导

副主任（兼任）：党政办公室主任

成　　　　员：党政办公室、后勤与基建管理处、保卫处、党委宣传部、校团委、学生工作部（处）、教务处、研究生院、科学技术发展研究院、人事处、计划财务处、离退休工作处、资产与实验室管理处、轨道交通国家实验室（筹）、科技产业集团、远程与继续教育学院等二级单位负责人

西南交通大学职员聘任委员会

主　　　任：党委书记、校长

副　主　任：分管组织人事工作的校领导

常任委员：党委组织部、人事处、纪律检查委员会办公室（监察处）、校工会主要负责人

非常任委员：教学科研单位主要负责人5人、党群行政单位主要负责人4人、业务和直属单位主要负责人3人、峨眉校区主要负责人2人组成；非常任委员除峨眉校区直接指定外，其余人选由党委组织部、人事处、纪律检查委员会办公室（监察处）、校工会共同组织抽签产生

西南交通大学安全稳定工作领导小组

组　长：党委书记、校长

副组长： 分管安全稳定工作的校领导

成　员： 党政办公室、学生工作部（处）、保卫处、党委宣传部、党委统战部、校团委、国际合作与交流处、后勤与基建管理处、峨眉校区、人事处、校工会、教务处、研究生院、资产与实验室管理处、招生就业处、计划财务处、战略发展处、科技产业集团、心理研究与咨询中心、远程与继续教育学院、离退休工作处、附属中学、子弟小学等 27 个单位负责人

西南交通大学校务公开领导小组

组　长： 王顺洪

副组长： 徐　飞　张子龙

成　员： 校工会、党政办公室、党委组织部、纪律检查委员会办公室（监察处）、人事处、计划财务处、党委宣传部负责人、钱永久、战凤、罗乾超、郝建平、苏小桦

西南交通大学中层干部人事档案专项审核工作领导小组

组　长： 晏启鹏

副组长： 沈火明

成　员： 葛永明　吴晓雄　高平平　韩旭东　贺　剑

西南交通大学干部工作领导小组

组　长： 党委书记

副组长： 校　长

成　员： 分管干部工作副书记　纪委书记　党委组织部部长

西南交通大学思想政治理论课领导小组

组　长： 校党委分管思想政治理论课的校领导

副组长： 校党委分管学生工作的校领导、分管教学工作的校领导

成　员： 党委宣传部、马克思主义学院、教务处、科学技术发展研究院、人事处、研究生院、学生工作部（处）、校团委、计划财务处、资产与实验室管理处、峨眉校区等单位主要负责人以及思想政治理论课巡视组专家

西南交通大学宣传思想工作领导小组

组　　　长： 党委书记、校长

常务副组长： 分管宣传思想工作的副书记

副　组　长： 分管学生工作的校领导、分管教学工作的副校长

成　　　员： 党委宣传部、党政办公室、党委组织部、教务处、学生工作部（处）、人事处、文科建设处、校团委、国际合作与交流处、研究生院等单位负责人

西南交通大学意识形态工作领导小组

组　　长： 党委书记、校长

常务副组长： 分管意识形态工作的校领导

成　　员： 党委宣传部、党政办公室、纪律检查委员会办公室（监察处）、党委组织部、党委统战部、党委保卫部、党委学生工作部、教务处、人事处、党委教师工作部、校工会、文科建设处、科学技术发展研究院、校团委、国际合作与交流处、研究生院、信息化与网络管理处、对外合作与联络处、计划财务处、期刊社、出版社、远程与继续教育学院、国际教育学院、利兹学院等单位负责人

西南交通大学国家大学生文化素质教育基地建设领导小组

组　长： 分管学生工作的校领导

副组长： 分管宣传工作、教学工作、文科建设工作校领导

委　员： 学生工作部（处）负责人、党委宣传部负责人、教务处负责人、研究生院负责人、校团委负责人、文科建设处负责人、人文学院负责人、建筑与设计学院负责人

西南交通大学国家助学贷款工作领导小组

组　长： 分管学生工作的校领导

成　员： 学生工作部（处）负责人、各学院（中心、书院）学生工作负责人

西南交通大学学生资助工作领导小组

组　　长： 分管学生工作的校领导

成　　员： 学生工作部（处）负责人、教务处负责人、研究生院负责人、科学技术发展研究院负责人、文科建设处负责人、校团委负责人、各学院（中心、书院）学生工作负责人

西南交通大学国防生工作领导小组

组　　长： 党委书记、校长

常务副组长： 主管招生就业、学生工作的校领导和驻校选培办主任

成员单位： 党政办公室、党委组织部、党委宣传部、党委人民武装部、教务处、学生工作部（处）、招生就业处、资产与实验室管理处、计划财务处、校团委、后勤与基建管理处、档案馆和相关学院及驻校选培办

西南交通大学本科教学工作审核评估领导小组

组　　长： 徐　飞

常务副组长： 冯晓云

副　组　长： 陈志坚（-2017.04）　晏启鹏　桂富强　张　兵　沈火明
成　　　员： 各教学科研单位书记与院长、责任单位处长

西南交通大学“双一流”创建领导小组

组　　　长： 王顺洪　徐　飞
常务副组长： 冯晓云
副　组　长： 陈志坚（-2017.04）　朱健梅　张文桂　蒲　云　沈火明
成　　　员： 沈志云　钱清泉　翟婉明　晏启鹏　桂富强　张　兵　周仲荣
何　川　王晓茹

西南交通大学对口帮扶精准扶贫工作领导小组

组　　长： 王顺洪　徐　飞
副 组 长： 朱健梅
成员单位： 党政办公室、党委组织部、人事处、科学技术发展研究院、计划财务处、产业处、后勤与基建管理处、峨眉校区、土木工程学院、地球科学与环境工程学院等

西南交通大学基本科研业务费领导小组

组　长： 校　长
副组长： 分管科技工作的副校长
成　员： 教务处、研究生院、科学技术发展研究院、文科建设处、人事处、计划财务处、国际合作与交流处、审计处、纪律检查委员会办公室（监察处）、资产与实验室管理处等职能部处负责人

西南交通大学与中国网安合作领导小组

组　　　长： 徐　飞
常务副组长： 张文桂
副　组　长： 朱健梅　何　川
成　　　员： 沈火明　郭　俊　王怀东　陈天利　从　政　潘　炜　朱　庆
陈尚云　戚建淮

西南交通大学绩效工资改革实施领导小组

组　长： 党委书记
副组长： 校长、分管人事工作的校领导
成　员： 全体其他校领导（包括校长助理），以及人事处、计划财务处、战略发展处等部门的主要负责人

西南交通大学养老保险制度改革领导小组

组　　　长： 党委书记、校长
常务副组长： 分管人事工作的校领导
副　组　长： 分管后勤、校产、峨眉校区工作的校领导
成　　　员： 人事处、党委组织部、校工会、纪律检查委员会办公室（监察处）、计划财务处、离退休工作处、后勤与基建管理处、档案馆、科技产业集团、峨眉校区主要负责人

西南交通大学医疗改革领导小组

组　长： 分管后勤（校医院）工作的校领导
副组长： 后勤保障处主管校医院工作的处领导、人事处主管社保中心工作的处领导
成　员： 校工会、离退休工作处、学生工作部（处）、党政办公室、审计处、计划财务处主要负责人、人事处社保中心办公室主任、兼职校工会副主席、校医院负责人
秘　书： 人事处社保中心办公室主任

西南交通大学教师岗位公开招聘工作领导小组

组　长： 校　长
副组长： 分管人事工作的校领导
成　员： 人事处、党委组织部、工会、纪律检查委员会办公室（监察处）主要负责人

西南交通大学专业技术职务评聘工作领导小组

组　长： 党委书记、校长
副组长： 分管组织、人事工作的校领导
成　员： 部分高层次专家及部分教学科研单位（含四个学科板块）、校工会、党委教师工作部、教务处、科学技术发展研究院、文科建设处、研究生院、人事处第一负责人

西南交通大学厉行节约工作领导小组

组　　　长： 党委书记、校长
常委副组长： 总会计师
副　组　长： 其他全体校领导
成 员 单 位： 计划财务处、党政办公室、资产与实验室管理处、后勤与基建管理处、纪律检查委员会办公室（监察处）、机关党委

西南交通大学特殊类型招生工作领导小组

组　长： 分管招生就业工作的校领导
副组长： 招生就业处处长
成　员： 纪律检查委员会办公室（监察处）、教务处、学生工作部（处）、招生就业处、党政办公室、信息化与网络管理处、体育工作部、建筑与设计学院、人文学院单位行政第一负责人或行政主要负责人

西南交通大学就业工作领导小组

组长：分管招生就业工作的校领导

成员：党政办公室、招生就业处、学生工作部（处）、校团委、保卫处（人民武装部）、计划财务处、研究生院、教务处、对外合作与联络处、国际合作与交流处、信息化与网络管理处、国际创新创业学院、档案馆、心理研究与咨询中心、峨眉校区等单位的主要负责人

西南交通大学海外院长评审工作专家小组

组长：范平志

成员：周仲荣　贾建民　李志林　何　川　康国政　邱延峻　郑海涛　周先礼

秘书：国际合作与交流处工作人员

西南交通大学公务用车改革工作小组

组　长：徐　飞

副组长：陈志坚（-2017.04）　张　兵

成员单位：党政办公室、纪律检查委员会办公室（监察处）、资产与实验室管理处、审计处、计划财务处、人事处、机关党委、后勤与基建管理处、工会、保卫处、离退休工作处、峨眉校区、唐山办事处

西南交通大学国有资产专项检查整改工作领导小组

组　长：王顺洪　徐　飞

常务副组长：张　兵

副组长：陈志坚（-2017.04）　朱健梅　蒲　云

成　员：晏启鹏　张文桂　冯晓云　沈火明　周仲荣　何　川　王晓茹

西南交通大学国有资产清查工作领导小组

组　长：张　兵

副组长：高增安　陈岩峰

成　员：资产与实验室管理处、计划财务处、审计处、纪律检查委员会办公室（监察处）、党政办公室、后勤与基建管理处、产业处、人事处、对外合作与联络处、信息化与网络管理处、峨眉校区、唐山办事处等部门第一负责人

西南交通大学 BOT 工作管理及领导小组

组　长：分管资产工作的校领导

副组长：分管保卫、基建、后勤工作的校领导

成　员：资产与实验室管理处、审计处、计划财务处、保卫处、后勤与基建管理处、人事处、党委宣传部、产业处主要负责人

西南交通大学领导干部经济责任审计工作领导小组

组　　长： 党委书记、校长
副 组 长： 校纪委书记、主管组织工作的校领导、主管财务工作的校领导
成员单位： 党委组织部、纪律检查委员会办公室（监察处）、审计处、人事处、资产与实验室管理处、计划财务处

西南交通大学督查督办工作领导小组

组　　长： 党委书记、校长
副 组 长： 分管纪检监察工作的党委副书记、分管人事工作的校领导
成员单位： 党政办公室、纪律检查委员会办公室（监察处）、校工会、党委组织部、人事处、党委宣传部和学生工作部（处）

西南交通大学老干部工作领导小组

组　长： 党委书记
副组长： 校长、分管组织工作的校领导、分管老干部工作的校领导
成　员： 党委组织部部长、校工会主席、党政办公室主任、人事处处长、计划财务处处长、后勤与基建管理处处长、党委老干部部（离退休工作处）部（处）长、峨眉校区分管老干部工作的负责人

西南交通大学离退休人员工作领导小组

组　长： 党委书记
副组长： 校长、分管离退休工作的校领导
成　员： 党委组织部部长、人事处处长、党政办公室主任、校工会主席、计划财务处处长、后勤与基建管理处处长、党委老干部部（离退休工作处）部（处）长、峨眉校区分管离退休工作的负责人

西南交通大学九里校区地亩遗留问题领导小组

组　长： 分管基建工作的副校长
副组长： 纪委书记
成　员： 纪委副书记、审计处处长、监察处处长、党政办公室主任、人事处处长、后勤与基建管理处处长、计划财务处处长、资产与实验室管理处处长、保卫处处长、产业处处长
秘　书： 环交大智慧城推进办公室主任

西南交通大学九里校区地亩遗留问题突出事件应急处置小组

组　长： 党政办公室主任

成　员：纪委副书记、审计处处长、监察处处长、保卫处处长、后勤与基建管理处处长、环交大智慧城推进办公室主任

西南交通大学九里校区地亩遗留问题及农房产权办理小组

组　长：环交大智慧城推进办公室主任

成　员：后勤与基建管理处相应科室科长1人、副科长1人、工作人员2人、抽调纪委1人

西南交通大学九里校区教职工经济适用房建设领导小组

组　长：校　长

副组长：分管基建、工会、资产、后勤工作的副校长

成　员：纪委书记、校工会主席、后勤与基建管理处处长、资产与实验室管理处处长、计划财务处处长

西南交通大学大学生入伍工作领导小组

组　长：分管武装部工作、学生工作的校领导

成　员：党委人民武装部、党政办公室、学生工作部（处）、招生就业处、教务处、研究生院、计划财务处、校团委、后勤与基建管理处、峨眉校区主要负责人

西南交通大学后勤保障改革领导小组

组　长：校　长

副组长：分管后勤保障工作的校领导

成　员：人事处、计划财务处、资产与实验室管理处、后勤与基建管理处、学生工作部（处）、校工会、峨眉校区相关负责人

四川省知识产权教育培训（西南交通大学）基地

主　任：陈家宏

副主任：徐兴祥

西南交通大学一卡通领导小组

组　长：陈志坚（-2017.04）

副组长：苏　斌　　张文桂　　晏启鹏

成　员：金传容　　吴　光　　张　炜　　蒲　云　　何云庵　　王卫东　　谢荣光　　张东府　　葛永明　　陈叶梅　　赵彦灵　　周从军

西南交通大学附属中小学改革工作推进小组

组　长：分管附属中小学工作的校领导

成　员： 附属中学、子弟小学、人事处、计划财务处、对外合作与联络处、校工会主要负责人

西南交通大学轨道交通国家实验室申建推进领导小组

组　长： 王顺洪　徐　飞

副组长： 张文桂

成　员： 沈志云　钱清泉　翟婉明　陈志坚（-2017.04）　晏启鹏　桂富强　朱健梅　蒲　云　冯晓云　张　兵　沈火明　周仲荣　何　川　王晓茹

西南交通大学国家重点实验室申建工作领导小组

组　长： 王顺洪　徐　飞

副组长： 张文桂

成　员： 晏启鹏　张　兵　冯晓云　沈火明　何　川

西南交通大学环交大智慧城工作领导小组

组　　长： 朱健梅

常务副组长： 蒲　云

副　组　长： 张文桂　张　兵

成　　员： 战略发展处、资产与实验室管理处、科学技术发展研究院、产业处、后勤与基建管理处等部门主要负责人

西南交通大学推进依法治校领导小组

组　长： 王顺洪　徐　飞

副组长： 陈志坚（-2017.04）　晏启鹏　桂富强　朱健梅　蒲　云　张文桂　冯晓云　张　兵　沈火明　周仲荣　何　川　王晓茹

成　员： 校内各二级单位、峨眉校区主要负责人

西南交通大学津贴补贴发放工作领导小组

组　长： 晏启鹏

副组长： 陈志坚（-2017.04）　张　兵

成　员： 人事处、计划财务处、审计处、纪委办公室、校工会等部门主要负责人

西南交通大学与天府新区合作暨
超高速真空管道磁浮交通及动模风洞项目领导小组

组　　长： 王顺洪　徐　飞

常务副组长： 张文桂

副　组　长：晏启鹏　蒲　云　张　兵

成　　　员：向　宏　何　川　甘　灵　钟　冲　郭　俊　陈岩峰　高增安
高　庆　张卫华　周祚万

西南交通大学网络安全和信息化领导小组

（2017年3月4日）

组　　　长：党委书记、校长

常务副组长：分管信息化校园建设工作的校领导

副　组　长：分管宣传、保卫、学生工作的校领导，以及兼任（联系或分管）峨眉校区主要负责人的校领导、学校首席信息官（CIO）

成　　　员：党政办公室、校工会、党委宣传部、校团委、教务处、研究生院、科学技术发展研究院、文科建设处、人事处、计划财务处、学生工作部（处）、招生就业处、国际合作与交流处、资产与实验室管理处、保卫处、后勤与基建管理处、采购与招标管理办公室、信息化与网络管理处、图书馆、信息科学与技术学院、对外合作与联络处、产业处等单位的主要负责人及峨眉校区常务行政负责人

西南交通大学安全生产工作领导小组

（2017年3月4日）

组　　　长：党委书记、校长

常务副组长：分管资产与实验室工作的校领导

副　组　长：分管后勤、保卫、校园规划与建设、学生工作的校领导以及兼任峨眉校区主要负责人的校领导

成　　　员：党政办公室、资产与实验室管理处、保卫处、后勤与基建管理处、学生工作部（处）、信息化与网络管理处、科学技术发展研究院、人事处、产业处、科技产业集团等单位的主要负责人及峨眉校区常务行政负责人

西南交通大学离退休人员工作领导小组

（2017年3月4日）

组　长：党委书记

副组长：校长、分管离退休工作的校领导

成　员：党委组织部部长、人事处处长、党政办公室主任、校工会主席、计划财务处处长、后勤与基建管理处处长、党委老干部部（离退休工作处）部（处）长、峨眉校区分管离退休工作的负责人

西南交通大学住房制度改革领导小组

（2017年3月31日）

组　长：分管房改工作的校领导

副组长：校工会主席、资产与实验室管理处处长

成　员：人事处处长、审计处处长、计划财务处处长、后勤与基建管理处处长、峨眉校区分管房改工作的校区领导

西南交通大学职务科技成果混合所有制改革推进工作领导小组

（2017 年 4 月 28 日）

组　长： 王顺洪　徐　飞

副组长： 陈志坚（-2017.04）　朱健梅　张文桂　冯晓云　何　川

成　员： 科学技术发展研究院、产业处、文科建设处、研究生院、成都西南交大科技园管理有限责任公司、成都西南交通大学产业集团公司

西南交通大学九里校区南北园家属区社会化物业管理推进工作领导小组

（2017 年 5 月 5 日）

组　长： 分管学校后勤工作的校领导

成　员： 党政办公室主任、计划财务处处长、后勤与基建管理处处长、保卫处处长、校工会主席、资产与实验室管理处处长、离退休工作处处长、审计处处长、党委宣传部常务副部长、采购与招标管理办公室主任、社区管理办公室主任、峨眉校区分管后勤工作的校领导

西南交通大学综合交通大数据应用技术国家工程实验室建设统筹协调委员会

（2017 年 9 月 4 日）

主　任： 分管科研工作的校领导

副主任： 交通运输与物流学院院长

成　员： 科学技术发展研究院、计划财务处、资产与实验室管理处、人事处、产业处、对外合作与联络处、国际合作与交流处、党委宣传部、成都西南交通大学产业集团公司等部门、单位主要负责人，以及交通运输与物流学院、经济管理学院、数学学院、信息科学与技术学院分管科研工作的院领导

西南交通大学共青团改革工作领导小组

（2017 年 9 月 22 日）

组　长： 党委书记

副组长： 分管共青团工作、教学工作的校领导

成　员： 党委组织部、校团委、党委学生工作部（处）、党委宣传部、党委教师工作部（教师发展中心）、人事处、教务处、研究生院、资产与实验室管理处、计划财务处、心理研究与咨询中心、文科建设处等单位负责人和各二级党组织书记

西南交通大学轨道交通质量基础国家工程中心建设工作领导小组

（2017 年 11 月 1 日）

组　长： 王顺洪　徐　飞

副组长： 朱健梅　张文桂

西南交通大学防治“吃空饷”问题工作领导小组

（2017 年 11 月 1 日）

组　长：校　长

副组长：分管组织、人事工作的校领导

成　员：党政办公室、党委组织部、党委教师工作部、党委宣传部、党委学生工作部、人事处、纪律检查委员会办公室（监察处）、计划财务处、资产与实验室管理处、国际合作与交流处主要负责人以及峨眉校区常务行政负责人

西南交通大学人才工作领导小组

（2017 年 11 月 20 日）

组　长：党委书记、校长

副组长：分管组织、人事工作的校领导

成　员：党委组织部、人事处、国际合作与交流处、计划财务处、资产与实验室管理处、战略发展处等部门的主要负责人

（七）2017年成立、调整、撤销委员会及各工作领导小组

序号	成立或调整的机构名称	成立（调整）时间	批准文号
1	调整“安全生产工作领导小组”和“信息化建设领导小组”	2017.03.04	西交校人〔2017〕5 号
2	成立“离退休人员工作领导小组”	2017.03.04	西交校人〔2017〕6 号
3	调整“住房制度改革工作领导小组”组成	2017.03.30	西交校人〔2017〕15 号
4	成立“职务科技成果混合所有制改革推进工作领导小组”	2017.05.05	西交校人〔2017〕19 号
5	成立“九里校区南北园家属区社会化物业管理推进工作领导小组”	2017.05.05	西交校人〔2017〕20 号
6	调整“职务科技成果混合所有制改革推进工作领导小组”	2017.06.20	西交校人〔2017〕25 号
7	成立“西南交通大学综合交通大数据应用技术国家工程实验室建设统筹协调委员会”	2017.09.04	西交校人〔2017〕30 号
8	成立“共青团改革工作领导小组”	2017.09.22	西交校人〔2017〕34 号
9	撤销“西南交通大学异地办学管理委员会及其办公室”	2017.11.01	西交校人〔2017〕44 号
10	成立“轨道交通质量基础国家工程中心建设工作领导小组”	2017.11.01	西交校人〔2017〕45 号
11	成立“西南交通大学防治‘吃空饷’问题工作领导小组”	2017.11.01	西交校人〔2017〕46 号
12	调整“人才工作领导小组”	2017.11.29	西交校人〔2017〕53 号

（八）2017年成立或调整的机构

序号	成立或调整的机构名称	成立（调整）时间	批准文号
1	成立“西南交通大学交通安全技术研究院”和“西南交通大学社会稳定风险评估研究中心”机构	2017.03.04	西交校人〔2017〕4号
2	成立“西南交通大学·米兰理工大学世界遗产国际联合研究中心”机构	2017.03.04	西交校人〔2017〕7号
3	成立“数字化制造创新研究中心”机构	2017.03.04	西交校人〔2017〕8号
4	成立“国际学术组织研究中心”机构	2017.03.04	西交校人〔2017〕9号
5	调整后勤集团、分析测试中心内设机构	2017.03.07	西交校人〔2017〕11号
6	成立“党委教师工作部”机构	2017.03.09	西交校人〔2017〕12号
7	成立“唐山研究生院”机构	2017.03.16	西交校人〔2017〕13号
8	成立“双一流”创建组织机构	2017.03.30	西交校人〔2017〕14号
9	成立“综合交通大数据应用技术国家工程实验室”机构	2017.05.02	西交校人〔2017〕17号
10	成立“西南交通大学能源互联网研究中心”和“西南交通大学高速铁路防灾减灾技术研究院”机构	2017.09.04	西交校人〔2017〕31号
11	设立“维修、水电及运输服务中心”机构	2017.09.25	西交校人〔2017〕35号
12	设立“医幼及场馆服务中心”机构	2017.09.25	西交校人〔2017〕36号
13	设立“物业服务中心”机构	2017.09.25	西交校人〔2017〕37号
14	设立“饮食服务中心”机构	2017.09.25	西交校人〔2017〕38号
15	设立“后勤与基建管理处”机构	2017.09.25	西交校人〔2017〕39号
16	设立“党政办公室”机构	2017.09.25	西交校人〔2017〕40号
17	成立“西南交通大学烟台新一代信息技术研究院”机构	2017.10.16	西交校人〔2017〕43号
18	成立“西南交通大学-马钢（集团）控股有限公司-攀钢集团有限公司轮轨创新研究中心”机构	2017.11.12	西交校人〔2016〕47号
19	成立“西南交通大学智能检测研究院”机构	2017.11.12	西交校人〔2017〕48号
20	成立“西南交通大学习近平新时代中国特色社会主义思想研究中心”机构	2017.11.12	西交校人〔2017〕49号
21	保卫处新增内设机构	2017.12.04	西交校人〔2017〕58号

（九）西南交通大学中层领导干部名单

（截至 2017 年 12 月 31 日）

1. 党群部门

党政办公室

职　务	姓　名
主　任	靳能法（2017.09-）
副主任	王　斌（2017.10-）
副主任	唐眉江（2017.10-）
副主任	刘　伟（2017.09-）
副主任（兼）	孟新智（2017.11-）

纪律检查委员会办公室

职　务	姓　名
纪委书记（兼）	陈志坚（-2017.04）
纪委副书记	葛永明
纪委副书记（兼）	靳能法（-2017.09）
纪委办公室副主任	张　瑜
纪委办公室副主任	蒋　佳（2017.11-）

党委组织部（党校）

职　务	姓　名
党校校长（兼）	晏启鹏
部　长	韩旭东（2017.09-）
副部长兼党校副校长	陈　璐（-2017.03）
党校副校长兼组织部副部长	廖　军（-2017.05）
副部长兼党校副校长	宋　新（2017.05-）
副部长（兼）	张占军

党委宣传部（新闻中心）

职　务	姓　名
宣传部部长	沈火明
常务副部长兼新闻中心主任、校报总编辑	汪　铮
副部长兼新闻中心副主任	郑　澎（-2017.10）
副部长	许金砖
副部长	颉　芳（2017.11-）

党委统战部

职　务	姓　名
部　长	卢世炬
副部长	陈青山

党委教师工作部（教师发展中心）

职　务	姓　名
部长（主任）	任平弟（2017.02-）
副主任（副部长）	陈曾川（2017.02-）
副部长（副主任）	李　箐（2017.02-）

党委学生工作部（处）

职　务	姓　名
部（处）长	高平平
副部（处）长	宋　刚
副部（处）长	任黎立
副部（处）长（兼）	杨德友
副部（处）长（兼）	甘　霖

党委老干部部（离退处、关工委）

职　务	姓　名
关工委主任（兼）	沈火明（-2017.09）
书　记	刘建平
部（处）长兼关工委常务副主任	郭书和（-2017.09）
部（处）长兼关工委常务主任	郭书和（2017.09-）
副部（处）长	许　玲
关工委副主任兼副处长	戈满寿
副书记	王　琳
副处长	徐　航

党委人民武装部（保卫处）

职　务	姓　名
部（处）长	李　琦
副部（处）长	蒋小忠
副处长	谢　彬
副部（处）长	刘　勇
副部（处）长	朱云峰

校工会

职　务	姓　名
主　席	阎开印
副主席	盛　鹏
副主席	李　箐（-2017.02）
副主席（兼）	陈　光
副主席（兼）	马德芹

校团委

职　务	姓　名
书　记	朱剑松（-2017.01）
书　记	廖　军（2017.05-）
副书记	王　蔚
副书记	张江泉
副书记	何诣寒
副书记	朱　炜（2017.06-）

机关党委

职　务	姓　名
书　记	苏小桦
副书记	陈　璐（2017.03-）

2. 行政业务部门及直属单位

战略与发展处（高等教育研究所）

职　务	姓　名
处　长	邱延峻
副处长	程　军
高等教育研究所所长	闫月勤

法律事务办公室

职　务	姓　名
主任（兼）	——

教务处

职　务	姓　名
处　长	郝　莉
副处长	刘朝晖
副处长	代　宁
副处长	朱志武
副处长（兼）	高　明

研究生院

职　务	姓　名
院长（兼）	冯晓云
常务副院长	周先礼
副院长	刘学毅（-2017.05）
副院长	崔　凯
副院长	石　磊
副院长	胡　伟（2017.09-）
培养办公室主任	周　丹

续表

研究生招生办公室主任	蒋玉石（2017.02-）
学科发展中心副主任	庞烈鑫
学位办公室主任	王　锋
综合管理办公室主任	张　铎
专业学位管理办公室主任	彭雄志（-2017.11）
专业学位管理办公室主任	邹　洋（2017.11-）
专业学位管理办公室副主任	万　宇

对外合作与联络处

职　务	姓　名
处　长	谭建鑫
副处长	潘　昱
副处长	周　南
副处长	王君秋

科学技术发展研究院

职　务	姓　名
院长（兼）	何　川
常务副院长	周祚万
副院长	刘建新
副院长	吴广宁
副院长	张　骏
副院长	张兴博（2017.10-）

文科建设处

职　务	姓　名
处　长	张雪永
副处长	雷　斌
副处长（兼）	许金砖（2017.11-）

人事处

职　务	姓　名
处　长	郭　俊
副处长	贺　剑（-2017.05）
副处长	张国正（2017.05-）
人才工作办专职副主任	吴　坚
人才工作办专职副主任	雷国胜
副处长	杨　韬
副处长	李煜宏

计划财务处

职　务	姓　名
处　长	陈岩峰
副处长	喻碧君
副处长	孟　锦
副处长	李润华（2017.10-）

招生就业处

职　务	姓　名
处　长	甘　灵
常务副处长	丁　伟
副处长	刘剑峰
副处长	黄春蓉
副处长（兼）	杨德友

国际合作与交流处（港澳台事务办公室）

职　务	姓　名
处　长	江久文
副处长	郑海涛
副处长	许炜萍

资产与实验室管理处

职　务	姓　名
处　长	高增安（-2017.10）
处　长	钟　冲（2017.10-）
分析测试中心主任（兼）	高增安（-2017.10）
分析测试中心主任（兼）	钟　冲（2017.10-）
副处长	徐云丽
副处长	董艳云
副处长	李润华（-2017.10）
副处长	李印川
分析测试中心专职副主任	熊嘉阳（-2017.10）

审计处

职　务	姓　名
处　长	王建琼
常务副处长	沈　竹
副处长	曹宏伟

监察处

职　务	姓　名
处　长	吴晓雄
副处长	李　立
副处长	周海林

后勤与基建管理处

职　务	姓　名
书记兼副处长	陈兴莲（2017.09-）
处长兼副书记	关秦川（2017.09-）
副书记兼社区管理办主任	郑　澎（2017.09-）
副书记	王友松（2017.09-）
副处长	孔书祥（2017.09-）
副处长	苗文波（2017.09-）
副处长	覃　维（2017.09-）
副处长	俞建海（2017.10-）
总工程师	杜赞华（2017.10-）
物业服务中心	郑简平（2017.10-）
饮食服务中心	马勇锋（2017.10-）
医幼及场馆服务中心	赵钢锋（2017.10-）
维修、水电及运输服务中心	高　磊（2017.10-）

采购与招标管理办公室

职　务	姓　名
主　任	宋　新（-2017.06）
主　任	杜　红（2017.06-）
副主任	杜　红（-2017.06）
副主任	冯　涛（2017.09-）

产业处

职　务	姓　名
处　长	陈天利
副处长	胡　玲
副处长	何安涛（-2017.10）
副处长	刘剑峰（2017.10-）

信息化与网络管理处

职　务	姓　名
处长兼校首席信息官	赵彦灵
副处长	唐燕梅
副处长	杨亚群
副处长	罗俊强（2017.05-）

图书馆

职　务	姓　名
书　记	马小荣（-2017.05）
书　记	张东府（2017.12-）
馆　长	高　凡
副书记	周北川（2017.05-）
副馆长	熊少波
副馆长	罗秀云
副馆长	陈丽华

期刊社

职　务	姓　名
主　任	宋吉荣（-2017.11）
主　任	郭春生（2017.11-）
副主任（兼）	闫月勤

档案馆（校史馆）

职　务	姓　名
馆　长	吴建乐（-2017.09）
馆　长	熊　瑛（2017.09-）
副馆长	鲍洪刚

远程与继续教育学院

职　务	姓　名
党总支书记	闵光辉
党总支副书记	郑　波
院　长	应松宝
副院长	曾家刚
副院长	王　莉
副院长	罗　霄
副院长	欣　羚
副院长	金刚毅

国际教育学院

职　务	姓　名
直属党总支书记	贺　平
院长（兼）	江久文
副院长	李　海

附属中学

职　务	姓　名
副书记（主持工作）	朱剑松
校　长	郑　江
副校长	魏明德
副校长	傅相万
副校长	董　鑫

子弟小学

职　务	姓　名
校　长	刘咏梅
副校长	王利琨
副校长	马　群

九里校区管理委员会

职　务	姓　名
主任（兼）	蒲　云
副主任（兼）	靳能法（2017.09-）

3. 教学科研单位

土木工程学院

职　务	姓　名
院　长	高　波（-2017.05）
院　长	蒲黔辉（2017.05-）
书　记	钱永久（-2017.05）
书　记	刘学毅（2017.05-）
副院长	富海鹰
副院长	王明年（2017.09-）
副院长	艾长发（2017.09-）
副院长	闻毓明（2017.09-）
副书记	李彤梅
副书记	李锦红
副书记（兼）	孔书祥（-2017.07）
副书记	童万波（2017.07-）
副院长（兼）	张克跃

电气工程学院

职　务	姓　名
院　长	陈维荣
书　记	罗乾超
副院长	赵　舵
副院长	何正友
副院长	马　磊
副院长	何晓琼（2017.09-）
副院长	解绍锋（2017.09-）
副书记	陈　勇
副书记	张春燕

机械工程学院

职　务	姓　名
院长（兼）	周仲荣
书　记	战　凤
副院长	程文明
副院长	钱林茂
副院长	袁艳平
副院长	曾东红
副书记	李　毅
副书记（兼）	徐嘉宁
学生工作组副组长（兼）	孟凡春

信息科学与技术学院

职　务	姓　名
院　长	潘　炜
书　记	冯军焕
副院长	杨　燕
副院长	马　征
副院长	翟东海
副院长	王小敏
副院长	邹喜华
副书记	戴　齐
副书记	马　琼
副院长（副书记）（兼）	张强锋
学生工作组组长（兼）	李　萍

经济管理学院

职　务	姓　名
院　长	黄登仕
书　记	郝辽钢
副院长	朱宏泉
副院长	郭　强
副院长	耿黎辉
副书记	夏显波
副书记（兼）	江宇兰

外国语学院

职　务	姓　名
院　长	李成坚
书　记	徐　革（-2017.09）
书　记	李卓慧（2017.10-）
副院长	俞森林
副院长	唐跃勤
副院长	王鹏飞
副院长	杨安文
副书记（学生工作组组长）	王俊棋
副书记（兼）	余清秀
学生工作组副组长（兼）	魏振兴

交通运输与物流学院

职　务	姓　名
院　长	刘晓波
书　记	郝建平
副院长	罗　霞
副院长	马　驰
副院长	倪少权
副院长	江欣国
副院长	蒋阳升（2017.02-）
副院长	张广源（2017.09-）
副院长	唐优华（2017.10-）
副书记	李国芳
副书记（兼）	王正彬
副院长（兼）	吴　刚

材料科学与工程学院

职　务	姓　名
院　长	朱旻昊
书　记	陈兴莲（-2017.02）
副书记（主持工作）	贺　剑（2017.02-）
副院长	朱德贵
副院长	冷永祥
副院长	李　涛
副书记	章春军

地球科学与环境工程学院

职　务	姓　名
院　长	刘国祥
书　记	王齐荣
副院长	胡卸文
副院长	欧阳峰
副院长	齐　华
副院长	王　鹰
副院长	刘成龙（2017.03-）
副院长	车　伟（2017.09-）
副书记	傅尤刚

建筑与设计学院

职　务	姓　名
院　长	沈中伟（-2017.02）
院　长	奥德加（Odgaard）（2017.05-）
书　记	粟　民（-2017.02）
书　记	沈中伟（2017.02-）
副院长	支锦亦
副院长	杨青娟
副院长	崔　叙
副书记	刘一杰

物理科学与技术学院

职　务	姓　名
院　长	刘庆想（2017.05-）
书　记	刘长军
常务副院长	王喜庆（-2017.10）
副院长	李相强
副书记	蒋　佳（-2017.11）
院长助理（兼）	郭　剑

人文学院

职务	姓名
书记	向仲敏
常务副院长	向仲敏
副院长	邢文
副院长	沈如泉
副书记	曹乔（2017.09-）

公共管理与政法学院

职务	姓名
院长	陈光（-2017.05）
院长	黄庆吉（2017.05-）
书记	王永杰
副院长	雷叙川
副院长	李华强
副书记	余小英

生命科学与工程学院

职务	姓名
院长	任平弟（-2017.10）
书记（兼）	任平弟（2017.10-）
副院长	李遂焰
副院长	封顺
副院长	闫智勇
副院长	高峰
副书记	罗妍妍
院长助理	李力

力学与工程学院

职务	姓名
院长	康国政
书记	金建明
副院长	李映辉
副院长	唐怀平
副院长	蒋晗
副书记	张军琪
院长助理（兼）	杨苏勤

数学学院

职务	姓名
院长	陈歌迈（-2017.03）
院长	李维萍（2017.03-）
书记	陈尚云（-2017.09）
书记	徐革（2017.09-）
常务副院长（兼）	杨晗（2017.03-）
副院长	李志辉（2017.10-）
副院长	潘小东（2017.05-）
副院长	王璐（2017.05-）
院长助理（兼）	徐昌贵

马克思主义学院

职务	姓名
院长	林伯海
书记	刘占祥
副院长	田永秀
副院长	胡子祥（2016.01-）
副书记	熊钰
副院长	李学勇（2017.10-）

心理研究与咨询中心

职务	姓名
主任	宁维卫（-2017.09）
直属党支部书记	宁维卫（2017.09-）
副主任（主持工作）	陈华（2017.09-）
副主任	雷鸣（2017.10-）
学生工作组组长	柯小君（2017.10-）

工程训练中心

职务	姓名
主任	李柏林
书记	刘玉
副主任	杨平

体育工作部

职务	姓名
主任	刘旭
副主任	何江明（2017.05-）
副主任（兼）	高平

茅以升学院

职　务	姓　名
常务副院长（兼）	郝　莉
党总支书记	高平平（-2017.02）
党总支书记	栗　民（2017.02-）
党总支副书记	王　霞（2017.03-）

医学院（临床医学院，基础医学院）

职　务	姓　名
院　长	何　庆
直属党支部书记（兼）	谭　睿（2017.02-）
副院长	翁　杰
副院长	谭　睿

利兹学院

职　务	姓　名
直属党支部书记	任新红
院　长	靳忠民
执行院长	傅　攀
副院长	黄　涛

国际创新创业学院

职　务	姓　名
院　长	陈晋川
专职副院长	王书会
副院长（兼）	胡　伟
副院长（兼）	刘朝晖
副院长（兼）	黄春蓉
副院长（兼）	廖　军（2017.09-）
副院长（兼）	宋　刚（2017.01-）
副院长（兼）	杨　平
副院长（兼）	耿黎辉

备注：该学院为虚实结合的二级机构。

竺可桢书院

职　务	姓　名
书记、院长（兼）	沈火明
常务副书记（兼）	杨德友
常务副院长	甘　霖
副书记	李志辉（-2017.10）

牵引动力国家重点实验室

职　务	姓　名
主　任	康国政
书　记	董大伟
副主任	梁树林
副主任	王开云
副主任	杨　冰
副主任	温泽峰
学生工作组组长	李　莹（2017.05-）

轨道交通国家实验室

职　务	姓　名
主任（兼）	徐　飞
常务副主任（兼）	张文桂
副主任	张卫华
副主任（兼）	康国政
副主任	徐志根
副主任	高仕斌
副主任（兼）	何　川
科技管理部部长（兼）	刘建新
公共平台服务部副部长	陈燕灵
运行管理部副部长	俞建海
公共平台服务部副部长	周文祥
运行管理部副部长	张　胜
科技管理部副部长	邓永权

陆地交通地质灾害防治技术国家工程实验室

职　务	姓　名
主任（兼）	高　波（-2017.05）
主任（兼）	蒲黔辉（2017.05-）
副主任（兼）	何　川
副主任（非校管兼）	赵灿晖
专职副主任	闻毓民

轨道交通电气化与自动化工程技术研究中心

职　务	姓　名
主　任	高仕斌
常务副主任（兼）	陈维荣
副主任	何晓琼
副主任（非校管兼）	李成辉

超导与新能源研究开发中心

职　务	姓　名
主任（兼）	赵　勇

信息化研究院

职　务	姓　名
常务副院长（兼）	蒲　云

桥梁隧道与线路结构安全实验室

职　务	姓　名
主任（兼）	高　波（-2017.05）
主任（兼）	蒲黔辉（2017.05-）

磁技术（暂定名）实验室

职　务	姓　名
主任（兼）	陈维荣
常务副主任	罗世辉

4. 峨眉校区

职　务	姓　名
书　记（兼）	晏启鹏
常务副书记	段雪芬（-2017.09）
常务副书记	张秀峰（2017.09-）
党委副书记、纪委书记	靳能法（-2017.09）
党委副书记、纪委书记	张占军（2017.12-）
校　长（兼）	沈火明
常务副校长	高增安（2017.10-）
副校长	苏　谦
副校长	杨德友（2017.12-）
副校长	张祖涛（2017.12-）
党委办公室主任（兼）	张占军
党委组织部部长（兼）	张占军
校长办公室主任（兼）	刘　伟
工会主席	马德芹
团委书记	张江泉
人事处处长（兼）	李煜宏
学生工作部（处）部（处）长（兼）	杨德友
武装保卫部（处）部（处）长（兼）	朱云峰
后勤集团书记（兼）	王友松

职　务	姓　名
后勤集团总经理（兼）	孔书祥
计算机与通信工程系书记、主任	张强锋
土木工程系主任	张克跃
机械工程系主任（兼）	程文明
电气工程系主任（兼）	赵　舵
交通运输系主任	吴　刚
人文社科系主任	李学勇
财会系主任（兼）	夏显波
外国语系主任（兼）	易　红
基础课部主任	高芳清
土木工程系书记	童万波
机械工程系书记	徐嘉宁
电气工程系书记	张春燕
交通运输系书记	王正彬
人文社科系书记	熊　瑛
基础课部书记	郭　剑
财会系书记	江宇兰
外语系书记	余清秀
体育工作部书记兼主任	高　平

5. 其 他

青岛轨道交通研究院

职 务	姓 名
院 长	林建辉
副院长（兼）	陈 辉

青岛研究生院

职 务	姓 名
院 长（兼）	林建辉
副院长	陈 辉

烟台新一代信息技术研究院

职 务	姓 名
院 长	闫连山

深圳研究生院

职 务	姓 名
院长（兼）	谭永东

唐山研究院（唐山办事处）

职 务	姓 名
院长（主任）	钱晓群

天府新区研究院

职 务	姓 名
院 长	孟延会
副院长	夏 雨
副院长（非校管）	孙红霞

常州轨道交通研究院

职 务	姓 名
院长（兼）	董大伟
副院长（兼）	梁树林

社会主义学院

职 务	姓 名
院长（兼）	沈火明
常务副院长（兼）	卢世炬
副院长（兼）	高增安

历史文化研究院

职 务	姓 名
常务副院长	何云庵
副院长	李胜平
副院长（兼）	张雪永
副院长（兼）	林伯海

“一带一路”开发研究院

职 务	姓 名
常务副院长	孟新智

备注：挂靠文科建设处。

网络空间安全研究院

职 务	姓 名
院长（兼）	张文桂
副院长（兼）	潘 炜
副院长（非校管）	戚建淮

国际老龄科学研究院

职 务	姓 名
副院长（兼）	张雪永
副院长（非校管）	杨一帆
副院长（非校管）	韩文丽

信息化研究院

职 务	姓 名
常务副院长（兼）	蒲 云

四川省产业经济发展研究院

职 务	姓 名
院长（兼）	蒲 云
常务副院长	骆 玲
副院长（兼）	林伯海
副院长（非校管）	戴 宾
副院长（非校管）	叶子荣

绵阳研究院

职　务	姓　名
院　长	朱健梅
常务副院长	赵　阳

备注：归口产业集团管理。

中国公私合作（PPP）研究院

职　务	姓　名
决策咨询委员会主任（兼）	徐　飞
决策咨询委员会主任（非校管）	贾　康
决策咨询委员会副主任（兼）	蒲　云
决策咨询委员会秘书长（兼）	骆　玲
决策咨询委员会秘书长（非校管）	王之华

备注：挂靠经济管理学院，实行决策咨询委员会领导下的院长负责制。

城市轨道交通研究院

职　务	姓　名
副院长	吴柏青
副院长（兼）	陈维荣
副院长（非校管）	罗世辉
副院长（兼）	马　驷
副院长（兼）	黄登仕
副院长（兼）	郭　进
副院长（兼）	应松宝

备注：挂靠科学技术发展研究院。

金融大数据研究院

职　务	姓　名
院长（兼）	李维萍

备注：挂靠数学学院。

城市轨道交通推进工作领导小组办公室

职　务	姓　名
主任（兼）	张文桂
副主任（兼）	郭　俊

美国研究中心

职　务	姓　名
主任（兼）	何云庵
副主任（兼）	林伯海

中国高铁发展战略研究中心

职　务	姓　名
主　任（非校管）	高　柏
副主任（非校管）	甄志宏
副主任（非校管）	程中兴

越南研究中心

职　务	姓　名
主　任	高　波

邓小平研究中心

职　务	姓　名
主任（兼）	何云庵
副主任（非校管）	杨　钢
副主任（非校管）	钱　奇
办公室主任（兼）	林伯海

西藏研究中心

职　务	姓　名
主任（兼）	林伯海

思想政治理论课教育教学研究中心

职　务	姓　名
主任（兼）	林伯海
副主任	许义文

廉政与治理研究中心

职　务	姓　名
主任（兼）	王顺洪
副主任	田雪梅
副主任（兼）	李　立

备注：该学院为虚体二级机构，挂靠马克思主义学院，归口文科建设处管理。

西南交通大学智能检测研究院

职　务	姓　名
院长	王郴平

（十）教师在国务院、教育部各学术委员会任职情况

国务院学位委员会第七届学科评议组成员信息汇总表

序号	单位名称	学科评议组组名	姓名
1	西南交通大学	34. 机械工程	周仲荣
2	西南交通大学	40. 电气工程	冯晓云
3	西南交通大学	46. 土木工程	何川
4	西南交通大学	48. 测绘科学与技术	李志林
5	西南交通大学	55. 交通运输工程	翟婉明

（十一）教师在各民主党派、社会团体任职情况

教师在各民主党派任职情况

民主党派名称	姓名	职务
民革中央	赵世春	委员
民革四川省委	赵世春	副主委、常委
民革四川省委	张祖涛	委员
民盟四川省委	高增安	副主委、常委
民盟四川省委	曾京	委员
致公党四川省委	罗霞	副主委、常委
致公党四川省委	江欣国	委员
九三学社四川省委	蒲云	委员
九三学社四川省委	周先礼	委员
民盟成都市委	高增安	副主委、常委
民盟成都市委	曾京	常委
民盟成都市委	陈辉	委员
民建成都市委	翁杰	常委
农工党成都市委	赵锐	常委
致公党成都市委	罗霞	主委、常委
致公党成都市委	江欣国	常委
九三学社成都市委	周先礼	副主委、常委
九三学社成都市委	张志强	委员
九三学社成都市委	丁国富	委员

教师在各社会团体任职情况

社会团体名称	姓　名	职　务
四川欧美同学会·四川留学人员联谊会	周仲荣	副会长
	林　青	副秘书长
	晏为力	理　事
	杨　飞	理　事
	江欣国	理　事
	翁　杰	理　事
	刘继才	理　事
	朱　焱	理　事
	郭春生	理　事
	陈滋利	理　事
四川知识分子联谊会	孙林夫	副会长
	贾建民	常务理事
	潘　炜	常务理事
	王　奔	理　事
	韦联福	理　事
	杨　苹	理　事
	陈滋利	理　事
	周　丹	理　事
	赵海全	理　事
	徐　菱	理　事
四川省归国华侨联合会	杨　苹	委　员
成都市党外知识分子联谊会	杨　飞	副会长
	赵海全	常务理事
	李映辉	理　事
	陈滋利	理　事
	江　奇	理　事
	张昆仑	理　事
	徐　菱	理　事
成都市归国华侨联合会	杨　苹	常　委
	朱　焱	委　员
第十三届成都市青年联合会	杨　飞	委　员
	赵　锐	委　员
	袁林果	委　员

续表

社会团体名称	姓名	职务
乐山市留学人员联谊会	高增安	副会长
金牛区侨联	江欣国	主席
	缪远莉	委员
	王兴	委员
	李子重	委员
	杨苹	委员
金牛区党外知识分子联谊会	袁林果	会长
	逄鹏	常务理事
	王涛	理事
	袁冉	理事
	梅红	理事
	刘广宇	理事
郫都区党外知识分子联谊会	褚长玲	特邀副会长
	邓君韬	执行副会长
	翁杰	常务理事
	郝莉	常务理事
	刘幼平	常务理事
	乐佳	理事
	周南	理事
	陈秀梅	理事

（十二）教师担任各级人大代表、政协委员、政府参事等情况

担任职务		姓名	性别	党派
第十二届全国人大	代表	罗霞	女	致公党
第十二届全国政协	委员	孙林夫	男	无党派
第十二届四川省人大	常委	赵世春	男	民革
	常委	贾建民	男	无党派
	代表	王顺洪	男	中共
	代表	李柏林	男	九三学社
	代表	潘炜	男	无党派
第十一届四川省政协	委员	顾利亚	女	中共
	常委	周仲荣	男	无党派
	委员	蒲云	男	九三学社（中共）
	委员	林青	男	民革

续表

担任职务		姓名	性别	党派
第十一届四川省政协	委员	史本山	男	民盟
	委员	冯全源	男	民进
	委员	杨苹	女	无党派
	委员	高增安	男	民盟
第十六届成都市人大	代表	王顺洪	男	中共
	代表	肖守讷	男	九三学社
	代表	翁杰	男	民建
	代表	乐佳	女	台盟
第十四届成都市政协	副主席	罗霞	女	致公党
	常委	左德元	男	民革
	常委	曾京	男	民盟
	常委	张翠芳	女	九三学社
	委员	卢世炬	女	中共
	委员	高增安	男	民盟
	委员	徐志根	男	民进
	委员	崔珩	女	民进
	委员	王晓茹	女	农工党
	委员	黄登仕	男	致公党
	委员	王莉	女	九三学社
	委员	陈滋利	男	无党派
第七届金牛区人大	常委	白天蕊	女	九三学社
	代表	袁林果	男	无党派
第七届金牛区政协	委员	汤家法	男	民建
	委员	周南	女	民革
第十八届郫都区人大	代表	丁国富	男	九三学社
第十届郫都区政协	常委	蒲云	男	九三学社（中共）
	委员	刘桓龙	男	无党派
第十七届峨眉山市人大	代表	沈火明	男	中共
	代表	王懿萍	女	无党派
第十四届峨眉山市政协	常委	高海平	男	民建
	常委	王伟	男	九三学社
	委员	张全文	男	民盟
	委员	杜海忠	男	九三学社
	委员	王小可	男	九三学社

续表

担任职务		姓名	性别	党派
第七届乐山市政协	委员	段雪芬	女	中共
	委员	董亮	男	九三学社
四川省人民政府	参事	叶子荣	男	民革
	参事	潘炜	男	无党派
四川省检察院	特约检察员	胡玲	女	民进
四川省教委	特约教育督导员	胡培	男	无党派
成都市人民政府	参事	戴宾	男	中共
	参事	翟婉明	男	中共
成都市监察局	特约监察员	张志强	男	九三学社
	特约监察员	杨敏	男	无党派
	特约监察员	徐志根	男	民进
	特约监察员	江欣国	男	致公党
	特约监察员	田雪梅	女	中共
	特约监察员	孟华	男	民盟
成都市人民检察院	特约检察员	周先礼	男	九三学社

四、特载与专文

立德树人　强化责任
全面加强学校思政工作　全力推动学校不断前进

——王顺洪书记在西南交通大学思想政治工作会议上的讲话

老师们、同学们、同志们：

大家好！

今天，我们在这里隆重召开西南交通大学思想政治工作会议，就是要全面贯彻全国、全省高校思想政治工作会议精神和习近平总书记系列重要讲话精神及治国理政新理念新思想新战略，尤其是习近平总书记关于教育的系列重要讲话精神，就是要站在实现“两个一百年”奋斗目标和中华民族伟大复兴中国梦的战略高度，着眼于保证中国特色社会主义伟大事业后继有人的战略考量，谋篇布局西南交通大学的各项工作。

一、全面深刻领会习近平总书记重要讲话精神和全国高校思政会精神，牢牢把握正确政治方向，扎根中国大地办大学

众所周知，高校肩负着人才培养、科学研究、社会服务、文化传承创新、国际交流合作的重要使命，是巩固马克思主义指导地位、发展社会主义意识形态的重要阵地。习近平总书记说：“中华民族历来重视教育，始终把教育作为治国安邦的大事。”“正所谓‘育才造士，为国之本’。”“教育兴则国家兴，教育强则国家强。高等教育发展水平是一个国家发展水平和发展潜力的重要标志，世界各国都把办好大学、培养人才作为实现国家发展、增强综合国力的战略举措。”习近平总书记还说：“当前，我们正处在全面建成小康社会决胜阶段，我们比历史上任何时期都更加接近中华民族伟大复兴的目标。中华民族和中国人民千年求索、百年奋斗的目标，将在不远的将来变为现实。我们对高等教育的需要比以往任何时候都更加迫切，对科学知识和卓越人才的渴求比以往任何时候都更加强烈。重视教育就是重视未来，重视教育才能赢得未来。”习近平总书记在2014年5月4日与北大师生座谈时也说：“办好中国的世界一流大学，必须有中国特色。没有特色，跟在他人后面亦步亦趋、依葫芦画瓢，是不可能成功的。”“我们要认真吸取世界上先进的办学治学经验，更要遵循教育规律，扎根中国大地办大学。”“我们有独特的历史、独特的文化、独特的国情，决定了我们必须走自己的高等教育发展道路，扎实办好中国特色社会主义高校。”

习近平总书记的重要讲话全面深刻回答了事关我国高等教育事业发展的一系列重大问题，是新形势下怎样办好高等教育的纲领性文件。全校必须认真学习领会总书记系列重要讲话精神，坚持正确的政治方向，坚持正确的办学方向，扎根中国大地办轨道交通特色型一流大学，并以此方向和目标凝聚全校的人心、力量和智慧，统一全校的思想、认识和行动。

二、全面深刻领会“四个服务”，深刻理解加强和改进高校思政工作的特殊重要性和现实紧迫性

习近平总书记指出：“高等教育是一种社会存在，不同社会制度决定着不同的教育目的。我国高等教育发展方向要同我国发展的现实目标和未来方向紧密联系在一起，为人民服务，为中国共产党治国理政服务，为巩固和发展中国特色社会主义制度服务，为改革开放和社会主义现代化建设服务。脱离了这个最大实际，高等教育就丢失了办学的根本，就很难办好。”

要坚持正确的政治方向，离不开做好思想政治工作。我们必须明白：如何加强和改善党对高校的领导，如何巩固马克思主义在高校意识形态领域的指导地位，如何履行好立德树人的根本任务，如何更好地把高校师生凝聚在党的周围，如何发挥高校对全社会思想文化建设的促进作用，都需要做好高校的思想政治工作。咱们西南交通大学也不例外。我们必须全面贯彻党的教育方针，坚持社会主义办学方向。要以立德树人为根本，以理想信念教育为核心，以社会主义核心价值观为引领，全面加强学校的思想政治工作。我们要全面加强和改善党的建设，以党的先进性带领学校各项工作实现先进；要全面加强和改进学校党委对思政工作的领导、规划与设计，明确学校思政工作的总体目标、实现途径与方法、考核与奖惩等等；要建设全校师生均是思政工作的参与者又是思政工作的受教育者的全员、全过程、全方位育人的长效机制；要实现校风校貌、师德师风、班风学风等全面加强和改善；要培养建设又红又专、德才兼备、全面发展的西南交大杰出干部、师生团队，同时为实现学校复兴提供强大的文化力量和精神支撑！

三、客观总结学校思政工作的经验与不足，科学把握新形势下学校思政工作的总体要求

我们都知道，西南交通大学诞生于民族危机日益深重的半殖民地半封建的旧中国，为挽救民族危亡、教育救国、实业救国而矢志培育人才。121年来学校始终与民族、与人民同呼吸、共命运，只要祖国和人民需要，交大就始终屹立不倒、奋勇前进。学校的办学历史与中国铁路从无到有、从弱到强的发展史是一脉相承的，也是近现代中华民族凤凰涅槃的苦难辉煌史的一个缩影，见证了近代中国的屈辱与战乱，更见证了新中国逐步接近中华民族伟大复兴的历史步伐。学校跨越三个世纪的沧桑办学历程，根植于博大精深的中华优秀文化的土壤，锻造了学校“爱国荣校”的光荣传统和“竢实扬华、自强不息”的交大精神，121年中学校无论在历史上遇到任何艰难险阻都能始终做到不忘初心、把准航向，始终保持与祖国和人民不离不弃的坚定信念。这是学校加强和改进新形势下思想政治工作的历史根基和文化根基。

西南交通大学121年的办学历程，培养了以罗忠忱教授为代表的一大批爱国爱校爱生的教师典范，罗忠忱教授自1912年到学校任教，1955年退休，1973年在唐山校园去世，在学校连续工作生活61年，一直都在学校默默奉献，当时的教育部和铁道部曾多次褒奖他。他严谨治学，又关爱学生，对教育忠诚、对学生负责，桃李遍天下，开创了我校“严谨治学、严格要求”的办学传统。茅以升、黄万里等许多学生成为他的高足，黄万里先生曾经评价恩师罗忠忱说：“……曾在学19年，承恩中外师长不啻百人，然于教诲恳切，授法精湛，任职认真，盖未有出吾师之右也。”罗忠忱教授爱校如家，曾两次出任学校校长；在抗战时期，在学校危难关头，他力邀茅以升回校任职。121年来，一代又一代交大教师以罗忠忱教授为榜样，为学校人才培养、为国家轨道交通事业发展和中华民族伟大复兴默默耕耘、贡献智慧和力量。

西南交通大学121年的办学历程也培养了以茅以升、竺可桢、林同炎、张维、刘恢先、严恺、黄万里等为代表的一大批爱国荣校的杰出校友，大家都知道，在中共中央、国务院、中央军委表彰的23位“两弹一星”功勋奖章获得者中，我校校友就有3位，分别是陈能宽、吴自良、姚桐斌，这是学校人才培养历史上的无上荣耀，他们三人为了国家和民族的最高利益“顾大家舍小家”，不计个人得失，克服重重困难，在那么艰难困苦的条件下取得了如此举世瞩目的巨大成就，值得我们全体中华儿女所铭记，更应永远成为全体交大人的学习楷模。抗战期间学校被迫南迁、颠沛流离，在战火纷飞的环境下师生相依为命，在豆油灯下、在矮草屋中依然培养了一大批以院士、大师为代表的杰出人才，这是学校先进思想力量和强大精神力量的伟大胜利。抗美援朝战争中，我校作为全国唯一奉命参战的高校，除了在后方捐款捐物、增产节约支援前线外，更先后组织了三批工程队赴朝鲜参加军用机场的修建等，为夺取抗美援朝的伟大胜利贡献了力量。之后，无论是在唐山、在峨眉，还是在成都，学校的思想政治工作始终坚持常抓不懈、常做常新，涌现出了以朱铃教授等为代表的一大批优秀的思想政治工作者和教书育人楷模，积累了丰富的思想政治工作经验。朱铃教授今年已88岁高龄，依然奋战在学校思想政治工作一线，坚持为了学生的健康成才无私奉献、诲人不倦，全校广大教师尤其是全体思想政治工作者都应该向朱老师学习。2000年我校在教育部本科教学优秀评价中提出了"'严谨治学、严格要求'，承扬百年老校办学优良传统"和"坚持'大德育'思路，'一体两翼'并进的育人方针"两大办学特色；2007年教育部本科教学工作水平评估中，我校又进一步丰富发展了两大办学特色，发展为新两大办学特色，即："承扬'双严'传统，强基础，重实践，求创新，培养优秀轨道交通人才；竢实扬华，厚德树人，培养信念坚定、人格健全、全面发展的高素质人才"，均受到了教育部专家组的高度好评，等等。可以说，全校的思政工作在广大师生尤其是全体思想政治工作者们的辛勤努力下，为学校改革、发展、稳定做出了重要贡献。

但是，我们还要清醒地认识到，我校的思政工作仍然存在许多薄弱环节，全校上下对此必须引起高度重视。习近平总书记在全国高校思政会上指出的一些高校思政工作上的不足，在我校同样也存在。例如，存在重教书轻育人、重智育轻德育、重科研轻教学等现象；存在个别教师不能教书育人、不能为人师表，在讲台上违反纪律要求的现象；存在没有把教书与育人、授业和传道有机结合的问题，学校缺乏人人皆是育人主体、人人都是育人氛围的大环境；思政工作的针对性不够、吸引力不强、效果不佳；思政课教育入脑入心率不够高；教师教学中、机关及后勤的服务中，育人意识还待加强，全体教职工对育人重要性的认识也不足；在哲学社会科学育人功能的发挥上，缺乏明确思路和路径选择，学术评价导向存在偏差，对马克思主义理论研究和建设工程的重要性认识不足、投入不够；文化阵地和网络思政阵地建设不足，缺少思想政治工作创新驱动机制和大思路；思想政治工作队伍建设亟待加强，师德师风建设有待更加完善，对新入职教师职业道德的要求不够；校院两级党的领导有待进一步加强，各级党政领导班子对思政工作重要性的认识和重视程度有待提高；校园精神文明建设乃至全校的精气神建设也还不够，等等。

以上这些还只是学校思想政治工作表象上的不足。我们是不是看到了造成这些不足的深层次原因？我认为，我们全校上下学习、理解、贯彻、执行习近平总书记系列讲话重要精神和治国理政新理念新思想新战略不够，尤其是学习、理解、贯彻、执行习近平总书记关于教育的系列重要讲话不够；在工作的精气神等方面，向党中央和习近平总书记看齐不够。大家都有目共睹，总书记提出人类命运共同体，为全世界、全人类担当；"打老虎""拍苍蝇"、抓"八项规定"，正风肃纪，为国家、为人民担当。这些事做起来容易吗？这需要多大的勇气和担当！我们有没有这样的担当，有没有这样的勇气，有没有这样的精气神？"四个意识"不是口号，不是说说，而要体现在行动上，要落实在行动上。

老师们，同学们，同志们！无论任何时候、任何情况，思想政治工作都是中国特色社会主义高校的灵魂工程，更是学校各项工作的"根"和"魂"。淡化甚至忽视思想政治工作，学校的发展就会迷失方向，培养出来的学生就会得思想上的"软骨病"。

立足学校现阶段思想政治工作实际，着眼学校和国家的长远发展，新形势下学校的思想政治工作的总体框架和总体要求是：

一是明确方向。我常说，方向明则心头亮，方向正则劲头足；方向正确，假以时日，事业可成；方向偏离，失之毫厘，谬以千里；方向错误，则南辕北辙，投入的时间、精力和积极性越多，造成的损失会越大，甚至要付出难以挽回的代价。新形势下学校思想政治工作的方向就是扎根中国大地办好中国特色社会主义大学，坚持不懈传播马克思主义科学理论，坚持不懈培养和弘扬社会主义核心价值观，坚持不懈促进高校和谐稳定，坚持不懈培育优良校风和学风，培养和建设又红又专、德才兼备、全面发展的西南交大干部和师生团队，并使大家最终真正成为中国特色社会主义合格建设者和可靠接班人，为人民服务，为中国共产党治国理政服务，为巩固和发展中国特色社会主义制度服务，为改革开放和社会主义现代化建设服务。

二是加强学习。思想指导理论，思想决定信念，信念决定行动，信念决定行为。加强学校思想政治工作，同样需要学习。全校上下一定要重视学习，认真学习好总书记系列讲话重要精神和治国理政新理念新思想新战略，认真学习好总书记的担当精神和爱民情怀，认真学习好党和国家路线方针政策和新知识，掌握更多更好的工作方法和能力。

三是加强领导。习近平总书记指出，办好我国高等教育，必须坚持党的领导，牢牢掌握党对高校工作的领导权，使高校成为坚持党的领导的坚强阵地。校党委是学校工作的领导核心，更要担负起全校思想政治工作的主体责任，做好顶层设计和总体部署，加强领导和指导，二级党组织同样要担负起本单位思政工作的主体责任，积极构建党委统一领导、校院两级联动、各部门齐抓共管的工作格局。

四是建好队伍。习近平总书记指出，思想政治工作从根本上说是做人的工作。那谁来做人的工作呢？还是要由人来做。我前面讲了全员机制，这是对全体师生的要求。打铁还需自身硬，要把思政工作做出更好更高的水平，还必须有一支高水平、高觉悟、信念坚定、作风顽强、爱岗敬业、奋发有为、有能力、有水平、有情怀的思政工作专职队伍。总书记说："这是一支不可或缺的队伍，也是一支值得信赖的队伍。要建设好这支队伍，保证这支队伍高质量、高水准，保证这支队伍后继有人、源源不断。"总书记说："各级党委政府和高校要像关心教学科研骨干的成长一样，关心思想政治工作队伍成长，使他们工作有条件、干事有平台、待遇有保障、发展有空间，最大限度地调动他们的积极性、主动性、创造性。"

五是问题导向。马克思曾经讲过，历史本身除了通过提出新问题来解答和处理老问题之外，没有别的方法。做好新形势下学校的思想政治工作，必须要强化问题意识，坚持问题导向，通过调查研究找准问题所在、分析问题症结，形成我们工作的着力点。除了我前面讲到的一些不足以外，各单位都要认真查摆不足、查找问题、分析原因、认真整改，加强思政工作。

六是狠抓落实。找问题的目的是解决问题，是加强和推进工作，所以务必狠抓落实。事业不是喊出来的，而是干出来的。千忙万忙，不抓落实就是瞎忙；千招万招，不能落实就是虚招；千条万条，不去落实就是白条。小问题不解决会变成大问题，老问题不解决会衍生出新问题，局部问题不解决也会演化成全局性的问题。因此，做好新形势下学校思想政治工作必须做到落实落实再落实，必须要建立完善清晰的责任体系，各个责任主体都要守好一段渠、种好责任田。

七是全校行动。习近平总书记强调，要把思想政治工作贯穿教育教学全过程。这就意味着做好学校思想政治工作人人有责，不单单是某几个部门的事、某几个人的事，而是全校的事、每一个人的事，要坚持全员全过程全方位育人，形成教书育人、科研育人、实践育人、管理育人、服务育人、文化育人、组织育人长效机制。谁的责任落实不力甚至因此出了问题，就要追究谁的责。

八是改革创新。要做好高校思想政治工作，解决好学校思想政治工作所面临的新情况、新问题，唯有通过改革创新才能有效解决，唯有改革创新才能不断增强思想政治工作的时代感、亲和力、实效性和针对性。同时，新时期新阶段学校的思想政治工作，无论是时代背景、内外环境，还是工作对象、工作内容、工作方法都发生了新的变化，呈现出新的特征，如果我们还是老思维、老方法，肯定不可能会有新起色，所以我们必须要用新思维、新模式、新方法来开展新工作，常做常新、久久为功。

四、遵循三大规律，齐心协力谱写学校思想政治工作新篇章

习近平总书记强调，做好高校思想政治工作，要遵循思想政治工作规律，遵循教书育人规律，遵循学生成长规律，不断提高工作能力和水平。高校思想政治工作是一项涉及面广、贯穿于高校各方面工作的系统性工程。我们必须要有“大思政”的工作理念，推动全员参与、全方位参与、协同参与，将思想政治教育各环节紧密衔接，侧重相辅、主次相成，形成有效的育人合力，切实提高学校思想政治工作整体水平。

老师们，同学们，同志们！具体怎么做，学校党委即将下发加强和改进学校思政工作的实施意见（即学校党委2017年19号文件），刚才启鹏副书记已经做了详细的讲解。这个实施意见在我去年12月8日参加了全国高校思政会回来后就立即进行了布置、提出了要求，我和校长在寒假中参加完中组部、中央党校、教育部党组组织的思政会精神学习回来后，我又再一次召集有关部门进行了学习讨论和任务布置，之后又直接参与了多次意见听取和文件修改，至今差不多修改了十稿。5月22日上午的常委会也认真进行了集体讨论，并原则通过了这一实施意见，我就不再一一再讲一遍了。总之，在西南交通大学，这是一个非常非常重要的文件，请全校务必要高度重视，认真学习，认真领会，认真贯彻，持之以恒抓出成效。我希望全校绝不仅仅就思政会而谈思政工作，要切实领会思政工作是涉及和影响全校各项工作好坏、优劣的全局性工作。

习近平总书记在12月8日的讲话中一共讲了六大方面，即：深化对做好高校思想政治工作重大意义的认识；用“坚持不懈传播马克思主义科学理论、坚持不懈培育和弘扬社会主义核心价值观、坚持不懈促进高校和谐稳定、坚持不懈培育优良校风和学风”这“四个坚持不懈”**强调了必须坚持社会主义办学方向**；用“正确认识世界和中国发展大势、正确认识中国特色和国际比较、正确认识时代责任和历史使命、正确认识远大抱负和脚踏实地”这“四个正确认识”**强调了如何提高学生思想政治素质以及人才培养中首先要解决的怎么做人的问题，要坚决纠正和克服培养没有思想、没有灵魂的精致的利己主义者的情况发生**；用“用好课堂教学这个主渠道、加快构建中国特色哲学社会科学学科体系和教材体系、更加注重以文化人以文育人、运用新媒体新技术使工作活起来”这四个方面**强调了如何推动高校思想政治工作中的改革创新，做到沿用好办法，改进老办法，探索新办法**；用“坚持教书和育人相统一、坚持言传和身教相统一、坚持潜心问道和关注社会相统一、坚持学术自由和学术规范相统一”这“四个相统一”强调怎么加强高校师资队伍建设，**强调教师是人类灵魂的工程师，承担神圣使命，强调高校思想政治状况具有很强的示范性，传道者自己首先要明道、信道，要求高校教师要坚持教育者先受教育，努力成为先进思想文化的传播者、党执政的坚定支持者，更好担起学生健康成长指导者和引路人的责任，强调要加强师德师风建设，把教育培养和自我修养结合起来，引导广大教师以德立身、以德立学、以德施教，要求高校教师思想政治工作，要落实到教学科研活动中，体现在育人育才过程中；最后，总书记从地方党委怎么做、高校党委怎么做、党委领导下的校长负责制怎么运转、学院中层以及基层党的建设和思政工作怎么做，乃至到民办高校怎么做等方面，全方位强调了加强和改进党对高校的领导、党对高校思想政治工作的领导**。总书记的讲话实际上涉及高等教育建设改革发展的方方面面，所以我再一次希望和要求大家，不要停留在就思政而谈思政上，而是要从全局工作来体会思政工作的重要性，来实现思政工作的全面加强。

老师们，同学们，同志们！我今天的讲话中，很多地方均直接引用了习近平总书记在全国高校思想政治工作会议上的讲话内容，这是因为总书记的重要讲话已经讲得非常透彻、非常到位，讲得非常接地气、聚人气、鼓士气，讲得非常具有可操作性。所以，在此我再一次要求大家在这次全校加强思政工作的任务落实中，要反反复复地去读总书记重要讲话的原文，要逐字逐句地去读中央31号文件，要不折不扣地学习贯彻好学校党委2017年19号文件。

老师们，同学们，同志们！思想政治工作是中国共产党由弱到强并取得中国革命和建设胜利的一个锐利武器。我们今天要加快学校发展，必须全面加强学校思想政治工作，并由此带动实现西南交通大学的各项工作的全方位加强，从而全面推动学校不断前进。更具体地说，就是要通过西南交通大学思政工作的一流带动全校各项工作实现一流，要逐步实现西南交通大学校院两级党政班子和干部队伍领导力、执行力、战斗力一流；实现党风政风、校风师风、班风学风一流；实现教育教学、人才培养、学生工作一流；实现师资队伍、思政队伍、管理队伍、服务队伍综合素质一流；实现引才引资工作一流；实现科学研究和学科整体水平一流；实现马克思主义学院与马克思主义理论学科、哲学社会科学等学科一流；实现组织干部工作、新闻宣传工作、统战工作、群团工作一流；实现离退工作和老同志作用发挥一流；实现财务资产管理与后勤保障一流；实现对外合作与校友工作一流；实现校容校貌、校园秩序一流，等等。我刚才一口气说了十二个“一流”，仍然没有概括学校的所有工作。没有说到的并不是就不重要，也要用一流来对标。总之，学校工作要实现全面、全方位一流。

这十二个“一流”，除了科学研究和学科建设需要长期的基础积累以外，其他方面的一流都可以通过努力得到大力提升和快速提升。这十二个“一流”，全校要一个一个地突破，一个一个地实现。在此，我对每个部门、每个领域都提出了一流的工作目标和任务要求，各单位、各部门都要努力去争创。学校要成立创一流工作领导小组，制定创一流的标准，全力推进学校创一流工作的评比、考核与奖惩，要通过全校各项工作争创一流的过程，实现学校向一流的不断靠近，助推西南交通大学整体步入一流大学行列。

老师们，同学们，同志们！在最近和校长一起向有关领导和专家汇报学校“双一流”工作过程中，我俩一致提出：要把西南交通大学建设成轨道交通领域世界第一的大学。这绝不是一句空洞的口号，全校一定要一起努力、一起拼搏、一起奋斗！一定要敢于拼搏、敢于胜利、敢于冒尖！一定要牢牢记住：复兴交大，我的责任；复兴交大，我要领先；复兴交大，众志成城！一定要更加紧密地团结在以习近平同志为核心的党中央周围，高举中国特色社会主义伟大旗帜，坚决维护核心，坚持“四个意识”，忠诚担当，牢牢抓住“双一流”建设和贯彻落实全国高校思想政治工作会议精神的重要契机，团结一心、再接再厉，为创建轨道交通领域世界第一的大学而继续奋斗！以实际行动和优异成绩书写中华民族伟大复兴中国梦的西南交大篇章，迎接党的十九大胜利召开！

谢谢大家！

坚定不移朝着“交通特色鲜明的综合性研究型一流大学”总目标，扎扎实实建设轨道交通领域世界第一的西南交通大学

——王顺洪书记在中共西南交通大学委员会十四届八次全体（扩大）会议上的讲话

近期，我一直在思考这样一些重要问题：学校发展至现阶段，我们要抓的主要领域、主要任务是什么？要抓的工作短板、薄弱环节是什么？要抓的关键部门、关键环节、关键节点又是什么？这几个问题，请全体与会同志也认真思考，并作为分组讨论的主题之一，各抒己见、凝聚共识；同时，在今后工作中，全校各单位也要把这些问题作为思考和制订工作计划的必答题，认真思考和回答。

同时，我也在想，学校现阶段的主要矛盾是什么？我认为，应该是：国家轨道交通飞速发展、高铁“走出去”“一带一路”倡议对大交通软、硬科技的需求与我校的有效供给不足的矛盾，是校友和师生对美好生活的追求与学校给予的有效帮助不足的矛盾。是不是这两对矛盾，也请大家讨论。这两对矛盾，直接反映了学校的发展差距，反映了学校的发展本领还不够强，水平还不够高，发展动力和发展劲头还不够足，也直接决定着学校未来的发展态势。深挖这两对矛盾背后的根源，我认为，是学校人才短缺、资金短缺，是学校缺敢担当、敢作为、有水平、有能力的一批好干部，缺科学的管理机制和全校上下同甘苦、共奋斗的精气神。

所以，今天我要讲讲人才工作、经济工作、干部队伍建设以及以全方位的一流工作带动一流大学建设。

一、人才工作

我们都知道，人才强校是学校的主战略、第一战略，这充分说明了人才工作的极端重要性。人才工作的重要性，我在多个场合、多个会议上已强调很多次，今天仍要不厌其烦再强调几点：

一是务必落实人才工作责任制。有责任才能有担当，责任制就是要明确谁该为人才工作负责、负什么责、如何负责。有人才才有其他的一切发展，做好人才工作，校院两级都责无旁贷。学校党委总揽人才工作全局，党委常委们对联系单位的人才工作负有领导责任，组织和人事部门既要做好人才工作总体规划的监督落实工作，做好人才评价科学机制建设，也是人才引进、人才培育、人才管理等各项人才工作的牵总单位，各学院、各学科要具体落实好人才队伍建设工作，院长和二级党组织书记是本单位人才工作的第一责任人。年度人才工作计划要有具体的目标指向、明确的指标计划、清晰的操作举措。各单位要把人才工作作为年度述职的重要内容，定期向学校党委和师生校友报告，工作要敢于逗硬，强化问责，该奖励的奖励，该批评的批评，该处罚的处罚。人才工作绝不能以各种借口、理由搪塞推责。

二是人才工作务必引育并举。

一要引得准、引得多。引才工作不要眉毛胡子一把抓，哪些学科引、哪些重点引，心里要十分清楚。在我们要大力建设的轨道交通领域，已经有一些底子的交通运输工程学科，也绝对不能自满，在这个学科实际上学校也已经没有半点可自满的本钱了，在国家第三次学科评估中，我校这一学科就已危机四伏，是与东南大学并列第一。所以，这个学科的人才队伍建设，也刻不容缓，这个学科的四个二级学科中，排名全国第一的铁道与道路工程要朝着“梦之队”的方向发展，位于北京交大之后的交通信息工程及控制、位于长安大学之后的载运工具运用工程，均排名全国第二，仍须不断努力，要争取排名第一，交通运输规划与管理排名不够理想，要紧紧追赶上来。在土、机、电、信、测绘、地质等学科中，排名第一或靠前的二级学科，如桥梁隧道工程、车辆工程、电力系统及其自动化等等，也要往“梦之队”方向努力，但有的二级学科实力相对较弱，是这些一级学科总排名上不去、一直在六至十二名徘徊的关键原因，就像学生高考有偏科一样，总成绩肯定上不去。所以，还必须要想方设法补短板。在材料、生命、管理、人文、马列等学科，更要解放思想，发挥后发优势，广泛引进人才，通过人才队伍的超越，带动学科超越。

二要建立各单位快速识才引才响应机制。进一步明确各单位书记、院长是人才工作的第一责任人。校院两级都要完善人才工作奖惩机制并认真抓好落实，都要建立本单位所涵盖的学科领域内全国乃至全球的高端人才库，持续跟踪、联络、学习。各单位网站的首页都要有引才、用才的具体政策与举措，并要直接发布院长的联系方式而不是人事秘书的联系方式。要让遍布海内外的各类学科高端人才看到西南交大对人才的渴求以及引才用才的诚意、决心。这里，我要跟大家讲讲生命学院引才的例子，周先礼和任平弟两位同志做得很好，值得大家学习。先礼同志当生命学院院长时，为了引才，为了不失约，同时也担心改约容易让人才产生不被重视的错觉，他在大年初二母亲去世“头七”还没过的情况下，毅然如期赴上海与人才会面，并且告诉人才，只要人才能够加盟，自己的院长可以不做，主动让贤给人才。继任的平弟院长则有一股韧劲、认真劲，有的人才他可以跟踪联系近十年，与人才心贴心地交朋友。正是因为有这样持之以恒的努力，终于有了回报，今年他们成功地引进了长江学者和杰青。

三要以才引才，加强团队建设。万事开头难，引才的量上去后，会有榜样效果和连锁反应，引才工作自然也就越做越顺、越做越好。大家议论较多的海外院长工作，觉得给钱多、不值。其实不是这样，主要是咱们怎样发挥好海外院长的作用还很不到位，是咱们对他们用得不好，这些海外院长中将才、帅才不少，是咱们没用好他们。有些用得好的单位已经开始开花结果了。所以，不是这项工作本身不好，而是我们自己视野不宽、能力不足，我们要多从自己身上找原因。当然，也有个别海外院长不够称职，我们要加强管理，提出要求。

四要既坚持引才工作的原则性，也应注重灵活性。引才工作两个“五分之四”的特别评审程序要进一步优化和完善。对于看准的人才，动作必须要快、准，当机立断，此时一定要突出一个“抢”字！有学校人才与师资工作特别评审专家组和书记、校长签批就可以引，一切手续要从简。有些人才是十年磨一剑的大才，更不要被论文数等指标所束缚。

五要更加重视人才培育。引才绝不能出现“引进了女婿气走了儿子”的现象。无论是学校的本土人才还是引进的外来人才，都是学校建设一流大学的主要依靠力量，不能顾此失彼，需要同等对待。全校各单位应在学校已有政策基础上开动脑筋，充分激发本土人才队伍的内在动力和活力，广泛发现有潜力的好苗子，有计划有步骤地下大气力积极培育。本土人才队伍建设上，要敢于提目标、压担子、给支持、留空间，积极把学校大批本土人才培育成“参天大树”。要建设好各类人才的各类晋升、学习通道，让西南交大成为人人皆可成才、人才迸发的高地。

六要关心人才的软、硬环境建设。首先，要在全校营造尊重人才的良好氛围，要让各类人才在西南交大生活、工作、学习得有幸福感、有尊严、有话语权。学校各类人才提出的意见和建议，机关部处和各学院要高度重视，逐条认真加以研究，并尽可能吸纳、落实；其次，要爱才护才，对人才既不拔苗助长，又要十分关心、帮助他们快速成长，还要帮助他们解决各种后顾之忧，例如，帮助他们上好第一课，帮助他们申请好第一个自然科学基金项目，帮助他们参与科研团队开展科学研究，帮助他们配备好发展导师，帮助他们完成各阶段重要工作并成为各类人才；再如，关心他们的思想和压力，关心他们的健康和家庭，让他们幸福生活，心情舒畅地工作，例如，长辈和下一代，使他们能更专心、有更多精力为国家、为学校发展做贡献，实现忠孝两全；第三，要加强全校人才政策的配套完善，为各类人才充分发挥作用做好充足保障，只要人才在实际工作中需要的条件，校院两级都要千方百计想办法提供支持。

七要重视人才队伍德艺双馨建设。校院两级要把人才队伍的大师风范建设放在重要位置，充分发挥学校各类人才的示范引领作用。学校要加强对每一位人才的帮助、引导与教育，使每一位人才都能成大才、成大器，使每一位人才都明白才为谁所用、为谁服务这一方向性问题。才一定要为党治国理政的事业所用、为祖国建设所用、为学校发展所用，人才在服务祖国、发展学校过程中实现成才。只有这样，人才才能成长得快，才能成为大才、大师。所以说，要使每一位人才都成为德艺双馨、德才兼备的大师，既有学术方面的高深造诣，又有谦虚谨慎、不骄不躁、虚怀若谷的大师风范，使每一位人才成了才也能感恩国家和组织的培养、学校的培育、团队的支撑，而不是一朝成龙成凤，就马上忘记了社会、母校以及自己的学术团队和亲人对你的大力支持。这方面大家要多向学校的几位院士学习。

二、经济工作

我多次讲过，学校要加快发展步伐，要实现历史性复兴，必须要有持续的、强有力的经济支撑。经济支撑是我们建设学校复兴大厦的重要基础，没有充足的经济支撑，复兴伟业就无法实现，万丈高楼不可能平地起。全校必须重视经济工作，一是要加大引资力度；二是全面加强对外合作工作；三是加强管理，校内挖潜和节流；四是减员增效，继续坚持一般工作人员“零进人”制度。具体为：

一是引资工作要上升为学校硬任务。关于引资工作，我一上任就反复特别强调，也像人才工作一样，在很多场合、很多会议讲过很多次。不少知识分子羞于谈钱，但为了学校发展，我不怕人家议论我不清高。我也深知：“大学，非大楼之谓也，乃大师之谓也”。但目前学校是既要大师也要大楼，学校要发展、师生要幸福，不管哪一项工作都需要钱，样样都需要钱。但是近些年学校的引资工作做得不够好。关于引资工作，我一直在想，学校给学院的政策已经非常到位，为什么效果仍然不佳？一是学校名气不够响亮，二是这项工作确实是难，三是工作没有逗硬，没有上升为推进学校改革发展的硬任务，四是校领导带头不力。现在看，必须要从操作层面上把引资工作明确为校院两级班子和全校干部的重要考核指标，每年都要提出较为明确的引资工作目标，同时进一步优化激励机制，奖勤罚懒、奖优罚劣。人事处、合联处（校友办、董事会等）、计财处、各学院等要协同联动，在不违反中央有关要求和文件精神的前提下，进一步细化和落实考核机制以及激励机制，让引资工作成效显著的单位和个人拥有明显的获得感。

二是全面加强对外合作工作。引资工作除了积极培育捐赠文化氛围，激励师生校友捐赠常态化之外，更要全力加强对外合作，全力加强各研究院的建设与管理。一方面，要依托学校的学科优势、人才优势和科技优势，通过各地已有的研究院这一平台，全力服务地方经济社会发展。有为才有位，在服务地方经济社会发展的同时，建设好研究院，为学校开辟新财源，成为一个个支持学校发展的小发动机。另一方面，就是要深度拓展与学校的专业、学科相关的企业之间的广泛合作，帮助企业培育急需人才、培训现有科技管理骨干，并通过科研合作项目共建共享更多科研平台、增添科研设备，开展更多的科研合作，大幅度提升学校的科研经费和实力等。第三方面，要进一步推动远程与继续教育学院与各学院、峨眉校区之间的互动，充分用好学校的办学资源，做好各类人才培训工作，尤其是借助“一带一路”的东风，广泛开展国际任务的培训工作，既实现效益递增，又推进峨眉校区高端培训基地建设。

三是全面全力全方位加强校友工作。首先，要建立“一天是学生、终生培养关心学生”的人才培养理念。学生们一旦跨进了西南交通大学校门，学校就要开始与其保持终生的紧密联络；从入学起，校友办与档案馆（校史办）就要建立起每人一档，并持续更新，一直关心至校友身后的流芳百世；全校要持续关心帮助学生（校友）的成长与发展，例如，学校要建立校友人才库，在学生毕业时，学校要帮助毕业生寻找、联络和安排学长中的人生导师；学校既要关心校友的事业，也要关心他们的健康，对于他们的困苦也绝对要施以援手，要使他们知道母校这个港湾并随时能想到母校，就像我今年给毕业生说的：“风大雨大，记得给母校打电话”；要更细更扎实更讲亲情地开展校友工作，例如，校友会不仅按地域设置，还要按行业设置，如企业家分会、党政干部分会等等，校友们可交叉参加多个分会；要建立校友发展基金，今后校友的捐赠均进入该基金，该基金专门用于支持母校和校友发展。校友发展或校友遭遇困苦，需要用钱时，均可使用该基金；要经常请校友中的人才回来给在校生做讲座和交流，也可在各地、各市经常组织学校领导、学校名师和校友中的人才一起，与当地的校友们互动，把校友活动组织得更加丰富多彩；校领导、教授们也要将学校的资源平台和个人平台用于校友的成长与发展，积极主动帮助校友搭桥铺路；要加强校友中各种微信群的建设与引导，用好新媒体等做好校友工作。

四是要加强学校企业和公司经理队伍建设。发挥现有校办企业的作用，理清企业发展思路，更重要的是培育公司经理队伍的经营管理水平和爱校情怀，不断提升企业对学校的回报能力。学校产业处、计财处、人事处等要会同学校国资委、校产集团公司拿出切实可行的、有可操作性的、有力度的举措，加强对校办企业发展进行规划和业务管理。既为学校当好“防火墙”，又为学校拓展搭建平台，更为学校发展起到一定的“造血”作用。值得大家注意的是，校企各单位务必诚信经营、守法经营、坚守底线。在上半年中央对中管高校的巡视反馈意见中，有23所高校出现了校办企业经营管理混乱、廉洁风险大的问题，主要根源就是校产公司经理们迷失了方向，有些人没有认真管理国有资产，有的甚至利用国有资产管理权限做损公肥私、以权谋私的事情，成为单位的蛀虫。总之，我们要让学校的企业和公司的经理真正与学校同心、同向、同行、同发展、共命运。

五是全面加强校内管理，增收节支。通过近两年的不懈努力，学校的资产管理工作在艰难中前行，整改了不少过去管理中的问题，取得了不少新的可喜变化，管理思路和举措有了根本性的改观。资实处也敢于坚持原则，才取得了一些成效。但我还要提醒大家，校内资源的利用率和使用效益依然不高，三校区（尤其是九里校区和峨眉校区）的闲置资源依然不少，这是极大的浪费。我记得我校的国有资产总量都已经排到全国高校前十位了，但它的产出怎样？严重不匹配呀！全校各级领导要学会过紧日子，要勤俭办学，要精打细算，用好学校资产。在这儿，我要肯定资实处为学校把关，坚持能用的设备不随意报废，坚持修旧用旧的做法。我还想专门讲讲各学院搬家到位的事情，过去一旦遇到搬迁，就讨价还价、拖拖沓沓，全校各单位的大局意识、全局意识总体表现很差。这一年来，在学校的严格要求下，在各学院班子的重视配合下，上学期各学院的搬迁总体上推进良好，彻底改变了过去抢房子、抢资源等不良状态，也开始实现学校房产资源的按计划有序配置，并在总体统筹中开始向一楼一院相对集中、由各学院自主安排使用的方向上全力推进。今后，各个单位还应该定期盘点手上的学校资产，自查资产使用效率和使用效益，对那些依然手握资源却基本闲置的单位，资实处还要认真核查使用情况，对浪费和闲置的，必须追回，同时必须加大追责和处罚力度。总之，学校职能部（处）及各学院对三校区资产必须统筹规划和使用。还有一件事，我也讲过很多遍了，无论难度多大，哪怕是试行，也要推进，就是学校要拿出一个全校各部门资产配置标准与办法，建立资源有偿使用和成本分担机制，对各单位超标准使用资产实行有偿使用制度，就像国家实行梯级电价和梯级水价一样，必须加强资产的使用和监管工作。计财处、后勤等部门要下大力气做好增收节支工作，在学校财政压力突出的现实情况下，要进一步提升资金、资源的使用效能和使用效率，精打细算，杜绝跑冒滴漏，杜绝铺张浪费，确保学校资金、资源“好钢用在刀刃上”，确保学校资金、资源优先保障发展、保障人才队伍建设、保障民生。

六是持续推进减员增效。学校财政总体来说还是吃饭财政，整体人员规模相对过大。在某些领域、某些单位存在人浮于事、效率不高的情况。因此，全校要按照第十四次党代会的要求，继续坚持和落实好一般的管理和工作人员“零进人”制度，充分管好、用好现有人员，能校内协调解决的用人问题，一定校内协调解决，坚决不进新人。要随着部分人员的退休离岗，有效减轻学校的财政压力。同时，对社会用工人员（临时工）也要不断紧缩控制，逐步通过购买社会服务来实现长聘用工人员的减少；要通过压缩管理层级和人数推进扁平化管理，绝不允许出现科级干部多于科员的科室，更不允许出现只有科级干部没有科员的科室，已发生的也要不断纠正，三年内完成。学校要减少一切不必要的开支，尽最大努力降低办学成本。同时，要持续推进全校人事分配制度改革，激发教学科研队伍、管理队伍、服务队伍等内部活力，提升工作效率、增强工作实效，让学校各个层面的闲人越来越少。

对于“零进人”，我也听到有的干部有意见，认为实验室队伍建设等需要，不该“一刀切”。我今天跟大家讲，希望全校干部都换位思考，换到学校当家人的位置上想想，想想学校目前的困境和难局，不下大决心不行啊。学校各级干部都要多出实招，与学校同心同向，在困难中克服困难，创造伟业，只有这样，才能扭转学校当前困局，实现长远可持续发展！我们的目标就是从内部现有人员中挤压，合理调配，通过恰当的职业培训、学业培训、上岗培训，实现转岗，消化、消肿现有过多冗员，克服忙闲不均的现象。人事处着力推进精兵简政，一年来学校机关管理人员减少了40余人，学校人员规模减少了70余人。在机关缩编和人员分流问题上，人事处坚持“一刀切”，有些单位也有意见。学校支持人事处加大力度推进此项工作，请大家也换位思考，给予支持。

三、干部队伍建设

习近平总书记指出，进行具有许多新的历史特点的伟大斗争，实现党的十八大确定的各项目标任务，关键在党，关键在人。复兴交大，创建轨道交通领域世界第一的大学，同样需要建设一支高素质的干部队伍。

什么是交大好干部？概括起来说，交大好干部除了按照习近平总书记要求的做到忠诚、干净、担当以外，还必须是：肯学习、勤思考、身先士卒主动干！

交大好干部一定是用实际行动干出来的，一定是在工作中敢于冒尖拼出来的！历经坎坷的西南交大要复兴，我们的干部只有比别人更勤奋、更努力，才能有希望用加速度实现快速赶超，这是西南交大迈入一流大学序列的唯一路径。

下一步，学校党委将加大培养干部力度，坚持在培养中使用、在使用中培养，让更多的交大好干部成为办学治校的行家里手；对于在工作中善于学习、主动作为、敢于冒尖、廉洁奉公的好干部，组织上将加大破格使用力度，打破干部使用中论资历、论工龄、破格使用少的状况，要不拘一格使用干部；也将鼓励干部互荐和自荐；将优化考核办法，坚决防止简单以票取人、唯分取人以致老好人主义盛行的情况发生；要修订考核办法，把各单位年终考评情况与该单位干部奖惩挂钩，对连续两年实现排名前三名的单位领导必奖，后三名的单位领导必罚，并且连续三年前三名的单位领导必重奖，连续三年后三名的单位正副职领导一起降格使用；也请人事处在设置考评指标时，在对校班子和各单位考评时，要将其引才引资硬任务的完成情况、厉行节约的行动和实绩以及爱校兴校的实绩吸纳进指标。学校党委也将为干部更好地发挥作用创造宽容环境，不仅宽容好干部在改革探索中犯错，更要为好干部撑腰鼓劲；对学校管人管事管纪的人事处、计财处、资实处、纪监审等部门，按特别分类单独考评，既考核他们的服务、工作状态，更加大权重考核他们是否履职尽责、是否敢于为学校把关逗硬、落实学校制度的工作情况。

交大好干部不仅要会干事，还要不出事。全校干部要树立和增强强烈的底线意识，牢记纪律底线、法律底线和道德底线，坚决不逾越红线。可以肯定，学校党委对肯干能干主动干、不出事的干部的鲜明用人导向会越来越突出。干部队伍中个别想靠浑水摸鱼、滥竽充数混饭吃的人，当老好人的人，只会耍嘴皮子功夫的人，不身先士卒主动干的人，必然会被淘汰出局。

四、以全方位的一流工作带动一流大学建设

在上学期召开的我校思想政治工作会议上，我提出，全校绝不要简单就思政会而谈思政工作，而要切实领会思政工作是涉及和影响全校各项工作好坏、优劣的全局性工作，要通过西南交通大学思政工作的一流带动全校各项工作对标一流、争创一流、实现一流。

争创一流需要树立交大自信。无论是思政工作的一流，还是其他“十二个一流”，都不是轻而易举能够做到的，都需要付出艰辛和努力。我也听到一些声音，认为一流标准太高，根本做不到，争创一流不过是口号而已。这实际上是缺乏自信的表现，是没有冲劲的表现，是不思进取的表现，也是没有爱校之心、没有集体荣誉感的表现，更是不为学校发展着急、不为学校发展着想的表现。121个春秋的交大历史，展示的就是代代交大人如何把无数的不可能变成了可能的历史。西南交大人骨子里就是有一股不服输的韧劲，从来不向困难低头，从来不向对手折腰，因为我们心中始终保持着必胜的自信。学校内迁四川峨眉开创的交大峨眉时代，同样创造了学校历史上的新辉煌、新业绩，深山之中交大人始终高高扬起不屈不挠矢志办学、高标准延续交大血脉的光辉旗帜。今天的交大人更应该传承前辈先贤们的“血统”与“气场”，增强对交大的自信，再次向一流大学发起持续而强有力的冲锋，要有不达目标誓不罢休的顽强作风。

我校统战工作基础不比别人好，工作不也受到了中央政治局委员、中央统战部部长孙春兰同志的充分肯定了吗？不也做到了全省高校的前列、被四川省委誉为“四川高校统战工作的旗帜”了吗。这个例子足以说明，管理工作，只要肯努力、肯用心，是完全可以走到全国前列的！

争创一流需要凝练交大特色。从思想政治工作到全校其他各项工作，在争创一流的过程中可以借鉴先进经验和成功模式，但不能亦步亦趋、邯郸学步，必须要立足交大实际，凝练交大特色。争创一流，首先要知己知彼，清楚自己的长处与短处，不能拿着自己的短处去跟别人的长处比拼，应该扬长避短，发挥自身独特优势，走出一条具有交大特色的争创一流之路。

这里我还要专门讲讲建设轨道交通领域世界第一的大学。这个提法与学校第十四次党代会“交通特色鲜明的综合性研究型一流大学”的提法是一脉相承的。这个提法是新时期现阶段更明确、更精准地树起了轨道交通这一交大特色发展的排头兵旗帜。轨道交通是西南交通大学121年来的传统优势与办学特色，离开了轨道交通特色，西南交通大学就失去了发展的“顶梁柱”，学校复兴最终也不可能实现。因此，只有先实现这个目标，让西南交通大学的名声叫得响亮，叫得天下皆知，其他专业与学科发展才有更大的空间和可能，才能更好地实现党代会提出的目标。今后，学校将坚定不移地朝着学校第十四次党代会提出的“交通特色鲜明的综合性研究型一流大学”总目标，建设轨道交通领域世界第一的大学。学校各学科都要围绕轨道交通特色做文章，把交通特色做强做好，从而带动其他学科更好发展；同时，其他学科既要发展好自己的本质、核心，也要力求发展与轨道交通相交叉、相融合的部分，借帆远航，实现超越。

争创一流需要彰显交大气魄。全校各项工作争创一流，就要有勇于创新、勇于胜利、勇于争先，敢于突破、敢于冒尖、敢于领先的气魄。畏首畏尾、瞻前顾后、计较得失，将很难有所突破，也必然难以争创一流。我校在“职务科技成果混合所有制”思路方面的改革探索走在了全国的前列，这一改革试验使得学校成为科技成果转化的“小岗村”，靠的就是交大气魄。为什么敢做这样的冒险？就是因为，一方面，此项改革意义重大，且符合“三个有利于”标准，心里有底气，这样的工作值得闯，要有交大气魄；另一方面为了交大复兴，就必须走超越常规的发展之路，必须敢想敢干，否则永远在他人之后亦步亦趋。

争创一流需要聚焦交大理想。全校各项工作的一流，归根到底是服务我校建设一流大学，服务创建轨道交通领域世界第一的大学这一奋斗目标。刚才我在讲交大特色时讲到，轨道交通领域世界第一的大学是对学校第十四次党代会确立的“交通特色鲜明的综合性研究型一流大学”发展定位的进一步阐发与深化，是我校新时期现阶段对学校发展定位的进一步精准地聚焦，或者可以更直接地理解为：“交通特色鲜明的综合性研究型一流大学”是到建校150周年之际学校发展的总目标，“轨道交通领域世界第一的大学”是一个分目标。复兴交大、建设轨道交通领域世界第一的大学，就是我们全体交大人共同的交大理想。全校上下要紧紧围绕这一交大理想，立足本职岗位建功立业，争创一流佳绩，源源不断地为实现我们的交大理想而添砖加瓦、筑基立柱。

同志们！今天我讲的四个方面，很多都是我过去讲过很多遍、很多次的。按道理，党委的报告应该宏观一些，是指导性原则。为什么我要讲这么具体，是因为这些工作太重要了！但是这些年这些工作在学校落实得不好，落实得不力！也正因为这些工作过去落实得不好，落实得不力，所以，最后我还要再强调一下全校的工作落实、求真务实的问题。全校一定要崇尚和建设实干兴校的精气神，在狠抓落实上下功夫，在做成做优上下功夫，高铁发展和高铁“走出去”“一带一路”倡议的推进，全国各高校、各单位都在鼓足干劲，我们不能错过这个千载难逢的机会，西南交大再也耽搁不起了！师生们在着急，校友们在着急，老领导、老同志们在着急，我们不能辜负了他们的拳拳之心、殷殷之望！食校之禄，担校之忧，兴校之责，全校上下必须切实行动起来，干！干！干！撸起袖子加油干！

老师们，同志们！复兴交大，我的责任，我要行动，我要领先！复兴交大，事在人为，万众一心，众志成城！此时不搏，更待何时？此时不拼，更待何时？让我们一起努力，一起加油，一起奋斗，助推西南交通大学快速发展，以实际行动迎接党的十九大胜利召开！

全校动员　争创一流　努力谱写中华民族伟大复兴中国梦的西南交通大学新篇章

——王顺洪书记在学校“双一流”建设推进大会上的讲话

老师们、同学们，同志们：

下午好！

习近平总书记去年12月8日在全国高校思政会上指出：“当前，我们正处在全面建成小康社会决胜阶段，我们比历史上任何时期都更加接近中华民族伟大复兴的目标。中华民族和中国人民千年求索、百年奋斗的目标，将在不远的将来变成现实。”在今年召开的党的十九大上，总书记又指出：“今天，我们比历史上任何时期都更接近、更有信心和能力实现中华民族伟大复兴的目标。”“中华民族伟大复兴，绝不是轻轻松松、敲锣打鼓就能实现的。全党必须付出更为艰巨、更为艰苦的努力。”我体会，总书记这一段话，将是今后全党、全国，当然也包括我校分析判断形势、制定目标任务的总背景。今后若干年，全校师生一定要明白，要用这个大背景去判断国际形势、国内形势，去判断一系列大事件和政策走向。例如，要用这个大背景去判断当今大学的人才培养和“双一流”建设。

习近平总书记在十九大报告中，还明确指出了全党全国到2020年、2035年、2049年的奋斗目标；明确提出交通强国等战略；明确提出“加快一流大学和一流学科建设，实现高等教育内涵式发展”，等等。

综观这些，并联系我校实际，可以毫不犹豫地肯定，**“双一流”建设将是学校从今往后、至少一直到建校一百五十周年期间最重要的牵总性的工作**。全校必须统一思想、提高认识、全员发力，牵住这一学校实现发展、跨越的牛鼻子，为中华民族伟大复兴中国梦谱写西南交大新篇章！

下面，我讲三个问题：一是“双一流”建设建什么？二是“双一流”建设怎么建？三是师生校友总动员，撸起袖子加油干。

一、“双一流”建设建什么？

首先，要跳出交通运输工程来谈“双一流”建设。

在今年5月25日全校思想政治工作会上，我说要用思政工作的一流，带动全校其他各项工作的一流，并一口气讲了“十二个一流”。我认为，没有全校各项工作的一流跟进，“双一流”建设将是孤掌难鸣、孤军奋战，“双一流”建设将很难取得巨大成就。建设一流大学的核心点是一流学科建设，而一流学科建设必须有与其相适应、相配套的学科生态、学术生态、管理环境、人文环境、人财物支撑等，涉及学校工作的方方面面。所以，学校的“双一流”建设工作必须要全校动员，必须要人人参与、人人发力，必须要上下一心、众志成城、协同共进，全校同心同向同行。这还不够，更大一点说，就是要坚决地把我说的“十二个一流”抓出成效，让优秀成为交大人血液中的基因、生命中的习惯。只有这样，西南交大才能在人类教育事业这一只有起点没有终点的长跑中，实现长久可持续发展，实现赶超、跨越和引领！总之，就是要全员行动。刚才数学学院李维萍院长说；“像我们这样还在争取博士点的学院，在学校中排在后面的学院，都在找重点，都在想着建设一流，咱们这些前面的老大、老二、老三，就更义不容辞啦！”李院长说得非常对，我非常赞同，当时，我是感动得眼泪都要流出来了！

今年暑期召开的学校党委第十四届八次全委扩大会上，党委提出了学校目前面临的**两大主要矛盾，即：“国家轨道交通飞速发展、高铁‘走出去’、‘一带一路’战略对大交通软、硬科技的需求与我校的有效供给不足的矛盾”“校友和师生对美好生活的追求与学校给予的有效帮助不足的矛盾”**，大家可能没有走心、没有引起太大注意，或没有去深入思考。实际上这两个主要矛盾是分别提出了学校关于发展、关于民生这两大主题。同时，要实现好这两大主题，还必须坚决地向改革要动力。所以，今后全校务必坚持抓好改革、发展、民生这三大重中之重工作，通过抓好这三大工作支撑起“双一流”建设。假设四根柱子撑起一座大厦，那么西南交大这三座大厦就是改革、发展与民生，“十二个一流”就如同十二根立柱支撑起学校改革、发展、民生这三座大厦，而“双一流”就是镶嵌在这三座大厦顶端的明珠！

其次，一流的人才培养永远是学校的安身立命之本。

习近平总书记在去年全国高校思政会上讲：“尽管经济社会发展赋予高校不少使命和功能，但高校的根本还是人才培养。只有培养出一流人才的高校，才能够成为世界一流大学。”他当时还脱稿讲：“如果大学的人才培养工作没做好，那么你最多就是一个研究所、一个对外文化中心、一个校办工厂、一个校办经贸公司等，你是忙了别人的责任田，荒了自己的自留地。”立德树人永远是高校的立身之本，我们任何时候都不能舍本逐末甚至本末倒置。我们要牢牢抓住全面提高人才培养能力这个核心点推动争创一流工作。就在这个月上旬，我们接受了教育部专家组对我校本科教学工作的审核评估。此次审核评估是对我校人才培养工作的“大体检”，既有审核评估准备阶段的“自我体检”、查漏补缺，更有教育部专家组的集体会诊、把脉开方。从反馈会的专家意见来看，专家组对我校人才培养工作给予高度评价，例如，评估组组长在反馈意见时说：**“学校始终坚持行业特色，毫不动摇地坚**

持把为交通强国培养人才作为核心使命，经过一代又一代交大人的不懈努力、薪火相传，为打造‘中国高铁’品牌提供了强有力的人才支撑，初步成为引领世界轨道交通高等教育发展的高层次创新人才培养基地，这为西南交通大学建设轨道交通领域世界第一的大学提供了战略底气和战略基石”“长期以来学校对很多学生及其家庭有关键性的抬升跃升作用，突出地感受到在校生与校友们所反映出的爱校认同、知恩感恩的心态。用人单位特别是快速发展的交通行业对学校人才培养成效认可度高，并持续抱有期待”“班导师、辅导员队伍投入落实，‘阳光、感恩、坚韧、创新’的心理文化有效，学生朝气、阳光、有奔头，专家们印象深刻”等等这些评价，令我们高兴和欣慰；但同时我们也需要清醒地认识到自身的短板和差距，例如：专业教师数量存在较大缺口、教师队伍结构不够合理、科研反哺教学不够充分、人文社会科学发展不充分不平衡、资源保障度亟待加强、教学质量监控体系仍不够完善，等等。徐飞校长在反馈会上用“芒刺在背”来形容当时的感受。可见，我校要在人才培养工作方面争创一流，还有大量艰巨的、艰苦的工作要做，我们不仅要传承好121年来人才培养的优良传统，更要顺应时代发展大势深化人才培养模式改革和教育教学创新，培养与世界轨道交通领域第一的大学相一致的德智体美全面发展人才，为实现交通强国，实现中华民族伟大复兴中国梦培养更多符合时代要求的人才。

第三，坚持走“以特取胜、以特扬名、以特树旗并带动其他学科冲锋”的学科建设之路。

习近平总书记在全国高校思政会上指出：“办好中国的世界一流大学，必须有中国特色。没有特色，跟在他人后面亦步亦趋，依样画葫芦，是不可能办成功的。”“我们要认真吸收世界上先进的办学治学经验，更要遵循教育规律，扎根中国大地办大学。”他当时还脱稿讲：“假设全是用西方的评价标准来办一流大学，那咱们直接就让哈佛、牛津、MIT等直接到中国来办，不就行了！不行的嘛，不是这么一回事嘛！”我们学校作为交通运输工程一级学科全国第一、交通特色鲜明的重点高校，毫无疑问，轨道交通特色是我们的“看家本领”“杀手锏”，是学校办学121年来始终不变的优势，更是我校进入一流大学序列的排头兵、冲锋队。学校党委十四届八次全委（扩大）会确立了“建设轨道交通领域的世界第一的大学”这一近期奋斗目标，这是对实现学校三十年奋斗总目标的重要路径选择和关键战略支点。根据我校的人才基础、经济实力以及其他方方面面的家底积累，目前我们没有全面出击的能力和水平，人、财、物等任一方面都不允许我们全面出击！只有集中优势兵力不断巩固和强化轨道交通特色，我们才能在世界学术之林扬名。有了西南交通大学在全国乃至全世界的扬名，学校其他各项工作的展开和全面推进就容易实现，其他学科才能借帆远航、快速成长，这是实现学校战略目标的唯一捷径。

二、“双一流”建设怎么建？

有了顶层设计，有了规划蓝图，还必须有施工图。“双一流”建设关键在建设。西南交大的“双一流”建设可以借鉴但不能照搬照抄北大、清华或者是其他高校的建设模式、建设路径，西南交大有西南交大的校情，西南交大有西南交大的实际，因此必须要立足学校自身实际，体现学校自身特色，彰显学校自身优势，走出一条具有西南交大特点的“双一流”建设之路。

（一）建设轨道交通领域世界第一的大学，要有实力强劲的排头兵、冲锋队

我们都知道，行军打仗，战斗号角吹响之后，冲锋队首先发起冲锋，其他官兵紧随其后。一般而言，冲锋队若能完成既定目标，整个战局就可胜券在握。因此，一个部队，一场战役的冲锋队非常关键，非常重要。今后三十年，学校要建设轨道交通领域世界第一的大学，要建设交通特色鲜明的综合性研究型一流大学，是这样一个持续的三十年战役，必须要把排头兵、冲锋队建好建强，率先进入世界一流行列、达到世界一流水平。我校有多个学科居于全国前三：交通运输工程一级学科，道路与铁道工程、桥梁和隧道工程、交通信息工程及控制、载运工具运用工程、车辆工程等二级学科，这些学科实力强劲、优势明显，构成了学校“双一流”建设的排头兵和冲锋队。这些学科毫无疑问要朝着“梦之队”的方向努力。

什么才算是“梦之队”？“梦之队”就是要做到全面强劲，始终稳稳居于第一的位置、王者的位置，无人能够轻易超越。具体地说，就是：

第一，要大力培育众多卓越人才。“梦之队”学科培养出来的人才，要在各个方面绝对领先、竞争力第一；要德才兼备、全面发展，不仅专业素养超群，职业品格、个人品德等方面也要做到“一等一”；要获得社会高度评价，供不应求。社会各界在选拔“梦之队”学科领域的人才时，首先应该想到选用西南交通大学的毕业生，甚至可以像“当年茅以升老校长读书时为学校赢得——唐山交大的学生可以免试攻读美国康奈尔大学研究生的荣誉一样”，做到“西南交大的毕业生免试入职”。

第二，要打造若干王牌团队。一流学科必须要有一流人才作为关键支撑，“梦之队”学科更要有王牌团队作为坚强基石。交通运输工程等学科的人才队伍建设，一方面要有一大批具有国际水平的战略科技人才、科技领军人才、青年科技人才和高水平创新团队，人才总量要充足；另一方面要实现学科建设人才的结构合理，尤其是要有充足的青年拔尖人才，“四青”人才源源不断。“梦之队”的人才队伍，必须是国内乃至国际上的“王牌部队”，要坚持引育并举，要把国内外最优秀的专业人才不断吸引、聚集到西南交大，即使不为我所有，但至少做到要为我所用，牢牢掌握学校在这些学科领域的绝对话语权。

第三，要有大成果、大贡献。要主动对接国家战略，主动服务国民经济主战场，瞄准世界科技前沿，强化基础研究，实现前瞻性基础研究、引领性原创成果重大突破，要多出一些“沈氏理论”“翟孙模型”水平的重大原创理论成果，多出一些像“机车车辆整车滚动振动试验台”“高温超导磁悬浮实验车”“铁道机车车辆—轨道耦合动力学理论体系、关键技术及工程应用”“高速铁路供电综合监控技术与装备”“砂卵石地层盾构隧道施工安全控制与高效掘进技术”“高速铁路轨道平顺性保持技术”“基于耦合动力学的高速铁路接触网/受电弓系统技术创新及应用”等这样的重大科技成果；要加强应用基础研究，领衔实施国家重大科技项目，突出关键共性技术、前沿引领技术、现代工程技术、颠覆性技术创新，围绕重载铁路、高速铁路、磁浮交通、新型城轨、真空管道超高速等领域层出不穷地产生重大科研成果，并将这些重大科研成果用于国家的超级工程实践，转化为现实生产力，不断增强学校的核心竞争力。

第四，各类论文坚持数量与质量并举，增强国际影响力与话语权。大家都知道学科评价体系中有一个关键指标就是ESI（基本科学指标数据库），它是由世界著名的学术信息出版机构美国科技信息所于 2001 年推出的衡量科学研究绩效、跟踪科学发展趋势的基本分析评价工具，是基于 SCIE/SSCI 所收录的全球 12 000 多种学术期刊的 1 000 多万条文献记录而建立的计量分析数据库，ESI 已成为当今世界范围内普遍用以评价高校、学术机构、国家/地区国际学术水平及影响力的重要评价指标工具之一。“梦之队”学科发表的各类论文，不仅要争取在国内外高级别期刊上甚至是顶级期刊上崭露头角、多多益善，更要提升论文的被引率；不仅要有战略人才、领军人才的论文，更要有青年人才甚至是在校学生的论文。论文方面，一直是学校的最弱项、最短板，各类排序中，只要有论文这一项目，学校的排名肯定靠后，学校这个软肋，今后要花大气力、下大成本克服。可喜的是，最近学校新闻网报道了材料学院博士生杨倩的学术研究喜讯，继今年 10 月她在 *Science* 上合作发表文章揭示埃级别通道中的离子传输机理之后，11 月又以第一作者身份在 *Nature* 子刊 *Nature Materials* 上发表文章，这是非常不容易的，同时也说明通过我们的努力我们能克服我们的短板。

第五，社会发声要真正起到智库、大脑作用。在国家重大战略实施过程中，“梦之队”相关学科要充分发挥好智库功能，要围绕国家战略和国内外前沿，敢于发声、善于发声、积极发声，让中央和社会经常听到交大声音、关注交大声音、采纳交大声音，为国家战略实施、社会发展进步提供智力支持、贡献交大智慧，助力提高学校知名度、美誉度和影响力。例如，职务科技成果混合所有制改革不仅为西南交大扬名，更有可能为国家做出大贡献，西南交大的一小步极有可能促进专利法的修改，促进国家科技成果转化体制改革一大步！

总之，“双一流”建设首先要把冲锋队、排头兵建设好。

（二）要建设好一流学科的大部队、主力部队

建设轨道交通领域世界第一的大学，单纯依靠一支冲锋队、排头兵还是不够的，三十年的战役必须持久保持学校发展的不竭动力，必须建设好强有力的主力部队。冲锋队在战斗中撕开了口子，全面战场上必须有主力部队跟进，否则战役仍然前功尽弃。测绘科学与技术、土木工程、电气工程、机械工程、交通运输规划与管理等排名在全国前十的一级学科和二级学科，以及进入ESI全球排名5‰左右的材料科学、计算机科学等学科，就应该成为主力部队，把这些有实力冲击一流水平的学科建设好、发展好，朝着一流目标不断迈进。

一是要围绕交通运输工程一级学科做好文章。轨道交通是西南交通大学的传统优势与办学特色，在轨道交通领域里，交通运输工程一级学科我们已经积淀了一些底子、具备较好的基础，是我校在轨道交通领域龙头地位的典型标志，也为其他学科发展提供了很好的凭借。所以，土木、机械、电气、信息、测绘、地学、力学、管理等各个学科都要奋发图强，积极围绕轨道交通特色做文章，把交通特色做强做大，奠定本学科在轨道交通领域的领军地位，进而拓展学科其他发展方向，加快打造主力部队。主力部队的各个学科要立足轨道交通特色，借助大数据、云计算、人工智能等改造学科传统，开拓综合交通、智能交通、交通大数据等新的学科发展方向；同时，加强优势学科间的交叉融合，比如以轨道交通为特色的网络空间安全，以交通运输领域拓展的公路交通、城市交通、国防交通等。

二是要补强二级学科发展的短板，不能总是偏科。今年暑期全委扩大会上，我就谈到了学科发展结构不平衡问题，会上就举我们学校的王牌学科——交通运输工程一级学科，尽管上一次学科评估与东南大学并列第一，但我们已经没有半点可自满的本钱了。认真分析一下，可以看到，交通运输工程一级学科的内部结构就不够平衡，这个学科的四个二级学科中，铁道与道路工程排名全国第一，位于北京交大之后的交通信息工程及控制和位于长安大学之后的载运工具运用工程，均排名全国第二，交通运输规划与管理的排名就不够理想，拖了后腿。在土木、机械、电气、信息、测绘、地质等学科中，同样存在类似问题，一些二级学科实力太弱，是这些一级学科总排名上不去、一直在六至十二名徘徊的关键原因，就像学生高考有偏科一样，总成绩肯定上不去。所以，还必须要想方设法补短板。

三是要重视并用好ESI排名，在关键指标上实现突破。刚才说了，一流学科认定时有一个很重要的参照指标就是ESI排名。ESI排名主要是反映学科论文发表及引用情况，说得直白一点，就是以论文论英雄。因此，全校要高度重视ESI排名，以高质量学术论文为杠杆，以激励政策为导向，力求在这一核心指标上实现快速突破。目前，我校有工程学、材料科学、计算机科学3个学科进入了ESI全球排名前1%，因此，我们要在短期内，通过层层分解任务、加强国际合作、集中优势兵力实施团队作战，进而加大论文产出、提升论文质量，促进这三个学科冲击全球前1‰（工程学在3.05‰，材料科学在4.9‰，计算机科学已接近5‰）。要通过激励政策、持续改革等，把工程学、材料科学、计算机科学等做上去。这一方面，物理、数学、力学均大有可为！

总而言之，我们要力争经过三到四年的努力，有另外2~3个学科进入全国前列、进入一流学科建设序列。

（三）借帆远航，发展好新兴学科

我们都知道，每个学科的发展有其内在的客观规律，必须尊重规律、遵循规律。我们也应该看到，近现代科学上的重大突破、新的学科增长点的诞生，往往是在不同学科甚至几个学科之间交叉渗透中形成的。材料科学、生命科学、环境科学等是这样，现在的新工科、新医科也是如此。这为我校的基础学科和人文社会科学学科的建设发展提供了很好的发展思路。

第一，基础学科怎么建。基础不牢，地动山摇。如果数学、物理、力学等基础学科不强，我们的工程类学科必然缺乏潜力和后劲，就很难实现轨道交通领域重大理论创新、重大技术创新；反之，如果脱离工程类学科，基础学科也就容易失去生机与活力。所以，我们一定要遵循基础学科发展规律，促进学校基础学科与工程类学科深度交叉渗透、协同融合发展。一方面，要抓好与轨道交通相联系、相交叉的基础学科，尽快办出特色。比如：数学、物理、化学与轨道交通优势学科交叉融合，培育轨道交通高性能复合材料、综合集成控制系统、开放式物联网系统、化学及生物传感器和人机交互传感器等前沿创新领域。另一方面，要抓好新兴领域学科发展，尽快布局一批国家急需、支撑轨道交通产业转型升级的学科。比如大数据、云计算和人工智能等，培育大交通数据挖掘、轨道交通自动驾驶、轨道交通智能装备和人机智能交互系统等新的发展方向。土木学院每年拿出三百万元，分别用于和数学、物理、力学的全面合作，非常好，值得肯定。

第二，人文社会科学学科怎么建。理工科院校发展人文社会科学更具战略意义，更有现实价值。一方面，人才培养是大学安身立命之基，尤其是在我们这样一所以工科见长的大学，只有加强人文社科类学科专业与工科类学科专业的交叉渗透，不断浓郁校园人文气息，促进人文教育与科学教育相互融合，才能更好实现立德树人的根本任务。另一方面，轨道交通领域话语权争夺日趋激烈，学校虽然拥有轨道交通硬实力，但是也需要人文社会科学的软实力来支撑和帮衬，实现学校在软硬两方面都能抢占战略制高点，全面巩固和强化学校的轨道交通特色。

要精准培育和扶持一批具有发展潜力的人文社会科学学科，我校的中国语言文学一级学科博士点，虽然在全国排名还不十分理想，但在全国工科学校中，能与清华、华中科大一起成为前三，也是很不容易的，要发展好；我校的管理科学与工程、马克思主义理论等学科，曾经也在西部高校领先，只要努力，实现反超也不是不可能；最近我到外国语学院调研，得知咱们的德语在全国能排到前十，十分欣喜，要扶持好。同时，文、史、哲等人文科学，以及经、管、法等社会科学，都要在学科建设和研究方向上凝练轨道交通特色，力争在轨道交通特色方向上率先领先。比如，开展“一带一路”国别研究和相应国家和地区的国民经济、法律法规、社会发展、风土人情等课题研究，加强交通强国内涵、战略规划、战略目标和实施举措等课题研究，乃至艺术类学科也可以积极参与到交通发展规划、交通环境修复、人机协同工程、交通工具设计中，徐伯初老师与高铁、航母的合作，做得风生水起、有声有色，就是最好的例证。总之，我们的轨道交通以外的学科，不要自暴自弃，要共同为学校“双一流”建设创造交通特色学科集群优势，借帆远航。

三、师生校友总动员，撸起袖子加油干

老师们、同学们，同志们！中国特色社会主义进入新时代，西南交大也将步入实现历史性伟大复兴的新阶段。当前，学校既处于夯实基础、蓄势腾飞的关键时期，也处于爬坡过坎、攻坚克难的紧要关口，改革发展任务艰巨而繁重。“双一流”建设直接关系到学校能否重拾历史的荣耀与辉煌，直接关系到学校能否重新崛起进入一流大学序列，这是事关西南交大未来荣辱兴衰的战略工程、民心工程、决战工程。我们必须要动员一切可以动员的力量，调动一切可以调动的积极性，举全校之力把“双一流”建设工作全面推向前进，不断从胜利走向新的胜利，为实现“复兴交大，创建一流大学”的交大理想奠基铺路。

一是全校各项工作要争创一流。全校要把对标一流作为工作基本要求，把争创一流作为自觉追求。创一流是有客观标准的，不是自我定义、自我感觉，全校争创一流，首先要明确自身工作领域的一流标杆在哪里，以及自己与一流标杆的差距有多大，进而立足实际明确工作具体目标和主攻方向，知道向哪用力、如何用力。创一流是要付出巨大艰辛和努力的，不是轻轻松松就能实现的，全校务必保持谦虚谨慎、不骄不躁的作风，务必保持敢闯敢拼、敢于胜利的奋斗姿态，不畏艰难、持之以恒、勇于创新，向老一辈交大人学习，向老一辈交大人看齐，始终把个人利益、局部利益融入全局利益当中，始终把个人梦与交大梦、中国梦有机统一，不计个人得失，传承好交大人自强不息的高贵品格。创一流需要积极打造交大品牌，赢得社会各界公认的一流才是真正的一流，全校各项工作都要从学校实际出发，找准切入点和突破口，以高站位、大气魄、硬举措打造更多交大新名片，从不同方面为交大扬名、为交大树威，激励全校上下不断增强交大自信。创一流需要聚焦学校发展大目标，不能各自为战、无序竞争，近期全校各项工作中要向建设轨道交通领域世界第一的大学聚焦，要让涓涓细流汇入大江大海，形成惊涛拍岸、风起云涌、势不可挡的发展势头。创一流中领导干部要当好火车头、要带好头，干部们要做到“忠诚、干净、担当”，更要肯学习、勤思考、身先士卒主动干、敢于冒尖创一流。不能总是只有“苦劳”，应该不断创造“功劳”。创一流中，各学院、各研究院要主动发力、自觉行动，成为学校发展的一个个新引擎。创一流中“十二个一流”不是空洞的口号，说说就算了，而是全校各项工作的具体目标，也是全校上下一以贯之的基本要求，这是硬任务、硬要求，必须进行硬考核。今后校院两级年度工作要点都要向“十二个一流”发力，要有实现时间表和路线图，要有得力措施。

二是全校学生要努力学习、掌握本领，报效祖国、报效母校，在建功立业中成长成才。“双一流”建设的评价体系中最根本的依然是人才培养质量。全校学生中能有多大比例的人成为国家栋梁、社会精英、行业翘楚，能在多大程度上为国家和人民积极贡献力量，直接决定着学校的社会知名度、美誉度甚至国际影响力。广大同学要在大学校园中健康成才、为将来成就一番事业奠定坚实基础，需要有一大批德高望重、水平精湛的老师为大家指引方向、提供帮助，但更为关键的是大家要以“精勤求学、敦笃励志、果毅力行、忠恕任事”这一校训为自觉追求，珍惜青春韶华，珍惜宝贵机会，认认真真学习，老老实实做人，踏踏实实做事，按照总书记说的积极成长为“德才兼备、全面发展的高素质人才”。全校同学要以老一辈交大人为榜样，在交大历史中汲取前进的力量，在交大文化中吸收成才的智慧，老一辈交大人拥有远大坚定的理想抱负、爱国荣校的深切情怀、务实肯干的可贵品格，他们爱学习、肯干事、有责任、有担当，无论是在校期间还是在祖国的各条战线上都为学校赢得了无上的荣光，交大因为他们而受到社会的尊重、国家的赞扬。交大青年一代要接过老一辈手中的接力棒，并努力把自己这一棒跑好。

三是全体校友要争当一线战斗员，持续为母校献计出力。学校第十四次党代会提出，要把校友作为学校终身服务与联系的对象，在职业成长、学习深造等各方面给予校友及其家庭全方位的信息和资源支持，为其成长成才搭台铺路，学校的各类平台、各类刊物均对校友开放，使学校永远成为校友们获取力量、知识、信息的“加油站”。我也一直强调，母校永远是全体校友的坚强后盾，不管遇到多大困难、多大风雨，记住天塌不下来，记住给母校的老师来信来电。广大校友遍布世界各地、大江南北，母校的发展、交大的复兴需要全体校友鼎力相助，实际上，校友们也始终是学校改革、建设、发展的坚强支撑和重要力量源泉，一直都在为母校复兴、创建一流大学贡献智慧和力量，即使远隔千山远水，但离家不离心，校友与母校的心一直都紧紧地依偎在一起。目前，在学校实现复兴的关键时期、特殊时期，全体校友都要始终与母校站在同一战壕，争当一线战斗员，不做旁观评论员，多为母校复兴献良策，多为母校发展铺台阶，多做贡献。

老师们、同学们，同志们！我们同为交大人，同盼交大兴。无论是师生、干部，还是校友都有一个共同的理想：复兴交大、创建一流大学，尽管前进路上依然有不少困难和障碍，但只要我们心中有梦想，手上就有力量，未来就充满无限希望。“没有比人更高的山，没有比脚更长的路”，全校上下务必要以永不懈怠的精神状态和一往无前的奋斗姿态，勇于担当、敢于胜利，撸起袖子加油干，每天多做一点、做好一点，我们就离目标更近一点，只要功夫深，铁杵磨成针，我们的目标一定能够达到！

谢谢大家！

全面掀起学习宣传贯彻党的十九大精神的热潮

——王顺洪书记在西南交通大学举行传达学习党的十九大精神报告会上的讲话

2017 年 10 月 18 日至 24 日，举世瞩目的中国共产党第十九次全国代表大会在北京胜利召开，这是在全面建成小康社会决胜阶段、中国特色社会主义进入新时代的关键时期召开的一次十分重要的大会，发出了夺取新时代中国特色社会主义伟大胜利的动员令。

深入学习宣传贯彻党的十九大精神，是全校上下当前和今后很长一个时期政治生活中的头等大事，要从政治高度和战略高度充分认识党的十九大在我们党的历史上、在中华人民共和国的发展史上乃至中华民族伟大复兴的历史征程上所具有的重大里程碑意义，总体要求是要学深、悟透、践行。

第一，要学深。全校上下要坚持原原本本学习、逐字逐句领会，要静下心来反复研读、深入钻研，品出真滋味。要深刻把握中国特色社会主义进入新时代这一我国发展的新历史方位，要深刻理解新时代我国社会主要矛盾转化的新判断，要深入持续学好习近平新时代中国特色社会主义思想这一马克思主义中国化的最新成果，要深刻认清新时代中国共产党的历史使命，要全面领会决胜全面建成小康社会，开启全面建设社会主义现代化国家新征程的重大战略安排和具体战略部署，要精准掌握新时代全面从严治党、建设伟大工程的新要求。

第二，要悟透。全校上下要在学习宣传贯彻党的十九大精神的过程中，充分结合学校发展实际、立足本职岗位，认真思考如何结合学校的改革建设发展贯彻好党的十九大精神，重点要集中回答好以下事关新时代学校复兴伟业的重大理论和现实问题：一要思考西南交通大学当前所处的发展历史方位和面临的新形势、新机遇、新任务；二要思考西南交通大学的发展优势、发展软肋和发展方略、发展策略；三要思考西南交通大学在交通强国战略中的地位、作用和历史使命，交通强国战略对于西南交通大学来说是重大利好，对交通运输工程学科的发展来说也是重大利好，各院系、部门要认真思考怎样在建设轨道交通领域世界第一的大学当中发挥作用、怎样在“双一流”建设中发挥作用；四要思考西南交通大学在当前和今后一个时期，教学质量、人才培养的自信在哪里、怎样建设，科研攻关和学科建设的自信有没有、怎样建设，西南交大有没有制度自信、文化自信，学校的精气神怎样、怎样建设，等等。总而言之，学习领会党的十九大精神，一定要联系学校工作实际学。

第三，要践行。全校上下深入学习宣传贯彻党的十九大精神，最终要落脚到用党的十九大精神指导发展实践和工作实践，对标一流、争创一流，助力“复兴交大、创建一流大学”这一交大理想的实现。一要落实好中央“双一流”建设部署，推进学校内涵式发展，助力教育强国建设；二要落实立德树人根本任务，深刻回答好“培养什么人，怎样培养人和为谁培养人”这个根本问题，助力人才强国建设；三要不断巩固和加强学校的交通特色，沿着“交通特色鲜明的综合性研究型一流大学”总目标，积极建设轨道交通领域世界第一的大学，助力交通强国建设；四要深化职务科技成果混合所有制改革，把改革向纵深推进，实施好人才强校主战略，助力科技强国建设；五要继续发挥学校的科技优势、人才优势和学科优势，助力国家“一带一路”倡议、区域协调发展战略等重大发展战略的深入实施；六是要全面加强学校党的建设，毫不动摇地坚持党对高校工作的统一领导，全面推进党的政治建设、思想建设、组织建设、作风建设、反腐倡廉建设和制度建设，不断提高党的建设质量。

中国特色社会主义进入了新时代，中华民族站到了新起点，西南交通大学也步入了实现复兴的快车道，全体共产党员、全校师生要不忘初心、牢记使命，全面深入学习宣传贯彻党的十九大精神，传承一代代交大前辈先贤的执着与魄力，不断谱写实现中华民族伟大复兴中国梦的西南交大篇章！

全校同心同向同行　共创西南交大美好明天

——王顺洪书记在西南交通大学峨眉校区2018年新年茶话会上的讲话

尊敬的各位老领导、老同志，

亲爱的老师们、同学们：

大家好！

今天，我们在此欢聚一堂，共迎新年，共话发展。首先，我代表学校党政，代表徐校长，向一年来为学校改革建设发展而不懈努力的校区教师、干部、学生以及老领导、老同志致以崇高的敬意和诚挚的问候！向关心支持帮助学校发展的广大海内外校友和社会各界朋友表示衷心的感谢！祝大家：新年好！

在这辞旧迎新的欢庆时刻，回首即将走过的2017年，可以说学校好事不断，大事不少，事业呈现出蒸蒸日上的良好势头。

一是学校党建和思想政治工作在加强中全面提升。

1. 全校上下深入学习宣传贯彻全国高校思政会精神和十九大精神，用习近平新时代中国特色社会主义思想武装头脑。

2. 召开学校思想政治工作会议，用思政工作的一流带动全校工作争创一流。

3. 扎实推进“两学一做”学习教育常态化制度化，5个党支部获评全国高校“两学一做”支部风采展示，获奖总数名列全国高校第三、四川省高校第一。

4. 加强干部培训和警示教育，组织63名中层干部培训班学员赴长征干部学院接受党性锻炼；与四川省金堂监狱合作共建警示教育基地，组织100余人次前往接受警示教育。

5. 宣传工作继续保持良好势头，5月30日再上新闻联播头条。

6. 新一批年轻的民主党派、无党派人士不断成长。

全校上下比以往更加重视党建和思想政治工作，学校党委的领导核心作用、各级党组织的战斗堡垒作用、广大党员的先锋模范作用显著增强。

二是学校深化改革迈出新步伐。

1. 校院两级管理体制改革开始加速，各学院对标一流、自提目标、自我加压，学校发展的“动车模式”正加快成型。土木工程学院、地球科学与环境工程学院、外国语学院等综改方案已获得常委会批准，其他学院也都在加紧制定综改方案。

2. 原党委办公室与校长办公室合并组建党政办公室，原后勤保障处和校园规划与建设处合并组建后勤与基建管理处，拉开了机关改革的序幕，深入推进管理队伍减员增效，加快服务型、精干型、高效型新机关建设。

3. 三校区资产统筹工作迈出更大步伐，资产管理更加有序，资产使用更加高效，以成绩、成果、成效为判断依据的学校公有房产管理办法已经过常委会审定，即将颁布。

4. 以成绩、成果、成效来获取报酬的分配思想也已体现在正在制订的第三轮人事分配制度改革之中。同样，成绩成果成效还体现在学校新制订的博士研究生招生指标分配办法中。多劳多得、优劳优得、扶优扶新扶特的思想在改革中开始实现。

5. 科技成果“三权改革”也成效显著。今年学校实现了168项知识产权的分割确权，注册了9家高科技创业公司，知识产权评估达1亿元，带动社会投资超6亿元，5月30日《新闻联播》又再次在头条位置深度报道，可以说学校的这项“小岗村试验”已是全国闻名。

三是“双一流”建设工作吹响冲锋号。在国家公布的“双一流”建设名单中，我校交通运输工程入选；在国家公布的第四轮学科评估结果中，我校交通运输工程第四次名列第一。在前不久召开的学校“双一流”建设推进大会上，我讲到，“双一流”建设将是学校从今往后、至少一直到建校一百五十周年期间最重要的牵总性工作。这次大会进一步明确了学校的发展方向、发展策略、发展要求，近期就是要集中力量建设轨道交通领域世界第一的大学，就是要把轨道交通特色做到极致、做到世界一流，全校上下一定要抓住国家建设“交通强国”和“一带一路”建设以及高铁“走出去”等大好机遇，一起努力一起奋斗，争取早日进入一流大学建设序列。

四是人才培养工作取得新成效。全校上下以迎接教育部本科教学工作审核评估为契机，总结经验、补齐短板、强化特色，进一步夯实了人才培养的工作基石，教育部专家组也对我校人才培养工作是给予高度评价：“学校始终坚持行业特色，毫不动摇地坚持把为交通强国培养人才作为核心使命，经过一代又一代交大人的不懈努力、薪火相传，为打造‘中国高铁’品牌提供了强有力的人才支撑，初步成为引领世界轨道交通高等教育发展的高层次创新人才培养基地，这为西南交通大学建设轨道交通领域世界第一的大学提供了战略底气和战略基石”“长期以来学校对很多学生及其家庭有关键性的抬升跃升作用，突出地感受到在校生与校友们所反映出的爱校认同、知恩感恩的心态。用人单位特别是快速发展的交通行业对学校人才培养成效认可度高，并持续抱有期待”“班导师、辅导员队伍投入落实，‘阳光、感恩、坚韧、创新’的心理文化有效，学生朝气、阳光、有奔头，专家们印象深刻”等等，当然也指出了不少问题，例如：专业教师数量存在较大缺口、教师队伍结构不够合理、科研反哺教学不够充分、人文社会科学发展不充分不平衡、资源保障度亟待加强、教学质量监控体系仍不够完善，等等。需要今后认真加以改进。同时，据2012—2016 年全国普通高校竞赛评估结果（本科）发布的数据显示，学校奖项折算总分位居全国高校第九位；学校获批成为教育部首批中美青年创客交流中心单位，成为国内首批认定的 16 所高校之一；学校成功入选全国首批“深化创新创业教育改革示范高校”，全国首批“深化创新创业教育改革特色典型经验高校”，教育部第三批“全国高校实践育人创新创业基地”。更令人高兴的是，学生中取得的亮点成绩也不少，博士生杨倩参与的论文在 *Science* 上发表，同时作为第一作者的论文在 *Nature* 子刊上发表，很了不起；博士生李杰获 IEEE 国际信息论年会最佳学生论文奖，这也是中国学生第一次获此奖项，等等，充分展示了交大人才培养的成效。

五是学校人才工作再有新进展。全年新增长江学者 2 人、国家杰青 1 人、“万人计划” 1 人、科技部重点领域创新团队 1 人、中青年科技创新领军人才 2 人、优青 1 人、青年托举人才 2 人、洪堡基金获得者 1 人、优秀青年学术骨干 6 人，7 人入选爱思唯尔“中国高被引学者”。实质性启动“人才培育金字塔”。

六是科学研究工作再有新突破。翟婉明院士获批国家自然科学基金重大项目，实现学校承担自然科学基金重大项目“零的突破”；国家自然科学基金项目达到 177 项；学校首次获批国家社科基金重点项目 2 次，实现“零”的突破；“超高速低气压磁浮交通及动模风洞研究平台”获得四川省军民融合项目资助，项目经费约 2.5 亿元；美国研究中心、越南研究中心、欧洲研究中心成功入选教育智库备案建设，实现教育部文科基地“零”的突破。

七是其他各项工作也有新成绩。学校对口帮扶的马尔康市松岗镇哈飘村如期摘掉了贫困帽，全村所有贫困户及贫困人口顺利脱贫。优先落实离退休人员待遇落实，增加养老金 550 万元，继续发放离退休人员一次性生活补助共计 1974 万元；时隔近 10 年，重新启动了全校管理人员高教管理系列职称评审；安全稳定和安全生产工作、保密工作责任制更加健全、体系更加完善，等等。

八是峨眉校区广大干部师生识大体、顾大局，与学校同心同向同行，克服困难，努力工作。目前，大家守好了峨眉这个摊子，就是对西南交大的重大贡献。我相信，西南交大峨眉校区绝对是西南交大今后腾飞和发展的宝贵空间，绝对是西南交大的宝贵财富。峨眉校区现在已经有两个年级的一本学生，国际教育学院的学生也在这儿落地，二本学生的管理也很到位；这些均是为学校在做贡献。同时，大家还不断适应学校的新变化，努力提升自己，也是不容易的。但就峨眉的发展而言，学校第十四次党代会确定了峨眉校区“三地一园”的定位目标的实现，目前情况是国际教育学院落地峨眉，第一期语言类留学生顺利结业，第二期来自 24 个国家的 91 名语言类留学生顺利入读，与 OSU 的安全工程合作办学项目首届 51 名学生顺利入学，校区多元国际文化初步形成，高端国际教育中外合作办学迈出步伐；“远程与继续教育学院峨眉培训基地”在校区挂牌，全年办班 8 期，高端培训业务逐步开展；但是在落实若干学院所在地方面，至今还没有一个学院落地，破题不够坚决，已提两年的“工程+”培养方案，即峨眉校区复合型人才培养改革也没有破题。这些正是咱们校区班子今后要努力的方向。

总体来说，校区面貌明显改观，保持安全稳定，校区教职员工精气神明显改观，校区的发展后劲明显增强。所有这些成绩的取得，都归功于咱们校区全体师生员工，站在学校发展的大局上想问题、做工作，众志成城、风雨同舟、同甘共苦；也归功于各个学院、各个单位主动靠前、主动对号、主动担当。所以，要衷心地谢谢大家。

老师们，同学们，校友们！2017 年即将过去，借此机会，我要代表学校向无数交大前辈先贤和广大老领导、老同志、老学长致敬和感谢，是你们用智慧和贡献，奠定了学校发展的坚实基础，铺就了学校发展的正确轨道。要向奋斗在全校各条战线上的广大师生员工致敬和感谢，是你们用执着和坚守，为学校赢得了一项又一项荣誉，破解了一个又一个难题，使学校从胜利不断走向新的胜利。要向万千海内外校友致敬和感谢，是你们用感恩与回馈，助力母校改革发展，推动学校影响力和美誉度不断攀升。“饮水思源、爱国荣校”已成为西南交大人的信条和标签，无论何时何地，你们都与母校共荣辱、共进退。母校一声召唤，你们均义无反顾，群起响应。谢谢你们！谢谢大家！

老师们、同学们，同志们！新的一年，学校面临的任务依然繁重，前景更是广阔，西南交大将昂首阔步再上新台阶。

我们要深入学习贯彻党的十九大精神，用习近平新时代中国特色社会主义思想指导工作，继续深入贯彻落实全国高校思想政治工作会议精神，要深刻学习领会我国社会主要矛盾变化和我校现阶段发展中的两个主要矛盾，以及对我们工作提出的新要求、新变化，立足学校实际、着眼长远发展，深入抓好各项政策要求落地落实。

我们要立足轨道交通特色，上下齐心加快推进“双一流”建设，突出特色强校，突出绩效管理，扎实建设轨道交通领域世界第一的大学。

我们要继续深化改革，推进校院两级管理体制改革，继续大力推进和完善职务科技成果混合所有制改革，全面加强对各研究院（中心）的管理，为实现跨越式发展寻找新动力，激发新活力。

我们要继续落实人才培养中心地位，加大教学研究与教学改革力度，大力推进学位与研究生教育综合改革，全面提高人才培养质量。

我们要在人才强校主战略上下更大的决心、花更大的力气，推进工作，持续优化人才工作顶层设计，为培育人才、引进人才、留住人才、用好人才创造良好的政策、机制和环境，力争高层次人才有大突破。

我们要进一步牢固树立勤俭办学的理念，进一步加强学校资产管理，进一步加强对校办企业的管理，为促进学校事业发展提供坚实的物质保障。

我们要进一步推进与地方政府、行业企业的实质性战略合作，完善校院两级筹资工作体系，推进校友会组织网络建设与完善，扎实做好对口帮扶，多维度、多层次、多渠道加强对外合作交流。

我们要抓好民生工程和幸福交大建设，持续改善师生的工作、学习、生活条件，关心老同志，进一步增强师生的幸福感、归属感、获得感、成就感，实现共享发展。

老师们、同学们，同志们！西南交大的历史是由西南交大人创造的，西南交大的一切成绩和进步都归功于全体交大人。只要我们全体交大人始终与学校同心同向同行，始终主动担当、敢于领先，就能汇聚起“复兴交大、创建一流大学”的磅礴力量。让我们更好地团结起来、行动起来，一起拼搏、一起奋斗，共同开创西南交大更加美好、更加辉煌的明天！

谢谢大家！

站在新起点　着眼新征程　落实新任务　无愧新时代

——王顺洪书记在共青团西南交通大学第二十二次代表大会上的讲话

尊敬的团省委张书记，
尊敬的团市委苏书记，
各位团员代表，同志们、同学们：

上午好！

首先，我代表学校党委向学校第二十二次团代会的胜利召开表示衷心的祝贺！并向全校广大共青团员、共青团干部致以最诚挚的问候，向长期以来关心、支持我校共青团工作的社会各界和校内有关方面致以崇高敬意！

西南交通大学是一所有着悠久光荣历史的高等学府，交大共青团在我校历史上也是一面光辉的旗帜，为学校发展做出了重大贡献。1919年，在“五四运动”感召下，我校青年学生群起响应，成立了学生会组织，发表宣言，通电全国，支持北京学生的爱国正义斗争。1923 年，我校成立了社会主义青年团交大支部，从此拉开了交大共青团追求进步奋进的历史序幕。回望历史，交大共青团和一批批交大青年学子，不断发扬以“爱国、进步、民主、科学”为核心内容的“五四”精神，在危难关头不计个人得失挺身而出，与祖国和人民同呼吸、共命运，与学校同进退、共患难，谱写了一曲曲“爱国荣校”的壮丽青春之歌。

同志们、同学们！过去五年，我校共青团工作稳步前进，成绩值得充分肯定。下一个五年，是全面学习贯彻党的十九大精神、决胜全面建成小康社会、开启全面建设社会主义现代化国家新征程的五年，是全校上下以习近平新时代中国特色社会主义思想为指引、扎实建设轨道交通领域的世界第一的大学的五年，更是全面深化学校共青团改革、推进共青团工作再上新台阶的五年。新一届校团委和全校各级团组织、广大共青团员要不忘初心、牢记使命，认真学习宣传贯彻党的十九大精神，用习近平新时代中国特色社会主义思想武装头脑、指导工作，紧紧围绕“复兴交大、创建一流大学”这一交大理想，突出立德树人这一根本主题和深化改革这一主要任务，以保持和增强政治性、先进性、群众性为基本要求，着力解决存在的突出问题，着力推进组织创新和工作创新，构建交大特色、一流水平的共青团工作新格局，当好新时代学校党委的得力助手和后备军，为学校的改革、建设、发展、振兴、跨越贡献青春力量。

同志们、同学们！在以习近平同志为核心的党中央的坚强领导下，今天我们步入了中国特色社会主义新时代，这是一个中华民族昂首屹立于世界中央的伟大时代，是一个全体中国人民走向共同富裕美好前景的伟大时代，更是一个中华民族为世界人民做出更大贡献、构建人类命运共同体的伟大时代。在这个伟大的新时代，西南交通大学也将肩负着党和人民赋予的使命和重托，肩负万千校友和广大师生的新期待、新嘱托，开启“复兴交大，创建一流大学”的历史新征程，进入实现交大历史性复兴的发展新阶段。

习近平总书记指出：“青年兴则国家兴，青年强则国家强。青年一代有理想、有本领、有担当，国家就有前途，民族就有希望”“中国梦是历史的、现实的，也是未来的，是我们这一代的，更是青年一代的，中华民族伟大复兴的中国梦终将在一代代青年的接力奋斗中变为现实”。对于学校改革发展而言同样如此，你们兴则交大兴，你们强则交大强。全校各级团组织和广大团员青年既要始终胸怀祖国、胸怀人民、胸怀母校，更要热爱祖国、热爱人民、热爱母校，要按照总书记“志存高远、德才并重、情理兼修、勇于开拓”“勤学、修德、明辨、笃实”的谆谆教导，用中国梦激扬青春梦，用交大梦激励青春梦，将中国梦、交大梦、青春梦有机统一于实现交大历史性复兴的具体实践，统一于实现中华民族伟大复兴的具体实践，做社会主义核心价值观的坚定信仰者、积极传播者、模范践行者，做西南交大 121年光辉历史和光荣传统的坚定传承者、积极丰富者、模范续写者，做父母的好儿女、兄弟姐妹的好榜样，谱写无愧于党、无愧于人民、无愧于母校、无愧于父母的青春壮丽篇章。

同志们，同学们！新一届校团委和全校各级

团组织要围绕中心、服务大局，主动为党委分忧、为学校担当，把促进全校团员青年的全面健康发展作为首要职责，把团结带领全体团员青年跟党走作为重要任务，要站在新起点，着眼新征程，聚焦新要求，谋划新篇章，落实新任务，要无愧新时代。在此，我代表学校党委给学校共青团和全体团员青年提三点希望：

第一，要不断增强交大共青团的政治性。讲政治，是共青团工作的第一原则和灵魂，更是共青团工作始终保持正确方向的根本保证。共青团作为党的助手和后备军，就应该时刻做到听党话、跟党走。全校各级团组织要把学习宣传贯彻党的十九大精神作为首要政治任务，坚持用习近平新时代中国特色社会主义思想武装团员青年头脑，深刻理解党的十九大的鲜明主题，深刻理解习近平新时代中国特色社会主义思想的丰富内涵，深刻理解党的十八大以来党和国家事业发生的历史性变革；深刻理解中国特色社会主义进入新时代的重大意义；深刻理解我国社会主要矛盾变化的深远影响；深刻理解“两个一百年”奋斗目标和我们所处的时代背景，习近平总书记说：“今天，我们比历史上任何时期都更接近、更有信心和能力实现中华民族伟大复兴目标；中华民族、中国人民千年求索、百年奋斗的目标在不久的将来就将付诸现实”“中华民族伟大复兴，绝不是轻轻松松、敲锣打鼓就能实现的。全党必须准备付出更为艰巨、更为艰苦的努力”，大家无论现在，还是今后走上工作岗位，在今后的学习、生活、工作中，均要以总书记说的这两段话作为判断形势、定位的立足点、出发点；用两个百年奋斗目标和这个大背景来判断国际形势、国内形势；深刻理解坚定不移全面从严治党的重大部署，在思想上政治上行动上自觉维护以习近平同志为核心的党中央的权威，教育引导广大团员青年为人民服务，为中国共产党治国理政服务，为巩固和发展中国特色社会主义制度服务，为改革开放和社会主义现代化建设服务。

全校各级团组织要始终自觉坚持党的领导，坚定不移与学校党委同心同德同向同行，要把学习贯彻十九大精神与组织学习党委若干重大战略部署相结合，与学校第十四次党代会和历次全委（扩大）会议精神相结合，做到学以致用，要自觉团结在党委周围，自觉落实党委决策安排。自觉与损害中国共产党和中国特色社会主义的言行做斗争，也自觉与损害学校发展、学校利益的言行做斗争。学校各级团组织要发挥好团员青年与学校党委、二级党组织之间的桥梁纽带作用，让全体团员青年能够及时听到学校党委的声音，及时了解学校党委的工作部署，及时领会学校党委的战略意图，同时也要及时掌握团员青年的思想动态，向学校党委及时反映团员青年的心声和诉求、意见和建议，帮助团员青年尽快尽早实现政治成熟。

全校各级团组织要在广大团员青年中广泛开展社会主义核心价值观教育活动，让社会主义核心价值观融入团员青年的日常学习生活当中，融入团员青年的血液和骨髓当中，成为行为准则和自觉追求。社会主义核心价值观学习教育活动要与传承交大文化有机结合起来，树立和增强交大文化自信，学校121年办学历史积淀的厚重文化和优良传统是实现交大复兴的一笔宝贵财富，在新时代、新阶段需要不断创造性传承、创新性发展，交大文化是社会主义核心价值观在学校的具体反映，更是对社会主义核心价值观的有力阐释。全校各级团组织和广大团员青年要自觉做正能量的传播者、正确价值观的实践者、正义的维护者，明辨是非善恶，坚决不让歪风邪气在校园中立足，坚决不让负能量在校园中传播，坚决不让错误言行在校园中横行。

第二，要不断增强交大共青团的先进性。共青团是党领导的先进青年的群团组织，先进性是共青团的根本属性。全校各级团组织要与各级党组织一样，始终走在时代前列，始终走在学校改革发展工作的前列。“复兴交大，创建一流大学”是全体交大人的共同理想，需要数代交大人一以贯之、坚持不懈地努力。党的十九大提出了建设“交通强国”的战略目标，对于交通大学来说，这是一个大利好，同时也隐含着严峻挑战。全校各级团组织和广大团员青年务必要清晰地认识到，我们不能坐等交大复兴，更不能旁观交大复兴，每一级组织、每一个个人都有责任、有义务为复兴学校流汗出力。全校各级团组织要在团员青年中广泛开展“复兴交大，我的责任”“复兴交大，我在行动”主题实践活动，引导广大团员青年主动思考不忘初心，牢记使命；主动思考创先争优，多做贡献。广大团员青年自觉与优秀为伍、自觉与先进为伴，努力把自己培养成担当民族复兴大任的时代新人、社会栋梁、民族脊梁。

青年教工要保持先进性，就要立足本职岗位，对标一流，建功立业。发扬“爱国荣校”的光荣传统，牢记使命，勇于担当，始终把立德树人作为第一责任，始终把争创一流作为自觉追求，敢闯敢拼，敢于创新，敢于冒尖，敢于胜利，主动为学校分忧，主动为学校担责，始终走在复兴交大的前列。

青年学生要保持先进性，就要牢记精勤求学这一天职。我人生最大的体会就是：学习是人生中最重要的事情之一，选择学习就选择进步，选择学习就选择跟上时代。学生的天职就是学习，成功与未来也必须靠不断学习来奠基。要做到学以修身、学以养德、学以增智、学以立业，珍惜点滴时光，珍惜学习机会，始终在学上走在前、做表率，努力成长为德才兼备、全面发展的社会主义合格建设者和可靠接班人。

在青年人群体中，还有一批同志加入了中国共产党，你们是青年中的先锋、青年中的标杆，更应牢记共产党人的初心和使命，始终以一名共产党员的标准严格要求自己，带头树立远大理想抱负，带头坚定“四个自信”，带头脚踏实地争先进，带头做文明校园的使者，带头作德才兼备的先行者，在交大校园中高扬先进旗帜，引领全校广大团员青年树立正确的世界观、人生观和价值观，努力成长无愧于交大历史、无愧于伟大时代、无愧于伟大人民、无愧于伟大祖国的交大新青年。

三要不断增强交大共青团的群众性。共青团作为先进青年的群众组织，必须坚持群众性。共青团工作必须坚持从团员青年中来，到团员青年中去，无论任何时候、任何地点、任何情况都必须这样。

共青团工作要坚决克服官僚化、娱乐化倾向。各级团学组织是团结凝聚团员青年的阵地，也是组织团员青年开展丰富活动的平台，而不是小部分团干部的官僚机构，各级团干部手上拥有的不是权力，而是责任与担当，要坚决杜绝官僚习气、官僚作风，更不允许依靠自身的团干部身份为自己或者他人谋私利。同时，全校各级团组织要广泛开展志趣高雅、丰富多彩、喜闻乐见的课外活动，大学校园是给人以人生启迪、智慧光芒、精神力量的圣地，大学校园也是通过学问提升境界、通过读书学习升华气质的殿堂，而不是吃喝玩乐的娱乐场所，绝对不能单纯为了吸引眼球而去迎合社会上那些哗众取宠甚至低俗恶俗的东西。大学校园就要有大学校园的样子，团学活动要充分体现政治性、思想性、学术性、艺术性的有机统一，坚持正确的工作导向和活动导向，摒弃浮躁之气，克服“三俗”之风，打造团员青年喜欢、受益的品牌活动，一届一届不断地办下去，办出交大特色，办出交大水平，办出交大名气。

各位团员代表，同志们、同学们！习近平总书记指出，历史车轮滚滚向前，时代潮流浩浩荡荡。历史只会眷顾坚定者、奋进者、搏击者，而不会等待犹豫者、懈怠者、畏难者。站在中国特色社会主义新时代，国家正进入决胜全面建成小康社会的攻坚阶段，学校也正朝着建设轨道交通领域世界第一的大学扬帆起航。试看今后十年、二十年、三十年中华之变化，西南交通大学之变化，你们是见证者，更是参与者、建设者，你们应为之骄傲、为之自豪。今天就应为之准备，为之努力！全校各级团组织和广大团员青年们，希望你们一定要紧密团结在以习近平同志为核心的党中央周围，牢记总书记嘱托，坚定理想信念，增强干事本领，勇担复兴大任，在学校党委的领导下，以永不懈怠的精神状态和一往无前的奋斗姿态，把交大共青团工作不断推向前进！

努力吧，西南交大共青团！

奋斗吧，西南交大共青团！

祝你们在新时代取得新业绩，再创新辉煌！

忠诚报国　尽心尽责　自省自律

——王顺洪书记在中央党校中青年干部培训班（第42期）上做从政经验交流

一、坚守忠诚品格

作为一名党的干部，我体会：忠诚是最最重要的政治品格。什么是忠诚？忠诚就是对国家、对人民、对事业、对组织、对朋友等真心诚意、尽心尽力，没有二心。作为一名党的干部，要对党忠诚、对人民忠诚，要对事业忠诚，心中要有国家、有组织、有单位、有群众，把党和国家的利益、单位和群众的利益放在最高位置。作为一名党的干部，忠诚是为政之魂，是干事创业最核心的职业道德。没有忠诚，你不可能得到组织和群众的信任，你的事业不可能得到进步和发展。

二、增强政治意识

作为一名党的干部，我体会：一定要有强烈的政治意识。政治意识是党员领导干部必须具备、时刻紧绷的最重要意识。在瞬息万变、错综复杂的国内外形势下，在各种社会思潮鱼龙混杂、各种网络信息真假难辨的状态下，作为党的干部必须具备正确的政治方向、政治立场，严守政治纪律，不断增强政治观察力、政治鉴别力。作为党的干部，如果没有清醒的政治头脑、坚定的政治意识，关键时候就会做错事，甚至会犯方向性的错误。**习近平总书记讲过："我们党作为马克思主义政党，讲政治是突出的特点和优势。没有强有力的政治保证，党的团结统一就是一句空话"，同时他还指出："干部在政治上出问题，对党的危害不亚于腐败问题，有的甚至比腐败问题更严重。"**如今反腐败打的"大老虎"，他们把个人意志凌驾于组织之上，对党的危害极其严重。所以，他们的事，表面上看是腐败问题，其实更严重的是政治问题。政治问题就是信念信仰问题，就是立场问题，干部的政治意识如果出现偏差，出问题是早晚的事。

三、增强方向意识

我体会：对于每一个单位的前进与发展，每一位干部的成长与成才，方向意识与政治意识同样重要。工作中，我经常反复提醒自己注意方向意识。在学校的干部培训中，也每一次都要给干部提方向意识要求，我常讲：方向明则心头亮，方向正则劲头足；方向正确，假以时日，事业可成；方向偏离，失之毫厘，谬以千里；方向错误，则南辕北辙，投入的时间、精力和积极性越多，造成的损失会越大，甚至要付出难以挽回的代价。

大家会问：什么是正确的方向？我的体会是：重要的，如政治方向，就是听党的话、跟党走，就是与以习近平同志为核心的党中央保持高度一致；具体工作中，就是在遇事时，做决策、决定时，多问自己几个问题，如多问问群众认可不认可？群众答应不答应？群众满意不满意？群众高兴不高兴？是否有利于提升群众幸福？多问问是否符合中央和国家规定？是否有利于单位发展？是否符合单位发展的实际？我们要防止发生什么？如果你做的决策符合这几问，那么你的决策大方向就差不到哪里去。

四、培育感恩情怀

我体会：有感恩之心对干部成长十分重要。感恩是一种美德、一种情怀。党和人民有恩于我们，社会、单位、群众、朋友、父母、兄弟姐妹有恩于我们，我们当"滴水之恩，以涌泉相报"，我们唯有饮水思源，才能得到越来越多的方方面面的支持。工作岗位是组织和人民对我们的一份信任、一份重托、一份使命，也是组织和群众对我们的一份激励、一份鞭策、一份期待。我们无论处在什么岗位、担任什么职务，都离不开党的培养教育，离不开母校、父母等的关怀栽培。我体会，用一颗感恩之心来对待工作、生活，就会心安理得，就会有无穷的乐趣和动力！

五、坚持学习

我是从农村走出来的，父亲只读过几年书，母亲没上过学。自己的一步步成长经历，使我充分体会到学习的重要性。

习近平总书记讲过："各级领导干部一定要深刻认识现代领导活动与读书学习的密切关系，深刻认识领导干部的读书学习水平在很大程度上决定着工作水平和领导水平，真正把读书学习当成一种生活态度、一种工作责任、一种精神追

求，自觉养成读书学习的习惯，真正使读书学习成为工作、生活的重要组成部分，使一切有益的知识和文化入脑入心，沉淀在我们的血液里，融汇在我们的从政行为中，做到修身慎行，怀德自重，敦方正直，清廉自守，永葆共产党员的先进性。”总书记这一段话，讲得非常好、非常到位，我反反复复读过很多遍。我始终认为，选择学习就是选择进步，选择学习就是选择幸福，选择学习就是选择跟上时代，选择学习就是选择责任与担当。

我体会，读书学习是我们进一步坚定信念、提高素养、锤炼操守、提升境界的重要方法和途径。我们可以在读书学习中体会人生、增长本领、涵养情操、激发干劲，可以在读书学习中培养心境、净心静气，一步一步成长为一名“腹有诗书气自华”的学习型干部。

我体会，作为党的干部，要走在前，干在前，就必须首先做到学在前。21 世纪是一个“知识爆炸”“信息爆炸”的时代，知识老化加速，知识更新加速，知识传播方式改变，不学习就意味着肯定被时代所淘汰。我们要按时高质量完成任务，需要加强学习；我们要攻坚克难，方法从哪里来？学习是唯一途径。只有加强学习，借鉴他人智慧，才能托举我们站在巨人的肩膀上，让我们站得更高、看得更远。所以坚持学习、终身学习、高效学习、学以致用，这是时代的要求。

我体会，干部加强读书学习还是培育一个单位良好学风的现实需要。一方面，现在每个单位的工作节奏明显加快、工作任务明显加重，磨刀不误砍柴工，越是在这个时候越要加强学习，实现事半功倍；另一方面，自然界给每个人的时间是一致的，每人每天都是 24 小时，我们引导干部在学习和工作上消费时间越多，干部们用在酒桌、牌桌上的时间就会越少，他们的工作思路和工作水平就会越高，就会在正确的人生道路上越走越好。

再狭义一点思考，我体会，读书学习也有益于身心健康、有益于家庭，正所谓“与书为友，天长地久”。另外，当读书学习后你的论文、工作体会公开发表时，你的心情是很愉悦的，内心是很充实的，这些都是你人生的一个个小成果，积累小成果就能成就大成果。一颗颗珍珠是一个个小成果，把一颗颗珍珠连成一个项链，就成了大成果。我经常鼓励学校的年轻老师做个有心人，在教学和科研中不断积累小成果，最后，十年磨一剑，形成大成果。

我体会，学习也是养成良好家风的需要，是培养孩子良好学习习惯的需要，你的孩子是你的影子，你是什么样的学习态度决定着你的孩子的学习态度。

六、增强全局意识

什么是全局？就是国家利益和人民利益；对于单位来说，就是单位发展和群众幸福。我体会，工作中，无论是正职还是副职，能始终站在全局的角度谋事创业，逐渐养成常思“单位发展”和“群众幸福”的工作习惯，就会更加担当、更加果敢、更加自信，工作也就会越做越顺。因为群众的眼睛是雪亮的，他们会判断，谁最担当、最投入、最爱单位，会判断谁最计较、最对部下护短等等。

习近平总书记说过：“要把工作放到大局中去思考、定位、摆布，做到正确认识大局、自觉服从大局、坚决维护大局。”我们要能跳出单位看单位、跳出部门看部门，善于紧紧围绕全局的大目标来规划局部的小目标，把全局确定的大任务细化为本单位贯彻落实的小任务，在维护好全局利益的基础上发展好本单位的局部利益，不要总想着让上级帮着咱们解难题，更要着眼全局帮着单位排忧解难。作为党的干部，一定要能够换位思考，站到全局去想问题、做事情。只有这样，才能实现众志成城，万众一心。

我的体会，你总是站在全局思考问题和决策，工作中也会自然而然培养你的一把手思维方式和气质。有的副职关键时候上不去，其实就差那么一点点火候。

七、增强群众意识

我体会：作为党的干部，自觉践行好党的群众路线既是党性要求，也是工作的方法与艺术使然。我们所做的任何决策，如果不坚持从群众中来、到群众中去，是很难得到群众认可、支持和拥护的。

作为党的干部，一定要善于不断加深对群众路线的理解和认识，加深对群众的感情，坚持尊重群众、依靠群众、服务群众，你把群众的切身利益放在心上，群众就把咱们放在心上。**“群众对单位发展的热切期待、对美好生活的无限向往，就是我们全体干部奋斗的目标”**，这绝不是一句空话、套话。我们必须要团结群众、依靠群众、发动群众，经常融入群众之中，去听一听他们在想什么、要什么，去看一看他们有什么难处和后顾之忧，想方设法帮助他们解决；制定政策、谋划工作也必须要多听听各个层面群众的意见。另外，群众的智慧是无穷的，要充分激发广大群众的积极性、主动性和创造性，这是推动我们的事业不断走向新辉煌的不竭动力。

八、构建团结和谐的工作局面

习近平总书记在《之江新语》“打好团结牌”一文中说，**“懂团结是真聪明，会团结是真本领。团结出凝聚力，出战斗力，出新的生产力，也出干部。在团结问题上，‘一把手’更应带好头，起好表率作用。”**总书记还说，**“那些‘孤家寡人’、包打天下的‘超人’，是不能长久的。只有靠‘众人拾柴’和‘三个臭皮匠’之力，靠大家帮衬，工作才能做好。”**总书记的话讲得非常到位。

我体会，干部能否团结他人决定着干部的工作环境与成败得失。管理学上有一个“雁行理论”：为什么秋天大雁往南飞的时候喜欢排成“人”字形或“一”字形？经过研究表明，当雁群排列成“人”字形时，每一只大雁展翅拍打时，其他的大雁立刻跟进，整个鸟群抬升，借着“人”字队形，整个雁群比每只大雁单飞时，至少增加71%的飞行距离。所以说，大雁每年能够飞行几千上万公里，甚至一天内就可以飞越好几百公里的距离。这就是团结、合作的力量。

作为党的干部，与人能合作共事，能团结人，太重要了。尤其是同一个班子里的干部之间，在工作中一定要相互支撑、主动补台，相互提醒、相互促进，遇到摩擦多沟通、多宽容、多换位思考，努力构建和谐相处、协同共进的同事关系、干群关系，并以干部之间的团结促进单位与单位之间的团结。正所谓“相互补台，好戏连台；相互拆台，一起垮台”。我工作中最不希望看到或听到班子内部不团结、干部之间不团结的情况。党委也形成共识：整天告状的人、不会团结人的人，党委绝不重用与提拔。大家在一起工作是缘分，如果不团结，精神不愉快、心情不舒畅，甚至寿命都会缩短。如果不团结，本来很好办的事情也会变成难办的事情。不团结还会大大增加工作成本。所以，我是一直提倡、反复提醒各级班子和干部，努力培养自己与人共事的合作精神，说有利于团结的话，做有利于团结的事，坚决不说不利于团结的话，坚决不做不利于团结的事，像爱护自己的眼睛一样维护好单位的团结。当然，重视团结，又绝不容许“老好人”现象的存在。防止走向另一个极端。

九、增强法治意识

大家知道，“没有规矩，不成方圆”，无论是依法治国还是依法治省、依法治市、依法治校，总结成一句通俗的话就是要促使人人都懂法、守法、依法办事。我们作为干部，一定更要知法、懂法、依法办事、依制办事。

习近平总书记在省部级主要领导干部学习贯彻十八届四中全会精神全面推进依法治国专题研讨班的开班式上发表重要讲话，强调各级领导干部在推进依法治国方面肩负着重要责任，全面依法治国必须抓住领导干部这个“关键少数”。我们作为干部不能对别人讲法治、对自己讲人治，要不断强化自己的法治思维，把法治这根弦绷紧，时刻都想着依法办事，无论是做出决策还是开展工作都要做到于法有据，坚决克服随意拍脑袋做决策的情况。尤其是做决策必须要按照制度程序做，应该由集体决策的事情，就必须要集体研究决定，不能以个人意志代替集体意志。应该广泛征求意见、科学论证的事项，也必须要把程序走完，必要时还要进行风险评估、合法性审查。

平常生活中，同样要守法，守规矩。有个关于腐败的剧场理论，说的是本来大家都坐着看电影，有一个人不讲规矩，站起来看，别人也只有跟着站起来看电影，最后全都站起来看了。同样看一个电影，成本加大了许多。不讲规矩带来很大的危害。

十、廉洁自律 守住底线

我体会，人生被提任、被重用固然可喜可贺。但平平安安生活，直至平平安安退休也很重要。不要一味追求升迁，更要随时注意平安着落。咱们作为党的干部，首先要做到知足、惜福！而实际上知足、惜福已经是很低层次的要求，咱们是一名共产党的干部，一定还要提更高标准。清正廉洁是领导干部为官做人的第一底线，更是对每一名党员干部的基本要求。咱们都要老老实实做人、踏踏实实干事、清清白白为官，把好权力关、金钱关、美色关，在任何情况下都不逾越法律、纪律和道德的底线，做到“一身正气两袖清风，一尘不染克己奉公”。电视明星李雪健曾做过一个廉政广告片，这个广告片的最后两句话令人印象深刻：“清廉，一生平安；实干，造福百姓”，作为领导干部如果以权谋私甚至触犯党纪国法，将会时刻受到良心和党性的谴责，寝食难安、惶惶不可终日。有专家做过统计，得到结论：贪官污吏的寿命普遍都不长，道理很简单：心理上的煎熬让人过早地心力交瘁。

习近平总书记曾经引用过清代廉吏张伯行的廉政箴言告诫全体干部：**“一丝一粒，我之名节；一毫一厘，民之脂膏。宽一分，民受赐不止一分；取一文，我为人不值一文。”**我们既然从事这一行工作，就一定要“守得住清贫、耐得住寂寞、稳得住心神、经得住考验”，“心不动于微利之诱，目不眩于五色之惑”，做到“慎初、慎独、慎微”，对自己的岗位权力多一些敬畏之心，少一些“任性”，时刻警惕权力的滥用，在思想上筑起拒腐防变的坚固防线。“心有敬畏，行有所止”，否则就容易在人情世故的纠缠中、在形形色色的诱惑中，丧失原则、丢掉底线。

十一、狠抓落实，崇尚实干

习近平同志在《关键在于落实》一文中讲道：**“我们的所有成就，都是干出来的。这里的关键，就是始终注重抓落实。如果落实工作抓得不好，再好的方针、政策、措施也会落空，再伟大的目标任务也实现不了。”**

我体会：作为党的干部，咱们大多是从底层一个岗位一个岗位干出来的。咱们必须有实干精神，不能一遇到困难就打退堂鼓、一遇到挫折就往后撤，更不能想方设法把不好干的任务都往别人身上推，自己拣简单的、挑容易的干。我体会，干得多收获自然多，能力自然强。我认为：落实中，要做到坚决不推诿工作，是自己的工作任务当仁不让，并且出了问题主动承担责任；落实中，要有担当，少说多做，不要嘴皮子功夫，千方百计把任务完成好，既要做成更要做优，敢于直面问题，不畏难，要坚信“只要精神不滑坡，办法总比困难多”；落实中，要舍得花心思、肯下苦功夫，能沉得下身子，也能沉得住心神，把问题分析透、把办法想周全；落实中，要勇于主动请缨、为单位分忧，并且在关键时刻能够站出来、挺得住，积极主动地帮助单位啃“硬骨头”，做出个人牺牲，为单位、为群众奉献自己的力量和智慧。

十二、重视健康

“身体是革命的本钱”，没有健康的体魄，勤奋工作、幸福生活，都难以实现。身体健康，精神状态才好，工作劲头才足。

咱们每一个人都知道健康特别重要，可常常是工作一忙，就忘记自己的健康；甚至只是嘴上说重要，生活中却不管不顾，管不住嘴、迈不开腿，饮食方面没有节制，运动方面缺乏坚持。

对于健康，世界卫生组织经过研究有如下结论：7%取决于气候与地理条件，8%取决于医疗条件，10%取决于社会条件，15%取决于遗传，60%取决于个人生活方式。所以，健康主要还是取决于个人生活方式。

没有健康，就没有其他的一切，所以，为了更好工作，咱们绝对应注意身体。不暴饮暴食，不酗酒闹酒。坚持锻炼，养成运动习惯。刚才讲到保持健康，60%取决于个人生活方式，这60%中心理平衡又占了30%，所以心态也很重要，要保持良好心态，善于纾解压力。咱们要学会从容工作、宽容他人、知足常乐，切忌急功近利、斤斤计较，要坚持劳逸结合，善于排解压力，有时间就多陪陪家人，增进夫妻感情，促进家庭和睦。

《人民日报》王顺洪：科研创新应瞄准国家需求

科学技术是人类的伟大创造性活动。一切科技创新活动都是人做出来的。习近平总书记强调，“我国要建设世界科技强国，关键是要建设一支规模宏大、结构合理、素质优良的创新人才队伍，激发各类人才创新活力和潜力。”我国的大学储备了庞大的人才队伍，挖好这座富矿，对推动我国的自主创新意义重大。

大学是科技人才重镇，是实现创新驱动的重要力量。2017 年 6 月“复兴号”研制成功，向全世界宣告中国已经全面系统掌握高铁核心技术。“复兴号”的研发，凝聚了许多科研工作者的心血，西南交通大学多个科研团队也深度参与其中，学校首席教授张卫华担任了总体组专家，参与了转向架的研发，以及转向架设计、技术等评审工作。对大学而言，参与这一类重大项目的科研攻关是重要使命，也是发展机遇。保障与提高国家公共科技供给，是所有科研机构应当重视的责任，大学科研应瞄准国家需求，为满足国家重大战略发展服务。

激发大学的人才优势，需要改革人才培养、引进、使用等机制，为科技创新扫清障碍。“创新是一个系统工程，创新链、产业链、资金链、政策链相互交织、相互支撑，改革只在一个环节或几个环节搞是不够的，必须全面部署，并坚定不移推进。科技创新、制度创新要协同发挥作用，两个轮子一起转。”西南交通大学坚持以国家发展战略目标为创新导向，瞄准国际科技前沿，建立了以轨道交通国家实验室（筹）、牵引动力国家重点实验室等为代表的一批国字号科技创新平台，为我国高铁发展提供技术支撑。同时，把制度创新与科学技术创新放在同等重要的位置，探索出一条科技成果“所有权”改革新路径——职务科技成果混合所有制，让职务发明人拥有科技成果“所有权”，充分保障和调动了广大科研人员技术创新的积极性。

大学的科技创新，归根结底要夯实学科基础，并根据世界科学发展态势，优化自身科技布局。因为，学科是大学教育与研究依托的基础单元，建设一流学科就是对我国大学专业性的最高要求。西南交通大学曾因深耕于我国轨道交通建设，被誉为“铁路工程师的摇篮”；如今，借国家轨道交通技术进步和“双一流”建设的东风，正在进一步拓深、拓宽学科发展，轨道交通领域争创世界一流，随时准备为国家发展再立新功。

无论在什么发展阶段，科技创新的落脚点，都应该是为了国家和人民的根本利益。是否有助于提高国家某一尖端技术领域的国际竞争力，是否有助于活跃经济市场，是否有助于社会的可持续健康发展，是否有助于百姓的日常生活……这些是衡量科技创新价值的根本。在科技创新越来越依赖于协作的今天，大学只有深度参与国家创新战略，才有机会占领科技创新高地，把自身的创新潜力激发出来，变成社会进步的阶梯。

《光明日报》办好轨道交通领域的高水平特色大学——访西南交通大学党委书记王顺洪

西南交通大学，为中国轨道交通事业发展做出了不可磨灭的贡献。该校交通运输工程学科位居全国第一，材料科学、工程学、计算机科学进入 ESI 世界排名前 1%。如何在保持竞争力的同时还保持为国为民的底色？日前，记者专访了西南交通大学党委书记王顺洪。在他看来，“要以思政工作牵总，开启西南交大冲击轨道交通世界第一的‘动车模式’”。

冲击轨道交通世界第一是历史的选择和现实的考量

“西南交大现阶段的目标是创建轨道交通领域世界第一的大学。”谈及学校定位，王顺洪说，“这是学校对国家战略的回应，是根据学校特色和实力的科学判断。”

在 121 年的办学历史中，西南交大培养和造就了茅以升、陈能宽、张维、严恺、刘恢先、林同骅等一大批人才。30 余万师生和校友创造了百余项世界第一和中国第一。“创建轨道交通领域世界第一的大学，西南交大是有底气有自信的。”王顺洪说，“学校拥有 11 个国字号科技创新平台，已成为轨道交通学科领域设置最齐全、科研平台最完整、研究成果最丰硕、人才优势最突出的高校。”2000 年以来，学校共获得国家科学技术奖 38 项，主持国家自然科学二等奖 1 项，国家技术发明二等奖 2 项。学校培养造就了 59 位院士，其中包含了轨道交通领域几乎所有的两院院士。

王顺洪强调："坚持办好轨道交通这一学校办学的'顶梁柱'，使之成为创建世界一流大学的'王牌'，就是实事求是。西南交大不可能依靠'综合性'步入世界一流大学行列，只能依靠轨道交通特色冲锋，并在此领域为国家、为民族乃至为人类命运共同体做出特殊贡献。"

要把学问做在中国大地上

"扎根中国大地办大学，要立足中国，解决中国问题，要把学问做在中国大地上。"王顺洪说，学校将依托轨道交通领域最完整的学科体系和科研基地，从发展战略、基础科学、支撑技术、前沿技术4个方面，开展高铁、新型城市轨道（空铁、地铁等）、重载、高速及超高速高温超导磁悬浮交通的创新研究，不断在关键、共性与前沿技术实现突破和跨越，解决轨道交通的各种高、新、特尖端科学问题和各种极端情况、极端状态下的核心难题。

"扎根中国大地办大学，还要有敢为天下先的勇气和魄力。"王顺洪介绍，自2016年起，西南交大开展了以职务科技成果混合所有制为代表的制度创新，加速了科技转化，被称为科技成果转化的小岗村试验。

"扎根中国大地办大学，最重要的是培养社会主义事业的建设者和接班人。"在中国铁路大动脉上，从轨道交通领域的院士、勘察设计大师到普通工程师和建设者，到处有西南交大的毕业生。学校要把这一代代中国铁路的传人培养好。

"扎根中国大地办大学，既是大学的职责和使命所在，又是大学发展的根本动力。西南交大要创建轨道交通领域世界第一的大学，离不开中国的现实土壤，只有脚踏中国大地，英雄才有用武之地，才能传承历史，继往开来，实现为人民服务。"王顺洪说。

思政工作铸魂和牵总

建轨道交通世界第一的大学，就要出一流成果、一流人才。学校如何加强管理和建设？王顺洪回答："加强思政工作这一铸魂和牵总工程。"他说，思想政治工作是中国高校的特色和优势，是学校各项工作的根和魂。淡化甚至忽视思想政治工作，学校的发展就迷失方向，培养出来的学生就会在精神上缺钙。

王顺洪表示，把学生培养成为社会主义核心价值观的传承者、践行者和守护者，可以从学校的历史和身边的故事挖掘学校的文化基因。西南交大跨越三个世纪沧桑的办学历程，锻造了"爱国荣校"的光荣传统、"竢实扬华、自强不息"的交大精神和"精勤求学，敦笃励志，果毅力行，忠恕任事"的校训，是师生共同的价值理念和行为规范。

创建轨道交通领域世界第一的大学关键靠谁？王顺洪做了一个很形象的比喻："过去是火车跑得快，全靠车头带。现在，高铁已转变为每一节车厢均有动力的'动车模式'。要办好学校，必须集体发力、人人发力、齐心协力。"王顺洪说，当然，"动车模式"依然要坚持党的领导，党委要当好"火车头"。王顺洪在全校思政会上提出要努力做到的"十二个一流"，涵盖党建、教学、科研等方方面面的工作，核心就是要通过思政工作的一流带动全校各项工作实现全面、全方位一流。

"创建轨道交通领域世界第一大学的奋斗目标与交大校歌中'灌输文化尚交通，相期同造最高峰'的追求一脉相承，是交大人矢志不渝的追求，承载着巍巍百年学府历史赋予的使命和国家赋予的责任！"王顺洪这样表达交大人的决心和情怀。

《中国科学报》王顺洪：行业特色大学建设应有中国特色

就行业特色型大学而言，"依托行业而产生、服务行业而发展"的既有格局面临着新的挑战，大学自身的发展以及对行业的支撑与服务都需要重新思考定位。

习近平总书记曾经说过，"办好中国的世界一流大学，必须有中国特色""我们要认真吸收世界上先进的办学治学经验，更要遵循教育规律，扎根中国大地办大学"。在我国的高等教育体系中，除综合性大学之外，还有行业特色型大学。这批大学是指由原来中央业务主管部门整建制划转至中央教育主管部门的一类重点大学，学校学科相近且集中，与行业紧密联系，发展水平相对较高，具有创建世界一流大学和一流学科的实力。行业特色型大学要创建“双一流”，应在“行业”“特色”上下功夫，要主动对接国家战略、立足行业、推动制度创新、志存高远面向世界。

作为我国第一所工程高等学府，创建于1896年的西南交通大学因路而生、因路而兴、因路而强，被誉为“铁路工程师的摇篮”。作为行业特色型高校的一个典型代表，西南交大在建设“双一流”的进程中，总结了一些自己的经验和做法，希望这些做法能给国内行业特色型高校的建设带来一些启示。

首先，行业特色型大学要办出中国特色，就要主动对接并服务国家战略。在我国大力实施创新驱动发展的战略背景下，高校服务国家战略已经被提到前所未有的高度。行业特色型大学只有服务好国家战略需求，才能在行业中具备发言权，才能在发展中拥有一席之地，才能拥有更多的发展机遇，也才能在对接并服务国家战略中进一步凝练特色、凸显优势。

在这方面，西南交大主动对接国家战略，服务“一带一路”和高铁“走出去”，在科技支撑、人才支持，尤其是教育服务方面大胆作为。比如今年6月1日，中国企业承建的肯尼亚蒙巴萨—内罗毕标轨铁路首班列车发车，西南交大领衔的轨道交通职业教育联盟承接了该项目铁路教育服务，为肯尼亚培训各铁路专业教师和教学管理人员。

其次，行业特色型大学要办出中国特色，就要立足行业、依托行业、支撑行业、引领行业。行业特色型大学与行业、企业不仅是利益共同体，更是命运共同体、核心价值观高度契合的价值共同体，共同肩负着科技创新与服务社会等使命。行业特色型大学要积极主动加强与后者的联系，以贡献求发展，以服务求支持，要将产学研合作作为改革发展的战略选择，并以此推动科技创新和人才培养质量。有为才有位，高校真正为行业、企业解决实际问题，才能在行业中不断扩大影响力，才能实现学校改革发展目标。

基础研究与原始创新是对行业最核心的支撑。在这方面，协同创新是高校对行业最直接的支撑，西南交通大学在与轨道交通企业保持友好合作关系基础上，积极探索新型战略合作关系。如学校已与中国铁建签署磁浮技术研发战略合作协议，就磁浮技术研发合作进行精准对接，助力磁浮交通技术与产业发展。

再次，行业特色型大学要办出中国特色，就要科技创新同时敢于推动制度创新。习近平总书记强调，科技创新、制度创新要协同发挥作用，两个轮子一起转。高校产出的重大原始创新成果在我国建设创新型国家过程中发挥着重要作用，行业特色型大学围绕国家重大战略和需求，始终站在引领行业科技创新的前沿，具有科研针对性强、技术转化率高、成果可工程化程度高的特点。

依然以蓬勃发展的中国高铁为例。目前，中国高铁已经正式跨入“中国标准”时代，已经成功拥有世界先进的高铁集成技术、施工技术、装备制造技术和运营管理技术，“中国速度”的诞生离不开科技创新，离不开科技成果从科学研究、实验开发到推广应用的“三级跳”。

在致力于科技创新的同时，西南交大面对科技成果转化难的“老大难”问题，在政府和企业的积极参与下，2010年开始小规模试点，探索职务科技成果混合所有制改革，极大地释放了科研活力。这一改革之路，被媒体称为破解科技成果转化难问题的“小岗村试验”。2016年全校推广改革措施以来，已有超过120项职务发明专利分割确权，7家高科技创业公司成立。

最后，行业特色型大学要办出中国特色，还要植根中国、面向世界，敢为人先、勇立潮头。定位决定了发展战略、发展道路、发展模式。大学定位是关系到长远发展的战略性问题，也是一个需要不断探索的动态性发展问题。就行业特色型大学而言，“依托行业而产生、服务行业而发展”的既有格局面临着新的挑战，大学自身的发展以及对行业的支撑与服务都需要重新思考定位。行业特色型大学要进一步发展，就必须从对行业的依托服务转向走出行业、面向世界、面向未来，从而实现对行业的引领与超越。

从轨道交通行业来看，在世界范围内，无论是高铁的技术标准还是高铁的营运里程，中国都已经名列前茅，开始引领世界高速铁路发展进程。然而，从现实责任来看，面对欧、美、日等国更高速度轨道交通技术的挑战，我国亟待开展以速度、能力为目标的变革性理论与技术的研究，以持续保持在轨道交通领域国际上的话语权和影响力。这对于国内相关领域的行业特色型高校而言，既是机遇，也是挑战。

因此，我们应该正视高校本身的优势与缺陷，在现有基础上，提高资源使用效率，加大人才引进和培养的力度，力争通过更好的技术开发，继续保持和巩固中国高铁在世界相关领域的领先地位，为中国经济建设的持续稳定发展贡献自己的一分力量。

卧薪尝胆，齐心协力，多措并举，加快建设交通特色鲜明的综合性研究型一流大学

——徐飞校长在西南交通大学“双一流”建设推进大会上的讲话

老师们、同学们，同志们：

大家下午好！

今天我们在这里隆重举行西南交通大学“双一流”建设推进大会，这既是学校面向新时代加快推进“双一流”建设的再动员大会，更是一次誓师大会。三个月前的今天，即 2017 年 9 月 20 日，教育部、财政部、国家发展改革委联合印发《关于公布世界一流大学和一流学科建设高校及建设学科名单的通知》，我校名列其中。按照教育部统一部署，修订完善后的“双一流”建设方案即将公布，学校正式踏上“双一流”建设新征程。

刚才翟婉明院士、冯晓云副校长分别就“双一流”建设方案做了详细说明，对有关工作也做了全面布置。蒲黔辉院长、周仲荣院长、陈维荣院长、李维萍院长四位院长的发言也很好，很提气，从中能强烈地感受奋发有为的勃勃雄心和坚定信心。学院站位高，主动加压，敢于亮剑，勇于攻坚，善于对标，对如何建设一流学科方向明确，思路清晰，措施有力，令人振奋和鼓舞。下面，我重点讲三个方面。一是把握“双一流”建设要义；二是交通强国的历史使命；三是问题导向，精准发力，突破瓶颈，跨越发展。因时间关系，我重点谈第一部分。

一、把握“双一流”建设要义

（一）学科是大学发展之“纲”，纲举目张。

周知，构成一流大学的核心要素很多，如师资、教学、科研等，在“双一流”中为何唯独强调学科？根据《教育大辞典》中对“学科”的定义，学科至少有三层含义：一是学术或知识的分类，指一定科学领域或一门科学的分支。如自然科学中的化学、生物学、物理学；社会科学中的法学、社会学等；二是“教学科目”，简称“学科”或“科目”。即教学中按逻辑程序组织的一定知识和技能范围的单位。如程序设计、力学、计算机科学等；三是知识或学习的一门分科，尤指在学习制度中为了便于教学，将之作为一个完整的部分进行组织和安排。

由此可见，学科狭义上是一个学术或知识概念（对学术或知识“分门别类”），广义上则是一个组织概念：通过学科把办学的各种要素集结和组织起来。学科是大学发展的“纲”，纲举目张。学科是办学的“根”和“本”，抓住了学科，就抓住了根本。如果学科“根”不深“本”不壮，人才培养、科学研究等就不会枝繁、叶茂、果硕。一流大学建设高校重在一流学科基础上的学校整体建设，全面提升人才培养水平和科研创新能力。之所以把“一流学科”与“一流大学”并列且冠以“双一流”，就是为了突出和强调一流学科在一流大学建设中的龙头地位和支撑作用。不仅如此，学科还是科技创新的学理基础和重要平台，决定科技创新的方向与特色。高水平学科是聚拢一流人才、打造一流平台、实现一流教学、产出一流成果的最好抓手。

一般而言，学科按特定知识领域内在的逻辑体系来加以组织，相对独立、自成体系，逻辑性、系统性和简约性是学科的最大特点。国际上，ESI 将学术分为理学、工学、农学、医学、生命科学、社会科学和其他等 7 个大类，22 个学科；QS 则将学术分为艺术与人文、工程与技术、生

命科学与医学、自然科学、社会科学等5大学科门类46个领域；中国国务院学位委员会将学术分为理、工、农、医、文、史、哲、经、管、法、教（育）、军（事）、艺（术）共13大学科门类，每个学科门类又划分为若干一级学科，共110个一级学科。每个一级学科又根据实际学科的内涵覆盖分为若干二级学科。通常，学校的专业就是二级学科。

现在国家评价和考核以及第三方评价，都是针对一级学科。因此，务必**强化并加速提升在“一级学科”层次上的核心竞争力**。一直以来我们自以为学校的土木很强，但排名却很不理想，原因何在？原来，学校真正强的是“桥梁和隧道”，而桥梁和隧道只不过是土木工程（一级学科）之下6个二级学科之一。由于其余5个二级学科都不够强，所以土木工程的排名始终未能进入第一方阵前列，其他学院也有类似的情况。请各学院高度重视这一问题，采取切实有效的措施，尽快把那些拖后腿的二级学科补强。当然，这并不意味着要发展一级学科下所有的二级学科，而是有所为有所不为，有选择地追求卓越，通过凝练学科方向、优化学科结构、突出学科重点，加速发展那些既具有比较优势又对一级学科的振兴升位能强力支撑的二级学科，最终目的是提升一级学科的竞争力。

（二）牢记人才培养、立德树人根本任务。

习近平总书记指出：“高校立身之本在于立德树人。只有培养出一流人才的高校，才能够成为世界一流大学。”我国高校要朝着建设世界一流大学的目标奋进，必须以立德树人为根本，以理想信念教育为核心，以社会主义核心价值观为引领，培养又红又专、德才兼备、全面发展的中国特色社会主义合格建设者和可靠接班人。在此，再次强调逢会必讲的三句话：大学的根本使命是培养人才，学校的中心工作是教育教学，教师的第一职责是教书育人。放眼全球，世界一流大学通过创造世界一流的学术成果促进新理论产生、新技术变革和新产业发展，通过塑造世界一流大学文化引领社会文明发展，而这一切都依赖于培养和造就一流人才。可以说，培养、拥有一流人才是一所大学成为世界一流大学的重要条件。

一直以来，西南交大高度重视人才培养工作，在长期的办学过程中，形成了“严谨治学、严格要求”的双严传统。在刚刚结束的本科教学审核评估中，教育部专家组对我校人才培养工作给予充分肯定和高度评价，但人才培养中存在的一些问题也必须高度警醒，如专业教师数量不足，教师队伍结构不够合理，科研反哺教学机制不畅，人文社科发展不平衡不充分，通识课程的数量和质量亟待加强，教学质量监控体系仍不够完善等。我们一定要以此次评估为契机，抓紧解决这些问题。在新的历史条件下全校上下务必牢记立德树人、人才培养这一根本任务，全员育人、全过程育人、全方位育人、全天候育人，把西南交大办成一所高贵的有灵魂的大学，办成一所有使命担当有家国天下情怀的大学。同时，作为研究型大学，在本科阶段要淡化专业，强化通识、素质和能力，专业教育必须建立在宽口径、厚基础之上，必须和通识教育、博雅教育、素质教育、创新创业教育有机结合，这既是研究型大学之必须，也是适应人工智能时代之必然。

（三）突出交通特色，立足轨道，但不囿于轨道。

特色就是生命力、竞争力，特色就是影响力和号召力。西南交大因铁路而生、因轨道而兴、因高铁而强，交通特别是轨道交通始终是学校的办学特色。轨道交通是学校核心竞争力所在，是立校之本，强校之基。离开了轨道交通，学校绝不可能有今天的地位，极言之，离开了轨道交通，学校什么也不是。学校其他学科的设立和发展也都直接或间接地得益于轨道交通，皮之不存，毛将焉附？因此，必须始终坚守和光大特色，在“**立足轨道，突出交通特色**”这一原则问题上，不应有丝毫动摇。不但如此，还应在轨道交通领域尽快形成“不是屈指可数，而是首屈一指”的实力，形成“舍我其谁、非我莫属”的地位，以超强的能力服务国家“交通强国”战略。

进入21世纪以来，随着新一轮科技革命和产业变革大行其道，加之全球能源危机、环境污染、气候变暖、交通安全等问题日益严重，在全球经济向低碳模式转变的大背景下，国际轨道交通市场呈现明显复兴态势，客运向高速、城市轨道交通、联合运输方向发展，货运向重载化、快捷化、物流化方向发展。因此，轨道交通大有可为，我们正面临千载难逢、百年难遇的黄金发展窗口期，对轨道交通而言，这一窗口期至少 20 年。当前和今后一个时期，学校应在轨道交通领域加快新材料、新技术和新工艺的应用，重点突破体系化安全保障、节能环保、数字化智能化网络化技术，研制先进可靠适用的产品和轻量化、模块化、谱系化产品。研发新一代绿色智能、高速重载轨道交通装备系统，围绕系统全寿命周期，向用户提供世界领先的现代轨道交通整体解决方案。特别地，应在轨道交通“高、重、新、磁、特”五个方向上发力。

1. 高速。在保持领先的基础上，研制下一代高速铁路，攻克具有更高速（400km/h 及以上）、更安全、更环保、更经济特征的下一代高速铁路核心技术，解决长期困扰高铁发展的“车线友好、环境友好、技术友好、乘坐友好、经济友好、运维友好”等瓶颈问题。

2. 重载。跟踪进而引领国际重载铁路科技，发展可实现快捷/低动力作用的 30 t ~ 45 t 重载机车车辆等技术，完善体系，建立货运车辆预测预防性维修体系。

3. 新型城轨。包括地铁、轻轨、单轨、现代有轨、空轨、虚轨等各种制式。发展城市公交车与有轨电车混合的虚拟轨道列车，发展燃料电池、无线传输、超级电容及石墨烯电池等新能源城轨交通，发展绿色、智能、人文一体化轨道交通。

4. 磁浮。发展时速 200 km 的中速常导磁悬浮列车，发展 500 km/h 及以上的高速磁悬浮列车，发展真空管道高温超导超高速（近音速 1 000 ~ 1 100 km/h，甚至超音速）飞行轨道交通；超前研发未来宇宙速地面太空通道。

5. 特种国防安全轨道交通（略）。

需要强调指出的是，**立足轨道，但又不能囿于轨道**。要超越轨道，跳出轨道看轨道，不能作茧自缚被两根轨道捆死，以致束缚了自身，错失大好发展机遇。当今交通已进入陆、海、空、天、网的全域时代，已进入立体交通、综合交通、智能交通、绿色交通时代，进入集铁路、公路、水路（水运）、空路（民航）、邮路（邮政）、管路（管道运输）、“天路”（航天飞机）和“网路”（信息高速公路）这“八路”军于一体的大交通时代。再则，各种高科技、深科技、硬科技、黑科技层出不穷，出现颠覆性的交通制式不再是小概率的“黑天鹅”事件，而是大概率的“灰犀牛”事件。因此，要在立足轨道、聚焦轨道交通的基础上，适时拓展相关学科领域，使学校不仅在轨道交通有世界第一的实力，还在综合大交通上有崇高地位。与此相对应，推动全校工科、理科、文科、生命医学学科与交通相关学科的有机交叉融合，以交通运输学科群的一流，带动其他学科走向一流，实现学校整体一流，进而早日建成交通特色鲜明的综合性研究型一流大学。

还需指出的是，任何产业和行业都有生命周期，轨道交通自不例外，范式革命迟早会发生。行业特色明显的高校，对此必须有清醒的认知和自觉。必须既立足当前，又着眼长远，未雨绸缪，在范式革命尚未发生之前，就前瞻性地布局和培育战略性新兴学科，使学校的事业生生不息，长盛不衰。从战略和长期看，既要避免核心能力不足，也要警惕核心能力“刚化”。在奥运赛场上，本领不足、技不如人固然可叹，但更令人沮丧和可悲的是，好不容易在某个项目上练就了天下无敌的功夫，拥有技压群芳的实力，却被告知该项目已从赛事目录中取消了。这样的情形不乏其例，柯达就是现成的例子。在胶片领域柯达确实做到了无可争辩的第一，然而，世人现在根本不用胶片，取而代之的是数码。

近期在网上看到一段话很有感触，在此和诸位做一分享。

有一部很牛的科幻小说《三体》，里面有句话叫作“我消灭你，与你无关”。现阶段打败你的不一定是对手，而是一个过路人。尼康最近退出中国，裁员两千人，很多人以为尼康是被同行打败，没想到居然是毫无相关的行业。尼康直接宣布破产的真相，是受智能手机普及的影响。同样，打败黑车司机的不是出租车，而是共享单车。共享单车一块钱随便骑，骑到任何地方，停下，锁车就走，不用管。卖单车的店铺、修自行车的小摊子，也会因此生意一落千丈，关门是迟早的事。又比如，消灭扒手的不是警察，而是微信、支付宝等支付，它们让越来越多的人口袋里没现金。

大趋势很残酷，杀人不眨眼，也不会流血见红。说声对不起？不好意思，不关我的事，我根本没关注到你，只是一不小心，让你倒霉了。这就叫“我消灭你，但与你无关”。在这个跨界打劫、飞速变化的时代，羊毛出在狗身上，由猪买单。终结者、颠覆者、“杀手”，往往不是同行现有竞争者，而是来自其他你根本想象不到的潜在竞争对手，你很难猜到新兴的什么行业就打败了传统的什么行业。你不自我革新，不自我变革，就只能等着别人来革你的命。

（四）创建“双一流”，关乎所有学院所有学科。

“双一流”不是某些学院某些学科的事，而是所有学院所有学科的事，差别仅在于离一流目标的接近度和阶段性不同。全校每个学院、每个学科、每个职能部（处）、每个人都是“双一流”建设的局中人，都应该把“双一流”建设作为重点工作，常抓不懈，久久为功。每个学院、学科都要根据自身实际情况，分阶段规划制订“双一流”目标，例如：材料科学、计算机科学等朝 ESI 前 1‰努力；数学学科在近期抓一级学科博士点的同时，加速培育数据科学；外国语学院以积极申报外国语言文学一级学科博士点为契机，大力抓高水平师资队伍建设，为将来进入一流行列打下坚实基础。

二、交通强国的历史使命

（一）从交通大国迈进交通强国

交通运输是兴国之器、强国之基。从世界大国崛起的历史进程来看，国家要强盛，交通须先行。新中国成立以来特别是改革开放以来，经过全体交通人不懈努力，我国交通运输事业取得了长足发展，交通运输面貌发生历史性变化。交通实现了从现代经济社会基本条件的基础性，到提高效率和便捷服务生产和生活的服务性，再到通过“交通+”成为经济社会发展新引擎的引领性的三级跳。当下，交通正朝着建立中国与世界紧密联系的网络资源的战略性迈进。

特别是党的十八大以来，我国交通运输发展不断加快，实现了交通运输发展阶段由“总体缓解”到“基本适应”的重大跃升，总体适应经济社会发展需要，许多指标走在了世界前列。最近五年是交通运输发展历史上建设强度最大、网络覆盖最广、品质提升最快、群众获得感最明显的时期，网络设施更加完善，技术装备更加先进，运输服务更加优质，降本增效更加显著，战略支撑更加有力，正在从交通大国向交通强国迈进。

党的十九大做出了中国特色社会主义进入新时代的战略判断。站在中国发展新的历史方位，综合分析国际国内形势和自身发展条件，着眼于实现“两个一百年”奋斗目标要求，按照“使交通真正成为发展先行官”的发展定位，基于已有工作基础，到本世纪中叶之前建设交通强国，可以分“三步”来安排：

第一步，是“十三五”时期，即从现在到 2020 年，是建设交通强国的准备期。交通运输将充分发挥引领支撑作用，在服务全面建成小康社会的过程中，为建成交通强国做好充分准备。

第二步，从 2020 年到 2035 年。基本建成安全、便捷、高效、智慧、绿色、智能的现代综合交通运输体系，交通运输更人性化、更可持续、更具竞争力，“交通+”新业态形成；建成与世界紧密联系的资金能源环境可持续的合作共赢的交通体制机制，强力支撑“一带一路”发展战略；基础设施拥有量、客货运输及周转量、交通科技水平、交通治理水平更大幅度提升，交通运输业实现现代化。到那时，铁路、公路、航空、水运、管道“五位一体”、综合布局、无缝衔接、四通八达。综合交通、智慧交通、绿色交通、平安交通、人文交通“五位一体”、高效治理、兼容持续、协调发展。运载工具越来越轻量化、自动化、智能化、低碳化和人性化；交通出行更凸显通达性、衔接性、便捷性、舒适性和安全性。

第三步，从 2035 年到本世纪中叶。在交通强国的基础上再用 15 年时间，到 2050 年第二个百年奋斗目标实现时，进入世界交通强国前列。高标准建成高度便捷、高效、绿色、智慧、安全的综合交通体系，全面支持中国国家战略，全面完成全球交通服务网络体系建设，形成世界一流的全球互联互通系统，实现“人享其行、物优其流、国倚其强”。同时，全面参与全球交通治理，牢牢掌握世界交通业发展话语权。

奋力从交通大国向交通强国迈进，是人民的呼声、时代的要求、历史的必然。我们要敢于担当、主动作为、不辱使命，为实现“两个一百年”

奋斗目标和中华民族伟大复兴的中国梦，发挥好交通的基础性、支撑性、先导性、战略性和引领性作用。

（二）西南交大的历史使命和时代担当

121年间，学校守交通之本，行大学之道，在滇缅公路、宝成铁路、成昆铁路、青藏铁路、京沪高铁等划时代工程，以及中低速磁浮和高温超导磁浮列车中的艰辛奋斗和卓著贡献，一次次生动诠释和升华着西南交大“灌输文化尚交通、文轨车书郅大同”的价值追求和崇高理想。

创校至今，历代交大人始终与国家和民族同呼吸共命运，励精图治，奋发有为，不断推动学校建设发展上新台阶。在事关学校长远发展和战略布局的学科建设上，成效尤为明显。20世纪70年代以来，经过“七五”“八五”建设，特别是最近20余年的建设，学校业已形成工科、理科、人文社科和生命医学“四大学科群”。特别让我们感到自豪的是，这些年来学校主动服从服务国家战略需求，助推经济社会发展和行业建设，铸就高铁“国家名片”，已经构建起轨道交通领域完备的学科、人才和科研三大体系，轨道交通特色优势更加凸显，交通运输学科始终位居全国第一。

我们要以“双一流”建设为契机，以建设国家级科研平台为支撑，面向世界科技前沿，面向国家重大战略需求，面向国民经济主战场，立足轨道又超越于轨道，坚持教研一体、科教结合，坚持顶天立地、军民融合，坚持政产学研协同创新。进一步加强基础研究，进一步加强对关键共性技术、前瞻性引领技术、现代工程技术和颠覆性技术的研究，打造学科高峰，抢占技术制高点，加速打造第二张金名片“磁浮”。实现交通运输由大向强的历史性转变，关键要靠科技创新。必须把发展的基点放在创新上，充分发挥科技创新的引领作用，大力建设智慧交通，着力培育具有国际竞争力的基础设施建设、运输装备制造等技术能力，加快“互联网+交通运输”、自动驾驶、新能源交通装备等推广应用，深入实施人才优先发展战略，为建设交通强国提供有力的技术支撑和人才保障。

培养一流人才、产出一流成果是大学对国家发展贡献中最重要的两个方面。站在中国特色社会主义进入新时代的历史方位，我们要扎根中国大地办大学，在不断做出贡献的过程中崛起为世界一流大学，在加速“双一流”建设进程中，承担起强力支撑交通强国战略的历史使命。我们要切实做好与国际高水平学术伙伴的合作与对标，坚持国际合作和开放式办学，加大人才特别是高层次人才的引进和培养力度，打造高水平学术团队，推动交通运输学科群协调发展。

三、问题导向，精准发力，突破瓶颈，跨越发展

（一）“交通运输学科群”建设若干突破点

在交通强国战略构想背景下，势必将推动交通运输学科蓬勃发展。可以预见，越来越多的高校特别是清华、浙大等国内顶尖高校将强势介入交通运输学科雄主的争夺，更有同济、东南、中南、北航、北交等领域学科强校竞相发力。虽然我校交通运输一级学科连续三次学位评估均名列全国第一，本次“一流学科一流大学”遴选，交通运输学科也顺利入选“一流学科”，入选高校也仅有4所，但交通运输学科一家独大、独领风骚的格局不复存在。在相当长的时期内，将进入群雄逐鹿、各领风骚的状态。所以立足自身特色，强弱项，补短板，寻觅新的发展方向，提升自身核心竞争力，是交通运输学科群创建一流的不二法门。

对比分析第四轮学科评估数据，我校交通运输学科还存在诸多短板亟待弥补。

一是人才尤其是领军人才和拔尖青年人才。哈佛大学第23任校长詹姆斯·B·科南特（Jamese B. Conant）提出，“高校的荣誉不在它的校舍和人数，而是它一代又一代素质优良的教师，一所学校要站得住，教师一定要出色。”师资队伍不仅是大学安身立命之本，更是大学在教育全球化和学术“知本主义”浪潮中培育学术竞争力和提升美誉度的重要凭借。毋庸置疑，在“双一流”建设背景下，高校对人才的争夺已白热化，师资已成为大学的战略性资源，一流师资队伍成为建成世界一流大学的最关键因素。在前三轮的学科评估中，我校交通运输学科的重要优势之一，就是拥有一批院士、长江、杰青等资深专家团队。但在本轮学科评估中，我们的优势地位不再突出，特别是高层次青年人才已处于十分不利的劣势地位，交通运输学科的“四青”人才几乎为零，这是我们继续保持领先地位的最大危机。

二是基础研究与前沿引领。国际上，科技水平体现了国家综合国力的高低，而科技论文则是科研成果的重要表现，科技论文的发表直接体现了科学技术的进步和科研人员的学术能力。科技论文发表数量和质量在一定程度上反映了一所高校和科研机构的科研实力。论文被引次数则是评价科研成果的重要指标之一，成为“高被引”学者，意味着该科学家在该领域具有世界影响力。2012年-2016年五年时间里，我校ESI高被引论文有64篇，与交通运输学科相关的高被引论文仅有21篇，与国际一流学科相比，差距巨大。这至少反映出两个问题：一是学校“高被引”论文数量总体偏少，全球“高被引”学者少；二是基础研究、前沿研究不仅水平不高，而且研究型大学“科研回归基础研究本位”的原则尚未得到切实贯彻。

三是国际影响力和塑造力。“双一流”建设提出“中国特色、世界水平”，这是“双一流”的导向和标准。世界一流，就是要拥有一批活跃在国际学术前沿、有影响力的科学家、学科领军人物和创新团队；就是所培养的创新人才拥有很强的国际竞争力，得到国际同行广泛认可；就是要产生一流的科研成果，推动和引领国际学术前沿发展；就是要做出一流的社会贡献，支撑和服务人类科技和文明进步；就是要培育一流的大学文化，努力成为世界高等教育改革发展的推动者和引领者。显然，我们的交通运输学科在这方面做得还远远不够。我们在“学生国际化”“教师国际化”“教学国际化”“科研国际化”“文化交流”“国际显示度”“国际塑造力”等方面任重道远。

四是学科交叉融合。今天的时代是大科学时代，学科交叉融合是科学技术发展的必然趋势。重大科研创新项目需要多学科、多专业的整合、联合攻关才能解决。交叉学科的发展对于高校学科建设培养新的增长点，提升高校核心竞争力具有重要意义。《国家中长期科学和技术发展规划纲要（2006—2020年）》强调：“加强基础科学和前沿技术研究，特别是交叉学科的研究。”教育部《关于加强国家重点学科建设的意见》中也强调：“促进学科交叉、融合和新兴学科的生长。”交通运输学科是典型的交叉学科，更需要多学科的融合。一方面，交通运输学科的基础在于数学、力学、物理、系统科学等学科；另一方面我校的交通运输是土木、机械、电气、信息、运输、测绘、地质、材料、经管等多学科支撑起来的。目前，由于各相关学科围绕交通运输的融合度不够，没有有效形成多学科交叉融合的大团队、大平台，导致我们承接国家重大工程与项目的能力不足，尚未充分有效支撑国家战略发展需求。

五是平台协同联动。虽然我校已经拥有12个与交通运输学科密切相关的“国字号”科技创新平台，也取得了令人瞩目的成就，但与国内众多科研平台一样，存在科研体系“大而不强”、科研平台分散、科研主体缺乏统筹协同等问题。直接表现为各类科技平台资源缺乏联动与整合，人才、设备、经费和数据等资源管理存在配置重复，技术设备和数据缺乏共享等问题。需要进一步改革完善创新平台治理结构和运行机制，整合和优化现有的优势科技平台资源，有效利用科学与工程研究、技术创新与成果转化、基础支撑与条件保障等三类科技创新基地，促进资源互补和功能联动，提升学校服务国家战略性重大科技任务的整体效能。

（二）从一个“一流学科”到多个“一流学科”的战略进路

从大学发展的普遍规律来看，几乎所有的大学都经历了从单一学科到多学科发展的历程。同样，世界一流大学也都要经历从单个一流学科到多个一流学科，进而成为一流大学的发展历程。苏联学者凯德洛夫在20世纪70年代曾提出“带头学科”理论，他认为“自然科学各学科的发展并不是齐头并进的”。“科学的突破点往往发生在社会需要和科学内在逻辑的交叉点上”。从这个“学科生命周期理论”中可以看到，特色学科的优势并不是一成不变的，行业特色大学要在发挥优势、凝练特色的基础上，遵循“优势学科做优做强，特色学科与时俱进，新兴交叉学科异峰突起，基础学科长足发展”，通过学科之间的交叉、渗透、链接，不断催生新的学科的生长点，努力在新兴、交叉、边缘等方面取得新进展，保持长久旺盛的学科竞争力。

我校“双一流”建设方案，以交通运输学科群为建设对象，就是要以交通运输一流学科建设引领健全学科生态体系，带动学校整体发展。在重点发展交通运输工程优势学科，即“冲顶登峰”的同时，积极为土木、机械、电气等学科发展创造条件，即“振兴升位，进入前列”，通过多学科的协调发展，促进学科间的交叉和融合，相互支撑，提升学校的学科整体水平，最终实现学校从一个一流学科到多个一流学科，进而成为一流大学的目的。

按照国家“双一流”遴选标准，要成为新的一流学科，有以下五大路径：

一是全国排名进入前 3 名或前 5%。教育部学位中心学科评估排名每四年开展一次，主要有师资队伍与资源、人才培养质量、科学研究水平和学科声誉四个一级指标，通过不断优化，其评价方式和指标体系越来越得到公众认可。历时近两年的本轮评估结果即将公布，可以预见，本次学科评估结果，将是 2020 年“双一流”学科动态调整的重要依据之一。在前一轮学科评估中，我们排名前十的土木工程、电气工程、测绘科学与技术等学科可以瞄准此目标，规划好自己的发展路径。

二是全球 ESI 学科排名进入前 1‰。ESI 是由世界著名的学术信息出版机构于 2001 年推出的衡量科学研究绩效、跟踪科学发展趋势的基本分析评价工具，是基于汤森路透 Web of Science（SCIE/SSCI）所收录的全球 12000 多种学术期刊的 1000 多万条文献记录而建立的计量分析数据库。ESI 针对 7 大类 22 个专业领域，通过对全球所有高校及科研机构的 SCIE、SSCI 库中近 11 年的论文数据进行统计，按论文数、论文被引频次、论文篇均被引频次、高被引论文、热点论文和前沿论文等 6 大指标，从各个角度对国家/地区科研水平、机构学术声誉、科学家学术影响力以及期刊学术水平进行全面衡量。目前，我校仅有工程学、材料科学、计算机科学 3 个学科进入 ESI 全球排名前 1%。因交通运输工程学科属于工程学，已列入一流学科行列，不会再设工程学一流学科。所以只有材料科学、计算机科学有望冲击 1‰成为一流学科。

三是 QS 世界大学学科排名进入前 50 名。QS 学科排名基于五个调查指标，教师/学生比例（20%），单位教职员工论文引用率（20%），国际教师和国际学生占总教师、总学生人数的比例（10%），以雇佣者评价为基础的学生就业评价（10%），学术领域同行评价（40%）。2017 年度 QS 世界大学学科排名涵盖艺术与人文、社会科学与管理、自然科学、工程与技术、生命科学与医学五大学科门类 46 个不同学术领域，其中工程与技术包括 6 个领域，分别是计算机科学与信息系统、化学工程、土木工程、电子电气工程、机械航空航天与制造工程、采矿工程。目前，虽然在各学科 Top400 的榜单中还未发现我校学科的身影，但通过精准提升，我校的土木工程、电气工程、机械工程还是有机会和希望的。

四是在“五大奖”中实现突破。五大奖即为：国家自然科学奖、国家技术发明奖、国家科技进步奖、教育部人文社科奖和国家教学成果奖。有意思的是，这五大奖中的前四项与 2006 年美国开始实施的美国竞争力计划“STEAM”大体上相对应。“STEAM”中“S”即科学（Science）、“T”即技术（Technology）、“E”即工程（Engineering）、“A”即艺术人文（Art），而“M”为数学（Mathematics）。在国家评价期内，若能获得科技进步一等奖及以上，获得自然奖、发明奖、人文社科奖、教学成果奖二等奖及以上，即可一步到位入选一流学科建设。我校在科技进步奖方面获奖众多，成绩优异，在教学成果奖方面也成绩突出，但在其他奖项的获奖方面却乏善可陈。今后，要把奖项作为一项战略工程来抓，既重视结果，更要抓好各类奖项前期的组织、策划、培育以及后期申报等各个环节，至少做到过程全覆盖、奖项类别全覆盖。理论上，我校的大部分学科都有冲击上述奖项的机会。

五是前瞻性超前布局、培育战略性新兴学科和潜在一流学科。国家“双一流”建设体系强调，以学科为基础，加强建设关系国家安全和重大利益的学科，鼓励新兴学科、交叉学科，布局一批国家急需、支撑产业转型升级和区域发展的学科，积极建设具有中国特色、中国风格、中国气派的哲学社会科学体系，着力解决经济社会中的重大战略问题，提升国家自主创新能力和核心竞争力。围绕此要求，站在时代和学科发展前沿，对接国家重大战略需求和新工科要求，学校要加快布局和培育：智慧交通、人工智能、人类增强、数据科学、网络安全、VR/AR/ MR、区块链技术、量子计算、物联网、BIM，类脑机器人、3D 打印、增材制造/智能制造、先进材料、合成生物科技、无线传能、新能源、海绵城市/柔性城市、军民融合，精准医疗、区域国别研究、城乡规划、老龄科学、智库、思想库、PPP、TOD 等新兴学科，这些都可能成为新的一流学科增长点。

老师们、同学们，同志们：

“双一流”建设百舸争流，时不我待。我校首次入选国家“双一流”建设的学科数，与学校应有的地位不相称，与广大师生特别是海内外校友的期待不相称。土木、机械、电气、测绘等优势、强势学科务必卧薪尝胆，构建“高原支撑、高峰引领”的学科布局，加速登峰冲顶；交通运输作为入选建设学科，更应有强烈的忧患意识和使命担当，今后应该用自身超强的实力反哺和带动其他学科而不是被喂养；材料、信息、控制、智慧物流、人工智能、数据科学、量子通讯、网络安全、安全工程、生命生物、生态环境等骨干和新兴学科，要抓住新一轮科技革命和产业变革的极好机遇，顺势而为，乘势而上，尽快实现非线性发展，异军突起；数学、力学、物理、系统科学等基础学科和支撑学科要夯实基础，加快振兴；人文和社会科学要伴随国家的迅速崛起而加速繁荣。

全体师生员工要不忘初心，牢记使命，人人发力，齐心协力，打造西南交大“动车发展模式”。全校上下要多措并举，全面纵深推进学校各项改革、开放、创新，加快建设交通特色鲜明的综合性研究型一流大学，为早日实现“大师云集、英才辈出、贡献卓著、事业长青”的交大梦矢志奋斗！

不忘初心　牢记使命　聚焦双一流
全面纵深推进国际化战略开创学校国际化工作新局面
——徐飞校长在国际化工作大会上的讲话

老师们、同学们，同志们：

大家下午好！

值此十九大胜利闭幕之际，我们在这里隆重举行西南交通大学国际化工作大会。在此，我谨代表学校党政班子，向一直以来关心和支持西南交大国际化工作的各级单位领导，各位海外院长以及顾问教授表示衷心的感谢！向受到表彰的国际化工作先进集体及个人表示热烈的祝贺，向为积极推进学校国际化工作，付出辛勤劳动和智力贡献的广大教职员工，一并表示诚挚的问候和崇高的敬意！

今天大会的主题是：不忘初心，牢记使命，聚焦双一流，全面纵深推进国际化战略，开创学校国际化工作新局面。不忘初心，方得始终；牢记使命，方能行稳致远。我们的初心和使命，就是早日把西南交大建设成为“交通特色鲜明的综合性研究型一流大学”，实现“大师云集、英才辈出、贡献卓著、事业常青”的交大梦。2014年，我们启动实施国际化战略，这是学校立足于长远发展，为支撑一流大学建设提出的重大战略举措。经过三年来的不懈努力，学校国际化工作成绩有目共睹，水平显著提高。

步入新时代，国家层面各项战略规划和决策部署全面开展，建设“人类命运共同体”的伟大愿景，既为高等教育国际化指明了方向，也给我们提出了更高的要求。我们一定要继续努力，攻坚克难，勇于变革，大胆创新，在办学理念、管理模式、运行机制、人才培养、教学科研、文化氛围、校园环境等诸多方面，全方位纵深推进国际化。

一、过去三年的国际化工作

（一）积极服务国家战略部署

学校全面发挥在轨道交通领域的学科、人才、平台、科技、成果等资源优势，积极响应“一带一路”倡议，深度参与中国高铁“走出去”，积极服务于中美、中俄、中英、中法、中欧等双边、多边人文交流机制，工作成效显著。

一是在中俄、中印、中非政府间战略合作框架下，与俄罗斯、印度等国深入开展交通运输领域深度合作。与印度铁道部签署“高速铁路人才联合培养合作备忘录”；帮助埃塞俄比亚建立铁道学院。扎实开展商务部援外培训项目，为巴西、泰国、蒙古、菲律宾、孟加拉国等40余个发展中国家上千名学员完成培训课程，其中包括多名部长级高层人员。组织教师赴肯尼亚、巴基斯坦等国家，开展“走出去”境外培训，积极推动中国与其他发展中国家的互学互鉴，得到有关各方高度评价。

二是举办高端学术论坛，加强对外合作交流。每年举办各类高端国际学术论坛二十余场。面向世界铁路科技前沿，先后举办了“第一届国际轨道交通学术大会”、第十八届国际轮对大会、中国高铁“走出去”战略系列高峰论坛等各类轨道交通领域的高端学术论坛，学校的国际学术话语权大幅提升。大力加强对外合作交流，“一带一路”开发研究院、欧盟研究中心、美国研究中心、越南研究中心等多个“智库”相继成立，积极发挥交流学术作用。大力拓展与国际铁路联盟（UIC）、铁路合作组织（OSJD）等国际同行的合作关系，在框架范围内广泛开展交流，推进实质性合作。

三是多维度、高层次、宽领域向全球推广我校在高铁研究领域的重大贡献和科技成果。今年7月出版发行的学术专著《纵横“一带一路”——中国高铁全球战略》，被评为2017“上海书展十大好书”，得到求是网、人民网、光明日报、新华网、中央电视台、瞭望智库、文汇报、解放日报、中国新闻出版广电报、21世纪经济报道等媒体的广泛报道，在学界和业界反响热烈。英文版中国高铁领域科技图书《高速铁路道岔设计理论与实践》面向全球首发。汇聚中外交通史文献资料的《丝绸之路汉文文献菁华集成》项目启动。与国际著名出版社爱思唯尔联合实施的中国高铁学术出版“走出去”项目盛大启幕，学校学术对外传播能力显著增强。

四是充分发挥高校在国际交往中的“通道作用”和“桥梁作用”，积极服务于双边、多边人文交流机制。作为国内唯一受邀的高校代表，出席第四次中印战略经济对话。成功举办“中外大学校长论坛”“大学国际化发展国际论坛”，集聚全球智慧，共商大学国际化发展之路。每年连续发布大学国际化水平排名（URI），助力中国大学国际化发展。成功加入中国-中东欧国家高校联合会，深化与中东欧各国教育合作。连续3年举办中美青年创客大赛西南赛区决赛。陪同刘延东副总理出席在美国举行的“中美青年创客峰会暨中美青年创客中心启动仪式”，助力两国青年交流智慧，放飞梦想。成功举办中俄“两河流域”青年论坛。接待美国哈佛大学研究生访问团来访我校，与学校学生代表交流真知灼见。连续3年举办国际大学生文化艺术节，汇聚五洲青年，共襄文化盛典。所有的这些活动表明，学校国际化办学氛围日益浓郁，国际化办学软环境持续优化。

（二）大力培养国际化人才

作为轨道交通人才培养和科技创新的重要基地，学校站在新的历史方位，坚持“走出去”和“请进来”并举，大力推动本土学生学习经历的国际化，切实推进生源的国际化，大力培养具有全球视野和国际竞争力的高素质人才。

积极创造条件，鼓励学生“走出去”到海外交流学习。截至目前，学校已与世界上57个国家和地区的190所高校及科研机构签署了合作协议，并重点与美国康奈尔大学、俄罗斯莫斯科国立大学、日本东京工业大学等世界一流大学开展合作，积极搭建学生出国（境）留学平台。通过实施国家公派研究生项目（CSC）、“中欧大学精英联盟”项目、“中美3+2”“中美3+1”“中美1+2+1”“中法4+4”“中德4+2”，与伊利诺伊大学香槟分校（UIUC）、比利时鲁汶大学、俄克拉荷马州立大学（OSU）等双学位项目，以及中国中铁国际工程班、中国交建国际工程班，建立起了覆盖所有学生层次的出国（境）学习交流体系，各类出国（境）交流学习学生人数稳步增长。

在中外合作办学方面，学校拥有以“美国拉荷马州立大学安全工程”“美国乔治亚州立大学生物工程”项目等为代表的多个中外合作办学项目，通过规模引进海外一流大学优质教育资源，促进人才培养与世界接轨。尤其重要的是，2015年10月西南交通大学-利兹学院在犀浦校区揭牌，该学院是西部高校与英国高校合作的第一个中外合作办学组织机构，英国时任首相戴维·卡梅伦特致贺信。利兹学院以高度的国际化定位、创新的中英工程人才培养范式赢得了良好的社会声誉，已然成为学校国际化办学的典范。

为吸引更多国际学生来校学习，学校成立了国际教育学院，制定并实施《外国留学生管理办法》，大力加强涉外管理，建立来华留学生趋同化管理体系。通过教育部“丝路奖学金”项目、商务部“一带一路援外硕士项目”，不断提高来华留学生培养质量。与此同时，建设了一批本科和研究生全英文专业（学科），开设了100余门全英文课程，其中“Geology Applied to Civil Engineering”入选教育部来华留学英语授课品牌课程。截至目前，来华留学学历生已达500余人，人数持续增长，创历史最高水平。

（三）科研国际合作和学术国际影响力明显提升

依托学校轨道交通优势学科，重点打造国际化科研平台，积极构建国际联合实验室，持续加强与国际同行的科研合作，大力拓展国际科研合作领域，提升科研项目合作的国际化水平，不断提升学校的国际学术话语权。

积极参与国家“国际期刊影响力提升计划”，三大国际学术期刊 *Journal of Modern Transportation*，*Biosurface and Biotribology*，*International Journal of Rail Transportation* 成功创刊，为我校教学科研人员与国际优秀同行对话提供了重要平台；学校无线通信与信息编码学科“111 创新引智基地”获得国家滚动支持；轨道交通工程动力学“111 创新引智基地”和“轨道交通工程动力学”国际合作联合实验室相继立项获批，国际科研平台布局初具规模。

积极促进科研项目、科研论文的国际化。翟婉明院士获批国家自然科学基金重大项目，实现了学校主持承担自然科学基金重大项目“零的突破”。周祚万教授与曼彻斯特大学诺奖获得者Andre Geim教授联合培养的博士生杨倩，首次在Science上合作发表学术论文，实现了学校在世界三大顶级期刊“零的突破”，杨倩还将在 *Nature* 影响因子最高的子刊 *Nature Materials* 上发表了一篇文章。

国际科技合作取得重要进展。牵引动力国家重点实验室圣小珍教授领衔的国家重点研发计划“战略性国际科技创新合作”重点专项项目获得批准；地学学院程谦恭教授团队荣获国家自然科学基金委国际合作项目资助；电气学院何正友教授主持的基金委电网联合基金重点项目获批立项，等等，学校承担国际重大科研项目的能力显著提升。

（四）不断扩大对外合作“朋友圈”

深入落实“国际学科伙伴计划”，逐步优化全球合作伙伴布局。在夯实传统合作关系的基础上，积极拓展与世界一流高校的合作关系，主动探寻与“一带一路”沿线高校的合作机遇。国际化战略实施以来，学校新增海外合作伙伴共计20个，合作内容涵盖学生联合培养、教学科研人员互访、科研平台共建等多个领域，取得了显著成绩。

立足轨道交通特色，充分依托海外优秀校友、海外院长国际学术人脉资源等渠道，积极拓展与世界一流高校的合作关系，与意大利米兰理工大学、代尔夫特理工大学、以色列理工大学等世界一流高校新签署合作协议，开展了一系列实质性合作。夯实传统合作关系，完成与美国伊利诺伊大学香槟分校、中法4+4项目法方四所成员高校、比利时鲁汶大学、美国俄克拉荷马州立大学等高校的续签协议，继续深入拓展双方合作关系。

积极探寻与“一带一路”沿线高校的合作机遇。学校积极拓展与俄罗斯国立交通大学、圣彼得堡国立交通大学等俄罗斯高校的合作关系，开展高层互访、互邀参加高水平国际学术会议、共建“中俄冻土研究中心”等。同时，学校还积极拓展与美国哥伦比亚大学、卡耐基梅隆大学、加州大学伯克利分校的合作关系，积极寻求与老挝、越南、马来西亚、泰国等东南亚高校，以及埃塞俄比亚、肯尼亚、南非等非洲高校的合作关系。

二、面临的形势与挑战

我主要讲“五对”关系。

一是知与行的关系。知是行之始，行是知之成。当前，在全校范围内，国际化共识业已形成，但行动却不尽如人意，不同学科、学院、单位和教师个体在行动速度和成效上很不平衡。相当数量的单位尚未跟上国际化步伐，学校实际国际化水平与学校的地位不相称。

二是上与下的关系。国际化战略是学校的“三大战略”之一，学校十分重视国际化，相应的政策、举措和保障条件也十分明确。但是，部分学院系所及一些基层学术团队在落实时，行动不力，效果未彰显。今天要再次重申和强调，国际化工作学校是主导，学院是主体，教师是关键，学生是落脚点。今后，国际化工作要向纵深发展，既要自上而下的推动，更要自下而上的支撑，国际化的出发点和归属点在基层一线，要从源头上充分调动老师和学生的主动性、积极性和创造性。

三是左与右的关系。左与右就是左邻右舍、横向对比。通过对比找出差距。就拿同城的川大、电子科大，以及同行业的北京交大作对比，“111引智基地”学校有2个，川大6个，电子科大6个，北京交大是5个；IEEE Fellow电子科大有21人，学校是个位数；本科生出国（境）深造率，电子科大达到20.35%，北京交大是14.35%，学校不到10%。

横向比较找差距，不是自我矮化，而是明晰前进的方向。当前，随着交通强国上升为国家战略，轨道交通行业对科技和人才需求将更加旺盛；学校交通运输工程入选国家“双一流”学科建设，大交通学科集群实力位居世界前列；学校在国内轨道交通领域行业高校中学科和人才优势明显。我们要充分利用自身优势，借助国际化战略，提高办学水平，强化办学特色，以弥补地缘区位、基础设施、经济发展水平等方面的劣势，实现弯道超车、变道超车，实现超常规、非线性的跨越式发展。

四是供与求的关系。轨道交通市场的巨大需求和学校的有效供给能力之间的矛盾依然突出。首先，对人才的需求。轨道交通行业企业不仅急需工务、电务、机务等各类高素质专业人才，还需要外语好、具有国际视野且懂法务、商务和财务的复合型人才。当前，中国高铁“走出去”最紧缺的三类人才是：熟练掌握FIDIC、NEC等国际通用合同条款，并深谙专业知识、熟悉海外规范的勘察设计人才、项目管理人才和经营开发人才。其次，对基础研究的需求。目前，学校对具有基础性、原理性、战略性、前瞻性、颠覆性、关键性技术的供给远远不够，高铁是我们的第一张名片，继续加强基础研究赢得持续竞争优势自不待言。此外，我们要把“磁浮”打造成第二张名片。为此，在当前和今后一个时期，要加速推进“超高速真空管道磁浮交通及动模风洞”重大基础设施立项建设，加快对超高速直线电机牵引理论与方法、超高速运行条件下的悬浮与导向稳定性、长距离高效抽空原理与方法、永磁轨道几何不平顺与磁场不平顺问题、封闭管道内通信与救援等引领技术范式问题的研究，占领未来技术制高点。再次，对成熟实用技术的需求。要加强在可工程化、产业化、商业化技术领域的开发研究，扩展和深化产学研合作，增强市场适应能力。学校上下要切实增强危机感、紧迫感，进一步提升各方面供给的能力和水平。

五是政与学的关系。在政策方面，学校制定了多项国际化政策，但是政策的针对性、操作性、连贯性和配套性还不够，运行效果不够理想。今后，要完善优化政策，构建起具有前瞻性、突破性和衔接性，能够形成闭环的彼此支撑、相互连接的政策体系。在学习方面，更加强调学习的意愿和学习的能力。要化“本领恐慌、能力不足”为动力，切实提升国际语言（英语）沟通能力、跨文化交流能力和与高水平国际同行对话能力。

三、开启全面加速推进国际化战略新征程

重点从以下九个方面发力。

（一）打造国际学术重镇。全面建设轨道交通国际学术重镇，在轨道交通领域要有“舍我其谁、非我莫属”的底气和实力，要有不是“屈指可数，而是首屈一指”的王者风范。要在彰显我校轨道交通学科特色、能代表国家水平乃至世界最高水平的国际学术杂志、顶级国际会议、国际联合实验室、111创新引智基地、国际联合创新中心、国际大学联盟等诸项工作中，取得更多突破。

（二）集聚国际一流人才。人才强校是学校的主战略，要高度重视人才，尤其是具有国际竞争力的拔尖创新人才。悠悠万事，唯此为大。据悉，中国科大平均每 1 000 名本科毕业生中就有 1 位院士；而加州理工学院平均每 1 000 名本科毕业生中就有 1 位诺奖获得者。若没有一流师资，是不可能培养出这么多一流学生的。近期我刚访问了斯坦福大学，在交流中得知该校仅化学系就有 6 位诺奖获得者，在该系 25 位教师中，13 人是美国科学院院士，这些世界名校师资阵容强大的程度，由此可见一斑。

学校要进一步优化学缘结构，要在继续提升教师中具有博士学位比例的同时，进一步提高海外名校博士学位比例。要加大海外引智力度，通过建设"海外引才工作站"，依托海外院长等一系列行之有效的制度和措施集聚人才。进一步引导鼓励教职工积极参加国际学术组织，到各种国际学术组织任职，担任国际学术期刊编委。

（三）对标国际学术伙伴。要成为优秀和强者，最捷径的办法就是对标优秀，与强者为伍。要切实落实学校 2014 年国际化大会提出的"国际学术学科榜样/伙伴计划"，采取坚决的"盯、关、跟"措施。牢牢"盯"住，密切"关"系，快步"跟"上。每个学院都要在国际上至少找到一个榜样学院，与其建立实质性的学术伙伴关系，进行全面对标。通过虚心学习，消化吸收，在借鉴中提升，在追赶中优化，以实现从"跟跑"到迎头赶上乃至超越。

（四）强化（国际）品牌建设。高铁已成为中国的品牌，也是西南交大的品牌。在国际化的各项活动中，我们要牢固树立品牌观念，增强 oversea promotion 的强烈意识，力求做到项目/专业品牌化，品牌名牌化，名牌要国际化。实际上，一批已上线的 MOOCS 专业课程，牵引动力国家重点实验室和系统仿真中心，连续成功举行了四届的"中国高铁走出去战略高峰论坛"，以及闫月勤教授领衔发布的年度"中国大学国际化排行榜（URI）"等，已建立起很好的口碑。新成立的利兹学院发展势头强劲，正在积极申建的"商务部对外援助培训基地"前期基础也非常扎实。我们有理由相信，经过持续高品质建设，这些课程、专业、实验室、论坛、基地或榜单，完全可能赢得国际声誉，成为学校引以为傲的品牌。

（五）全力拓展国际科技合作。谈到科研我多次强调，三分天下、三足鼎立、三驾马车。其中的"三"分别就是：民口、军口、国际科技。国际科技合作是科研的题中之义和重要方面，尤其是重大科学项目，需要集成国际国内创新资源共同完成。学校要充分发挥自身的比较优势，鼓励教师和基层学术组织积极组建高水平团队，参与国际联合研究项目。要增强科研合作和协同创新能力，积极争取承接一批国际重大和重点研发项目。要探索推进各级各类协同创新中心建设，牵头组织全球性或区域性的重大科学计划和科学工程。

（六）建设国际化示范学院。通过 3 ~ 5 年左右的时间，把地学学院建设成为国内一流、具有国际影响力、地学特色鲜明的国际化示范学院，形成国际化的治理体系、管理服务体系、师资体系、人才培养体系和科学研究体系，实现从试点到示范，从示范再到典范的跨越。

（七）打造高端国际教育园。把峨眉校区建设成为特色鲜明的中外合作办学基地，继续为峨眉校区引进优质中外合作办学资源，打造峨眉校区来华留学生语言生培养基地，持续加强峨眉校区国际化氛围建设，建设一批具有国际水准的基础设施，提高对来华留学语言生的吸引力。同时，按照峨眉校区"三地一园"发展定位，以中外合作办学机构、项目等方式为支撑，建设"高端国际教育园"。

（八）建设国别区域研究等高端智库。国家层面高度重视国别和区域研究。通过"一带一路"倡议构建"人类命运共同体"，中国要从区域性大国变成全球性大国，其中一个非常重要的支撑就是国别区域研究，要加强对"一带一路"沿线国家和地区的国情研究，包括历史、政治、法律、文化、语言、宗教、地理、民族，以及经济、商贸、交通、旅游、外交、能源等领域全方位深度研究和精准研究。要加强建设已纳入教育部备案的美国研究中心、越南研究中心、欧盟研究中心等国别区域研究型智库和特色行业研究型智库。

（九）服务国家走出去战略。积极参与政府人文交流机制下的各项活动，助力中华文化走出去。加强与"中俄交通大学联盟""中东欧国家高校联合会""长江—伏尔加河"等高校联盟成员合作，夯实人文交流基础。通过举办国际大学生文化艺术节、国际青年论坛、国际论坛竞赛等，为学生搭建国际人文交流平台，增进中外学子互学互鉴、友好交流。在活动中不断彰显学校的学术竞争力、科技创造力和思想影响力，不断提升学校的国际声誉。

最后，我再次强调几个重要的 KPI。在接下来的三年时间里（2020 年前），学校专任教师具有海外名校博士学位比例占比达到 10%，新增“111 计划”引智基地 3～4 个，新增国际科技合作基地或国际合作联合实验室 2 个。毕业生出国（境）深造率不低于 10%，在校生每年出国（境）学习交流达到 1 400 人次，在校学历留学生达到 1 000 名。力争新增 5 个国际学科榜样伙伴、20 个密切学科伙伴。力争中外合作办学机构达到 2 个、项目达到 6 个，建设 1 所交通特色的孔子学院，1～2 个项目纳入中外人文交流机制，建设 1 个海外办学项目。

同志们！习近平总书记在十九大报告中指出：“中国共产党不仅要为本国人民谋幸福，也要为人类的进步事业奋斗，为人类做出更大贡献。”这表明：面向未来，中国将承担更多国际责任，更有国际担当，更有国际“塑造力”。在中国主动走向世界，构建“人类命运共同体”的过程中，高等教育要切实发挥培养更具国际竞争力和跨文化领导力的创新型人才的支撑作用。

面向世界，面向未来，站在中国将从世界大国成为世界强国和“交通强国”的战略高度，展望学校国际化，我们倍感振奋。全校师生务必不忘初心、牢记使命，全面纵深推进国际化战略，开创学校国际化工作的新局面。

创先争优　追求卓越

——徐飞校长在西南交通大学2015—2017年“创先争优”表彰大会上的讲话

各位同志，
老师们、同学们：

大家下午好！

在中国共产党成立 96 周年即将到来之际，我们在这里隆重举行 2015—2017 年“创先争优”表彰大会，表彰学校“创先争优”先进集体和优秀个人，号召学校各级党组织和广大党员，积极对标先进典型，创先争优，追求卓越。在此，我谨代表学校党委，特别地代表王书记，向接受表彰的“先进基层党组织”、十佳“先进党支部”、十佳“优秀共产党员”“先进党支部”“优秀党务工作者”和“优秀共产党员”表示热烈祝贺，并通过你们向学校广大共产党员致以节日的问候！

两年多来，学校各级党组织和全体党员，深入贯彻落实党的十八大和十八届三中、四中、五中、六中全会精神，以习近平总书记系列重要讲话精神和治国理政新理念新思想新战略为引领，扎实开展“三严三实”专题教育和“两学一做”学习教育，围绕学校各方面工作，不断加强服务型基层党组织建设，切实发挥了党支部的战斗堡垒作用和党员的先锋模范作用，为推动学校事业发展做出了积极贡献，充分展现了全校师生为复兴交大、建设交通特色鲜明的综合性研究型一流大学，勇于争先、做成做优的精气神。

前不久，学校召开了思想政治工作会议。会议全面总结了学校近年来的思想政治工作，并立足学校现阶段思想政治工作实际，着眼于学校未来发展，全面部署了各项工作。展望未来，目标催人奋进，唯有全力以赴。各级党组织和广大党员要以今天受到表彰的先进集体和优秀个人为榜样，对标一流，争创一流，努力在各自的岗位上争创佳绩、再立新功。借此机会，我对学校各级党组织和广大党员提几点要求。

一、坚守初心，开拓创新

习近平总书记说，我们要永远保持建党时中国共产党人的奋斗精神，永远保持对人民的赤子之心。一切向前走，都不能忘记走过的路；走得再远、走到再光辉的未来，也不能忘记走过的过去，不能忘记为什么出发。121 年来，西南交大始终坚守大学使命，服务国家社会，坚持出人才、出成果、出思想，为国家经济建设和人类社会发展，尤其是，为中国轨道交通事业的发展做出了重要贡献。

当前，随着全球新一轮科技革命和产业跃迁清晰呈现，世界科技领域日新月异、瞬息万变，各类黑科技不断涌现，各种颠覆性技术层出不穷。可以说科技工作面临前所未有的战略机遇，也面临着重大挑战。轨道交通领域自不待言，日本 500 公里/小时以上高速磁悬浮计划、欧盟 SHIFT2RAIL 计划、美国的超级高铁计划等，已经向我国在轨道交通领域的领先地位提出严峻挑战，前沿技术竞争异常激烈。

习近平总书记指出，我们对高等教育的需要比以往任何时候都更加迫切，对科学知识和卓越人才的渴求比任何时候都更加强烈。面对新形势、新要求，各级党组织和全体党员要继续保持对国家发展和民族复兴强烈的担当之心、保持对国家轨道交通事业的卓越追求之心、保持建校时交大先贤的奋斗之心、保持革命先烈对人民的赤子之心，坚守初心、开拓创新，大力加强基础研究和原始创新，为支撑“一带一路”建设和构建“人类命运共同体”做出应有贡献。

二、扎实推进“两学一做”常态化制度化

2016 年以来，学校党委按照中央及教育部党组要求，着眼于促进学校各项事业发展和实现“大师云集、英才辈出、贡献卓著、事业常青”的“交大梦”，在全校范围内深入展开“两学一做”学习教育，各级基层党组织和全体党员以尊崇党章、遵守党规为基本要求，坚持学、认真做，在全校营造了“两学一做”学习教育浓厚氛围，形成了争创一流良好局面。

今年 3 月，中办印发了《关于推进“两学一做”学习教育常态化制度化的意见》，根据党中央部署要求，学校党委出台了关于推进“两学一做”学习教育常态化制度化的实施方案，对二级党组织、党支部和党员提出了明确要求，并建立了“自查-督导”工作机制，由党委常委担任组长的 8 个“两学一做”学习教育督导工作小组，奔赴学校各基层党组织展开学习教育督导，推动学习教育常态化制度化落到实处。

接下来，学校将继续深入推进“两学一做”学习教育常态化制度化，各级党组织和全体党员一定要紧跟学校党委步伐，统一思想认识，要充分认识“两学一做”学习教育在思想建党、组织建党、制度治党和全面从严治党方面的重要意义，充分认识党章是管党治党的总章程，党规是党员思想和行为的具体遵循；要充分认识习近平总书记系列重要讲话是一个系统完整、逻辑严密的科学理论体系，是中国特色社会主义理论体系最新成果，是当代中国马克思主义最新发展，也是我们党推进具有许多新的历史特点的伟大斗争、党的建设新的伟大工程、中国特色社会主义伟大事业的强大思想武器，更是各级党组织和全体党员必须始终坚持的行动指南。

持续推进“两学一做”学习教育常态化制度化，一定要在“学”上下功夫，创新学习方式、聚焦学习内容，让学党章党规党纪，学习近平总书记系列重要讲话成为常态、成为风气、成为习惯。系列重要讲话具有重大的政治意义、理论意义、实践意义和方法论意义。我们要把深入学习系列重要讲话作为“必修课”，深刻领会贯穿系列重要讲话中的坚定的信仰信念、鲜明的人民立场、强烈的历史担当，以及求真务实的作风、勇于创新的精神和科学的方法论。

持续推进“两学一做”学习教育常态化制度化，更要在“做”上下功夫，要把自己的思想和工作摆进去，做出实效、发挥作用、争当模范。“做”包括做人和做事两大方面，我们要努力做“一个高尚的人，一个纯粹的人，一个有道德的人，一个脱离了低级趣味的人，一个有益于人民的人”；努力成为“有社会担当和健全人格，有职业操守和专业才能，有人文情怀和科学素养，有历史眼光和全球视野，有创新精神和批判思维”的五有交大人。

同时，我们还要以求真务实、真抓实干、开拓创新、追求卓越的精神，高质量高标准地完成各项工作，并以“做”为先导、为抓手，不断巩固和提升基层党建工作水平。全面从严治党永远在路上，我们决不毕其功于一役，而是将“两学一做”融入日常、抓在经常，持续推进“两学一做”学习教育常态化制度化，常抓不懈、久久为功，为创建一流大学提供坚强的组织保障和队伍保障。

三、守土有责、守土尽责

创建一流大学是一个持续拼搏和奋斗的过程。在这个过程中，广大基层党组织要充分发挥好政治核心和战斗堡垒作用，全体党员更要树标杆、做表率，敢于领先、勇于争先，同心同向同行，凝聚学校发展“动车模式”工作合力，确保节节发力、协同发力、精准发力、持续发力。

一是各基层党组织要深入贯彻落实党的十八大和十八届三中、四中、五中、六中全会精神，深入贯彻落实全国高校思想政治工作会议精神，扎实推进学校思想政治工作实施意见落地落实，坚持社会主义办学方向，扎根中国大地办大学，围绕“立德树人”根本任务，坚持“围绕中心抓党建，抓好党建促发展”，认真履行主体责任，切实发挥基层党组织的政治核心作用，为进一步提升学校的学术竞争力、科技创造力和思想影响力提供强有力的支撑。

二是各基层党组织要狠抓基础工程，抓好抓实抓牢党支部建设这个关键。基础不牢，地动山摇。党的工作最坚实的力量支撑在党支部，所以必须牢固树立党的一切工作到支部的鲜明导向。要以专业、班级、科研团队、教研室、课题项目组等为依托，建立建强党支部，确保党的组织全覆盖；要着力加强队伍建设，配齐配强支部书记，加强教育培训，使支部书记成为支部的领头羊和排头兵；要坚持“三会一课”、组织生活会、民主评议党员等基本制度，不断激发党支部和广大党员的创新活力，助推学校事业加速发展。

三是全体党员要示范带头，充分发挥先锋模范作用。一名党员就是一面旗帜、一个标杆，要发挥好党员旗帜和标杆的作用。无论是在领导干部的岗位上，还是在普通教师的岗位上，无论是在管理服务的岗位上，还是在支撑保障的岗位上，只要你是党员，就要始终牢记党员身份，做到政治合格、执行纪律合格、品德合格、发挥作用合格，更要做到敢于担当、敢于创新、敢于突破、敢于冒尖，用共产党员的先进性影响带动周围的人，引领全体教职员工创先争优，众志成城，复兴交大。

同志们！让我们更加紧密地团结在以习近平同志为核心的党中央周围，高举中国特色社会主义伟大旗帜，传承和光大“竢实扬华、自强不息”的交大精神，坚持以一流为目标，以学科为基础，以绩效为杠杆，以改革为动力，全面加强和改进党建工作，完善内部治理结构，实现关键环节突破，大力推进国际交流合作，建设一流师资队伍，培养拔尖创新人才，提升科学研究水平尤其是基础研究水平和原始创新能力，以优异成绩迎接党的十九大胜利召开！

谢谢大家！

坚守初心　开拓创新

——徐飞校长在西南交通大学121周年校庆大会上的讲话

各位校友，老师们、同学们，全体交大人：

大家上午好！

在这热情洋溢生机盎然的五月，我们聚会于此，共同纪念和庆祝母校121周年华诞。首先，我谨代表全校五万余名师生员工，特别地代表王顺洪书记，向海内外校友尤其是1987届校友回到母校表示热烈的欢迎！也借此机会，向长期以来支持学校建设、改革和发展的社会各界表示衷心的感谢！向全校师生员工和离退休老领导老同志致以节日的问候！

过去的一年，学校全面深化改革，锐意进取，各项事业蒸蒸日上。学校深入开展“两学一做”学习教育；中央政治局委员、中央统战部部长孙春兰，教育部党组书记、部长陈宝生，科技部党组书记王志刚，国家发改委副主任林念修，环境保护部副部长黄润秋，四川省委书记王东明、省长尹力，成都市委书记唐良智、市长罗强等领导先后到学校视察调研。学校入选THE亚洲大学排行榜200强，位居大陆高校第35位，工程学ESI排名接近世界5‰，材料科学、计算机科学进入ESI世界排名前1%。新增建筑学一级学科博士点，新增物理学一级学科博士点，实现了理学门类一级学科博士点零的突破。

学校与四川省、成都市、中国中车签署战略合作协议，共建世界一流大学。以“西南交大九条”为核心的职务科技成果混合所有制改革被誉为科教界的“小岗村实验”。“综合交通大数据应用技术国家工程实验室”获批建设，“桥梁隧道与线路结构安全”和“磁技术”两个国家重点实验室申建工作稳步推进，“超高速真空管道磁浮交通及动模风洞”项目落地天府新区科学城。

学校全年新增双聘院士3人，双聘学部委员1人，国家“马工程”首席专家1人，“长江学者”2人，“万人计划”领军人才5人，中青年科技创新领军人才3人；3项成果荣获2016年度国家科学技术奖；交大核心技术助力世界最长中低速磁浮线载客运行。陈维荣教授带领的团队研发出世界首辆氢燃料混合动力有轨电车，翟婉明院士担任总设计师的世界首条新能源悬挂式空中轨道交通试验线顺利贯通，范平志教授领衔的国际首个5G高移动无线通信白皮书(英文版)正式发布。

学校软实力和影响力不断提升，一年内3次亮相中央电视台《新闻联播》，在《求是》《人民日报》《光明日报》《新华文摘》等国家级权威媒体和重要理论刊物发表文章多篇，李任飞副教授在央视《百家讲坛》讲述《中国衣裳》。学校第三次荣膺中国教育政务新媒体综合力十强，《西南交通大学学报》再次荣获中国高校百佳科技期刊奖。学校与莫斯科国立交通大学合作成立“中俄冻土研究中心”；与印度铁道部签署“高速铁路人才联合培养合作备忘录”。学校顺利加入“国际铁路联盟”（UIC），顺利通过教育部和四川省“信息化试点”双评估。

去年，学生团队共获得国家级各类学科竞赛一等奖31项，二等奖64项，其中在全国大学生数学建模竞赛中荣获5项全国一等奖，5项全国二等奖，获奖总数位居全国高校第一。2016届毕业生就业率达到96.8%，学校毕业生就业率连续28年保持在95%以上。学校入选首批“全国高校创新创业教育50强”高校、教育部首批“全国深化创新创业教育示范高校”，大学生心理文化建设荣获全国高校校园文化建设成果特等奖。近日，《中国诗词大会》节目组导演又走进交大“话诗心”。

因时间关系，不能一一列举取得的成绩，但仅上所述也足以说明去年是成果丰硕的一年。站在今天121周年这个新的起点上，我们当矢志不渝，接续奋斗。下面，我想通过一个故事，透过一个现象，谈谈我近期的一些感受和思考。

一、一个故事

这个故事的主人公是88岁高龄的朱铃教授。在去年红军长征胜利80周年庆祝日前后，耄耋之年的朱教授不顾右眼近乎失明、左眼视力仅0.1的不便，不取分文报酬，辗转成都、峨眉两校区给师生讲述长征史和革命史。朱教授热爱祖国、热爱人民、热爱党的教育事业的至真情怀，深深地感染了广大师生。实际上，出生于1929年的朱铃教授，1952年从燕京大学毕业后来到我校任教，至今已有65个年头。朱教授潜心马克思主义、中国特色社会主义研究以及思想政治理论课教育教学，始终饱含对思想政治教育事业的热爱、对青年学生的热爱，用理论联系实际赢得青年学生的心，像对待艺术品一样精心组织教学。

朱铃教授讲课向来简明扼要、重点突出，实事求是、寓论于史，联系实际、温故知新，史论结合、以理服人，声情并茂、以情动人，“简、实、新、理、情”五字教学法，被点赞为“有温度的讲授”。朱铃教授是我校“上承唐院五老、下启未来新秀”的杰出代表，他的为人为学为教，真真切切体现了习近平总书记在全国高校思想政治工作会议上提出的“四个统一”的重要思想。

首先，教书与育人相统一。高校的根本任务是立德树人，大学的首要使命是人才培养，学校的中心工作是教育教学，教师的第一责任是教书育人。发掘和传播所承担课程的思想性和观点性，注重启发性和创造性，揭示人文性和科学性，主动将教书与育人相结合，从来是高校教师的神圣职责，也是交大教师百余年来的不懈追求。今后要一以贯之地通过“传道、授业、解惑”三位一体，使教书与育人相辅相成，相得益彰。

其次，言传与身教相统一。“言传身教”是古今中外均推崇的教学原则。榜样的力量是无穷的，教师要想做到“为人师表”，首先就应该“行为世范”。陶行知所言“身教最为贵，知行不可分”，就是为强调言行合一、言行归一。

第三，潜心问道和关注社会相统一。潜心问道是为更新知识储备，寻求思想源头活水；关注社会则是紧跟时代步伐，回应现实关切。未来，交大人无论是搞自然科学、工程学，还是哲学社会科学，都要坚持放大学术视野，增进实践力度，做到格物穷理，修齐治平。

第四，学术自由与学术规范相统一。大学是学术的竞技场。学术的繁荣，离不开自由意志和独立思想。学术的健康发展，也离不开学术规范。教师一方面要在自由的宽松的学术环境中去追寻真理，创新创造；另一方面应严格自律遵从规则，以良好的学术规范、学术标准和学术道德促进学术自由，保障学术繁荣。

二、一个现象

近年来特别是近半年来，有一个可喜的现象，那就是学校高水平高级别的科研成果如雨后春笋般地涌现。翟婉明院士撰写的《车辆－轨道耦合动力学》荣获“第六届中华优秀出版物图书奖”；力学学院康国政教授、阚前华副教授等师生组成的结构服役安全及力学基础创新团队在国际权威出版集团 Wiley 出版英文专著；土木学院王平教授、牵引动力国家重点实验室张卫华教授获得国家技术发明二等奖；五个学术领域的 7 名教授入选 2016Elsevier 中国高被引学者。

地学学院程谦恭教授团队在国际著名期刊 JGR：Solid Earth 发表论文并被美国《地球与空间科学新闻》优选为“研究焦点”；信息科学与技术学院潘炜教授的博士生张力月在复杂网络同步机制的研究中取得突破性进展，相关成果以第一作者身份发表在国际权威学术期刊 *Physical Review Letters*（*PRL*），材料科学与工程学院杨维清教授创建的纳米能源材料与器件科研团队，在国际顶尖杂志 *ACS Nano* 发表论文；机械学院摩擦学研究所与美国阿肯色大学 Peter S.Ungar 教授团队合作，在国际著名学术期刊 PNAS 上提出牙齿磨损新模型；数学学院青年教师黄磊博士撰写的论文在统计学顶级期刊 *Annals of Statistics* 发表，如此等等，不一而足。透过这一现象我们欣慰地发现，学校科研正朝着回归研究型大学基础研究本位的方向快速提升。

习近平总书记在去年全国科技创新大会讲话中强调指出，研究型大学和科研院所是我国科技发展的主要基础所在，研究型大学要加强学科建设，重点开展自由探索的基础研究。诚然，大学是原始创新的重要策源地，研究型大学应该基于原理性、前沿性问题多做基础前沿研究和高技术研究。换言之，在 STEI［Science（科学）-Technology（技术）-Engineering（工程）-Industrialization（产业化）］这一研究链中，研究型大学应把研究的重点放在 ST 上而不是 EI 上，亦即更注重基础研究而不是应用研究或开发研究。

当今科学探索从微观到宇观各个尺度上向纵深拓展，颠覆性技术不断涌现，基础研究和原始创新能力越来越成为各个国家和大学谋求持续竞争优势的核心能力。我们唯有大力开展基础研究，增强原始创新能力，才能抢占新经济和新科技战略制高点，才能赢得先机、赢得主动、赢得未来。

现在，轨道交通领域的科技发展日新月异，日本 500 km/小时以上高速磁悬浮计划、欧盟 SHIFT2RAIL 计划、美国的超级高铁计划等已经向我国在轨道交通领域的领先地位提出严峻挑战。面对新机遇和新挑战，我们要坚持国家战略需求和科学探索目标相结合，建设一批支撑高水平创新、颠覆性创新的基础设施、大科学装置和科研平台，加速部署面向国家战略需求的基础前沿和高技术研究。

比如，研究超高速高温超导磁悬浮理论，建立“车-磁-轨-管-气”的耦合大系统动力学模型和试验平台，解决近音速甚至超音速真空管道磁悬浮交通面临的基础设施建设、真空环境获取、高速牵引制动、列车运行控制、旅客生存与安全等重大理论与技术难题，引领未来世界超高速轨道交通技术的发展。

同时，大力加强基础研究，加强“黑科技”及行业共性技术、关键技术、支撑技术和前沿技术的研发，实现基础研究、原始创新和培养拔尖创造型人才新突破，也是推进“双一流”建设的题中之义。

当前要着力优先做好学科规划和学科建设。因为学科是科技创新的学理基础和重要平台，决定科技创新的方向与特色。不仅如此，学科还是大学发展的“纲”，纲举目张。之所以把“一流学科”与“一流大学”并列且冠以“双一流”，就是为了突出和强调一流学科在一流大学建设中的龙头地位和支撑作用。

我们要以面向世界科技前沿、面向经济主战场、面向国家重大需求这“三个面向”为基本遵循，在学科规划上既要面向世界科技前沿“顶天”，又要面向国民经济主战场和国家重大需求“立地”，尤其要前瞻性地布局好战略性新兴学科、交叉学科以及近期学界热议的“新工科”。

老师们、同学们、校友们、来宾们：

展望未来，重任在肩。让我们坚守办一流大学的初心，潜心问道，精心育人，奋发有为，开拓创新，共同打造人人发力、齐心协力的交大发展“动车模式”，为早日实现中华民族伟大复兴的中国梦和“大师云集、英才辈出、贡献卓著、事业长青”的交大梦，为加速建设交通特色鲜明的综合性研究型一流大学，做出新贡献，实现新跨越！

谢谢大家！

爱岗敬业　立德树人

——徐飞校长在庆祝2017年教师节暨迎接新教师大会上的讲话

各位老师，同志们：

大家下午好！

在第33个教师节即将到来之际，我谨代表学校党政班子，向在座的各位老师，并通过你们向长期以来辛勤耕耘在学校教学科研以及管理服务第一线的全体教职工，致以节日的问候！向全校离退休老教授老同志致以崇高的敬意！特别地，向102位新进青年教师表示热烈的欢迎！

关于学校历史，我想新教师经过前天参观学校校史馆已有初步了解。为更深入了解学校，新入职老师不妨拨冗沿犀浦校区文化中轴线走一走，再抽时间前往峨眉校区看一看。西南交大横跨三个世纪，虽饱尝磨难，却始终坚守初心，弦歌不辍。在120余年的办学过程中，学校秉持“精勤求学、敦笃励志、果毅力行、忠恕任事”的校训，弘扬“竢实扬华、自强不息”的精神，传承“严谨治学、严格要求”的传统。正是得益于这些宝贵的精神财富，西南交大才一次次浴火重生，凤凰涅槃，在不同的发展时期大气沉稳，玉汝于成。

大学的根本使命是人才培养，学校的中心工作是教育教学，教师的第一责任是教书育人。国家“双一流”建设方案明确指出，要建设一流师资队伍，尤其是要培养和造就一支有理想信念、有道德情操、有扎实学识、有仁爱之心的优秀教师队伍。作为老师，要全力促进学生的专业成才、精神成人和创新创业成长。同时，把自身塑造成为“有社会担当和健全人格，有职业操守和专业才能，有人文情怀和科学素养，有历史眼光和全球视野，有创新精神和批判思维”的“五有”交大人，应成为全校师生的自觉追求。

借今天庆祝2017年教师节暨迎接新教师这个机会，我想向全体教职工特别是新入职教师，强调以下三点。

一、树立高尚师德

德高为师，身正为范。崇德修身，恪守职德，甘于奉献，历来是高尚师德的题中之意。孔子曰：“其身正，不令而行；其身不正，虽令不从”。教师是人类灵魂的工程师，是精神的雕塑家，肩负着传道、授业、解惑的责任，影响、熏陶、启迪、示范着学生们的行为，是个实实在在的“良心活”。对学生成长而言，具有立身塑魂之作用。习近平总书记曾讲：“一个人遇到好老师是人生的幸运，一个学校拥有好老师是学校的光荣，一个民族源源不断涌现出一批又一批好老师，则是民族的希望”。

长期以来，学校致力于建设高贵的有灵魂的伟大大学。学校高度重视师德师风建设，在办学历程中逐渐形成了“热爱教育、热爱教学、热爱学生、热爱学术”的优良师德师风。为进一步增强师德建设实效，学校先后出台《教师师德考核办法》《加强教师思想政治工作和师德师风建设实施细则》等文件，成立了师德建设委员会，实行“师德一票否决制”，旨在通过宣传教育、示范引领、行为养成，引导教师自尊、自爱、自省，争做学生敬仰爱戴的品行之师、学问之师。

希望大家坚守初心、坚定信念，秉承学校光荣传统，保持对教师职业的敬畏感，提高修养、提升境界，维护师道、“德”字当头。以德立身、以德立学、以德施教，自觉增强教书育人的使命感和责任感，做学生健康成长的“引路人”。

二、关爱学生成长

没有爱心就没有教育，有爱的教育才有力量，成功的教育一定是充满关爱的教育。列夫·托尔斯泰曾讲：“如果老师只爱事业，那他会成为一个好教师；如果教师既爱事业，又爱学生，那他是一个完美的教师。”每一位教师，都要充分体悟“关爱”对学生成长的重要意义，充分认识关爱学生是自己的职业使命使然，要真正把“一切为了学生健康成长”，作为所有工作的出发点和落脚点。

陶行知曾说：“真正的教育是心心相印的活动，唯独从心里发出，才能到达心灵深处。”121年来在学校发展的各个时期，从来不乏把学生当作自己子女、倾注全部心血浇灌培养的教师。曾任我校校长的罗忠忱教授，被学生奉为爱校如家、爱生如子的楷模。茅以升学长在悼念他的老师罗忠忱教授时深情写道：“为学如严师，相知如契友”。我国著名水利学家、我校校友黄万里教授为罗忠忱撰写的祭文中有这样几句：“曾在学十九年，承恩中外师长不啻百人，然于教诲恳切，授法精湛，任职认真，视学校如家庭，学生如子女，六十年如一日，盖未有出吾师之右者”。

一些老师认为，师生关系是一组矛盾关系，理由是学生对老师更多的是敬畏和服从。我以为恰恰相反，学生是一个最纯粹的群体，充分的关注、尊重、理解、信任和宽容，以及有效的沟通与交流，便能够帮助老师突破学生的心理防线，促进师生关系友善、和谐，并对教育教学的开展起到事半功倍的效果。这一点尤其希望新进老师细细体悟。在关爱学生的过程中，老师除了要付出自己的关爱，更重要的是，要引导学生感受真心、感悟真情，启发学生面向社会回馈爱心、付出爱心，从而实现教育的终极目的：促进学生成长为“完整的人”。

三、潜心修业治学

当前，全球科技领域日新月异、瞬息万变，科技工作正面临前所未有的战略机遇，也面临着重大挑战。与此同时，世界高等教育领域革故鼎新、互动合作，高等教育迅速走向深度国际化、信息化和数字化，甚或正走向 AI 化、VR 化。国家已经启动实施“双一流”建设，支持高等教育走向世界一流，建设世界高等教育强国。

学校高度重视教师发展，坚定实施“人才强校主战略”，探索开展教师管理“双轨制”，已出台一系列引导政策和扶持政策，旨在大力提升师资队伍整体水平。2016 年底，学校明确提出构建西南交大“人才金字塔”的“人才培育四大行动计划”，即“青苗计划”“雏鹰计划”“扬华计划”和“鲲鹏计划”。其中，“青苗计划”和“雏鹰计划”专门针对青年教师，学校将不断加大资源投入力度，助力青年教师尽快成长。

学校还决定，从今年下半年起，启动西南交大优秀教师评选工作，并在今后逐步制度化。我们要深入挖掘宣传可敬、可亲、可爱的优秀教师典型，讲好教书育人故事，不断激发教师的职业荣誉感。以后学校的教师节庆祝大会，也将成为优秀教师表彰会。

教师的发展成长离不开环境。借此机会，我也希望各机关部处和学院，不断提升服务意识、管理水平和支撑能力，为教师提供优质服务。要主动加强联系，多关心、多交流、多倾听一线教师意见；要深入了解教师工作生活状况和需求，对照检查有关政策措施中的问题和不足，及时改进完善管理服务中的薄弱环节；要少干扰、不添乱、多服务，让广大教师安心从教、热心从教、舒心从教、静心从教。总之，要切实增强教师的尊严感、归属感、获得感和幸福感。

同时，学校也会全面加强民生建设，改善教师待遇，关爱教师健康，维护教师权益，实实在在地做好支撑保障和服务工作，为广大教师解难题、办实事、办好事，为每一名教师施展抱负营造良好环境。

老师们，同志们！让我们共同努力，以优异的成绩迎接党的十九大胜利召开；让我们矢志奋斗，共同打造人人发力、齐心协力的西南交大“动车发展模式”，以全方位的一流工作带动一流大学建设，早日实现“大师云集、英才辈出、贡献卓著、事业长青”的交大梦。

谢谢！

立足新方位　谋划新篇章　再上新台阶　争创新业绩

——徐飞校长在西南交通大学2018年新年茶话会上的讲话

尊敬的各位老领导、老教授、老同志，
亲爱的老师们、同学们、校友们、校亲们，
尊敬的各位来宾、各位朋友：

大家好！

新色遍河山，清气满乾坤。今天，我们在这里欢聚一堂，共贺新年，感到格外高兴。在此，我谨代表学校党政工团，特别地代表顺洪书记，向全校师生员工和附属医院的医护工作者，向各位离退休老领导、老教授和老同志，向海内外广大校友以及一直以来关心支持学校建设改革发展的各级领导和社会各界朋友，致以新年的问候和最美好的祝愿！

2017 年，是学校发展进程中极不平凡的一年。面对国家发展的新形势和高等教育领域发生的深刻变化，我们保持战略定力，迎难而上，开拓进取，各项事业开创新局面，取得了一系列新成就：

人才强校主战略亮点纷呈。全面启动人才师资队伍培育系列支持计划，举办“首届中国高铁发展青年学者论坛”，首次获得博士后创新人才计划和“香江学者计划”支持。扎扎实实建设“人才金字塔”。全年新增国家杰青 1 人、长江学者 2 人、“万人计划”5 人、“万人计划”教学名师 1 人、科技部重点领域创新团队 1 人、中青年科技创新领军人才 2 人、优青 1 人、青托 2 人、洪堡 1 人、优秀青年学术骨干 6 人，7 人入选爱思唯尔“中国高被引学者”。罗霞教授获得“全国五一巾帼标兵”荣誉称号，翟婉明院士获得“中国标准动车组研发创新”火车头奖章。

国际化战略深入展开。隆重召开了国际化工作推进大会，国际化办学提速增效。与埃塞俄比亚科技部签署合作备忘录，完成首期印度铁道部官员培训，承办了 7 期商务部援外培训。与意大利米兰理工大学、澳大利亚中央昆士兰大学等 11 所高校新签署合作协议，构建全球合作网络；国家留基委项目派出学生增长 40%，实现本硕博全覆盖。完成海外院长考核续聘，全职引进外籍教授担任建筑与设计学院院长，外专项目经费增长 25%，创历史新高。发布了 2017 年大学国际化水平排行榜，持续打造国际论坛学术名片。《现代交通学报》入选中国国际影响力优秀学术期刊，安全工程中外合作办学项目迎来首届新生，国际教育学院、远程与继续教育学院峨眉培训基地相继落地，高端国际教育园面貌初现。

数字化战略成效显著。深入推进网络强校、数字交大和智慧交大建设，构建校园网络安全“四大保障体系”。大力推进金融大数据研究院建设，“信息化条件下教育教学模式改革”项目通过教育部验收，是省内唯一通过教育部和四川省的“双试点双验收双优秀”单位。校园网再次增值提速，出口带宽位居西南第一，全国前列。云计算和云存储资源免费开放，三校区实现无线网络全覆盖，网络“互联互通”格局初步形成。

“双一流”建设取得重大进展。学校以“交通运输工程学科群”顺利进入国家首批“双一流”建设序列，教育部批准《西南交通大学一流学科建设高校建设方案》，获批专项建设经费 1 亿多元。新近召开了“双一流”建设推进大会，擘画“双一流”建设蓝图。组织了马克思主义理论、工程博士、数学、网络空间安全、药学 5 个一级学科申报博士学位授权，全部通过四川省评审，基本完成博士点“四大板块”结构布局；稳步推进学位点合格评估，启动了 38 个学术学位点和 30 个专业学位点自评，交通运输、工商管理启动建设全英文专业；临床医学第一届研究生顺利入学，生命科学板块全职引进长江学者。截至目前，工程学、材料科学已进入 ESI 世界排名前 5‰，计算机科学 ESI 排名接近世界 5‰。

综合改革迈出重大步伐。深入推进校院两级管理体制、人事分配制度、人才培养模式、职称评审管理、科技管理体制和大资产信息化管理等全方位改革。土木学院、地学学院、外国语学院综改方案获批实施，合并组建了党政办公室和后勤与基建管理处，成立了四大服务中心。深入实施依法治校，获评四川省“法治宣传教育先进单位”。陆续出台学校公有房产管理办法、博士研究生招生指标分配办法等办学资源管理办法，学校管理工作中的一系列大事、难事正在不断推进和优化中。采购招标走在全国高校前列，获评“高校政府采购十佳集体”。学校上下团结一心，众志成城，推进峨眉校区转型升级。被誉为科技领域

“小岗村试验”的职务科技成果混合所有制改革深入推进，实现 168 项知识产权分割确权，注册了 9 家高科技创业公司，知识产权评估达 1 亿元，带动社会投资超过 6 亿元，中试科技 6 项，投入中试资金 640 万元，对国家科技创新产生深远影响。

人才培养取得新进展。完成教育部本科教学审核评估，人才培养获得高度评价。深化人才培养模式改革，探索全方位育人新模式，协同推进“五课堂”和跨学科教育平台建设，大力培养“五有交大人”。举办首届詹天佑复合人才试点班，拔尖创新人才培养规模不断扩大。出台第二、三课堂建设实施办法，荣获团中央暑期“三下乡”表彰。首次承办国家级研究生赛事，首批选拔专业学位研究生与海外名校联合培养，“学术素养提升建侯模型”彰显内涵。全国大学生数学建模竞赛获奖数量全国第一，在 2012—2016 年全国高校竞赛评估结果排行榜中学校位居全国第 9。获批国家精品在线开放课程 15 门，名列全国高校第 7。深入实施生源质量工程，试点博士研究生招生“申请-考核”制。深入推进创新创业教育，入选全国首批“深化创新创业教育改革示范高校”和“深化创新创业教育改革特色典型经验高校”，获批教育部首批中美青年创客交流中心单位和第三批“全国高校实践育人创新创业基地”。

科学研究开创新局面。年度科研总经费达 5.2 亿元，实现稳步增长。其中，文科科研经费 2 050 万元，增长 8%，国防科研经费 2 300 万元，增长 283%。国家自然科学基金立项 177 项，同比增长 16.4%，经费达 1.4 亿元，同比增长 75%，立项项目和经费总量均创历史最高水平。全方位推进国家实验室建设，深入推进“桥梁隧道与线路结构安全国家重点实验室”和“磁技术国家重点实验室”申建工作。“综合交通大数据应用技术国家工程实验室”和“轨道交通工程动力学国际合作联合实验室”先后获批，学校国家级科技创新平台总数达到 12 个。新增国家重点研发计划主持项目 3 项、课题 9 项，合同总经费 1.4 亿元；“超高速低气压磁浮交通及动模风洞研究平台”入选教育部国家重大科技基础设施培育项目。学校首次获批国家自然科学基金重大项目，首次主持“战略性国际科技创新合作重点专项”。SCI 收录论文同比增长 28.3%，在 *Science* 和 *Nature* 子刊相继发表高水平论文，实现在世界三大顶级期刊“零”的突破。发明专利同比增长 46%，授权同比增长 28%。参与获得国家科技进步奖一等奖 1 项、二等奖 2 项。获批 2 项国家社科基金重点项目，教育部人文社科立项项目 23 项，位列全国高校第 14 位，实现连续 4 年稳步增长。多个团队深度参与中国标准动车组研发，助力“复兴号”研制成功，为打造“国家名片”做出新的贡献！

政产学研合作巩固发展。与四川省、成都市、深圳市、青岛市、唐山市、宜宾市，以及中国中车、中国铁建、神华集团等深化政产学研合作，促进 4 千米中低速磁浮试验线建设，菁蓉创业谷全面起步。青岛研究生院、唐山研究生院相继成立并迎来首批新生，烟台研究院完成注册，成都轨道交通研究院、青岛研究院正式开业，新材料产业技术研究中心落地运转，天府新区西南交通大学研究院、成都西南交大研究院有限公司一期落成，学校发展实现多点布局。建立“交铁检验认证中心”，成为第一批国家标准验证检验检测点。参与成为国家大数据创新联盟初始成员单位。加大对马尔康市、峨边县精准扶贫工作力度，对口帮扶哈飘村实现如期脱贫；扎实推进对口支

援西藏大学，新增对口支援新疆农业大学。新成立6个校友会，校友会总数达62个。《泰晤士高等教育》2017年全球CEO母校排名，学校位居国内第7、全球第57。

文化软实力和学术影响力不断增强。举行了121周年校庆大会，持续开展国际大学生文化艺术节，举办首届教职工文化艺术节，校史馆接待来访团体560个，观众2万余人，学校荣获全国高校校园文化建设成果特等奖。《新闻联播》两次聚焦西南交大，新媒体工作案例入选全国十佳教育新媒体案例，原创校史动画片获评"百部网络正能量动漫音视频"。再次斩获国家古籍整理出版项目，2个项目入选2017年度国家出版基金项目，专著《车辆－轨道耦合动力学》荣获"第六届中华优秀出版物图书奖"，《西南交通大学学报》荣获"中国科技论文在线优秀期刊"一等奖，影响力指数位列全国科技期刊第18位，学校获评全国社科联学会"创建新型智库先进单位"。"国际学术组织研究中心"揭牌成立，"一带一路"开发研究丛书正式出版，专著《纵横"一带一路"——中国高铁全球战略》入选2017年上海书展年度"十大好书"。主办了第一届国际轨道交通学术大会、新时代绿色发展国际论坛、第五届中国高铁走出去战略高峰论坛等高端学术会议，文化软实力和学术影响力不断增强。

民生保障不断改善。投入资金2 400万元，优先落实离退休教职工待遇，持续实施"银发工程""银发讲坛"和"送温暖"活动。附属中、小学管理体制改革取得重大进展，幼儿园通过成都市一级幼儿园复查，有效解决青年教职工后顾之忧。统筹推进三校区图书馆一体化，书香校园有声有色。坚持打造"净、畅、宁"校园，平安校园建设卓有成效。九里校区开设食堂老年教职工"三低"窗口，南北园家属区物业社会化管理与综合环境改造持续推进，图书馆改造一期工程顺利完成，校医院康复科建设稳步实施；犀浦校区大学生创新创业教育中心通过立项，3号教学楼启动施工，食堂加工配送中心完成改造；峨眉校区学生食堂改造完工，校园校貌气象一新。

党的建设和思政工作全面推进。全面学习宣传贯彻党的十九大精神，深刻学习领会习近平新时代中国特色社会主义思想，成立了"习近平新时代中国特色社会主义思想研究中心"和"习近平新时代中国特色社会主义思想学习研究会"。推动全国高校思想政治工作会议精神在学校落实落地，召开了学校思想政治工作会议，出台了《关于加强和改进新形势下思想政治工作的实施意见》，进一步增强了学校坚持社会主义办学方向的自觉性坚定性。2位教师分别获全国高校思想政治理论课"教学骨干"和"教学能手"称号；何川教授领衔的交通隧道工程教师团队入选首批全国高校黄大年式教师团队。深入推进全面从严治党，基层党组织建设不断加强，"两学一做"学习教育实现常态化制度化。开展2015—2017年创先争优评比，做成做优文化浓郁。学校意识形态工作、干部队伍建设、统战工作、群团工作、师资队伍建设和学生工作基础扎实，顺利召开第二十二次团员代表大会，获批成为"四川省教育系统先进集体""基层统战工作示范创建单位""全国厂务公开民主管理先进单位"。

老师们、同学们，同志们！就在昨天，教育部学位与研究生教育发展中心公布了全国第四轮学科评估结果，相信大家都已经看到了。我校交通运输学科群在此次评估中取得了可喜成绩，其中交通运输工程一级学科为最高档A+，继续引领全国，实现连续四轮全国第一；土木工程进入A-（前10%）；机械工程、电气工程、信息与通信工程、管理科学与工程等7个学科进入前20%。这为学校"交通引领，高原支撑、冲顶登峰"建设交通运输世界一流学科群和创建"交通特色鲜明的综合性研究型一流大学"奠定了重要基础。我们应站在新的历史起点上，直面新的挑战，齐心协力，共谋发展，在下一个五年再创佳绩！

老师们、同学们、朋友们：

2017年，学校上下以高度的责任意识和强烈的使命担当，全面深化综合改革，全面推进依法治校，全面提高办学治校能力，推进了一系列事关学校长远发展的重大工作，推动了学校事业取得一系列新成绩。学校一年来取得的成绩，是教育部、交通运输部、发改委、科技部等中央国家机关各部门关心支持的结果，是国家铁路局、中国铁路总公司，以及四川省、成都市指导支持的结果，是全体交大人共同努力、拼搏奉献的结果。借此机会，我谨代表学校，向长期以来关心支持学校改革建设和发展的各级领导、各级单位，表示衷心的感谢！向学校各位离退休老领导、老干部、老同志，以及辛勤工作、默默奉献的广大教职工、医护工作者和海内外广大校友致以崇高的敬意！

在看到成绩的同时，我们必须清醒看到学校工作还存在许多不足，面临诸多严峻挑战：从第四轮学科评估结果看，学校与兄弟先进高校存在较大差距，需要加倍努力，加速追赶。即便是在轨道交通领域，竞争也愈发激烈。前几天公布的2017 年度“中国高校十大科技进展”，“高速铁路列车运行动力效应试验系统”成功入选，然而，单位却是浙江大学。在当今这个时代，竞争者往往不是现有同行，而是来自其他可能根本想象不到的（潜在、潜伏）对手。

学校在党的建设方面还存在薄弱环节；我们的学术领军人才和拔尖青年人才极度匮乏，人才断代问题突出；办学国际化水平还有待提升；数字化校园建设面临不少难题；人才培养还有不少短板；学科建设任务艰巨；国家级科研平台多而不强，基础研究水平亟待提高，轨道交通领域多方竞争加剧；社会服务能力还不够强；学校的实际发展水平与校友对母校深切期待存在较大差距；教职工收入水平有待提高，民生改进和加强方面可谓任重道远。这些突出问题，必须下大力气解决。

2018 年，我们要立足新起点，总结新经验，着眼新征程，谋划新篇章，聚焦新要求，落实新任务，再上新台阶，争创新业绩！

2018 年，我们要全面学习宣传贯彻党的十九大精神，以习近平新时代中国特色社会主义思想为指引，深入贯彻落实全国高校思想政治工作会议精神，深入落实学校第十四次党代会精神，深入实施学校“十三五”发展规划及综合改革方案，全面推进新时代学校党的建设，深入推进“双一流”建设，坚持走内涵式发展道路，坚定不移实施人才强校主战略、国际化战略、数字化战略“三大战略”和工科登峰、理科振兴、文科繁荣和生命跨越“四大学科行动计划”。

我们要不忘初心，牢记使命，卧薪尝胆，锐意进取，对标争先，争创一流，以永不懈怠的精神状态和一往无前的奋斗姿态，加快建设“交通特色鲜明的综合性研究型一流大学”，为推动交通强国和“一带一路”建设注入澎湃的交大动力，为实现中华民族伟大复兴的中国梦和“大师云集、英才辈出、贡献卓著、事业常青”的交大梦，矢志奋斗！

最后，祝大家新年愉快，阖家幸福！

谢谢！

凝心聚力　砥砺前行

——徐飞校长在西南交通大学第二十届工代会暨第七届教代会第三次会议闭幕式上的讲话

各位代表，同志们：

大家下午好！

今天，经过全体与会代表和工作人员的共同努力，学校第二十届工代会暨第七届教代会第三次会议圆满完成了各项议程。在此，我代表学校党委，代表顺洪书记，向为本次会议付出辛勤工作的全体同志表示衷心的感谢！向大会的圆满召开以及所有获得表彰的单位和个人表示热烈的祝贺！

今天，各位代表热情洋溢、畅所欲言，体现出大家心系学校、热爱学校的真挚情感，彰显出大家爱校荣校的高度责任感、使命感以及争当学校改革发展主人翁的精神。这让我十分感动和欣慰，这是我们建设一流大学的信心所在，更是我们实现学校历史性复兴的动力之源。

去年 12 月，中央召开了全国高校思想政治工作会议，发布了《关于加强和改进新形势下高校思想政治工作的意见》。最近，教育部又印发了《全面贯彻落实全国高校思想政治工作会议精神实施方案》；四川省也召开了全省高校思想政治工作会议，研究部署四川省高校思想政治工作。

全国思政会上提出，必须以扎根中国大地办世界一流大学为根本遵循，这为我们办中国特色社会主义大学指明了方向。学校将在本月底召开全校思想政治工作会议，出台加强和改进新形势下思想政治工作的实施办法，全面贯彻和落实全国及四川省高校思想政治工作会议精神。

今年1月，教育部、财政部、国家发展改革委发布了《统筹推进世界一流大学和一流学科建设实施办法》。创建“双一流”是学校当前最重要的工作，全校上下务必勠力同心，全力以赴。

今年3月，教育部等五部门发布了《关于深化高等教育领域简政放权放管结合优化服务改革的若干意见》，进一步破除束缚高等教育改革发展的体制机制障碍，进一步向高校放权，让学校拥有更大办学自主权，以此激发广大教学科研人员教书育人、干事创业的积极性和主动性。常委会已专题研究部署，将从强化监管优化服务，改革高校编制及岗位管理制度，改善高校进人用人环境，健全符合中国特色现代大学特点的薪酬分配制度，完善高校学科专业设置机制等十一个方面，切实推进放管服改革工作。

5月14—15日，“一带一路”国际合作高峰论坛成功召开，习近平总书记发表主旨演讲，再次倡导“和平合作、开放包容、互学互鉴、互利共赢”的丝路精神，明确提出“和平之路、繁荣之路、开放之路、创新之路、文明之路”的建设目标，并代表中国政府郑重做出了未来几年在建设资金、经贸伙伴关系、创新合作等方面的庄严承诺。论坛形成了5大类共76大项、270多个子项的成果清单。来自130多个国家约1 500名各界贵宾作为正式代表出席论坛，29位外国元首、政府首脑及联合国秘书长、红十字国际委员会主席等3位重要国际组织负责人出席领导人圆桌峰会等活动。论坛影响广泛，意义深远。

今年，国家还要召开第五次全国教育工作大会。上一次教育大会颁布了《国家中长期教育改革和发展规划纲要（2010—2020年）》，这次将要制定实施《中国教育现代化2030》，同时还要印发《关于加强教师队伍建设的意见》，这将是第一份关于教师队伍建设的中央文件。近期，国家铁路局将召开全路科技创新大会，本月底四川省还将召开第十一次党代会。

各位代表，同志们，这半年来，国家出台的关于高等教育的政策之密集、力度之大、举措之实，前所未有。特别是高校思想政治工作，关乎培养什么人、如何培养人以及为谁培养人这个根本问题，“双一流”建设必须以立德树人为根本，“放管服”改革也应以实现培养符合社会主义现代化建设所需的各类创新人才为目标。归根结底，培养一流人才是一流大学的本分。学校应该坚守“本分”，回归大学的本然价值，践行人才培养的根本使命，紧紧围绕教育教学，积极引导教师将教书育人作为第一责任。

各位代表，同志们，学校如何落实国家大政方针，将直接决定学校未来的发展格局，决定学校在中国高等教育“版图”中的地位。学校的一切工作必须围绕“双一流”建设，围绕一流人才培养来展开。我们的一切工作必须充分依靠师生员工，尊重师生员工主体地位，充分关切师生员工的需求。这是“依靠谁”“为了谁”的大问题，更是我们群众工作的应有之义。在学校民主管理、民主监督方面，在调动和发挥教职工积极性方面，双代会的作用是不可替代的，大家要积极作为，敢于作为，善于作为。

一年来，大家紧紧围绕学校中心工作，努力发挥党联系群众的桥梁纽带作用，凝心聚力、群策群力，为学校的改革与发展做出了突出贡献。“事辍者无功，耕怠者无获”。面临新形势新情况，双代会的作用不仅不能削弱，还要继续加强，要充分发挥双代会在学校民主管理、民主监督的“金钥匙”作用。

一要进一步强化双代会的地位和作用。民主管理和监督是中国特色现代大学制度的重要组成部分，要不断完善工会会员代表大会和教职工代表大会制度，不断引导代表围绕学校中心工作履职尽责，逐步构建“党委领导、校长负责、教授治学、民主管理、依法治校”的治理结构与内部治理模式，推进学校治理体系与治理能力现代化。进一步建立健全二级单位教代会制度，将基层教代会工作纳入基层党组织党建工作考核内容。

二要进一步强化群团组织桥梁纽带和凝聚服务功能。群团组织是学校联系师生员工的桥梁和纽带，具有强有力的政治优势和组织优势，要重视依靠校院两级群团组织，推动党的理论路线方针政策在师生员工中的贯彻落实，把学校党委决策部署变成师生员工的自觉行动。要践行好群众路线，经常深入师生员工，倾听师生员工呼声、反映师生员工意愿，多做统一思想、凝聚人心、化解矛盾、增进感情、激发动力的工作，做好服务，将师生员工的力量和智慧引导和凝聚到学校中心工作上来。

还要进一步强化提案办理质量。提案工作是教职工参与学校民主管理和监督的重要形式，是教职工为学校发展建言献策的重要途径。要开展提案工作流程再造，实现“闭环管理”。优化提案征集渠道，引导代表提出高质量提案，提升提案整理归类的科学化；明确提案办理标准和责任，加强提案办理督查督办，提升提案办理质量，确保“件件有回复、事事能落实”，做好考核评价，把教职工民主管理落到实处，不断提升服务水平。

各位代表，同志们，形势催人进，风劲好扬帆。蓝图已绘就，关键在落实。让我们团结一心，同频共振，为建设交通特色鲜明的一流大学不懈努力！

谢谢大家！

勇做新时代的弄潮儿

——徐飞校长在西南交通大学2016—2017学年先进集体、优秀学生表彰大会上的讲话

同学们、老师们、来宾们：

大家下午好！

首先，我代表学校党政班子，向此次受到表彰的 20 个忠忱班集体、30 名“竢实扬华奖章”获得者以及 186 个各类先进集体获奖班级、1988 名奖助学金获得者、7 602 名优秀学生荣誉获得者表示热烈的祝贺！向耕耘在学校人才培养一线的老师们，以及一直以来关心帮助支持学校建设改革发展的社会各界，一并表示衷心的感谢！

老师们、同学们，交大把学生最高荣誉命名为“竢实扬华奖章”，是因为“竢实扬华，自强不息”是交大精神。今年，学校新增设了学生班集体最高荣誉“忠忱班集体”，是为了纪念交大历史上第一位中国教授——罗忠忱教授。

不知大家是否留意过，在学校犀浦校区南大门内侧的罗忠忱先生雕塑后篆刻着一段话，是一代水利大师黄万里对其恩师罗忠忱先生的评价：“弟子曾在学十九年，承恩中外师长不啻百人，然论教诲恳切，授法精湛，任职认真，视学校如家庭，学生如子女，六十年如一日，盖未有出吾师之右者，伟哉师乎！”

可以说，罗忠忱教授是学校 121 年来拥有的一大批优秀教师中的突出代表，以他为代表的一批又一批的优秀教师，在学校跨越三个世纪历经两个甲子的办学历程中，为祖国为社会培养了无数的栋梁英才，他们身上体现出来的优良品质和高尚品格，是当代交大人享用不尽的宝贵财富。

学校推出“忠忱班集体”这一奖项，就是要和“竢实扬华奖章”奖项一道，把这两个分别代表团队和个人的最高荣誉评选，打造成独具交大特色的人才培养品牌活动，旨在新时代继续大力弘扬“竢实扬华，自强不息”的交大精神，传承“严谨治学，严格要求”的优良传统，做好新时代的人才培养工作。

在党的十九大报告中，习总书记表达了对青年一代的殷切希望：“广大青年要坚定理想信念，志存高远，脚踏实地，勇做时代的弄潮儿，在实现中国梦的生动实践中放飞青春梦想，在为人民利益的不懈奋斗中书写人生华章。”

“弄潮儿”三个字让我思考良久。在我看来，弄潮是在大海之中拼搏的奋斗姿态，是青年敢于逐梦、勇于冒险的精神风貌。当今中国发展正日益呈现“大潮奔涌逐浪高”的壮阔景象，广大青年和学生应勇于拼搏，充分展现“弄潮儿向涛头

立，手把红旗旗不湿”的豪迈，勇做新时代的弄潮儿。

下面，我给大家讲讲我所理解的“弄潮三部曲”。

第一，寻潮。

在这个新时代，时代的海洋早已不是原来的模样，新技术、新机遇层出不穷，应接不暇，海洋中的每一朵浪花都在奋勇向前。然而，潮头在哪儿？

寻潮要有方法。“五有”交大人中的第四有——历史眼光和全球视野，或许能给大家一些启迪。诸位既要纵向看历史潮流，也要横向看世界大势，在这潮流与大势中，看清潮头所在。

我们正处于一个非常好的大势中。当前，国家正在大力推进“一带一路”事业，轨道交通成为实现互联互通的重要交通方式。刚刚结束不久的十九大，将交通强国作为国家意志予以突出强调。作为中国从事轨道交通人才培养、科学研究最具实力的高校，我们身逢盛世，适逢其时。

天下大势，浩浩荡荡，顺之者昌，逆之者亡，必须在大势中寻求潮头和机遇。科技进步和产业变革总是潮起潮落，一个潮头紧跟着另一个潮头澎湃而去，一个风口接着另一个风口呼啸而来。物联网、区块链、云计算、工业4.0，类脑机器人、3D打印、石墨烯材料、量子通信、虚拟现实、人工智能等扑面而来，或方兴未艾，或大行其道。今天没寻到、没寻对潮头，明天就失去站上去的机会。

在座诸位都要努力寻找属于自己的潮头。虽然不同专业、不同年级、不同定位的同学，其潮头可能千差万别，但共同点都是基于自己的兴趣和热爱，尤其是兴趣热爱背后根植于内心深处的愿景和使命。作为新时代青年，你们是中华民族伟大复兴征程的见证者、参与者和实践者，只要将自己的人生目标与国家事业需要结合起来，让蓬勃青春与家国情怀同频共振，就一定会寻找到最适合自己的潮头。

第二，练潮。

寻到了潮头，不是马上就能站上去，因为潮头充满风险和挑战。很多人追不上浪潮，或葬身于潮流。只有那些基本功扎实、训练有素、洞悉潮流规律者，才可能勇立潮头，自如驾驭，充分享受冲浪的快感。

“精勤求学，敦笃励志”是交大校训中的两句话。练潮，其实非常需要校训所说的勤学、笃志。青年时期是学习的黄金期，尤其要勤奋学习。选择学习就是选择进步，选择学习就是选择幸福，选择学习就是选择跟上潮流。勤奋改变人生轨迹和生活境况，学问的高低，就是你能驾驭的浪头的高低。

第三，弄潮。

大儒王阳明有句名言：人须在事上磨，做功夫，乃有益。若只好静，遇事便乱，终无长进。我仿此换个说法：人须在潮头弄，才能有大长进；若只好浪平水暖，终只会泯然众人矣。

诸位要勇于搏击大海，乐于潮头弄潮。要敢于探索，敢于尝试，敢于选择并坚持做有挑战性的工作，敢于直面问题和困难，敢于并善于啃硬骨头。弄潮绝不是轻轻松松、敲锣打鼓就能做到的，需要坚忍不拔、百折不挠的坚持、毅力和勇气。弄潮固然需要高超的技巧，但第一位的是不畏艰险的勇气，而首当其冲的又是要走出自己习以为常的舒适区。

我建议大家看看近日学校主页对材料学院博士生杨倩的报道。2017年11月，西南交大材料科学与工程学院周祚万教授的博士生杨倩，以第一作者身份在 *Nature* 子刊 *NatureMaterials* 上发表文章，这是继今年10月她在 *Science* 上合作发表文章揭示埃级别通道中的离子传输机理之后的又一原创性成果。攻博期间就能在国际两大顶级期刊 *Science* 和 *Nature* 上发表论文，她是如何做到的？请各位能从寻潮、练潮、弄潮的视角，从报道的字里行间悟出一些东西。

最后，衷心希望诸位传承交大精神，牢记交大校训，积极响应习近平总书记号召，站在时代潮头奋勇弄潮，争做有社会担当和健全人格，有职业操守和专业才能，有人文情怀和科学素养，有历史眼光和全球视野，有创新精神和批判思维的“五有”交大人！

谢谢大家！

耦 合

——徐飞校长在西南交通大学2017届本科生毕业典礼上的讲话

亲爱的2017届毕业生，
各位老师、各位家长、各位来宾：

大家上午好！

今年的毕业季天气非常给力，夜里的雨带给大家清凉。在成都这个据说是中国唯一一个能看到海拔6 000米级雪山的城市里，大家既可以在雨后天晴的早上看到贡嘎山、幺妹峰的绝美雪峰，也可以在水上图书馆、北区体育场、竢实扬华墙、校友群雕像、犀湖大草坪等交大美景前拍摄各种创意照片，把最美的影像定格在这个栀子花开的夏天。

近日，校园里的一个场景特别让我感慨，那就是络绎不绝的毕业生们穿着学士服，在机车博物园的火车头前、铁轨上满心欢喜地拍摄毕业照片。机车博物园已经成为交大校园的文化地标，机车与铁轨更是数十万海内外交大人的精神图腾。

实际上，西南交大因铁路而生，因轨道而兴，因高铁而强，121年来始终秉持“灌输文化尚交通，文轨车书郅大同”的办学理想。当我们看到高铁与载人航天、探月工程、载人深潜、超级计算机一起写入十八大报告和政府工作报告，当我们谈起习近平总书记、李克强总理频频向世界各国政要亲自推销中国高铁，当我们听到中国高铁成为网上盛传的中国“新四大发明”之首，成为外国人羡慕的中国生活方式时，我想在座的各位老师、同学以及海内外广大的交大人，都会在心里翻腾起浓浓的自豪之情。

西南交大为中国高铁做出了重大贡献，在基础理论创建方面尤为突出。仔细分析这些理论成果可以发现，沈志云院士建立的“沈氏理论”解决了车轮与轨道的蠕滑耦合问题；翟婉明院士和孙翔教授创立的“翟-孙模型”解决了列车与线路的耦合问题；学校科研团队提出的高速列车大系统耦合动力学理论，则解决了轮轨、流固、弓网、机电等铁路大系统耦合问题。可以说，耦合问题是轨道交通理论体系的关键。

耦合是什么？耦合原本是指两个或两个以上的电路元件或电网络的输入与输出之间存在紧密配合与相互影响，并通过相互作用从一侧向另一侧传输能量的现象。概言之，耦合是两个或两个以上的实体相互依赖于对方的一个量度。耦合关系则是某两个或多个事物之间相互作用相互影响的关系。今天，我给诸位谈谈人生最重要的三对耦合关系：人与人、人与物和人与己。

一、人与人

北岛有一首诗，叫《生活》，全诗只有一个字“网”。我们每个人都是这网上的一个结，谁也不能摆脱这张网而孤立存在，恰如马克思所说：人是社会关系的总和。诸位毕业后从学校这张小网进入社会这张大网，自然会与同事、客户、上级和各种利益相关者打交道，也要和亲人、朋友等共处或生活在一起，如何才能处理好人际关系？南北朝禅僧达摩曾言，人与人相处有四种境界：把自己当别人，把别人当自己，把别人当别人，把自己当自己。大家可以体会其中的妙趣和真谛。

把自己当别人，此为“无我”。凡事以自我为中心，一事当前，先替自己打算，出了一点力就觉得了不起，喜欢自吹，长此以往，身边断无朋友。进言之，无我实则无欲，无欲则刚。只有舍弃了私己之念，不做无妄的逐求，不被过高的欲望绑架，才有长久快乐。在此，送给诸位一个终生受用的小诀窍，讲话时尽量多用“我们”，少用、慎用“我”。

把别人当自己，此为“慈悲”。越不计回报地帮助他人，就越会得到他人的认可和支持，从而利他也利己。同时，“己所不欲，勿施于人”，人人都有悲悯心、恻隐心、同情心，社会就有了最大的道德公约数。

把别人当别人，这是“智慧”。在人与人的交往中讲究原则、界限和分寸。特别是在今天这个“自”时代，每个人都希望得到尊重，每个人都希望活得有尊严，每个人都希望张扬自己的个性，因此，要惯于并善于理解人与人之间的差异性和异质性，懂得尊重他人。尊重他人，也是庄严自己。

把自己当自己，即是“自在”。黑格尔说：“人应尊敬他自己，并应自视能配得上最高尚的东西”。学会自我肯定，学会自尊自爱、自立自强，学会自觉自愿、自然自如地工作，学会诗意地安排和享受自由自在的生活，懂得不苛求于人，也不苛求于己，尤其要明了舍得、放下。

在未来的职业生涯中，诸位当时常体悟达摩箴言。实际上，“人”字本身就给了我们深刻启迪：一撇一捺，弯腰谦逊，懂得尊重，又相互支撑，倚而立“人”，这个“人”便有了和谐之美。进一步，如果把“两个人”的关系置于社会关系体系中，我为人人，人人为我，便构成“众”字，这便构成了和谐社会的人际关系。

然而，现实中总有一些人，自以为深谙关系学，他们信奉套路和潜规则，热衷于拜码头、进圈子，搞小山头、小团伙、小派别，甚至搞利益输送、钱权交易。殊不知，以利相交，利尽则散；以势相交，势败则倾；以权相交，权失则弃，最终落得“树倒猢狲散”的结局，还严重败坏了社会风气和党的政治规矩。

诸位万不可学这些人。我的座右铭是崇尚“两个简单”：物质生活的简单，人际关系的简单。我愿以这两个简单与诸位共勉，希望诸位“亲、清”的人际关系简单和谐。步入社会后你们要牢记真诚质朴、推己及人的待人之道，使自己快乐，也带给别人快乐。

二、人与物

简单、简约的物质生活，不是简陋的苦行僧生活，更不是不食人间烟火。诸位即将走上工作岗位，要努力过上体面而有尊严的生活，虽不追求着名牌装，用最新 iphone，驾时尚豪车，但基本的物质保障必不可少。实现“两个一百年”全面建成小康社会和中华民族伟大复兴的中国梦，也是让人民生活幸福美满。各位不但要自己过上好日子，还要用你们所学知识、智慧以及在学术专业上的成就，为社会创造更多的物质财富，让人类生存条件得以改善，进而使更多人在更高层次上过上好日子。

另一方面，从使用角度看，物质总是稀缺的，即便不是绝对稀缺也是相对稀缺，这也是为什么要倡导建设资源节约型社会的原因。因此，诸位要物尽其用，切忌铺张浪费，并用你们的专业和专长，尽量提升物质资源的利用效率，使其效用最大化。同时，作为“万物尺度”的人，还要克服人类中心主义的局限和优越感，善待其他生命、生物、植物、动物和矿物，善待天下苍生，为建设环境友好型社会贡献一分力量。

作为与“物”相对应的人，有精神世界、价值空间和信仰信念，是人之所以为人的本质要求。人要有精神追求，“不以物喜，不以己悲”，不做物质的奴隶。人要有价值判断，能明辨公私、义利、是非、正邪、苦乐。

人的价值不是有钱而是值钱；不是拥有而是创造；不是获得而是付出；不是享受而是奉献。人的价值甚至不是成功成就，而是成长成才。人的价值更不是聪明而是善良，聪明是一种天赋，而善良是一种选择。“伟大的人生只与选择有关，和天赋贫富无关”，亚马逊创始人兼 CEO 贝索斯如是说。

人类最充沛的幸福感来自精神状态，而统摄精神的最高力量是信仰。因此，人还要有坚定的信仰信念，要有“理想高于天”的豪迈情怀。我们可以从陈望道翻译《共产党宣言》的故事中，深切体会信仰的感召和信念的力量。实际上，理想信念极其重要，世界观、人生观、价值观极其重要。一切迷惘迟疑的困顿，一切及时行乐的念想，一切贪图私利的动机，一切无所作为的庸懒散浮拖，都与理想信念缺失和自我放逐有关。

当一个人没有信仰理想时，唯一的驱动就是利益，于是乎“精致的利己主义者”出场了。他们把利益当作唯一价值，把信仰、理想、道德当成交易筹码，世故老到，懂得配合，长袖善舞，左右逢源，貌似社会宠儿。然而，我却非常愿意和诸位一起，在今天这个隆重的时刻，重温我们老学长老校长茅以升的一段话：

“人生一征途耳，其长百年，我已走过十之七八。回首前尘，历历在目，崎岖多于平坦，忽深谷，忽洪涛，幸赖桥梁以渡。桥何名欤？曰奋斗。”

衷心希望诸位不要做“精致的利己主义者”，而要成为“精勤求学、敦笃励志、果毅力行、忠恕任事”的“精进的奋斗主义者”。

三、人与己

在人与人、人与物和人与己三对耦合关系中，最难把握的是人与己。常言道，知人知面难知心，说的是了解他人很难，其实对自我的认知才是最难。于是，才有了那句镌刻在希腊古城特尔斐阿波罗神殿上响彻人类数千年的名言：认识你自己！

首先，人要客观认识自己，不卑不亢。一是不妄自尊大。刚入社会就恃才自傲、目空一切，不知道放下身段、虚心请教、低调做人，常常会被现实给一个狠狠的“下马威”。诸位要懂得潜龙勿用、亢龙有悔的深意，在你们的人生辞典中，应有谦卑、虔诚、敬畏、感恩等词汇。二是不妄自菲薄。老子曰：胜人者力，自胜者强。诸位在同事面前、领导面前和任务面前，切忌自我贬低、自我逃避，要自强自信、自我激励。

从新中国成立之初的“革命战士一块砖，哪里需要哪里搬”，到现在年轻人时常自嘲的“搬砖屌丝”，经历60年的变迁，虽然青年人的表达方式已经完全不同，但肩负在青年一代身上的使命一点都不曾减少。你们要信奉每个生命都是独一无二的不朽传奇，去做生活的强者，做新知识的建构者，做伟大事业的建设者，共同创造一个扎克伯格所倡议的“人人都有使命感的世界”。

其次，学会与自我相处。在今天这个变化大、节奏快、竞争烈、压力高的职场，压力需要释放，情感需要宣泄，精神需要寄托，灵魂需要安顿，如何妥帖地处理好这些需要；如何接受自己的先天不足和现实约束；如何面对生活中的种种不堪；如何在跌倒中坚强，在怀疑中信仰；如何走出自己的“舒适区”；如何平衡事业与家庭，让自己身心健康；如何管理自己的期望值……

如此等等的“如何”都需要修为、历练和体悟，当然也需要时间。不要急，不要太在意结果，保有一颗“去患得患失”的平常心，学会享受奋斗、成长的过程，在过程中力争成为阳光、豁达、坚韧、快乐的人。

千言万语、时短情长。以上就是我的分享与嘱托，权当是毕业前的最后一课。

最后，我谨代表学校，特别地代表王书记，向圆满完成学业并获得学士学位的5365名犀浦校区的同学，表示最热烈的祝贺！向精心培养你们的老师，辛勤养育你们的父母，支持关心你们的亲友，致以诚挚的感谢和崇高的敬意！

祝大家毕业快乐！

回　归

——徐飞校长在西南交通大学2017届研究生毕业典礼上的讲话

各位亲爱的毕业生，
各位导师、各位家长，各位来宾：

大家下午好！

今天，我们相聚在这里，共同见证3559名同学顺利获得博士学位和硕士学位。首先，请允许我代表全校师生，特别地代表王书记，向毕业同学表示由衷的祝贺！

也请诸位毕业生不要吝啬自己的掌声，向培养你们的母校，教导你们的老师，服务你们的教职员工，关爱你们的家人，以及同窗奋斗的朋友，表示内心深处最真挚的感谢！

从今天起，你们将开启新的人生旅程。在这个以“出发”为主题的日子里，我想和大家聊聊一个反向话题——“回归”。

作为研究生的你们，最不陌生的应该就是“回归”。为什么？请允许我从“研究”一词说起。汉字“研”的本义是细磨，磨就要循环往复，就要回归。“研究”的英文是 research，这个单词由前缀 re 和词根 search 组成。词根 search 意为“搜寻”“搜索”“搜查”“调查”或“探求”，前缀 re 既有“重复”“反复”“再”等意思，也有“回”“向后”之义。

结合在一起，研究就是反复探求、再搜查、来回搜索。换言之，研究不是一味地向前探求，还需向后“回归”，需要回归到“原问题”，追问“源问题”，直至“元问题”；需要回归本源、本真、本义，回归逻辑起点，回归到最原始而不失去重要性的地方。极言之，没有回归，就没有研究。

研究需要回归，尤其需要“回归分析”。回归分析本是统计学中一种经典的分析方法，该方法可以确定两种或两种以上变量间相互依赖的定量关系，借以从一系列散落的点中挖掘出某种规律关系。这里借用回归分析这个概念，旨在说明研究中极其重要的两件东西：崇尚理性和揭示规律。

一是崇尚理性。回归分析不妄言、不武断，而是平和、冷静、客观、审慎地通过定量分析得出结论。其实，人的思考有其内在缺陷，经常陷于偏颇、笼统、歧义、自欺、僵化和促狭之中，很容易情绪化、想当然、非理性、自以为是和偏听盲从，片面、寡陋、扭曲、偏见、傲慢时有发生，由此导致一叶障目、以偏概全、似是而非，或故弄玄虚、哗众取宠、沽名钓誉，甚或黑白颠倒、是非混淆、美丑不分、正义不彰。

随着移动互联网的快速发展，现在已进入全媒体时代，诸位可以很方便地从互联网或智能终端等多种渠道获取知识，也能在微信、微博、朋友圈或论坛上便捷自由实时地表达乃至直播意见和观点。然而，在这个真实的虚拟世界里，人群鱼龙混杂、良莠不齐，观点纷呈迭出，资讯真假难辨，意见莫衷一是。越是这样，理性越发显得弥足珍贵。

二是揭示规律。回归分析透过貌似杂乱无章、毫无关联的数据，得出大量随机性现象整体上呈现出来的必然联系——统计规律。这种规律不是单个非确定性现象或随机事件特点的简单叠加，而是事件系统所具有的必然性，是随机事件的整体性规律。《天论》有云“以目而视，得形之粗者也；以智而视，得形之微者也。”看问题必须由表及里，由此及彼，见微知著，通过回归分析，善于总结提炼，善于抓主要矛盾和矛盾的主要方面，整体把握，揭示规律。

只有发现规律，进而遵循规律，才能事半功倍，否则，就会事倍功半甚至遭受损害和失败。当今，借助数据科学（data science）和数据挖掘（data-mining）技术，我们可以更加高效地从繁复的数据里找出隐藏其中的千丝万缕的关系。由此，经典的回归分析必将换发新的生命力。

以上谈的是研究需要回归。实际上，日常工作和生活也需要回归。因为今天这个时代是个时空压缩的时代，不经意间我们已经走得很远很久，却忘了当初为何出发；或者我们走得太快，以致灵魂跟不上脚步。现在更常见的情形是，很多人学了知识忘了常识，找不到“回家的路”。因此，回归成为必须。以下我重点讲两大回归：回归单纯，回归梦想。

第一，回归单纯

进入社会这个灯红酒绿、纷繁复杂的大熔炉，个体生命可能开始体验生活的艰辛和困顿。一些人产生了苦闷、彷徨、茫然、焦虑、疲惫等情绪，由此慢慢学会了察言观色，投机钻营，热衷于经营人脉和朋友圈，久而久之变得圆滑世故，市侩庸俗，精于计算和算计。还有一些人患得患失，畏首畏尾，念想太多、行动太少。整天或郁郁寡欢、自怨自艾，或怨天尤人、愤世嫉俗，怀疑偏激牢骚充斥着他们的生活。随着岁月的流逝，这两类人的共同特点，就是都已没有当年的单纯、简单、平和与快乐。

回归单纯，方能重新开始；不忘初心，方得始终。德国哲学家尼采以骆驼、狮子和婴儿比喻人生的三个精神阶段：骆驼忍辱负重，坚韧坚持；狮子凶猛顽强，展现生命的无穷张力；婴儿单纯稚嫩，没有矫饰和虚伪，只有纯真与乐天。婴儿意味着“完美的开始”，蕴含着一切所有的可能性。成人只有回归婴儿状态，卸掉外表坚强的金罩铁衫，撕去人情练达的假面伪装，让心灵重新回归原点后再出发，才能完成精神的二次发育，进而不断实现自我超越。

单纯，不是浅薄、幼稚或无知，单纯更不是囧或傻。回归单纯，就是回归复杂后的简单、绚烂后的平淡、纠结后的释然和混沌后的清新。回归单纯，是惯看秋月春风的淡定，是浪花淘尽英雄的从容；是经历重大变故后的舍得放下，是看透而不看破人情冷暖和世态炎凉的真善美。一言以蔽之，回归单纯，就是返璞归真。

回归单纯，还不能受物欲蒙蔽牵累，要崇尚物质生活与人际关系的双重简单。同学们，光阴弹指而过，繁华三千落尽，人生的画板终将只留下原色。请珍惜这些年来学校为你们打好的人生底色，回归质朴纯真的本色，永葆单纯善良的原色。《清静经》曰，遣其欲心自静，澄其心神自清。今后不论何时何地，你们都要努力做“一个高尚的人，一个纯粹的人，一个有道德的人，一个脱离了低级趣味的人，一个有益于人民的人”。

第二，回归梦想

此刻，大家是否还清晰地记得，你们孩提时的梦想、读研时的初衷，是不是走着走着就淡了，走着走着就忘了？曾经的理想愿望、目标信念，是否会在岁月洗涤冲刷中斑驳失色，是否会被残酷的现实打回原形，甚或自我嘲笑自我否定？我想说，如果你被生活埋了，请记得你是一粒种子。特别地，请在铅华尽染时恪守与坚持梦想，在迷惘落寞时回归和重拾梦想。

人生两件事：做梦和圆梦。世界上最快乐的事，也莫过于为梦想而奋斗。圆梦的路漫长而艰辛，在圆梦的过程中要尤其注意锤炼抗挫能力。各行各业但凡能成功的人士都有一个共性特质，这些人一定输得起，输了再来，最后就赢了。因此，诸位要执于梦但不能困于梦，要让梦想照进现实，勤于在事上磨砺，特别是在逆境中奋斗，在挫折中振作，在坚持中创新，在创新中蝶变。这样，不仅能让原初的梦想愈加清晰坚定，也让圆梦之路变得坦荡通畅。

你们的高中同学或者本科同学，大多可能已经成家立业，有的甚至已经成了大老板、住进了大别墅。而你们选择读研，刚刚走出校门，家庭、事业才开始起步。请不要把这些眼前的生活差距，视作你们之间的人生差距。人生是长程赛，生活和命运自会丰厚馈赠那些志向远大、追求卓越且持之以恒的追梦人。对于那些立志以学术为志业的同学，我还要特别对你们讲一句话，那就是坚持思想的绝对自由和对学术追求不可动摇的信奉。请诸位给自己一点时间，也给梦想一点时间，只要执着于梦想，坚忍不拔，百折不挠，终有一飞冲天、扶摇直上的那一刻。

关于“回归”，我就给诸位聊这些。

同学们，交大是天下交大人永远的家。毕业好比离家，作为校长，我期盼你们常回家看看，母校永远是你们可以依归的家园。

最后，祝福大家前程似锦、大展宏图！

母校静待诸位载誉而归！

谢谢大家！

路

——徐飞校长在西南交通大学峨眉校区2017届本科生毕业典礼上的讲话

各位亲爱的毕业生同学，

各位老师，各位来宾：

大家上午好！

首先，祝大家毕业快乐！

在你们即将离校之际，我想给大家三点建议。

一、用“梦想”开路，永葆动力

世界上最快乐的事，莫过于为梦想而奋斗。梦想是对未来的一种期许，是一种让你感到坚持就是幸福如果不做就此生遗憾的东西。日本经营之父稻盛和夫曾说：能用自己的力量去创造自己美好人生的人，一定拥有超大的梦想和超过自己自身能力的愿望。青年人要敢于梦，用梦想为人生开路，生活便有了前进的动力。

每个人都有梦想，但只有将个人梦与家国梦交融统一，与时代同频共振，才能让我们每天都为自己的所为感到自豪。同学一定注意到今年6月8日，习近平总书记在阿斯塔纳专项世博会上，邀请哈萨克斯坦总统纳扎尔巴耶夫一同登上了由西南交大研制的高速列车模拟驾驶舱。平稳舒适运行的高铁再次让国外领导人叹服，而几十分钟的安全运行背后，凝聚了无数交大人的梦想与实践。学校土木工程学院王平教授，一直以来仅有一个简单的梦想，“只有坐在不颠簸的车里，老百姓才觉得放心”，他将老百姓最质朴的诉求扎根于心，连续二十余年夜以继日、奋力攻艰，最终攻破全球高铁平稳性技术共性难题，赢得了

“道岔王”和“高铁轨道医生”的赞誉。

同学们，你们今天毕业了，但梦想刚刚开始。121年来，全体交大人始终向着“文轨车书、天地交通；协和万邦、世界大同”的梦想踏步前行，将个人前途、学校发展和民族复兴之路交织、交融，无论时代变迁，始终生生不息。眼下，中国正以前所未有的态势走向世界，致力打造“人类命运共同体”。诸位年轻的交大人，你们拥有最好的时代舞台，请坚信，与梦想同行，未来可期。

二、用“双创”拓路，越走越宽

人生之路清淡安逸、波澜不惊是一种美，热情澎湃、搏击风浪同样也是美，而雄浑阔大、轰轰烈烈的美，往往是美的极致。创新改变世界，创业成就梦想，创新创业已然成为全球经济发展的引擎，也为引燃人生激情提供了绝佳机会。创新创业能力不是与生俱来的，而是基于一以贯之的学习、实践和坚持。

著名的思想家、文学家、哲学家和军事家，陆王心学之集大成者王阳明，可谓迁移整合的创新高手。他告诉我们，人须在事上磨，方立得住，方能“静亦定，动亦定”。换言之，若要想把事情做完、做好、做成、做优，就势必要调适自己的心、耐住自己的性。而这正是创新所需求的最重要特质，当你专注于所在领域时，才有希望集中心力突破。

中国古代的四大发明：造纸、指南针、火药、印刷术，奠定了中华民族在人类文明史上的重要地位。而今，中国的新四大发明：高铁、支付宝、共享单车、网购，也正让全球艳羡不已。诸位可曾想到，这些国人每天习以为常的生活工具，反而成了世界其他国家梦寐以求的东西？这正是中国创新与创造的伟大成果。以我们最熟悉的高铁为例，正是通过集结中国铁路领域所有力量，历时十余年专注培育自主品牌，最终才铸就国家“黄金名片”。

王阳明还告诉我们，人若只好静，遇事便乱，终无长进。那静时功夫亦差似收敛，而实放溺也。意思是说，人若只爱静处，遇事就容易慌乱，始终不会有进步。而那静时的功夫，表面看是收敛，实际上却是放纵沉沦。借用时下的话说就是要作为，但不是乱作为，而是撸起袖子、扑下身子，心中沉淀，埋头做事，去义无反顾地追随自己内心的召唤，到中流击水，浪遏飞舟。

三、用“守正”护路，行稳致远

余光中先生在《写给未来的你》中有这么一句话：“不管世界潮流如何变化，但人的优秀品质是永恒的，即正直、勇敢、独立。”其中，坚守正直、正心、正身便是第一要义。如何守正？其关键在于坚定，心有信念，胸有正气，方能行稳致远。另外，守正还意味着适合而止，行之有戒，为之有度，知止方能让人生保持清醒，当机立断，紧急制动，规避危险。

理想信念是人的精神支柱和力量源泉。心中有了坚定信念，才能在艰难险阻面前，不屈服、不畏惧，始终恪心守正。我们的老学长，水利专家黄万里教授，既不迷信专家，也不畏权威，而是选择坚守科学真理，怀着对国家、对民族、对千秋万代负责的态度，实事求是，仗义执言，大气凛然，刚直不阿，成为中国知识分子的脊梁。时至今日，浩然正气，依然温润人心，警醒世人。同学们，步入社会，行走路上，难免会有形形色色的诱惑，接触这样那样的坎坷，但一定要筑牢心中的围堰，清白做人，干净做事，要知道堂堂正正走路，比什么都重要。

心正还有一层意思，就是要少发怒。因为人在愤怒时，容易感情用事，有时怒得过分，就失去了廓然大公的本体，心就不能中正。在座诸位风华正茂、年轻气盛，步入社会就当有青年人应有的豪迈气概。但处世还要注意克制自己的怒气，要远离易怒、爱怒、暴怒，而是修养涵养，不染戾气，永葆赤子之心。总之，愿同学们走出半生，历尽千帆，归来时仍然是“少年”。

同学们，请勇敢地出发吧，愿你们每个人都能拥有独特的旅途，都能走出繁华的风景！母校永远祝福你们。

谢谢！

自时代的“三自”

——徐飞校长在西南交通大学2017级本科生开学典礼上的讲话

亲爱的2017级新同学们，

各位老师、各位家长、各位来宾：

大家上午好！

今天，是一个值得纪念的日子。对于百年交大而言，她迎来了最新鲜的血液——6 278名2017级新同学！对于各位新同学而言，你们告别了高中学程，迎着朝阳，怀揣梦想，正式开始璀兮璨兮的大学生活。祝贺你们，欢迎你们！

让我们把时间拉回到1964年。那一年中国干出了一件震惊世界的大事情——包括我校校友陈能宽、姚桐斌、吴自良等在内的中国专家团队研制的第一颗原子弹爆炸成功！在世界的东方，在古老的罗布泊，那一团巨大的蘑菇云承载着一个民族一百年不曾消亡的信念在一声巨响中轰然升起，由此标志着一个饱受磨难历尽坎坷的伟大民族，重新踏入了世界强国的行列。这一典型事件，反映的是那个时代的典型特征——集中力量办大事，以及高度的计划性和指令性。

诸位是年轻的“95后”甚至“00后”，你们现在成长、学习的时代已经完全不同了。当代充满着微博微信等自媒体、创客的自设计、3D打印的自制造、智能APP自诊断、书刊自出版、分布式自发电、城市自管理、基于大数据分析的自决策，等等。

这样的时代我姑且称作“自时代”，与之相对应，称过往的计划经济时代为“他时代”。注意，这里的“自”不是“自我”(self)，“他”也不是哲学意义上的“他者”(the other)，而是“自”代表“个体”(individual)，“他”代表“群体、集体”(group、community、team或collectivity)。

“自时代”最伟大之处，就在于自由自主。“他时代”的平台约束、体制约束、资源约束、时空约束松弛了，甚至在很大程度上已不复存在，取而代之的是平台、资源、知识、技术、机遇的充分供给，个人自主性、独立性、选择性的大大增强。在自时代每个人都可以有属于自己的舞台，都有机会出彩。

然而，凡事都有两面性。“自时代”在带给大家最大限度自由、自主的同时，也很容易使人自由散漫、自说自话，很容易让人沉溺自娱自乐、自我放纵。因热衷于做“网红”而自吹自夸、自恋自大，或反向的自怨自艾、自闭自卑，甚至自残自毁也并不鲜见。因此，如何在“自时代”趋利避害，是每个人都需要直面的问题。

因此，今天我要送诸位在自时代的“三自”：自觉、自强、自律，并配送“三件”。以前，大学新生们入学的“三件”是钢笔、手表、随身听。现在，不少新生带的“三件”是手机、电脑和Ipad，而我要送出的是电筒、尺子和闹钟。

一、自觉的电筒

电筒有何功能？首先是照明，让自己混沌浑噩的精神世界澄明光明。进入大学不仅是学程的进阶，更是人生的第二次发育。诸位在中学阶段和先前的第一次发育，主要是身体和智力的，希望你们在大学精深学问的同时，自觉注重“精神发育”，通过自我启蒙使自身的价值尺度、行为准则和生命意义逐渐清晰，从而实现真正意义上的成长。诸位还要自觉意识到，作为年满18岁的成年人，从今以后你们要走好自己的人生道路，切实地去扛一份关于自我、家庭和社会的责任。

在“自时代”，舆论媒体空前发达，价值和信仰更是多元、多样和多变。你们要相信一些东西，并且永不怀疑。对于其余则时刻保持警惕。你们现在虽做不到在多元中立主导，在多样中谋共识，在多变中定方向，但应努力做到，把握多元中的关键、多样中的均衡和多变中的趋势。你们要学会理性平和、全面辩证地在看问题，学会解决问题时抓主要矛盾和矛盾的主要方面，这不仅是方法论，也是精神发育的题中之义。

其次，电筒可用来烛照前行的方向。高中阶段你们的方向是清晰的，那就是考上心仪的名牌大学。现在，当你们已经实现这个目标后可能反而没了方向。没有方向和目标是一件非常可怕的事情。政治家 T.W.威尔逊说，没有方向和目标的人，将永远不会觉察到任何远大的希望，也不会担负起任何伟大的事业。诸位要通过试错或“迭代”，尽快找到人生的“梯度”方向，并在此基础上尽快明晰目标、看清使命，及早做好生涯规划。当然这很难，因为“自时代”的可选择性太大，找准方向谈何容易？但即便如此，诸位也要迎难而上。

第三，电筒还用来照自己。不能只照他人，不照自己。由此引申开来，既要用电筒“觉他”，也要用电筒“觉己”或“自觉”。苏格拉底曾说“未经审视的人生，不值得一过”；老子亦言“知人者智，自知者明”。孔子不但自己身体力行，做到“吾日三省吾身”，还谆谆教导世人“见贤思齐，见不贤而内自省。”希望大家坚持自省自诫，对自己的起心动念和言谈举止进行检视，时常叩问是不是为人以诚、处世以信，谋事以细、做事以实，从而提升心志，过一种充实而又觉悟的人生。

今天送给诸位的这只电筒还很特别：不用电。这项采用热电效应原理的发明，作为“黑科技”斩获了今年 Google 科技大赛一等奖。送这款电筒是想告诉大家，寻常如电筒，也可以通过创新而焕发异彩。进言之，任何成熟的产品，都有改进的余地和创新的空间，正所谓创新不止，止于至善。

二、自强的尺子

古希腊哲学家普罗泰戈拉说：人是万物的尺度。人与（动）物的最大区别在于人有自我意识，自强不息。中国华夏文明的精华，亦是自强不息，厚德载物。为人当自强，自强当自立、自信、自勉。诸位可用尺子时常丈量自立的长度、自信的宽度和自勉的厚度。

一是自立的长度。自强首先要求自立，独立自助，自力更生，信奉“自助者，天助之”。尽量不给他人添麻烦，对依附别人的奴化心理或投机取巧的懒汉心理彻底决裂，绝不做不劳而获的寄生虫。一些同学可能尚未意识到自己仍处于“巨婴国”的“宝宝”期，这很不好，要在心智上尽快成熟，人格上尽快独立。要把争取个人利益和幸福，放在自己努力的基础上。要学会自己生存，学会做你自己，成为你自己。要学会对自己负责，对自己承担责任，自己掌握命运。还要学会适应各种环境，敢于自我磨炼，经风雨见世面，不断打造和强化自立能力。

二是自信的宽度。本质上，自信是一种自我肯定、自我宣誓的意志。自信就是相信自己的力量，尤其相信观念和思想的力量。哲学家、心理学家 W.詹姆斯曾说，人的思想是万物之因。播种一种观念，就收获一种行为；播种一种行为，就收获一种习惯；播种一种习惯，就收获一种性格；播种一种性格，就收获一种命运。

充满自信的人，才会大力开发自身潜力；才会择善固执，敢排众议；才会勇于正视自己缺点并善于不断改进。自信不是自高自大，孤芳自赏，而是基于对自己的客观认识。自信也不是自以为无所不能，而是对自己克服困难的勇气和毅力，以及把事情做得尽可能好所抱有的坚定信念、信心和信任。当然，要自信就得增广见识多读书，唯如此才有自信的底气，才会“腹有诗书气自华”。

三是自勉的厚度。自勉是自我勉励、自我鼓舞和自我激励，也就是自我发动、自我策动，自我调动和自我调适。自勉者不悲观、不颓废、不自弃，不怨天尤人；不求近功、不安小就，也不过分为难自己。诸位要善于从苦闷消极、郁闷悲摧、纠结困顿等灰色情绪（如果有的话）中尽快走出来，善于认识到自己的长处、天赋和兴趣；善于洞悉知道自己适合做什么，不适合做什么；善于扬长避短按照自己的比较优势来确定努力方向，从而使自身的积极性、主动性和创造性得以尽情发挥，使生命中蕴含的巨大潜能得以充分释放。

三、自律的闹钟

自律即克制，通过对自己的约束，收敛自身的放纵，改善放任自流的无规律状态，以期端正自身的行动。实际上，自律需考量行动的长远价值，树立行动的边界意识。比如遵守法度，恪守公德，慎独、慎初、慎微等。长此以往，必能宁静内心，从心所欲而不逾矩。

一些同学进入大学后犹如脱缰之马、断线之筝，心态松懈，用在戳手机、打网游、刷朋友圈、看偶像剧、平庸饶舌上的时间，远大于看书学习时间，并且常常迟到早退，一不小心就翘课挂科，宝贵的青春韶华就这样在时间的氧化中委顿。更有甚者，明明是碌碌无为，还安慰自己平凡可贵，将得失成败视作宿命。殊不知，多年后幡然醒悟，才发现万事蹉跎、为时已晚，唯有感慨时光易逝、遗恨终生。

“盛年不重来，一日难再晨。及时当勉励，岁月不待人。”前不久，软银集团董事长兼总裁孙正义在一篇题为《信息革命指引下的新世界》的主题演讲中，有一句话深深地触动了我。“现在形势发展太快，真的感觉连睡觉都是在浪费时间”。功成名就、年已花甲的孙正义尚且如是说，诸位你们还有什么理由不勤奋、不用功、不自律？

自律贵在持之以恒，美好的品行离不开坚守。北宋著名理学家朱熹有言：“不奋发，则心日颓靡；不检束，则心日恣肆。”多少人在追求自律的过程中，掉入舒适区，热情减退，忘却初心。比如，翻转课堂之慕课，课堂内容放到线上学习，如果不能自律，认真看完线上课程的人有几多？如果线上学习不认真，线下讨论效果又会如何？

纵观身边的成功者，无不是将自律融入血液骨髓，乃至成为身体和灵魂的一部分，在“苦行僧”似的前行中，不断超越和成就自我。诸位要向榜样学习，自律从点滴做起，从当下做起，从早睡早起、规律作息、坚持阅读、经常锻炼等日常生活做起。这些行动看似不难，但要坚持不懈，实则不易。请认真对待每一个当下，假以时日，当会见证一个更好的自己。我坚信，你们的日积月累，早晚会成为别人的望尘莫及。

或许大家已经注意到印在新生 T 恤上的电筒、尺子和闹钟图案，想必你们能体会其良苦用心。希望诸位时刻把“三件”拿在手上、装在心上。最重要的是，将自觉、自强、自律这“三自”切实体现在行动上。

同学们，青春不是用来度过的，青春是用来绽放的。衷心地祝愿你们在“自时代”精彩绽放！

谢谢！

治学“三常”

——徐飞校长在西南交通大学2017级研究生开学典礼上的讲话

亲爱的同学们，老师们：

大家下午好！

今年 6 月 25 日，具有完全自主知识产权、达到世界先进水平的中国标准动车组被命名为“复兴号”。接下来京沪高铁将实施新的列车运行图，每天将有 7 对“复兴号”率先按时速 350 km 奔驰在京沪线上。“复兴号”的研发，凝聚了许多科研工作者的心血，西南交大多个科研团队深度参与其中，其成功背后凝结着西南交大广大师生的辛勤付出和智慧贡献。

同学们，祝贺你们登上了交大这列承载着中国轨道交通事业复兴发展重任的“高铁”！欢迎你们来到天府之国成都，来到百年学府西南交通大学，成为一名光荣的交大人！

今天我和大家谈谈如何治学。治学方法多种多样，风格迥异，在不同的历史时期和技术发展阶段，以及不同的学术软硬件平台，治学方法也处在不断生发和演化中。同时，治学还是一件十分个人化的事，似乎难有普适的方法。然而，悉心总结古今中外历代学人的治学方法和心得，还是可以得出带有规律性和共性的“常”。常者，普遍、一般、长久、不变之谓也。博、化、判，即为治学之“三常”。

一、学之“博”

《礼记·儒行》有云：“儒有博学而不穷”。在座的诸位，你们是硕士或博士研究生。硕者，大也；博者，广也。你们要成为名副其实“大而广”的“硕士、博士”，而不仅仅是“窄而深”的“渊士”。当今世界，科技和学术研究呈现出两个鲜明的向度：专业深度细分，交叉融合强化。作为 i 世代（i Generation）的研究生，理应打下厚实的功底，全面提升综合素质，这既要求诸位对本专业深耕细研，立志成为术有专攻的专才；还要力争成为兼收并蓄、知识广博的通才，避免因为趣味单一、知识面太窄、对专业以外的东西全然不知而产生的“隧道效应”。

一是开卷有益，广通博识。众所周知，金字塔之所以能千百年屹立不倒，是因为其厚重宽广的塔基。做学问亦然，若没有一定的广度和跨度，就很难有相当的高度和深度。没有多学科的学养支撑，很难成为学问大家。“富贵必从勤苦得，男儿须读五车书。”诸位要大大提升阅读量，扩展阅读面，让多读书，好读书，读好书成为习惯，使自己的思维永远活泼，才思不绝。读书不仅要读本专业的，还要读专业之外的，正所谓他山之石，可以攻玉。同样地，既要读有用的，也要读“无用”的。因为有用有所难用，无用无所不用，无用即大用。通过日积月累，皓首穷经，广泛涉猎，厚植学术根基，厚蓄学术积淀。

二是虚怀若谷，力求无我。朱熹曾言“读书别无法，只管看，便是法，正如呆人相似，崖来崖去，自己却未先要立意见。且虚心，只管看，看来看去，自然晓得。”朱熹用“虚心涵泳”四个字概括这段话，意思是读书时要虚怀若谷，体贴圣贤，反复咀嚼，切忌穿凿附会想当然。从历史中寻找借鉴，从他人那里汲取经验，何乐而不为？治学读书要“虚心”，首先要“无我”“无成执”，“胸次放开，磊落明快”。器物唯其空才能装东西，人要虚心才能接受新知识。虚空自己，放下成见，不仅能相对客观公正地看问题，还能站在不同角度，“横看成岭侧成峰，远近高低各不同”。对同一个研究对象，应有意选择不同类型的书和不同观点的文献进行比较性阅读，以期获得别样的体察和识见。

三是取法乎上，博大精深。广泛阅读不意味无取舍，要有所选择，有所侧重。诸位应当挑最好的书来读，不要把精力耗费在二、三流书籍上。须知，取法乎上得其中，取法乎中得其下。要多读经典，经典博大精深，恰如意大利作家伊塔洛·卡尔维诺所言，经典是一本“从不会耗尽它要向读者说的一切东西的书”。读经典要读尽量避免二手书目、评论和其他解释，以免引入迷途。系统读原著可以了解一个理论产生、发展、完善的过程和全貌。此外，在研读历代经典名著和当代顶级期刊重要文献的基础上，自觉将目光投向世界学术前沿，主动与本领域内最杰出的学者对话对标。

二、学之“化”

南宋诗人杨万里讲“学而不化，非学也。”“化”是消化、融（熔）化，将各方面的知识道理融会贯通。学习不能化为己用，便不能称之为卓有成效的学习。《朱子全说》有曰：“举一反三，闻一而知十，乃学者用功之深，穷理之熟，然后能融会贯通，以至于此”。作为学者，切莫走马观花、浅尝辄止，囫囵吞枣、贪多不化。

“化”要在通达、彻悟和笃行上下功夫。

首先要“通”。中医讲，“通则不痛，痛则不通”，《周易》倡导“穷则变，变则通，通则久。”博而通，才上高度；博而通而雅，则上品流。博学而且通达，就是要把多种碎片化、外在化的知识消化、融化、内化，把互不相干的知识点整合起来，形成自己通透系统的知识体系和思维体系。在今天这个知识爆炸的时代，知识不是力量。“知识的知识”，即条理化逻辑化结构化的知识，才有力量。要把所读材料反复咀嚼、整理加工综合，抽丝剥茧，条分缕析，做到对书的内容要点烂熟于心如数家珍，对内在联系和精神实质心领神会。华罗庚、刘再复、爱因斯坦等都主张复读精读，切实领会初读时所不能理解或一知半解的东西，穿透书本深入浅出，把书读通读“薄”。

其次要“悟”。在《为政篇》中孔子说，“学而不思则罔”。指的是一味读书而不思考，就会因为不能深刻理解书本的意义而不能合理有效利用书本的知识，甚至会陷入迷茫。治学的思，固然需要摩挲书页，掩卷沉思，切问近思，更要站在问题之外看问题，究其言外之意、弦外之音、象外之趣，去领悟感悟，进而觉悟醒悟，乃至大彻大悟。读书不仅要用脑用心去读，还需要用生命去读，用生命去参悟。如此方能体悟“问渠哪得清如许？为有源头活水来”和“会当凌绝顶，一览众山小”的境界。

第三是“行”。关于行，小言之，就是要做到口到、眼到、手到、心到，勤动笔头，养成做小卡片、记备忘录、写小论文的习惯。大言之，就是要将学问化作行动，知行合一。治学重在践行笃行，“纸上得来终觉浅，绝知此事需躬行”。唯有笃行，方能得真知。曾国藩云：“出之于口，人之于耳，口耳之间四寸耳，曷足以美七尺之躯哉？”颜习斋亦云：“凡事心中了了，口中说说，笔下写写，而不从身体力行过，全是无用。”实际上，治学于己，不仅是增加见闻，精进学术，更是精神修行和灵魂洗礼。治学过程就是滋润心灵、塑造人格、熏陶气质，提高德行之修身正己的过程。治学于社会，就是用知识和思想指导实践。既然学有所得，就要努力践履所学，使所学最终有所落实，更好地造福社会。

三、学之“判”

“判”有评判、判断、判别和批判等意。《中庸·第二十章》中关于治学的五句名言中，“审问、慎思、明辨”这三句都属“判”的范畴。大体而言，大学时期更多的是接受和吸纳知识，诸位进入研究生阶段,除了继续学习将更多地从事研究和创造新知。胡适说，科学研究的第一个信条是思想,而思想的起点是怀疑。怀疑就要质疑、反省、检讨、追问、评判和批判。

“判”有三个层次：学理判断、价值判断和批判。

第一层：学理判断。孟子说，“尽信书，则不如无书”，书可能传达错误信息，未可轻信。尼采更是主张“重估一切价值”，由此开启了近代怀疑主义风气，并影响到近代中国的学术思想。如何作学理判断？在态度上，要秉持“板凳甘坐十年冷，文章不写半句空”的理念，严肃严谨、求真务实，论断剀切、推理缜密。通过考据考察、追本溯源、刨根问底、甄别真伪，做到大胆设想，小心求证，言之有理、持之有据。在方法上，要对数据、证据的真实性和准确性，陈述、意见、描述的客观性，原则、主张的合规性，范式选取的合理性，以及论证的条理性和逻辑性，演绎与归纳的规范性等，逐一进行全面检视，特别要注意厘清假设前提、论域边界以及初始条件和约束条件。

第二层：价值判断。上述学理判断，主要是基于事实和逻辑，属客观判断。学理判断关涉的是“真假、对错”，而无关“是非、善恶”；追求的是格物致知，趋利避害和“工具理性”。价值判断属主观判断，主要基于道德法则和伦理义务，关切的是学理背后的正义性、正当性、合目的性和“价值理性”。周知，原子能可以用于造原子弹杀人，也可用来发电造福人类。原子能无善恶，恰如枪无善恶，只看掌握的人是善是恶。价值判断旨在祛恶扬善，发展知性美德，倡导良知情怀，推崇社会责任，引领时代风尚，弘扬正知、正见、正能量。

《王者荣耀》从（市场营销学）学理上判断极其成功，是当下全球最赚钱的游戏。然而，价值判断看，作为一款社交游戏，它对产业生态乃至社会生态产生的负面影响（比如，个人被社交圈“绑架”）不容小觑。再则，很多玩者都是未成年人，游戏内容架空和虚构的历史，将扭曲他们的价值观和历史观。尤其需要指出的是，全社会巨量的人（据悉，在中国每 7 个人就至少有一位是该游戏的玩家）对游戏的过度沉溺，势必侵蚀和拉低整个民族的奋斗创新活力。

第三层：批判。与此相应的是批判性思维（CriticalThinking）。批判性思维能持续、能动、细致地思考任何信念或被假定的知识形式，洞悉支持它的理由以及它所进一步指向的结论。它既是一种思维技能，也是一种思想态度，还是一种人格气质；既能体现思维水平，也凸显现代人文精神。它没有学科边界，任何涉及智力或想象的论题都可从批判性思维的视角来审查。批判需要的基本能力，是解释、分析、评估、推论、说明和校准，批判者需要具备求真、开放的思想以及自信心、求知欲和成熟度。在当今人工智能（AI）时代，批判者尤其需要学会提问。在此，我向诸位推荐 M.Neil Browne / Stuart M.Keeley 合著的 *Ask the Right Questions：A Guide to Critical Thinking*（《学会提问题——批判性思维指南》）。

同学们！以上就是我要谈的治学“三常”。其中，有中外先贤的教诲，有近人的经验，也有自己的感悟，一并贡献于兹，希望对诸位有参考价值。

谢谢大家！

《求是》徐飞：坚持走中国特色自主创新道路——中国高速铁路的成功实践

在全国科技创新大会、两院院士大会、中国科协第九次全国代表大会上，习近平总书记发出了建设创新型国家、建设世界科技强国的号召，强调“必须坚持走中国特色自主创新道路，面向世界科技前沿、面向经济主战场、面向国家重大需求，加快各领域科技创新，掌握全球科技竞争先机”。习近平总书记在大会上充分肯定了包括高速铁路在内的多项工程技术成果，指出这些工程科技成果和其他一些成就、基础科学突破一起，为我国成为一个有世界影响的大国奠定了重要基础。中国高铁经历了从无到有、从弱到强、从“跟跑”到“并跑”再到“领跑”的过程，实现了从“技术引进”到“中国制造”再到“中国创造”的跨越式赶超，形成了完整的高速铁路勘察、设计、建设、装备、运营、安全管理标准体系以及高铁装备品牌和自主知识产权，已成为“中国制造”和“中国速度”的标杆。中国高铁成功开辟出一条具有中国特色的高速铁路创新发展之路，是坚持走中国特色自主创新道路的成功实践。

一、中国高铁的创新发展历程

自 2008 年开通第一条时速 350 km 的京津城际高铁以来，我国陆续建成世界上等级最高的高速铁路“京沪高铁”，世界上首条高寒高速铁路“哈大高铁”，世界上最长的高速铁路“京广高铁”（2 298 km）。截至 2016 年底，我国高铁运营里程已突破 2 万 km，居世界第一位，占世界高铁总里程的 65%左右。2015 年我国还分别与俄罗斯、印度尼西亚达成协议，合作修建“莫斯科—喀山”高铁和“雅加达—万隆”高铁，成功实现中国高铁由国内迈向世界的突破性进展。

我国高速铁路取得的巨大成就，赢得社会各界的广泛赞誉，得到党中央、国务院领导的充分肯定。习近平总书记在考察相关企业后指出：“高铁是我国装备制造的一张亮丽的名片”。李克强总理在不同场合强调，中国高铁具有技术先进、安全可靠、性价比高、运营经验丰富等巨大优势。回顾中国高铁的创新历程，大致可划分为四个时期：技术积累期（2004 年之前）、技术引进消化吸收再创新期（2004—2008 年）、自主创新期（2008—2012 年）和全面自主创新期（2012 年至今）。

技术积累期：奠定高铁创新发展的坚实基础。早在 20 世纪 90 年代初，原国家科委就将“高速铁路成套技术”列入国家“八五”重点科技攻关计划，组织相关科研力量着手联合攻关，为兴建京沪高铁做了必要的前期技术储备。此后，铁路部门依靠自身技术力量，立足自主创新，先后研制出以“中华之星”为代表的十几种高速列车型号。虽然这一时期我国研发的高速列车与国外先进国家相比存在较大差距，但通过自主研发，为下一时期的技术引进消化吸收再创新提供了技术与人才储备。

技术引进消化吸收再创新期：为高铁创新发展注入新动力。2004 年 4 月，国务院下发《研究铁路机车车辆装备有关问题的会议纪要》，明确了高速动车组引进消化吸收再创新的技术路线，原铁道部会同国家发改委决定实施“以全面转让技术为前提，以引进核心和关键技术为重点，以国内企业为主体，以国产化为最终目的”的行动方案。我国引进四家世界最先进的高速动车组制造技术，成功搭建 200 km 和 300 km 两个速度等级的高速列车技术平台，成功掌握高速动车组的九大核心技术和十大主要配套技术。这一过程为我国高铁创新发展注入新动力，极大地推动了高铁基础理论和关键技术研究的全面进步，大幅度提升了高铁技术装备水平。

自主创新期：有力支撑高铁创新形成自主知识产权。2008 年 2 月，原铁道部会同科技部共同签署《中国高速列车自主创新联合行动计划》，提出建立并完善具有自主知识产权、国际竞争力强的时速 350 km 及以上的中国高铁技术体系。两部委联合行动，以政府为主导、企业为主体、市场为导向、项目合作为纽带的方式实现科技创新，推动我国开展高速列车正向设计和自主创新。2010 年具有高度自主知识产权的国产 CRH380 系列高速动车组相继下线，成功实现对头型、轻量化车体、转向架、减振降噪、系统集成等关键技术的突破，为下一阶段实现核心技术全面自主创新打下坚实基础。

全面自主创新期：推动高铁创新跨入“中国标准”。2012 年，按照国家创新驱动发展战略，坚持自主知识产权、安全可靠、标准化、系列化、简统化、经济性、节能环保等原则，我国积极推进具有完全自主知识产权的“中国标准”动车组研制。2015 年 6 月，中国首列标准动车组正式下线，标志着高铁创新正式跨入“中国标准”时代。中国动车组技术标准体系在大量采用中国国家标准、行业标准以及专门技术标准的同时，积极融入部分国际标准和国外先进技术标准。同时，以出口高速动车组为突破口，带动工务工程、牵引供电、通信信号、运营管理等高铁成套技术出口，全面打造“中国高铁”品牌，实现中国高铁“走出去”的战略目标。

二、中国高铁创新成功的关键因素

短短十几年，中国在成为全球最大高铁市场的同时，正成长为全球重要的轨道交通装备供应商，取得的成就与发展速度十分惊人。中国高铁的自主创新为什么能够成功？关键因素有以下几个方面。

一是以政府为主导做好顶层设计和整体规划。中国政府基于国情路情审时度势，及时做好顶层设计和有效的产业整体规划，在国家战略层面上绘制了中国高铁“四纵四横”的发展蓝图，明确了中国高铁机车车辆装备“引进消化吸收再创新”的技术路线。铁路主管部门强势整合国内市场，统一口径整体对外谈判。通过设置战略买家和力推“关键技术必须转让、价格必须最低、必须使用中国品牌”的引进原则，既避免了国内企业各自为战被各个击破的窘境，又以有利地位低成本地跨越了高铁强国有意为之的技术“护城河”，促进了国内企业与国际最先进技术平台的高水平对接，为中国高铁高起点自主创新奠定了扎实基础。

二是充分发挥企业的主体作用。企业是市场主体和产业主体，更是技术创新的主体。中国高铁企业充分利用市场这一配置创新资源的决定性力量，推动高铁快速发展。首先，以市场需求为导向，引导高铁企业的创新方向。中国高铁要针对本国复杂地质气候条件以及长距离、高密度、不同速度等级共线跨线运行等技术需求，开展高速铁路技术的研发创新。其次，以市场竞争为目标，加速提升高铁企业的自主创新能力。以原南北车两大企业、三大技术平台为代表，基于市场原则展开同行业内的有序竞争，实现高速铁路的自主创新。再次，以产业协同为动力，撬动全产业链的创新发展。高铁作为知识与技术密集型产业，其创新过程是一项跨学科、跨专业、跨行业的复杂系统工程，必须围绕产业链部署创新链，促进高铁全产业链的创新发展与整体升级。

三是充分依靠产学研“三位一体”的科技和人才资源。注重发挥高校、科研院所、企业各自在基础研究、应用研究和开发研究的比较优势，充分发挥科技与人才的中坚力量，以市场需求为导向，以科研项目为依托，构建产学研“三位一体”相结合的开放式创新平台，是中国高铁成功创新的关键。产学研“三位一体”的科技创新模式，既立足当前，着力突破重大关键技术，支撑高铁产业迅速发展；又着眼长远，超前部署前沿技术，引领未来高铁产业持续协调发展，形成了对中国高铁创新的有力支撑。

四是大力弘扬奉献、开拓、卓越的高铁精神。精神是力量的源泉、行动的先导。中国高铁在短短十几年取得如此巨大的成就，精神因素所起的作用不容忽视。铁路人的“火车头”精神和“青藏铁路”精神，与以国家利益为重、敢担当、勤学习、重实干、争创新的铁路品质相结合，凝结成爱国奉献、敢为人先、追求卓越的强大精神力量，成为实现中国高铁创新发展的一笔宝贵精神财富。

三、中国高铁创新发展的有益启示

认真总结中国高铁创新发展的成功经验，对当前深化科技体制改革、实施创新驱动发展战略、建设创新型国家具有深刻的启示，对其他行业尤其是市场规模巨大、产品系统复杂的高端装备制造业也具有重要的借鉴意义。

启示之一：充分发挥社会主义制度的优越性，集中力量办大事。习近平总书记指出：“我们最大的优势是我国社会主义制度能够集中力量办大事。”中国高铁技术具有高度复杂性和综合性特征，需要各部门的密切配合。2004 年国务院批准的《中长期铁路网规划》从国家层面构建了中国铁路运输发展的战略蓝图，在此规划指导下，铁路主管部门通过统一市场、统一对外谈判、统一产品采购等制度手段低成本引进国外先进动车组技术，形成以企业为主体、以“产学研”协同创新为动力的集智攻关局面，充分彰显了高效的组织动员力、权威的指挥协调力和步调一致的坚强行动力，充分体现了社会主义制度能够集中力量办大事的优越性。

启示之二：坚定走自主创新的道路，保持“以我为主”的战略定力。中国高铁之所以能在短期内脱颖而出，重要原因在于充分利用全球创新资源，以实现核心技术独立自主为目的进行实践探索。在全球化时代，对全球创新资源的利用更为便利，但是核心技术尤其是能够持续提升产业竞争力的资源变得更为稀缺，难以从公开市场上通过交易获得，必须依靠自主创新。中国高铁奋斗的历程表明，铁路人在各个发展时期始终坚守自主创新意识，以“以我为主”的战略定力塑造真正的创新自信。中国当时引进技术有一项重要政策：所有零部件必须为国产，即使国内暂时造不了要买国外制造的，外国公司也必须和国内企业合资经营，才可以进入采购名单。诸如此类的政策，就是对自主创新意识和定力的生动诠释。

启示之三：着眼于长本事的“市场换技术”，以提升自主创新能力为主线，推动全产业链发展。以中国巨大的市场规模换取国外先进技术并不困难，难的是引进技术能够做到消化吸收，关键技术能够做到突破掌握，复制性模仿能够提升为探索性创新。换言之，不是简单地以市场换技术，而是要掌握关键技术，更要着眼提升自主创新和持续创新能力，培育自主品牌。中国高铁从引进伊始，便确立了“引进先进技术、联合设计生产、打造中国品牌”的基本方针。由此不仅帮助中国高铁产业建立起现代化的制造体系，还获得了完整的产品生产与运营经验，以最小的代价、最短的时间推动高铁全产业链的大发展。

启示之四：充分发挥国有企业在重要领域和关键行业的体制优势和主力作用。在关系国民经济命脉的重要领域和投资规模大、建设周期长、效益见效慢的关键行业，充分发挥国有企业的体制优势和主力作用尤为重要。正是依托体制优势，铁路行业的大型国有企业才能够以国家战略和国家利益为导向，以国家重大项目为依托，以强大的组织号召力为保障，整合庞大的产业链上下游，实现在统一目标下的有序分工协作和互利共赢，最终突破制约行业发展的重大关键技术难题，并通过自主创新建立中国标准，实现了从追赶走向引领的历史性跨越。

《中国高教研究》徐飞：培养一流人才是一流大学的本分

【摘要】 大学的根本使命是人才培养，学校的中心工作是教育教学，教师的第一责任是教书育人。首先论述了培养一流人才是一流大学的本分和本然价值，提出了建设世界一流大学最为迫切的就是要将大学的办学理念和职能定位回归到人才培养的本分上来。其次，深入剖析了当前大学普遍存在的重科研轻教学、重专业轻通识、重术轻道、把“育人”径直等同于“育才”，以及大学被各种排行榜“绑架”等价值迷失和异化，明确指出一流本科教育是建设世界一流大学的基石。最后，介绍了西南交通大学在重构本科教学质量保障体系中的探索与实践。

【关键词】 一流大学；立德树人；“双一流”；本科教学；质量保障

2015 年 10 月 24 日国务院颁布了《统筹推进世界一流大学和一流学科建设总体方案》，拉开了我国“双一流”建设的帷幕。2017 年 1 月 24 日，教育部、财政部、国家发展改革委联合印发了《统筹推进世界一流大学和一流学科建设实施办法（暂行）》（以下简称“实施方案”），为“双一流”建设确定了路线图、时间表和任务书。

各个国家都想拥有世界一流大学，每所大学都希望成为世界一流大学。然而，迄今为止何谓“一流”仍然是见仁见智、莫衷一是。《辞海》对“一流”的解释为第一等级，《牛津字典》用“top first class”等词界定一流。“实施方案”对一流大学的定义是，经过长期重点建设、具有先进办学理念、办学实力强、社会认可度较高的高校，须拥有一定数量国内领先、国际前列的高水平学科，在改革创新和现代大学制度建设中成效显著。对一流学科的定义是，具有居于国内前列或国际前沿的高水平学科，学科水平在有影响力的第三方评价中进入前列，或者国家急需、具有重大的行业或区域影响、学科优势突出、具有不可替代性。显然，度量和测度“一流”应该有一套完整系统的评价体系，而不是仅靠若干量化的数据或指标，尤其要把握大学培养人这一根本。

一、培养一流人才是一流大学的本分和本然价值

大学自中世纪在欧洲诞生以来，始终处于演化和嬗变中。一路走来大学与时俱进，其职能也越来越多，现代大学要兼具五大职能：人才培养、科学研究、社会服务、文化传承创新以及国际合作交流。但这五大职能并非平行并列而是有主从之分，其核心职能是人才培养，这也是大学区别于其他社会组织最根本特征。

习近平总书记在全国高校思想政治工作会议上明确强调：“高校立身之本在立德树人，只有培养出一流人才的高校，才能够成为世界一流大学”。实际上，柏拉图时代的博雅教育，关注的就是“人的德性”。中世纪的大学从专业训练角度出发，虽以培养专业人才为核心目标，但至17～18 世纪的英国大学，其培养目的又回到使学生成为“绅士”，即培养有学养的心智、精致的趣味、冷静而敏锐的头脑、高贵与合乎礼仪的生活方式。19 世纪的德国大学，通过重视科研使大学能够在宁静与自由的方式中培养人。现代大学通过扩大规模、突出服务社会来争取更多的资源，让大众化下的高校学生得到更多更好的智慧启迪、精神启蒙和能力培养。大学创立的初衷和发展历史均表明，大学的根本使命是人才培养，学校的中心工作是教育教学，教师的第一责任是教书育人。我们应该始终牢记这一根本、中心和第一责任。

培养人是大学的根本，培养一流人才是一流大学的本分。教育部部长陈宝生指出，在“双一流”建设中，高校要回归常识、回归本分、回归初心、回归梦想。本分是指事物本身应尽的责任和义务，教育的本分就是教书育人，丢掉本分就是舍本逐末。孔子曰“德之不修，学之不讲，闻义不能徙，不善不能改，是吾忧也”。德国著名教育思想家赫尔巴特更是明确指出：“我想不到有任何无教学的教育，正如在相反方面，我不承认有任何无教育的教学”。“教学如果没有进行道德教育，只是没有目的的手段，道德如果没有教学就是一种失去了手段的目的”。大学肩负着立德树人的重大任务，如何让学生德才兼备且身心得到全面发展，是大学教师和管理者的终极目标和永恒追求。

培养一流人才不仅是一流大学的本分，也是一流大学的本然价值。何谓本然？本当如此。《商君书·画策》曰：“圣人见本然之政，知必然之理，故其制民也，如以高下制水，如以燥湿制火。”清戴震《原善上》曰：“言乎自然之谓顺，言乎必然之谓常，言乎本然之谓德。” 明末清初学者王岱舆说：“所谓本然者，原有无始，久远无终，不属阴阳，本无对待，独一至尊，别无一物”。建设一流大学，最为迫切的就是要将大学的办学理念和职能定位回归到人才培养的根本使命上来，回归大学重视教学的传统，彰显和坚守大学的本然价值。只有从根本上回归育人本位，重视培养一流人才，才能够大幅提升大学的综合实力，进而推进一流大学的建设进程。

二、大学价值的迷失与异化

随着高等教育的迅猛发展，今日之大学校舍越来越富丽堂皇，设备设施越来越先进，然而大学的精神和声誉却未得到与之相称的提升。曾经的“象牙塔”和被视为是学生人格“涅槃”的神圣学府，相当程度上忘却了育人的本分和理想，疏远了教育的精神和良知。大学里思想荒芜化、意义碎片化、价值虚无化几成通病，工具理性大行其道，价值理性和人文精神濒于丧失，理性蜕变为单纯的效率和效用。当下，大学价值迷失和异化主要表现在以下三个方面：

1. 重科研轻教学。1810 年成立的柏林大学以洪堡倡导的“教学与科研相结合”为办学理念，促使大学致力于研究和教学，为近代大学的核心价值和基本原则。然而，随着社会的发展和科技理性的膨胀，世界各大学的科研却逐渐背离了洪堡的初衷，变成了一种相对独立的职能，诱发了“科研是王道”“科研第一，教学第二”“重科研，轻教学”“教学与科研分化”“科研 GDP

主义”“学术资本化”等现象。大学似乎不再是教育机构，而是科研机构。低职称的青年教师不愿将精力用在既耗时又难有标志性和显示度的教学上，或因科研重压而无暇顾及教学；高职称的教师不屑上课或因争取项目没有时间上课，“教授必须给本科生上课”的规定在贯彻落实中大打折扣，这些情况在我国高校尤其是在研究型大学中很普遍。科研工作自身在高校也出现了异化倾向。科研探究客观世界本质与规律的目的，被作为获取科研之外其他目的的手段所取代，学术不端、弄虚作假时有发生，学术成果沦为学术垃圾也绝非孤例。

究其原因，主要有三点。一是工业化进程的迅速推进和社会经济的大发展，对高校的科研提出了迫切的需求，也为高校带来了更多获得发展资源的机会，反过来刺激了科研的兴盛。二是与教学相比，科研明显是一条获名取利的捷径，由此助长教师重科研轻教学的行为。三是现行的高校评价机制，这也是最根本的原因。大学最大的“绩效”不是教学成绩，而是科研成绩，尤其要看得到了多少项国家级、省部级科研课题与项目，带来了多少万甚至多少亿的科研经费。各类评价“指挥棒”以科研经费、项目、专利、论文等定量指标为导向，促使高校不断追求“高而精”的所谓学术贡献和科研产出。正是这种不合理的评价体系，导致高校科研功利化和教学荒废化乱象。在考核和晋升这两件教师最在意的事项上，唯“发文章”和“拿项目”是举的政策倾向，更是把对科研的重视推向极致。

2. 重专业轻通识，重术轻道，把“育人”等同于“育才”。现在的大学教育，过分强调专业训练和职业导向，过分强调与市场接轨，忽视了学生的通识教育；过分强调专业成才，忽视精神成人，把“育人”等同于“育才”。早在1828年，耶鲁大学在办学宗旨中写道：“一个人除了以职业来谋生以外就没有其他追求了吗？难道他对他的家庭、对其他公民对他的国家就没有责任了吗？为了让学生完成本科教育，他的专业教育有可能会有所推迟，可是这种牺牲难道是不值得吗？它所换来的是全面教育与片面教育之间的巨大差别。”

通识教育是一种人本教育，强调培养的是“全人”“健全人格人”而不是“工具人”“手段人”或“单向度人”。通识教育彰显人的目的性，回到“人之为人”这一根本问题，使人活得更明白、更高贵和更有尊严。康德曾说：“人是目的，不是手段”，马克思也说过“人的根本就是人本身”“人是人的最高本质”。这些论断都深刻表达了人的价值与尊严。现在社会上经常讲“这个有什么用”，其实就是把人当手段，以谋求市场上能有（效）用。通识教育不追求“学以致用”，却看重“学以致知”和“学以致省”。大学是理想的存在，是道德高地，是社会的良心，是人类的精神家园，大学教育应是集知识、能力、人格和价值观四位一体的“全人”教育。

与专业教育相比，通识教育侧重于价值观的塑造，更突出精神品格和价值诉求，关切所做每件事情背后的动机、价值和意义，思考专业知识层面之上的超越性问题和事关立命安身的终极性问题，对伦理失落、精神颓废、生活浮华和自我自利保持起码的警觉和反省；对物质主义、拜金主义、享乐主义和无边消费主义等种种时弊，以及低俗、庸俗和媚俗等现象，保持清醒的认知和足够的张力，自觉抵制浑浑噩噩的市侩生活。通识教育倡导持之以恒地用知识、智慧、美德丰富与涵养自身，力戒见识短浅、视野狭窄和能力空洞，推崇仰望星空，瞭望彼岸，保持一种超拔的生活观，像海德格尔所言“诗意地栖居”。

当前，社会竞争的加剧使得大学和师生、家长感到了前所未有的压力，人们更加关注“如何生存”，却忽略了“为何而生”。大学教育是高等教育，面对价值观形成关键时期的大学生，理应对学生寻找和发现生命意义进行引导，为学生生命成长提供均衡的营养和良好的环境，促使学生精神成人和生命意义的实现。这恰如意大利教育家蒙台利索所指出的那样：“教育的目的在于帮助生命力的正常发展，教育就是主张生命力发展的一切作为。”现在很多学生越来越“现实”，读书的目的就是为了找一份体面的工作，主要关心的也是就业前景和工资薪金之类，他们安于生活在“自我”的小天地里，“大我”意识淡漠，缺乏先贤家国天下的情怀，这非常值得大学警惕和警醒。

3. 被各种排行榜“绑架”。迄今，世界各类大学排行榜已有60余个，中国也有近10种，可以说大学已经进入了“排行榜时代”。各种指标不一、标准不同、冠以各种名号的大学排行榜“乱花渐欲迷人眼”，虽然考生和家长看花了眼，各高校学子在榜单发布时常爆发口水战，社会各界对大学排行榜的公信力和权威性争议不断，但榜单照样层出不穷。大学排行榜之所以如此繁盛兴旺，主要原因是它满足了广大人民的社会需求。首先是满足了考生的需求，考生和家长无需从浩如烟海的资讯中去甄别，仅通过排行榜就可便捷地遴选出自己心仪和适配的大学。其次满足了大学的师生和管理者，他们希望以此了解所在大学的情况，寻找差距，弥补不足。当然，如果自己学校排名靠前，也会用于宣传。再次是满足了社会大众的猎奇和市场的商业利益，在各种榜单大行其道的当下，原本就被社会高度关注的大学，自然难免被排个位次以满足人们的好奇心。同时，排行榜蕴含的巨大商机和广告效应还催生了一种商业模式。

毋庸讳言，各种榜单存在的问题是显而易见的。评价一所大学是件十分复杂的事，很难通过一组数据简单加权就能精确衡量。如前所述，一所大学兼具人才培养、科学研究、社会服务、文化传承创新、国际合作交流等诸多职能，还包括教学、科研、产业、后勤等若干方面。大学的学科又分为文史哲、经管法、理工农医及教育、军事和艺术等，林林总总。大学的个性也很强，从类型来看，有文理为主的综合性大学，也有理工见长的综合性大学，还有各种专科性强的行业特色型大学，如师范大学、医学院、音乐学院、体育学院等。即使是同一种类型的学校，学科也不尽相同。

再则，每所大学都有它出生的基因及创立时的初始条件，都有它长期积淀下来的校风、学风以及学校的精神品格，还会深深打上所在地区经济政治和文化的烙印。此外，大学在不同时期从各方面获得的资源禀赋和支撑条件也不尽相同，因此很难说这个比那个强。面对大学的多样性、多元性、演进性和复杂性，笼而统之地要对所有大学排序，既不可能，非要硬排，也很不靠谱。

大学排行榜狭隘化了大学育人的根本使命，催化了一种以知识量产为核心的攀比和竞争，从而扭曲了办大学的宗旨，助长了校园的功利浮躁之风。排行榜对办学的影响不容小觑，现在一些大学被各种排行榜“绑架”，片面追逐排行榜位次，个别学校甚或出现了“应榜办学”倾向。即从排行榜中选择具有“生产力”的指标，采取相应的举措“对症下药”。大学教师也整天围绕各大论文检索数量等排行榜指标忙乱，把功力和精力几乎都用在显性的“能得分”指标上，无心教书育人。对此，大学应保持有足够的清醒和战略定力，平和理性地对待排行榜，坚守大学的本然价值，不被榜单干扰和裹挟。

三、一流本科教育是一流大学的基石

纵观国内外的一流大学，无论是学科专业特色突出的大学、还是综合实力优异的大学，无论是研究型大学、还是教学型大学，无不将本科人才培养和本科教育教学质量放在重要地位。随着我国高等教育从大众化后期走向普及化阶段，必须有选择性地实施精英教育，这也是研究型大学发展的必然。

康奈尔大学校长鲁兹曾说：“公众是通过本科教育直接认识大学的，研究型大学的成败与否完全系于本科教育”。20世纪80年代，美国大公司面临海外资本的激烈竞争，日本产品全面涌入美国市场。对此，政府官员、记者和分析家们开始寻找美国竞争力下降的原因。公众批评的矛头在指向企业的行政主管后，美国大学的教育质量也饱受抨击。在对大学的诸多批评中，本科教育质量下降是被反复提及的一个话题。

卡内基教学促进基金会在对全美研究型大学本科教育状况进行广泛调查后得出的结论是：“研究型大学的本科教育处于一种非常危机之中……在本科教学方面，他们做得很不够，甚至是失败的。”为了成就“著名的本科生学院”，北科罗拉多大学的管理学院甚至从1990年起，取消了硕士、博士点，而将全部精力投入到管理专业的本科人才培养上，以彰显其“通过卓越的本科生管理教育项目，使学生有一个成功的个人事业发展，并成为行业中负责任的领导者”的特色使命。虽然，此前管理学院的研究生教育也经营得有声有色。

从世界高等教育发展历史来看，最早的高等

教育就是本科教育，后来逐步发展出研究生教育。没有本科教育，大学也不复存在，没有本科教育的大学几乎等同于科研机构。在大学的五大职能中，唯一不可被其他社会组织取代的功能就是本科人才培养。在哈佛大学任教30多年曾任哈佛学院院长达8年之久的哈瑞·刘易斯，结合自身教学和工作经历，撰写出《失去灵魂的卓越——哈佛是如何忘记教育宗旨的》一书，描述和批评了哈佛大学在办学中放弃根本任务的种种表现，提醒大学应该继承和维护教育的灵魂。他特别指出："没有一流本科的一流大学是失去灵魂的卓越；没有一流本科的一流学科是忘记目标的一流"。

本科教育是高等教育的主体组成部分，本科教育对高等教育具有基础性、支撑性和战略性。首先，从人生的角度而言，绝大多数本科生是18～22岁的优秀青年人，特别是在研究型大学里更是集中了全国乃至全世界基础最好、最有发展潜力的中学毕业生。这个年龄阶段的青年人不仅是其人生最美好的阶段，也是世界观、人生观、价值观形成的关键时期。很多本科生第一次离开亲人、离开家乡，和来自五湖四海的同学朝夕相处，独自面对社会和世界。如何帮助和引导这些青年学生打好人生底色，形成追求真理、公平、正义，关爱他人、社会等价值取向，扣好人生的"第一粒扣子"，是大学本科教育义不容辞的责任。

其次，从数量的角度而言，研究生教育毕竟是本科生中的少数人。在高等教育大众化的今天，大学教育代表着一个民族、一个国家的未来和希望。如果十八九岁、二十几岁年轻人的教育出了问题，吞下恶果的终将是整个国家和社会。到2020年，我国大学生毛入学率将达到50%，培养好、塑造好如此量大的青年才俊对我们国家和民族复兴的重大意义不言而喻。与此同时，大量的本科毕业生承载着母校的传统与文化，他们形成的校友群体在社会上的整体表现和口碑，能对母校的办学声誉产生直接影响。

最后，从大学人才培养本科—硕士—博士的"金字塔"结构角度而言，本科教育是高层次人才培养、精英人才教育的基础，没有高质量的一流本科教育，就不会有一流的研究生教育和精英人才的涌现。因此，一流的本科教育是建设世界一流大学的重要支撑。

四、本科教学质量保障体系的重构与实践

为迎接全球化和数字化时代的挑战，顺应高等教育从"教的范式"向"学的范式"转移的深刻变革，西南交通大学以范式创新再造通识教育、专业教育和创新创业教育，打造"价值塑造、人格养成、能力培养、知识探究"四位一体的拔尖创新人才培养体系，使学生成为"有社会担当和健全人格、有职业操守和专业才能、有科学素养和人文情怀、有历史眼光和全球视野、有创新精神和批判思维"的"五有"交大人，并在这一过程中重构本科教学质量保障体系。

1. 以理念创新引领本科教学质量保障体系建设。"理者，物之固然，事之所以然也。"思想是行动的先导，理念是实践的指南，重构本科教学质量保障体系必须确立新的质量保障理念。建设世界一流大学，必然要求高校要从学生和学习入手，服务学生学习，优化学习过程，加强学习管理，注重学习成果，提高学习质量。西南交通大学以本科教学工作审核评估、专业认证标准、学习科学等理论为依据，构建了"以学生学习为中心"的本科教学质量保障体系。该体系在明确学校各主体质量保障责任的基础上，从学校、教学单位、基层教学组织三个层面，构建了以学校为评价主体、教学单位为责任主体和基层教学组织为工作主体的三级质量保障运行机制，确定涵盖专业、课程、实习实践、毕业设计（论文）、学生学习与发展支持五个质量保障环节，建立质量标准，制定评价指标与实施方案，重点考查是否为学生提供了有效的学习环境和有意义的学习经历，最终确保学生获得较好的学习成效。完善评估结果的反馈机制，注重持续改进效果的跟踪，并将评价结果作为教学资源配置的主要依据，通过"评价→反馈→改进"不断迭代的闭环质量保障过程，形成了相互促进、相互协调的本科教学质量保障体系。

2. 以课程为切入点推进本科教学质量保障体系建设。富兰和史莫克等教育改革研究专家明确指出："仅限于宏观的策略规划和学校整体变革的努力大多是无效的，只有每个课堂的教学有所改善，教育改革才会有真的突破。"西南交通大学以本科课程质量保障为切入点，制定包括指导意见、质量标准、实施办法、评估工具、指导与解读、评估报告模板在内的共29个课程质量保障文件，遵循标准多样性原则，创新性地将专家评估指标点和学生学习体验调查考察点，基于教学管理的教学状态监测数据在统一质量框架下结果相互印证，确保了本科课程全面、客观地评价。本科课程评估以4年为一个周期，对全校所有本科课程开展校级评估，2015 年至今，已完成388门课程、730个教学班，约37.5%的本科课程评估工作。通过评价有效引导教师关注课程质量要素，达成质量共识，保证质量底线，进而追求卓越教学。

3. 以信息化技术助力本科教学质量保障体系建设。当前，社会各行业信息化步伐不断加快，社会整体信息化程度持续加深，信息技术对教育的影响日益明显，尤其是党的十八大以来，陆续出台“互联网＋”行动计划等政策，信息化已成为国家战略，教育信息化正迎来重大历史发展机遇。为固化教学质量评估流程、跟进评估结果的反馈与改进，保留所有评估工作痕迹，确保形成常态化质量保障机制，历时一年，经过构思、设计、研讨、修改等环节，西南交通大学本科教学质量保障信息化平台已基本建成并投入运行。利用信息化平台，能完成组建评估专家组、专家完成资料审阅与评价、教学单位和授课教师提交相关资料、对教学单位和教师进行反馈、跟进评估持续改进情况等大部分质量保障工作，大大提高了工作效率。

《中国高等教育》徐飞：“双一流”建设在创新驱动发展战略中的四大使命

党的十八大提出实施创新驱动发展战略，这是中央在新的发展阶段确立的立足全局、面向全球、聚焦关键、带动整体的国家重大发展战略。当前，国家又大力推进世界一流大学和一流学科（简称“双一流”）建设。“双一流”建设不仅是提升高等教育发展水平、建设高等教育强国的内在需求，也是增强国家核心竞争力、支撑国家创新驱动发展战略的现实需求。“双一流”建设在创新驱动发展战略中，承载人才支撑、科技支撑、学科支撑、制度价值支撑这四大使命。

深化创新教育，为创新驱动发展战略提供人才支撑

实施创新驱动发展战略需要大量高素质人才，尤其是创新性人才。然而现实的人才队伍情况不容乐观。中国学生从小学中学到大学，一路以考试为指挥棒，以考高分为目标，以正确答案为标准。进入大学后虽不再唯分数论，但很多学生不知道自己喜欢做什么，不明白该做什么，更谈不上去做积极的知识发现者和建构者。现行的教育教学方式又在很大程度上疏于培养学生的好奇心、想象力和批判性思维。一些高校尝试推出卓越人才创新班、拔尖人才实验班的想法虽好，实际做法却成为集中拔尖学生和优秀师资追求更高的考研率、出国率、竞赛获奖率，或者其他在评价指标体系中的“得分率”，与培养一流创新人才的初衷相去甚远。

培养一流创新人才需要一流的创新教育。创新教育应致力于培养具有灵活、开放、好奇的个性，具有精力充沛、坚持不懈、想象力丰富且富有冒险精神的创新型人才。深化创新创造教育，应着力培养学生的好奇心、想象力和批判思维。好奇心是创新人才智力品质最重要的特征，有好奇心的人对万物充满了求知欲。好奇心可以理解为一种内在动机和原始动力，正是这种内在动机和原始动力成为主动学习和自发探索的关键。居里夫人说过，“好奇心是学习者的第一美德”，美国学者希克森特米哈伊在谈到好奇心对创造性人才的重要性时也明确指出，“通往创造性的第一步就是好奇心和兴趣的培养”。

想象力或许是人类特有的一种天赋。人类的创造不是别的，而是想象力产生出来的最美妙的作品。爱因斯坦说：“想象力比知识更重要，因为知识是局限于已经知道和理解的；而想象力覆盖整个世界，包括那些将会知道和理解的。”爱因斯坦等杰出科学家的想象力，不仅改变了现代

物理学的面貌，也改变了我们对世界的认识。同样，得益于天马行空异想天开的想象力，今天日新月异匪夷所思的“黑科技”才井喷般地涌现。当今世界人工智能（Artificial Intelligence）大行其道，机器人、AlphaGo、智能控制、辅助决策系统等设施设备大量面世，它们拥有基于大数据的快速计算、超级记忆、深度学习等诸多人类难以企及的能力。然而，再强大的人工智能系统，也不能超越更不用说替代人类所特有的想象力。因此，“人工智能”越发达，对“人的智能”替代领域越宽广，人类的想象力就越值得珍视。

批判性思维是学习者又一特别重要的能力。胡适有句名言，“大胆假设，小心求证”。好奇心、想象力可以激发“大胆假设”，而批判性思维则助力“小心求证”。批判性思维的最初起源可以追溯到苏格拉底，质疑、反省、检讨、审视是其核心。批判性思维要求深入思考，追问根据，不要浅尝辄止，人云亦云。21 世纪的学习者——也被称为“i 世代”（iGeneration）人，成长于日新月异的技术变革和爆炸性指数级增长的知识和信息环境中，需要具备更强的批判性思维，需要牢固掌握以批判性思维和问题解决、沟通、合作、创造创新（Critical thinking and problem solving 、CommuniCation 、Collaboration 、Creativity and innovation，简称 4Cs）为核心的技能。

好奇心、想象力和批判性思维这三者是相互关联的。好奇心是驱动力，推动人们去探寻；想象力促使人拓展思维空间，探寻超越现实的局限；而批判思维挑战已有的认知和知识，寻找更新更好的答案。在培养这三方面的素养和能力过程中，首先要注重激发学生的兴趣、好奇心和想象力。因为兴趣是最好的老师，而没有好奇心的人在探寻知识方面就没有内在动力，没有想象力的人也难有创造力。人的好奇心和想象力生而有之，遗憾的是随着年龄增长而递减，因此要尤其注意保护而不是扼杀不同学程中学生越来越稀缺的好奇心和想象力。

其次，全面深化教育教学综合改革，张扬学生的独立意志和自由思想，激励学生独立思考自由探究，调动学生内在的探索冲动和创新情愫，使创新创造成为最鲜明的才学禀赋。同时，以问题和课题为导向，构建基于研究型、讨论式、辨析式、反思式等学习模式，锤炼学生的批判性思维，使审问、慎思、明辨成为终身受用的习惯。再次，以学生的学习和成长体验为中心，构建基于情景式、参与式、开放式、互动式学习场域，注重学生的实习、实训、实践、实操和实战环节，鼓励学生经风雨、见世面，敦促学生博学笃志、身体力行、知行合一。

需强调指出的是，教育教学过程要始终突出学生的主体地位，让学生真正成为学习的主人。这恰如著名教育家吕叔湘所言，教育近乎农业生产，绝非工业生产。农业种下去的种子是有生命的，它们得自己生长。人们所能做的是给它们适当的条件，包括温度、湿度、阳光、水分、肥料等，帮助它们好好成长，以期获得好的收成。

强化原始创新，为创新驱动发展战略提供科技支撑

一般而言，创新分为“从无到有”的原始创新和“从有到优”的跟随创新。国内外大多数学者和研究机构对中国创新的特征研究认为，中国能够迅速消化全球最好的想法和技术，迅速跟进试验并改善自己的研究、质量和产品。中国创新以开发活动为主，以细分市场客户为中心，善于以 60%的价格实现 90%的功能。简言之，中国创新总体上是一种效率驱动型的快速跟随模仿创新。

诚然，经过几十年的不懈努力中国科技已在诸多领域取得了一大批有国际影响的重大成就。但整体而言我国发展还面临重大科技瓶颈，关键领域核心技术受制于人的格局没有从根本上改变，科技基础仍然薄弱，科技创新中的原始创新能力不强，尤其在基础研究方面与世界领先国家差距巨大。统计数据表明，尽管近年来中国基础研究经费绝对总量持续增长，2015 年更是达到 670 亿元，但基础研究在研发总投入的比重仅占 4.7%，远低于美国的 17.6%，法国的 24.1%，日本的 12.6%。此外，2016 年中国科技进步对经济增长的贡献率为 56.2%，也明显低于美国的 87%。

当今科学探索从微观到宇观各个尺度上向纵深拓展，颠覆性技术不断涌现，原始创新能力

越来越成为各国谋求持续竞争优势的核心能力。我们不能总是指望依赖他人的科技成果来提高自身的科技水平，更不能做其他国家的科技附庸，跟随其后亦步亦趋。唯有通过加强对关系全局的科学问题研究部署，加速面向国家战略需求的基础前沿和高技术研究，大力支持自由探索的基础研究，增强原始创新能力，抢占新经济和新科技战略制高点，才能赢得先机、赢得主动、赢得未来。突出强调原始创新的意义还在于，我国在全球竞争中正经历从“跟跑”“并跑”向“领跑”转变，相应地也倒逼我国科技创新从“跟随模仿创新”向“引领创新”或“原始创新”跃迁。

大学是原始创新的重要策源地。一流大学作为大学中的佼佼者，应该基于原理性、前沿性问题做基础前沿研究和高技术研究。习近平总书记在全国科技创新大会讲话中强调，研究型大学和科研院所是我国科技发展的主要基础所在，研究型大学要加强学科建设，重点开展自由探索的基础研究。近年来，我国大学每年主持获得国家三大奖占全国三分之二以上，发表 SCI 论文数占全国 80%以上，但是标志性创新、颠覆性创新不多，真正具备国际引领性开创性的原创研究尤其缺乏。同时，基础研究与技术开发以及经济发展之间脱节较大，很多创新成果束之高阁。

造成我国高校原始创新不足、基础研究薄弱的原因主要有三点。一是基础研究、原始创新难度大、周期长、不确定性高，研究中必需的基础设施、大科学装置、高精尖仪器设备、实验（试验）平台匮乏，科研前期积累、人才储备、学科支撑也严重不足，特别是缺乏创新型高水平拔尖学者。二是现行的科研考核评价体系促使大学教师“趋利避害”，尽量不去碰费牛劲但未必有结果的基础研究，而是追求急功近利：确定课题和项目以能够“多出成果，快出成果”为依归，研究领域和方向以便于发论文，尤其是能在所谓的高影响因子国际 A 刊上发表为圭臬。三是职称评定办法过于简单和粗放，未能建立起系统科学的针对不同类型、不同层次教师，按照自然科学、工程技术等不同学科领域，基础研究、应用研究等不同研究类型的分类评价标准体系。评价中重论文和专利数量、轻“代表性成果”和实质性学术贡献的情况十分普遍。

现在，必须强化原始创新和基础研究以切实改变现状。首先，要尊重科研规律。在基础研究领域（包括一些应用科技领域），科学研究具有灵感的瞬间性、方式的随意性、路径的模糊性以及结果的不确定性等特点。要允许科学家自由畅想、大胆假设、认真求证，不要以出成果的名义干涉科学家的研究，不要用死板的制度约束他们的研究活动。要为科研人员提供一个宽松高效的环境，在基础研究领域能够更多鼓励自下而上、基于科研人员思想兴趣的自由探索，鼓励创新包容失败，让“试错、容错、纠错”制度化。同时，在行政上少些干扰，以便科研人员把宝贵的时间和精力用在科研工作中。

作为科研主体的大学教师，自身要淡泊名利，热爱高深学问，享受科研和探索未知的过程。李政道说：“科研是我一生的追求，像呼吸一样不可少。”科研人员必须从内心深处摒弃急功近利，远离学术浮躁，潜心科学研究，受得起艰苦，耐得住寂寞，以“板凳甘做十年冷”和“十年磨一剑”的耐心和决心，探究新知、追求真理，持之以恒、久久为功。科研中的基础研究往往是一个漫长而艰辛的过程，难免有诸多挫折。科研人员不应轻言放弃，因为很可能就在准备回头的那一刹那间，幸运女神将擦肩而过，导致无法发现浮尘轻掩之下的夜明珠。

在科研方法上要惯于打破思维定式，敢于颠覆解构，循规蹈矩、按部就班很难做出有价值的发现。要充分挖掘自身的洞察力、潜意识甚或第六感官，善于听从内心的召唤，追随直觉的指引，一些革命性、创造性的成果常常由此而出。科研人员还要审时度势，“虽有智慧，不如乘势”讲的就是这个道理。要把握不同时期、不同科学范式的阶段性特征和学术研究的总体态势，充分借鉴同行研究的卓越成果，使自己在“高原上造峰”。当下，世界科技正处在创新突破的前夜和“风口”，有深厚积淀的科学家若能敏锐把握善加利用，做出高水平成果当是大概率事件。

遵循“三个面向”加强学科规划，为创新驱动发展战略提供学科支撑

学科是大学发展的“纲”，纲举目张。之所以把“一流学科”与“一流大学”并列且冠以“双

一流”，就是为了突出和强调一流学科在一流大学建设中的龙头地位和支撑作用。不仅如此，学科还是科技创新的学理基础和重要平台，决定科技创新的方向与特色。“未战庙算，以道为首”，当前无论是加快建设“双一流”，还是加速提升科技创新的能级和水平，都亟待加强学科规划。学科规划应遵循“三个面向”，即面向世界科技前沿，面向经济主战场，面向国家重大需求。学科规划既要“顶天”面向世界科技前沿，致力于未来发展；又要“立地”面向国民经济主战场和国家重大需求，赢得战略主动。

一是面向世界科技前沿，凝练学科方向。当今世界新一轮科技革命蓄势待发，物质结构、宇宙演化、生命起源、意识本质等一些重大科学问题根本性突破正在开辟新的前沿方向；一些重要的科学问题和关键核心技术发生革命性突破的先兆已日益显现；一些重大颠覆性技术创新正在创造新产业新业态，信息技术、生物技术、制造技术、新材料技术、新能源技术广泛渗透到几乎所有领域，带动了绿色、智能、泛在为特征的群体性重大技术变革；大数据、云计算、移动互联网等新一代信息技术同机器人和智能制造技术相互融合步伐加快，社会生产和消费从工业化向自动化、智能化转变，正在重塑世界竞争格局，改变国家力量对比。如果我们不能自觉地面向世界科技前沿凝练学科方向，很可能陷入战略被动，错失发展良机，甚至错过整个时代。

美国大学十分关切世界科技前沿，并根据前沿不断调整和凝练学科方向，由此获得的回报不仅是高校自身的发展，也进一步提升和强化了美国在全球科技界的领先地位。自 20 世纪中叶，美国高校和科研院所通过自身变革，建立学科动态调整动力机制，促进了 60 年代的航天、70 年代的电子、80 年代的软件、90 年代的互联网以及正在兴起的第四次工业革命，带来美国经济社会的五次跨越式发展。近年来，美国一流大学明确提出通过对学科发展重点方向地再凝练，引领以互联网产业化、工业智能化为标志的第四次工业革命，进而在这轮继蒸汽技术革命，电力技术革命，信息技术革命后的又一轮科技革命中再拔头筹。

二是面向经济主战场，优化学科结构。宋·朱熹曰“穷理以致其知，反躬以践其实”，讲的是既要深入探究事物的原理，掌握其内在规律，还要注重将理论运用到实践。学科建设不但要格物致知，更要服务经济社会发展。学科建设的价值必须更好体现在产业转型升级和经济发展方式转变上，体现在经济实力和社会生产力的提升上。在经济发展新常态下，我国经济存在的问题主要表现为供给侧结构性问题，必须尽快把我国经济发展的“引擎”从要素和投资驱动为主切换到创新驱动为主，推动发展方式向依靠持续的知识积累、技术进步和劳动力素质提升转变，把握新一轮科技和产业革命已经催生的“互联网+”“大数据+”、分享经济、智能制造等新产业新业态，促进经济向形态更高级、分工更精细、结构更合理的阶段演进，进而走出一条从科技强到产业强、经济强、国家强的发展新路径。因此，学科结构的优化要着眼中国乃至世界产业结构调整，瞄准行业共性技术、关键技术和支撑技术，以学科群对产业群，集群化推动产学研合作，实现学科链、产业链和创新链的有机对接。

三是面向国家重大需求，突出学科重点。当前，我国对战略科技支撑的需求比以往任何时期都更加迫切。建设一流大学和一流学科必须把国家重大战略需求放在首位，为国家发展和民族复兴做出卓越贡献。从 20 世纪上半叶开始，特别是“一战”和“二战”期间，重大科技工程成为科学热点。曼哈顿计划、阿波罗登月计划、数字地球、人类基因组计划等这些大科学工程，牵引了世界科技的跨越式发展。就我国而言，两弹一星、载人航天、载人深潜、探月工程、超级计算、北斗等重大工程，亦成为建设创新型国家征程中具有标志性意义的里程碑。高铁、桥梁、特高压输变电、高难度油气田、超级水稻、移动互联网、移动支付等更是处于国际领先水平。

学科规划面向国家重大需求，突出学科重点。既要对接现实的重大需求和已经规划的重大领域，如《中国制造 2025》拟重点支持的新一代信息技术、高档数控机床和机器人、航天航空装备、海洋工程装备及高技术船舶、先进轨道交通装备等十大领域；又要高度关注可能引起现有技术、产业、规则“归零”的颠覆性技术和潜在的重大需求，前瞻布局战略性新兴学科、交叉学科以及近期学界热议的“新工科”。对代表未来重要发展方向、对国家和人类有着重要影响的关键学科更要进行重点布局。

创新体制机制，为创新驱动发展战略提供制度价值支撑

创新驱动发展战略是一项系统工程。《国家创新驱动发展战略纲要》明确指出，创新要坚持“双轮驱动”，使“科技创新”和“体制机制创新”两个轮子相互协调、持续发力。通过体制机制创新与科技创新、管理创新、商业模式创新、业态创新和文化创新相结合，共同推动“六大转变”，即发展方式从以规模扩张为主导的粗放式增长，向以质量效益为主导的可持续发展转变；发展要素从传统要素主导发展，向创新要素主导发展转变；产业分工从价值链中低端，向价值链中高端转变；创新能力从跟踪并行领跑并存、跟踪为主，向并行、领跑为主转变；资源配置从以研发环节为主，向产业链、创新链、资金链统筹配置转变；创新群体从以科技人员的小众为主，向小众与大众创新创业互动转变。

实际上，在包括科技创新在内的诸多创新中，体制机制创新是最深刻、最根本的创新，也是影响最持久和最深远的创新。体制机制创新就是要调整一切不适应创新驱动发展的生产关系，统筹推进科技、经济和政府治理等三方面体制机制改革，明确政府和市场分工，明确高校、科研院所、企业、社会组织等各类创新主体功能定位，构建统筹配置创新资源的机制，完善激励创新的政策体系和法律制度，建设各类创新主体协同互动和创新要素顺畅流动、高效配置的生态系统，形成创新驱动发展的实践载体、制度安排和环境保障，从而最大限度释放和激发全社会的创新活力，以此推动经济社会发展动力的根本转换。

在实施创新驱动发展过程中，出现了“为创新而创新”的创新异化，以及技术创新主体错配、政府角色错位等问题。特别是科学发现、技术发明、产业发展“三张皮”的现象依然突出，科学（基础研究）、技术（应用研究与试验开发）、工程化、产业化这四个模块间的通道尚未真正打通。事实上，我国2000多所高校每年的科技成果转化率不足10%，与欧洲、美国、日本、以色列等国高校40%以上的转化率相距甚远。这些问题和现象背后的深层次问题是体制机制问题，要从根本上解决这些问题，亟待优化和创新体制机制。此外，部分领域和环节普遍存在的制度缺失、制度滞后、制度失灵、制度多变、制度异化等情况，也倒逼加速完善和创新体制机制。

创新体制机制，大学不能缺位。一流大学不仅应该出一流人才、一流成果，还应该出一流思想和一流理念；不仅要在国家创新驱动发展战略中提供人才支撑、科技支撑和学科支撑，还要提供制度价值支撑，以及制度价值背后诸如“激励相容”（Incentive compatibility）等理论的学理支撑。在体制创新、机制设计、制度安排等方面，发挥思想价值引领和理论先导作用。实际上，国务院印发的《统筹推进世界一流大学和一流学科建设总体方案》本身也包含多项体制机制创新。比如，在“着力推进成果转化”这部分就明确要求，要促进高校学科、人才、科研与产业互动，打通基础研究、应用开发、成果转移与产业化链条，推动健全市场导向、社会资本参与、多要素深度融合的成果应用转化机制。再则，在一流学科建设中，除了前面已提及的凝练学科方向，优化学科结构，突出学科重点外，创新学科组织模式这一体制机制创新也是建设一流学科的题中之义。

近年来，作为机制创新的有益尝试，西南交大在“职务科技成果混合所有制”改革方面做了深入探索，目的是通过“产权驱动创新”路径实现“创新驱动发展”。这项改革的核心有两点：一是将以前职务科技成果“纯”国有，变为国家（学校）、集体（团队）和个人“混合”所有，以所有权改革统领和牵引使用权、处置权、收益权“三权”改革；二是将转化后的股权奖励，变为转化前的产权激励。通过“先确权，后转化”从源头上激发科技人员转化成果的内在动力。

五、党建及思想政治工作

（一）组织干部工作

2017 年，在校党委的领导下，在各业务部处、二级单位的协同支持以及全体师生员工的关心帮助下，党委组织部不断夯实基础、完善体系、突出重点，充分发挥组织部门职能作用，高质量完成了各项工作，切实发挥好了引领支撑保障作用，以一流的组织工作、一流的干部工作和一流的管理工作，为建设轨道交通领域世界第一的西南交通大学提供坚实的政治、组织和干部保障。

【全面学习贯彻落实党的十九大精神】制定专题学习教育方案，以干部带头、支部落实、分类培训、宣讲对话等形式用党的十九大精神武装党员、师生头脑；开设学习和贯彻党的十九大精神专题培训班，对全校 300 余名中层及党务领导干部、240 余名教工党支部书记、470 余名学生党支部书记、30 余名党务秘书、190 余名专兼职辅导员进行专题培训；开展“我学十九大”为主题的组织生活会，组织党员干部、教师学生畅谈学习党的十九大精神的认识和体会；建立学习落实反馈工作机制，确保学习贯彻党的十九大精神各项工作落到实处。

【思想政治工作】全面把握全国高校思想政治工作会议精神要领，组织召开学校思想政治工作会议，制定印发了《中共西南交通大学委员会关于加强和改进新形势下思想政治工作的实施意见》（西交党〔2017〕19 号），形成配套文件任务分解表与任务清单，含具体举措 43 项，思想政治工作的主要任务 22 类 107 项。深入开展全校党内学习教育活动，抓好马克思主义、毛泽东思想和中国特色社会主义理论体系学习教育，抓好习近平总书记系列重要讲话的学习培训，不断强化理想信念教育；继续加强二级党组织领导班子建设，培养和选拔政治强、业务精、威望好的二级党组织负责人，完成了 10 名学院党员院长、50 名党员副院长进入党委领导班子工作，切实发挥了二级党组织的政治核心作用。大力加强党务工作者队伍建设，强化党建组织员的配备、培养和管理，共选聘处级专职组织员 9 名，配备二级单位学生工作组副组长（二级团组织书记）16 名，科级党务秘书 20 名，专项工作督导员 4 名，兼职组织员 37 名。

【组织工作】制定了《中共西南交通大学委员会关于推进“两学一做”学习教育常态化制度化实施方案》，修订了《中共西南交通大学委员会基层党组织党建工作考核办法》《西南交通大学相关二级单位党政联席会议议事规则》《中共西南交通大学委员会教职工党支部工作条例》、制定了《二级党组织委员会议议事规则》《中共西南交通大学委员会发展党员工作实施细则》，进一步规范和明确了基层党组织议事规则、主要职责和工作制度，以制度建设推进管党治党长效。

建立“自查—督导—提升”工作机制，深入全校基层党组织对基层党建、组织生活开展情况进行全面巡查和指导。坚持以问题为牵引，结合“两学一做”学习教育常态化制度化，进行基层党建工作专项整改。针对具体问题开展台账式管理和清单式整改，梳理汇总出基层党建存在的 9 项共性问题清单。

通过建章立制指导分类指导教师党支部、学生党支部和离退休党支部根据自身特点开展支部建设，对督导过程中发现的涣散基层党组织持续抓、反复抓，不断巩固指导。扎实开展学校二级党组织和支部换届工作，利兹学院直属党支部严格按照程序进行换届工作；成立 11 个二级纪律检查委员会，增补 4 个二级党组织纪委委员 14 名，开展各二级党组织所辖的 720 余个党支部进行换届检查工作，全年 56 个支部任期届满并进行了换届工作。在全校开展“我的中国梦”主题党日活动，全校组织评选了“十佳”主题党日活动 10 个，优秀主题党日活动 8 个。

制定《中共西南交通大学委员会发展党员工作实施细则》及发展党员材料撰写模板，规范党员发展程序，严肃党员发展工作。全年共计发展党员 1 546 名，全年在全校范围开展 2 次党员信息统计工作，全年共指导二级党组织录入和维护基层党组织信息 810 个，党员信息 10 904 名。加强党员教育，强化分类指导，开展学习教育，结合学校党委十四届八次全体（扩大）会议召开、党的十九大召开等重要事件以及国家重大节日，开展主题不同的学习教育。

继续开展二级党组织书记抓基层党建述职评议，以党委常委会（扩大）形式进行述职评议。34 名二级党组织书记全部上台进行“五必述”，校党委书记逐一点评。全年指导校属 24 个党委、4 个党总支共计 720 余个党支部开展党支部书记述职评议考核工作。

开展中共西南交通大学委员会 2015—2017 年创先争优表彰，对 4 个先进基层党组织、10 个“十佳”先进党支部、10 名“十佳”优秀共产党员、30 个先进党支部（党小组）、100 名优秀共产党员予以表彰。地球科学与环境工程学院党委教工测绘遥感信息党支部获评四川省“8・8”九寨沟地震抗震救灾先进党组织，胡卸文同志获评四川省“6・24”茂县特大山体滑坡灾害抢险救灾优秀共产党员。此次“8・8”九寨沟地震抗震救灾先进党组织全省高校获奖党组织仅 2 个，“6・24”茂县特大山体滑坡灾害抢险救灾优秀共产党员全省高校获奖个人仅 3 人，学校获奖集体和个人数额与四川大学并列全省第一。2017 年，由党委组织部指导并选送 11 个党支部参加教育部党支部风采展示，其中 5 个党支部荣获全国优秀或特色作品，获奖党支部总数名列全国高校第三、四川省高校第一，工作案例、微党课、支部展示三个类别获奖党支部数均名列川内高校第一。

【干部工作】不断完善干部选拔、培养、管理体系，持续推进科职干部、后备干部、中层干部三个梯次的干部队伍的建设，树立并坚持正确的用人导向，严把干部的政治关，坚持把政治标准放在首位，突出考察干部的理想信念、政治品格和道德修养。出台《西南交通大学领导干部兼职管理办法（试行）》，修订《中层领导班子和领导干部年度考核办法》和《西南交通大学科职领导干部岗位聘用管理办法》等，形成有效管用、简便易行、有利于优秀人才脱颖而出的选人用人机制。

进一步优化干部选聘流程，强化过程和风险点监督，对干部选拔任用工作实行全纪实。严格执行干部到龄退出机制，对空岗及时选拔补充。全年共提拔中层干部 46 人，平级调整中层干部 121 人，对 15 个学院的领导班子成员进行了调整和充实。完成了 7 批次校内公开竞聘及 9 批次海内外公开竞聘工作，通过海内外公开招聘为学校引进人才 5 名，外籍专家 3 名。2017 年，获评四川省优秀青年马克思主义者培养工程专业人才 1 名。

加强后备干部队伍建设与二级单位助理队伍建设，严格选聘程序、规范民主过程，为 14 个单位选聘二级单位助理 19 名。完成常规科职干部聘任 12 场次，为学校教学科研单位配齐了三级机构科职干部，启动并完成了 2017 年全校新一轮科职干部聘任工作，累计举行公开招聘 39 场次，聘任科职干部 210 人次，顺利完成了全校科职干部的聘期交接。全年累计完成科职干部聘任 85 场次、聘任科职干部 303 人，存档科职干部聘任纪实文档 85 套。

协同党委统战部选拔第一批次 8 名民主党派到机关进行挂职，继续推进第二批次民主党派到机关进行挂职选拔工作。选派赴江苏第十批科技镇长团挂职干部 4 人。向成都市高新区输送处级干部 1 人，选派赴马尔康贫困乡镇扶贫干部 1 人，援疆干部 1 人，推荐教育部驻外后备干部 1 人。积极为省内市县推荐优秀干部教师挂职任职，促进校地合作。

科学设置年度考核体系，按照考核内容，采取定量与定性相结合，分类分层、多维度考核的办法进行，将中层干部考核的维度扩大到了单位教职工考评、直接服务对象考评和相关校领导考评，全年共完成 320 余名中层干部和 300 余名科职干部的考核工作。做实干部试用期满、任期届满考察，全年完成了对 56 人次试用期满、任期届满干部的考察工作。

【党校工作】实施干部轮训和党性教育工程，继续举办中层干部培训班系列培训班，邀请校外知名专家和全体校领导围绕“两学一做”常态化制度化、党的十九大精神解读、基层组织建设等专题为培训班集中授课 19 次。继续深入与长征干部学院的合作，组织 63 名中层干部培训班学员赴长征干部学院接受党性教育培训。与四川省金堂监狱合作共建警示教育基地，并成功组织一批 100 余人次中层干部前往接受警示教育。积极选送干部参加教育部、省委、市委等主办的干部培训，累计 25 人次。选送 20 名教工党支部书记参加教育部专题网络培训。

开展入党积极分子培训 2 期，培训人数 1 953 人，开展社会实践活动近 20 项；开展 2 期党员发展对象培训班，共计培训学员 1 587 人。在入党积极分子培训建立小班教学-党课教师课程督导机制，进一步提升教学效果，改进党课教学质量。同时在党员发展对象培训社会实践环节加入“读原著、学原文、悟原理”活动，由专业教师指导学员开展理论研究，进一步提高学员理论素养，提升教育培训层次和质量。

（二）宣传思想工作

【思想政治建设】一是统筹谋划，稳步推进党的十九大精神学习宣传贯彻。起草并出台《中共西南交通大学委员会关于学习宣传贯彻党的十九大精神的通知》（西交〔2017〕39 号），组织师生员工收看收听十九大开幕会直播，在校院两级党委中心组学习、教职工政治理论学习中开展十九大精神专题学习。起草并发布《关于在全校开展党的十九大精神宣讲工作的通知》，组建由 21 名专家教授和青年教师骨干构成的“西南交通大学学习贯彻党的十九大精神宣讲团”；联合马克思主义学院开展“十九大精神进课堂”教学展示活动；指导马克思主义学院建设“形势与政策”微信平台，开设“十九大精神学习专区”。以“不忘初心，继续前进”为主题，在三校区制作道旗；在官方微信、校报开设“砥砺奋进的 5 年·喜迎十九大”专栏；及时采写学校学习十九大精神相关新闻并报送信息；开发设计了“党的十九大”专题学习网站。二是大力加强意识形态工作，确保马克思主义的指导地位。组织开展全校意识形态工作全面自查，顺利通过四川省委意识形态工作专项督查。面向二级党组织开展 10 项督导工作，面向机关部处开展 18 项督导工作。对照《中央巡视中管高校发现问题清单》，整理形成《党委宣传部自查自纠问题清单及整改方案》。对 2013 年到 2017 年 6 月 30 日前的基层党组织中心组学习和教职工政治理论学习情况进行梳理汇总，为 34 个基层党组织列出问题清单和整改说明。修订并出台《西南交通大学举办形势报告会和哲学社会科学报告会、研讨会、讲座、论坛及读书会、学术沙龙管理办法》。开展哲学社会科学类报告会等的实地抽查和登记备案工作，完成全校哲学社会科学类报告会等的审批备案 25 项。起草出台《中共西南交通大学委员会关于 2017 年党委中心组学习的安排意见》（西交党〔2017〕9 号）并推动落实。做好党委中心组秘书单位工作，2017 年共组织校党委中心组开展 15 次集体学习。起草并发布《西南交通大学 2016-2017 学年第二学期教职工政治理论学习安排意见》《西南交通大学 2017—2018 学年第一学期教职工政治理论学习安排意见》。大力实施《西南交通大学思想政治理论课建设体系创新计划》。组织成立学校新一届思政课督导组，召开新一届督导组第一次工作会议。组织思政课督导组到成都、峨眉两校区对思政课课堂教学进行督导。大力推进校领导上思政课和听思政课工作，2017 年学校全体校领导为 19 个教学班的 3000 余名学生上思政课，光明日报、中国教育报刊发相关报道，并被教育部社会科学司网站转载。牵头做好网络舆情工作和网络信息安全工作。2017 年共编辑舆情周报 33 期、舆情专报 28 期。修订完成《西南交通大学校园网站管理办法（试行）》（草案），陆续完成学校各二级单位开办、主管的各类门户网站、管理信息系统、微博、微信公众号、QQ 公众号、今日头条号等账号的年审备案登记。

【新闻宣传工作】西南交大报全年出版 13 期报纸，其中专刊 1 期，专版 40 个，延续栏目“走基层 看发展”“学科风采录”“党徽闪耀”，开辟新栏目“砥砺奋进的 5 年 ·喜迎十九大”“星光璀璨”“汇声汇颖”“教学一线”。电视台拍摄各类素材近百次，并每月制作一期《新闻月览》，招生季、毕业季、三八妇女节、五一劳动节分别推出专题节目，完成了校领导讲思政课、青年教师讲课比赛决赛全部课程的直录和后期制作。广播台在《党团之声》节目中特开辟“双一流建设”专栏，对学校在教学、科研、人才培养、科技成果转化、思政工作等方面的成绩予以宣传报道，助推学校双一流申建。推出专题节目《喜迎十九大，共筑中国梦》，共播送节目 21 期，音频时长 330 分钟。本年度，在《人民日报》《光明日报》等主流媒体发表文章共计 394 篇（不包含转载），在中央电视台、中国教育电视台、四川电视台等播出视频 36 个，总计 430 篇（条）。其中，《新闻联播》两次聚焦西南交大。网络宣传持续发力，保持良好发展势头。《交大新媒体启动“双引擎”，72 变玩转百廿校庆》入选全国十佳教育新媒体案例；荣膺“2016—2017 年度优秀高校官方微博”“2017 年度西南地区高校最具影响力新媒体十强”。新媒体策划开设相关微博话题及微信栏目传播交大好故事，推出系列策划宣传 200 余期。本年度，双微平台粉丝量已逾 35 万，官方微信粉丝将突破 13 万。2017 年，交大新媒体发布微信图文 435 余篇，总阅读量逾 450 万人，600 余万人次；日常高质量维护 26 个微博话题，发布博文 4796 条；实现 qq 公众号、头条号、封面号、一点资讯官、交大新媒体网站等平台及时更新，总阅读量逾 200 余万；官方微信创造阅读量“10 万 +”的精美图文 6 条。积极做好宣传部下属学生社团的建设工作，大力推进管理育人、宣传育人、实践育人。筹备成立西南交通大学大学生记者联合会，搭建以马克思主义新闻观为指导实践育人平台。做好二级单位通讯员队伍建设、管理制度制订及培训工作。定期举办“十佳校园媒体及创新之星评选”“聚智 ·新媒体沙龙”等活动。联合发起“西南地区高校新媒体联盟”，承办“腾讯 QQ 智慧校园信息化暨新媒体研讨会”。

【校园文化建设】牵头组织撰写并出版《大学生思想政治教育研究》《滇缅大通道上的交大人》等系列文化丛书。积极向教育部报送第四届“礼敬中华优秀传统文化”活动成果《西南交通大学打造“多位一体”创新传统文化教育范式》。组织撰写双一流《传承优秀文化建设方案》。撰写《西南交通大学建设方案编制任务分工（一流学科建设高校）》“传承创新优秀文化”部分。不断打造系列文化产品，筹划制作精品文化作品。由国家互联网信息办公室指导，中国互联网发展基金会主办，人民网、央视网、中国青年网、中国新闻网、环球网五家中央新闻网站承办的 2016 年“五个一百”网络正能量精品评选活动结果正式揭晓，报送的原创校史动画片《途说 · 茅以升》，获评“百部网络正能量动漫音视频”作品。由人民日报全国党媒公共平台和人民网联合主办的首届全国党媒优秀原创视频评选在成都新会展中心揭晓并颁奖，我校制作的廉政主题动画短片《贪者自焚》荣获 2017 全国政企优秀原创视频“十佳作品奖”。不断丰富大学生校园文化，做到“以文化人、以文育人”。制作完成了《留学生的孟加拉新年》《百年学府话诗心》《有朋自哈佛来》《非遗进校园》等文化类节目。开辟并推出了《南国脱口秀》《主持人体验》等学生自制栏目。制作《茅以升》广播剧共 3 期，总时长 90 分钟。制作《唯愿以余生之全部精彩，报与你相遇之恩》广播剧共 3 期，总时长 60 分钟。在网络电台推出《中国红梦之声》节目，2017 年在喜马拉雅官方平台发布 45 期，总时长 450 分钟。

（三）纪检监察工作

【督促落实主体责任】2017年，学校纪检监察工作在上级纪检监察机关和学校党委的领导下，协助学校党委强化对党风廉政建设和反腐败工作领导，按照学校纪委的工作部署，围绕学校中心工作，聚焦监督执纪问责主业，督促落实“两个责任”，圆满完成学校年度工作要点中的分工任务和十四次党代会2017任务分解的6项具体任务，为推进学校各项事业健康发展提供了有力保证。

【作风建设】认真贯彻落实中央八项规定精神，督促相关部门进一步落实作风建设主体责任。协同机关党委开展神秘访客及暑期在岗值班访查。围绕元旦、春节、端午节、中秋节、教师节、国庆节和开学前后等重要时间节点，重申相关纪律要求，净化节日风气，营造风清气正校园氛围。

【执纪问责】积极践行监督执纪“四种形态”，结合学校实际研究制定《中共西南交通大学委员会关于践行监督执纪四种形态的实施办法》（西交党〔2016〕68号）；完善领导干部问题线索处置相关制度和工作程序，严格落实信访情况每个季度定期向学校党委“零报告”制度，认真执行重要信访、重要案件线索向学校党委和上级纪检监察部门“双报告”制度；分类规范处置违纪违规问题线索，全年受理63件信访。向二级纪委交办12件，向校内相关部门转办29件，立案审查2件，暂存1件，谈话函询3件次，批评教育2件次。处理办结上年度遗留信访和违纪线索处置15件。在坚持与新任领导干部签订党风廉政建设责任书、任前集体廉政谈话的基础上，加大对相关干部党风廉政情况审核、谈话工作力度。全年出具党员干部党风廉政情况意见函共计54件，涉及650人次，参加干部约谈6人次，参与干部任前谈话4人次；践行“四种形态”，严格责任追究，全年对5名党员干部进行党纪处分，行政处分1人次，通报批评1人次，提醒谈话8人次，诫勉谈话5人次。

【宣传教育】完成学校党委中心组学习党风廉政材料汇编全年共两期；编撰了2万字的《十八大以来高校党风廉政建设和反腐败斗争新情况、新问题和新对策》材料；在学校各单位开展十九大纪委工作报告解读及党风廉政建设专题讲座6场，并为成都、峨眉两地学生讲授党的纪律教育专题党课；持续做好重要时间节点的廉洁提醒和监督工作；全年通过短信平台、纪检监察网络平台及“廉洁交大”微信公众号，共计发布51条廉政提示信息、130余条关于加强党风廉政建设工作新闻，编辑17期《纪检监察半月信息汇编》，及时、高效地将党中央、中央纪委、教育部、四川省和兄弟高校关于加强党风廉政建设、落实中央八项规定和全面从严治党等方面的重要精神和经验做法传达到全体党员领导干部和全体学生党员。在国庆、中秋长假期间进行了贯彻落实中央八项规定精神、纠正“四风”专项检查；牵头开展了关于开展违规公款购买消费高档白酒问题自查工作。积极探索校园廉洁文化氛围的营造工作，充分利用校园内的电子大屏幕，推出了《关于新形势下党内政治生活的若干准则》和《中国共产党党内监督条例》关键词解读，习近平谈全面从严治党摘要汇编等宣传展；为全体党员开出了“两张清单”，以及党内其他重要法规的宣传稿件，使全体党员领导干部明“底线”、知“高线”，打造风清气正的交大校院廉洁文化氛围；联合党委学工部、宣传部、校团委、校工会、建筑与设计学院和马克思主义学院等组织全校师生参加教育部第六届廉政文化作品征集暨廉洁教育系列活动，制定并发布了《关于组织参加教育部第六届全国高校廉政文化作品征集暨廉洁教育系列活动的工作方案》，实现了动漫制作类参赛作品零的突破，也创造了我校学生参加廉洁知识竞答参赛人数历史最高的纪录。

【监察工作】牵头制定《西南交通大学贯彻落实〈关于深化高等教育领域简政放权放管结合优化服务改革的若干意见〉强化监管优化服务实施办法（试行）》（西交校〔2017〕20号），构建有效监管体系，确保学校“放管服”各项改革任务落地生根，取得实效。起草了在全校范围内开展廉政风险防控管理工作方案，编制了《高校内设学院权力运行制约监督状况调查问卷》对全校各学院的议事决策、人财物管理、学科科研管理、内外部监督等方面治理情况进行了摸底和分析。加强招生监督，围绕本科生、研究生入学考试的试卷印刷、保密、启封统分、笔试、复试和现场录取等重点环节组织开展监督、巡查 248 人次，探索并严格督促招就处首次实施高水平艺术团招生测试异地评审。加强招标、大宗物资采购等事项的监督，监督各类现场招标 353 场（设备采购 197. 基建修缮 27. 物资采购 68. 服务采购 61）、废旧设备残值处置评审会 15 次。利用现代网络技术实现远程监控招标现场并实现全程录音录像，现场监督和技术手段相结合，提升了监督效果。开展各类评比、评审、评价等“三评”、干部人事招聘监督 54 人次，保证学校相关工作依规开展。加强对审计处抄送领导干部任期经济责任审计报告中问题线索的排查，共计排查 15 件次。针对发现的问题，提出加强制度机制建设、规范流程和廉政风险防控等方面的建议，送达督办通知书 4 份、监察建议书 9 份、监察联系函 8 份，并跟踪督促监察建议落实情况，相关业务部门对监察建议全部进行采纳并将问题整改到位。

【专项检查】牵头开展“三重一大”集体决策制度落实情况专项检查，对部分廉政风险防控重点领域以及综合改革试点等相关部门和教学科研单位“三重一大”集体决策制度建立落实情况进行专项检查。牵头对学校“三重一大”集体决策制度文件进行修订。牵头开展落实四川省委第九巡视组社科项目经费专项检查自查工作。会同组织部开展两轮次“两学一做”学习教育常态化制度化督导工作，对各单位各部门意识形态工作的督查工作纳入“两学一做”学习教育常态化制度化第二轮督查。参与基层党组织党建工作考核，加强全面从严治党责任考核。会同计财处完成教育部直属高校财务专项治理学校自查工作。协同机关党委开展神秘访客及寒暑假在岗值班访查。

【队伍建设】开展“两学一做”学习教育，以“忠诚、干净、担当”的标准不断加强纪检监察干部队伍建设。选派葛永明同志参加教育部党组 2017 年第六巡视组的巡视工作；选派周海林同志参加中纪委驻教育部纪检组专项工作组，对某高校 2 名校领导违纪问题进行为期 25 天的调查处理工作；选派张瑜同志借调教育部政策法规司，参与重要政策文稿的起草；选派葛永明、李立、秦文臻三名同志参加四川省纪委驻教育厅纪检组相关案件调查工作。加强二级纪委和纪检队伍建设，通过以查代培和以案代训的方式加强日常业务指导。启动西南交通大学纪检监察干部培训，对成都和峨眉两地全体纪检干部共 97 人开展了四次集中培训，邀请金牛区检察院反贪污贿赂局局长作“高等院校职务犯罪风险防控”专题讲座。与学校党校一起组织部分中层干部和全体纪检干部赴金堂监狱接受警示教育，并与金堂监狱一起共建西南交通大学警示教育基地。接待四川省纪委驻教育厅纪检组、成都市纪委等各级纪检单位和南昌大学、兰州大学、中国政法大学等兄弟高校来校考察，加强学习交流。选派参加中纪委中国纪检监察学院高等院校纪委纪律审查业务培训班 1 人次、高等院校纪委综合业务培训班一人次、高等院校纪委领导班子成员任职培训班 1 人次、高等院校纪委领导班子成员学习贯彻党的十九大精神专题研讨班 1 人次。重视提升纪检监察业务理论水平，参与教育部纪检组第八片组《强化高校纪委专责监督，推动监督执纪问责向学校基层延伸》课题有关工作。依托学校廉政与治理研究中心，举办廉政研究学术讲座，完成四川省纪检监察学会课题有关研究工作。作为四川省高校纪检监察工作第四协作组组长单位，在全省高校纪检工作协作组组长单位座谈会上进行经验交流。

【调查研究】纪检监察干部受中纪委教育部纪检组委托，执笔起草直属高校监察体制改革调研方案；调研、执笔起草《关于教育部党组主动接受中央纪委驻教育部纪检组监督的实施意见》；审核了复旦大学等 14 所高校“关于扩大高校和科研所自主权”改革试点实施方案；在《中国行政法学研究》发表论文 1 篇；司法部主持的全国“七五普法”统编教材《公务员以案释法读本》，负责撰写第十章《行政问责》。

（四）统战工作

2017 年，统战工作在学校党委的高度重视下，以“迎接十九大胜利召开、学习贯彻十九大精神”为主线，以“落实”“创新”为主题，主动作为、争创一流，团结引导广大统一战线成员助力学校改革和地方经济发展，取得了积极成效。

【党外人士思想教育引导】（1）通过各类主题培训、考察、座谈等，特别是“统一战线学习贯彻中共十九大精神报告会”“‘学习贯彻十九大精神，共话青年党外人士成长’专题交流培训会”等覆盖面较广、影响力较大的专题活动，组织党外代表人士、特别是中青年党外知识分子及时、深入学习贯彻十九大精神。（2）举办学校统一战线迎“七一”趣味运动会，引导统一战线成员在活动中增进团结、凝聚共识，坚定跟中国共产党走的信念；举办新入职教师统战专题讲座，开展民族宗教知识网上竞赛等，大力推进统战知识进校园，努力营造统战工作良好氛围。（3）利用国际“三八妇女”节、国庆节、中秋节等重要契机，看望慰问人大代表、政协委员、侨台眷属、归国留学人员、离退休老同志等，特别是教学科研一线年轻的无党派代表人士，为他们送去党委的关怀和温暖。

【统战工作机制建设】（1）协助学校党委修订《中共西南交通大学委员会关于进一步加强统一战线工作的实施意见》，制订了《西南交通大学统战工作经费使用及统一战线成员履职工作补贴和奖励办法》，积极为学校统战工作开展提供保障。（2）依托党委书记工作会议做好统战工作专题论坛，邀请二级基层党组织代表作经验交流，助推统战工作重心下移。（3）深入推进成峨两校区统战工作“一体化”，举办成峨两地党外人士座谈会，在传递党委关怀、支持党派活动等工作中，坚持两校区一视同仁、统筹考虑。

【民主党派基层组织和统战团体建设】（1）以“政治性、年轻化、代表性”为导向，协助民主党派发展成员 10 名；协助民革交大支部、民盟交大委员会、农工党交大支部完成届中调整工作，不断改善班子年龄结构（平均年龄下降 6 岁）、增强代表性，夯实党派成员成长的核心基础平台。（2）指导校内七个民主党派基层组织制定了《民主党派基层组织工作细则》，对组织生活、成员发展，议政建言等方面进行了规范。（3）完成侨联换届，成立新侨联谊会，欧美同学会北美分会、日韩分会，以及港澳台地区联谊会，并在峨眉校区设立党外知识分子之家，学校党外知识分子、归侨侨眷属、归国留学人员等联谊交友的平台进一步丰富完善。（4）学校欧美同学会成为四川欧美同学会团体会员，“发挥归国留学人员优势服务创新驱动发展示范创建”获批成为全省基层统战工作示范创建单位（全省共 33 家，仅有两所高校），组织平台的品质和影响得到进一步提升。（5）支持各民主党派基层组织、统战团体开展创新示范活动 10 余次，发挥优势助力学校和地方发展。

【党外代表人士队伍建设】（1）通过举办“首批校内党外挂职干部培训班”，通过调研学习，召开党外干部挂职座谈会，以及个别交流等多种方式，跟踪抓好首批挂职党外干部的培养工作，目前，首批 8 名挂职干部中有 2 名已转任实职，2 名推荐到全省党外干部实践锻炼基地挂职。完成第二批党外干部挂职工作人选的遴选和考察。（2）全力协助党委做好成都市级及以上人大、政协换届人选的遴选、推荐、考察等工作，成功推荐全国人大代表 2 名、四川省人大代表 5 人、四川省政协委员 7 人、成都市人大代表 3 人，成都市政协委员 10 人。（3）积极向外举荐优秀党外人才，成功推荐 3 人分别担任民革、民盟、致公党四川省委副主委，8 人为各民主党派四川省委委员；成功推荐 8 人为成都市“同心智库”专家人才，1 人为成都市特邀监察员，1 人为乐山市欧美同学会副会长，1 人为金牛区侨联主席，1 人为金牛区知联会会长，选派党外人士 10 余人参加各级统一战线培训。

【社会主义学院办学】（1）坚持校内外统一战线人才培养工作同推进、共发力，社会主义学院办学成效明显、“声名”在外。在高标准、高质量推进原有的“归国留学人员（党外）培训班”

“民主党派基层组织和统战团体负责人培训班”的同时，新举办了“第一期挂职党外干部培训班”“2017年区（县）人大代表和政协委员培训班”等校内培训班；主动服务高校和地方，完成成都中医药大学、蓬溪县委统战部等七个校外单位委托的培训工作，培训学员400余人，所有班次课程中均安排参观“轨道交通国家实验室”和“校史馆”，宣传学校的初衷完美实现。（2）设立社会主义学院峨眉校区教学基地，承办四川省高校党建理论研究会统战分会第四次年会，社会主义学院工作的平台进一步拓展。（3）上报的《打造高校社会主义学院办学品牌，夯实统一战线人才培养主阵地》获评为“2017年度全省统战工作实践创新成果”。

【服务社会发展】（1）支持学校40余名人大代表、政协委员参加全国和地方各级“两会”，参政议政成果显著，受到广泛关注。其中，全国政协委员孙林夫积极议政建言，受到了全国政协专门来函肯定。选派归国留学人员参加四川省“留学报国地方行”“海归之友沙龙”等活动，发挥专业优势积极建言献力，得到了四川省欧美同学会的肯定；举办“西南交通大学欧美同学会新津行”，组织30余名海归专家为新津产业发展把脉，提供科学有效地指导；开展“巴适巴蜀”第九届台湾大学生研习营、“全国台联2017年台胞青年千人夏令营四川·成都分营”等活动，为两岸青年增进共识、深化友谊贡献交大力量。（2）促成峨眉校区与民盟乐山市委建立“盟校合作”关系，共同推进“农村教育烛光行动”，并邀请专家为乐山市统一战线成员进行十九大精神专题辅导讲座；依托统一战线同心专家服务团，积极探索服务宜宾临港经济开发区发展方式，合作方案草拟完成后已报送省委统战部；持续开展爱心助学活动，组织统一战线成员再次为蒲江中学40名贫困生捐资两万元。

【对外宣传】（1）通过多种途径和方式，促成全国政协副主席，九三学社中央常务副主席邵鸿，全国工商联副主席、四川省政协副主席陈放，致公党中央常委、四川省副省长杨兴平，以及中央统战部、四川省委统战部、四川省政协、四川省政府参事室、四川省外侨办、青岛市委统战部、唐山市委统战部、民盟上海市委等十余家单位领导来校视察调研，助力学校得到统一战线各种资源的“垂青”，助力学校提升对外影响。（2）起草《以十九大精神谋划和推进新时代学校统战工作》文章和《高校青年党外知识分子工作浅析》，刊发于中央统战部主办的《中国统一战线》杂志2018年第1期，前者使学校成为十九大召开后在该刊物上第一个以此发声的高校；起草《西南交通大学党委主动作为 推进新时期高校统战工作争创一流》文章，并在四川省委统战部主办的《四川统战工作》简报第89期上全文刊发，为目前省内高校中唯一一家；受邀参加全省党外干部实践锻炼基地二期挂职工作启动会，并作为唯一高校代表作挂职经验交流等，有力地宣传工作、扩大影响。

（五）教师思想政治工作

【概况】2017年2月27日，学校成立党委教师工作部，与教师发展中心合署办公，以“两块牌子、一套班子”模式运行，下设思政与师德师风建设科、教育培训及教学评价科和综合事务科，意在突出思想引领，统筹做好教师思想教育和管理服务工作，着重加强教师思想政治工作和师德师风建设，引导教师把思想政治工作贯穿教育教学全过程，促进全校师生统一思想认识，共谋发展，努力把学校创建成为轨道交通领域世界第一的大学。

【规章与制度】制定《西南交通大学加强教师思想政治工作和师德师风建设实施细则（试行）》，成立西南交通大学教师思想政治工作和师德师风建设委员会，明确学校贯彻落实全国高校思想政治工作会议精神，进一步加强学校教师思想政治和师德师风建设工作，建立健全学校教师思想政治工作和师德师风建设长效机制的重要意义、指导思想和基本原则，明确工作目标，细化六大项工作任务和25项具体举措，建立落实与督察机制。

【教师教育培训工作】

1. 将教师思想政治教育与师德师风建设专题课程纳入新入职教师和在职教师的培养计划。2017 年 4 月 11 日，首届国家级教学名师，中山大学生命科学学院王金发教授，围绕习近平总书记在全国高校思想政治工作会议上的讲话精神及教师如何立德树人、教书育人，分别为第三届教师教学能力提修班学员和第十六期首开课培训教师做了题为“站讲台——当好引路人”和“站讲台——做四有好老师”的专题报告。

2. 2017 年 9 月至 11 月，开展 2017 年新教师“认识交大、热爱交大、做‘四有’好老师”专题教育培训，102 名新入职教师参加，包含接受校史教育、参观学校科研一线、参加教师节大会、参加在峨眉校区举办的专题教育培训、开展两期的“经典悦读”交流会，并为学校建言献策，共收到新教师提交了 85 篇教育活动心得和 55 篇经典悦读稿件，已向学校经典悦读网站和交大主页交大文化板块推荐，集中组织新教师观看《不忘初心、继续前进》第四集，集中学习了黄大年精神，完成了新教师经典悦读心得稿件的汇编工作。同时，组织 99 名教师参加 2017 年高校新任教师职业技能培训工作。

表 1 “认识交大、热爱交大、做‘四有’好老师”专题教育活动具体安排

序号	时　间	地　点	内　容	负责单位
1	9 月 6 日（星期三）16:00 ~ 17:00	犀浦校区四号教学楼校史馆	校史馆参观及校史校情教育	档案馆（校史馆）、党委教师工作部、各学院等
2	9 月 7 日（星期四）14:00 ~ 16:00	九里校区实验室	实验室参观	资产与实验室管理处、党委教师工作部、各学院等
3	9 月 8 日（星期五）13:50 ~ 16:30	犀浦校区图书馆报告厅	2017 年庆祝教师节座谈会暨新入职教师欢迎会	党委教师工作部、人事处、各学院等
4	9 月 9 日（星期六）8:30 ~ 8:45	湖山宾馆多功能厅	学校领导讲话	党政办公室
5	9 月 9 日（星期六）8:45 ~ 10:15		思政工作与师德师风建设（何云庵）	党委教师工作部、马克思主义学院
6	9 月 9 日（星期六）10:15 ~ 11:15		怎样做一名优秀的教师（彭其渊）	党委教师工作部、交通运输与物流学院
7	9 月 9 日（星期六）11:15 ~ 12:15		青年教师如何开展科研工作（周绍兵）	党委教师工作部、材料科学与工程学院
8	9 月 9 日（星期六）14:00 ~ 14:30	湖山宾馆多功能厅	新教师如何做好学生工作	党委学生工作部
9	9 月 9 日（星期六）14:30 ~ 16:30		西南交通大学“新教师职业发展导航”报告会	主讲单位：党委教师工作部、人事处、教务处、研究生院、科学技术发展研究院、校工会 参与单位：资产与实验室管理处、党委统战部、党委学生工作部、后勤与基建管理处、峨眉校区
10	9 月 9 日（星期六）16:30 ~ 17:30		新教师座谈交流	

续表 1

序号	时　间	地　点	内　容	负责单位
11	9 月 9 日 （星期六） 19:30～20:00	湖山宾馆多功能厅	统战工作与政策宣讲	党委教师工作部、党委统战部
12	9 月 9 日 （星期六） 20:00～20:30		“美化嗓音、唱响校歌”新教工学唱校歌活动（甘霖）	党委教师工作部
13	9 月 9 日 （星期六） 20:30～21:30		新教工团队素质拓展训练(一)	党委教师工作部
14	9 月 10 日 （星期日） 8:15～9:30	湖山宾馆门口集合	参观峨眉校区	峨眉校区
15	9 月 10 日 （星期日） 9:30～12:00	峨眉校区体育场	新教工团队素质拓展训练(二)	党委教师工作部
16	9 月 11 日起	自行安排	撰写参加活动心得及建议 撰写“经典阅读”读书征文	党委教师工作部、各学院
17	9 月 20 日 （星期三）	自行安排	提交参加活动心得及建议	党委教师工作部、各学院
18	9 月 28 日 （星期四）	犀浦校区综合楼 430	开展分享心得，建言献策交流及“经典阅读”交流（第一期）	党委教师工作部、党委宣传部、各学院
19	10 月 20 日 （星期五）	自行安排	提交“经典阅读”读书征文	党委教师工作部、各学院
20	10 月 26 日 （星期四）	犀浦校区综合楼 430	“经典阅读”交流（第二期）	党委教师工作部、各学院

3. 2017 年 11 月 16 日，组织召开四川省高校教师教学发展与思政教育研讨会，邀请到来自北京师范大学、四川大学等高校的专家学者进行了 10 场专题报告。省内外三十余所高校两百多人参会，共同研讨了教师思政与职业发展相结合的创新工作思路。

4. 党委教师工作部以教师发展为载体，通过发展中心提供的具体支持服务，以全国高校思想政治会议精神为指引，将教师思政教育与师德师风建设及《西南交通大学师资队伍发展与提升计划》等文件精神落地，并贯穿发展活动始终。习近平总书记在全国高校思政会上指出，“办好我国高校，办出世界一流大学，必须牢牢抓住全面提高人才培养能力这个核心点。”2017 年，党委教师工作部（教师发展中心）深刻领会总书记要求，通过开展独具传统及特色的项目，多举措打造教师发展支持平台，建设全阶段教师发展路径，构建了点面结合、层次分明的培训体系，着力促进教师提升发展。且以实际行动有力支撑了学校本科教学审核评估工作。

（1）继续开展持续了 17 年的首次开课教师培训项目。完成第十六期首开课教师培训工作——举办 5 场教学工作坊，114 人次参加；组织开展结业试讲，经专家评审，73 名受培教师达到结业要求。启动第十七期首开课教师培训工作——67 名教师参加培训。联合各学院为这些授课教师队伍中的新生力量进行了系统、科学、完整的职业初阶发展指导。活动中特意加入立德树人内容，已举办 3 场教学工作坊，78 人次参加。各项活动与指导使老师们逐步具备了独立授课能力。

（2）举办第三届教师教学能力提升研修班。秉持“激发教师对教学更深层次热爱”的理念，邀请教师加入第三届教师教学能力提升研修班，继续用心打造品牌项目。经双向选择，研修班最终招录了59位有志于改善教学、追求卓越教学的老师。注重与教师的沟通交流。根据教师短板和需求，以教学问题为导向，聚焦高教热点难点，共开展了12场成体系的专题研修活动，吸引了研修班内外，包括校外教师共600余人次参加。保持“研习+反思”特色，编撰印制两册“第二届研修班教师心得汇编本”；精选25篇论文，由《西南交通大学学报》发行特刊。印制了三册第三届研修班教师研修心得汇编本，包括291篇心得报告。研修班活动让热血教师闪闪发亮，切实引导教师立德树人，当好学生成长成才的引路人；激发了教师教学热情，使他们了解了先进理念，深入了解学生和教学规律，全方位提升了教师教学能力。

表2 西南交大第三届教师教学能力提升研修班研修活动列表

序号	时间	主题	主讲专家
1	4月11日	站讲台——当好引路人	王金发：中山大学生命科学学院教授、博士生导师，首届国家级教学名师，国务院政府特殊津贴获得者
2	4月20日	移动互联网时代的高校教学实践与创新案例分享	田媛：华中师范大学心理学院副教授，青少年网络心理与行为教育部重点实验室研究成员，“微助教”创始人
3	5月16日	以学生为中心的教学转型与基于项目的教学及课程设计	范怡红：西南交大教师发展中心专聘教授，曾任厦门大学教育研究院教授，比较研究所所长
4	6月8日	思维科学与有效教学	吴亚滨：德·博诺柯尔特课程（CoRT）首席培训师，北京东方燕园教育科学研究院副院长
5	6月23日	互联网+教学模式与在线开放课程创新应用	谢幼如：华南师范大学教育信息技术学院副院长，享受国务院政府特殊津贴，广东省高等学校教学名师
6	9月29日	学习成效的评估	邢磊：新教学法和教育技术方面专家，上海交通大学教学发展中心主任助理
7	10月24日	建设在线课程，实现翻转教学，推进以学生为中心的高效教改	蒋玉龙：复旦大学微电子学院教授，博士生导师，复旦大学卓学计划学者，复旦大学教师教学发展中心副主任
8	10月27日	教学设计：从入门到精通	周付安：北京工商大学专职教师，北京大学教育学院访问学者
9	11月13日	以学为中心的卓越教学：愿景、实践与评价	朱志武：西南交通大学教务处副处长 雷雳：西南交通大学教务处质量与评估办公室科员
10	11月15日	如何培育适应市场、引领市场的人才	徐润泽：教授级高级工程师，一级建造师，注册安全工程师，中铁建大桥工程局集团第二工程有限公司执行董事、党委书记
11	12月27日	法国高校的教学与科研	冯志强：法国埃夫里（Evry）大学特级终身教授，力学与热能实验室主任，法国政府教学科研骑士勋章获得者
12	2018年1月4日-5日	深化学习，共创课堂——翻转教学工作坊	李妍慧：台湾大学 NTUMOOC x Coursera Project 副执行长，教学发展中心创新教学组副组长 何昱宪 台湾大学教学发展中心创新教学组负责市场研究、行销及品牌推广 廖予廷 台湾大学教学发展中心创新教学组教学设计师

（3）开展了其他类型的教师培训工作

① 与研究生院合作，组织召开第六届新增研究生导师岗前培训工作会议，为 152 名新增硕士生导师进行了培训。

② 与教务处合作，请英国文化教育协会、英国大使馆为 25 位教师开展了全英文学科教学教师培训。

③ 为 300 多位博士研究生进行了主题为“研究生助教如何更好地辅助本科教学”的研究生助教集中培训。

（4）与校工会、教务处、研究生院等单位联合举办了历时近八个月的第八届青年教师教学竞赛。竞赛对标国赛，以“上好一门课”为目标，新设教学创新组。精心举办了“师道讲堂”、国赛一等奖教师示范课及评委交流研讨活动，将师德师风建设和教学能力提升贯穿比赛始终。全校近 520 位教师参加初赛，55 人闯入决赛。竞赛有力实现了以赛促教。

（5）开展教师海外研修相关工作，推进教师国际化水平。2017 年获国家留学基金委全额资助项目 17 人；国家留学基金委部分资助项目：“高等学校青年骨干教师出国研修项目（1∶1）”33 人；成班派出项目 13 人；国家各渠道支持的其他项目 6 人；青年教师以科研项目合作等自费方式到国（境）外知名高校、科研机构研修 18 人。全年支付各类项目配套经费 323.578 8 万元。优秀青年学术骨干赴海外知名高校或科研机构进行学术交流和科研合作，提升了科研水平和教学能力。

（6）2017 年 6 月，完成 33 名教师的教师资格证认定工作。

2018 年 1 月，完成 97 名新入职教师的 2017 年度（川师）岗前培训。

【教师考核评价工作】

1. 严格教师资格和准入制度。建立学校和基层两级协同配合的思想政治综合考察工作机制，严格教师招聘、人才引进、职称评审、项目和奖项申报等工作中相关人员的思想政治和品德学风的综合考察。到目前，已对 300 余人次的教师进行了校、院两级政审把关。

2. 拟定《西南交通大学教师思想政治与师德师风综合考评工作管理办法（试行）》，重点加强校院两级教师思政与师德师风的教育和综合考察。

3. 调整党建考核指标。将教师思政纳入党建工作布置、检查、总结、考核、反馈等全过程，形成闭环工作链条。2017 年基层党组织党建考核指标增加了党委教师工作部相关工作的考核内容及指标，分值为 5 分（百分制）。

【教师评奖评优工作】

1. 梳理现有的教师评奖评优和表彰激励制度，起草《西南交通大学“立德树人”先进集体与先进个人评奖办法（试行）》，并面向相关职能部处、各学院党委广泛意见征集。

2. 根据上级部门的相关工作要求，开展 2017 年各项教师评奖推优工作。其中，何川团队获“全国高等学校黄大年式教师团队”的首批认定，翟婉明团队、苗苗老师获得“征集当代教师风采”入围奖。

表 3　2017 年教师荣获奖励情况汇总

编号	奖项	推荐人选	评审单位	备注
1	“新中国教育名家大师”	茅以升　沈志云　朱　铃	中国教育学会、中国高等教育学会等	
2	2017 年度全国教书育人楷模	黄　楠	教育部	
3	征集当代教师风采微视频	黄　楠　杨维清　苗　苗 谢　进　张祖涛　龚　晖 潘小东　宋爱玲　仇文革 孙燕云　杨子仪　朱　焱 翟婉明　戴　虹　何　川 李群湛	教育部	翟婉明团队、苗苗老师获入围奖

续表 3

编号	奖项	推荐人选	评审单位	备注
4	四川教师风采	黄　楠　朱　铃	四川省教育厅	
5	2017 年全国网络安全优秀教师奖	唐小虎	中央网信办	
6	成都市优秀女性人才库	李卓慧　孙燕云　于　楠 郑　靖　范翠玲　王宏霞 任娟娟　代　颖　支锦亦 张　娟　高建敏　何晓琼	成都市妇女联合会	
7	“全国高等学校黄大年式教师团队”的首批认定	何川团队	教育部	何川团队获首批认定
8	第三届国家教育咨询委员会候选人	王顺洪　徐　飞　翟婉明	国家教育体制改革领导小组办公室	
9	大学素质教育先进工作者	邓秀芸　王　蔚　张学伟	中国高等教育学会	

（六）学生党建及思想政治工作

【概况】2017 年，学生工作部在高质量完成学校重点工作的同时，紧密围绕立德树人根本任务，坚持以学生成长和发展为中心，积极争创一流学生工作，融入“四位一体”人才培养体系，大力构建“价值塑造、行为引领、能力提升、文化浸润、安稳保障”学工育人体系，为培养“五有”交大人做出了积极贡献。

西南交通大学学生工作部是学校学生日常思想政治教育与管理工作的牵头部门。学生工作部下设 6 个科室，即：本科生教育管理科、研究生教育管理科、学生资助中心（贷款管理科、资助管理科）、国家大学生文化素质教育基地办公室、宿舍园区学生管理科、教育部高校辅导员培训与研修基地。

【学生党建】坚持价值塑造，加强理想信念教育。坚持党对大学生日常思想政治教育、安全稳定等工作的领导，进一步强化自身“党委学生工作部”的职能与职责意识。扎实开展学习宣传贯彻党的十九大精神活动。在全体学生党支部中开展“不忘初心，牢记使命”党支部特色活动、“我的中国梦”主题党日活动，举办研究生时政热点研读班 6 期。

【日常思想政治教育】坚持“围绕学生、关照学生、服务学生”，创新形式，拓展载体，让思想政治教育“活起来”，破解思想政治教育实效性难题。增强教育针对性，紧扣学生成长需要，深化教育“供给侧改革”，系统优化实施 FOP 新生导航计划、“青春交大行”“有故事的青春”等主题思政教育系列活动。加强网络思政建设，“一网两微”平台发布信息 2 500 条，累计阅读量达 840 万人次。思政作品获高校网络宣传思想教育优秀作品展示二等奖。创新“仪式育人”，增强教育体验性，精心筹划开学、毕业、表彰三大“有意义、有意思”的典礼，凸显学生的主体地位，聚焦学生痛点、痒点和兴奋点，推出了为新生赠送交大 T 恤、为毕业生赠送高铁笔、设立忠忱班集体等一系列“微创新”，有效提升了学生的参与感、仪式感、获得感，为学生留下了终生难忘的交大印象，受到学生普遍好评。

推进行为引领，不断完善日常教育管理工作。遵循学生工作和人才培养基本规律，全面实施学生管理规章制度“立改废”，修订 20 项、新增 1 项、废止 4 项，构建起了完备的学生管理制度体系，用制度管权、管人、管事，确保各项工作有章可循、有据可依。全面修订22项学生管理制度，新设学生班级最高荣誉“忠忱班集体”和专门表彰弘扬社会主义核心价值观的“明诚奖”。规范程序，评选本研个人荣誉称号共7386人次，集体荣誉称号150个。以互联网+思维创建“天佑立体讲堂”，发挥榜样广泛引领作用。以趋同化管理加强留学生日常管理。做好违纪处理工作，完善了学生申诉工作。

着力能力提升，促进学生全面发展成才。大力提升学生升学出国率，加强学生考研、保研指导，实施学生国际化“远航”行动。针对性开展网络成瘾学生帮扶、少数民族学生帮扶等学风专项建设。发放研究生班级学风建设或奖励基金14万元。组织承唐新才骨干培训、扬华科创训练营。选派22名研究生挂职锻炼。

【校园文化】推动文化浸润，进一步厚植交大特色的校园文化。牵头编写《大学生美育工作发展规划（2017—2021）》。增强教育穿透性，突出以文化人，开展国际大学生文化艺术节项目14项，示范性文化艺术活动5项，组织举办高雅艺术进校园活动、2017年国际大学生文化艺术节，举办新生交响音乐会、新年音乐会等艺术展演21场次，覆盖学生3万余人次。完成《茅以升》剧本改编。学校在四川省第八届大学生艺术展演活动中获得一等奖9项、二等奖12项、三等奖6项和优秀组织奖，获奖总数全省第一，为历史最好成绩。

【学生资助】精细化做好资助工作。全年认定家庭经济困难学生7 590人；为3 489人办理助学贷款2 740万余元；为24 020人发放各类奖助学金4 160.7余万元；为687人办理代偿767.47万元；为27人办理应征入伍和退役士兵国家资助31.94万元；设立2 532个勤工助学岗位，发放酬金392.3万元；办理本研困难补助约45万元；为106人办理学校生活贷款8.62万元。开展“励志青春、助梦成长”品牌活动10余项，在全国征文比赛中获优秀组织奖。评奖评优和资助工作标准明晰、程序规范，实现了“零失误”、“零投诉”。

【学生安稳】夯实安稳保障，初步构建了“大安全”的教育格局。坚持“守土有责、守土负责”，落实学生安全稳定第一责任，构建“学校—学院—班级—学生”学生安全稳定四级联动工作体系，落实学生安全教育制度、重点学生台账制度、安全稳定信息周报制度、安全稳定信息通报制度、特定时点安全稳定信息“零报告”制度。注重“大安全”教育，加强国家安全、民族团结、安全稳定等教育；紧抓“小安全”宣传，加强“5·12”应急疏散演练以及防火、防盗、防骗、防踩踏、防意外伤害等安全教育。全年累计排查、处置各类学生安全稳定信息589条，牵头开展“5·12”应急疏散演练，配合开展“9·11”消防演练，对学生园区进行10次联合排查；安全稳定信息上报56次。修订宿舍管理规定，破解违章电器使用难题。确保了学生安全稳定“不出事”，切实做到了“让学校党政放心，让家长、学生满意”。

【队伍建设】持续加强了辅导员队伍建设。牵头完成辅导员队伍建设规划修订，开展了专职、兼职、免研、新疆少数民族学生、国际学生等类型的辅导员招聘，重启免研辅导员机制。进行了三批次专职辅导员招聘，补充专职辅导员40人，新聘免研辅导员35人。加强辅导员培养，实施了辅导员专项课题、精品项目、出国研修、网络培训、校本培训等一揽子项目，全面提升辅导员职业能力。首次开展辅导员精品项目评审立项（22项），恢复设立学生工作研究基金项目（16项），开展了辅导员集中培训（9场），首次开展全体辅导员理论业务知识考试。建设了8支辅导员体育兴趣队伍，制作发放谈心谈话记录本。牵头搭建了“高校学工”全国高校学生工作同仁交流平台。4篇网文在教育部《高校辅导员在线》发表。在四川省大学生思想政治研究会年会论文评比中荣获2项一等奖（全省第一）。刘娟老师当选四川省辅导员年度人物。

教育部辅导员培训和研修基地建设有突破。全年共开展全国骨干培训、省级培训和定制培训8期。拓展培训专题3个，新邀请授课专家12名。全年共立项四川省思想政治教育研究课题65项，结项31项，以基地名义出版专著1部，论文61篇（含C刊6篇）。推进辅导员专项博士培养工作，6名博士毕业答辩，历年最高。

(七)离退休工作

【概况】截至2017年12月31日,全校离退休人员2 083人(含离休48人),占全校在册教职工总数的31%。其中,90岁以上33人;80~89岁466人;70~79岁696人;60~69岁720人;60岁以下168人。其中,80岁以上老年人有499人,占离退休教职工总数的24%。

【政治思想引领】2017年召开离、退休教职工例会12次;组织了四次不同层面的上级文件学习培训会;四场专题报告会,三场学校改革政策宣讲会;一场校友工作通报会。组织离退休干部参加学校相关会议4次。完成了“两学一做”自查和迎接校督导检查工作;完成所属272名党员的信息采集工作;对全校离退休教职工党支部书记进行两次培训学习。学习传达了四川省第十一届党代会王东明的工作报告;完成2017年党员民主评议、创先争优评选工作。评出先进党支部3个;优秀党员10名;优秀党务工作者3名;完成《两学一做常态化制度化及督导办法》《离退休职工党支部工作条例》和《离退休职工党支部考核办法》等文件的修订起草工作;完成产业集团退休人员142人接转工作(转入46名党员,新增2个支部);完成所属12个支部的组织关系排查及党员民主评议工作(评议225人,优秀36人;在职党支部获得创先争优校级表彰、个人3人和处级表彰2个支部、个人11人);完成党员党费的核算收缴12个支部、260人次共41 182元,收缴2013—2017年补交党费50人次共118 904元,发放支部书记、支委津贴60人次共12 800元,报销各支部活动费160人次共15 000元。组织全处职工,所属党支部及全校退休党支部书记学习十九大精神。

安全稳定工作方面,加强安全防范意识,保密意识教育。完善各项安全制度和预案,认真落实好安全责任制。全面做好隐患排查,发现问题及时整改。本学期初,对晚晴苑四楼乒乓室屋顶及楼顶教室存在消防安全隐患进行了整改,消除了消防安全隐患。组织离退职工的各项活动无安全事故发生。接待处理南北园家属区物业管理、西招生活区改造等离退休教职工生活方面的问题来信、来访、咨询人数达到100余人次。

【发挥老同志优势】注重发挥老同志的独特优势,组织6次“建言献策谋发展、同心共创双一流”建言活动。

为老同志发挥作用搭建平台,大力实施“银发工程”,积极组织退休人员参与校院两级教学督导组、专家组活动,以及新教师岗前培训等工作,对青年教师进行传、帮、带;高度重视新生入学教育、毕业生感恩教育,为大学生提供共同精神支柱和强大精神动力。有100多名老同志担任学校教学督导专家,有30多名老教授参与对青年教师的培养工作;有16名老教师参与指导学生科技论文写作、科技竞赛工作;有27名老党员被聘任为党建组织员;开设“银发讲坛”,有6位老专家做专题报告50余场,全校近万名师生受到教育。组织老同志参加教育部“心中的感动—记教育系统关心下一代优秀人物”征文活动,共投稿4篇,并获征文集体二等奖、3人获优秀奖。校关工委荣获2016年度四川省教育系统先进集体。

【服务保障工作】积极协调落实离退休人员的生活待遇,老同志的生活待遇不断提高。离退休人员生活补贴得到了不同程度的提高。坚持落实走访慰问制度。将学校、单位对老同志的关怀落到实处。完成全校退休教职工各项经费预算、决算、下拨、使用和报告工作(全校退休职工活动费776 800元,下拨各二级单位活动经费567 322元)。完成退休人员《四川省社会保障卡登记表》信息采集、核实确认工作900人次。完成退休人员参保信息核实600人次。处理来信来访、咨询有关事宜200人次。办理128人满五、满十老同志生日蛋糕慰问费的工作;发放了教师节、中秋节慰问券523人。报销外地医药费52人次4 683 765.22元;办理住院护理费101人次40 220元;办理配偶无工作生活补贴20人次4 800元;办理离休干部生活完全不能自理护理费申报和具体落实5人;发放老干部各类慰问、活动补贴281人次107 220元；办理生活困难人员困难补助申请表165人次。配合家属做好26人丧事料理工作。为老同志办好事、办实事：联系九里社区进校办理80岁高龄补贴工作，50元/月人；联系校医院康复理疗科在重阳节3天为老同志做血糖血脂血压免费检测；连续5年组织大学生志愿者免费上门教老同志学习电脑和智能手机的使用，共计500多人次；联系有关公司上门为老同志办理医保消费手机短信提示业务；配合学校老科协组织由成都市老科协举办的"心血管外科专家"来校进行健康知识讲座等等，深受老同志们的好评。

【老年文化建设】开展为学校的发展增添正能量活动：组织4次"观祖国大发展、看成都新变化、为祖国变化点赞"参观考察活动，共600多人次参加。组织开展"喜迎十九大，永远跟党走"主题系列活动之"老年健身走活动"4次，共有6 000多人次参加；在五一和重阳节等重要节点组织开展以"展示阳光心态，体验美好生活"为主题的文艺表演及游园活动，游园项目达6 000人次，约有1 400余人参加。

加强老年活动中心管理，每天接待老同志达200余人。2016年晚晴苑大楼申请了2017—2019年中央专项经费项目获批，2018年起，将逐步对整栋大楼进行全面维修、改造。

办好老年大学和老年艺术团，改善办学条件，争取学校政策和资金支持，更换和新增14台套设施设备及40余套文艺演出服装。我校老年大学开设声乐、舞蹈、书法、国画山水及国画花鸟5大类10个班级的课程，招收学员两学期共767名，比2016年秋季班学员增长42人。老年大学和老年艺术团以诗歌朗诵、唱歌跳舞等形式积极参加校内外各类活动，举办"西南交通大学离退休教职工'喜迎十九大、永远跟党走'文艺演出"，参加金牛区黄忠社区舞蹈比赛获优胜奖。参加"喜看四川新变化"主题征文活动（投稿4篇）。推荐梁锦唐同志参加"第四届四川省老教授学会晚霞奖"评选活动并获奖。优选节目参加校工会首届艺术节开幕式、闭幕式。组织尊老敬老协会大学生志愿者免费上门"二对一"教老同志100多人次学习电脑和智能手机的使用。

【新闻宣传工作】建立处宣传工作小组，督促宣传工作及时有效。离退处各类会议以及各类活动都有专人负责照相和撰写新闻稿件，并及时向全国"关工之家""教育部直属系统离退休工作群""教育部直属高校关工委工作群"、四川省教育厅"高校离退休工作交流群""川教关工委工作交流群"、校网主页、校党委组织部网站、离退处网站、党委宣传部等部门推送50多篇，被上级各部门引用10多篇，在教育部官方网站和杂志上发表新闻10余篇。

加强校内工作宣传，各类会议、活动的新闻稿件及时在处网站发布近100篇；向校网主页新闻报送稿件40多篇、已发布12篇；在校党委组织部网站发布党建新闻30多篇；按要求及时向校党委宣传部报送新闻稿件50多篇。建立了交大离退休工作处、关工委、老年大学服务团等微信群和QQ群，及时发布新闻，传递向上向善的正能量。

【提升服务水平】坚持中心组学习制度，认真落实中心组学习计划，不断加强理论学习，深刻理解并强化树立"四个意识"。按学校要求认真组织学习《中央巡视中管高校问题清单》，并对照检查梳理存在的问题，制定整改措施，立知立改，彻底整改。坚持民主集中制原则，认真落实《三重一大决策制度》，充分发扬民主，实行正确集中。坚持求真务实，认真抓好各项工作的落实。认真履行"一岗双责"，加强党风廉政建设，认真落实党风廉政建设责任制，严格执行《廉政准则》，以一流的行为准则服务老同志。按照"三严三实"要求，加强队伍的培养提高工作，坚持每周四下午的政治业务学习，认真开展"两学一做" 学习教育；开展了学习中办发、国办发〔2016〕3号文件系列学习活动。根据中办发、国办发3号文件精神，起草完成了《中共西南交通大学委员会关于进一步加强和改进离退休干部工作的实施意见》。建立健全了全校2 042名离退休职工基础信息数据库；建立全校空巢、失能、半失能老人数据库；建立校机关退休职工困难档案；建立校机关退休职工重大疾病档案。

（八）武装保卫工作

【安全稳定工作】紧紧围绕学校党政工作要点，以稳定工作为重心，实现学校安全稳定的工作目标，维护学校稳定大局。配合公安机关工作187人/次、国家安全机关92人/次；在“敏感日、重大事件日”以及党和国家召开重要会议期间，高质量完成各类信息调查、调研任务，密切关注并掌握学生思想动态，尤其加强对重点区域和重点部位的防范。在两会议期间，加强对“重点人员”监控，每天定时向国安机关汇报基本动态。

连续三年被成都市公安局授予成都公安内保系统先进集体，被四川省国家安全工作领导小组办公室、四川省国家安全厅授予”2016—2017年度省直单位国家安全小组“先进单位”；2016—2017年度省直国家安全人民防线建设小组“先进单位”。

【安全技术防范系统建设】对成都两校区现有的安防监控设备进行维护、保养；完成了九里校区南北园家属区监控的改造建设项目，更换主要路段的35个监控为高清摄像机，修复监控主机6台以及配套线路电源设备；完成对子弟小学和附属中学的监控改造，新增43个高清摄像机，2台监控服务器，13台网络交换机以及配套设备；在犀浦校区学生宿舍园区安装门禁道闸系统，待制度出台后启用；完成了自建成以来的9套自动消控系统维保工作。全校监控覆盖率达78%。

【治安管理】通过防范在先、抓细抓小、强化宣教等开展治安管理工作。全年受理校园报警案件498起，其中主要为盗窃、偷窃、诈骗；查看案件现场及拍照取证33起；挡获各类违法违规嫌疑人106人，其中46人移交公安机关处理。全年受理查阅监控申请319起，查出线索118起；加强治安防范微信群的联动，协助公安机关进行监控查阅取证6起；对犀浦校区BOT商业区进行夜间检查43次，开具整改通知17份。

连续三年被成都市公安局授予“平安校园”先进单位；连续三年被四川高校保卫暨消防协会授予“平安校园”先进单位。

【消防管理】坚持以“预防为主，消防结合”的工作方针和“谁主管、谁负责”原则，重点管理，重点排查，加大宣传和整治力度，进一步提高全校师生的消防安全意识，防止了重特大火灾事故的发生，保障了学校正常秩序。对两校区的重点部位、学生公寓、校内商业区等进行消防安全检查共计27次，签发《消防检查整改通知书》13份；与军训相结合，组织7 000余名本科新生进行消防讲座，并实施了消防演练；组织了“5·12”“11·9”消防演练，参加人数过万人；为学校义务消防队配齐消防器材，并聘请犀浦消防中队教官进行培训和开展演练；为犀浦、九里校区维修、更换灭火器6 080具；清理马蜂窝隐患15起。

成都市人民政府消防安全委员会授予犀浦校区2016年度消防宣传先进单位；成都市人民政府消防安全委员会授予犀浦校区2017年度消防宣传先进单位。

【交通管理】做好两校区交通安全预防工作，管理校内道路、停车场秩序，纠正交通违章行为，确保校园交通畅通、有序、安全。完成校内各种活动交通保障工作97次；完成两校区交安设施的规划及安装工作；对两校区减速带进行维修、保养；对成都两校区人员通道闸机进行调试、保养；处理违规冲撞道闸机事故30余起；审批学生社团活动场地申请431份；出台《西南交通大学交通管理办法》，完善校内大型活动的审批流程及各项预案。

【安全宣传教育】积极开展安全宣教工作，强化师生安全意识，努力提高防范能力，做到警钟长鸣，永记心间。做好“交大保卫”新媒体建设工作，全年处网站及新媒体更新达1 435次；为新生发放7 200余本《西南交通大学安全知识50问》，治安警、交通警及消防机构在新生报到时入校进行安全宣传；印发防诈骗宣传单及防火宣传单发放到每间寝室；主动对接学院开展20余次消防及治安等方面的安全培训；对全校辅导员队伍进行《西南交通大学大学生安全教育》培训；在学生生活区设置8块电子显示屏滚动播放各类安全知识，通过演练、培训等形式进行全方位的宣传教育工作，提高师生安全防范意识。

【办证服务】制度落地，严格管理。制定《西南交通大学机动车出入分类收费管理细则》，全年完成新生入户1157人次，办理毕业生户口迁移1746人次，出具各类户籍证明5671余次。启用车辆信息管理系统，实现外来办公、参加校内大型活动车辆可通过网络预约进入校园；

实现教职工车辆通过系统网络自助缴费，做到了“不排队、不跑路”。

【武装工作】加大大学生征兵宣传力度，年度内我校11名大学生穿上军装，走进军营；首次派员前往部队驻地看望我校入伍大学生战士，取得很好的效果；结合爱国教育及安全教育开展新生军训工作；狠抓教学质量和教研室建设，探索慕课教学手段，不断提高军事理论教学质量。

被教育部列为2017年首批“全国国防教育特色学校”。

（九）工会与教代会工作

【教代会工作】5月17日，召开了西南交通大学第二十届工会会员暨第七届教职工代表大会第三次会议。本次会议围绕贯彻落实学校第十四次党代会精神、学校“双一流”建设和全面深化改革等中心工作，重点听取讨论了学校工作报告和学校“一流大学与一流学科”（四大学科行动计划）推进情况专题报告。各位代表热情洋溢、畅所欲言，充分体现出心系学校、热爱学校的真挚情感，彰显出爱校荣校的高度责任感、使命感以及争当学校改革发展主人翁的精神。在学校民主管理、民主监督以及调动和发挥教职工积极性方面，“双代会”的作用不可替代。徐飞校长在“双代会”总结讲话中指出：“面临新形势新情况，‘双代会’的作用不仅不能削弱，还要继续加强，要进一步强化‘双代会’的地位和作用，充分发挥‘双代会’在学校民主管理、民主监督的‘金钥匙’作用”。年度“双代会”前，邀请我校全国人大代表、交通运输与物流学院副院长罗霞以及四川省总工会干部学院副教授袁丁，分别做了“围绕中心，服务大局；深入调研，打造精品”和“学校民主管理和教职工代表大会制度”专题报告，对我校100多名“双代会”代表进行了提案工作和民主管理工作专题培训；发放《〈工会基层组织选举工作条例〉辅导读本》《西南交通大学工会教代会工作文件选编》，供代表和工会干部学习。校工会积极参与学校推进二级单位民主管理工作有关研讨，根据《西南交通大学二级教职工代表大会实施办法（修订）》的要求，校工会从部门工会主席配备、二级教代会工作规程、职工之家内涵建设等方面入手，不断加强对二级教代会工作的指导和协调。我校土木学院、图书馆、外国语学院等单位的二级教代会工作较为规范，以点带面，电气学院、机械学院、数学学院、生命学院二级教代会工作逐步得到推进。七届二次教代会提案已全部处理完毕，满意率为84.6%。在“双代会”三次会议上，崔国栋代表《关于学校各职能部门全面实行网上咨询及“办公自动化”》和刘静沂代表《加强师资培训工作，持续组织青年教师参加出国英语培训》的提案被评为优秀提案并受到表彰；信息化与网络管理处、计划财务处、人事处被表彰为提案承办先进单位。七届三次教代会征集代表提案11份，立案的6份，目前正按提案工作规程办理。今年8月，我校被由中共中央纪律检查委员会、中共中央组织部、国务院国有资产监督管理委员会、监察部、中华全国总工会、中华全国工商业联合会等单位组成的全国厂务公开协调小组表彰为“全国厂务公开民主管理先进单位”。此次共表彰了全国400个企事业单位，我校为受到表彰的四川省17个单位中唯一获此称号的高校单位，这是上级工会组织对我校校务公开民主管理工作的充分肯定。这也是我校第二次获得这一荣誉称号。

【青年教师教学竞赛】青年教师教学竞赛是学校教育教学工作一张闪亮的名片，自1993年起，至今已举办了八届，20多年来，培养出一批批优秀教师，成为学校教育教学中重要的师资力量。为配合学校本科教学评价，校工会联合教师发展中心、教务处、研究生院、人事处、党委宣传部共同主办了第八届青年教师教学竞赛。在各教学单位精心组织下，510 名青年教师报名参赛，61 名老师进入到决赛，共有 55 位教师获奖，其中，一等奖 11 人，二等奖 18 人，三等奖 26 人。本届赛事得到评委们的高度评价：这一届参赛老师高手如云；老师们在教学设计上有了明显提高；青年教师执教水平在不断提高，甚至可以称为飞跃。

【权益维护工作】对涉及教职工切身利益的事项，校工会源头参与力度不断加强，能够积极反映教职工的意见和建议。针对学校在深化改革过程中可能遇到的问题，及时修订了《西南交通大学人事、劳动争议调解委员会工作规则》，今年年度教代会已讨论通过。“双代会”后，及时汇总整理了各代表团讨论情况，提交学校领导参阅。针对青年教职工普遍反映的入托难问题，能积极协调有关部门做好情况说明并推进问题解决。对于中小学改革问题，校工会从维护教职工权益、维护学校稳定、维护学校大局等方面，及时反映教职工诉求并积极参与有关工作研讨。此外，还参与了校园秩序管理、南北园家属区推进物业化管理有关工作。

【关爱教职工工作】校工会在福利费和工会经费十分紧张的状况下，合理安排和调剂，代表学校党政努力做好教职工生活福利普惠性、生病困难教职工重点帮扶和“送温暖”等工作。安排经费 151 万元为 4 587 名教职工体检（含外地、峨眉、唐山等 421 人），为 1 242 名女教职工进行妇科普查。安排 61 万元教师节慰问了全校 6 144 名教职工。安排 50 万元经费对近 600 名教职工给予困难补助。对符合条件的 30 名患有重大疾病的教职工，按照《西南交通大学教职工重大疾病医疗补助办法》给予了 46.5 万元补助。审核离退休人员住院护理费 390 人，补助金额 9 万余元。慰问劳模、生病及住院病人 150 人，慰问金额 7.88 万元。按每人 100 元生日慰问了 65 岁以上离退休人员 698 名。用上级工会下拨的经费安排劳模体检。安排工会经费慰问了今年退休的 100 余名教职工；为暑期加班工作的部分单位“送清凉”；组织学校先进教职工和部分先进社会用工开展了“走进元帅故里，重温红色记忆”红色教育活动。此外，校工会积极参加和配合学校精准扶贫有关工作，为解决阿坝县贫困户木耳销售难题，和合联处共同发起认购倡议，全校教职工积极响应，超额完成了认购任务。

【首届教职工文化艺术节】为秉承“以美育人，以文化人，知行合一”的传统理念，提高全校师生的国学素养和人文素质，更好传承和弘扬中华优秀传统文化，5 月份文化艺术节启动后，先后组织了教职工经典阅读读书征文、孔子纪念日读书、“好家风好家训”征文、书画摄影作品征集、纪念三八节等校园文化系列活动，12 月份成功举办了“西南交通大学 2017 年首届教职工文化艺术节闭幕式·暨迎新春综艺晚会”，为我校广大师生搭建了感受艺术、展示才华的舞台，充分展示了文化艺术节成果。

【阳光体育运动工作】制定和推进实施《西南交通大学教职工阳光体育运动工作方案》。组织了教职工健步走、五人制足球赛、排球赛、羽毛球比赛、篮球（半场四人制）赛、师生微马环校跑等阳光体育系列活动。校机关、图书馆、生命学院、物理学院、公共管理与政法学院、工程训练中心、牵引动力国家实验室等部门工会以及教职工各文体协会，分别组织了春风伴我健步走、微马环校走、“联动师生情，爱乒才会赢”师生乒乓球友谊赛、足球俱乐部联赛等丰富多彩的体育活动。教职工代表队参加了郫都区首届“双创杯”足球比赛和四川省首届教职工乒乓球比赛。阳光体育运动工作深入推动了我校群众性文体活动的广泛开展。

【女教职工工作】校工会和各部门工会针对女教职工特点，三八节期间，组织开展了“健康人生，幸福女人”“尚美行动：二〇一七，我们逐梦前行”等系列主题活动；举办女性健康知识讲座；开展女工委员心理调适活动；发放《女职工权益维护法律知识》微手册；慰问生病住院或患重病的女教职工；协助办理女职工大病互助保险赔付。为 909 位教职工及家属办理了 1425 份女职工大病互助保险。组织单身青年开展联谊暨关爱留守儿童公益活动；组织近百名教职工携子女开展“探索自然”亲子科普活动。组织“好家风好家训”征文及书画摄影作品展览，学校校报在教师节专版刊载了优秀征文获奖作品。

【探索和构建“互联网+”工会工作管理模式】为提升服务功能，对工会网站进行了改版；加强对校工会微信公众号的推广；初步建设了工会信息系统数据库。逐步探索建立“互联网+”工会工作新模式。

【工会组织自身建设】校工会及时组织学习学校第十四次党代会和学校党委十四届八次全体（扩大）会议精神，认真贯彻落实。组织收看党的十九大会议实况，第一时间组织学习，工会全体人员参加了机关党委组织的党的十九大精神知识竞赛。校工会主席还被选为学校党委组建的“西南交通大学学习贯彻党的十九大精神宣讲团”成员，及时为学校有关单位解读十九大精神。在信息化与网络管理处等单位的支持下，自主开发了网上答题系统并建好题库，为更好组织全校教职工员工深入学习党的十九大精神奠定了基础。在人员和经费减少的情况下，校工会积极转变工作思路，充分发挥和调动部门工会、工会干部、工会积极分子、教职工各文体协会以及工会年轻专职干部的积极性，形成合力，较好地推进了各项工作的开展。积极推荐工会干部参加上级工会组织的各类培训，着力于提高素质和工作能力。指导信息学院、离退处、外语学院、唐山研究院、经管院、图书馆、机械学院、校机关、电气学院等部门工会按照民主程序完成换届；批准成立心理研究与咨询中心工会；经管学院、地学学院、医学院、机械学院等部门工会开展教职工之家建设，3 月 16 日，四川省总工会副主席武晓鹏、省教科文卫工会主席李长春等领导来校调研及检查工作时，对我校职工小家建设的有关工作给予充分肯定。初步完成工会系统数据库前期建设及工会组织和工会会员实名制数据库。表彰了 11 个先进工会集体，12 个先进女职工集体，38 名优秀工会干部，100 名优秀工会积极分子，14 名优秀女职工工作者，46 名先进女职工。完成了校工会主席离任审计整改工作；进一步规范了工会经费的使用，严格了报销手续。经反复协商，解除了工会俱乐部委托管理协议，收回管理权。电子科技大学、南京理工大学、西华大学等高校工会来校工作调研；参加了教育部部分直属高校第二十三次工会工作研讨会。此外，校工会积极思考成峨两地一体化管理后，如何开展工会、教代会工作的办法和措施。

【获奖和任职情况】经校工会推荐，罗霞获得“全国五一巾帼标兵”称号；翟婉明教授获得“中国标准动车组研发创新”（火车头奖章）。校工会还推荐我校薛长虹、于凯家庭为“四川省文明家庭”候选人；推荐马小荣家庭为第三届全国书香之家候选家庭。校工会获得 2016 年四川高校工会工作考核一等奖。工会主席阎开印当选四川省教科文卫工会第四届委员会常委，工会经审委主任沈竹当选四川省教科文卫工会第三届经审委委员，工会女教职工委员会主任李箐当选四川省教科文卫工会第三届女职工委员会委员。

（十）共青团工作

省内高校第一个制定出台《西南交通大学共青团改革方案》（西交党〔2017〕32 号），全面推进学校共青团改革，并取得显著成效。

【思想政治教育】（1）精心策划实施迎接、宣传、贯彻党的十九大主题教育活动，持续推进学习习近平总书记系列重要讲话精神“四进四信”，培育和践行社会主义核心价值观。（2）坚持思想建团，全年持续常态化地开展了“喜迎十九大”“四进四信”“不忘初心跟党走”等主题团日、主题学习会 300 余场，承办四川省纪念建团 95 周年主题团日活动，四川省委副书记邓小刚来校与青年团员代表共话五四精神。（3）集体观看十九大开幕会，邀请团省委副书记张荣、四川省青少年研究中心主任管雷、校党委常委沈火明、马院党委书记刘占祥等宣讲十九大精神。（4）成立“习近平新时代中国特色社会主义思想学习研究会”。（5）改革“青马工程”培养模式，依托院校两级团校，开设 36 讲理论实践课，集中培训 550 名团学干部；选拔推荐 10 名优秀学生骨干参加团省市委、团中央举办的大学生骨干培训；优化完善了精英班人才培养分类体系设置，与安靖镇等建立驻村挂职培养模式。（6）成立了校团委青年工作研究中心，围绕“网络育人”主题，就青年学生网络行为、学习生活及思想状况、学校网络文化建设等内容制定发放2 209份调查问卷，形成学校2017年《青年学生网络行为及思想调查调研报告》，为青年工作开展提供参考。

【学术科技与创新创业】（1）举办第15届“扬华杯”大学生课外学术科技作品竞赛，推选的优秀作品获得2017年“挑战杯”全国大学生课外学术科技作品竞赛全国赛二等奖1项，三等奖1项。（2）启动第二届“交通·未来”大学生创意作品大赛，增加分赛区初赛环节，由四个交大分别牵头四个分校区的作品选拔，共征集到全国60余所高校的223件优秀作品参加。（3）积极组织学生参加四川青年创业大赛、成都全球创新创业交易会、“创业天府菁蓉汇”、中国轨道交通产业创新创业大赛等校内外专场创新创业活动，屡创佳绩，胡溪同学被评为第二批四川省优秀大学生创业典型。

【社会实践与志愿服务】（1）创新组织方式，组建“三下乡”社会实践团队196支，参与学生1 300余名，指导教师87名，奔赴20个省、76个城市以及美国、英国等4个海外城市，围绕“一带一路”、精准扶贫、重走长征路等内容开展社会实践活动，参与规模创新高，学校团委获评团中央优秀组织奖，机关党委书记苏小桦等2名个人和交运学院“云情运卿”社会实践队等4个团队获得团中央表彰，首次包揽团中央在“三下乡”评选中团队、组织、个人全部类别优秀奖项。（2）发挥专业特色和学科优势，开展了“共享单车规划”等130余项优秀志愿服务活动，聚集“交通·公益”志愿服务品牌效应。（3）进一步完善志愿者时间认证机制，落实推动团员成为注册志愿者工作，学校注册志愿者人数达到28 836人，累计建立志愿服务基地500余个，全年志愿服务时间13万小时。（4）主动担当对口帮扶工作，牵头组建2支调研实践，选派6名老师和20名同学在暑期赴马尔康市和阿坝县开展了为期十天的精准扶贫调研工作。（5）做好西部计划志愿者和第20届研究生支教团的选拔工作。

【第二、三课堂工作】扎实推进第二、三课堂建设。作为共青团改革的重要牵引和突破口，积极完善顶层设计，确保项目开展取得实效。制定《西南交通大学第二、三课堂建设实施办法（试行）》（西交校〔2017〕10号），在2017级及以后所有本科生中全面实施。打造校级精品项目库，制定项目信息手册，在团中央来川督导共青团改革、学校本科教学审核评估中获得好评。举办四川省高校共青团“第二课堂成绩单”工作推进会，全省109所高校团委书记来校学习交流经验。《高校共青团改革背景下的“第二课堂成绩单”制度探索》获批2017年全国学校共青团课题研究重点项目，并通过中期考核。研发启用第二、三课堂网络信息管理平台2.0版，编制信息网络平台教师、学生操作手册及H5，实现学生培养全员化参与和全程化跟踪。全年发布第二、三课堂项目1 160项，2017级新生参与率达到99.5%。

【经典阅读活动】（1）重点建设山海原经典网，全年推送师生原创读书心得、好书推荐等文章400余篇，微博微信账号推送1 000余条，网站被教育部评为全国高校优秀网站。（2）依托网站、镜湖文学社等读书类社团，面向全校师生开展线下读书活动，先后结合4·23，9·28等开展了经典阅读联盟交流会、经典诵读、校园美文评选等活动120余场，在全校营造勤学习、爱学习、善学习的风气和氛围。

【学生会与社团工作】（1）根据《学联学生会组织改革方案》，加强学生会研究生会指导和制度建设，规范工作运行机制和学生干部队伍建设，完善学生代表大会制度及考核评价机制。（2）以学生会组织为主体、交大有思、法律专业学生共同建立线上线下协同响应的“青年之声”工作站，做学生与学校的桥梁纽带和学生工作的建言献策者。编发《“青年之声”工作简报》，做好典型案例教育，推动学生参与学校管理建设常态化，切实维护青年学生的正当权益。（3）进一步加强学生社团建设，服务学生成长，积极支持各单位工作。修订社团管理规定，规范各类社团建设，全年136个校级社团开展活动289项；帮助14个部处建立学生社团23个，既密切学校与学生之间联系，又服务部处工作、锻炼学生综合素质。（4）依托学生组织活动，构建“中华文化”特色活动、“经典阅读”特色活动、“活力校园”特色活动、“活力青春”特色活动四大校园文化活动分类体系。

【组织建设与干部培养工作】（1）完善校院两级团组织班子建设，全校公开招募了校团委挂职副书记1名、兼职副书记2名，按照专兼职不低于50%的比例完成校团委书记班子配备。积极推动分团委专兼挂队伍建设。（2）落实和完善团的代表大会制度，按照基层团组织工作条例和选举规则的要求，成功召开学校第二十二次团员代表大会，选举产生了新一届的委员会。校团委首次全体深入全校二级团组织调研了解情况。校党委王书记亲临大会并做重要讲话。制定《关于深入开展学习宣传贯彻第二十二次团代会精神的通知》。（3）加强对二级团组织指导，制定《西南交通大学基层团组织团建工作考核办法（试行）》，完善了学院团建工作考核指标及内容，制定并落实《关于加强新形势下团支部建设的实施意见》。在交运、茅以升、生命等3个学院试点开展“班团一体化”制度建设。开展特称团支部创建活动，全校有241个团支部申报创建。（4）开展共青团工作研究，面向全校立项校级重点课题5项，校级一般项目10项，其中有2项课题入选团中央2017年课题。

【宣传工作】（1）进一步完善学校“网上共青团12345”工作模式，发挥集群效应，打造全方位、多层次、多声部的学校共青团工作新媒体矩阵，进一步健全校院两级团组织网络新媒体工作矩阵。（2）以“青年传媒”学生全媒体中心品牌建设和“青年之声”互动社交平台建设为抓手，打造共青团组织思想引导的新载体、组织动员的新途径、新闻宣传的新渠道、立德树人的新实践、服务青年的新平台。（3）召开了2017年成都高校社团联盟网络新媒体类社团联盟工作交流会。（4）与中国青年报、中国高校传媒联盟联合举办“融合正当时·校媒再出发”高校校园媒体发展论坛，来自全国30余所高校的300余名师生参与，中青报6月6日以《30余所高校师生齐聚西南交通大学论剑——融合时代的校园媒体何去何从》为题对大会进行了整版报道。（5）交大有思新媒体获评2017年全国高校新媒体“十佳运营创新奖”。

（十一）机关党委与机关工会工作

【概况】2017年，机关党委深入学习贯彻党的十九大精神，深入学习习近平新时代中国特色社会主义思想，扎实推进“两学一做”常态化制度化，严格落实从严治党主体责任，大力推动“做成做优”文化。本年度，机关党委被评为学校“先进基层党组织”，机关党委书记苏小桦同志代表先进基层党组织和优秀党务工作者在学校“七一”表彰大会上发言。

【思想政治建设】2017年，机关党委持续推进“两学一做”常态化制度化，全年召开机关党委委员会议11次，开展中心组学习8次，支部书记会8次。一是在学校党委王顺洪书记带领下，校领导带头学习，带头参加考试，带头建言献策。全体党员校领导都讲了党课，还作为一名普通党员听了党课。二是组建十九大精神“菜单式宣讲团”，中心组成员主动要求列入“菜单”宣讲。实行支部学习计划全覆盖，学习全覆盖，考试全覆盖，全年讲党课207次。三是通过多层面、多途径、全覆盖深入学习领会习近平7·26重要讲话精神、学校思政会精神和学校党委十四届八次全会精神等，制定《机关党委“创一流”工作计划》。

【严格党内政治生活】严格执行“八项规定”，落实党风廉政建设责任制。一是在落实原有制度的基础上，制定了“四种留痕”“十二个必做”“双重组织生活内容”，修订了《机关工作规范》等。二是开展党支部书记述职评议考核、民主评议党员488名，1名党员被评议为不合格。三是针对2016年述职评议考核中反馈的问题进行整改。三是加强优秀职工和先进事迹的总结宣传，加强示范岗建设。四是开展两轮“‘两学一做’常态化”督导，落实专项整改。既接受学校督导组专项督导检查，又做好督导其他单位的工作。五是开展机关支部书记党建专项述职，高标准全覆盖，政治站位高。

【组织制度建设】一是加强班子建设，认真履行党建主体责任，持续推进五大“重点工程”落实“一岗五责”。二是选好配强机关纪委班子，陈璐为机关纪委书记，周海林、曹宏伟、宋新、张兴博为机关纪委委员。三是完成对机关 488 名党员基本信息的采集，完成 700 多名工会会员信息的采集，实现信息采集全覆盖。

【党建活动开展】结合学校重点，服务好学校综合改革，做出“两学一做”新特色。落实学校党委要求开展“学习十九大精神”考试，学校党委王顺洪书记亲自出题，608 名教职工积极参与。组织部、校工会和党政办平均分位列前三名。大家提出了不少共性的意见建议。校党委王顺洪书记、徐飞校长为精准扶贫领导小组组长，机关同志成为扶贫工作主力军。在合联处谭建鑫处长带领下，积极选派 42 人次的优秀机关干部参加督导，成立机关扶贫工作党员服务队。党办和团委支部联合开展的“精准扶贫，细致服务，让留守儿童成为健康成长的一代新人”主题党日活动被评为全校教职工党支部“十佳”主题党日活动。

【党建新闻宣传】线上线下联合传播党建好声音。《习近平谈治国理政（第二卷）》《十九大精神辅导百问》等 1 000 多册学习书籍第一时间送到支部和党员手中。全年党委网站“基层党建”共发 330 多篇支部党建新闻，机关党委微信平台全年推送近 500 篇，在组织部网站发稿量总数累计至 1 792 篇，并通过网站、综合楼电子显示屏、新媒体、党员之家等多途径展示。将今年“创先争优”校级和机关表彰的集体和个人设立为“党员示范岗”，以小红旗展示。在综合楼大厅显示屏和三楼平台职工之家进行示范宣传展示，并在网站、微信上推送。

【机关文化建设】一是积极开展机关文化理论研究，正式出版《西南交通大学机关“做成做优”文化的理论探索与实践》。二是深入开展“神秘访客”工作。访查工作增加了寒暑假值班情况访查，更新了指标，加大了访查力度，设立了专项访查，坚持将领导的一封信和结果一起反馈，坚持随时提醒反馈，在大家共同努力下将机关作风建设的品牌做好。三是营造“比学赶帮超”的良好氛围，促进干部队伍和机关部（处）建设。

【机关工会建设】党建带群建，建好机关大家庭，积极倡导“做成做优”文化。召开机关工会第七次代表大会，选举产生新一届机关工会委员；不断创新“职工之家”建设，开展“中国梦、交大美”主题摄影展、“机关创先争优光荣榜”、党员之家建设等宣传展示；机关党工团联合举办“喜庆十九大，再赴新征程”环校微型马拉松比赛；加强统一战线，先后进行了“侨情调研”等工作；全年慰问困难职工 39 人次。

【全年荣誉展示】

序号	获奖名称	获奖级别	获奖集体/个人
1	先进基层党组织	校级	机关党委
2	优秀党务工作者	校级	苏小桦
3	全校十佳党支部	校级	党委办公室党支部
4	优秀共产党员	校级	陈晨、朱炜、杨育鸿、史维生、闫月勤
	十佳优秀共产党员	校级	陈晨
5	十佳主题党日活动	校级	党委办公室党支部、校团委党支部
6	教育部党支部风采展示全国优秀或特色作品	教育部	党委组织部党支部、党委宣传部党支部、文科建设处党支部
7	2017 年全国大中专学生志愿者暑期“三下乡”社会实践活动优秀个人	团中央	苏小桦

六、发展规划与学科建设

（一）发展规划

2017 年是实施“十三五”规划的重要一年，是政治年，是学习年、落实年、改革年、质量年、攻坚年、稳定年，学校各项事业扎实推进，各项指标完成较好。

1. 内控指标

全方位推进轨道交通国家实验室申建工作。以超高速真空管道磁浮交通及动模风洞为抓手，以超高速真空管道磁浮交通及动模风洞、中低速常导磁浮工程化为主攻方向，开展机制体制创新，积极争取教育部、四川省、成都市等支持。

学校成功入选国家首批“双一流”建设高校，成为全国唯一以轨道交通为内涵的交通运输一流学科建设高校。

“十三五”期间连续两年实现职工规模零增加。

2. 办学规模

截至 2017 年底，全日制本科生规模 25，105 人，始终控制在 29 000 以内，研究生规模 12 835 人，其中全日制博士研究生为 2 178 人，硕士研究生为 10 657 人。

2017 年专任教师新增 64 人，教师规模 2 605 人。

3. 师资队伍建设

加大高层次人才的引进和培育力度。2017 年新增长江学者 4 人，杰青 1 人，优青 1 人，其他由学校认定的同层次人才 4 人（文科类）。

不断优化教师队伍结构，博士比例达到 56.12%，非本校学缘结构达到 55.03%。

加大青年人才的培育力度，雏鹰学者计划、金穗计划与青苗计划等初显成效，逐步扩大专职科研队伍，目前专职科研队伍达 36 人。

4. 学科建设

在 ESI 国际学科排名中，我校工程学、材料科学、计算机科学进入世界前 1%，其中工程学、材料科学已进入 ESI 排名前 5‰，计算机科学 ESI 排名迅速提升，已接近 5‰。

学校成功入选国家首批“双一流”建设高校，成为全国唯一以轨道交通为内涵的交通运输一流学科建设高校，在教育部第四轮学科评估中，交通运输工程一级学科获评 A+，土木工程一级学科获评 A-，机械工程、电气工程、信息与通信工程、计算机科学与技术、马克思主义理论、管理科学与工程和工商管理等 7 个学科为 B+，共有 9 个学科位列全国前 20%，数学、物理学完成一级学科博士点的布局。

5. 人才培养

积极组织教学成果奖的推荐评审工作，共评选出校级教学成果奖一等奖 55 项，二等奖 55 项，三等奖 42 项，推荐 36 个项目参加四川省级教学成果奖的评选。获得四川省一等奖 7 项、二等奖 12 项、三等奖 6 项；获批国家“万人计划”教学名师 1 名。

积极提升本科毕业生升学深造率，升学深造率达到 39.51%。

6. 科技创新

2017 年申报国家科学技术奖 11 项，获奖 3 项（其中一等奖 1 项，二等奖 2 项）。申报四川省科学技术奖 16 项，获奖 10 项，其中一等奖 3 项、二等奖1项；参与二等奖3项、三等奖3项。

通过精心策划组织，学校的纵向项目经费达到了历史最高点。国家重点研发计划新增项目主持3项、课题主持9项，合同总经费1.4亿元，包括首次主持“战略性国际科技创新合作重点专项”项目 1 项。

国家自然科学基金项目 177 项，同比增长 16.4%，经费 1.4 亿元，同比增长 75%，项目数和经费数均达到历史最好水平，经费首次破“亿”。其中，首次获得主持重大项目1项，获得重点类项目 14 项，创历年最高，获得国家杰青1项，优秀青年基金1项。2017年首次获批国家社科基金重点项目 2 项；2017 年我校教育部人文社科项目获批23项，位居全国高校14名。

SCI 收录论文 879 篇，同比增长 28.3%；SCI 学科影响因子前 1/10 的论文 115 篇，同比增长 325.7%；EI 收录论文 1 425 篇，同比增长 8.9%，实现我校科技论文五连增。入选 ESI 高被引学者 7 人。

7. 实验室体系

陆地交通地质灾害防治技术国家工程实验室、综合交通运输智能化国家地方联合工程实验室等正按照国家发改委要求，积极完成验收工作。

新增综合交通大数据应用技术国家工程实验室 1 个，已于 2017 年 1 月正式获国家发改委批准，积极争取各方资源进行建设。开展轨道交通质量基础国家工程中心的申建工作，系统开展交通装备标准研究、检测认证等工作。

8. 教育国际化

进一步扩大国家公派规模。2017 年派出各类学生共计 1 153 人次；其中，通过国家留学基金委各类项目派出学生达 153 人，较 2016 年增长约 40%。积极拓展海外工程实践项目，组织选拔优秀的学生赴海外参与实践项目，本年度，通过报名、面试等环节共组织 212 名本科生赴英国剑桥大学、美国俄克拉荷马、美国哥伦比亚大学等多所海外知名高校开展国际工程实践项目。

来华留学生生源结构得到明显优化。我校留学生结构发生明显变化，欧美学生，尤其是俄罗斯留学生明显增加。截至2017年12月，我校在校欧美学生已达 60 人，较过去三年增长近 25%；积极推进各类短期和双学位项目，认定出国替换创新创业实践学分，每年海外学习经历的学生人数达 300 余人。

积极探索拓展更多中外合作办学项目或机构。主动对接加拿大温莎大学、英属哥伦比亚大学等加方高校，积极探寻合作办学资源。

（二）学科建设

1. 学科概况

学校以工科见长，形成了工、理、文、生“四大学科群”。2017 年，新增数学、马克思主义理论 2 个一级学科授权点和工程博士专业学位授权点，学校目前拥有马克思主义理论、中国语言文学、数学、物理学、力学、机械工程、材料科学与工程、电气工程、信息与通信工程、控制科学与工程、计算机科学与技术、建筑学、土木工程、测绘科学与技术、地质资源与地质工程、交通运输工程、管理科学与工程、工商管理 18 个一级学科博士学位授权点和 39 个一级学科硕士学位授权点。2017 年新增工程博士专业学位授权点。

2.“双一流”建设

汇集力量全力申建“双一流”。成功入选国家首批“双一流”建设高校，成为全国唯一以轨道交通为内涵的交通运输一流学科建设高校，交通运输工程学科入选世界一流学科。制定《西南交通大学一流学科建设高校建设方案》，以建设交通运输学科群为对象，凝练了交通基础设施等五大方向，启动了学科群建设模式。建立了“双一流”建设领导小组和专家组，构建了“双一流”统筹协调管理机制。召开了“双一流”推进大会，出台了相关管理办法，有序推动“双一流”项目建设，积极争取国家建设资源。

在教育部第四轮学科评估中，学校共获得 2 个 A 类学科、14 个 B 类学科、12 个 C 类学科，其中交通运输工程一级学科获评 A+，土木工程一级学科获评 A-。

在 ESI 国际学科排名中，我校工程学、材料科学、计算机科学进入世界前 1%。

3. 国家重点学科

学校目前有机械工程、交通运输工程 2 个一级学科国家重点学科，车辆工程、桥梁与隧道工程等 10 个二级学科国家重点学科。

4. 国家重点（培育）学科

学校目前有电力电子与电力传动、岩土工程 2 个国家重点（培育）学科。

5. 四川省重点学科

学校目前有马克思主义理论、力学、材料科学与工程等 13 个一级学科省级重点学科。

七、人才培养

（一）办学层次

1. 博士学位授权一级学科

学校目前有马克思主义理论、中国语言文学、数学、物理学、力学、机械工程、材料科学与工程、电气工程、信息与通信工程、控制科学与工程、计算机科学与技术、建筑学、土木工程、测绘科学与技术、地质资源与地质工程、交通运输工程、管理科学与工程、工商管理共18个一级学科博士学位授权点。

2. 博士学位授权二级学科

学校目前按一级学科管理，人才培养涵盖18个一级学科博士学位授权点内的76个二级学科博士学位授权点。

3. 硕士学位授权一级学科

学校目前有马克思主义理论、中国语言文学、数学、物理学、力学、机械工程、材料科学与工程、电气工程、信息与通信工程、控制科学与工程、计算机科学与技术、建筑学、土木工程、测绘科学与技术、地质资源与地质工程、交通运输工程、管理科学与工程、工商管理、哲学、理论经济学、应用经济学、法学、政治学、心理学、外国语言文学、新闻传播学、设计学、系统科学、统计学、电子科学与技术、环境科学与工程、生物医学工程、城乡规划学、风景园林学、软件工程、安全科学与工程、药学、临床医学、公共管理共39个一级学科硕士学位授权点。

4. 硕士学位授权二级学科

学校目前有教育技术学、专门史、美术学、地图学与地理信息系统、生物化学与分子生物学、动力机械及工程、园林植物与观赏园艺、密码学 8 个无一级学科授权的二级学科硕士学位授权点。按一级学科管理、进行人才培养的涵盖39个一级学科硕士学位授权点内的177个二级学科硕士学位授权点，我校共有185个二级学科硕士学位授权点。

5. 专业学位授权点

学校目前有工程博士专业学位授权类别，工程硕士、工商管理硕士、建筑学硕士等15个硕士专业学位授权类别。其中，工程硕士涵盖建筑与土木工程、交通运输工程、测绘工程等24个领域。

西南交通大学专业学位授权点一览表

序号	类别	代码	领域	建设单位	授权年份
1	工程硕士	085213	建筑与土木工程	土木工程学院	1998
2		085222	交通运输工程	交通运输与物流学院	1998
				土木工程学院	
				信息科学与技术学院	
				牵引动力国家重点实验室	

续表

序号	类别	代码	领域	建设单位	授权年份
3	工程硕士	085215	测绘工程	地球科学与环境工程学院	2001
4		085217	地质工程	地球科学与环境工程学院	1999
5		085229	环境工程	地球科学与环境工程学院	2001
6		085224	安全工程	交通运输与物流学院	2006
7		085201	机械工程	机械工程学院	1997
8		085234	车辆工程	机械工程学院	1999
9		085203	仪器仪表工程	机械工程学院	2007
10		085207	电气工程	电气工程学院	1999
11		085210	控制工程	电气工程学院	2005
12		085208	电子与通信工程	信息科学与技术学院	1998
13		085211	计算机技术工程	信息科学与技术学院	2001
14		085212	软件工程	信息科学与技术学院	2006
15		085209	集成电路工程	信息科学与技术学院	2009
16		085236	工业工程	经济管理学院	2001
17		085239	项目管理	经济管理学院	2004
18		085204	材料工程	材料科学与工程学院	2001
19		085230	生物工程	材料科学与工程学院	2010
20		085202	光学工程	物理科学与技术学院	2002
21		085237	工业设计工程	建筑与设计学院	2005
22		085240	物流工程	交通运输与物流学院	
23		085235	制药工程	生命科学与工程学院	2010
24		085238	生物工程	生命科学与工程学院	2010
25	工商管理硕士	125100		经济管理学院	1996
26	高级管理人员工商管理硕士	125000		经济管理学院	2009
27	工程管理硕士	125600		经济管理学院	2010
28	会计硕士	125300		经济管理学院	2010
29	公共管理硕士	125200		公共管理学院	2007
30	国际商务硕士	025400		经济管理学院	2014
31	建筑学硕士	085100		建筑与设计学院	2014
32	风景园林硕士	095300		建筑与设计学院	2010
33	城市规划硕士	085300		建筑与设计学院	2014
34	翻译硕士	055100		外国语学院	2010
35	汉语国际教育	045300		外国语学院	2014
36	艺术硕士	135100		建筑与设计学院	2009
37	法律硕士（非法学）	035101		公共管理学院	2009
38	法律硕士（法学）	035102		公共管理学院	2009

6. 本科专业设置（按学科门类排序）

序号	专业代码	专业名称	所属教学单位	学制	学位授予门类
1	030101K	法学	公共管理与政法学院	4年	法学
2	030201	政治学与行政学	公共管理与政法学院	4年	法学
3	030503	思想政治教育	马克思主义学院	4年	法学
4	080401	材料科学与工程	材料科学与工程学院	4年	工学
5	080203	材料成型及控制工程	材料科学与工程学院	4年	工学
6	082601	生物医学工程	材料科学与工程学院	4年	工学
7	082502	环境工程	地球科学与环境工程学院	4年	工学
8	083102K	消防工程	地球科学与环境工程学院	4年	工学
9	081401	地质工程	地球科学与环境工程学院	4年	工学
10	081201	测绘工程	地球科学与环境工程学院	4年	工学
11	081202	遥感科学与技术	地球科学与环境工程学院	4年	工学
12	080601	电气工程及其自动化	电气工程学院	4年	工学
13	080701	电子信息工程	电气工程学院	4年	工学
14	080202	机械设计制造及其自动化	机械工程学院	4年	工学
15	080207	车辆工程	机械工程学院	4年	工学
16	080301	测控技术与仪器	机械工程学院	4年	工学
17	080501	能源与动力工程	机械工程学院	4年	工学
18	081002	建筑环境与能源应用工程	机械工程学院	4年	工学
19	081806T	交通设备信息工程	机械工程学院	4年	工学
21	082802	城乡规划	建筑与设计学院	5年	工学
22	082803	风景园林	建筑与设计学院	5年	工学
24	082901	安全工程	交通运输与物流学院	4年	工学
25	081801	交通运输	交通运输与物流学院	4年	工学
26	081802	交通工程	交通运输与物流学院	4年	工学
27	080102	工程力学	力学与工程学院	4年	工学
28	081302	制药工程	生命科学与工程学院	4年	工学
29	083001	生物工程	生命科学与工程学院	4年	工学
30	081001	土木工程	土木工程学院	4年	工学
31	080714T	电子信息科学与技术	物理科学与技术学院	4年	工学
32	080904K	信息安全	信息科学与技术学院	4年	工学
33	080801	自动化	信息科学与技术学院	4年	工学
34	080703	通信工程	信息科学与技术学院	4年	工学

续表

序号	专业代码	专业名称	所属教学单位	学制	学位授予门类
35	080901	计算机科学与技术	信息科学与技术学院	4年	工学
36	080903	网络工程	信息科学与技术学院	4年	工学
37	080902	软件工程	信息科学与技术学院	4年	工学
38	080905	物联网工程	信息科学与技术学院	4年	工学
39	080702	电子科学与技术	信息科学与技术学院	4年	工学
40	080802T	轨道交通信号与控制	信息科学与技术学院	4年	工学
41	080205	工业设计	建筑与设计学院	4年	工学
42	081005T	城市地下空间工程	土木工程学院	4年	工学
43	081007T	铁道工程	土木工程学院	4年	工学
44	081006T	道路桥梁与渡河工程	土木工程学院	4年	工学
45	081403	资源勘查工程	地球科学与环境工程学院	4年	工学
46	080604T	电气工程与智能控制	电气工程学院	4年	工学
47	082002	飞行器设计与工程	力学与工程学院	4年	工学
57	082801	建筑学	建筑与设计学院	5年	建筑学
20	120701	工业工程	机械工程学院	4年	工学
23	120602	物流工程	交通运输与物流学院	4年	工学
48	120401	公共事业管理	公共管理与政法学院	4年	管理学
50	120601	物流管理	交通运输与物流学院	4年	管理学
51	120102	信息管理与信息系统	经济管理学院	4年	管理学
52	120103	工程管理	经济管理学院	4年	管理学
53	120201K	工商管理	经济管理学院	4年	管理学
54	120203K	会计学	经济管理学院	4年	管理学
55	120901K	旅游管理	经济管理学院	4年	管理学
56	120801	电子商务	经济管理学院	4年	管理学
58	020101	经济学	经济管理学院	4年	经济学
59	020401	国际经济与贸易	经济管理学院	4年	经济学
60	020301K	金融学	经济管理学院	4年	经济学
61	070504	地理信息科学	地球科学与环境工程学院	4年	理学
62	071003	生物信息学	生命科学与工程学院	4年	理学
64	070101	数学与应用数学	数学学院	4年	理学
65	070102	信息与计算科学	数学学院	4年	理学
66	071201	统计学	数学学院	4年	理学
67	070202	应用物理学	物理科学与技术学院	4年	理学

续表

序号	专业代码	专业名称	所属教学单位	学制	学位授予门类
68	071102	应用心理学	心理研究与咨询中心	4年	理学
49	090503	森林保护	建筑与设计学院	4年	管理学
69	050103	汉语国际教育	外国语学院	4年	文学
70	050201	英语	外国语学院	4年	文学
71	050203	德语	外国语学院	4年	文学
72	050207	日语	外国语学院	4年	文学
73	050204	法语	外国语学院	4年	文学
74	050261	翻译	外国语学院	4年	文学
75	050101	汉语言文学	人文学院	4年	文学
76	050304	传播学	人文学院	4年	文学
77	050303	广告学	人文学院	4年	文学
78	050262	商务英语	外国语学院	4年	文学
63	100801	中药学	生命科学与工程学院	4年	理学
79	130201	音乐表演	人文学院	4年	艺术学
80	130402	绘画	建筑与设计学院	4年	艺术学
81	130502	视觉传达设计	建筑与设计学院	4年	艺术学
82	130503	环境设计	建筑与设计学院	4年	艺术学
83	130504	产品设计	建筑与设计学院	4年	艺术学

7. 成人教育专业

层次	专业及专业方向	层次	专业及专业方向
高升专	财务管理	高升本	土木工程
高升专	城市轨道交通车辆	高升本	自动化
高升专	城市轨道交通运营管理	高升专	机械制造与自动化
高升专	道路桥梁工程技术	高升专	建筑工程管理
高升专	电气化铁道技术	高升专	建筑工程技术
高升专	电子商务	高升专	建筑经济管理
高升专	工程测量与监理	高升专	交通运营管理
高升专	工程造价	高升专	金融管理与实务
高升专	工商企业管理	高升专	经济信息管理
高升专	工商行政管理	高升专	汽车技术服务与营销
高升专	焊接技术及自动化	高升专	软件技术
高升专	环境监测与治理技术	高升专	铁道工程技术
高升专	会计电算化	高升专	铁道机车车辆
高升本	电气工程及其自动化	高升专	铁道通信信号
高升本	工程造价	高升专	装饰艺术设计

续表

层次	专业及专业方向	层次	专业及专业方向
专升本	车辆工程	专升本	通信工程
专升本	电气工程及其自动化	专升本	土木工程
专升本	工程管理	专升本	土木工程（道路与桥梁）
专升本	工程造价	专升本	土木工程（工民建）
专升本	工商管理	专升本	土木工程（交通土建）
专升本	会计学	专升本	物流管理
专升本	机械设计制造及其自动化	专升本	自动化
专升本	交通运输		

8. 网络教育专业

层次	专业及专业方向
高升专	城市轨道交通运营管理
高升专	道路桥梁工程技术
高升专	电气化铁道技术（城市轨道交通自动化）
高升专	电气化铁道技术（电力机车）
高升专	电气化铁道技术（供电）
高升专	电气化铁道技术（铁道供电）
高升专	电气自动化技术
高升专	工程造价
高升专	工商企业管理
高升专	会计
高升专	机电一体化技术
高升专	机械制造与自动化
高升专	建筑工程管理
高升专	建筑工程技术（工民建）
高升专	人力资源管理
高升专	铁道车辆
高升专	铁道车辆（货车车辆检修）
高升专	铁道工程技术
高升专	铁道工程技术（大型养路机械）
高升专	铁道机车车辆
高升专	铁道机车车辆（电力机车驾驶）
高升专	铁道交通运营管理（高速铁路）
高升专	铁道交通运营管理（铁道运输）
高升专	铁道通信信号

续表

层次	专业及专业方向
高升专	铁道通信信号（铁道通信）
高升专	铁道通信信号（通信）
高升专	物流管理
高升专	行政管理
专升本	车辆工程
专升本	车辆工程（城市轨道交通）
专升本	车辆工程（动车组）
专升本	电气工程及其自动化
专升本	电气工程及其自动化（城市轨道交通自动化）
专升本	电气工程及其自动化（电力机车）
专升本	电气工程及其自动化（动车组）
专升本	电气工程及其自动化（铁道电气化）
专升本	电子商务
专升本	法学
专升本	工商管理
专升本	工商管理（人力资源管理）
专升本	公共管理（行政管理）
专升本	会计学
专升本	机械设计制造及其自动化
专升本	计算机科学与技术
专升本	交通运输
专升本	交通运输（城市轨道交通）
专升本	交通运输（高速铁路）
专升本	金融学
专升本	土木工程
专升本	土木工程（道路与桥梁）
专升本	土木工程（高速铁路）
专升本	土木工程（工程管理）
专升本	土木工程（工程造价）
专升本	土木工程（工民建）
专升本	土木工程（铁道工程）
专升本	物流管理
专升本	自动化（铁道通信）
专升本	自动化（铁路信号）

9. 西南交通大学2018年拟上岗招收博士研究生指导教师汇总表

序号	姓　名	一级学科	二级学科	研究方向	职称	工作单位	性别	出生年月
1	艾长发	交通运输工程	道路与铁道工程	1. 路面结构设计理论与方法 2. 路面新材料研发及应用技术	副教授	土木工程学院	男	1975.10
2	陈　嵘	交通运输工程	道路与铁道工程	铁路及城市轨道工程	副教授	土木工程学院	男	1981.09
3	蒋关鲁	交通运输工程	道路与铁道工程	1. 高速铁路与高速公路路基设计理论 2. 软弱地基处理与土工结构抗震加固技术机场工程	教授	土木工程学院	男	1962.05
4	李远富	交通运输工程	道路与铁道工程	1. 铁路公路工程决策理论与线路智能优化设计方法 2. 工程经济与项目管理	教授	土木工程学院	男	1962.05
5	刘学毅	交通运输工程	道路与铁道工程	轮轨系统动力学与高速重载轨道	教授	土木工程学院	男	1962.08
6	邱延峻	交通运输工程	道路与铁道工程	道路工程	教授	土木工程学院	男	1966.02
7	任娟娟	交通运输工程	道路与铁道工程	高速重载铁路轨道及轨道动力学	副教授	土木工程学院	女	1983.07
8	苏　谦	交通运输工程	道路与铁道工程	1. 土工结构设计理论与动力学 2. 路基结构新材料与新技术	教授	土木工程学院	男	1972.03
9	王郴平	交通运输工程	道路与铁道工程、交通运输规划与管理	1. 路面智能检测技术 2. 高铁表面伤损检测 3. 公路和机场路面表面三维激光成像技术；路面设计与管理数据库支持系统	教授	土木工程学院、美国俄克拉荷马州立大学	男	1964.01
10	王　平	交通运输工程	道路与铁道工程	1. 轨道不平顺及动力学 2. 高速铁路道岔设计理论、方法与评估技术构与动力学	教授	土木工程学院	男	1969.07
11	韦　凯	交通运输工程	道路与铁道工程	1. 高速铁路与城轨交通轨道结构 2. 轨道交通系统动力学	副研究员	土木工程学院	男	1980.12
12	易思蓉	交通运输工程	道路与铁道工程	1. 现代铁路选线设计理论及技术 2. 城市轨道交通线路规划与设计理论	教授	土木工程学院	女	1957.05

续表

序号	姓名	一级学科	二级学科	研究方向	职称	工作单位	性别	出生年月
13	赵国堂	交通运输工程	道路与铁道工程	1. 高速铁路建造技术 2. 轨道结构及轨道力学	教授	中国铁路总公司	男	1964.02
14	朱颖	交通运输工程	道路与铁道工程、交通运输规划与管理	高速与重载铁路轨道结构、高速与重载铁路轨道动力学、综合交通系统优化、城市及区域交通规划与发展战略研究	教授级高工	中铁二院	男	1963.06
15	罗强	交通运输工程、土木工程	道路与铁道工程、岩土工程	路基工程/土木技术	教授	土木工程学院	男	1963.12
16	崔叙	土木工程、建筑学	工程环境与景观	1. 交通景观与建筑 2. 城市规划与设计	教授	建筑与设计学院	男	1974.05
17	刘弘涛	土木工程	工程环境与景观	1. 乡土建筑保护修复 2. 文化遗产建筑防灾减灾	副教授	建筑与设计学院	男	1977.11
18	沈中伟	土木工程、建筑学	工程环境与景观	工程景观、城市景观、城市设计\建筑设计	教授	建筑与设计学院	男	1965.01
19	舒波	土木工程、建筑学	工程环境与景观	1. 可持续景观设计理论与方法 2. 低于景观理论 3. 地域性建筑与乡村聚落、建筑创作理论与实践	教授	建筑与设计学院	男	1971.10
20	耿萍	土木工程	桥梁与隧道工程	1. 隧道与地下结构抗减震理论 2. 盾构隧道结构理论	教授（通过校评）	土木工程学院	女	1964.04
21	郭春	土木工程、交通运输工程	桥梁与隧道工程、交通工程	1. 隧道通风防灾及节能 2. 智能交通及大数据 3. 交通信息管理与智能控制	副教授	土木工程学院	男	1979.01
22	马中国	土木工程	桥梁与隧道工程	1. 结构的老化及快速再生工程 2. 可持续发展结构	副教授	美国田纳西大学土木及环境工程系	男	1964.08
23	任辉启	土木工程	桥梁与隧道工程		工程院院士	总参工程兵科研三所	男	1953.05
24	赵灿晖	土木工程	桥梁与隧道工程	1. 桥梁抗震 2. 组合结构桥梁	教授	土木工程学院	男	1970.10
25	郑东生	土木工程	桥梁与隧道工程	1. 深水大跨度桥梁在海洋环境下动力响应 2. 海洋环境中海浪-海床结构物相互作用研究	教授	澳大利亚格里菲斯大学黄金海岸校区格里菲斯工程学院岩土系	男	1965.01

续表

序号	姓　名	一级学科	二级学科	研究方向	职称	工作单位	性别	出生年月
26	朱建文	土木工程	桥梁与隧道工程	1. 水流与结构物相互作用 2. 损伤力学与高性能混凝土	教授	University of California Los Angeles	男	1958.06
27	王东元	土木工程	桥梁与隧道工程；岩土工程	1. 岩土可靠度和风险分析控制理论 2. 盾构隧道结构分析和施工控制理论	教授（特聘教授）	美国德州大学	男	1967.01
28	张建强	土木工程	市政工程、工程环境与景观	1. 水处理理论与技术 2. 生态环境	教授	地球科学与环境工程学院	男	1963.01
29	邱　建	土木工程、建筑学	工程环境与景观	城市景观设计与理论、地域景观理论、景观理论与设计/城乡景观规划城市新区规划与设计/灾后重建规划与应用	教授	四川省建设厅	男	1961.05
30	李明水	土木工程	结构工程	1. 建筑结构风工程 2. 桥梁结构抗风	教授	土木工程学院	男	1966.07
31	潘　毅	土木工程	结构工程	1. 工程结构的抗震与隔震设计理论 2. 建筑遗产修缮与保护	副教授	土木工程学院	男	1977.09
32	孙玉平	土木工程	结构工程	1. 钢筋混凝土结构，钢管混凝土结构 2. 高强材料结构的结构性能，抗震诊断与补强，新型吸能device研发	教授	日本神户大学	男	1961.06
33	赵世春	土木工程	结构工程	1. 结构抗震设计理论 2. 柔性防护结构	教授	土木工程学院	男	1961.01
34	黄国庆	土木工程	结构工程、桥梁工程	1. 结构风工程 2. 桥梁风工程	副教授	土木工程学院	男	1976.09
35	李小珍	土木工程	桥梁及隧道工程	1. 桥梁结构动力学响应 2. 轨道交通桥梁减振与减噪	教授	土木工程学院	男	1970.01
36	卜一之	土木工程	桥梁与隧道工程	1. 大跨度斜拉桥结构设计理论及施工控制 2. 钢结构与组合结构桥梁	教授	土木工程学院	男	1961.03
37	陈寿根	土木工程	桥梁与隧道工程	1. 复杂地质和复杂环境条件下的隧道施工力学行为研究 2. 不连续岩体隧道施工全过程离散单元模拟技术 3. 隧道结构动力响应分析技术	教授	土木工程学院	男	1963.09

续表

序号	姓名	一级学科	二级学科	研究方向	职称	工作单位	性别	出生年月
38	陈新中	土木工程	桥梁与隧道工程	1. 桥梁风工程 2. 结构风工程，结构动力学	教授	美国 Texas Tech Univercity	男	1964.09
39	仇文革	土木工程	桥梁与隧道工程	1. 隧道寿命全过程力学行为与控制技术 2. 隧道及地下工程近接施工力学原理与对策	教授	土木工程学院	男	1959.08
40	单德山	土木工程	桥梁与隧道工程	桥梁结构健康监测、大跨度桥梁施工控制	教授	土木工程学院	男	1969.07
41	高波	土木工程	桥梁与隧道工程	1. 高烈度地震区山岭隧道抗减震技术 2. 大跨度隧道施工力学特性研究 3. 高速铁路隧道空气动力学研究 4. 地下铁道施工力学研究 5. 地下铁道耐久性研究	教授	土木工程学院	男	1957.05
42	何川	土木工程	桥梁与隧道工程	1. 地铁及水下盾构隧道结构理论 2. 大型及复杂交通隧道结构安全 3. 长大交通隧道营运控制	教授	土木工程学院	男	1964.06
43	雷升祥	土木工程	桥梁与隧道工程	设计与施工；防灾减灾理论	教授级高工	中铁二十局集团公司	男	1965.03
44	李亚东	土木工程	桥梁与隧道工程	1. 桥梁设计理论与施工控制 2. 现代桥式与桥梁设计理论 3. 钢桥稳定与疲劳	教授	土木工程学院	男	1956.12
45	廖海黎	土木工程	桥梁与隧道工程；防灾减灾工程及防护工程	桥梁及结构风工程、工程结构振动控制	教授	土木工程学院	男	1956.06
46	蒲黔辉	土木工程	桥梁与隧道工程	1. 大跨度预应力混凝土桥结构行为的研究 2. 新建桥梁及既有桥梁结构的研究与评估	教授	土木工程学院	男	1965.09
47	漆泰岳	土木工程	桥梁与隧道工程	1. 复杂条件地铁施工安全及环境控制 2. 隧道超前地质预报及对策 3. 软岩（土）支护理论与技术 4. 隧道结构病毒快速诊断及治理	教授	土木工程学院	男	1958.05

续表

序号	姓　名	一级学科	二级学科	研究方向	职称	工作单位	性别	出生年月
48	钱永久	土木工程	桥梁与隧道工程	1. 既有桥梁结构的评估、诊断与加固理论 2. 桥梁结构行为及设计理论 3. 预应力混凝土结构理论以及大跨度混凝土桥梁的设计理论与工程实践	教授	土木工程学院	男	1963.06
49	秦顺全	土木工程	桥梁与隧道工程	大跨度混凝土桥梁的设计理论与工程实践	教授	土木工程学院	男	1963.07
50	沈锐利	土木工程	桥梁与隧道工程	1. 现代桥式及桥梁结构设计理论 2. 桥梁结构动力响应	教授	土木工程学院	男	1963.05
51	王明年	土木工程	桥梁与隧道工程	1. 隧道及地下工程运营节能与通风防灾 2. 交通隧道设计理论与施工技术 3. TBM 隧道结构理论与施工控制	教授	土木工程学院	男	1965.03
52	晏启祥	土木工程	桥梁与隧道工程	1. 现代盾构隧道理论 2. 隧道结构动力学理论 3. 隧道围岩水热力三场耦合理论	教授	土木工程学院	男	1971.01
53	杨永清	土木工程	桥梁与隧道工程	1. 现代桥式及桥梁结构设计理论 2. 既有桥梁结构损伤识别与健全性评估理论 3. 桥梁结构施工控制理论 4. 大跨度桥梁结构行为	教授	土木工程学院	男	1965.10
54	张清华	土木工程	桥梁与隧道工程	1. 大跨度斜拉桥结构设计理论及施工控制 2. 钢结构与组合结构桥梁	副教授	土木工程学院	男	1975.02
55	张志强	土木工程	桥梁与隧道工程	1. 大型及复杂地下结构施工力学 2. 隧道与地下工程信息化理论与方法 3. TBM 隧道施工控制及技术	教授	土木工程学院	男	1968.11
56	赵人达	土木工程	桥梁与隧道工程	1. 现代桥式、桥梁结构设计理论与工程实践 2. 既有桥梁结构损伤识别与健全性评估 3. 结构非线性分析及组合结构行为	教授	土木工程学院	男	1964.11

续表

序号	姓　名	一级学科	二级学科	研究方向	职称	工作单位	性别	出生年月
57	郑凯锋	土木工程	桥梁与隧道工程	1. 大跨复杂钢桥结构行为 2. 全桥结构仿真分析计算	教授	土木工程学院	男	1963.01
58	郑史雄	土木工程	桥梁与隧道工程	1. 桥梁抗风与抗震分析 2. 桥梁结构动力学	教授	土木工程学院	男	1965.08
59	周晓军	土木工程	桥梁与隧道工程	隧道与地下工程设计理论与施工力学	教授	土木工程学院	男	1969.05
60	祝　兵	土木工程	桥梁与隧道工程	1. 现代桥式及桥梁结构设计理论 2. 大跨度桥梁结构空间力学行为与数值方法 3. 桥梁结构耦合动力学理论及数值方法	教授	土木工程学院	男	1965.02
61	李永乐	土木工程	桥梁与隧道工程、防灾减灾工程及防护工程	桥梁结构风工程 车桥耦合振动	教授	土木工程学院	男	1972.07
62	杨顺生	土木工程	市政工程	1. 膜技术处理渗滤液 2. 污泥处理新技术	教授	土木工程学院	男	1961.11
63	付永胜	土木工程	市政工程、工程环境与景观	1. 水处理理论与技术 2. 市政工程规划与管理	教授	地球科学与环境工程学院	男	1963.01
64	黄　涛	土木工程	市政工程、工程环境与景观	1. 工程水环境效应及其控制 2. 工程节能减排	教授	地球科学与环境工程学院	男	1970.08
65	刘　丹	土木工程	市政工程、工程环境与景观	城市垃圾处理理论与技术	教授	地球科学与环境工程学院	男	1957.01
66	邓荣贵	土木工程	岩土工程	1. 岩土体力学特性与理论 2. 岩土工程新型结构 3. 岩土工程地质灾害与防治理论	教授	土木工程学院	男	1960.09
67	马建林	土木工程	岩土工程	1. 地基基础工程 2. 深基坑及边坡支护工程	教授	土木工程学院	男	1958.02
68	张继春	土木工程	岩土工程	1. 爆破工程 2. 岩石动力学与工程	教授	土木工程学院	男	1963.02
69	张建经	土木工程	岩土工程	1. 岩土工程结构抗震理论 2. 高速铁路路基设计理论 3. 边坡稳定性理论及支挡防护技术	教授	土木工程学院	男	1960.11

续表

序号	姓　名	一级学科	二级学科	研究方向	职称	工作单位	性别	出生年月
70	赵兴权	土木工程	岩土工程	1. 地震岩土工程 2. 结构抗减震	教授	土木工程学院	男	1958.06
71	王复明	土木工程、交通运输工程	1. 桥梁与隧道工程；岩土工程 2. 道路与铁道工程		工程院院士	郑州大学	男	1957.03
72	杜彦良	土木工程、交通运输工程	桥梁与隧道工程、道路与铁道工程	1. 铁路及城市轨道工程 2. 路基土工结构设计理论与路基工程建造技术	教授	石家庄铁道大学	男	1956.01
73	刘先峰	交通运输工程	道路与铁道工程	1. 特殊土地基处理及等场耦合理论分析 2. 非饱和土力学	教授	土木工程学院	男	1980.10.
74	曾艳华	土木工程	桥梁与隧道工程	1. 大型交通隧道工程运营环境控制及防灾救援技术 2. 隧道及地下工程设计理论	教授	土木工程学院	男	1968.07
75	马存明	土木工程	桥梁与隧道工程	桥梁风工程	副教授	土木工程学院	男	1976.07
76	赵　锐	土木工程、测绘科学与技术	市政工程	1. 可持续设计理论与技术 2. 城市低碳发展理论 3. 资源与环境星系技术 4. 环境风险与决策	教授	地球科学与环境工程学院	男	1983.03
77	赵春发	交通运输工程	车辆工程、载运工具运用工程	1. 高速、重载铁路列车与轨道系统动力学 2. 磁悬浮列车与线路理论及技术	研究员	牵引动力国家重点实验室	男	1973.01
78	李　芾	机械工程	车辆工程、城市轨道交通技术与装备	机车车辆设计理论	教授	机械工程学院	男	1956.09
79	郭　俊	机械工程	城市轨道交通技术与装备	轮轨关系、轮轨摩擦学	研究员	科学技术发展研究院	男	1972.12
80	张夫也	机械工程	工业设计与工程	外国设计艺术历史与理论、设计批评与设计美学	教授	人文学院	男	1955.05
81	支锦亦	机械工程、建筑学	工业设计与工程	交通工具设计研究、老龄产品设计及人因工程、建筑设计及理论	教授	建筑与设计学院	女	1974.01
82	支　宇	机械工程、中国语言文学	工业设计与工程	文艺美学与批评理论/比较诗学	教授	人文学院	男	1969.07

续表

序号	姓　名	一级学科	二级学科	研究方向	职称	工作单位	性别	出生年月
83	陈春俊	机械工程	机械电子工程	1 机电系统测试、诊断与控制 2 交通设备性能测试及主动控制	教授	机械工程学院	男	1967.07
84	陈　翔	机械工程	机械电子工程	1. 智能控制 2. 机器视觉	教授	加拿大温莎大学	男	1963.06
85	蔡振兵	机械工程；材料科学与工程	机械设计及理论	摩擦学及表面工程、材料服役行为	研究员	机械工程学院	男	1981.03
86	靳忠民	机械工程	机械设计及理论	生物摩擦学、人工关节设计及制造、有限元在工程中的应用及计算、组织工程	教授	机械工程学院	男	1963.04
87	莫继良	机械工程	机械设计及理论	1. 摩擦学及表面工程 2. 摩擦振动噪声	副研究员	机械工程学院	男	1982.02
88	张则强	机械工程	机械设计及理论	1. 机械智能优化与动态仿真 2. 制造系统与智能优化	教授	机械工程学院	男	1978.05
89	胡广地	机械工程		1. 汽车发动机及排放控制 2. 汽车车辆电子控制	教授	机械工程学院	男	1964.11
90	池茂儒	机械工程、交通运输工程	车辆工程/载运工具运用工程	高速列车耦合系统动力学、重载长大列车运输安全性、城市轻轨车辆设计理论及控制	研究员	牵引动力国家重点实验室	男	1973.10
91	董大伟	机械工程	车辆工程	震动与噪声控制	教授	机械工程学院	男	1963.04
92	刘建新	机械工程	车辆工程	车辆动力学、车辆优化调度	教授	牵引动力国家重点实验室	男	1965.01
93	罗世辉	机械工程、交通运输工程	车辆工程/载运工具运用工程	车辆设计及理论、车辆强度及可靠性	教授	牵引动力国家重点实验室	男	1964.04
94	米彩盈	机械工程	车辆工程	机车车辆设计理论	教授	机械工程学院	男	1965.03
95	王开云	交通运输工程、交通运输工程	车辆工程/载运工具运用工程	铁路大系统动力学、现代铁路轮轨动态相互作用及其安全控制	研究员	牵引动力国家重点实验室	男	1974.07
96	邓　斌	机械工程	机械电子工程	机电液系统集成及智能控制、电液控制与电子—气动控制	教授	机械工程学院	男	1964.09
97	高宏力	机械工程	机械电子工程	机电一体化技术	教授	机械工程学院	男	1971.12
98	柯　坚	机械工程	机械电子工程	机电液系统集成及智能控制、电液控制与电子—气动控制	教授	机械工程学院	男	1963.07
99	乐嘉陵	机械工程	机械电子工程	高超声速空气动力学/飞行器结构与控制系统	院士/研究员	中国空气动力研究与发展中心	男	1936.03

续表

序号	姓　名	一级学科	二级学科	研究方向	职称	工作单位	性别	出生年月
100	肖世德	机械工程	机械电子工程	机电一体化系统数字化设计与控制	教授	机械工程学院	男	1967.04
101	陈光雄	机械工程	机械设计及理论	载流摩擦学、摩擦噪声	教授	机械工程学院	男	1962.03
102	程文明	机械工程	机械设计及理论	数字物流与智能技术、现代物流技术与设备	教授	机械工程学院	男	1963.06
103	崔树勋	机械工程、材料科学与工程	机械设计及理论	纳米力学、分子马达、高分子单链力学、分子自组装	教授	机械工程学院	男	1977.04
104	何其昌	机械工程	机械设计及理论	力学	教授	机械工程学院	男	1963.11
105	李柏林	机械工程	机械设计及理论	图形图像处理及逆向工程，机构学机器人与优化技术	教授	机械工程学院	男	1962.10
106	李　立	机械工程	机械设计及理论	机构学、机器人学及设计自动化、智能系统设计	教授	机械工程学院	女	1965.06
107	李　炜	机械工程	机械设计及理论	1. 生物摩擦学 2. 材料表面工程	研究员	机械工程学院	女	1969.05
108	刘启跃	机械工程	机械设计及理论	轮轨关系、轮轨摩擦学	教授	机械工程学院	男	1964.05
109	欧阳华江	机械工程	机械设计及理论	结构动力学及控制	教授	英国利物浦大学	男	1963.07
110	钱林茂	机械工程、材料科学与工程	机械设计及理论	纳米摩擦学、纳米制造、生物摩擦学	教授	机械工程学院、摩擦学研究所	男	1971.06
111	任平弟	机械工程	机械设计及理论	1. 摩擦学与表面工程 2. 金属材料磨损腐蚀与防护	教授	人事处	男	1960.01
112	汪旭光	机械工程	机械设计及理论	安全工程	院士/教授	北京矿冶研究总院	男	1939.12
113	王文健	机械工程	机械设计及理论	轮轨关系、伤损及预防措施；轮轨检测与监测	副研究员	机械工程学院	男	1980.06
114	谢　进	机械工程	机械设计及理论	机构学机器人及设计自动化	教授	机械工程学院	男	1959.07
115	郑　靖	机械工程	机械设计及理论	生物摩擦学	研究员	机械工程学院	女	1974.02
116	周仲荣	机械工程、材料科学与工程	机械设计及理论	生物摩擦学、微动摩擦学	教授	机械工程学院	男	1965.08
117	朱旻昊	机械工程、材料科学与工程	机械设计及理论	摩擦学、表面工程、高铁材料、核电材料服役行为研究，表面工程及摩擦学	教授	机械工程学院	男	1968.07
118	丁国富	机械工程	机械制造及其自动化	数字化设计与制造技术	教授	机械工程学院	男	1972.02

续表

序号	姓　名	一级学科	二级学科	研究方向	职称	工作单位	性别	出生年月
119	傅　攀	机械工程	机械制造及其自动化	智能化状态监测与故障诊断	教授	机械工程学院	男	1961.03
120	秦圣峰	机械工程	机械制造及其自动化	复杂机电产品数字化设计与制造，虚拟样机技术	兼职教授	英国布鲁内尔大学	男	1962.12
121	阎开印	机械工程	机械制造及其自动化	数字化设计与制造技术	教授	教务处	男	1961.08
122	翟婉明	机械工程、交通运输工程	车辆工程、载运工具运用工程	铁路大系统动力学理论及应用、高速列车运行安全性、高速列车与线桥结构动态相互作用、重载铁路轮轨动力作用	院士/教授	牵引动力国家重点实验室	男	1963.08
123	陈　辉	机械制造及其自动化；材料科学与工程		先进表面修复及再制造、高速铁路焊接技术、高速列车焊接、表面工程教授	教授	材料科学与工程学院	男	1970.05
124	邓自刚	交通运输工程、力学	1. 载运工具运用工程 2. 交通信息工程及控制 3. 车辆工程 4. 动力学与控制	超导磁悬浮交通、管道磁悬浮交通	副教授	牵引动力国家重点实验室	男	1982.04
125	马光同	交通运输工程、电气工程	载运工具运用工程、车辆工程、电工理论与新技术	1. 超导磁悬浮系统动力学 2. 超导线性牵引技术	研究员	牵引动力国家重点实验室	男	1982.10
126	圣小珍	交通运输工程、机械工程	载运工具运用工程、车辆工程	1. 铁路振动与噪声 2. 车辆/轨道系统动力学 3. 车用涡轮增压器振动噪声与可靠性	教授	机械工程学院	男	1962.06
127	蔡成标	交通运输工程、机械工程	载运工具运用工程、车辆工程	高速列车与线路及桥梁的相互作用、铁路大系统动力学理论及仿真	教授	牵引动力国家重点实验室	男	1963.05
128	曾　京	交通运输工程、机械工程	载运工具运用工程、车辆工程	车辆系统动力学、振动主动控制	教授	牵引动力国家重点实验室	男	1963.09
129	戴焕云	交通运输工程、机械工程	载运工具运用工程、车辆工程	车辆系统动力学及控制、机车车辆设计及理论	教授	牵引动力国家重点实验室	男	1966.03
130	金学松	交通运输工程、机械工程	载运工具运用工程、车辆工程	轮轨关系、车辆/轨道结构动力学	教授	牵引动力国家重点实验室	男	1956.09

续表

序号	姓　名	一级学科	二级学科	研究方向	职称	工作单位	性别	出生年月
131	康国政	交通运输工程、力学	载运工具运用工程、固体力学	机车车辆结构及可靠性、固体材料本构关系、固体材料破坏与结构安全评估、复合材料力学	教授	牵引动力国家重点实验室、力学与工程学院	男	1969.08
132	林建辉	交通运输工程、机械工程	载运工具运用工程、车辆工程	机械故障诊断及运行安全监测、信号分析与处理	教授	牵引动力国家重点实验室	男	1964.01
133	鲁连涛	交通运输工程、机械工程	载运工具运用工程、车辆工程	材料疲劳与断裂、无损检测（超声波探伤技术）	教授	牵引动力国家重点实验室	男	1965.01
134	沈志云	交通运输工程、机械工程	载运工具运用工程、车辆工程	车辆系统动力学及控制、高速列车轮轨关系研究	院士	牵引动力国家重点实验室	男	1929.05
135	温泽峰	交通运输工程、机械工程	载运工具运用工程、车辆工程	高速重载轮轨耦合关系、高速列车和城市轨道交通减振动降噪	副研究员	牵引动力国家重点实验室	男	1976.05
136	邬平波	交通运输工程、机械工程	载运工具运用工程、车辆工程	机车车辆疲劳强度研究、车辆系统动力学	教授	牵引动力国家重点实验室	男	1968.08
137	张继业	交通运输工程、机械工程	载运工具运用工程、车辆工程、交通信息工程与控制	车辆动力学与控制、列车空气动力学、多车辆协调控制、混合动力车辆控制	教授	牵引动力国家重点实验室	男	1965.06
138	张建军	交通运输工程、机械工程	载运工具运用工程、车辆工程	高速列车碰撞过程的运动捕捉技术、基于计算机图形学的高速列车碰撞仿真、过渡曲面研究及在高速列车头型设计中的应用	教授	牵引动力国家重点实验室	男	1959.08
139	张卫华	交通运输工程、机械工程	载运工具运用工程、车辆工程	机车车辆动力学、强度及控制	教授	牵引动力国家重点实验室	男	1961.04
140	赵永翔	交通运输工程、机械工程	载运工具运用工程、车辆工程	车辆结构可靠、车辆系统可靠性	教授	机械工程学院	男	1963.02
141	雷　波	土木工程	供热、供燃气、通风及空调工程	通风技术、建筑节能	教授	机械工程学院	男	1961.05
142	余南阳	土木工程	供热、供燃气、通风及空调工程	空调过程控制与节能	教授	机械工程学院	男	1961.02
143	袁艳平	土木工程、建筑学	供热、供燃气、通风及空调工程	建筑节能、建筑可再生能源技术、热湿环境控制技术	教授	机械工程学院	男	1973.06

续表

序号	姓　名	一级学科	二级学科	研究方向	职称	工作单位	性别	出生年月
144	张昆仑	电气工程	电磁悬浮与超导工程	1. 磁浮列车 2. 线性驱动	教授	电气工程学院	男	1964.06
145	赵　勇	电气工程、材料科学与工程	电磁悬浮与超导工程	1. 超导储能技术 2. 超导磁浮技术、电工材料应用 3. 能源材料及应用、超导材料及应用、新型功能材料及制备	教授	超导与新能源研究开发中心	男	1960.05
146	陈全芳	电气工程	电工理论与新技术	1. 电力系统高强高导导线及节能系统 2. 微纳尺度传感器	首席教授	电气工程学院	男	1959.03
147	王　豫	电气工程、材料科学与工程	电工理论与新技术	1. 电磁新型电磁场调控推进 2. 超导电工电磁能储存变项技术 3. 极端电磁条件下材料特性与应用	教授	电气工程学院	男	1960.11
148	朱峰	电气工程	电工理论与新技术	1. 电磁兼容设计与技术 2. 电磁环境分析与评估	教授	电气工程学院	男	1963.01
149	卿安永	电气工程	电工理论与新技术、轨道交通电气化与信息技术	1. 散射与逆散射 2. 自然优化	教授	电气工程学院	男	1972.05
150	丁荣军	电气工程	电力电子与电力传动	机车车辆交流传动与网络控制技术理论	教授级高工/院士	中国中车株洲电力机车研究所有限公司	男	1961.11
151	冯晓云	电气工程	电力电子与电力传动	1. 电力牵引交流传动与控制 2. 列车运行优化控制	教授	电气工程学院	女	1962.01
152	舒泽亮	电气工程	电力电子与电力传动	1. 同相供电系统中的变换器及其控制 2. 多电平变换器及其应用	教授	电气工程学院	男	1979.05
153	许建平	电气工程	电力电子与电力传动	1. 高频开关功率变换器电路拓扑和控制技术 2. 电力电子系统的非线性现象和动力学行为	教授	电气工程学院	男	1963.06
154	周国华	电气工程	电力电子与电力传动	1. 电力电子变换器建模分析、调制方法和控制策略 2. 直流微网接口变换器数字控制技术	教授	电气工程学院	男	1983.02

续表

序号	姓名	一级学科	二级学科	研究方向	职称	工作单位	性别	出生年月
155	陈维荣	电气工程	电力系统及其自动化	1. 电力系统自动化 2. 新能源技术及应用	教授	电气工程学院	男	1965.01
156	高仕斌	电气工程	电力系统及其自动化	1. 牵引供电自动化 2. 牵引供电安全保障技术	教授	电气工程学院	男	1963.12
157	何正友	电气工程	电力系统及其自动化	1. 电力系统信号与信息处理 2. 能源互联网与智能电网	教授	电气工程学院	男	1970.06
158	解绍锋	电气工程	电力系统及其自动化	1. 牵引供电系统 2. 电能质量	教授	电气工程学院	男	1976.04
159	李奇	电气工程	电力系统及其自动化	1. 电力系统稳定与控制 2. 微电网运行与控制	教授	电气工程学院	男	1984.02
160	李群湛	电气工程	电力系统及其自动化	1. 牵引供电系统分析 2. 电力系统自动化	教授	电气工程学院	男	1957.12
161	刘志刚	电气工程	电力系统及其自动化	1. 轨道交通自动化系统及关键技术 2. 信号处理及信息理论在电力系统中的应用	教授	电气工程学院	男	1975.11
162	麦瑞坤	电气工程	电力系统及其自动化	1. 电力系统及其自动化 2. 非接触电能传输	副教授	电气工程学院	男	1980.11
163	钱清泉	电气工程	电力系统及其自动化	1. 工业监控技术、牵引供电系统调度自动化 2. 微机保护与变电所综合自动化、电气系统故障诊断检测与诊断	教授/院士	电气工程学院	男	1936.05
164	童晓阳	电气工程	电力系统及其自动化	1. 电网故障诊断、电网连锁故障分析、广域后备保护 2. 智能变电站	副教授	电气工程学院	男	1970.07
165	王晓茹	电气工程	电力系统及其自动化	1. 电力系统保护与安全稳定控制 2. 新能源并网与智能电网	教授	电气工程学院	女	1962.11
166	赵海全	电气工程、交通运输工程	电气系统控制与信息技术、交通运输规划与管理	1. 智能信息处理，交通信息流检测，主动噪声控制及自适应滤波 2. 电能质量控制	教授	电气工程学院	男	1974.08
167	高国强	电气工程	高电压与绝缘技术	1. 高电压与绝缘技术 2. 电弧与电接触	副教授	电气工程学院	男	1981.10
168	吴广宁	电气工程	高电压与绝缘技术	电气绝缘技术 1. 高压电气设备绝缘评估及状态检修 2. 过电压防护与绝缘设计	教授	电气工程学院	男	1969.07

续表

序号	姓　名	一级学科	二级学科	研究方向	职称	工作单位	性别	出生年月
169	周利军	电气工程	高电压与绝缘技术	1. 电气设备状态检测与故障诊断 2. 过电压保护	教授	电气工程学院	男	1978.05
170	郭正邦	电气工程		1. 电力电子器件 2. 电子电路设计	教授	电气工程学院	男	1956.10
171	马　磊	电气工程、控制科学与工程	控制理论与控制工程、轨道交通电气化与自动化	1. 机器人控制 2. 新能源系统控制 3. 列车牵引传输控制 4. 大数据智能电频分析	教授	电气工程学院	男	1972.04
172	金炜东	电气工程、控制科学与工程	模式识别与智能系统、检测技术与自动化装置、电力系统及其自动化、轨道交通电气化与信息技术、控制理论与控制工程	智能信息处理与模式识别、智能视频监控与图形图像技术、系统仿真与优化、信息系统工程、智能系统与决策	教授	电气工程学院	男	1959.09
173	张葛祥	电气工程、控制科学与工程		1. 模式识别与智能系统 2. 电力系统及其自动化	教授	电气工程学院	男	1974.04
174	周克敏	控制科学工程	控制理论与控制工程	1. 鲁棒控制、多目标最优控制 2. 系统故障诊断与容错控制	教授	电气工程学院	男	1962.05
175	陈　杰	控制科学与工程	控制理论与控制工程	1. 网络控制与信息理论 2. 系统辨识、鲁棒控制	教授	电气工程学院	男	1963.01
176	黄德青	控制科学与工程	控制理论与控制工程	1. 现代控制理论及应用 2. 高速列车运行控制粘着控制	教授	电气工程学院	男	1980.04
177	张宏伟	控制科学与工程	控制理论与控制工程	1. 多智能体系统分布式协调控制及其在智能电网中的应用 2. 智能材料与智能结构的非线性控制理论与应用	副教授	电气工程学院	男	1979.10
178	陈滋利	控制科学与工程、控制科学与工程	控制理论与控制工程	1. 系统工程 （1）泛函分析及其应用 （2）算子理论及其在系统控制中的应用 2. 算子理论及其在系统控制中的应用、泛函分析及其应用	教授	数学学院	男	1961.01

续表

序号	姓　名	一级学科	二级学科	研究方向	职称	工作单位	性别	出生年月
179	庄圣贤	电气工程	电力电子与电力传动	1. 电机及其调速与电传动系统控制 2. 新型能源电力变换与分布式发电系统控制技术	教授	电气工程学院	男	1964.09
180	陈锦雄	交通运输工程；控制科学与工程	载运工具运用工程、车辆工程、模式识别与智能信息处理、智能视频监控与网络信息技术、智能信息处理及其在电气系统中的应用	1. 轨道交通信息化与智能化 2. 计算机视觉与机器智能	教授	电气工程学院	男	1962.08
181	孙林夫	计算机科学与技术		云服务平台技术、产业价值链协同云服务技术	教授	信息科学与技术学院	男	1963.07
182	陈红梅	计算机科学与技术		智能信息处理、大数据分析与数据挖掘	教授	信息科学与技术学院	女	1971.06
183	秦克云	计算机科学与技术		多值逻辑、粗糙集理论与应用	教授	数学学院	男	1962.01
184	徐　扬	计算机科学与技术、管理科学与工程		服务管理、决策科学、智能信息处理、自动推理	教授	数学学院	男	1956.09
185	李天瑞	计算机科学与技术、交通运输工程	交通信息工程与控制	大数据分析与数据挖掘、云计算技术	教授	信息科学与技术学院	男	1969.06
186	杨　燕	计算机科学与技术、交通运输工程	交通信息工程与控制	计算智能、数据挖掘、机器学习、大数据	教授	信息科学与技术学院	女	1964.01
187	彭　强	计算机科学与技术、交通运输工程		视频压缩与传输、图像视频处理	教授	信息科学与技术学院	男	1962.05
188	吴　晓	计算机科学与技术、信息与通信工程		多媒体信息检索、人工智能、机器学习	教授	信息科学与技术学院	男	1976.08
189	王小敏	交通运输工程、信息与通信工程	交通信息工程及控制、信息安全	轨道交通控制与信息安全、交通监测大数据信息处理	教授	信息科学与技术学院	男	1974.04
190	郭　进	交通运输工程、控制科学与工程	交通信息工程及控制、控制理论与控制工程	铁路信号、安全性理论	教授	信息科学与技术学院	男	1960.05
191	顾国祥	控制科学与工程	控制理论与控制工程	多智能体协同控制、基于网络的反馈控制系统、分布式卡尔曼滤波控制	教授	信息科学与技术学院	男	1955.09

续表

序号	姓 名	一级学科	二级学科	研究方向	职称	工作单位	性别	出生年月
192	洪西进	计算机科学与技术		智能信息处理、云计算技术	教授	信息科学与技术学院	男	1957.10
193	郑 宇	计算机科学与技术		大数据分析与数据挖掘、城市计算	教授	微软亚洲研究院	男	1979.10
194	陈庆春	信息与通信工程	通信与信息系统	无线通信网络、信息论与编码	教授	信息科学与技术学院	男	1973.01
195	罗 斌	信息与通信工程	通信与信息系统	光纤通信、光电子技术	教授	信息科学与技术学院	男	1968.04
196	邵理阳	信息与通信工程	通信与信息系统、信号与信息处理	光纤传感技术及轨道交通安全监测应用、微纳光子器件、光信息处理	教授	信息科学与技术学院	男	1979.10
197	邹喜华	信息与通信工程	通信与信息系统、信号与信息处理	光通信与信号处理、微波光子学、轨道交通通信与传感检测	教授	信息科学与技术学院	男	1981.08
198	李恒超	信息与通信工程	信号与信息处理、交通信息工程及控制	遥感图像分析、处理及应用、通信中的信号处理、数字图像及音、视频处理、计算智能与模式识别	教授	信息科学与技术学院	男	1978.11
199	周正春	信息与通信工程	信息安全	编码理论、密码函数	教授	数学学院	男	1978.12
200	王宏霞	信息与通信工程	信息安全，信号与信息处理	多媒体信息安全、信息隐藏、数字取证、人工智能、多媒体技术	教授	信息科学与技术学院	女	1973.09
201	郝 莉	信息与通信工程		下一代移动通信系统关键技术、通信中的信号处理	教授	信息科学与技术学院	女	1971.05
202	类先富	信息与通信工程		无线通信理论、5G通信网络	副教授	信息科学与技术学院	男	1981.12
203	马 征	信息与通信工程		信息理论与编码、无线通信	教授	信息科学与技术学院	男	1977.01
204	潘 炜	信息与通信工程		高速光通信与光网络、混沌通信与量子通信、微波光子与光无线融合	教授	信息科学与技术学院	男	1959.12
205	沈昌祥	信息与通信工程		信息安全、密码工程	院士	海军计算技术研究所	男	1940.08
206	韦联福	信息与通信工程、物理学	无线电物理	多比特数量子计算机芯片、量子计算安全的加密算法、量子光学和量子信息/集成光电子学	教授	物理科学与技术学院	男	1965.11
207	邢焕来	信息与通信工程		通信网理论与应用、进化计算	副教授	信息科学与技术学院	男	1983.03
208	唐小虎	信息与通信工程、计算机科学与技术	信息安全	编码技术、大数据安全及隐私保护、大数据分布式存储及处理技术	教授	信息科学与技术学院	男	1972.03

续表

序号	姓　名	一级学科	二级学科	研究方向	职称	工作单位	性别	出生年月
209	冯全源	信息与通信工程、计算机科学与技术		射频与微波集成电路设计、软件无线电与现代天线技术、RFID 技术、微波及毫米波通信技术；自适应信息处理、智能天线系统；射频芯片的安全技术、射频数据的安全性；嵌入式系统研究、计算机仿真及 EDA 技术、计算机网络技术、无线及移动 Internet	教授	信息科学与技术学院	男	1963.07
210	和红杰	信息与通信工程、计算机科学与技术		.图像/视频分析与处理、信息隐藏、多媒体信息安全、网络与信息安全	教授	信息科学与技术学院	女	1971.09
211	张家树	信息与通信工程、计算机科学与技术		现代信号处理及应用、视频图像处理与智能分析	教授	信息科学与技术学院	男	1965.06
212	范平志	信息与通信工程、交通运输工程	交通信息工程及控制	移动通信技术、信息论与编码	教授	信息科学与技术学院	男	1955.12
213	闫连山	信息与通信工程、交通运输工程	交通信息工程及控制	信息光子与通信（光通信、微波光子、微纳光子；光信息处理、光传感）、轨道交通安全管控	教授	信息科学与技术学院	男	1971.12
214	方旭明	信息与通信工程、交通运输工程	通信与信息系统、交通信息工程及控制	移动通信系统、轨道交通移动通信	教授	信息科学与技术学院	男	1962.01
215	陈向东	信息与通信工程、交通运输工程	信号与信息处理、交通信息工程及控制	信息获取与处理技术、智能传感器与传感器网络、智能交通传感技术、智能交通信息获取与处理技术	教授	信息科学与技术学院	男	1967.05
216	张祖涛	机械工程、交通运输工程	机械设计及理论、交通信息工程及控制	机械设计及优化、视频图像处理与智能分析	教授	机械工程学院	男	1974.09
217	倪少权	交通运输工程	交通信息工程及控制、交通运输规划与管理、物流工程	轨道交通信息技术、交通运输组织优化、智能运输系统、群体决策系统、交通运输信息技术、物流信息技术及应用	教授	交通运输与物流学院	男	1967.09
218	肖作平	工商管理	会计	公司治理与公司财务、会计稳健性、信息披露	教授	经济管理学院	男	1975.11

续表

序号	姓　名	一级学科	二级学科	研究方向	职称	工作单位	性 别	出生 年月
219	汤　明	工商管理	企业管理	企业战略与组织行为、投资与公司金融	教授级高级工程师	中电建路桥集团有限公司	男	1964.07
220	唐春勇	工商管理	企业管理	组织行为学、人力资源管理	教授	经济管理学院	女	1965.03
221	杨　沙	工商管理	企业管理	消费者决策、社会网络	教授		女	1971.08
222	周嘉南	工商管理	企业管理	公司财务与公司治理、财务列报方式	副教授	经济管理学院	女	1979.02
223	蒋丹凌	工商管理		实证资产定价、行为资产定价和公司财务、个人投资	副教授（长江）	美国佛罗里达州立大学	女	1976.02
224	蒋玉石	工商管理		市场科学与行为、工商管理中的大数据研究	副教授	经济管理学院	男	1979.10
225	沈中华	工商管理		银行管理、国际金融	教授	台湾政治大学、西南交通大学	男	1960.01
226	史本山	工商管理		投资决策与风险管理、投资套牢理论及其应用	教授	经济管理学院	男	1958.09
227	徐　飞	工商管理		战略管理、市场营销	教授	党政办公室	男	1964.03
228	郝辽钢	工商管理	企业管理	市场营销管理、企业战略管理	副教授	经济管理学院	男	1978.03
229	刘　春	管理科学与工程	产业发展理论与应用	产业发展理论、产业发展政策与监管	教授	经济管理学院	男	1976.01
230	陈　蛇	管理科学与工程	公共工程组织与管理	城市治理、组织变革管理	研究员	成都市社会科学院	男	1969.01
231	廖楚辉	管理科学与工程	公共工程组织与管理	财税理论与政策研究、教育财政研究	教授	公共管理学院	男	1972.01
232	李　军	管理科学与工程	决策科学与服务管理	物流与供应链管理、决策分析	教授	经济管理学院	女	1967.05
233	官振中	管理科学与工程	物流与供应链管理	动态定价与收益管理、易逝品物流与供应链管理	教授	经济管理学院	男	1976.01
234	陆绍凯	管理科学与工程	组织行为	组织合作、项目管理	副教授	经济管理学院	男	1979.01
235	蔡小强	管理科学与工程		物流与供应链管理、排程模型、算法及应用	教授	香港中文大学、西南交通大学	男	1961
236	董大勇	管理科学与工程		金融工程理论与应用、投资与公司金融	副教授	经济管理学院	男	1972.03
237	耿　维	管理科学与工程		物流与供应链管理、交通管理	副教授	经济管理学院	男	1982.08
238	郭秀萍	管理科学与工程		资源优化管理、决策科学	副教授	经济管理学院	女	1977.08
239	李维萍	管理科学与工程		金融风险管理、金融工程与金融复杂性	教授	数学学院	男	1963.03

续表

序号	姓　名	一级学科	二级学科	研究方向	职称	工作单位	性别	出生年月
240	李妍峰	管理科学与工程		物流优化、交通优化	副教授	经济管理学院	女	1980.09
241	刘　盾	管理科学与工程		系统分析与决策、电子商务与管理信息系统	副教授	经济管理学院	男	1983.03
242	刘继才	管理科学与工程		项目融资 PPP、项目管理	副教授	经济管理学院	男	1976.05
243	蒲　云	管理科学与工程；交通运输工程	交通运输规划与管理、交通工程、物流工程	城市交通网络、交通规划 交通经济、物流管理；智能化决策系统、交通运输系统工程、系统科学理论与方法、大系统理论及其应用、智能运输系统、交通运输经济、交通系统工程、智能交通理论与应用技术、城市交通管理、控制、诱导系统、综合运输系统组织管理优化理论与方法、物流工程、物流管理	教授	党政办公室	男	1962.04
244	王顺洪	管理科学与工程		项目管理、公共工程组织与政府管理	教授	党政办公室	男	1963.04
245	魏　宇	管理科学与工程		金融工程、金融与能源市场风险管理	教授	经济管理学院	男	1975.12
246	许钜秉	管理科学与工程		物流与供应链管理、运作与服务管理	教授（长江）	台湾大学	男	1966.09
247	袁红平	管理科学与工程		建筑废弃物管理、项目管理	副教授	经济管理学院	男	1983.07
248	张　兵	管理科学与工程		农村金融、农业经济管理	教授	党政办公室	男	1962.11
249	周国华	管理科学与工程、交通运输工程	物流工程	项目管理与投资分析、大型复杂项目与企业多项目管理、物流战略规划与运营管理、物流供应链优化与信息管理	教授	经济管理学院	男	1966.02
250	胡　培	管理科学与工程		系统分析与决策、企业管理	教授	经济管理学院	男	1957.05
251	代　颖	管理科学与工程、工商管理		物流与供应链管理、运作与服务管理	教授	经济管理学院	女	1975.05
252	范莉莉	管理科学与工程、工商管理		系统分析与决策科学及其低碳经济系统建模与仿真、企业竞争力及其低碳竞争力研究	教授	经济管理学院	女	1957.07
253	黄登仕	管理科学与工程、工商管理		会计与公司财务、金融工程理论与应用	教授	经济管理学院	男	1961.06

续表

序号	姓　名	一级学科	二级学科	研究方向	职称	工作单位	性别	出生年月
254	贾建民	管理科学与工程、工商管理		服务管理、市场科学与行为	教授	经济管理学院	男	1957.08
255	廖少毅	管理科学与工程、工商管理		数据科学与方法、工商管理中的大数据研究	教授	香港城市大学、西南交通大学	男	1962.01
256	马祖军	管理科学与工程、工商管理		物流与供应链管理、运作与服务管理	教授	经济管理学院	男	1974.08
257	谭德庆	管理科学与工程、工商管理		博弈理论与应用、决策科学	教授	经济管理学院	男	1966.01
258	王建琼	管理科学与工程、工商管理		会计与公司财务、项目管理与投资分析	教授	经济管理学院	男	1966.12
259	叶　勇	管理科学与工程、工商管理		金融理论与应用研究、公司财务与公司治理	教授	经济管理学院	男	1974.01
260	朱宏泉	管理科学与工程、工商管理		金融工程理论与应用、投资与公司金融	教授	经济管理学院	男	1963.07
261	刘人怀	企业管理		企业战略与组织行为、旅游管理	院士	暨南大学	男	1940.05
262	郭　强	管理科学与工程、工商管理		服务管理、运营管理	教授	经济管理学院	男	1970.01
263	周庭锐	工商管理	企业管理	市场营销、数据科学	教授	经济管理学院	男	1970.01
264	胡仁华	管理科学与工程		商业智能、电子商务	教授	美国犹他大学	男	1962.05
265	高增安	管理科学与工程、工商管理		反洗钱、服务经济	教授	经济管理学院	男	1965.01
266	唐方方	管理科学与工程		博弈论	教授	北京大学中国经济研究中心	男	1965.07
267	付立平	交通运输工程	交通运输规划与管理	1. 交通运输系统分析和优化 2. 智能交通系统	教授	加拿大滑铁卢大学	男	1963.09
268	何华武	交通运输工程	交通运输规划与管理	铁路运输组织优化	院士	中国铁路总公司	男	1955.08
269	江欣国	交通运输工程	交通运输规划与管理	1. 交通安全 2. 交通规划与管理	教授	交通运输与物流学院	男	1975.01
270	蒋阳升	交通运输工程	交通运输规划与管理	1. 交通系统优化 2. 智能公共交通系统	教授	交通运输与物流学院	男	1976.07
271	李宗平	交通运输工程	交通运输规划与管理	1. 交通运输系统、物流系统规划与优化 2. 最优化理论与方法	教授	交通运输与物流学院	男	1963.09
272	刘晓波	交通运输工程	交通运输规划与管理	交通模型的开发和应用、区域路网的系统规划	兼职教授	美国新泽西理工学院	男	1974.07
273	吕红霞	交通运输工程	交通运输规划与管理	交通运输组织优化、智能运输系统、群体决策系统、交通运输信息技术	教授	交通运输与物流学院	女	1969.10
274	马　剑	交通运输工程	交通运输规划与管理	1. 交通运输信息技术 2. 交通运输系统仿真理论与方法	副教授	交通运输与物流学院	男	1983.01

续表

序号	姓　名	一级学科	二级学科	研究方向	职称	工作单位	性别	出生年月
275	牟瑞芳	交通运输工程	交通运输规划与管理	交通环境与安全技术、交通运输规划与管理	教授	交通运输与物流学院	男	1962.01
276	杨　飞	交通运输工程	交通运输规划与管理	1. 交通运输信息技术 2. 城市及区域交通规划与发展战略	教授	交通运输与物流学院	男	1980.04
277	周　江	交通运输工程	交通运输规划与管理	交通运输经济	研究员	四川省社会科学院区域经济研究所	男	1969.06
278	晏启鹏	交通运输工程	交通运输规划与管理、交通工程、物流工程	交通运输规划，系统优化，ITS、区域、公路和城市交通规划，综合运输，交通管理、物流系统规划、物流系统优化、逆向物流	教授	西南交通大学	男	1964.01
279	蒋葛夫	交通运输工程	交通运输规划与管理、物流工程	综合交通运输规划、交通运输系统决策与优化、交通运输安全理论及技术、铁路运输安全管理、物流工程	教授	西南交通大学	男	1954.12
280	罗　霞	交通运输工程	交通运输规划与管理、物流工程	交通运输规划与管理、交通工程、物流系统优化	教授	交通运输与物流学院	女	1962.07
281	彭其渊	交通运输工程	交通运输规划与管理、物流工程	交通运输系统工程、交通运输规划及系统优化、物流系统规划、物流信息技术、企业物流组织优化、物流系统优化	教授	交通运输与物流学院	男	1962.07
282	帅　斌	交通运输工程	交通运输规划与管理、物流工程	交通运输经济、综合运输规划与管理、物流经济、物流与运输合理化	教授	交通运输与物流学院	男	1967.08
283	严余松	交通运输工程	交通运输规划与管理、物流工程、交通信息工程及控制	交通运输规划与系统优化、交通运输信息及网络、交通运输系统仿真、智能铁路系统及其应用、物流系统规划与优化、物流信息技术、物流系统仿真及优化	教授	成都工业学院	男	1963.05
284	冯　春	交通运输工程	物流工程	物流与供应链管理 人道救援物流与应急管理	教授	交通运输与物流学院	男	1970.04
285	何　娟	交通运输工程	物流工程	供应链金融、现货电子交易与物流运作管理、物流经济	副教授	交通运输与物流学院	女	1975.01
286	蹇　明	交通运输工程	物流工程	物流与供应链管理、激励理论	副教授	交通运输与物流学院	男	1973.05

续表

序号	姓名	一级学科	二级学科	研究方向	职称	工作单位	性别	出生年月
287	张锦	交通运输工程	物流工程、交通运输规划与管理、交通信息工程及控制	物流系统规划、物流系统优化、交通规划理论与方法、交通组织优化与控制、物流系统规划及优化、交通物流大数据技术与应用	教授	交通运输与物流学院	男	1963.06
288	刘澜	交通运输工程、控制科学与工程	交通运输规划与管理、交通工程、系统工程	运输自动化与交通控制、交通运输信息理论与技术	教授	交通运输与物流学院	男	1965.01
289	李延来	交通运输工程、控制科学与工程	物流工程、系统工程	物流风险管理、物流工业工程、制造系统建模、产品（或服务）的设计与开发	教授	交通运输与物流学院	男	1971.11
290	荀国庆	材料科学与工程	材料加工工程	焊接残余应力及变形	副教授	材料科学与工程学院	男	1979.10
291	罗胜年	材料科学与工程	材料物理与化学	材料物理和力学	研究员	顶峰多尺度科学研究所	男	1970.12
292	吕军	材料科学与工程	材料物理与化学	聚合物成型加工过程中的物理化学变化	教授	材料科学与工程学院	男	1971.01
293	齐静波	材料科学与工程	材料物理与化学	光学与凝聚态物理	研究员	顶峰多尺度科学研究所	男	1976.08
294	杨维清	材料科学与工程	材料物理与化学	纳米能源材料与微电子器件	教授	材料科学与工程学院	男	1977.09
295	周显明	材料科学与工程	材料物理与化学	极端高温高压高应变率条件下的材料物性	研究员	中国工程物理研究院流体物理研究所	男	1963.02
296	安立楠	材料科学与工程、力学		聚合物前驱体陶瓷、材料微观力学、传感器设计	教授	力学学院	男	1964.05
297	陈俊英	材料科学与工程		生物材料	教授	材料科学与工程学院	女	1968.11
298	戴光泽	材料科学与工程		金属材料工程、环境功能碳材料	教授	材料科学与工程学院	男	1963.03
299	戴尅戎	材料科学与工程		1. 数字医学与康复工程 2. 3D打印技术在骨与关节系统中的应用	教授、院士	上海交通大学医学院	男	1934.06
300	邓绍平	材料科学与工程		异种生物材料	研究员	四川省人民医院	男	1960.01
301	冯波	材料科学与工程		生物材料，表面科学与工程	教授	材料科学与工程学院	男	1957.01
302	葛昌纯	材料科学与工程		粉末冶金喷射成形高性能合金、核材料、先进陶瓷	教授、中国科学院院士	材料科学与工程学院	男	1934.03
303	龚自正	材料科学与工程		航天材料的空间环境效应与防护、新型高性能航天材料研制及应用	教授/研究员	中国空间技术研究院	男	1964.12

续表

序号	姓　名	一级学科	二级学科	研究方向	职称	工作单位	性别	出生年月
304	何　庆	材料科学与工程		1. 危重与急救技术 2. 复苏后心功能的分子生物学基础	教授、主任医师	成都市第三人民医院	男	1963.05
305	呼永河	材料科学与工程		1. 创新药物与生物分子 2. 临床医学	主任医师	成都军区总医院	男	1968.01
306	黄　楠	材料科学与工程		材料表面工程，生物材料，生物材料表面仿生，植入器械	教授	材料科学与工程学院	男	1956.06
307	江　奇	材料科学与工程		纳米功能材料	教授	超导中心	男	1974.04
308	冷永祥	材料科学与工程		表面处理	教授	材料科学与工程学院	男	1972.06
309	李孝红	材料科学与工程		生物材料	教授	材料科学与工程学院	男	1969.07
310	鲁　雄	材料科学与工程		材料学/生物材料	教授	材料科学与工程学院	男	1977.05
311	苪灿泉	材料科学与工程		小分子多肽研究	教授	生命学院	男	1965.05
312	蒲明华	材料科学与工程		能源材料及应用、超导材料及应用、新型功能材料及制备	教授	超导中心	男	1965.05
313	屈树新	材料科学与工程		材料学/生物材料、生物摩擦	教授	材料科学与工程学院	女	1967.06
314	权高峰	材料科学与工程		轻金属材料加工技术与理论	教授	材料科学与工程学院	男	1958.08
315	谭　睿	材料科学与工程		生物材料及医疗器械	教授	医学院	女	1969.01
316	汤礼军	材料科学与工程		1. 干细胞移植技术及其临床应用 2. 急性重症胰腺炎的诊断与治疗	教授、主任医师	成都军区总医院	男	1965.12
317	万国江	材料科学与工程		生物材料、材料腐蚀与应用电化学、纳米膜技术	教授	材料科学与工程学院	男	1975.01
318	汪建新	材料科学与工程		生物材料、功能材料	教授	材料科学与工程学院	男	1965.10
319	王　进	材料科学与工程		医用高分子材料的制备、改性和性能评价/人工器官和植介入器械的制造	教授	材料科学与工程学院	女	1968.09
320	王　立	材料科学与工程		空间环境下的材料行为、功能高分子材料	研究员	中国空间技术研究院	男	1966.06
321	王万军	材料科学与工程		创新药物与生物分子	教授	生命科学与工程学院	男	1962.06
322	王　勇	材料科学与工程		高分子材料	教授	材料科学与工程学院	男	1976.01

续表

序号	姓　名	一级学科	二级学科	研究方向	职称	工作单位	性别	出生年月
323	翁　杰	材料科学与工程		材料先进制备技术、生物材料、复合材料、纳米材料、表面工程	教授	材料科学与工程学院	男	1962.11
324	胥永刚	材料科学与工程		金属功能材料	副教授	材料科学与工程学院	男	1969.06
325	晏为力	材料科学与工程		1. 纳米材料与生物系统的作用 2. 纳米材料在药物制剂组织工程中的应用	教授	生命科学与工程学院	男	1973.01
326	杨　苹	材料科学与工程		生物材料、材料表面工程	教授	材料科学与工程学院	女	1965.03
327	杨永健	材料科学与工程		1. 心力衰竭、心肌重构的分子机制 2. 缺血性心血管重构的分子机制	主任医师	成都军区总医院	男	1965.10
328	杨正林	材料科学与工程		1. 生物医学工程 2. 人类疾病基因鉴定及功能研究	研究员	四川省人民医院	男	1966.06
329	永　远	材料科学与工程		生物传感器	教授	材料科学与工程学院	男	1964.04
330	张　聪	材料科学与工程		1. 先进修复及再制造 2. 骨生物材料临床应用	主任医师	总参谋部总医院	男	1960.01
331	张　勇	材料科学与工程		超导材料、新能源材料	研究员	超导与新能源研究开发中心	女	1969.04
332	周绍兵	材料科学与工程		生物材料	教授	材料科学与工程学院	男	1972.07
333	周先礼	材料科学与工程		药物化学、药物缓释	教授	生命科学与工程学院	男	1969.01
334	周祚万	材料科学与工程		功能高分子材料、纳米材料、天然高分子材料、抗菌与环境净化材料	教授	材料科学与工程学院	男	1964.05
335	贾焕玉	物理学	理论物理	宇宙线与核天体物理	教授	物理科学与技术学院	男	1966.05
336	李相强	物理学	无线电物理	高功率微波理论及技术、天线理论与技术	教授	物理科学与技术学院	男	1982.10
337	廖　成	物理学	无线电物理	天线理论与技术、计算电磁学	教授	物理科学与技术学院	男	1964.01
338	林文斌	物理学	理论物理	广义相对论、计算物理	教授	物理科学与技术学院	男	1970.01
339	刘福生	物理学	凝聚态物理	原子分子物理	研究员	物理科学与技术学院	男	1966.01
340	刘庆想	物理学	无线电物理	高功率微波理论及技术、天线理论与技术	研究员	物理科学与技术学院	男	1964.06

续表

序号	姓　名	一级学科	二级学科	研究方向	职称	工作单位	性别	出生年月
341	王红艳	物理学	凝聚态物理/原子分子物理	纳米材料和新能源材料的结构和性能/计算物理学	教授	物理科学与技术学院	女	1970.04
342	周海京	物理学	无线电物理	计算电磁学	研究员	北京应用物理与计算数学研究所	男	1970.03
343	乐　源	力学	动力学与控制	非光滑系统动力学、碰撞振动系统动力学	教授	力学与工程学院	男	1974.02
344	沈火明	力学	工程力学	工程结构仿真、微动磨损	教授	力学与工程学院	男	1968.08
345	杨翊仁	力学	工程力学	流固耦合振动、计算流体力学	教授	力学与工程学院	男	1959.02
346	蔡力勋	力学	固体力学	固体的破坏与结构的安全评价	教授	力学与工程学院	男	1959.07
347	蒋　晗	力学	固体力学	高分子材料力学性能、表面刮擦破坏	教授	力学与工程学院	男	1973.01
348	阚前华	力学	固体力学	智能材料多场耦合循环本构关系、工程材料/结构的疲劳和失效	副教授	力学与工程学院	男	1980.05
349	李翔宇	力学	固体力学	多场耦合材料力学中的裂纹和接触问题、波在多孔介质中的传播	教授	力学与工程学院	男	1979.09
350	师明星	力学	固体力学	柔性电子、微纳米力学	教授	力学与工程学院	男	1972.05
351	朱志武	力学	固体力学	材料冲击动态力学性能及破坏机理、材料本构关系	副教授	力学与工程学院	男	1974.08
352	江晓禹	力学	固体力学、工程力学	复合材料力学、工程结构仿真	教授	力学与工程学院	男	1965.01
353	陈龙泉	力学	流体力学	界面流体力学、微纳米制造	教授	力学与工程学院	男	1985.05
354	谢建华	力学	一般力学与力学基础	非线性动力学	教授	力学与工程学院	男	1957.01
355	李映辉	力学	一般力学与力学基础、工程力学	工程结构仿真、结构振动与控制、非线性动力学	教授	力学与工程学院	男	1964.01
356	冯志强	力学		计算力学	教授	力学与工程学院	男	1963.02
357	杨　杰	力学	工程力学	血管支架-血管力学耦合关系、制造力学	教授	力学与工程学院	男	1970.01
358	王　茜	力学	固体力学	接触力学、摩擦学	教授	机械工程学院	女	1957.08
359	范东明	测绘科学与技术	大地测量学与测量工程	卫星重力测量与全球变化检测、空间大地测量与地球动力学	教授	地球科学与环境工程学院	男	1964.06
360	熊永良	测绘科学与技术	大地测量学与测量工程	高精度GNSS定位理论与应用，GNSS大气反演	教授	地球科学与环境工程学院	男	1964.07
361	袁林果	测绘科学与技术	大地测量学与测量工程	1. 卫星大地测量 2. 地球潮汐形变	教授	地球科学与环境工程学院	男	1980.01

续表

序号	姓　名	一级学科	二级学科	研究方向	职称	工作单位	性别	出生年月
362	黄丁发	测绘科学与技术	大地测量学与测量工程、地图制图与地理信息工程、摄影测量与遥感	GNSS 卫星导航定位系统、应急辅助抉择支持信息系统、卫星对地观测技术	教授	地球科学与环境工程学院	男	1963.12
363	岑敏仪	测绘科学与技术	大地测量学与测量工程、摄影测量与遥感、地图制图学与地理信息工程	06 高速铁路精密工程测量理论与技术，07 估计理论与测量数据处理，08 现代测量新技术及其应用、05 模式识别与数字摄影测量 06 激光三维测量 07 数字测量、07 高速铁路工务信息管理 08 空间数据质量控制 09 组合导航技术与智能交通	教授	地球科学与环境工程学院	男	1960.06
364	范美坤	测绘科学与技术	地理国情与环境监测	1. 环境污染现场检测技术 2. 环境中的 POPs 的迁移与转化	教授	地球科学与环境工程学院	男	1976.01
365	黄　波	测绘科学与技术	地图制图学与地理信息工程	地理信息科学、遥感影像融合	教授	香港中文大学	男	1968.11
366	徐　柱	测绘科学与技术	地图制图学与地理信息工程	时空数据分析与挖掘、空间多尺度模型与空间数据自动综合、空间数据共享与 GIS 互操作	教授	地球科学与环境工程学院	男	1972.04
367	朱　军	测绘科学与技术	地图制图学与地理信息工程	三维地理信息系统、虚拟地理环境、时空过程建模与可视化、地理协同技术与方法	教授	地球科学与环境工程学院	男	1976.11
368	李志林	测绘科学与技术	地图制图学与地理信息工程、摄影测量与遥感	空间多尺度表达与自动综合、遥感影像解译与信息提取	教授	香港理工大学	男	1960.06
369	陈俊敏	测绘科学与技术	地图制图与地理信息工程	1. 基于 GIS 的人员应急疏散 2. 基于 GIS 的火灾风险评估	副教授	地球科学与环境工程学院	男	1976.03
370	陈　军	测绘科学与技术	摄影测量与遥感	全球地表覆盖遥感制图与分析、国家基础地理信息更新与服务	教授	国家基础地理信息中心	男	1956.01
371	陈　强	测绘科学与技术	摄影测量与遥感	光学与雷达遥感、数字摄影测量	副教授	地球科学与环境工程学院	男	1974.09
372	朱　庆	测绘科学与技术	摄影测量与遥感	数字摄影测量、三维 GIS 与虚拟地理环境	教授	地球科学与环境工程学院	男	1966.07

续表

序号	姓　名	一级学科	二级学科	研究方向	职称	工作单位	性别	出生年月
373	刘国祥	测绘科学与技术	摄影测量与遥感、大地测量学与测量工程	高分辨率卫星遥感影像处理与分析、合成孔径雷达干涉（InSAR）	教授	地球科学与环境工程学院	男	1968.09
374	程谦恭	地质资源与地质工程	地质工程	地质灾害及其防治工程、特殊岩土与工程、隧道工程地质	教授	地球科学与环境工程学院	男	1962.12
375	胡卸文	地质资源与地质工程	地质工程	工程岩土学、岩土体稳定性及地质灾害	教授	地球科学与环境工程学院	男	1963.11
376	巫锡勇	地质资源与地质工程	地质工程	地质灾害及防治工程、岩石的风化过程及其工程特性弱化评价研究	教授	地球科学与环境工程学院	男	1963.05
377	肖世国	地质资源与地质工程	地质工程	岩土支挡结构计算理论、岩土体稳定性分析理论	教授	地球科学与环境工程学院	男	1973.01
378	吴　光	地质资源与地质工程	地质工程	区域与工程岩土体稳定、地质灾害预测与防治、环境管理与规划	教授	地球科学与环境工程学院	男	1958.04
379	张玉春	地质资源与地质工程	地质工程	1. 隧道及地下空间灾害防治 2. 应急救援及防灾减灾	副教授	地球科学与环境工程学院	男	1980.02
380	唐菊兴	地质资源与地质工程	矿产普查与勘探	固体矿产勘查评价	研究员	中国地质科学院矿产资源研究所	男	1964.09
381	莫光华	中国语言文学	比较文学与世界文学	译介学 德语文学	教授	外国语学院	男	1972.12
382	俞森林	中国语言文学	比较文学与世界文学	译介学、海外汉学	教授	外国语学院	男	1967.09
383	刘广宇	中国语言文学	文艺与传媒文化	影视文化与传播研究影视创作与理论研究	教授	人文学院	男	1964.05
384	柏　桦	中国语言文学		现当代作家作品研究、中国现当代诗歌	教授	人文学院	男	1956.01
385	段从学	中国语言文学		中国现当代文学	教授	人文学院	男	1969.11
386	傅勇林	中国语言文学		译介学与翻译研究	教授	外国语学院	男	1959.01
387	石　磊	中国语言文学		传媒与文化、网络与新媒体	教授	人文学院	男	1970.01
388	汪启明	中国语言文学		古籍整理与出版研究、西南地域文献研究、汉语文献方言学研究	教授	人文学院	男	1955.02
389	周俊勋	中国语言文学		汉语词汇语法史、语言接触	教授	人文学院	男	1967.03
390	徐行言	中国语言文学		中外诗学比较、中外文学交流与互动研究	教授	人文学院	男	1954.08

续表

序号	姓　名	一级学科	二级学科	研究方向	职称	工作单位	性别	出生年月
391	田永秀	马克思主义理论	马克思主义基本理论	中国近现代史问题研究、马克思主义中国化	教授	马克思主义学院	女	1970.09
392	刘占祥	马克思主义理论	马克思主义基本原理	马克思主义中国化	教授	马克思主义学院	男	1968.03
393	杨先农	马克思主义理论	马克思主义基本原理	马克思主义中国化、中国特色社会主义文化建设	研究员	四川省社会科学院	男	1957.12
394	林伯海	马克思主义理论	马克思主义基本原理、思想政治教育	马克思主义政治理论与国家学说社会思潮与青年教育	教授	马克思主义学院	男	1964.09
395	胡子祥	马克思主义理论	思想政治教育	思想政治教育理论与方法研究	教授	马克思主义学院	男	1974.05
396	谭书敏	马克思主义理论	思想政治教育	高校党团与学生管制研究、当代社会思潮与学生教育研究	教授	成都理工大学	男	1957.11
397	田雪梅	马克思主义理论	马克思主义基本原理	马克思主义政治理论与国家学说	教授	马克思主义学院	女	1970.12
398	王顺洪	马克思主义理论	思想政治教育	思想政治教育	教授	党政办公室	男	1963.06
399	肖　平	马克思主义理论	思想政治教育	思想政治教育、应用伦理学	教授	公共管理与政法学院	女	1956.05
400	郭　迅	土木工程	结构工程	1. 结构抗震设计、结构抗震试验 2. 结构损伤诊断、震害预测	研究员	防灾科技学院	男	1967.09
401	蒋　鑫	交通运输工程	道路与铁路工程	1. 特殊路基工程设计理论 2. 路面分析与设计	副教授	土木工程学院	男	1976.02
402	曾晓辉	土木工程	结构工程	1. 铁路水泥乳化沥青砂浆、自密实混凝土 2. 地铁工程绝缘混凝土材料	副教授	土木工程学院	男	1982.07
403	崔　凯	土木工程	岩土工程	1. 冻土力学与工程 2. 非饱和土力学	教授	土木工程学院	男	1979.12
404	崔圣爱	土木工程	结构工程	1. 桥梁结构动力行为研究 2. 混凝土材料宏观性能及微观机理分析	副教授	土木工程学院	女	1981.01
405	方　勇	土木工程	桥梁与隧道工程	1. 交通隧道设计理论与施工 2. 盾构隧道结构理论与施工控制	教授	土木工程学院	男	1981.01
406	高宗余	土木工程	桥梁与隧道工程	深水大跨桥梁设计理论	教授级高工	中铁大桥勘测设计院集团有限公司	男	1964.01
407	晋智斌	土木工程	桥梁与隧道工程	桥梁结构动力响应、桥梁抗震	副教授	土木工程学院	男	1979.08

续表

序号	姓　名	一级学科	二级学科	研究方向	职称	工作单位	性别	出生年月
408	刘成清	土木工程	结构工程	1. 结构工程抗震隔震与抗冲击 2. 新型结构体系的理论分析与试验	副教授	土木工程学院	男	1976.10
409	刘家男	土木工程	岩土工程	1. 边坡工程及支挡结构 2. 环境岩土工程	教授	暨南国际大学	男	1966.03
410	汪　波	土木工程	桥梁与隧道工程	1. 特殊及复杂环境条件下隧道结构力学行为及安全控制对策 2. 隧道工程设计理论与方法	副教授	土木工程学院	男	1975.10
411	卫　星	土木工程	桥梁与隧道工程	钢及钢-混凝土组合桥梁结构行为	教授	土木工程学院	男	1976.01
412	杨万里	土木工程	桥梁与隧道工程	1. 深水大跨桥梁波流荷载及结构响应研究 2. 极端波流荷载与滨海结构防灾减灾研究	副教授	土木工程学院	男	1979.07
413	张迎宾	土木工程	岩土工程	1. 地震地质灾害 2. 地震岩土工程	副教授	土木工程学院	男	1983.04
414	何朝明	机械工程	机械设计及理论	计算机辅助设计/分析、智能控制	副教授	机械工程学院	男	1972.10
415	马卫华	机械工程	车辆工程	1. 机车及重载列车动力学 2. 磁浮列车悬浮架设计及车辆动力学	副研究员	牵引动力国家重点实验室	男	1979.01
416	王俊国	机械工程	车辆工程	1. 轨道车辆系统动力学与可靠性 2. 轨道车辆智能监控与图像处理	副教授	机械工程学院	男	1965.04
417	王战江	机械工程	机械设计及理论	摩擦学	教授	机械工程学院	男	1981.10
418	张继旺	机械工程	车辆工程	1. 高速列车结构强度及寿命预测 2. 材料与结构的损伤和评估	副研究员	牵引动力国家重点实验室	男	1983.06
419	吴圣川	交通运输工程	载运工具运用工程	1. 车辆强度及可靠性 2. 车辆设计及理论	副研究员	牵引动力国家重点实验室	男	1979.08
420	杨　冰	交通运输工程	载运工具运用工程	1. 车辆结构强度理论及可靠性 2. 材料疲劳与断裂	副研究员	牵引动力国家重点实验室	男	1979.01
421	闫楚良	机械工程	车辆工程	1. 结构疲劳可靠性与安全性 2. 服役可靠性及维修性	研究员	机械工程学院	男	1947.08
422	王　茜	机械工程	机械设计及理论	接触力学、摩擦学	教授	机械工程学院	女	1957.08

续表

序号	姓　名	一级学科	二级学科	研究方向	职称	工作单位	性别	出生年月
423	葛兴来	电气工程	电力电子与电力传动	1. 电力牵引系统稳定性控制 2. 电力牵引系统故障诊断与容错控制	教授	电气工程学院	男	1979.11
424	何晓琼	电气工程	电力电子与电力传动、电力系统及其自动化	1. 电力电子技术及其应用 2. 轨道交通电气化与自动化 3. 电力系统及其控制技术	副教授	电气工程学院	女	1974.10
425	林　圣	电气工程	电力系统及其自动化	1. 电力系统继电保护与故障定位 2. 牵引供电系统健康诊断与主动运维	副教授	电气工程学院	男	1983.12
426	刘　炜	电气工程	电力系统及其自动化	牵引供电	副教授	电气工程学院	男	1982.08
427	宋文胜	电气工程	电力电子与电力传动	1. 电力电子技术 2. 电力牵引交流传动控制	副教授	电气工程学院	男	1985.10
428	王德林	电气工程	电力系统及其自动化	电力系统机电动态、扰动传播、频率稳定、风力发电	副教授	电气工程学院	男	1970.07
429	张血琴	电气工程	高电压与绝缘技术	1. 电气设备的高压绝缘技术及状态评估技术的研究 2. 复杂环境外绝缘系统的故障机理及相关关键技术研究	副教授	电气工程学院	女	1979.08
430	代　彬	信息与通信工程		信息论、信息安全	副教授	信息科学与技术学院	男	1981.07
431	刘　兵	计算机科学与技术		大数据分析与数据挖掘、城市计算	教授	伊利诺伊大学芝加哥分校	男	1963.10
432	Turgay Celik	信息与通信工程		遥感图像分析、处理及应用、视频图像处理与智能分析、智能信息处理、大数据分析与数据挖掘	教授	信息科学与技术学院	男	1977.06
433	孟开文	管理科学与工程		物流与供应链管理	副教授	经济管理学院	男	1981.03
434	聂佳佳	管理科学与工程		物流与供应链管理、生产与运营管理	副教授	经济管理学院	男	1981.10
435	贺政纲	交通运输工程	物流工程、交通运输规划与管理	绿色物流、逆向物流、低碳物流、物流系统规划与优化	副教授	交通运输与物流学院	男	1977.02
436	蒋朝哲	交通运输工程	交通运输规划与管理	移动互联与城市交通控制及管理、交通运输系统大数据应用	副教授	交通运输与物流学院	男	1968.09

续表

序号	姓　名	一级学科	二级学科	研究方向	职称	工作单位	性别	出生年月
437	梁宏斌	交通运输工程	交通工程	车联网与交通大数据关键技术研究、交通云计算资源的优化管理与调度	副教授	交通运输与物流学院	男	1972.10
438	聂　宇	交通运输工程	交通工程、物流工程、交通运输规划与管理	交通系统分析、新型运输服务模式	副教授	美国西北大学	男	1976.06
439	张小强	交通运输工程	交通运输规划与管理	铁路运输规划与管理、供应链优化	副教授	交通运输与物流学院	男	1975.11
440	郑芳芳	交通运输工程	交通运输规划与管理	动态交通管理与控制、智能交通系统、交通系统优化	副教授	交通运输与物流学院	女	1981.09
441	袁　红	建筑学		可持续城市及建筑、地下空间规划及设计	副教授	建筑与设计学院	女	1982.12
442	张樱子	建筑学		城市微气候、绿色建筑设计	副教授	建筑与设计学院	女	1983.06
443	杨大春	材料科学与工程		1. 血管再狭窄分子机制 2. 心肌重构分子机制	主任医师	成都军区总医院	男	1971.06
444	李卫东	材料科学与工程	材料学	1. 天然产物全合成及结构修饰 2. 有机及生物有机反应机理和催化	教授	生命科学与工程学院	男	1968.01
445	赵　昱	材料科学与工程		1. 纳米生物材料及纳米生物器件研究和纳米生物技术 2. 创新药物-多肽类生物大分子结构和功能之间关系	教授	大理大学	男	1967.02
446	方际宇	材料科学与工程	材料学	1. 碳纳米管材料 2. 液晶材料	教授	University of Central Florida	男	1961.08
447	Salvatore Grasso	材料科学与工程	材料学	陶瓷；闪电烧结；烧结机制；结构表征；性能评价	教授	伦敦大学玛丽女王学院	男	1982.05
448	张兴栋	材料科学与工程		1. 材料物理与化学 2. 材料学	教授	四川大学	男	1938.04
449	许宇鸿	物理学	等离子体物理	1. 聚变等离子体物理； 2. 聚变工程技术	教授	物理科学与技术学院	男	1966.08
450	张　旭	力　学	固体力学	微纳米材料力学、固体本构关系	副教授	力学与工程学院	男	1985.03
451	逄　鹏	测绘科学与技术	地图学与地理信息系统	1. 地图可视化 2. 空间信息可视化	副教授	地球科学与环境工程学院	男	1977.02
452	殷跃平	地质资源与地质工程	地质工程	地质灾害与防治	研究员	中国地质环境监测院	男	1960.07

续表

序号	姓　名	一级学科	二级学科	研究方向	职称	工作单位	性别	出生年月
453	赵晓彦	地质资源与地质工程	地质工程	1. 地质灾害与防治工程 2. 土力学与特殊土工程	副教授	地球科学与环境工程学院	男	1977.06
454	席北斗	地质资源与地质工程	地质工程	1. 固体废物处理处置 2. 面源污染控制	研究员	中国环境科学研究院	男	1969.01
455	安　燕	中国语言文学	文艺学	电影美学、中国电影史	教授	人文学院	女	1975.07
456	李成坚	中国语言文学	比较文学与世界文学	英美文学、比较文学	教授	外国语学院	女	1969.06
457	罗　宁	中国语言文学	中国古典文献学	唐宋文学文献	教授	人文学院	男	1971.11
458	王长才	中国语言文学	文艺学	文学理论、叙事学	副教授	人文学院	男	1975.12
459	邢　文	中国语言文学	中国古典文献学	1. 中国简帛学、技术书法学 2. 中国美术史论、数理美术史	教授	人文学院	男	1965.09
460	翟惠生	中国语言文学		1. 新闻 2. 文化艺术	高级记者	人文学院	男	1965.05
461	冯　刚	马克思主义理论	思想政治教育	马克思主义理论与党建思想教育	教授	北京师范大学	男	1968.08
462	冉绵惠	马克思主义理论	马克思主义基本原理	马克思主义中国化	教授	马克思主义学院	女	1964.01
463	王炳林	马克思主义理论	马克思主义基本原理	中共党史	教授	教育部人文社科司	男	1961.01

（二）办学规模

1. 2017 年本科新生分省录取统计表

省份名称	类别名称	录取数	省控线	调档线	省份名称	类别名称	录取数	省控线	调档线
安徽	理工	159	487	548	安徽	文史	43	515	575
北京	理工	49	537	600	北京	文史	5	555	567
福建	理工	93	441	532	福建	文史	22	489	540
甘肃	理工	261	460	547	甘肃	文史	34	505	548
广东	理工	144	485	549	广东	文史	13	520	555
广西	理工	141	473	553	广西	文史	18	535	587
贵州	理工	197	456	555	贵州	文史	29	545	614
海南	理工	6	539	724	海南	文史	2	578	727
河北	理工	214	485	605	河北	文史	72	517	596
河南	理工	245	484	526	河南	文史	47	516	583
河南	峨眉理	47	484	526	黑龙江	文史	22	481	550
黑龙江	理工	115	455	585	湖北	文史	39	528	581
湖北	理工	188	484	577	湖南	文史	43	548	599

续表

省份名称	类别名称	录取数	省控线	调档线	省份名称	类别名称	录取数	省控线	调档线
湖南	理工	221	505	578	吉林	文史	11	528	553
吉林	理工	86	507	564	江苏	文史	52	333	352
江苏	理工	278	331	352	江西	文史	26	533	579
江西	理工	167	503	571	辽宁	文史	20	532	575
辽宁	理工	144	480	587	内蒙古	文史	12	472	547
内蒙古	理工	88	466	548	宁夏	文史	6	519	557
宁夏	理工	35	439	532	青海	文史	14	463	511
青海	理工	52	391	466	山东	文史	47	483	582
山东	理工	325	433	584	山西	文史	39	518	553
山西	理工	179	481	549	陕西	文史	19	509	577
陕西	理工	167	449	573	四川	文史	151	537	582
上海	综改	22	501	491	四川	峨眉文	26	537	565
四川	理工	1270	511	595	天津	文史	10	531	565
四川	峨眉理	457	511	575	西藏	文史	10	353	403
天津	理工	56	521	592	新疆	文史	19	486	555
西藏	理工	39	296	320	云南	文史	18	555	604
新疆	理工	144	437	543	重庆	文史	42	525	573
云南	理工	173	500	573	重庆	峨眉文	7	525	556
浙江	综改	283	577	583					
重庆	理工	263	492	585					
重庆	峨眉理	104	492	566					

2. 2017 年各专业硕士研究生招生统计表

院系所代码	院系所名称	专业代码	专业名称	学制	招生数
001	土木工程学院	081401	岩土工程	3	25
001	土木工程学院	081402	结构工程	3	18
001	土木工程学院	081403	市政工程	3	2
001	土木工程学院	081405	防灾减灾工程及防护工程	3	5
001	土木工程学院	081406	桥梁与隧道工程	3	112
001	土木工程学院	082301	道路与铁道工程	3	33
001	土木工程学院	085213	建筑与土木工程	3	278
001	土木工程学院	085213	（非全）建筑与土木工程	3	36
001	土木工程学院	085222	交通运输工程	3	14
002	机械工程学院	080200	机械工程	3	94
002	机械工程学院	0802Z1	城市轨道交通技术与装备	3	3

续表

院系所代码	院系所名称	专业代码	专业名称	学制	招生数
002	机械工程学院	080703	动力机械及工程	3	7
002	机械工程学院	081404	供热、供燃气、通风及空调工程	3	26
002	机械工程学院	085201	机械工程	3	141
002	机械工程学院	085201	（非全）机械工程	3	12
002	机械工程学院	085234	车辆工程	3	56
002	机械工程学院	085234	（非全）车辆工程	3	9
003	电气工程学院	080800	电气工程	3	129
003	电气工程学院	0808Z1	轨道交通电气化与信息技术	3	5
003	电气工程学院	0808Z2	电磁悬浮与超导工程	3	7
003	电气工程学院	081100	控制科学与工程	3	17
003	电气工程学院	085207	电气工程	3	163
003	电气工程学院	085207	（非全）电气工程	3	23
003	电气工程学院	085210	控制工程	3	21
003	电气工程学院	085210	（非全）控制工程	3	6
004	信息科学与技术学院	080902	电路与系统	3	5
004	信息科学与技术学院	080903	微电子学与固体电子学	3	5
004	信息科学与技术学院	081000	信息与通信工程	3	75
004	信息科学与技术学院	0810Z1	信息安全	3	10
004	信息科学与技术学院	081101	控制理论与控制工程	3	5
004	信息科学与技术学院	081200	计算机科学与技术	3	37
004	信息科学与技术学院	082302	交通信息工程及控制	3	25
004	信息科学与技术学院	083500	软件工程	3	7
004	信息科学与技术学院	110505	密码学	3	2
004	信息科学与技术学院	085208	电子与通信工程	3	75
004	信息科学与技术学院	085209	集成电路工程	3	13
004	信息科学与技术学院	085210	控制工程	3	9
004	信息科学与技术学院	085211	计算机技术	3	55
004	信息科学与技术学院	085211	（非全）计算机技术	3	8
004	信息科学与技术学院	085212	软件工程	3	22
004	信息科学与技术学院	085222	交通运输工程	3	22
005	经济管理学院	020100	理论经济学	3	1
005	经济管理学院	020200	应用经济学	3	22
005	经济管理学院	120100	管理科学与工程	3	31
005	经济管理学院	120201	会计学	3	7
005	经济管理学院	120202	企业管理	3	11

续表

院系所代码	院系所名称	专业代码	专业名称	学制	招生数
005	经济管理学院	120204	技术经济及管理	3	1
005	经济管理学院	025400	国际商务	3	2
005	经济管理学院	085236	工业工程	3	19
005	经济管理学院	085236	（非全）工业工程	3	3
005	经济管理学院	085239	（非全）项目管理	3	6
005	经济管理学院	125300	会计	2	59
005	经济管理学院	125300	（非全）会计	2	17
007	交通运输与物流学院	082303	交通运输规划与管理	3	63
007	交通运输与物流学院	0823Z1	物流工程	3	16
007	交通运输与物流学院	0823Z2	交通工程	3	18
007	交通运输与物流学院	083700	安全科学与工程	3	3
007	交通运输与物流学院	085222	交通运输工程	3	116
007	交通运输与物流学院	085222	（非全）交通运输工程	3	23
007	交通运输与物流学院	085224	安全工程	3	19
007	交通运输与物流学院	085224	（非全）安全工程	3	6
007	交通运输与物流学院	085240	物流工程	3	40
007	交通运输与物流学院	085240	（非全）物流工程	3	13
008	建筑与设计学院	0802Z2	工业设计与工程	3	2
008	建筑与设计学院	081300	建筑学	3	22
008	建筑与设计学院	083300	城乡规划学	3	16
008	建筑与设计学院	083400	风景园林学	3	7
008	建筑与设计学院	1304L1	美术学	3	4
008	建筑与设计学院	130500	设计学	3	21
008	建筑与设计学院	085100	建筑学	3	45
008	建筑与设计学院	085100	（非全）建筑学	3	17
008	建筑与设计学院	085237	工业设计工程	3	25
008	建筑与设计学院	085237	（非全）工业设计工程	3	10
008	建筑与设计学院	085300	城市规划	3	9
008	建筑与设计学院	095300	风景园林	3	11
009	材料科学与工程学院	080500	材料科学与工程	3	79
009	材料科学与工程学院	083100	生物医学工程	3	3
009	材料科学与工程学院	085204	材料工程	3	89
009	材料科学与工程学院	085204	（非全）材料工程	3	2
009	材料科学与工程学院	085230	生物医学工程	3	17
010	生命科学与工程学院	071010	生物化学与分子生物学	3	16

续表

院系所代码	院系所名称	专业代码	专业名称	学制	招生数
010	生命科学与工程学院	100700	药学	3	45
010	生命科学与工程学院	085235	制药工程	3	10
010	生命科学与工程学院	085235	（非全）制药工程	3	1
010	生命科学与工程学院	085238	生物工程	3	8
011	物理科学与技术学院	070201	理论物理	3	4
011	物理科学与技术学院	070203	原子与分子物理	3	7
011	物理科学与技术学院	070204	等离子体物理	3	4
011	物理科学与技术学院	070205	凝聚态物理	3	18
011	物理科学与技术学院	070207	光学	3	23
011	物理科学与技术学院	070208	无线电物理	3	3
011	物理科学与技术学院	080901	物理电子学	3	9
011	物理科学与技术学院	080904	电磁场与微波技术	3	13
012	力学与工程学院	080100	力学	3	60
013	外国语学院	050201	英语语言文学	3	16
013	外国语学院	050203	法语语言文学	3	2
013	外国语学院	050204	德语语言文学	3	3
013	外国语学院	050205	日语语言文学	3	3
013	外国语学院	055100	翻译	3	23
013	外国语学院	045300	汉语国际教育	3	7
014	地球科学与环境工程学院	081403	市政工程	3	2
014	地球科学与环境工程学院	0814Z1	工程环境与景观	3	1
014	地球科学与环境工程学院	081600	测绘科学与技术	3	41
014	地球科学与环境工程学院	081800	地质资源与地质工程	3	33
014	地球科学与环境工程学院	083000	环境科学与工程	3	30
014	地球科学与环境工程学院	085215	测绘工程	3	54
014	地球科学与环境工程学院	085215	（非全）测绘工程	3	12
014	地球科学与环境工程学院	085217	地质工程	3	43
014	地球科学与环境工程学院	085217	（非全）地质工程	3	16
014	地球科学与环境工程学院	085224	安全工程	3	9
014	地球科学与环境工程学院	085224	（非全）安全工程	3	4
014	地球科学与环境工程学院	085229	环境工程	3	34
014	地球科学与环境工程学院	085229	（非全）环境工程	3	6
018	人文学院	010100	哲学	3	7
018	人文学院	050100	中国语言文学	3	40
018	人文学院	050300	新闻传播学	3	29

续表

院系所代码	院系所名称	专业代码	专业名称	学制	招生数
018	人文学院	045300	汉语国际教育	3	11
019	公共管理与政法学院	030100	法学	3	14
019	公共管理与政法学院	030200	政治学	3	5
019	公共管理与政法学院	120400	公共管理	3	52
019	公共管理与政法学院	035101	法律（非法学）	3	14
019	公共管理与政法学院	035102	法律（法学）	3	12
019	公共管理与政法学院	085224	安全工程	3	7
019	公共管理与政法学院	125200	（非全）公共管理	2	126
021	牵引动力国家重点实验室	080204	车辆工程	3	40
021	牵引动力国家重点实验室	082304	载运工具运用工程	3	37
021	牵引动力国家重点实验室	085222	交通运输工程	3	74
025	MBA 中心（经济管理学院）	125100	（非全）工商管理	2	422
040	数学学院	070100	数学	3	37
040	数学学院	071400	统计学	3	16
042	心理研究与咨询中心	040200	心理学	3	15
043	马克思主义学院	030500	马克思主义理论	3	27
044	医学院	071010	生物化学与分子生物学	3	6
044	医学院	100700	药学	3	7
044	医学院	107200	生物医学工程	3	6
045	临床医学院	100200	临床医学	3	30
学术型硕士研究生				1 682	
专业型硕士研究生				2 404	
全日制硕士研究生				3 308	
非全日制硕士研究生				778	
合　计				4 086	

3. 2017 年各专业博士研究生招生统计表

学院代码	学院名称	专业代码	专业名称	学制	录取总数
001	土木工程学院	081401	岩土工程	4 年	4
001	土木工程学院	081402	结构工程		1
001	土木工程学院	081403	市政工程		3
001	土木工程学院	081405	防灾减灾工程及防护工程		3
001	土木工程学院	081406	桥梁与隧道工程		47
001	土木工程学院	082301	道路与铁道工程		15
	土木工程学院 汇总				73

续表

学院代码	学院名称	专业代码	专业名称	学制	录取总数
002	机械工程学院	080201	机械制造及其自动化	4年	1
002	机械工程学院	080202	机械电子工程		6
002	机械工程学院	080203	机械设计及理论		23
002	机械工程学院	080204	车辆工程		4
002	机械工程学院	0802Z1	城市轨道交通技术与装备		1
002	机械工程学院	081404	供热、供燃气、通风及空调工程		4
	机械工程学院 汇总				39
003	电气工程学院	080800	电气工程		34
003	电气工程学院	0808Z1	轨道交通电气化与信息技术		2
003	电气工程学院	081100	控制科学与工程		4
	电气工程学院 汇总				40
004	信息科学与技术学院	081000	信息与通信工程		14
004	信息科学与技术学院	0810Z1	信息安全		1
004	信息科学与技术学院	081101	控制理论与控制工程		1
004	信息科学与技术学院	081200	计算机科学与技术		14
004	信息科学与技术学院	082302	交通信息工程及控制		5
	信息科学与技术学院 汇总				35
005	经济管理学院	120100	管理科学与工程		20
005	经济管理学院	120200	工商管理		12
	经济管理学院 汇总				32
007	交通运输与物流学院	081103	系统工程		
007	交通运输与物流学院	082303	交通运输规划与管理		17
007	交通运输与物流学院	0823Z1	物流工程		5
007	交通运输与物流学院	0823Z2	交通工程		5
	交通运输与物流学院 汇总				27
008	建筑与设计学院	0802Z2	工业设计与工程		3
008	建筑与设计学院	081300	建筑学		5
	建筑与设计学院 汇总				8
009	材料科学与工程学院	080500	材料科学与工程	4年	30
	材料科学与工程学院 汇总				30
011	物理科学与技术学院	070200	物理学		11
	物理科学与技术学院 汇总				11
012	力学与工程学院	080100	力学		20
	力学与工程学院 汇总				20
013	外国语学院	050100	中国语言文学		3
	外国语学院 汇总				3

续表

学院代码	学院名称	专业代码	专业名称	学制	录取总数
014	地球科学与环境工程学院	081403	市政工程		3
014	地球科学与环境工程学院	0814Z1	工程环境与景观		1
014	地球科学与环境工程学院	081600	测绘科学与技术		19
014	地球科学与环境工程学院	081800	地质资源与地质工程		7
	地球科学与环境工程学院 汇总				30
018	人文学院	050100	中国语言文学		11
	人文学院 汇总				11
021	牵引动力国家重点实验室	080204	车辆工程		16
021	牵引动力国家重点实验室	082304	载运工具运用工程		16
	牵引动力国家重点实验室 汇总				32
043	马克思主义学院	030501	马克思主义基本原理		7
043	马克思主义学院	030505	思想政治教育		5
	马克思主义学院 汇总				12
	总计				403

4. 2017 年各教学单位全日制本科生入学、毕业、在校人数

院、系（所）	毕业人数	入学人数	本科在校生
总　计	5 020	7252	25 369
土木工程学院	528	1037	3 133
机械工程学院	609	742	2 610
电气工程学院	389	503	2 099
信息科学与技术学院	652	645	2 629
经济管理学院	306	423	1 481
外国语学院	238	270	1 046
交通运输与物流学院	437	504	2 028
材料科学与工程学院	258	320	1 139
地球科学与环境工程学院	333	486	1 508
建筑与设计学院	341	429	1 869
物理科学与技术学院	187	295	927
人文学院	181	188	784
公共管理与政法学院	132	224	733
生命科学与工程学院	187	259	896

续表

院、系（所）	毕业人数	入学人数	本科在校生
力学与工程学院	92	153	445
数学学院	117	136	555
马克思主义学院	0	58	102
心理研究与咨询中心	33	41	135
茅以升学院	0	191	705
利兹学院	0	286	478

5. 2017 年各专业硕士研究生毕业、在校人数

学科	专业分类	专业名称	自主专业名称	年制	毕业生数	授予学位数	在校生数						预计毕业生数
							合计	一年级	二年级	三年级	四年级	五年级及以上	
合计	合计	硕士研究生	硕士研究生		2 968	2 822	11 626	4 086	3 271	4 269	0	0	4 269
合计	合计	其中：女	其中：女		1 086	1 031	4 548	1 524	1 256	1 768	0	0	1 768
合计	合计	学术型学位硕士	学术型学位硕士		1 597	1 492	5 710	1 682	1 702	2 326	0	0	2 326
合计	合计	其中：女	其中：女		618	578	2 528	706	710	1 112	0	0	1 112
哲学	哲学	科学技术哲学	科学技术哲学	3	0	0	1	0	0	1	0	0	1
哲学	哲学	伦理学	伦理学	3	0	0	0	0	0	0	0	0	0
哲学	哲学	哲学学科	哲学	3	4	4	20	7	7	6	0	0	6
艺术学	美术学	美术学	美术学	3	5	5	13	4	3	6	0	0	6
艺术学	美术学	设计学学科	设计学	3	31	29	60	21	19	20	0	0	20
艺术学	设计学	设计艺术学	设计艺术学	3	0	0	0	0	0	0	0	0	0
艺术学	艺术学	艺术学	艺术学	3	0	0	0	0	0	0	0	0	0
艺术学	艺术学理论	音乐与舞蹈学学科	音乐与舞蹈学	3	3	3	4	0	0	4	0	0	4
医学	临床医学	临床医学	临床医学	3	0	0	30	30	0	0	0	0	0
医学	药学	微生物与生化药学	微生物与生化药学	3	0	0	0	0	0	0	0	0	0
医学	药学	药学学科	药学	3	20	19	135	52	49	34	0	0	34
医学	中药学	中药学学科	中药学	3	0	0	0	0	0	0	0	0	0
文学	外国语言文学	外国语言文学学科	外国语言文学	3	0	0	1	0	0	1	0	0	1
文学	中国语言文学	比较文学与世界文学	比较文学与世界文学	3	3	2	1	0	0	1	0	0	1
文学	新闻传播学	传播学	传播学	3	0	0	0	0	0	0	0	0	0

续表

学科	专业分类	专业名称	自主专业名称	年制	毕业生数	授予学位数	在校生数						预计毕业生数
							合计	一年级	二年级	三年级	四年级	五年级及以上	
文学	外国语言文学	德语语言文学	德语语言文学	3	0	0	7	3	4	0	0	0	0
文学	外国语言文学	法语语言文学	法语语言文学	3	0	0	6	2	4	0	0	0	0
文学	中国语言文学	汉语言文字学	汉语言文字学	3	0	0	0	0	0	0	0	0	0
文学	外国语言文学	日语语言文学	日语语言文学	3	1	0	6	3	2	1	0	0	1
文学	外国语言文学	外国语言文学学科	外国语言文学学科	3	28	26	25	0	0	25	0	0	25
文学	外国语言文学	外国语言学及应用语言学	外国语言学及应用语言学	3	0	0	15	0	0	15	0	0	15
文学	中国语言文学	文艺学	文艺学	3	0	0	0	0	0	0	0	0	0
文学	新闻传播学	新闻传播学学科	新闻传播学	3	18	17	75	29	22	24	0	0	24
文学	外国语言文学	英语语言文学	英语语言文学	3	0	0	30	16	14	0	0	0	0
文学	中国语言文学	语言学及应用语言学	语言学及应用语言学	3	1	1	0	0	0	0	0	0	0
文学	中国语言文学	中国古代文学	中国古代文学	3	3	1	0	0	0	0	0	0	0
文学	中国语言文学	中国古典文献学	中国古典文献学	3	2	1	0	0	0	0	0	0	0
文学	中国语言文学	中国现当代文学	中国现当代文学	3	1	0	0	0	0	0	0	0	0
文学	中国语言文学	中国语言文学学科	中国语言文学	3	37	37	118	40	37	41	0	0	41
农学	林学	园林植物与观赏园艺	园林植物与观赏园艺	3	0	0	0	0	0	0	0	0	0
历史学	中国史	专门史	专门史	3	0	0	1	0	0	1	0	0	1
理学	数学	数学学科	数学	3	0	0	38	37	0	1	0	0	1
理学	统计学	统计学学科	统计学	3	0	0	16	16	0	0	0	0	0
理学	物理学	物理学学科	物理学	3	0	0	0	0	0	0	0	0	0
理学	系统科学	系统科学学科	系统科学	3	0	0	0	0	0	0	0	0	0
理学	物理学	等离子体物理	等离子体物理	3	0	0	4	4	0	0	0	0	0
理学	地理学	地图学与地理信息系统	地图学与地理信息系统	3	1	0	1	0	0	1	0	0	1
理学	数学	概率论与数理统计	概率论与数理统计	3	0	0	0	0	0	0	0	0	0

续表

学科	专业分类	专业名称	自主专业名称	年制	毕业生数	授予学位数	在校生数						预计毕业生数
							合计	一年级	二年级	三年级	四年级	五年级及以上	
理学	物理学	光　学	光　学	3	0	0	45	23	22	0	0	0	0
理学	数学	基础数学	基础数学	3	0	0	0	0	0	0	0	0	0
理学	物理学	理论物理	理论物理	3	2	0	12	4	4	4	0	0	4
理学	物理学	凝聚态物理	凝聚态物理	3	1	0	32	18	9	5	0	0	5
理学	生物学	生物化学与分子生物学	生物化学与分子生物学	3	16	14	55	22	16	17	0	0	17
理学	数学	数学学科	数学学科	3	17	13	58	0	26	32	0	0	32
理学	统计学	统计学学科	统计学学科	3	11	11	31	0	16	15	0	0	15
理学	物理学	无线电物理	无线电物理	3	0	0	5	3	2	0	0	0	0
理学	物理学	物理学学科	物理学学科	3	24	24	41	0	0	41	0	0	41
理学	系统科学	系统科学学科	系统科学学科	3	1	1	6	0	3	3	0	0	3
理学	数学	应用数学	应用数学	3	0	0	2	0	0	2	0	0	2
理学	物理学	原子与分子物理	原子与分子物理	3	0	0	10	7	3	0	0	0	0
军事学	军队指挥学	密码学	密码学	3	1	1	5	2	0	3	0	0	3
经济学	应用经济学	应用经济学学科	应用经济学	3	0	0	22	22	0	0	0	0	0
经济学	应用经济学	产业经济学	产业经济学	3	0	0	1	0	0	1	0	0	1
经济学	应用经济学	金融学（含：保险学）	金融学	3	1	0	1	0	0	1	0	0	1
经济学	理论经济学	理论经济学学科	理论经济学	3	10	9	21	1	8	12	0	0	12
经济学	应用经济学	区域经济学	区域经济学	3	4	3	5	0	0	5	0	0	5
经济学	理论经济学	世界经济	世界经济	3	0	0	0	0	0	0	0	0	0
经济学	应用经济学	数量经济学	数量经济学	3	0	0	0	0	0	0	0	0	0
经济学	应用经济学	应用经济学学科	应用经济学学科	3	13	13	49	0	22	27	0	0	27
教育学	教育学	教育技术学	教育技术学	3	0	0	1	0	0	1	0	0	1
教育学	体育学	体育教育训练学	体育教育训练学	3	0	0	2	0	0	2	0	0	2
教育学	体育学	体育学学科	体育学	3	8	8	10	0	0	10	0	0	10
教育学	心理学	心理学	心理学	3	0	0	15	15	0	0	0	0	0
管理学	管理科学与工程	管理科学与工程学科	项目管理	3	0	0	1	0	0	1	0	0	1
管理学	公共管理	教育经济与管理	教育经济与管理	3	0	0	0	0	0	0	0	0	0

续表

学科	专业分类	专业名称	自主专业名称	年制	毕业生数	授予学位数	在校生数						预计毕业生数
							合计	一年级	二年级	三年级	四年级	五年级及以上	
管理学	工商管理	工商管理学科	工商管理	3	11	11	12	0	0	12	0	0	12
管理学	工商管理	工商管理学科	工商管理硕士	3	3	3	73	0	0	73	0	0	73
管理学	管理科学与工程	管理科学与工程学科	公共工程组织与管理	3	0	0	0	0	0	0	0	0	0
管理学	公共管理	公共管理学科	公共管理	3	59	52	172	52	57	63	0	0	63
管理学	管理科学与工程	管理科学与工程学科	管理科学与工程	3	25	23	106	31	26	49	0	0	49
管理学	公共管理	行政管理	行政管理	3	1	1	6	0	0	6	0	0	6
管理学	工商管理	会计学	会计学	3	0	0	27	7	9	11	0	0	11
管理学	工商管理	技术经济及管理	技术经济及管理	3	0	0	3	1	2	0	0	0	0
管理学	管理科学与工程	管理科学与工程学科	决策科学	3	0	0	0	0	0	0	0	0	0
管理学	工商管理	旅游管理	旅游管理	3	0	0	2	0	0	2	0	0	2
管理学	工商管理	企业管理（含：财务管理、市场营销、人力资源管理）	企业管理	3	0	0	32	11	6	15	0	0	15
管理学	公共管理	社会保障	社会保障	3	0	0	0	0	0	0	0	0	0
管理学	管理科学与工程	管理科学与工程学科	资源优化管理	3	0	0	0	0	0	0	0	0	0
工学	控制科学与工程	系统工程	系统工程	3	0	0	3	0	0	3	0	0	3
工学	矿业工程	安全技术及工程	安全技术及工程	3	0	0	3	0	0	3	0	0	3
工学	安全科学与工程	安全科学与工程学科	安全科学与工程	3	3	3	10	3	4	3	0	0	3
工学	材料科学与工程	材料加工工程	材料加工工程	3	0	0	0	0	0	0	0	0	0
工学	材料科学与工程	材料科学与工程学科	材料科学与工程	3	52	51	217	79	70	68	0	0	68
工学	材料科学与工程	材料物理与化学	材料物理与化学	3	1	1	1	0	0	1	0	0	1
工学	材料科学与工程	材料学	材料学	3	1	1	3	0	0	3	0	0	3
工学	测绘科学与技术	测绘科学与技术学科	测绘科学与技术	3	32	32	136	41	45	50	0	0	50
工学	仪器科学与技术	测试计量技术及仪器	测试计量技术及仪器	3	3	0	2	0	0	2	0	0	2

续表

学科	专业分类	专业名称	自主专业名称	年制	毕业生数	授予学位数	在校生数						预计毕业生数
							合计	一年级	二年级	三年级	四年级	五年级及以上	
工学	机械工程	车辆工程	车辆工程	3	48	45	164	40	35	89	0	0	89
工学	建筑学	建筑学学科	城市规划与设计	3	0	0	0	0	0	0	0	0	0
工学	机械工程	机械工程学科	城市轨道交通技术与设备	3	0	0	0	0	0	0	0	0	0
工学	机械工程	机械工程学科	城市轨道交通技术与装备	3	0	0	4	3	0	1	0	0	1
工学	城乡规划学	城乡规划学学科	城乡规划学	3	22	22	46	16	14	16	0	0	16
工学	测绘科学与技术	大地测量学与测量工程	大地测量学与测量工程	3	0	0	0	0	0	0	0	0	0
工学	交通运输工程	道路与铁道工程	道路与铁道工程	3	31	31	134	33	38	63	0	0	63
工学	地质资源与地质工程	地球探测与信息技术	地球探测与信息技术	3	0	0	1	0	0	1	0	0	1
工学	测绘科学与技术	地图制图学与地理信息工程	地图制图学与地理信息工程	3	0	0	1	0	0	1	0	0	1
工学	地质资源与地质工程	地质工程	地质工程	3	33	30	62	0	31	31	0	0	31
工学	地质资源与地质工程	地质资源与地质工程学科	地质资源与地质工程	3	27	27	114	33	36	45	0	0	45
工学	电子科学与技术	电磁场与微波技术	电磁场与微波技术	3	9	9	42	13	10	19	0	0	19
工学	电气工程	电气工程学科	电磁悬浮与超导工程	3	1	1	19	7	5	7	0	0	7
工学	电气工程	电工理论与新技术	电工理论与新技术	3	0	0	1	0	0	1	0	0	1
工学	电气工程	电机与电器	电机与电器	3	0	0	1	0	0	1	0	0	1
工学	电气工程	电力电子与电力传动	电力电子与电力传动	3	0	0	3	0	0	3	0	0	3
工学	电气工程	电力系统及其自动化	电力系统及其自动化	3	0	0	9	0	0	9	0	0	9
工学	电子科学与技术	电路与系统	电路与系统	3	5	5	19	5	7	7	0	0	7
工学	电气工程	电气工程学科	电气工程	3	120	118	423	129	139	155	0	0	155
工学	电气工程	电气工程学科	电气系统控制与信息技术	3	0	0	2	0	0	2	0	0	2
工学	动力工程及工程热物理	动力机械及工程	动力机械及工程	3	10	10	21	7	8	6	0	0	6

续表

学科	专业分类	专业名称	自主专业名称	年制	毕业生数	授予学位数	在校生数						预计毕业生数
							合计	一年级	二年级	三年级	四年级	五年级及以上	
工学	土木工程	防灾减灾工程及防护工程	防灾减灾工程及防护工程	3	1	1	17	5	5	7	0	0	7
工学	风景园林学	风景园林学学科	风景园林学	3	8	6	23	7	8	8	0	0	8
工学	电气工程	高电压与绝缘技术	高电压与绝缘技术	3	0	0	0	0	0	0	0	0	0
工学	土木工程	土木工程学科	工程环境控制	3	0	0	0	0	0	0	0	0	0
工学	土木工程	土木工程学科	工程环境与景观	3	6	6	4	1	1	2	0	0	2
工学	力学	工程力学	工程力学	3	5	1	5	0	0	5	0	0	5
工学	机械工程	机械工程学科	工业设计	3	0	0	0	0	0	0	0	0	0
工学	机械工程	机械工程学科	工业设计与工程	3	7	7	9	2	4	3	0	0	3
工学	土木工程	供热、供燃气、通风及空调工程	供热、供燃气、通风及空调工程	3	24	21	87	26	26	35	0	0	35
工学	力学	固体力学	固体力学	3	0	0	7	0	0	7	0	0	7
工学	光学工程	光学工程学科	光学工程	3	4	1	2	0	0	2	0	0	2
工学	电气工程	电气工程学科	轨道交通电气化与信息技术	3	9	9	19	5	4	10	0	0	10
工学	电气工程	电气工程学科	轨道交通电气化与自动化	3	0	0	0	0	0	0	0	0	0
工学	化学工程与技术	化学工程与技术学科	化学工程与技术	3	5	5	16	0	7	9	0	0	9
工学	环境科学与工程	环境工程	环境工程	3	1	0	0	0	0	0	0	0	0
工学	环境科学与工程	环境科学	环境科学	3	0	0	0	0	0	0	0	0	0
工学	环境科学与工程	环境科学与工程学科	环境科学与工程	3	28	26	97	30	30	37	0	0	37
工学	机械工程	机械电子工程	机械电子工程	3	14	13	17	0	0	17	0	0	17
工学	机械工程	机械工程学科	机械工程	3	0	0	200	94	106	0	0	0	0
工学	机械工程	机械设计及理论	机械设计及理论	3	46	46	65	0	0	65	0	0	65
工学	机械工程	机械制造及其自动化	机械制造及其自动化	3	11	11	9	0	0	9	0	0	9
工学	计算机科学与技术	计算机科学与技术学科	计算机科学与技术	3	32	31	125	37	34	54	0	0	54
工学	计算机科学与技术	计算机软件与理论	计算机软件与理论	3	0	0	3	0	0	3	0	0	3

续表

学科	专业分类	专业名称	自主专业名称	年制	毕业生数	授予学位数	在校生数						预计毕业生数
							合计	一年级	二年级	三年级	四年级	五年级及以上	
工学	计算机科学与技术	计算机系统结构	计算机系统结构	3	0	0	0	0	0	0	0	0	0
工学	计算机科学与技术	计算机应用技术	计算机应用技术	3	0	0	8	0	0	8	0	0	8
工学	控制科学与工程	检测技术与自动化装置	检测技术与自动化装置	3	0	0	0	0	0	0	0	0	0
工学	建筑学	建筑技术科学	建筑技术科学	3	0	0	0	0	0	0	0	0	0
工学	建筑学	建筑历史与理论	建筑历史与理论	3	0	0	2	0	0	2	0	0	2
工学	建筑学	建筑设计及其理论	建筑设计及其理论	3	2	0	1	0	0	1	0	0	1
工学	建筑学	建筑学学科	建筑学	3	26	24	72	22	20	30	0	0	30
工学	交通运输工程	交通运输工程学科	交通工程	3	8	7	47	18	9	20	0	0	20
工学	交通运输工程	交通信息工程及控制	交通信息工程及控制	3	27	23	77	25	25	27	0	0	27
工学	交通运输工程	交通运输工程学科	交通运输安全工程	3	0	0	1	0	0	1	0	0	1
工学	交通运输工程	交通运输规划与管理	交通运输规划与管理	3	76	66	233	63	73	97	0	0	97
工学	土木工程	结构工程	结构工程	3	26	26	84	18	26	40	0	0	40
工学	仪器科学与技术	精密仪器及机械	精密仪器及机械	3	8	7	15	0	6	9	0	0	9
工学	土木工程	土木工程学科	景观工程	3	0	0	1	0	0	1	0	0	1
工学	控制科学与工程	控制科学与工程学科	控制科学与工程	3	16	15	54	17	18	19	0	0	19
工学	控制科学与工程	控制理论与控制工程	控制理论与控制工程	3	13	12	23	5	7	11	0	0	11
工学	力学	力学学科	力学	3	22	22	175	60	51	64	0	0	64
工学	力学	流体力学	流体力学	3	0	0	0	0	0	0	0	0	0
工学	控制科学与工程	模式识别与智能系统	模式识别与智能系统	3	0	0	0	0	0	0	0	0	0
工学	土木工程	桥梁与隧道工程	桥梁与隧道工程	3	125	123	371	112	118	141	0	0	141
工学	机械工程	机械工程学科	驱动技术与智能系统	3	0	0	0	0	0	0	0	0	0
工学	软件工程	软件工程学科	软件工程	3	19	19	45	7	15	23	0	0	23
工学	测绘科学与技术	摄影测量与遥感	摄影测量与遥感	3	0	0	2	0	0	2	0	0	2

续表

学科	专业分类	专业名称	自主专业名称	年制	毕业生数	授予学位数	在校生数						预计毕业生数
							合计	一年级	二年级	三年级	四年级	五年级及以上	
工学	生物医学工程	生物医学工程学科	生物医学工程	3	17	15	49	9	8	32	0	0	32
工学	土木工程	市政工程	市政工程	3	10	10	21	4	6	11	0	0	11
工学	信息与通信工程	通信与信息系统	通信与信息系统	3	9	7	6	0	0	6	0	0	6
工学	电子科学与技术	微电子学与固体电子学	微电子学与固体电子学	3	6	6	19	5	5	9	0	0	9
工学	电子科学与技术	物理电子学	物理电子学	3	7	7	22	9	6	7	0	0	7
工学	交通运输工程	交通运输工程学科	物流工程	3	29	29	135	16	45	74	0	0	74
工学	土木工程	土木工程学科	消防工程	3	0	0	0	0	0	0	0	0	0
工学	信息与通信工程	信号与信息处理	信号与信息处理	3	16	12	1	0	0	1	0	0	1
工学	信息与通信工程	信息与通信工程学科	信息安全	3	9	8	32	10	14	8	0	0	8
工学	信息与通信工程	信息与通信工程学科	信息与通信工程	3	70	70	252	75	80	97	0	0	97
工学	土木工程	岩土工程	岩土工程	3	21	20	80	25	26	29	0	0	29
工学	力学	一般力学与力学基础	一般力学与力学基础	3	2	1	1	0	0	1	0	0	1
工学	仪器科学与技术	仪器科学与技术学科	仪器科学与技术	3	7	7	17	0	6	11	0	0	11
工学	交通运输工程	载运工具运用工程	载运工具运用工程	3	15	15	115	37	39	39	0	0	39
工学	交通运输工程	交通运输工程学科	综合运输	3	0	0	0	0	0	0	0	0	0
法学	马克思主义理论	马克思主义理论学科	马克思主义理论与思想政治教育	3	0	0	3	0	0	3	0	0	3
法学	法学	经济法学	经济法学	3	0	0	1	0	0	1	0	0	1
法学	法学	法学学科	法学	3	24	17	45	14	15	16	0	0	16
法学	法学	法学理论	法学理论	3	0	0	3	0	0	3	0	0	3
法学	马克思主义理论	马克思主义理论学科	马克思主义理论	3	15	15	66	27	20	19	0	0	19
法学	政治学	政治学学科	政治学	3	7	7	15	5	5	5	0	0	5
法学	政治学	中外政治制度	中外政治制度	3	0	0	0	0	0	0	0	0	0
合计	合计	专业型学位硕士	专业型学位硕士		1 371	1 330	5 916	2 404	1 569	1 943	0	0	1 943
合计	合计	其中：女	其中：女		468	453	2 020	818	546	656	0	0	656

续表

学科	专业分类	专业名称	自主专业名称	年制	毕业生数	授予学位数	在校生数						预计毕业生数
							合计	一年级	二年级	三年级	四年级	五年级及以上	
法学	法律	法律	(专业学位)法律硕士(非法学)	3	6	5	26	14	7	5	0	0	5
经济学	经济学	经济学	(专业学位)国际商务	3	0	0	5	2	3	0	0	0	0
工学	工程	工程	(专业学位)物流工程	3	0	0	60	53	0	7	0	0	7
文学	翻译	翻译	(专业学位)翻译	3	16	16	58	23	18	17	0	0	17
艺术学	艺术	艺术	(专业学位)艺术	3	73	67	132	0	58	74	0	0	74
工学	工程	工程	(专业学位)机械工程	3	88	85	377	153	104	120	0	0	120
管理学	工程管理	工程管理	(专业学位)工程管理	3	5	5	21	0	10	11	0	0	11
工学	工程	工程	(专业学位)集成电路工程	3	10	10	35	13	10	12	0	0	12
工学	工程	工程	(专业学位)工业设计工程	3	7	7	48	35	8	5	0	0	5
工学	建筑学	建筑学	(专业学位)建筑学	3	20	20	134	62	33	39	0	0	39
工学	工程	工程	(专业学位)控制工程	3	35	34	88	36	21	31	0	0	31
管理学	公共管理	公共管理	(专业学位)公共管理硕士	3	40	38	322	126	67	129	0	0	129
法学	法律	法律	(专业学位)法律硕士(法学)	3	5	4	31	12	9	10	0	0	10
工学	工程	工程	(专业学位)建筑与土木工程	3	187	185	755	314	209	232	0	0	232
艺术学	艺术	艺术	(专业学位)艺术设计	3	0	0	1	0	0	1	0	0	1
工学	工程	工程	(专业学位)工业工程	3	19	18	55	22	14	19	0	0	19
工学	工程	工程	(专业学位)地质工程	3	0	0	61	59	0	2	0	0	2
工学	工程	工程	(专业学位)软件工程	3	15	14	62	22	22	18	0	0	18
经济学	资产评估	资产评估	(专业学位)资产评估	3	5	5	2	0	0	2	0	0	2

续表

学科	专业分类	专业名称	自主专业名称	年制	毕业生数	授予学位数	在校生数						预计毕业生数
							合计	一年级	二年级	三年级	四年级	五年级及以上	
工学	工程	工程	(专业学位)环境工程	3	21	20	84	40	22	22	0	0	22
农学	风景园林	风景园林	(专业学位)风景园林	3	13	13	29	11	10	8	0	0	8
工学	工程	工程	(专业学位)交通运输工程	3	137	126	596	249	164	183	0	0	183
工学	工程	工程	(专业学位)车辆工程	3	28	27	129	65	38	26	0	0	26
管理学	会计	会计	(专业学位)会计	3	66	66	120	76	40	4	0	0	4
工学	工程	工程	(专业学位)制药工程	3	7	6	21	11	3	7	0	0	7
工学	工程	工程	(专业学位)电气工程	3	102	100	442	186	123	133	0	0	133
工学	工程	工程	(专业学位)安全工程	3	20	18	97	45	23	29	0	0	29
工学	工程	工程	(专业学位)仪器仪表工程	3	8	8	7	0	4	3	0	0	3
工学	工程	工程	(专业学位)项目管理	3	0	0	12	6	0	6	0	0	6
管理学	工商管理	工商管理	(专业学位)工商管理	3	255	255	1 200	394	299	507	0	0	507
工学	工程	工程	(专业学位)材料工程	3	56	55	246	91	80	75	0	0	75
工学	工程	工程	(专业学位)城市规划	3	0	0	24	9	9	6	0	0	6
工学	工程	工程	(专业学位)光学工程	3	0	0	1	0	0	1	0	0	1
工学	工程	工程	(专业学位)生物医学工程	3	0	0	19	17	0	2	0	0	2
工学	工程	工程	(专业学位)测绘工程	3	38	37	167	66	46	55	0	0	55
教育学	汉语国际教育	汉语国际教育	(专业学位)汉语国际教育	3	0	0	43	18	12	13	0	0	13
工学	工程	工程	(专业学位)电子与通信工程	3	46	44	188	75	51	62	0	0	62
工学	工程	工程	(专业学位)计算机技术	3	37	36	171	63	45	63	0	0	63
管理学	工商管理	工商管理	(专业学位)高级工商管理(EMBA)	3	0	0	28	28	0	0	0	0	0

续表

学科	专业分类	专业名称	自主专业名称	年制	毕业生数	授予学位数	在校生数						预计毕业生数
							合计	一年级	二年级	三年级	四年级	五年级及以上	
工学	工程	工程	(专业学位)安全工程(公共安全)	3	0	0	0	0	0	0	0	0	0
工学	工程	工程	(专业学位)交通运输工程(道路与铁道)	3	0	0	0	0	0	0	0	0	0
工学	工程	工程	(专业学位)生物工程	3	6	6	19	8	7	4	0	0	4

6. 2017 年各专业博士研究生毕业、在校人数

学科	专业分类	专业名称	自主专业名称	年制	毕业生数	授予学位数	在校生数						预计毕业生数
							合计	一年级	二年级	三年级	四年级	五年级及以上	
合计	合计	博士研究生	博士研究生		275	212	2 863	403	384	371	1 705	0	1 705
合计	合计	其中：女	其中：女		67	53	698	98	86	85	429	0	429
法学	马克思主义理论	马克思主义基本原理	马克思主义基本原理	4	7	4	32	7	5	4	16	0	16
法学	马克思主义理论	思想政治教育	思想政治教育	4	9	7	42	5	6	8	23	0	23
文学	中国语言文学	中国语言文学学科	中国语言文学	4	0	0	55	14	12	10	19	0	19
理学	物理学	物理学学科	物理学	4	0	0	11	11	0	0	0	0	0
工学	力学	力学学科	力学	4	0	0	73	20	19	19	15	0	15
工学	力学	一般力学与力学基础	一般力学与力学基础	4	4	4	3	0	0	0	3	0	3
工学	力学	固体力学	固体力学	4	2	2	17	0	0	0	17	0	17
工学	力学	流体力学	流体力学	4	0	0	1	0	0	0	1	0	1
工学	力学	工程力学	工程力学	4	1	0	8	0	0	0	8	0	8
工学	机械工程	机械制造及其自动化	机械制造及其自动化	4	4	3	21	1	2	4	14	0	14
工学	机械工程	机械电子工程	机械电子工程	4	4	1	35	6	6	6	17	0	17
工学	机械工程	机械设计及理论	机械设计及理论	4	13	8	107	23	22	18	44	0	44
工学	机械工程	车辆工程	车辆工程	4	5	4	102	20	17	14	51	0	51
工学	机械工程	机械工程学科	驱动技术与智能系统	4	0	0	2	0	0	0	2	0	2

续表

学科	专业分类	专业名称	自主专业名称	年制	毕业生数	授予学位数	在校生数						预计毕业生数
							合计	一年级	二年级	三年级	四年级	五年级及以上	
工学	机械工程	机械工程学科	工业设计	4	1	0	6	0	0	0	6	0	6
工学	机械工程	机械工程学科	信息化制造工程	4	1	1	1	0	0	0	1	0	1
工学	机械工程	机械工程学科	城市轨道交通技术与装备	4	0	0	3	1	2	0	0	0	0
工学	测绘科学与技术	大地测量学与测量工程	大地测量学与测量工程	4	5	4	10	0	0	0	10	0	10
工学	机械工程	机械工程学科	工业设计与工程	4	0	0	15	3	3	3	6	0	6
工学	材料科学与工程	材料科学与工程学科	材料科学与工程	4	13	13	143	30	26	25	62	0	62
工学	材料科学与工程	材料学	材料学	4	15	11	20	0	0	0	20	0	20
工学	电气工程	电气工程学科	电气工程	4	8	6	176	34	37	36	69	0	69
工学	电气工程	电机与电器	电机与电器	4	1	1	1	0	0	0	1	0	1
工学	电气工程	电力系统及其自动化	电力系统及其自动化	4	8	7	49	0	0	0	49	0	49
工学	电气工程	高电压与绝缘技术	高电压与绝缘技术	4	0	0	1	0	0	0	1	0	1
工学	电气工程	电力电子与电力传动	电力电子与电力传动	4	3	2	15	0	0	0	15	0	15
工学	电气工程	电工理论与新技术	电工理论与新技术	4	2	1	2	0	0	0	2	0	2
工学	电气工程	电气工程学科	电气系统控制与信息技术	4	0	0	8	0	0	0	8	0	8
工学	电气工程	电气工程学科	轨道交通电气化与自动化	4	2	1	1	0	0	0	1	0	1
工学	电气工程	电气工程学科	轨道交通电气化与信息技术	4	0	0	4	2	0	0	2	0	2
工学	电气工程	电气工程学科	电磁悬浮与超导工程	4	1	1	1	0	0	0	1	0	1
工学	电子科学与技术	电磁场与微波技术	电磁场与微波技术	4	10	6	37	0	7	7	23	0	23
工学	信息与通信工程	信息与通信工程学科	信息与通信工程	4	1	1	89	14	19	20	36	0	36

续表

学科	专业分类	专业名称	自主专业名称	年制	毕业生数	授予学位数	在校生数						预计毕业生数
							合计	一年级	二年级	三年级	四年级	五年级及以上	
工学	信息与通信工程	通信与信息系统	通信与信息系统	4	12	7	30	0	0	0	30	0	30
工学	信息与通信工程	信号与信息处理	信号与信息处理	4	2	1	6	0	0	0	6	0	6
工学	信息与通信工程	信息与通信工程学科	信息安全	4	4	4	14	1	3	1	9	0	9
工学	控制科学与工程	控制科学与工程学科	控制科学与工程	4	0	0	21	4	3	1	13	0	13
工学	控制科学与工程	控制科学与工程学科	控制理论与控制工程	4	0	0	4	1	0	0	3	0	3
工学	控制科学与工程	系统工程	系统工程	4	3	2	14	0	1	2	11	0	11
工学	计算机科学与技术	计算机科学与技术学科	计算机科学与技术	4	1	1	59	14	9	9	27	0	27
工学	计算机科学与技术	计算机应用技术	计算机应用技术	4	8	6	15	0	0	0	15	0	15
工学	建筑学	建筑学学科	建筑学	4	0	0	5	5	0	0	0	0	0
工学	土木工程	岩土工程	岩土工程	4	6	6	45	4	8	8	25	0	25
工学	土木工程	结构工程	结构工程	4	0	0	36	1	9	6	20	0	20
工学	土木工程	市政工程	市政工程	4	2	2	48	6	5	5	32	0	32
工学	土木工程	供热、供燃气、通风及空调工程	供热、供燃气、通风及空调工程	4	2	1	25	4	5	4	12	0	12
工学	土木工程	防灾减灾工程及防护工程	防灾减灾工程及防护工程	4	1	1	14	3	1	3	7	0	7
工学	土木工程	桥梁与隧道工程	桥梁与隧道工程	4	27	22	330	47	43	40	200	0	200
工学	土木工程	土木工程学科	工程环境控制	4	2	2	7	0	0	0	7	0	7
工学	土木工程	土木工程学科	景观工程	4	0	0	11	0	0	0	11	0	11
工学	土木工程	土木工程学科	工程环境与景观	4	0	0	26	1	4	7	14	0	14
工学	测绘科学与技术	测绘科学与技术学科	测绘科学与技术	4	0	0	53	19	11	11	12	0	12
工学	测绘科学与技术	摄影测量与遥感	摄影测量与遥感	4	3	2	5	0	0	0	5	0	5
工学	测绘科学与技术	地图制图学与地理信息工程	地图制图学与地理信息工程	4	0	0	7	0	0	0	7	0	7
工学	地质资源与地质工程	地质资源与地质工程学科	地质资源与地质工程	4	0	0	37	7	10	11	9	0	9

续表

学科	专业分类	专业名称	自主专业名称	年制	毕业生数	授予学位数	在校生数						预计毕业生数
							合计	一年级	二年级	三年级	四年级	五年级及以上	
工学	地质资源与地质工程	地球探测与信息技术	地球探测与信息技术	4	2	1	4	0	0	0	4	0	4
工学	地质资源与地质工程	地质工程	地质工程	4	4	4	21	0	0	0	21	0	21
工学	交通运输工程	道路与铁道工程	道路与铁道工程	4	5	5	115	15	13	17	70	0	70
工学	交通运输工程	交通信息工程及控制	交通信息工程及控制	4	5	5	62	5	2	2	53	0	53
工学	交通运输工程	交通运输规划与管理	交通运输规划与管理	4	12	11	181	16	20	19	126	0	126
工学	交通运输工程	载运工具运用工程	载运工具运用工程	4	12	9	92	16	14	12	50	0	50
工学	交通运输工程	交通运输工程学科	交通运输安全工程	4	0	0	4	0	0	0	4	0	4
工学	交通运输工程	交通运输工程学科	综合运输	4	0	0	0	0	0	0	0	0	0
工学	交通运输工程	交通运输工程学科	物流工程	4	8	5	37	4	3	1	29	0	29
工学	交通运输工程	交通运输工程学科	交通工程	4	1	0	35	7	3	6	19	0	19
工学	软件工程	软件工程学科	软件工程	4	0	0	15	0	4	3	8	0	8
管理学	管理科学与工程	管理科学与工程学科	管理科学与工程	4	13	10	261	20	18	16	207	0	207
管理学	管理科学与工程	管理科学与工程学科	公共工程组织与管理	4	0	0	11	0	0	0	11	0	11
管理学	管理科学与工程	管理科学与工程学科	资源优化管理	4	0	0	4	0	0	0	4	0	4
管理学	管理科学与工程	管理科学与工程学科	项目管理	4	6	6	7	0	0	0	7	0	7
管理学	管理科学与工程	管理科学与工程学科	决策科学	4	1	0	4	0	0	0	4	0	4
管理学	工商管理	工商管理学科	工商管理	4	7	7	53	12	12	0	29	0	29
管理学	工商管理	会计学	会计学	4	0	0	6	0	0	1	5	0	5
管理学	工商管理	企业管理（含：财务管理、市场营销、人力资源管理）	企业管理	4	6	4	48	0	0	12	36	0	36
管理学	工商管理	旅游管理	旅游管理	4	0	0	0	0	0	0	0	0	0

7. 成人高等学历教育办学规模

	毕业数	入学数	在校生数
2017 年	2 020	1 337	3 299

8. 网络教育办学规模

	毕业数	入学数	在校生数
2017 年	27 882	46 595	93 251

(三)教育质量及水平

1. 教学改革与建设

(1)2017 年 MOOC 课程上线项目

序号	慕课课程名称	课程负责人	课程上线网站	级　别
1	大学生科技创新课程之机械创新设计大赛	吴鹿鸣、罗大兵、潘亚嘉	爱课程	国家级
2	大学生科技创新课程之节能减排社会实践与科技竞赛	张祖涛、罗大兵、潘亚嘉、孔祥彬、李　毅	爱课程	国家级
3	大学生科技创新课程之交通科技大赛	张祖涛、燕鹏飞、罗大兵、刘昱岗、李　毅	爱课程	国家级
4	大学生科技创新课程之“挑战杯”课外学术科技作品竞赛	张祖涛、罗大兵、潘亚嘉、李　毅、王　蔚、杨怀银	爱课程	国家级
5	大学生科技创新课程之起重机创意大赛	张祖涛、程文明、张　敏、郭立昌、罗大兵	爱课程	国家级
6	大学生科技创新课程之智慧城市技术与创意大赛	张祖涛、潘亚嘉、罗大兵、余　卉、许永生	爱课程	国家级
7	走进心理学	宁维卫	爱课程	国家级
8	西方现代化视野下的英美文学	李成坚、孙　颖、胡　婧、张　睿、侯斌英、但　鸽、钱亚旭、陈小鸥	爱课程	国家级
9	中国衣裳——传统服装文化	李任飞	爱课程	国家级
10	全球化与中国文化	王俊棋、高　岚、王　昕、孙　颖、侯斌英	爱课程	国家级
11	职场英语	杨安文、尹思婧、刘　波、陈丽颖、陈晓红、里　娜	爱课程	国家级
12	大学生科技创新课程之“互联网+”创新创业大赛	张祖涛、卫飞飞、李静波、罗大兵	爱课程	国家级
13	大学生科技创新课程之中美青年创客大赛	罗大兵、郭立昌、潘亚嘉、张祖涛	爱课程	国家级

（2）2017年获教育部“国家级精品在线开放课程”课程名单

序号	课程名称	主要负责人	主要开课平台	学　院
1	工程伦理学	肖　平	爱课程（中国大学MOOC）	人文学院
2	当代青年心理学（一）（二）（三）	宁维卫	爱课程（中国大学MOOC）	心理咨询与研究中心
3	理论力学	鲁　丽	爱课程（中国大学MOOC）	力学与工程学院
4	材料力学	龚　辉	爱课程（中国大学MOOC）	力学与工程学院
5	工程力学	沈火明	爱课程（中国大学MOOC）	力学与工程学院
6	机械设计	吴鹿鸣、罗大兵	爱课程（中国大学MOOC）	机械工程学院
7	高速铁路动车组技术	李　芾、杨美传	爱课程（中国大学MOOC）	机械工程学院
8	高速铁路牵引供电系统	陈维荣	爱课程（中国大学MOOC）	电气工程学院
9	高速铁路信号系统	郭　进	爱课程（中国大学MOOC）	信息科学与技术学院
10	结构力学（一）	罗永坤	爱课程（中国大学MOOC）	土木工程学院
11	高速铁路工程	易思蓉	爱课程（中国大学MOOC）	土木工程学院
12	高速铁路桥梁与隧道工程	王英学	爱课程（中国大学MOOC）	土木工程学院
13	高速铁路概论	彭其渊	爱课程（中国大学MOOC）	交通运输与物流学院
14	从大学生到经理人的36项修炼	李泽尧	爱课程（中国大学MOOC）	工程训练中心
15	中华名相之管仲管理思想	李任飞	爱课程（中国大学MOOC）	人文学院

（3）2017年获教育部“国家级创业类慕课”课程名单

序号	课程名称	负责人	学　院
1	《大学生创新与创业实践》	张祖涛	机械工程学院

（4）2017年获四川省“省级精品在线开放课程”认定名单

序号	课程名称	课程负责人	学　院
1	高电压技术	吴广宁	电气工程学院
2	毛泽东思想和中国特色社会主义理论体系概论	冉绵惠	马克思主义学院
3	材料力学	江晓禹	力学与工程学院
4	土木工程地质	白志勇	地球科学与环境工程学院
5	信息检索	高　凡	图书馆
6	材料力学性能	戴光泽	材料科学与工程学院
7	车辆工程	李　芾	机械工程学院
8	电磁场与电磁波	刘运林	物理科学与技术学院
9	电工学	李春茂	电气工程学院
10	电力系统分析	王晓茹	电气工程学院
11	工程材料	杨　苹	材料科学与工程学院
12	工程流体力学	杨庆华	土木工程学院

续表

序号	课程名称	课程负责人	学　院
13	计算机程序设计基础	景　红	信息科学与技术学院
14	计算机网络	谭献海	信息科学与技术学院
15	旅客运输组织	倪少权	交通运输与物流学院
16	铁路信号基础	郭　进	信息科学与技术学院
17	卫星定位技术与方法	熊永良	地球科学与环境工程学院
18	健美操	李　鸿	体育工作部
19	概率论与数理统计	唐家银	数学学院
20	综合日语	曾　建	外国语学院
21	高等数学	潘小东	数学学院
22	物流系统规划	张　锦	交通运输与物流学院

（5）2017 年获四川省“创新创业教育示范课程“名单

序号	课程名称	课程负责人	学　院
1	创新与创业基础	周贤永	工程训练中心

2. 教学成果奖

（1）2017 年获教育部奖项项目

序号	获奖名称	颁奖单位
1	首批教育部教育信息化试点项目优秀案例	教育部
2	中国大学 MOOC 优秀组织奖	高等学校教学研究中心
3	中国大学 MOOC 卓越贡献奖	高等学校教学研究中心

（2）2017 年四川省教育教学成果奖获奖项目名单（各等级成果按成果名称排序，排名不分先后）

序号	成果名称	主要完成人	成果完成单位	获奖等级
1	以学为中心的高校课程质量持续提升机制的构建与实施	冯晓云、郝　莉、朱志武、尹帮旭、张国正、姬晓旭、范怡红、赵　舵、冷　伟、王克贵	西南交通大学	一等
2	构筑“三堂互融”慕课混合教学模式，培养机械类学生创新能力	张祖涛、吴鹿鸣、罗大兵、阎开印、潘亚嘉、程文明、代　宁、刘朝晖、张国正、王培俊	西南交通大学	一等
3	高峰建岭，打造铁道工程国际科技人才培养基地，服务高铁“走出去”战略	易思蓉、杜彦良、王　平、刘国祥、高　明、赵人达、罗　霄、华宝玉、陈　嵘、吴　刚	西南交通大学	一等
4	基于“生态链+方法链”的创新创业教育体系构建与实践	沈火明、唐志红、刘朝晖、李静波、卫飞飞、周贤永、李　君、董艳云、康凯宁、李柏林	西南交通大学	一等
5	团队融合，平台互通，资源共享，协同创新，打造互联网+基础力学课程群	康国政、沈火明、鲁　丽、江晓禹、高芳清、杨翊仁、朱志武、阚前华、李映辉、蒋　晗	西南交通大学	一等
6	适应交通土建人才培养新需求，提升实践创新核心能力	高　波、崔　凯、李锦红、易思蓉、何　畏、赵莉香、周立荣、仇文革、栗怀广、卢立恒	西南交通大学	一等
7	构建阅读与写作通识教育体系，培养高素质工程人才	徐　飞、高　凡、代　宁、刘　云、沈如泉、杨安文、夏琬钧、张长玲、李成坚、杨　勇	西南交通大学	一等

续表

序号	成果名称	主要完成人	成果完成单位	获奖等级
8	创新混合式教学模式建设立体化教学资源持续提升交通运输专业人才培养质量	彭其渊、马　驷、李宗平、汤银英、文　超、闫海峰、殷　勇、邓灼志、燕鹏飞、程美静	西南交通大学	二等
9	建筑类专业通专结合的人才培养体系改革研究与实践	沈中伟、崔　珩、李　异、杨青娟、祝　莹、赵　炜、傅　娅、王　俊、邓　敬、熊　瑛	西南交通大学	二等
10	注重复杂工程问题解决能力，重构培养体系，提升电气工程专业人才培养质量	陈维荣、赵　舵、张婷婷、陈民武、马　磊、何正友、张血琴、葛兴来、谢　力、赵丽平	西南交通大学	二等
11	理工科基础课“慕课”教学的研究与实践	龚　晖、易美桂、荣　健、储节磊、杨宏春、梁玉祥、杨宁学、朱家骅、滕保华、江晓禹	西南交通大学	二等
12	面向国家高铁重大需求，科教融合培养材料成型卓越工程人才培养	陈　辉、苟国庆、杨　涛、刘　艳、陈兴莲、朱德贵、吕其兵、章春军、邱　慧、朱旻昊	西南交通大学	二等
13	服务“一带一路”，构建现代交通特色土木学科研究生多层次国际化培养体系	王　平、陈　嵘、占玉林、冯　君、刘大刚、王　骑、高　波、富海鹰、崔　凯、邱延峻	西南交通大学	二等
14	跨文化通识课程体系建设与国际化人才培养	李成坚、杨安文、吕长竑、徐晓燕、王俊棋、曾祥敏、易　红、莫光华、唐跃勤、王鹏飞	西南交通大学	二等
15	具有轨道行业特色的工业设计创新人才培养模式探索与实践	徐伯初、支锦亦、董石羽、徐笑非、李　然、李芳宇、王　超、许永生、张　静	西南交通大学	二等
16	全面提升与个性化培养相融合，构建高校心理健康教育六级联动创新示范机制	宁维卫、陈　丽、陈　华、冉俐雯、肖　放、张学伟、董　洁、高　燕、冯　缙、马岳德	西南交通大学	二等
17	构建课程实验、科研实践、科创竞赛贯通式教学体系，提升大学生创新创业能力	蒋朝根、邹喜华、马　琼、邬芝权、吴宗玲、白天蕊、陈延云	西南交通大学	二等
18	融合学科资源，突出工程能力，构建轨道交通特色信息类创新人才实践培养体系	潘　炜、杨　燕、王小敏、张翠芳、邹喜华、马　琼、郭　进、邢焕来、蒋朝根、王　茜	西南交通大学	二等
19	构建“学院+书院”五课堂融合跨学科教育体系，培养工科类拔尖创新人才	郝　莉、高平平、王　霞、张长玲、柯小君、宋爱玲、吴德利、冯　缙、毛　盾、陈洪章	西南交通大学	二等
20	以学生为中心，以高水平团队为依托，提升思想政治理论课亲和力和针对性	何云庵、田永秀、胡子祥、汪　澎、钟勇华、谢　瑜、郭海龙、熊　钰、许义文、余　琼	西南交通大学	三等
21	大数据时代数学课程教学模式研究与数字化教材建设实践	杨　晗、潘小东、冯　颖、梁　涛、陈尚云	西南交通大学	三等
22	瞄准国家基础学科拔尖计划，打造互联网+教育模式下物理学科人才培养高地	张文桂、赵　勇、刘运林、王　莉、姜向东、吴　平、王红艳、孙燕云、刘其军、樊代和	西南交通大学	三等
23	国际化创新型人才培养改革的探索和创新——"1+3+3"模式的构建与实践	李天瑞、潘　炜、范平志、戴　齐、唐小虎、杨　燕、陈向东、刘明慧、朱　焱	西南交通大学	三等
24	聚焦人才培养供给侧改革，培养土木类“卓越工程师”	梁　东、康　锐、申凌云、陈　伟、刘　兵、张克跃、许炜强、李国庆、季敬皓、詹　刚	西南交通大学	三等
25	职务科技成果产权制度改革背景下分层式创业教育培养模式构建	刘　凤、陈　光、康凯宁、从　政、余小英、李柏林、张婷婷、刘耀谦、李　君、陈　静	西南交通大学	三等

（3）2017年西南交通大学本科生参加学科竞赛获奖情况统计

序号	项目	国家级				省级				备注
		一等奖	二等奖	三等奖	优秀奖	一等奖	二等奖	三等奖	优秀奖	
1	全国大学生电子设计竞赛	4	4			10	5	6		
2	高教社杯大学生数学建模竞赛	5	5			51	22	27		全国第一
3	大学生桥梁设计大赛	1		1	7	/	/	/	/	全国第一、优秀组织奖
4	全国大学生物理实验竞赛	1	1	1						
5	全国周培源大学生力学竞赛	2	2	22	49	15	17	39		全国第一、优秀组织奖
6	全国大学生“创意、创新及创业”电子商务挑战赛	1		1		4	4	5		
7	第三届中国大学生“互联网+”创新创业大赛		1	3		5	11	5		银奖
8	北美数学建模竞赛	9	20	15		/	/	/	/	
9	第二届全国大学生起重机创意大赛	2	6	1		/	/	/	/	
10	第十一届全国大学生智能汽车竞赛	1	2			4	3	3		
11	全国大学生交通科技大赛		1	1		/	/	/	/	
12	全国“挑战杯”大学生课外科技作品竞赛		1	1		5	8	5		
13	全国大学生数学竞赛					37	48	66		
14	中美青年创客大赛			1			1	1		
15	第六届计算机辅助翻译和技术传播大赛	1	2	2		/	/	/	/	最佳组织奖
16	全国大学生广告艺术大赛			2	7	2	6	5	21	优秀组织奖
17	全国大学生先进成图技术与产品信息建模创新大赛	1	5			/	/	/	/	团体二等奖
18	全国高校城市地下空间工程专业大学生设计竞赛		1		1					
19	全国大学生节能减排与社会实践大赛	2	2	11		/	/	/	/	优秀组织奖
20	中国大学生服务外包创新创业大赛		8	4						
21	全国大学生结构设计大赛					1				
22	第四届全国大学生测绘技能大赛		5				4	6		
23	第五届“蔡司-金相学会杯”全国高校大学生金相大赛	2	2			/	/	/	/	特等奖
24	第六届“徕卡杯”全国大学生金相技能大赛	1	1	1						
25	全国大学生工程训练大赛		2			/	/	/	/	
26	大学生工业工程创新应用案例大赛	/	/	/	/	2	2	2		
27	全国大学生机器人大赛			1		1				
28	大学生程序设计竞赛(ACM)		5	3			5			

续表

序号	项目	国家级				省级				备注
		一等奖	二等奖	三等奖	优秀奖	一等奖	二等奖	三等奖	优秀奖	
29	第八届“蓝桥杯”全国软件专业人才设计与创业大赛		1			1	9			
30	四川省“生命之星”科技邀请赛	/	/	/	/	16	33	41		优秀组织奖
31	外研社杯全国大学生英语挑战赛（UChallenge）	/	/	/	/	3	4	6	2	
32	全国大学生英语竞赛			2		16				
33	全国大学生物理学术竞赛		2		2		1			
总计		33	77	73	66	159	180	214	23	825

3. 2017 年毕业生就业情况

截止到 2017 年 8 月 31 日，我校进行派遣的 2017 届毕业生共计 9 052 人，其中毕业本科生 6 464 人，毕业硕士研究生 2 476 人，毕业博士研究生 112 人。毕业生就业率 96.85%，已连续 29 年保持就业率在 95%以上，其中博士毕业生就业率为 93.75%，硕士毕业生就业率为 97.78%，本科毕业生就业率为 96.55%。

毕业生就业行业相对集中在建筑业和交通运输业，比例分别达到签约毕业生的 24.94%和 23.30%；毕业生从事的主要岗位是“工程技术人员”，占 60%以上；2017 届毕业生签约世界 500 强企业人数达到 1 804 名，占所有签约毕业生的 30.75%；我校毕业生就业流向和国家经济发展重点区域密不可分，大西南综合经济区是我校毕业生的主要就业流向地区，占就业总人数的 45.90%；其次是东部沿海综合经济区占 12.72%；毕业生就业集中在副省级及以上城市，到省会城市就业的毕业生比例达到了 65.28%，到直辖市就业的毕业生比例为 14.93%。

八、科学研究

（一）科技工作

1. 科研经费

2017 年，学校科技活动经费 13.02 亿元。其中，到账科研经费在 2016 年首破 5 亿基础上稳中有升，达到 5.520 5 亿元。其中工科 4.973 8 亿元，理科 0.239 1 亿元，文科 0.205 亿元，生命 0.102 6 亿元。

2017 年科研经费到账情况一览表

序号	类　别	纵　向	横　向	合　计
1	工　科	1.883 8 亿元	3.09 亿元	4.973 8 亿元
2	理　科	0.159 1 亿元	0.08 亿元	0.239 1 亿元
3	文　科	0.117 7 亿元	0.087 3 亿元	0.205 亿元
4	生　命	0.077 1 亿元	0.025 5 亿元	0.102 6 亿元
合　计		2.237 7 亿元	3.282 8 亿元	5.520 5 亿元

2. 科研项目

2017 年，基础研究项目上新台阶，国家自然基金项目经费首次破亿。国际化重点类项目新突破，首获战略性国际科技创新合作重点专项。翟婉明院士主持的“高速轨道交通系统动力学性能演化及控制”重大项目，被十九大代表、国家自然科学基金委员会主任杨卫在 2017 年 8 月 24 日国务院新闻办公室新闻发布会上举例介绍“鼓励原创，做高水平基础科学研究”。这凸显了学校在轨道交通领域前瞻性基础研究、引领性原创方面的主导地位。

2017 年高级别科研项目立项情况一览表

<table>
<tr><th>序号</th><th colspan="2">项目类别</th><th>获批数量</th><th>备　注</th></tr>
<tr><td rowspan="3">1</td><td rowspan="3">国家重点研发计划</td><td>项目</td><td>3</td><td rowspan="3">分属 9 个专项，首次获批“战略性国际科技创新合作重点专项”1 项</td></tr>
<tr><td>课题</td><td>9</td></tr>
<tr><td>子课题</td><td>24</td></tr>
<tr><td>2</td><td colspan="2">国家自然科学基金项目</td><td>177 项</td><td>同比（152 项）增长 16.4%。其中，重大项目 1 项（首次），重点项目 13 项，重大重点类项目数占学校历年获批重点类项目总数的 3 成</td></tr>
<tr><td>3</td><td colspan="2">国家社会科学基金项目</td><td>11 项</td><td>同比（13 项）减少 15.3%</td></tr>
<tr><td>4</td><td colspan="2">教育部人文社科项目立项</td><td>23 项</td><td>西南地区排名第 2 位，全国排名并列第 14 位</td></tr>
<tr><td>5</td><td colspan="2">铁路科技研究开发计划项目</td><td>9 项</td><td>获批经费 520 万元</td></tr>
<tr><td>6</td><td colspan="2">四川省科技计划项目</td><td>65 项</td><td>获批经费 1700 万元</td></tr>
</table>

学校2017年新增高级别科研项目情况

序号	类 别	名 称	经费（万元）	主持人
1	国家重点研发计划（项目）	复杂条件下高速铁路减振降噪关键技术的合作研究	789	圣小珍
2	国家重点研发计划（项目）	资源分享与分布式资源巨系统及其方法论	1 325	吴奇石
3	国家重点研发计划（项目）	区域综合科技服务工程应用集成技术研究	3 656	徐 飞
4	国家重点研发计划（课题）	高韧性超粗晶粒和梯度成分硬质合金材料及工具的制备技术与产业化示范	1 688	管会生
5	国家重点研发计划（课题）	星载SAR 综合环境监测高精度数据处理与反演技术	494	刘国祥
6	国家重点研发计划（课题）	多场耦合下基于先进光源的材料跨时空尺度损伤演化的超快时高分辨诊断与评价	355	罗胜年
7	国家重点研发计划（课题）	基于材料基因工程的镁合金全降解支架研发的示范应用	895	王 进
8	国家重点研发计划（课题）	区域轨道交通协同运输与服务体系	450	彭其渊
9	国家重点研发计划（课题）	区域轨道交通运力资源配置与运输组织决策关键技术	866	吕红霞
10	国家重点研发计划（课题）	轨道交通非接触式供电系统技术	1 130	何正友
11	国家重点研发计划（课题）	西南高山亚高山区工程边坡生态设计施工技术	468	张建经
12	国家重点研发计划（课题）	典型建筑工程邻近既有城市道/桥/隧的结构风险监测、安全控制关键技术及示范	1 288	仇文革
13	国家自然科学基金重大项目	高速轨道交通系统动力学性能演化及控制	1 678	翟婉明
14	国家自然科学基金重点项目	面向服役安全的轨道车辆系统动力学与振动控制研究	300	翟婉明
15	国家自然科学基金高铁联合基金重点项目	高速列车车轮多边形磨损形成的机理和对策研究	233	金学松
16	国家自然科学基金高铁联合基金重点项目	高铁长大隧道与隧道群对地下水环境的影响与控制研究	233	何 川
17	国家自然科学基金高铁联合基金重点项目	高速铁路道岔轮轨接触行为、性能演化与损伤机理研究	233	王 平
18	国家自然科学基金高铁联合基金重点项目	双弓受流下接触网波动传播规律与弓网参数匹配特性	233	高仕斌
19	国家自然科学基金高铁联合基金重点项目	城市智能配电网保护与自愈控制关键技术	292	何正友
20	国家自然科学基金重点项目	车载大功率电力电子变压器鲁棒容错控制	290	马 磊
21	国家自然科学基金重点项目	高速移动环境多址接入与低时延高可靠车辆通信	290	范平志
22	国家自然科学基金重点项目	智能轨道交通安全监测光纤传感基础研究	290	闫连山
23	国家自然科学基金重点项目	气体钻井安全监测的前兆预警关键传感器研究	280	陈向东

续表

序号	类　别	名　称	经费（万元）	主持人
24	国家自然科学基金重点项目	铁路无线通信系统抗干扰理论与方法研究	233	马　征
25	国家自然科学基金重点项目	火后泥石流成灾的时空演化机制与防控方法研究	323	胡卸文
26	国家自然科学基金重点项目	非光滑系统全局动力学及其应用研究	330	谢建华
27	国家社科基金重点项目	德语表现主义文学的中国想象与中国动机研究	20	徐行言
28	国家社科基金重点项目	大数据时代西方民粹主义的发展动态及其批判研究	20	林伯海

学校 2017 年重大横向科研项目情况

序号	名　称	金额（万元）	项目负责人
1	时速 200 公里磁浮列车工程化技术研发	1996	马卫华
2	时速 250 公里城际动车组转向架研发	350	梁树林
3	中国标准动车组转向架运用考核长期跟踪试验	469	邬平波
4	CRH380BG 高寒动车组动力学长期服役性能跟踪测试	365	邬平波
5	中国标准 350Km/h 动车组研制项目整车模态及振动线路试验	433	邬平波
6	时速 350 公里中国标准动车组动力学服役跟踪试验	535.85	邬平波
7	CRH5A 型动车组哈齐线转向架动力学性能跟踪测试	372.64	邬平波
8	XC 大、中、小质量车研制	1 420	邬平波
9	CMT120 中低速磁浮交通系统方案改进研究	400	张昆仑
10	基于 SIC 器件的动车组辅助变流器开发	520	舒泽亮
11	厦门地铁 2 号线区间跨海盾构隧道施工关键技术研究	300	何　川

3. 科研基地

2017 年，学校新增国家级科研基地 2 个、省级科研基地 1 个。

2017 年科研基地新增情况一览表

序号	基地名称	批准部门	获批时间
1	综合交通大数据应用技术国家工程实验室	国家发改委	2017 年 1 月
2	轨道交通工程动力学国际合作联合实验室	教育部	2017 年 9 月
3	四川省高铁工务安全监测技术工程实验室	四川省发改委	2016 年 12 月

4. 科研队伍

2017 年，学校科研人才与科研团队建设取得优异成绩。

2017 年科研队伍建设情况一览表

序号	姓　名	学　科	类　型	批准部门
1	李永乐	工科	“万人计划”	科技部
2	钱林茂	工科		
3	王开云	工科		
4	吴广宁	工科		
5	闫连山	工科		
6	唐小虎	工科		
7	钱林茂	工科	科技创新领军人才	
8	王开云	工科		
9	吴广宁	工科	重点领域创新团队	
10	田永秀	文科	高水平研究团队	四川省社会科学界联合会

5. 科研成果

2017 年，学校继续支持师生申请专利，申请数与授权数均保持接近 30%的增长率；继续奖励师生发表高级别论文，SCI 与 EI 数量稳步增长。

2017 年专利论文情况一览表

序号	类　别	数　量	备　注
1	申请专利	1 194 项	同比（906 项）增长 31%
2	获得授权专利	649 项	同比（574 项）增长 13%
3	SCI 收录论文	879 篇	同比（685 篇）增长 28%
4	EI 收录论文	1 425 篇	同比（1 308 篇）增长 9%
5	CSSCI 收录论文	174 篇	同比（234 项）减少 25.6 %
6	材料科学与工程学院博士生杨倩先后以主要参与作者、第一作者身份在国际顶级期刊 *Science* 和 *Nature Materials* 发表论文。		

6. 科研奖励

2017 年，在国家科技进步奖从紧压缩的新形势下，学校的科技成果奖取得了令人瞩目的成绩，并在四川省第十七次社会科学优秀成果评奖和四川省教育厅哲学社会科学科研成果奖中喜获佳绩。

参与获国家科技进步奖一等奖 1 项，国家科技进步奖二等奖 2 项。主持四川省科技进步奖一等奖 3 项、二等奖 1 项，参与二等奖 3 项、三等奖 3 项。主持四川省哲学社会优秀成果奖二等奖 3 项、三等奖 10 项，参与三等奖 3 项。主持四川省教育厅哲学社会科学科研成果二等奖 3 项。主持中国铁道学会科学技术一等奖 1 项、二等奖 2 项、三等奖 3 项，参与特等奖 2 项、一等奖 2 项、二等奖 5 项、三等奖 6 项。

2017年科研奖励情况一览表

序号	奖励名称	成果名称	获奖身份
1	国家科技进步一等奖	复杂环境下高速铁路无缝线路关键技术及应用	参加
2	国家科技进步二等奖	高速铁路狮子洋水下隧道工程成套技术	参加
3		山区大跨度悬索桥设计与施工技术创新及应用	参加
4	四川省科技进步一等奖	大跨桥梁风振计算理论、试验方法及控制技术	主持
5		高速列车关键部件激光——电弧复合焊接技术	主持
6		高速铁路路基长期变形状态控制技术	主持
7	四川省科技进步二等奖	膜计算模型和算法	主持
8	四川省科技进步二等奖	先张法无砟轨道板设计及制造技术	参加
9	四川省科技进步二等奖	艰险山区铁路高墩大跨桥梁关键技术及应用	参加
10	四川省科技进步二等奖	集装箱门式起重机模拟操作全景仿真系统	参加
11	四川省科技进步三等奖	大断面岩溶富水特长公路隧道施工关键技术	参加
12	四川省科技进步三等奖	高速铁路无砟轨道服役性能提升关键技术研究	参加
13	四川省科技进步三等奖	道地特色民族药防治重大疾病的综合利用于开发	参加
14	四川省哲学社会优秀成果奖二等奖	思想政治教育的人学构建研究	主持
15	四川省哲学社会优秀成果奖二等奖	新中国成立以来农村电影放映研究	主持
16	四川省哲学社会优秀成果奖二等奖	非常规突发事件应急血液保障理论与方法	主持
17	四川省哲学社会优秀成果奖三等奖	中国道教经籍在十九世纪英语世界的译介研究	主持
18	四川省哲学社会优秀成果奖三等奖	做阳光青年：心理健康导航	主持
19	四川省哲学社会优秀成果奖三等奖	项目融资风险分析与污水处理项目特许期决策	主持
20	四川省哲学社会优秀成果奖三等奖	中国商业银行贷款组合理论与方法	主持
21	四川省哲学社会优秀成果奖三等奖	基于粗糙集理论的动态多属性决策理论与方法	主持
22	四川省哲学社会优秀成果奖三等奖	当前我国公有制经济主体地位面临的挑战及应对策略研究	主持
23	四川省哲学社会优秀成果奖三等奖	投资人与创始人的争斗：冲突来源及演化路径	主持
24	四川省哲学社会优秀成果奖三等奖	中国近代股票市场研究——晚清、北洋政府时期	主持
25	四川省哲学社会优秀成果奖三等奖	自我管理：理论之道与实践之用	主持
26	四川省哲学社会优秀成果奖三等奖	当代爱尔兰戏剧研究	主持
27	四川省哲学社会优秀成果奖三等奖	服务资源智能调度算法及其应用	参加
28	四川省哲学社会优秀成果奖三等奖	成渝经济区发展研究——基于城市与产业的视角	参加
29	四川省哲学社会优秀成果奖三等奖	加强农业基础地位和确保国家粮食安全战略研究	参加

续表

序号	奖励名称	成果名称	获奖身份
30	四川省教育厅哲学社会科学科研成果二等奖	马克思视阈中的意识形态性质研究	主持
31	四川省教育厅哲学社会科学科研成果二等奖	高维视角下系统相关结构动态性研究及应用	主持
32	四川省教育厅哲学社会科学科研成果二等奖	西部综合交通枢纽建设背景下四川与邻省新型经济关系研究	主持
33	成都市科学技术一等奖	结晶高分子微纳结构调控与增韧机理	主持
34	中国铁道学会科学技术特等奖	戈壁大风区高速铁路防风关键技术研究与试验	参加
35		高速铁路路基工程关键技术及应用	参加
36	中国铁道学会科学技术一等奖	高烈度区铁路边坡灾害精细化评估防护及监测预警信息化大数据平台研究与应用	主持
37		高速铁路牵引供电系统运营维护关键技术研究	参加
38		C80E（H、F）型通用敞车	参加
39	中国铁道学会科学技术二等奖	高速铁路道岔服役状态综合监控关键技术及应用	主持
40		铁路隧道防灾救援技术研究与应用	主持
41		龙洞堡机场车站隧道修建关键技术研究及应用	参加
42		近断层地震对铁路桥梁的影响与对策研究及应用	参加
43		铁路路基支挡结构极限状态设计验证研究	参加
44		高速铁路10kV电力全电缆贯通线补偿投切技术仿真研究及应用	参加
45		运能释放后区际通道与集疏运系统能力优化配置研究	参加
46	中国铁道学会科学技术三等奖	高性能金属柔性防护网结构设计理论与技术实践	主持
47		铁路机车车辆轮对探伤关键技术及轮对安全保障成套装备研制	主持
48		高速铁路基础设施运管修一体化模式与安全风险管理体系深化研究	主持
49		铁路基础设施检测监测及评价技术研究-铁路客站结构整体稳定性安全评价研究	参加
50		大跨超厚回填土高坝基础明洞修建关键技术研究	参加
51		高寒山区长大坡道对铁路运输能力的影响研究	参加
52		高速铁路陡坡高填路基椅式桩板结构研究	参加
53		城市群城际铁路网规划方法研究	参加
54		全风化花岗岩浅埋富水地层超大断面隧道修建技术	参加

7. 科研合作与成果转化

“有组织科研”深入推进。“重点推进与地方政府、大型国有企业共建世界一流大学战略合作，加强与中国中车、神华集团、新筑路桥、四川省交投、四川省铁投、北京通号院、云南建投、华为等单位合作。中国中车的合同金额达 1.5 亿元，神华集团的合同金额 6 000 余万元。

科技成果治理体系更加完善。出台了《西南交通大学职务科技成果转化实施细则（试行）》（西交校科 2017 年第 1 号）、《西南交通大学关于激励科技成果转化人促进科技成果转化的意见（试行）》。完成了 184 项职务科技成果知识产权的分割确权，通过职务科技成果分割确权评估作价入股已成立 16 家高科技创业公司，另有 6 家公司正在筹备注册，知识产权评估作价入股总值超过 1.3 亿元，带动社会投资近 8 亿元。

8. 军工科研

2017 年，加快军民融合战略实施步伐，通过与航天科技、中国航发等军工单位的合作催生了军委科技委、国防科工局、装发部等高级别项目获批；获批经费同比增长 20%；同时，校内加强了国防科研条件改造建设，加大了国防重点实验室培育建设力度；校内国防科研覆盖的学科面明显扩大，国防科研氛围逐步形成。

持续稳步推进军工科研保密资质建设和国军标质量管理体系建设，顺利通过审核。

9. 国际化科研

国际化重点类项目新突破，首获战略性国际科技创新合作重点专项，即“复杂条件下高速铁路减振降噪关键技术”的合作研究。获批轨道交通工程动力学国际合作联合实验室。

10. 科研体制机制改革

出台《西南交通大学关于进一步完善科研项目资金管理若干规定》《西南交通大学关于进一步完善文科科研项目资金管理的若干意见》实现学校文理工科项目的科学化规范化管理。深入推进科技成果“三权改革”，向教育部、科技部等七部委报送了《西南交通大学“扩大自主权，赋予创新领军人才更大人财物支配权、技术路线决策权”试点实施方案》，并先后发布《西南交通大学职务科技成果转化实施细则》《西南交通大学关于激励科技成果转化人促进科技成果转化的意见》，从制度层面探索解决知识产权国有部分的定价难问题，以及对科技成果转化人的激励问题。中央电视台《新闻联播》2017 年 5 月 30 日，以“科技强国 创新圆梦——我国科技界坚实推进科技改革发展”为题，再次在头条位置深度报道西南交大在“职务科技成果权属混合所有制”改革上的经验成效。四川省两会代表团 2017 年 3 月以学校“职务科技成果混合所有制”改革的探索经验为基础向全国人大提交了《专利法》第六条修法议案。

11. 期刊社 2017 年主要工作简述

（1）期刊社 2017 年主要工作

① 按时保质保量完成期刊社各刊全年的编辑出版工作。

《西南交通大学学报》全年出版正刊 6 期，发表论文 159 篇，全部被 EI 收录；

《西南交通大学学报》（社科版）全年出版正刊 6 期，发文 117 篇；出版增刊 2 期，发表论文 113 篇。

Journal of Modern Transportation（《现代交通学报》）全年出版正刊 4 期，发表论文 26 篇；

Biosurface and Biotribology 全年出版正刊 4 期，共发表论文 20 篇。

② 期刊收录机构。

西南交通大学学报

学报中文版全文被 EI 收录，国内外重要的收录机构：中文核心期刊、中国科学引文数据库来源期刊（CSCD）、中国科技论文统计源期刊（科技核心期刊）、德国数学文摘（Zentralblatt MATH，ZM，57）、《剑桥科学文摘》（CSA）、日本科学技术社数据(JST’s Bibliographic）、波兰哥白尼索引（IC，Index Copernius）等收录。

西南交通大学学报（社科版）

中国核心期刊（遴选）数据库、中国期刊网、万方数据库、中国学术期刊（光盘版）以及中国学术期刊综合评价数据库等全文收录。

***Journal of Modern Transportation*（《现代交通学报》）**

Scopus 收录：*Journal of Modern Transportation* 创刊第二年（2012 年）即被 Scopus 等国际著名数据库收录。

ESCI 收录：2015 年 11 月，在创刊 5 周年之际，*Journal of Modern Transportation* 被汤森路透公司 Web of Science 最新数据库 Emerging Sources Citation Index（ESCI）收录。

其他国内外数据库收录有 TRID、INSPEC、CSA 等。

③ 期刊主要引证指标。

西南交通大学学报

年　度	总被引频次	影响因子	他引比例
2016	1 217	0.725	0.87
2015	1 260	0.694	0.91
2014	1 144	0.617	0.91
2013	1 122	0.685	0.88
2012	1 100	0.641	0.84
2011	942	0.677	0.76
2010	907	0.636	0.81

来源：《中国科技期刊引证报告》（核心版）（2011—2017 年版）

西南交通大学学报（社科版）

时　间	扩展总被引频次	扩展影响因子	扩展他引比例
2016	767	0.523	0.99
2015	738	0.486	0.99
2014	757	0.483	0.99
2013	595	0.508	0.95

来源：《中国科技期刊引证报告扩展版》（2014—2017 年版）

《西南交通大学学报》（社科版）加强特色栏目建设

学报（社科版）在巩固已有特色栏目“心理健康教育栏目”“网络文化”的办刊成果的同时，加强与相关文科学院的交流沟通，开拓创新，继续在特色办刊方面苦下功夫。

“老龄化与公共政策研究”栏目与“大交通研究”栏目一年来均呈良性发展态势，来稿踊跃，学术影响力与日俱增。与原有的全国高校社科期刊特色栏目“心理健康教育”以及“网络文化”一起，产生了集聚效应，有效实现了学术对接，为学校的特色化发展提供了优良的学术平台。

2018年是马克思诞生200周年、《共产党宣言》发表170周年。响应国家号召，自2017年6期起创办“新时代中国特色社会主义理论”栏目，迄今为止已刊文4篇。

④ 学报（社科版）编委会的换届工作基本完成。

2017年7月，在反复征求各方意见基础上，根据学报社科版的发展需要，完成编委会换届工作，组成了以王顺洪书记为编委会主任、闫月勤为执行主编、包括23名编委在内的新的编委会，为社科版的长足发展注入了新的活力。

⑤ 注重学报的网络化和数字化建设，完成期刊社各刊的多媒体数字融合建设工作。

《西南交通大学学报》《西南交通大学学报》（社科版）和 *Journal of Modern Transportation* 完成公众微信的申报、二维码扫描及APP架构工作，并进行了相关的论文推送工作。

⑥ 加强期刊的国际化建设。

与斯普林格（springer）集团合作搭建OA（Open Access)平台，使JMT的影响明显提高。

Biosurface and Biotribology 成功申请到CN号。

⑦ 配合学校人才强校主战略，切实做好服务人才工作。

对学校重点单位、团队主动开展服务、调研，征求意见，提供帮助。积极组稿，严格审稿，精心编校，保证期刊学术质量、编校质量和出版质量。

⑧ 完成期刊社继续教育工作。

期刊社全体编辑人员参加由四川省新闻出版广电局、国家新闻出版总署教育培训中心西部地区分中心举办的第五期出版专业技术人员继续教育培训班，完成阶段性的继续教育和学习任务，编校能力得到进一步提升。

⑨ 注重期刊社的科学化管理，加强党建工作，践行“两学一做”，成效显著。

期刊社在“两学一做”学习教育中，按照“四讲四有”标准，认真学习党章党规，认真学习习近平总书记系列重要讲话精神，争做合格党员；认真学习党的18届六中全会精神，员工的工作积极性显著提高。

（2）期刊社2017年获奖情况

在学校党政、分管校领导和学报各版主编、编委会委员的指导、帮助下，期刊社秉承“以质量办刊，以特色兴刊，以品牌扬刊”的办刊方针，切实转变办刊观念，为学校的学科发展服务。期刊社坚持期刊特色化、数字化、国际化路径并积极探索，在编辑部全体老师共同努力下2017年取得主要工作业绩如下：

① 西南交通大学学报编辑部荣获中国高校科技期刊研究会颁发的“优秀编辑部”奖项；

②《西南交通大学学报（社科版）》荣获四川省社会科学学术期刊优秀期刊奖；

③ *Journal of Modern Transportation* 2017年首次入选“2017中国国际影响力优秀学术期刊”（《中国学术期刊（光盘版）》电子杂志社、清华大学图书馆、中国学术文献国际评价研究中心）；

④ *Journal of Modern Transportation* 首次入选“四川省品牌报刊”（省部级）；

⑤ 学报社科版2017年第三次入选CSSCI扩展版来源期刊。这是学报社科版继2009年、2011年之后，第三次入选CSSCI扩展版来源期刊；

⑥ 西南交通大学学报和JMT双双荣获四川省高校科技期刊研究会“优秀编辑部”；

⑦ 宋吉荣同志入选中国高校科技期刊优秀主编；唐晴同志荣获2017年四川省高校科技期刊优秀编辑。

（二）科技产业

“职务科技成果混合所有制”改革试点

为了解决科技成果转化难的核心问题，西南交通大学从2010年即开始了不同于现行科技成果转化制度的科技成果转化实践与研究。其核心是三个改变：将职务科技成果由纯粹的国有改变为国家、个人混合所有；将“先转化、后确权”改变为“先确权、后转化”；将奖励权改变为专利权。两个实现手段：对既有专利和专利申请，通过专利权人和专利申请人变更的方式实现分割确权；对新的专利申请，单位与职务发明人共同申请。解决一个问题：高校院所有权力转化但没有动力转化，职务发明人有动力转化但没有权力转化。

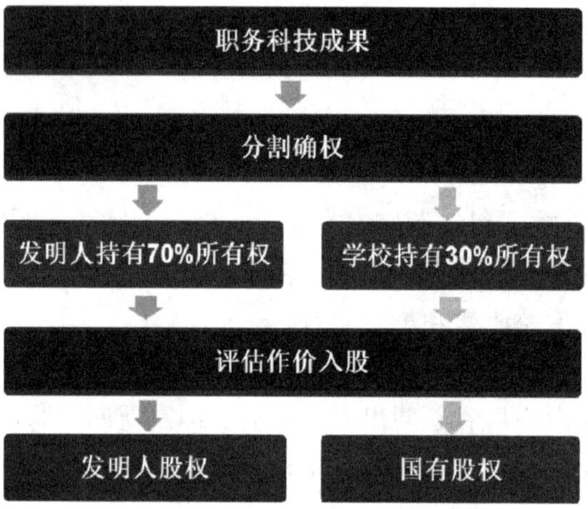

职务科技成果混合所有制股权落地程序

在四川省委、省政府的发动下，在成都市委、市政府的推动下，西南交通大学全面启动了“职务科技成果混合所有制”校级改革试验。2016年1月以1号文件的形式印发了《西南交通大学专利管理规定》（简称“西南交大九条”），使职务发明人在我国首次拥有了职务科技成果的所有权。

“西南交大九条”发布两年多以来，已有180余项职务科技成果知识产权分割确权，24家高科技创业公司成立，知识产权评估作价入股总值超过1.3亿元，带动社会投资近8亿元。“磁浮二代”项目在“西南交大九条”印发后三天内完成了分割确权，一年内完成了工程样车的设计、制造、调试、下线，在国家磁浮中心完成了线路试验后于2017年8月4日通过技术评审。我校翟婉明院士团队非专利成果“空铁列车—轨道梁桥耦合动力仿真、安全评估及设计优化技术”评估作价2500万元，由学校和院士团队按3∶7比例共同持有，以增资扩股方式入股注册资本金为2亿元的四川中唐空铁科技有限公司，获得11.11%的股权，实现了该非专利成果的第一次“IPO”。而在2010—2015六年期间，西南交通大学转让、许可职务发明成果仅14项，收入158万元，而申请费、维持费和专利奖金支出则超过900万元。

西南交通大学的“职务科技成果混合所有制”改革，得到了全国的高度关注。2017年2月，中改办督察组到四川调研，听取了西南交大关于“职务科技成果混合所有制”改革实践情况的汇报。3月，中改办印发《改革督查情况》第20期，对西南交通大学的“职务科技成果混合所有制”改革给予了肯定，并提出了“总结经验、及时修法”的建议。2017年两会期间，四川代表团向全国人大递交了一份以西南交通大学“职务科技成果混合所有制”改革为核心的联名议案——《修改〈中华人民共和国专利法〉第六条 促进科技成果转化》。

2017年5月30日晚，在习总书记“530”讲话发表一周年之际，中央电视台《新闻联播》头条，再次以《科技强国，创新圆梦——我国科技界坚实推进科技改革发展》为题，报道了西南交通大学的制度创新成果。

2017 年 6 月，国务院督察办到成都督查“双创”工作期间，听取了西南交大对“职务科技成果混合所有制”改革的汇报，并就“职务科技成果混合所有制”实践效果以及与现行法律的冲突、国务院相关部委对修法的不同意见向李克强总理递交了报告。7 月，李克强总理在报告上做出批示，要求相关部委认真研究修法问题。

近年来，时任科技部部长万钢，中纪委驻科技部纪检组组长王宾宜，科技部创发司领导、国家发改委林念修副主任，国家发改委宏观经济研究院专家、国家知识产权局贺化副局长，财政部科技司领导，国办一局、国办三局、中央编译局相关干部均到四川、西南交大实地调研“职务科技成果混合所有制”。北京、江苏、广东、陕西、云南、山东、辽宁、黑龙江等兄弟省市科技、知识产权、人大法工委系统也到纷纷听取了西南交大关于“职务科技成果混合所有制”的汇报。三十多所兄弟高校、院所到西南交大实地调研了“职务科技成果混合所有制”。目前，在西南交通大学的影响下，浙江、上海已经出台了支持“职务科技成果混合所有制”的地方性法规，陕西、广东也在起草之中。上海交通大学、四川大学等一批高校也已经开始了“职务科技成果混合所有制”改革。

九、师资工作

（一）教职工队伍结构

1. 教职工人员结构

单位：人

人员结构 职称	编号	教职工数									聘请校外教师	离退休人员	附属中小学幼儿园教职工	集体所有制人员
		合计	校本部教职工					科研机构人员	校办企业职工	其他附设机构人员				
			计	专任教师	行政人员	教辅人员	工勤人员							
总　计	1	4 642	4 272	2 646	799	651	176	25	146	199	263	2 070	177	
其中：女	2	1 881	1 695	967	380	342	6	12	34	140	47	966	123	
正高级	3	499	496	482	4	10			2	1	168	303		*
副高级	4	1 164	1 081	846	62	173		2	30	51	68	473	45	*
中　级	5	1 878	1 691	1 068	274	349		11	60	116	18	*	*	*
初　级	6	432	380	57	222	101		6	30	16		*	*	*
未定职级	7	669	624	193	237	18	176	6	24	15	9	*	*	*

2. 专业技术人员学历年龄结构

单位：人

年龄 学位、职称		编号	合计	29岁及以下	30-34岁	35-39岁	40-44岁	45-49岁	50-54岁	55-59岁	60-64岁	65岁及以上
总　计		1	2 646	139	446	644	517	335	393	147	21	4
其中：女		2	967	66	163	274	210	120	97	34	2	1
获博士学位		3	1 552	86	355	351	298	169	200	76	15	2
获硕士学位		4	798	51	85	201	166	110	138	43	3	1
按专业技术职务分	正高级	5	482		2	17	60	89	189	100	21	4
	副高级	6	846	2	54	194	234	159	161	42		
	中　级	7	1 068	34	296	401	216	80	39	2		
	初　级	8	57	22	12	14	4	4	1			
	未定职级	9	193	81	82	18	3	3	3	3		

续表

学位 \ 年龄		编号	合计	29岁及以下	30-34岁	35-39岁	40-44岁	45-49岁	50-54岁	55-59岁	60-64岁	65岁及以上
按学历（学位）分	博士研究生	10	1 259	54	267	298	270	144	153	61	12	
	其中获博士学位	11	1 259	54	267	298	270	144	153	61	12	
	获硕士学位	12										
	硕士研究生	13	1 062	83	171	246	191	128	180	54	6	3
	其中获博士学位	14	293	32	88	53	28	25	47	15	3	2
	获硕士学位	15	769	51	83	193	163	103	133	39	3	1
	本　科	16	325	2	8	100	56	63	60	32	3	1
	其中获博士学位	17										
	获硕士学位	18	29		2	8	3	7	5	4		
	专科及以下	19										
	其中获博士学位	20										
	获硕士学位	21										

（二）专任教师增减变动情况

单位：人

	编号	2016年专任教师数	增加教师数									减少教师数				2017年专任教师数
			合计	录用毕业生			外单位教师调入		校内外非教师调入			合计	自然减员	调离教师岗位	其他	
				计	其中：研究生		计	其中：高校调入	计	其中：本校调整						
					计	其中：本校毕业										
甲	乙	1	2	3	4	5	6	7	8	9		10	11	12	13	14
总　计	1	2 640	113	83	83	21	19	14	11	11		107	30	36	41	2 646
其中：女	2	959	39	33	33	9	3	2	3	3		31	7	12	12	967

（三）中科院院士、工程院院士（含双聘）

姓　名	性别	出生年月	学术专长	当选时间	所属学部	聘任时间
沈志云	男	1929年5月	机车车辆动力学	1991年 1994年	技术科学部 机械与运载工程学部	
钱清泉	男	1936年5月	铁道电气化自动化	1997年	机械与运载工程学部	

续表

姓　名	性别	出生年月	学术专长	当选时间	所属学部	聘任时间
翟婉明	男	1963 年 8 月	轨道交通工程动力学	2011 年	技术科学部	
刘人怀	男	1940 年 7 月	板桥结构分析与应用	1999 年 2000 年	机械与运载工程学部 工程管理学部	2013 年 12 月
秦顺全	男	1963 年 7 月	桥梁及结构工程	2009 年	土木、水利与建筑工程学部	2009 年 12 月
刘宝珺	男	1931 年 9 月	地　学	1991 年	地学部	
葛昌纯	男	1934 年 3 月	粉末冶金和先进陶瓷	2001 年	技术科学部	2007 年 6 月
梁文灏	男	1941 年 9 月	隧道及地下工程	2005 年	土木、水利与建筑工程学部	2006 年 5 月
沈昌祥	男	1940 年 8 月	信息系统工程	1995 年	信息与电子工程学部	2008 年 4 月
何华武	男	1955 年 8 月	铁路工程技术	2009 年	土木、水利与建筑工程学部	2010 年 3 月
丁荣军	男	1961 年 11 月	轨道交通牵引电传动和网络控制	2011 年	机械与运载工程学部	2011 年 12 月
杜彦良	男	1956 年 10 月	大型工程结构状态检测与安全控制	2013 年	土木、水利与建筑工程学部	2014 年 7 月
于俊崇	男	1940 年 12 月	核动力	2009 年	能源与矿业工程学部	2014 年 7 月
戴尅戎	男	1934 年 6 月	骨外科学和骨科生物力学	2003 年	医药卫生学部	2015 年 4 月
张兴栋	男	1938 年 4 月	材料科学与工程	2007 年	化工、冶金与材料工程学部	2015 年 10 月
王复明	男	1957 年 3 月	土木工程	2015 年	土木、水利与建筑工程学部	2015 年 12 月
闫楚良	男	1947 年 8 月	飞机结构可靠性	2015 年	技术科学部	2016 年 5 月
隋森芳	男	1945 年 2 月	分子生物学与结构生物学 分子生物学与细胞生物学	2009 年	生命科学和医学学部	2016 年 11 月
李安民	男	1946 年 9 月	辛拓扑、整体微分几何	2009 年	数学物理学部	2016 年 12 月
多　吉	男	1952 年 12 月	地质学	2001 年	能源与矿业工程学部	2016 年 12 月
谭建荣	男	1954 年 10 月	机械工程	2007 年	机械与运载工程学部	2018 年 5 月

（四）讲座教授、特聘教授名单

1. 教育部长江学者

讲座教授（13 人）

控制理论	周克敏
土木工程	陈新中
车辆工程	欧阳华江
材料力学	安立楠
生物摩擦	靳忠民
地球科学与资源环境	黄　波

经济学	蒋丹凌	贾建民	沈中华	扬　沙
管理学	杨　沙	许钜秉	胡仁华	
电气工程	陈　杰			

特聘教授（16 人）

车辆工程	李　芾	
轨道交通工程动力学	翟婉明	
机械摩擦	周仲荣	
高温超导	赵　勇	
机车车辆动力学	张卫华	
桥梁与隧道工程	何　川	
数字摄影测量和虚拟地理环境	朱　庆	
固体力学	康国政	
通信与信息系统	闫连山	唐小虎
机械设计与理论	朱旻昊	钱林茂
电气工程	何正友	吴广宁
土木工程	李永乐	
生物工程	李卫东	

2. 西南交通大学首席教授（9 人）

轨道交通工程动力学	翟婉明
机械摩擦	周仲荣
机车车辆动力学	张卫华
高温超导	赵　勇
通信与信息系统	范平志
桥梁与隧道工程	何　川
现代服务业	孙林夫
力学与工程	康国政
机械设计与理论	朱旻昊

3. 西南交通大学特聘教授（22 人）

车辆工程	李　芾			
材料科学与技术	黄　楠	翁　杰	冯　波	周祚万
物理科学与技术	韦联福	刘庆想		
机械设计与理论	钱林茂			
车辆工程与振动	金学松			
通信与信息系统	潘　炜	闫连山	唐小虎	
轨道交通技术	张继业			
管理学	黄登仕			
数字摄影测量和虚拟地理环境	朱　庆			
电气工程	高仕斌	吴广宁		
工业设计、美术	徐伯初			

交通运输规划与管理	彭其渊　范莉莉
计算机科学	孙林夫
力学与工程	康国政

（五）各类人才工程人选名单

1. IEEE FELLOW（5人）

范平志　周克敏　顾国祥　陈　杰　陈通文

2. 国家杰出青年科学基金获得者（22人）

周仲荣　钱林茂　翟婉明　范平志　贾建民　赵　勇　张卫华
何　川　康国政　朱旻昊　周克敏　李志林　陈　杰　闫连山
唐小虎　吴广宁　王　平　李永乐　何正友　靳忠民　周绍兵
李卫东

3. 国家高层次人才特殊支持计划

（1）万人计划教学名师（2人）

彭其渊　吴广宁

（2）万人计划百千万工程领军人才（1人）

何　川

（3）万人计划科技创新领军人才（10人）

朱旻昊　何正友　康国政　翟婉明　孙林夫　闫连山　唐小虎
李永乐　钱林茂　王开云

（4）万人计划青年拔尖人才（1人）

袁林果

4. 科技部中青年科技创新领军人才（6人）

朱旻昊　康国政　何正友　闫连山　李永乐　唐小虎

5. 国家级教学名师（6人）

吴鹿鸣　易思蓉　龚　晖　冯晓云　彭其渊　罗　霞

6. 国家优秀青年科学基金获得者（3人）

郑　靖　崔树勋　马光同

7. "百千万人才工程"国家级人选（10人）

翟婉明	许建平	郑凯锋	黄　楠	张卫华	钱永久
钱林茂	何　川	高仕斌	朱　庆		

8. 国家有突出贡献的中青年专家（8 人）

靳　蕃	张世昌	王金诺	翟婉明	周本宽	强士中
范平志	徐　扬				

9. 教育部新世纪优秀人才（63 人）

朱旻昊	李　军	钱林茂	唐小虎	张继业	赵永翔	王　平
屈树新	康国政	郝　莉	张家树	陈庆春	戴焕云	何正友
冷永祥	李孝红	李永乐	赵春发	徐　飞	陈向东	王　进
王开云	邬平波	吴广宁	周绍兵	王红艳	闫连山	魏　宇
周先礼	刘国祥	李翔宇	温泽峰	刘志刚	王　勇	池茂儒
丁国富	张志强	肖作平	李小珍	林文斌	刘继才	鲁　雄
马　征	马祖军	郑　靖	崔树勋	郭秀萍	贺玉龙	李恒超
马卫华	晏启祥	袁艳平	张葛祥	苏　谦	郝辽钢	徐　柱
邹喜华	蒋　晗	杨　涛	肖世国	莫继良	田永秀	杨　飞

10. 教育部跨世纪优秀人才（4 人）

张卫华	翟婉明	翁　杰	曾　京

11. 四川省人才项目

（1）四川省学术和技术带头人（102 人）

沈志云	钱清泉	万复光	王金诺	关宝树	连级三	陈　永
赵善锐	高　庆	诸昌钤	强士中	靳　蕃	杨立中	范平志
周仲荣	王家素	翟婉明	李　芾	孙林夫	肖　建	彭其渊
姚令侃	周德培	李　乔	周本宽	高　波	张卫华	杨翊仁
徐　扬	柯　坚	翁　杰	黄丁发	谢建华	郭耀煌	吕和林
张家树	张殿业	李群湛	杨显杰	金学松	金鼎昌	赵　勇
赵永翔	黄　楠	王成璋	王金诺	冯全源	陈维荣	柳葆生
胡卸文	赵人达	曾　京	何　川	吴广宁	罗　霞	李　军
王　平	冯　波	朱旻昊	钱林茂	龚　晖	潘　炜	宁维卫
冷永祥	李　乔	邱延峻	周祚万	周德培	易思蓉	姚令侃
唐小虎	高仕斌	康国政	廖海黎	李　杰	傅勇林	李远富
王红艳	王明年	刘国祥	许建平	闫连山	何正友	陈维荣
蔡力勋	谭　睿	汪启明	陈家宏	黄　涛	戴　宾	周绍兵

丁国富	仇文革	王开云	刘志刚	张继春	杨其新	苏　谦
陈俊英	周利军	晏启祥	徐行言			

（2）四川省突出贡献专家（75 人）

高　波	孟　刚	张卫华	黄登仕	黄　庆	张红军	李志业
杨顺生	王　黎	蒲　云	刘学毅	金炜东	陈　光	邱延峻
徐伯初	邓　斌	胡　培	濮德璋	李永树	张殿业	刘启跃
冯全源	赵永翔	胡卸文	钱永久	张家树	邱　建	何　川
金学松	王成璋	肖　平	康国政	朱旻昊	程文明	廖　成
潘　炜	赵玉光	饶　艾	柏　桦	蔡成标	陈小川	高仕斌
冷永祥	屈树新	唐小虎	叶子荣	张继业	丁国富	付永胜
邬平波	周祚万	廖海黎	史本山	何正友	肖作平	王明年
王开云	戴　虹	陈光雄	王红艳	郭　强	方旭明	王　进
李永乐	杨其新	沈中伟	周利军	高增安	邹喜华	赵海全
邱忠平	刘成龙	陈　辉	刘继才	范莉莉		

（六）2017年新增具备高级专业技术职务任职资格人员名单

序号	单　位	姓　名	专业技术职任职资格	备注
1	土木工程学院	韦　凯	研究员	
2	土木工程学院	杨荣山	教授	
3	土木工程学院	汪　波	教授	
4	土木工程学院	陈　嵘	教授	
5	机械工程学院	张　洁	教授	
6	电气工程学院	麦瑞坤	教授	程序性评审
7	电气工程学院	张宏伟	教授	
8	电气工程学院	黄德青	教授	
9	经济管理学院	袁红平	教授	
10	外国语学院	徐晓燕	教授	程序性评审
11	交通运输与物流学院	刘昱岗	教授	
12	交通运输与物流学院	蹇　明	教授	
13	材料科学与工程学院	苟国庆	教授	
14	地球科学与环境工程学院	丁明涛	教授	公开招聘
15	地球科学与环境工程学院	张玉春	教授	
16	地球科学与环境工程学院	高　贵	教授	公开招聘
17	地球科学与环境工程学院	龚正君	教授	
18	物理科学与技术学院	周勋秀	教授	
19	物理科学与技术学院	钟选明	教授	
20	公共管理与政法学院	程中兴	教授	
21	生命科学与工程学院	高　峰	教授	
22	力学与工程学院	朱志武	教授	
23	力学与工程学院	阚前华	教授	
24	数学学院	范翠玲	教授	程序性评审
25	体育工作部	刘　江	教授	程序性评审
26	牵引动力国家重点实验室	邓自刚	研究员	
27	牵引动力国家重点实验室	吴圣川	研究员	
28	土木工程学院	王　骑	副教授	

续表

序号	单　位	姓　名	专业技术职任职资格	备注
29	土木工程学院	向活跃	副教授	
30	土木工程学院	孙克国	副教授	
31	土木工程学院	李翠娟	副教授	
32	土木工程学院	杨长卫	副研究员	
33	土木工程学院	赵才友	副教授	程序性评审
34	土木工程学院	赵东平	副教授	公开招聘
35	土木工程学院	姚昌荣	副教授	
36	土木工程学院	贾宏宇	副教授	
37	机械工程学院	刘伟群	副教授	
38	机械工程学院	江　亮	副研究员	
39	机械工程学院	李奕璠	副教授	
40	机械工程学院	陈　磊	副研究员	
41	机械工程学院	郭　鹏	副教授	
42	机械工程学院	崔大宾	副教授	
43	电气工程学院	权　伟	副教授	
44	电气工程学院	肖　嵩	副教授	
45	电气工程学院	张血琴	副教授	
46	电气工程学院	张雪霞	副教授	
47	电气工程学院	秦　娜	副教授	
48	信息科学与技术学院	闫　飞	副教授	
49	信息科学与技术学院	李　里	副教授	程序性评审
50	信息科学与技术学院	滕　飞	副教授	
51	经济管理学院	范春梅	副教授	
52	交通运输与物流学院	李国旗	副教授	
53	交通运输与物流学院	杨鸿泰	副教授	
54	交通运输与物流学院	吴海涛	副教授	
55	交通运输与物流学院	赵　军	副教授	
56	材料科学与工程学院	尹冬弟	副教授	
57	材料科学与工程学院	朱宗涛	副教授	
58	材料科学与工程学院	李远星	副教授	

续表

序号	单 位	姓 名	专业技术职任职资格	备注
59	材料科学与工程学院	张海涛	副教授	程序性评审
60	材料科学与工程学院	侯华明	副教授	公开招聘
61	地球科学与环境工程学院	叶沅鑫	副教授	
62	地球科学与环境工程学院	游 为	副教授	
63	地球科学与环境工程学院	廖 昕	副教授	
64	物理科学与技术学院	王轶文	副教授	
65	物理科学与技术学院	陈元正	副教授	程序性评审
66	物理科学与技术学院	樊代和	副教授	
67	人文学院	陈伦敦	副教授	程序性评审
68	生命科学与工程学院	黄 帅	副教授	
69	力学科学与工程学院	高 燕	副教授	
70	数学学院	王明文	副教授	
71	数学学院	何星星	副教授	程序性评审
72	数学学院	余国朱	副教授	
73	数学学院	唐 灯	副教授	程序性评审
74	数学学院	崔 庆	副教授	
75	心理中心	李启明	副教授	程序性评审
76	体育工作部	孙国欣	副教授	程序性评审
77	牵引动力国家重点实验室	丁建明	副研究员	
78	牵引动力国家重点实验室	朱胜阳	副研究员	程序性评审
79	牵引动力国家重点实验室	朱 涛	副研究员	
80	牵引动力国家重点实验室	凌 亮	副研究员	程序性评审
81	牵引动力国家重点实验室	唐 兆	副研究员	
82	物理科学与技术学院	刘长军	副教授	党务工作
83	土木工程学院	商 姚	副教授	思想政治工作
84	机关党委	苏小桦	研究员	高教管理
85	研究生院	王 锋	副研究员	高教管理
86	教务处	代 宁	副研究员	高教管理
87	附属中学	朱剑松	副研究员	高教管理
88	党政办公室	周 志	副研究员	高教管理
89	研究生院	庞烈鑫	副研究员	高教管理
90	材料科学与工程学院	章春军	副研究员	高教管理

续表

序号	单　位	姓　名	专业技术职任职资格	备注
91	党委组织部	韩旭东	副研究员	高教管理
92	信息化与网络管理处	卫　龙	高级工程师	工程技术
93	地球科学与环境工程学院	王东梅	高级实验师	实验技术
94	电气工程学院	王青元	高级实验师	实验技术
95	牵引动力国家重点实验室	宋冬利	高级实验师	实验技术
96	交通运输与物流学院	张光远	高级实验师	实验技术
97	生命科学与工程学院	郭　婷	高级实验师	实验技术
98	交通运输与物流学院	潘金山	高级实验师	实验技术
99	附属中学	石　华	中学高级教师	
100	附属中学	向　琼	中学高级教师	
101	附属中学	唐咏红	中学高级教师	

（七）2017年度博士后科研流动站一览表

序号	流动站名称	主要研究领域	批准时间
1	力学	1. 固体的强度、损伤与破坏 2. 现代非线性动力学 3. 高速冲击动力学 4. 流固耦合振动 5. 接触力学 6. 车辆系统动力学 7. 成型制造力学与数值模拟 8. 计算流体力学等	1988
2	交通运输工程	1. 交通运输规划与管理 2. 交通工程 3. 物流工程 4. 系统工程 5. 安全科学与工程 6. 系统科学等	1991
3	土木工程	1. 桥梁工程 2. 隧道工程 3. 道路与铁道工程 4. 岩土工程 5. 结构与市政工程 6. 防灾减灾工程与防护工程等	1998

续表

序号	流动站名称	主要研究领域	批准时间
4	机械工程	1. 表面与界面 2. 微纳制造 3. 车辆及城市轨道装备 4. 起重运输与物流装备 5. 机电液系统设计与可靠性 6. 现代机电测试及控制技术 7. 暖通空调及工业空气动力学 8. 数控技术及虚拟制造 9. 新能源汽车与内燃机创新设计 10. 机器人机构学及设计自动化等	1999
5	电气工程	1. 电气工程 2. 控制科学与工程 3. 电子信息工程等	1999
6	管理科学与工程	1. 服务管理 2. 物流与供应链管理 3. 金融工程理论与应用 4. 产业发展理论与应用 5. 项目管理与投资分析 6. 工程组织与管理 7. 数据科学与方法等	2001
7	信息与通信工程	1. 移动通信理论与技术 2. 无线通信与移动计 3. 高速光通信系统与光通信器件 4. 通信系统安全与保密 5. 智能信息处理系统理论与技术等	2003
8	测绘科学与技术	1. 大地测量学与测量工程 2. 遥感科学与技术 3. 地图制图学与地理信息工程等	2007
9	地质资源与地质工程	1. 高速铁路（公路）高边坡地质灾害及防治工程 2. 高速滑坡机理及其早期识别 3. 黑色岩层特性及其致灾机理等	2009
10	计算机科学与技术	1. 云服务平台与信息集成 2. 大数据分析与挖掘 3. 智能信息处理 4. 计算机网络通信技术 5. 计算机信息及系统安全 6. 计算机图形图像处理等	2012
11	工商管理	1. 市场科学与行为 2. 会计与公司财务 3. 运作与服务管理 4. 投资决策与风险管理 5. 企业战略与组织行为 6. 工商管理中的大数据研究等	2014

（八）2017年博士后出站人员名单

力学：	赵彬钰			
土木工程：	赵 虎	郭阳照	徐井芒	
机械工程：	张 鲲	肖 乾	陈双喜	马家庆
电气工程：	韩志伟			
管理科学与工程：	王增强			
地质资源与地质工程：	秦海旭			
工商管理：	吕雄伟			

（九）2017年在聘名誉教授名单

任辉启	杨先农	王建国	聂建国	闫楚良	吴以岭	樊代明
黄润秋	隋森芳	陈木法	李安民			

（十）2017年在聘顾问教授名单

马 林	董海良	李忠献	李 杰	蒋兴宇

（十一）2017年在聘兼职教授名单

郑 宇	周 淮	王广义	段永传	王立川	孙金华	张先锋	李建国
马庆株	黄 勇	贾 康	孔祥俊	汤 明	陈 钒	成子桥	隋同波
李建兴	杨武能	汤国安	何开四	顾勇新	邱小勇	王金武	唐立新
徐海锋	傅勇林	朱志瑜	席北斗	吴群刚	赵 勇	潘东发	罗 休
赵明花	唐菊兴	田道明	赵振铎	庄 勇	徐 伟	赵维刚	杜春兰
周诗广	王炳林	贾利民	王 苹	冯小宁	汪庆升	张伟瑄	蒋先国
庄 河	王明慧	周 群	郭 迅	吴 江	冯 刚	张福浩	刘纪平
王立新	李国良	文望青	肖明清	张留俊	谭新亚	陈克坚	陈 列
梅国雄	苗启松	孙 云	黄远新	陶 然	党亚民	郭春喜	邓云凯
任晓春	陈伯施	王安斌	张 民	王 雄	翟惠生	赵 昱	魏 宇
吴长波	徐 伟	岳光荣	戚建淮	刘洪生	刘飞香		

十、学院工作

（一）土木工程学院

【党建工作】土木工程学院党委是我校规模最大的基层教学科研单位党组织。2017 年学院党委充分发挥政治核心作用，推进党政班子一体化建设，以党建一流推动管理一流和学科一流，以党建工作引领和保障学院创一流示范性改革。大规模、全覆盖加强高校思想政治工作，组织督导 78 个支部、1 300 多名党员的政治学习与党建主题活动，覆盖全院 23 个系室和四千多名学生，多层次分类型贯彻十九大精神和学校十四届八次会议战略部署，有效建设意识形态阵地，引领政治方向和学院改革的正确发展。学院党委强化学院领导班子建设与制度建设，深入落实“一岗五职”和“党政同责”，系统梳理学院中心组学习和研究工作制度、党委会议事制度、党政联席会议决策制度等学院“三重一大”决策规则，确保学院领导集体决策高效合理。注重内部管理和自我监督过程，明确党委履行主体责任、纪委履行监督责任；多层次推进“两学一做”常态化，规范基层支部日常工作，积极发挥支部和党员的战斗堡垒和先锋模范作用；有序推进党建的日常工作，开展丰富多彩的主题党日活动，规范党员发展程序，2017 全年发展新党员 156 名。有效指导工会、共青团、离退休群体等群团组织，支持各群团组织根据自己的特点开展活动，发挥群团工作积极作用。在 2017 学校“创先争优”表彰中，学院党委再次荣获“先进基层党组织”称号。

【师资队伍】2017 年，学院积极开展院士、长江系列等高层次人才项目申报引进工作。截至目前，学院共有“双聘院士”4 人，“长江学者”2 人，国家杰出青年基金获得者 3 人，国家教学名师 1 人，实现了二级学科方向高端人才全覆盖。教师岗位公开招聘 7 名海内外知名高校博士应届毕业生。教师中博士学位者占比 78%。34 名教师出国访学，58 人次出国（境）参加各类国际学术会议或学术交流，学院教师中有半年以上出国（境）经历的 127 人，占比 43%。

【人才培养】犀浦校区在校本科生（土木工程专业）总计 2 388 人、峨眉校区在校本科生（三个特设专业）722 人，在校研究生 1 687 人；在籍本科生留学生 13 人，研究生留学生 68 人。本年度共授予 420 名全日制研究生硕士学位，授予 56 名学生工学博士学位。共授予 71 名在职研究生工程硕士学位。以何川教授主持的国家重点研发计划项目为背景，牵头学校基础设施、重大装备、综合运营等 6 个方向申报工程博士（0852b）学位点，在四川省学位办评审中名列第一，全票通过。教育部土木专业指导委员会第六届第五次会议正式成立城市地下空间工程、铁道工程专业教学指导小组，我院分别为组长单位和副组长单位。商务部援外学历学位教育项目、“一带一路”中国政府奖学金项目、台湾亚新公司 BIM 研修成为学院的常态项目。与中铁、中交建、中建、中铁二院等单位继续开展联合培养工作，开设国际工程班。改革人才培养管理模式，首次实现了本、硕、博及留学生一体化管理，提高了学院人才培养工作的整体性和实效性，有力保障了教学质量质量。本年度校级、院级教学改革项目立项总计 24 项；获得校级教学成果奖励一等奖 4 项、二等奖 6 项、三等奖 3 项；获得四川省高等教育教学成果奖一等奖 2 项、二等奖 1 项。学院教师参加西南交通大学第八届青年教师教学比赛，获得一等奖 2 项、二等奖 2 项，三等奖 1 项；参加第二届全国高校城市地下空间工程专业青年教师讲课大赛获得特等奖 1 项、三等奖 1 项。6 门四川省 “十三五”高等学校精品在线开放课程、12 门“微专业”在线开放课完成建设，正式上线。2017 年共开设研究生全英文课程 14 门、面向利兹学院本科生全英文课程 6 门。开展教学研讨 107 场，其中面向校内公开 19 场。本年度出版教材 3 本，其中实习实训教材 2 本、“十二五”国家重点出版物出版规划项目教材 1 本。首次举办暑期学术夏令营，正式营员 50 人，参与学生过百人。共有 7 名博士研究生申请成功博士创新拔尖项目。为本科生开设创新讲座 88 场。SRTP 项目立项国创 10 个，省创 16 个，校级 63 个。新增实训基地 3 个，包括中铁大桥局有限公司、核工业西南勘察设计研究院有限公司、中国建筑第二工程局有限公司；与中铁二院续签卓越工程师实践基地建设协议，增加 120 人次的实习岗位；与中铁隆工程有限公司的实践基地建设协议正式启动。指导学生参与大赛，获得世界大学生桥梁设计大赛一等奖 1 项、全国大学生结构设计大赛一等奖 1 项、获得第二届全国高校城市地下空间构成专业大学生结构设计大赛二等奖 1 项及优胜奖 1 项。

【科学研究】2017 年，学院科研项目总到账经费 9 185 万元，其中纵向项目经费 4 308 万元，横向项目经费 4 877 万元。新增国家重点研发计划重点专项课题 1 项，新增高铁联合基金重点项目 2 项，新增国家自然基金项目 28 项，省部级项目 98 项，横向项目 160 余项。其中获批 1 项国家重点专项课题，通过会评答辩 2 项高铁联合基金重点项目。2017 年获省部级以上各类科技奖项 13 项，其中国家级 2 项，省部级 11 项。其中沈锐利教授参加的“山区大跨度悬索桥设计与施工技术创新及应用”（排名 2）、封坤副教授参加的 “高速铁路狮子洋水下隧道工程成套技术”（排名 5）获国家科技进步二等奖；罗强教授主持的“高速铁路路基长期变形状态控制技术”（排名 1）获四川省技术发明一等奖，廖海黎教授主持的 “大跨桥梁风振计算理论、试验方法及控制技术”（排名 1）获四川省科技进步一等奖等。2017 年学院共获授权专利 100 余项，其中发明专利 37 项，实用新型专利 70 余项。2017 年学院共发表 SCI 论文 110 余篇，其中 ESI 论文 1 篇（7—8 月）“Preliminary study on the damping effect of a lateral damping buffer under a debris under a debris flow load（刘成清系通讯作者）。2017 年土木学院与数学学院联合成立土木-数学交叉创新基础研究中心，促进学科交叉创新，为高质量成果获取提供平台。

【管理与服务】创一流示范性改革：历经一年多的总结谋划，由“一个总体目标、四个质量工程、五个创新机制、十大行动计划”组成的创一流示范性改革方案经学校第十四届党委会第 73 次常委（扩大）会议审议通过，为土木工程一流学院与学科发展提供了指导方针和行动纲领。班子建设：学院新一届党政班子就位，分工明确；完成各系室中心班子调整；完成教授委员会委员增补选。资产与实验室管理：落实九里校区土木馆 1—5 层房屋的全部使用权，以及犀浦校区 4 号楼 3—5 层的使用权，具体房源逐一到位；完成犀浦校区 4 号楼办公用房的整体搬迁工作；九里校区土木馆 1、2 层学院公共区域的重新规划、设计，即将开始改造。桥梁隧道与线路结构安全实验室已完成国重申报材料，并争取到四川省上报科技部联合共建国家重点实验室排序第一名；陆地交通地质灾害国家工程实验室所有设备调试已完成，技术性验收已完成，文件性验收进入收尾阶段；启动高速铁路线路工程教育部重点实验室 2018 年评估准备工作；启动岩土工程试验中心场馆改造工作；完成深水大跨桥梁实验室二期建设的前期调研与方案设计工作；各实验室主办多次学术交流活动，接待国内外来访嘉宾近 500 余人次。申报 2018 年度中央高校设备购置项目 300 万元（已通过）；实验室顺利通过教育安全大检查。对外合作与交流：与四川省煤田地质局签订战略合作协议；获四川西南交大铁路发展股份有限公司、隔而固（青岛）振动控制有限公司等单位 40 万元捐赠；与中铁七局三公司达成捐赠意向。

【学生工作】秉承“以学生成长发展为中心”的理念，致力于为 2 400 名本科、1 683 名硕博共 4 083 名学生提供丰富的学习成长活动及平台，确保了学生安全稳定，圆满完成各项工作。4 441 人次各类奖助学金、973 人次各类优秀学生评选，827 人家庭经济困难认定，300 个勤工助学岗位管理，242 人次各类贷款事宜等日常事务工作高质量完成。529 名本科、397 名研究生顺利毕业就业，就业率达 99.14%。建设 67 个学生党支部和 12 个团学组织，开展精品化的思想教育、文化、体育活动 181 项。首次举办师生体质健康运动会。举办了涵盖土木各学科，16 场次，2 898 人参加的 2017 土木科技月。实施了 12 个专题课程的"新阶梯成才"学生干部培养计划，培训学生干部 484 人。开设了时间与计划管理训练营、压力管理训练营和自我管理能力训练与养成通识课。

（二）机械工程学院

【基本情况】2017 年学院在职教职工 262 人（含峨眉 45 人），其中教授 57 人，副教授 66 人；长江学者 6 人，国家杰出青年基金获得者 4 人，中组部"万人计划"2 人，科技创新领军人才 2 人，高端外国专家 1 人，国家优秀青年基金获得者 2 人，新世纪优秀人才 8 人，全国优秀博士论文获得者 2 名、提名获得者 3 名。学院有 7 个本科专业，其中车辆工程、机械设计制造及其自动化为国家级特色专业；建筑环境与能源应用工程和能源与动力工程为四川省品牌特色专业。建有国家级机械基础实验教学示范中心、国家工科机械基础课程教学基地、四川省机械类本科专业人才培养基地；拥有国家精品课程、精品视频公开课程、资源共享课程 6 门、省级精品课程 8 门，MOOCs 课程 8 门。学院主要承担机械工程学科的建设，拥有机械工程博士后科研流动站和机械工程一级学科博士点，7 个二级学科博士点。

【党建工作】学院党委下辖 1 个研究生党总支、1 个本科生党总支、12 个教工党支部（含 2 个退休党支部）、48 个学生党支部。共有党员 838 名，其中正式党员 770 名，预备党员 68 名；教工党员 142 名，学生党员 696 名。2017 年，学院党委组织全面学习宣传党的十九大精神。组织党员集中收看十九大开幕、学习十九大报告、新党章；充分发挥党委委员示范作用，积极深入基层党支部讲党课；开展专题中心组学习、党支部学习、党建知识考试、"践行十九大倡议书"主题党日活动等，在校新闻网、组织部网站、扬华素质网、学院网站、微信公众号上累计发表十九大专题学习报道 150 余篇。将"两学一做"学习教育常态化制度化作为全面从严治党重要任务，坚持将中心组学习、党支部书记培训、新党员培训、党务能力测试、党委委员讲党课、基层党支部"三会一课"作为党员学习教育常态模式；抓好基层支部相关制度建设，夯实党的组织基础；建立"自查—督导"工作机制，从学院党委到基层党支部，全面查找问题，分类梳理后监督整改，顺利通过学校两次督导检查工作。规范党政联席会议制度，坚持"三重一大"决策机制，充分发挥纪委监督作用，积极践行监督执纪四种形态，落实管党治党主体责任，落实领导干部"一岗五责"的重要内容。成立统战工作小组，建立并完善学院党员领导干部与党外人士的联系制度、党委委员联系党支部工作制度，积极协助做好学院党员领导干部、民主党派后备干部的选拔、考察工作，及时进行统战工作的信息报送工作。全面贯彻落实全国高校思想政治工作会议精神，加强教师师德师风建设工作，把坚定师生理想信念作为思想建设的首要任务。抓好学院宣传工作，树立优秀典型，打造精品讲堂，做好学院网站建设，规范教师课堂教学，教学自律意识，营造积极向上，充满活力的学院文化。深化学生党建"五个一"工程，加强对发展大学生党员工作的规划指导，加强入党积极分子培养教育，严格发展学生党员程序和纪律，强化对学生党员的后续教育培养。本科生 2014 级第一党支部，成为唯一一个被我校推荐到教育部参与"全国'两学一做'支部风采展示"的学生党支部。辅导员于楠入选《高校思政·立德树人》专题宣传片，主持四川省大学生思想政治教育研究中心 2017 年度省部级重点课题一项，被我校推荐为"2017 年度成都市优秀女性人才”，成为我校唯一也是四川省唯一一个加入教育部中国大学生在线讲师团成员。

【**师资队伍**】钱林茂教授入选科技部“中青年领军人才”，王稳获得德国洪堡基金，江亮入选首批“青年人才托举工程”（全校仅2名）和“博士后创新人才支持计划”（首位以我校为进站单位），余涛获得丹麦2017年ELFORSK奖（丹麦能源系统的最高奖项，我校教师首次获得该奖项），陈春俊、莫继良入选“唐立新优秀学者奖”，罗大兵入选“唐立新优秀教师”，郑靖和于楠2人被学校推荐为“2017年度成都市优秀女性人才”（全校共10名），谢进和张祖涛2人入选学校“征集当代教师风采微视频”优秀教师，学院新进青年教师9人，其中副教授（副研究员）的引进人才3人。

【**人才培养**】①本科教学：本科教学成果“构筑‘三堂互融’慕课混合教学模式，培养机械类学生创新能力”荣获四川省教学成果一等奖，并获得2018年度教育部教学成果一等奖申报资格。在主办第二届全国大学生起重机创意大赛，获一等奖2项，二等奖6项，三等奖1项，获优秀组织奖；获奖总数共计9项，获奖数量位居全国第一。开设8门MOOC大学生科技创新系列课程，选课人数达到51 890人；组织申报立项SRTP项目80项，参与学生数383人，其中：国创9项，省创10项，校创61项；出版了《起重运输机金属结构》《机械制图》《机械制图习题集》《机车车辆制造技术》《金属切削动力学》5本教材。圆满完成教育部专家对我院的审核评估工作。②研究生教学：完成了2017年研究生和2018年免研招生工作，共录取全日制研究生387名（其中，全日制硕士研究生348名，博士研究生39名）。2017年分三次共完成305个研究生的授位准备工作。在研究生日常管理工作方面，完成了1 000多个研究生的所有日常教学工作安排。主持的教学改革成果获西南交通大学教学成果奖1项。③实验室教学：不断改革实验室课程，积极申报省部级虚拟仿真实验中心。完成146门课程的实验大纲修订与重新编制，实验开出率100%，综合设计型、研究创新型实验比例不低于60%，实验项目更新率每年不低于20%。开设个性化实验项目超过30项，向本科生开放工程实践项目15项，组织实验竞赛月活动，获学校金奖3项，银奖6项，三等奖13项。组织机器人创意大赛、机械创新大赛等课外实验科技创新竞赛活动，获得国家创新大赛一等奖4项，二等奖14项，发明专利12项。科创大赛作品数量和质量位于学校前列。④学生工作：我院学生获3枚个人最高荣誉“竢实扬华”奖章，2个我校班集体最高荣誉“忠忱班集体”。在全国节能减排大赛中，获一等奖2项、二等奖2项、三等奖11项，包揽了四川省唯一的2项一等奖，西南交通大学获得“高校优秀组织奖”，获奖质量和数量均列西南第一、全国前列。不断深化校企合作，整合优势资源，搭建一流就业平台。2017年共走访用人单位43家，校内接待用人单位146家，与吉利汽车股份有限公司合作成立了全国第三个、西南地区第一个“吉先锋俱乐部”。实现2017届毕业生本科生就业率99.67%、研究生就业率99.24%，全院就业率99.54%。

【**科研工作**】基础研究和重大项目有新突破。2017年获国家自然科学基金项目21项，项目数增长61.5%，批准项目数和批准率创历史新高。主持重点研发计划课题1项，课题总经费1 688万元，是学校本年度重点研发计划经费总额最高的课题。主持国防973课题1项，课题经费607万元。2017年度科研经费到账4 644万元；发表SCI论文90余篇，增长了45%。科研平台申报建设进展显著。获批高端装备服役及可靠性设计与制造四川省国际科技合作基地，筹建高端装备设计与制造四川省重点实验室。获批成立“西南交通大学数字化制造创新研究中心”和“西南交通大学-马钢集团控股有限公司-攀钢集团有限公司轮轨创新研究中心”2个二级机构。科技人才和团队建设持续推进。新增科技部中青年科技创新领军人才1人，万人计划1人（公示），“高速重载轮轨关系服役行为”团队入选四川省教育厅科研创新团队。

【**学科建设**】重点组织“机械工程学院一流学科建设规划”的讨论与制定，在构人才梯队、筑科研平台、抓重大项目、促国际交流、登学科高峰等方面制定了具体举措；组织了多次教授委员会与党政联席扩大会议，开展了各二级学科规划及建设的汇报和讨论，进一步明确各二级学科围绕一流学科建设的发展目标和建设思路；争取了 300 万的学科建设经费，重点支持了学科的人才与平台建设，本科及研究生教学、学生工作。

【外事工作】创办期刊《Biosurface and Biotribology》获教育部批准，并取得了国家新闻出版广电总局批复的出版号 CN51-1783/Q；主办 2017 年度 BSBT 牙齿生物摩擦学国际专题研讨会、国际生物表面及生物摩擦学高峰论坛、建筑可再生能源与相变储能中英双边研讨会，派出师生 50 人次参加“世界摩擦学大会”等国际学术会议；与美国西北大学、英国利兹大学筹建国际摩擦学合作中心；向美国、英国、德国等国家的国际知名高校派出了 29 名教师开展科学交流与合作；接待利兹大学、越南河内交通大学等海外高校的代表团来访，就开展学生联合培养、师资培训等方面与国内外高校进行了深入交流。

【管理服务】加强实验室安全管理，配备实验室安全秘书，完善了安全规章制度、安全责任人和实验室准入机制，安全日志齐全，记录完备；定期组织安全检查，结合学校组织的实验室培训工作开展实验室安全培训，组织 5 人次到重庆等地学习，提高了实验室人员安全意识和安全技能。设置专门的资产管理员，负责学院的设备资产管理，各实验室有详细的设备台账。完成 2 次设备清查工作，共清查设备 12 569 件，所有设备账物卡相符。根据学校出台的房屋管理实施细则制定学院办公用房和实验室用法分配方案。顺利完成教育部教学审核对实验室教学工作的考察，完成峨眉修购计划 400 万元的招标、采购，验收与报账等，完成机械工程学院馆外实验室搬迁招标，实施与验收等工作。

（三）电气工程学院

【学院现状】电气工程学院是西南交通大学历史最悠久的学院之一，由中国科学院院士曹建猷教授、著名电力机车专家杜庆萱教授、著名电磁理论专家任朗教授创建于 1949 年，迄今已有 68 年的历史。学院主要从事电气工程、控制科学与工程和电子信息工程领域的人才培养和科学研究。先后培养和造就了以钱清泉、马麟、钮小明、丁荣军、蒋先国等为代表的 1.5 万余名英才，为国家建设特别是轨道交通电气化与自动化的发展做出了重大贡献。

学院师资力量雄厚。现有教职工 271 人，其中，中国工程院院士 2 人（双聘 1 人）、教育部长江学者 4 人、国家杰出青年基金获得者 4 人、国家万人计划领军人才 1 人、国家百千万人才工程入选者 2 人、何梁何利科学与技术进步奖获得者 1 人、国家教学名师 2 人、科技部中青年领军人才 1 人、教授 47 人、研究员 1 人、副教授 80 人、副研究员 7 人、高级工程师 9 人。

学院在校本科生 2 059 人，硕士研究生 960 人，博士研究生 167 人。

学院拥有电气工程、控制科学与工程 2 个一级学科，涵盖 11 个博士点、11 个硕士点、2 个工程硕士点。其中，电力系统及其自动化为国家重点学科，电力电子与电力传动为国家重点（培育）学科，电气工程、控制科学与工程 2 个四川省重点一级学科；拥有电气工程及其自动化、电子信息工程 2 个大类本科专业，电气工程及其自动化专业为国家重点专业、国家级特色专业和卓越工程师培养专业，通过了国家工程教育专业认证，电子信息工程专业为国家级特色专业和卓越工程师培养专业；建有电气工程博士后科研流动站，建立了完整的学士—硕士—博士培养体系。

学院建有国家轨道交通电气化与自动化工程技术研究中心（含香港分中心和华南研究基地）、电气工程基础国家级实验教学示范中心、轨道交通电气化与自动化国家虚拟实验教学中心、磁浮技术与磁浮列车教育部重点实验室、铁道电气化与自动化铁道部重点实验室、磁浮列车与磁力应用工程四川省高校重点实验室、轨道交通能源互联网研究中心四川省国际合作基地，也是牵引动力国家重点实验室的重要组成部分。

学院还牵头组建了四川省先进轨道交通装备制造创新中心，与企业共建四川省城市轨道交通能量变换与控制工程实验室、四川省燃料电池工程技术研究中心，另外学院建设了电气工程专业实验中心和轨道交通实验室牵引供电功能实验室，为教学和科研提供了坚实的基础实验条件。

学院以人才培养为目标，积极开展教育教学改革，人才培养质量不断提高，教学成果突出。现有国家级精品在线开放课程1门、国家级精品课程4门、国家级精品资源共享课2门、国家级精品视频公开课1门、MOOC课1门、省级精品课程6门、校级精品课程6门；出版“十一五”国家级规划教材7部、“十二五”国家级规划教材5部；建设了轨道交通电气化与自动化教学团队为国家级教学团队；2005年以来获得了包括国家级教学成果一、二等奖在内的15项国家和省级教学成果奖。

学院坚持走国际化办学的强院道路。学院与英国利兹大学、澳大利亚悉尼大学、美国西北大学、香港理工大学、加拿大阿尔伯塔大学、德国维尔茨堡大学等国内外知名高校、科研机构、著名企业建立了长期合作关系，开展了广泛的交流和合作，产学研用成绩突出。

学院以社会主义核心价值观为引领，以学生的成长与发展为中心，全面落实人才培养计划，促进学生成长成才，取得了显著成绩。学院有3个班级被评为“全国先进班集体”，1个团支部被评为全国“五四”红旗团支部，1个团支部被评为“全国高校践行社会主义核心价值观示范团支部”，1个暑期“三下乡”团队被“团中央评为优秀团队和社区宣讲优秀团队”，1个团支部被评为成都市“五四”红旗团支部，大批学生获得国家、省部级奖励。培养的学生倍受用人单位的青睐，学生就业率每年均为100%。

【党建工作】电气工程学院党委下设教工党总支、本科生党总支和研究生党总支三个总支部，56个党支部（其中教工支部8个，本科生支部7个，研究生支部36个）。目前共有党员726名，其中教职工党员115名，退休教职工党员27名，学生党员584名。

2017年，电气工程学院党委在校党委领导下，全面贯彻落实党的十九大精神，认真学习习近平新时代中国特色社会主义思想，严格执行学校决策部署，以“围绕中心工作，坚持从严治党，全力推动学院发展”为思路，夯实基层党建，推动学院发展。

一年来，学院党委切实履行好党建主体责任，狠抓党风廉政建设，完善民主决策机制；配合行政在学院教学、科研、平台建设、国际化、群团建设等工作中积极发挥作用；学院党委注重基层党建工作，强化教职工思想政治工作和师德师风建设，指导教职工党支部完成换届选举以及日常党建工作。在学校2015-2017年度“创先争优”表彰中获得“十佳”先进党支部、先进党支部等多项表彰。

2017年，学院顺利召开第六届工会会员暨第二届教职工代表大会，选举产生新一届工会委员；教职工篮球队、排球队、羽毛球队活动积极、成绩突出；学院部门工会努力服务教职工，获评校“先进教职工之家”。

【师资队伍】2017年，学院师资与人才队伍建设成绩突出。吴广宁“轨道交通牵引供电安全保障技术创新团队”入选国家重点领域创新团队；何正友入选长江学者特聘教授，吴广宁入选万人计划教学名师，胡海涛入选中国科协青年人才托举工程，依托学科申报成功国家优青马光同，刘志刚入选IET Fellow，黄德青入选四川省青千。

学院聘任1位美国工程院院士为荣誉教授、1位IEEE Fellow为客座教授、1位国家青千为兼职教授，续聘海外院长2人、推进执行海外高层次文教专家项目一项（德国院士）。

2017年，学院新增博士生导师8人，硕士生导师10人。截至2017年12月31日，学院共有博士生导师45人，硕士生导师137人。

2017年，冯晓云教授、黄治清副教授获得首届“曹建猷教育奖”。

【人才培养】

1. 教育教学

（1）评估和认证

2017年5月21日至24日，电气工程及其自动化专业接受并顺利通过了国家工程教育专业认证第三轮认证工作。以天津大学胡绳荪教授为大组长，华北电力大学王泽忠教授为组长，北京航空航天大学胡晓光教授、中科院电工所孔力教授对我院电气工程及其自动化专业开展了专家现场考查，并充分肯定了我院电气工程及其自动化专业在过去10年中参与工程教育专业认证的工作成果，一致同意通过认证。

2017年12月4日至7日，西南交通大学迎来本科教学工作审核评估专家组现场考查。在专家组考查期间，上海交通大学教务处处长吴静怡、大连理工大学学部党委书记张晓华、中国铁路设计集团有限公司副总工程师蒋先国前来电气工程学院座谈、检查各项教学资料并考查了学院实验和实践教学条件。专家组对学院本科教学工作给予了肯定，一致同意通过认证。

2017年11月至12月，学院电子信息工程专业参加了四川省专业评估工作。本年度全省共计24所高校的电子信息工程专业参评。经过近2个月的精心准备，最终我院获得了专业评估总分93.86的高分（全省平均分80.58）。

（2）专业和课程建设

电气工程及其自动化专业加入“中国电力行业卓越工程师培养校企联盟”。

陈维荣教授牵头的“高速铁路牵引供电系统”获得首批国家精品在线开放课程认定，并成功上线“中国大学MOOCs”课程。

（3）校级教学成果奖情况

主持的教育教学改革项目获校级教学成果一等奖3项、二等奖6项、三等奖1项。

教学获奖名称	获奖人员	获奖时间	获奖级别
对标国际工程教育认证标准，重构培养体系，持续提升电气工程专业培养质量	陈维荣、赵　舵、张婷婷、黄　进、张血琴、葛兴来、徐英雷、曹保江、赵丽平、樊治辰	2017年	校级教学成果一等奖
依托国家级实验教学示范中心建设打造电工电子技术基础实验精品教材(教材)	王　英、曾欣荣、曹保江、陈曾川、赵　舵、谢美俊	2017年	校级教学成果一等奖
依托国家重大工程需求，牵引学科深度融合，全面提升研究生综合创新能力	陈维荣、马　磊、何正友、刘志刚、许建平、宋文胜、王　嵩、舒泽亮、刘　炜	2017年	校级教学成果一等奖
“电力牵引交流传动及其控制系统”课程教学模式改革探索与实践	葛兴来、宋文胜、熊成林、冯晓云	2017年	校级教学成果二等奖
电工技术A翻转课堂教学模式实施	李冀昆、李春茂、何圣仲、徐英雷、关美华	2017年	校级教学成果二等奖
依托“十二五”国家级规划教材研究实践全方位加强电工技术基础系列教材建设(教材)	王　英、赵　舵、徐英雷、曾欣荣、陈曾川、曹保江、何圣仲、李冀昆	2017年	校级教学成果二等奖
依托科研团队开展本科生实践创新能力培养的研究与实践	何正友、林　圣、杨健维、赵丽平、胡海涛、麦瑞坤、李砚玲	2017年	校级教学成果二等奖
以学生为中心的课堂互动式教学方法研究与实践	黄　进、赵　舵、马　磊、李剑波、黄德青、张宏伟、李　奇、秦　娜、张婷婷、周　艳	2017年	校级教学成果二等奖
建设城轨供电与测控综合实验室培养城轨电气类高质量应用型适用人才	黄小红、王毅非、潘育山、刘承志、杨乃琪、罗　成、黄建敏、胡学林、付　聪	2017年	校级教学成果二等奖
课堂教学与科学研究相结合	朱　峰	2017年	校级教学成果三等奖

（4）实践教学和学生获奖

学生共获全国大学生电子设计竞赛、全国大学生机器人大赛等国家级赛事一等奖11项，获“挑战杯”全国大学生课外科技竞赛等国家级赛事二等奖23项，共73人次获得国家级奖项；获“首届中国城市轨道交通科技创新创业大赛”推广应用类唯一1个一等奖。第九届TI杯四川省大学生电子设计竞赛，黄治清老师、贺建闽老师指导获得国家一等奖2项、二等奖2项，王青元老师指导获得省二等奖1项，董金文老师指导获得省三等奖1项。挑战杯大学生课外学术科技作品竞赛，王青元、孙鹏飞老师指导学院本科生获得全国二等奖1项。全国大学生节能减排社会实践与科技竞赛，王青元、孙鹏飞老师指导学院本科生获得全国二等奖1项。第五届“AB”杯全国大学生自动化系统大赛，赵舵、熊成林老师指导学院本科生获得全国一等奖 1 项，二等奖 1 项。

（5）教师讲课竞赛

付聪获国家级电工类教学竞赛二等奖、省电工类教学竞赛一等奖；肖嵩获校级讲课竞赛一等奖、张雪霞获二等奖，其他老师获三等奖。

序号	获奖人姓名	获奖级别	比赛名称	获奖年份
1	付　聪	国家级二等奖	第二届全国高等学校青年教师电工学课程教学竞赛	2017
2	付　聪	省级一等奖	川渝高校电工学课程教学竞赛	2017
3	肖　嵩	校级一等奖	西南交通大学第八届青年教师教学竞赛	2017
4	张雪霞	校级二等奖	西南交通大学第八届青年教师教学竞赛	2017
5	符　玲	校级三等奖	西南交通大学第八届青年教师教学竞赛	2017
6	宋文胜	校级三等奖	西南交通大学第八届青年教师教学竞赛	2017
7	王　嵩	校级三等奖	西南交通大学第八届青年教师教学竞赛	2017

2. 学生工作

（1）集体获奖

全院学生总体安全稳定；学校年度考核学生工作专项第 2 名。院团委获校年度考核第 3 名。学生组织被评为“十佳学生会”“十佳研究生会”“十佳青年志愿者协会”。2017 年，校院系杯游泳比赛第一名；校院系杯网球赛第一名；校院系杯排球赛男子第二名，女子第二名；校院系杯新生足球赛第四名；校院系杯篮球赛男子第六名，女子第二名；校院系杯乒乓球赛第六名等 10 余项荣誉。

（2）辅导员获奖

张异获唐立新学生工作奖；林静英、于磊、杨静文被评为西南交通大学 2017 年暑期“三下乡”社会实践优秀指导教师；张异、于磊被评为“西南交通大学优秀学生工作者”。

3. 大型活动

2017 年，学院共举办学生大型活动 40 余项，参与学生人数达 14 000 人次。8 名博士生，28 名硕士生，以及 17 名本科生获国家奖学金，55 名本科生获国家励志奖学金。

沈睿同学获得“竢实扬华”奖章。沈睿、李波，王晓文、李正雄、姚锦飞、薛诚、彭旭、邬明亮被评为“四川省优秀大学毕业生”。

4. 招生与就业

2017 年电气工程学院招收本科生 506 名、研究生 342 名、博士生 40 人；利兹学院电子信息工程专业 73 人；茅以升学院电气新生 30 人。学院本科生培养质量持续提高，本科生升学率达 47%，保持全校前列。学院就业指导工作成绩显著，本科毕业生 424 人、研究生 290 人，就业率持续保持 100%。

【科学研究与国际化】

1. 科研经费

截至 2017 年 12 月底，本年度学院新增科研项目 87 项，其中纵向项目 37 项，横向项目 50 项；科研项目经费累计到账 4 718 万元。

2. 国家自然科学基金项目

2017 年，学院获批国家自然科学基金项目 17 项，总经费超过 1 600 万元。其中，重点项目 3 项，面上项目 8 项，青年科学基金项目 5 项，应急管理项目 1 项。

序号	类　别	名　称	经费（万元）	主持人
1	重点项目	车载大功率电力电子变压器鲁棒容错控制	290	马　磊
2	重点项目	双弓受流下接触网波动传播规律与弓网参数匹配特性	233	高仕斌
3	重点项目	城市智能配电网保护与自愈控制关键技术	292	何正友
4	面上项目	面向时变不确定性的多轴运动鲁棒建模及控制研究	62	马　磊
5	面上项目	大规模分布式电源接入能源互联网的三方谐波责任定量评估	55	符　玲
6	面上项目	高速铁路牵引网电弧故障继电保护原理研究	55	韩正庆
7	面上项目	土壤的离子电迁移网络分析模型及其阻抗特性研究	62	曹晓斌
8	面上项目	集成谐振单元及嵌入谐振模态的AC/DC变换器关键技术研究	61	马红波
9	面上项目	基于交叉影响抑制与效率提升的单电感多输出开关变换器控制技术	62	周国华
10	面上项目	符号网络下多智能体系统的群体行为与分布式控制	64	张宏伟
11	面上项目	基于时空多尺度迭代学习的高速列车精确运行控制方法研究	67	黄德青
12	青年科学基金项目	基于广域信息的电力系统无模型自适应电压协调控制研究	29	赵　艺
13	青年科学基金项目	高速列车“车-轨”回流耦合机制与抑制方法	28	肖　嵩
14	青年科学基金项目	车控牵引模式高速列车黏着控制研究	22.5	王　嵩
15	青年科学基金项目	面向电网连锁故障的脉冲神经膜计算模型建模机制研究	25	荣海娜
16	青年科学基金项目	类内区分驱动的目标跟踪关键问题研究	23	权　伟
17	应急管理项目	高铁供电技术发展趋势与关键问题	12	何正友

2017年获批GFCX特区项目2项。

序号	类　别	名　称	经费（万元）	主持人
1	国防	基于超导超材料的电磁场多参量调控技术研究	100	陈维荣
2	国防	大功率***技术研究	50	严仲明

2017年获批国家重点研发计划课题（或任务）10项。

序号	类　别	名　称	经费（万元）	主持人
1	课　题	轨道交通非接触式供电系统技术	910	何正友
2	任　务	容量节能型变压器的能耗影响机理与关键优化技术研究	271	高仕斌
3	公开任务	轨道交通牵引供电系统动态稳定性方法研究	50	胡海涛
4	公开任务	同相柔性供电系统协同保护控制策略	30	韩正庆
5	任　务	混合储能模组全工况效率优化	45	陈维荣
6	任　务	基于宽禁带器件的高频化牵引变流器拓扑选型与参数设计研究	40	孙鹏飞
7	任　务	复杂供电与线路条件下电力电子变压器-电机驱动系统耦合模型及其协同控制研究	40	宋文胜
8	任　务	虚拟同相柔性供电技术-供电网与列车匹配研究	50	王　嵩
9	任　务	基于车-地-轨耦合的杂散电流评估与控制技术	75	周福林
10	任　务	高速列车弓网电气耦合安全监测与评估技术研究	10	周福林

2017 年获批铁路总公司重大项目课题 2 项、重点项目 4 项。

序号	类 别	名 称	经费（万元）	主持人
1	重大项目子课题	电气化铁路交流牵引供电系统再生制动能量利用技术研究	30	胡海涛
2	重点项目子课题	京张铁路智能牵引供电系统关键技术研究	10	高仕斌
3	重点项目	智能牵引供电系统大数据应用技术研究	50	陈奇志
4	重点项目	牵引供电系统能耗分布及节能增效策略研究	50	何正友
5	重点项目	高速铁路智能配电系统关键技术研究	50	何晓琼
6	重点项目	牵引供电系统继电保护配置与整定计算研究	50	韩正庆

四川省科技厅项目 8 项。

序号	类 别	名 称	经费（万元）	主持人
1	重点研发项目	复杂动态环境智能感知关键技术及应用	100	荣海娜
2	重点研发项目	电力系统动态相量高精度测量关键技术研究	100	符 玲
3	重点研发项目	基于物联网的智能化果蔬水肥控制技术及其应用研究	50	苟先太
4	重点研发项目	新型计算模型的 FPGA 高效实现及在机器人中的应用	20	张葛祥
5	重点研发项目	基于特征谐波测量阻抗的 HVDC 接地极线路故障识别与定位方法研究	20	林 圣
6	面上项目	高铁牵引供电系统综合能耗动态评估关键技术	10	胡海涛
7	苗子工程	基于大数据的区域轨道交通客运营销辅助决策系统研究	10	张 慧
8	苗子工程	考虑系统失效相关性的高速铁路牵引供电系统可靠性建模研究	10	王 玘

3. 企业合作项目

开展有组织的科研活动，组织完成与中车四方厂、中国铁建、中航科工三院、株洲电力机车研究所、成都运达科技股份有限公司等单位开展交流合作，2017 年横向合同经费 6 000 多万元。

序号	类 别	名 称	经费（万元）	主持人
1	神华新准铁路有限责任公司	包神铁路集团既有线贯通式同相供电技术应用研究	1570.59	李群湛
2	成都运达科技股份有限公司	基于 SiC 器件的动车组辅助变流器开发	520	舒泽亮
3	中车青岛四方机车车辆股份有限公司	电场耦合式非接触供电技术研究	341	何正友
4	北京纵横机电技术开发公司	动车组运行准点节能优化控制技术	240	王青元
5	北京纵横机电技术开发公司	列车牵引系统计算软件开发	220	宋文胜
6	成都运达科技股份有限公司	城轨列车粘着控制装置研制及其测试平台构建	220	王 嵩
7	国网江苏省电力公司经济技术研究院	输变电工程数据管理技术体系研究	179	张血琴
8	中车青岛四方机车车辆股份有限公司	车载式/地面式能耗与电能质量信息管理与分析系统	155	胡海涛

4. 标志性成果

组合式同相供电装置、牵引供电广域保护测控系统、混合动力有轨电车等重大成果通过技术评审或验收，评价为世界领先水平。

牵引供电 PHM、电力电子变压器、智能自主机器人、无线传能、电工新材料等一批重大创新项目取得突破性进展；6C、同相供电系统、节能型变压器、数字化牵引变电所、4C 检测车、变电站巡检机器人等重大成果得到推广应用。

在科研获奖方面，获得四川省科技进步二等奖 1 项，参与广东省科技进步二等奖 1 项、中国铁道学会科技奖 2 项。

序号	项目名称	获奖人员	获奖等级	单位
1	膜计算模型和算法	张葛祥（1）、戴朝华（3）、彭宏（3）、荣海娜（4）	四川省科技奖二等奖	西南交通大学（1）
2	基于运营安全的大型城市轨道交通综合监控系统软件平台	何正友（2）、林圣（3）	广东省科技奖二等奖	西南交通大学（2）

5. 发表论文、专利

2017 年，发表 SCI 论文 125 篇、EI 论文 298 篇（2016 年检索），其中一区论文 10 篇，ESI 高引 4 篇，高水平论文持续增长；专利申请 253 件，授权 105 件，其中发明专利申请 200 件，授权发明专利 105 件，专利申请数、授权数较前一年有大幅度增长。

6. 国际化

2017 年，教师出国/出境交流 42 人次，学生出国/出境 98 人次；12 名新加坡淡马锡理工学院学生来校开展国际交流；首届商务部援外硕士学位教育项目启动，“轨道交通电气化与信息技术” 10 名硕士生顺利入学；电子专业招收利兹新生 73 人；3 批次共 15 名教师顺利完成利兹大学的 CPD 培训；启动“111”引智计划的申报和建设、启动 2 名全职外籍教师招聘工作；完善学院中、英文网站，并获“西南交通大学英文网站建设示范单位”。

【平台建设】

——新建国家工程中心华南基地，完成了对香港分中心的检查和交流研讨工作。面向全球，工程中心设立 14 项开放课题、磁浮重点实验室设立 7 项开放课题，支持国内外学者参与中心、实验室课题研究。

——实验室建设与运行：实施修购计划 1 项，新建设了 8 个实验室，升级建设了 2 个实验室，补充建设了 1 个实验室，共计 11 个实验室；建成并投入使用利兹学院电子信息工程专业通用实验室。完成 10 号楼 17 间教学实验室改造。

——实验室开放：重点实验室开放项目申请 7 项，参加学生人数 34 人；个性化实验申报 12 项，参加人数 79 人；工程实践项目 8 项；继续面向成都九中等高中生开放实验室，扩大学校和电气学科影响，促进本科生源质量提高。

——学院获第九届课外创新实验竞赛优秀组织单位（全校 5 个），优秀指导教师 4 人。电气工程专业实验中心被评为学校 2017 年度实验室工作先进集体，实验室先进个人 3 人。

【校友及筹资工作】2017 年，学院继续加强校友工作。做好各届返校校友的日常接待及服务工作。通过电话、网络等方式建立与毕业校友的联系，为校友和学院之间搭建交流沟通的平台，为进一步丰富校友信息库的内容打下基础。收集整理自学院建立以来培养的学生名单，初步建立校友信息库，录入电气校友基本信息 14000 余条。在基础信息库的基础上，建立杰出校友库，收集和挖掘杰出校友信息。按每个年级每个班 1 到 2 人的规模，建立校友班级联络人数据库，为进一步加强校友联络建立沟通渠道。

为全面宣传学院和校友情况，电气学院院友网站全新上线，包括母院今昔、院友动态、曹建猷基金、捐赠等版块，全面介绍学院的重大新闻、院友活动相关报道、曹建猷基金以及捐赠情况。

2017 年，学院通过各种渠道，积极推动社会及校友个人对学院学科建设的支持，全年获协议捐赠 1 000 余万元，到账经费 200 余万元。

（四）信息科学与技术学院

【党建工作】信息科学与技术学院党委充分发挥政治核心作用，全面落实党建主体责任。坚持“三重一大”、民主集中制度，贯彻落实学校党委重要工作部署，全年累计召开12次党政联席会议，制定4类党建工作计划，完善5类党建工作制度，强化“一岗五责”。规范组织建设，发挥党支部战斗堡垒作用，抓好支部书记述职考评工作，坚持每月至少开展一次支部活动，党委书记带头讲党课，党委委员密切联系支部，严把党员发展“五关”。以党建活动为抓手，扎实做好思想政治工作，支部活动量大质优，开展专题党建活动118次。改进工作作风，密切联系师生，开展听课看课、实验室巡查工作，在学生发展、教师考核与转岗等工作方面开展谈心谈话。指导群团工作，丰富文体活动，有效组织学生评奖评优工作。按照“两学一做”教育常态化制度化督导工作要求，对照8个“二级指标”梳理排查、积极整改，完成14项党委工作材料分类梳理，完成60个党支部工作材料汇总整改，完成890名党员信息采集工作，完成党费收缴工作。

【师资队伍】学院坚持“质量与贡献”导向，建立激励与约束机制，引进与培育相结合，制定科学合理的师资培养、晋升与考评体系。强化岗位责任，执行目标管理，以新一轮岗位聘任为契机，修订完善教职工考核办法和评价指标体系，调动教师积极性，激发工作潜能。培育引进并重，提升师资水平。新入职报到教师7人。申报青苗计划4人，雏鹰计划A类4人，雏鹰计划B类1人，扬华计划A类1人，扬华计划B类1人。学院范平志、唐小虎连续三年入选爱思唯尔中国高被引学者榜单，刘娟获“全国优秀辅导员”入围奖，马琼获“曹建猷教育奖”。以交大-利兹学院教育教学为平台，推进教师队伍国际化进程，全年有8名教师赴英国利兹大学完成英文授课培训及CPD资格认证，开设7门全英文课程。指导派出46名青年教师参加校讲课比赛，获二等奖1项，三等奖1项。推进峨眉校区铁道信息工程系教师转型提升，19名教师主持实验二次开发项目，4名教师获批学校教改项目，10名教师赴苏州、北京等地高校或企业学习，4名教师参加师资培训，10名教师参加了城市轨道交通培训师教材编写，10余名教师参加短期培训和示范教学活动。

【人才培养】学院坚持把“立德树人，全面发展”作为人才培养的根本宗旨，本科教育以国际工程认证为标准，研究生教育以学科评估为标准，贯通本研、联动实验室与学工组、调动全院教师、延伸校企，走向国际。

本科教育：以评促建，完成本科教学审核评估工作。通过教育部本科教学工作审核评估现场考察，完成7个专业自评报告，编制8个专业课程简介及大纲，对教育教学全过程进行质量控制，对学生学习与发展状况进行自评估，指导峨眉铁道信息工程系的审核评估工作。加强专业建设与教学改革力度，计算机专业2018年工程教育认证复评申请获批，获批校级教改定向支持项目7项，一般项目11项，参与学校申报新工科教改立项1项。教学成果突出，获第八届高等教育四川省教学成果二等奖2项，中国自动化学会高等教育教学成果二等奖1项，2017年全国自动化教育学术年会优秀论文1篇。推进各专业教授领衔的全覆盖新生研讨课（含峨眉），提升学生专业热爱度，从90多名申请转专业的学生中择优录取33名，转专业人数正流动特征明显。建成建优西南交大-利兹学院计算机科学与技术专业，新建计算机创新实验室成为创新型、国际化实验室的典范，为二年级学生配备个人导师（平均每7人1位导师）。

学位与研究生教育教学：贯彻落实“双创”方针，研究生科创取得新突破，承办ACM数据挖掘中国分会（KDD China）“KDD Summer School”暑期学校、第二届“粗糙集：决策、数据挖掘与知识表示”暑期学校、西南交大第三届研究生嵌入式应用技术创新设计作品竞赛等，荣获国家级竞赛奖项 61 人次（一等奖 15 人次）、省部级奖项 38 人次（一等奖 4 人次）。在第十二届中国研究生电子设计竞赛中获得特等奖(全国 3 项，排名第二)，在第四届中国研究生智慧城市技术与创意设计大赛中获全国一等奖 2 项。研究生教育国际化取得新进展，与英国约克大学正式签署“1+1+1”（双硕士学位）联合培养项目，获批商务部援助发展中国家学历学位教育项目（全校 1 项），获批 1 个校级全英文研究生专业建设项目（全校 2 个），聘请英国专家为交控学科研究生进行不少于 20 学时/周的集中授课。深入开展学术素养提升计划，研究生论文质量进一步提高，博士生获 IEEE 国际信息论年会最佳学生论文奖（2017 全球仅 3 篇），实现中国在此奖项上零的突破，获 ACM 成都分会优秀博士论文奖 1 篇（全省 2 篇），获四川省计算机学会“年度优秀学生论文奖”2 篇(全省 4 篇)，博士生首次获英特尔奖学金(全省 5 人，全国 45 人，全校推荐 15 人参评唯一入选)。深入落实研究生优质生源质量工程计划，研究生生源质量进一步提升。研究型导师团队开展招生宣传工作，接收推免生 113 人，其中本校推免生 59 人，同比增长 24% 和 11%。持续推进研究生教育教学改革，获第八届高等教育四川省教学成果三等奖 1 项，获校第八届青年教师教学竞赛研究生组一等奖 1 项（全校 2 项，排名第一），三等奖 1 项，参加教育部“深化专业学位研究生教育综合改革”项目，获批第二轮专业学位研究生教育综合改革校内重点项目 1 项。

【**学科建设**】牵头申报“网络空间安全”一级博士学位点，配合学校工程博士学位点的申报。计算机科学学科保持 ESI 全球排名前 1%。完成双一流学科建设专项引导经费 300 万元，重点支持交通信息工程及控制、计算机科学与技术、软件工程的学科建设。完成了 2016 年教育部第四轮学科综合评估的补充材料提交工作，在 11 月公布的学科评估结果中，学院交通信息工程及控制位列 A+(作为交通运输工程一个二级学科参评)，信息与通信工程位列 B+，计算机科学与技术位列 B+，电子科学与技术位列 B-，软件工程位列 B-，控制理论及控制工程(作为控制科学及工程学科一个二级学科参评）位列 B-。

【**科学研究**】学院持续推进科学研究与平台建设。推进“现代交通通信与传感网络”国家级国际联合研究中心建设工作，牵头申报“光信息传输处理与传感应用”教育部 111 创新引智基地并获批，成为学院第二个教育部 111 引智基地。“无线通信与编码” 111 引智基地顺利通过国家外专局和教育部评估，获 5 年滚动资助，资助经费 450 万元。科研项目新突破，获批国家重点研发计划项目 2 项，申报国家自然基金项目 31 项并获批 15 项（基金重点 3 项、高铁联合基金 1 项、面上 7 项、青年 3 项、国际合作 1 项），获批中国铁路总公司、教育部、四川省和国防项目共 7 项，获批卡斯柯信号、华为等企业横向科研课题 10 余项。参与国家自然基金重点项目 1 项、四川省信息安全及集成电路重大专项 1 项、铁路总公司重点课题 2 项。积极参与 2018 先进轨道交通重点研发计划课题申报，参与学校超高速真空管道磁浮交通与动模风洞大科学装置研究工作。完成 3 项铁总重点课题结题答辩，完成 2012—2017 科研课题结题绩效评审、中央高校基本科研业务费 2017—2018 年度项目申报答辩评审、结题验收。发表 SCI 论文 164 篇（一区 7 篇，二区 62 篇），申请发明专利 54 项，授权发明专利 36 项，出版专著 1 部，获河南省科技进步二等奖 1 项，重庆市自然科学二等奖 1 项。

【**实验室建设**】实验室建设再上新台阶，完成中央高校改善基本办学条件专项-设备购置类项目 2 项（累计金额 699.07 万），获批 2018 年中央高校改善基本办学条件专项 2 项(国际合作基地建设 1 项、通信工程虚拟仿真实验平台 1 项)，获批教育部产学合作协同育人项目 2 项，获得公司捐赠 30 万设备。充分发挥实验室科创育人功能，组织“信息技术+”实验竞赛月，受益学生 1 752 人次，金银铜奖获奖人数校内第一，并荣获优秀组织奖。持续推进大学生科技创新活动，本科生全年获得国家级竞赛奖项 84 人次，同比增长 16.6%，获得省部级竞赛奖项 248

人次，同比增长 83.7%，以竞赛直接获得保研资格学生 14 人（全校最多），科创竞赛经验和方法获得四川省教学成果二等奖。实验室为本科生和研究生人才培养提供全过程、全方位保障，接受教育部实验室安全专项检查，配合本科教学审核评估，推进“轨道交通信息工程与技术”国家级实验教学示范中心建设工作，完成实验教学大纲（含实验课程、课内实验）修订，组织完成实验室设备维修、实验室安全巡查工作等。

【学生工作】加强学生思想政治教育工作，强化班团建设，开展思想政治类主题班会 200 余场。加强制度建设，着力班风学风建设。执行早晚自习制度、考勤制度、退学预警制度，开展“小讲师·微课堂”等系列学风建设工作和听课、巡考等系列学风督导工作，实现考试零作弊。加强创新创业教育，与实验室共同促进学生实践能力提升，开展创新创业各类活动 30 余次，覆盖 3000 余人次。推进学生国际化，完成国际实践项目 2 项，签署国际联合培养协议 2 份，学生国际化 178 人次，2 名老师获学校国际化工作相关表彰。提升学生就业质量，加强大学生职业生涯与就业指导，获批立项职业生涯发展与就业指导示范基地（全校四个），开展 140 项活动，获得就业工作考核二等奖以及创新创业、就业指导、签约率先进表彰；2017 本研就业率 100%，升学深造率 41.07%，提升 10%，在全校率先开设考研英语、数学辅导班。整合资源联动培育学生，加强与企业的合作，开设校企合作夏令营 1 个、共建校企合作基地 3 个。加强安稳基础工作，为学生学习生活保驾护航。深耕细作勤耕耘，学生培育结硕果，获“天翼·互联网+教育”进城镇暑期社会实践全国优秀报告表彰，获得“成都暑期实践优秀团队”1 个，获得“五四红旗团委”“十佳研究生会”“十佳学生会”“十佳青年志愿者协会”“十佳传媒”称号，获得 2 个忠忱班集体、15 个优秀班集体、6 个研究生班级建设基金，获竢实扬华奖章 3 人、专项奖学金 86 人、国家奖学 127 人次、创业奖学金 4 项，制作捐赠感言 121 篇。

【管理与服务】学院秉承“寓管理于服务之中”理念，规范管理，严格要求，工作中做到耐心细心真心，积极服务学院教职员工。学院在 2015—2017 年“创先争优”评选表彰中荣获先进基层党组织荣誉称号，获 2014—2017 国际化工作先进集体称号，获 2014—2017 科研工作一等奖，研究生教育工作年度考核连续第一名。关爱学生，辅导员班主任主动及时与心理波动学生谈心谈话。关心职工，组织看望生病、年迈老同志，组织重阳节秋游活动等。积极开展文体活动，学院男队获得排球赛冠军（三连冠），女排获得亚军；获教职工羽毛球比赛冠军 2 项、亚军 1 项、季军 1 项，团体总分第三名；参加学校第一届教职工篮球比赛、第五届教职工足球比赛和健步走活动等。积极开展社会服务，利用暑期完成广州铁路集团公司电务系统专业技术人员培训（铁路信号专业 65 人、通信专业 55 人），完成暑期非洲七国司处级领导铁路信号专业培训，完成网络学院继续教育专升本毕业设计指导和答辩 1 000 余人次。

（五）经济管理学院

【党建工作】全面学习贯彻十九大精神，学深学透入脑入心，狠抓党委主体责任建设，加强领导干部尽职履责。基层党建上，抓学习，深入推进“两学一做”学习教育常态化制度化建设，抓考核，做好 2017 年党支部书记述职评议考核工作，抓示范，发挥基层党组织战斗堡垒作用和党员先锋模范作用，抓整改，推进评议考核和对照中央巡视中管高校发现问题专项整改工作。思想政治上，加强学院学生思想政治教育工作，做好教师思想政治工作；加强各类思想文化阵地建设管理，探索党建、学生工作新模式；做好统战、工会、群团组织工作，齐力齐心共促学院发展。

【师资队伍】学院认真贯彻落实学校“人才强校”主战略，目前学院专职教师共计 108 人，79%拥有博士学位，17 位教师拥有海外博士学历，中青年教师比例占 80%，2017 年度学院加大对人才引进力度，申报长江学者讲座教授 3 人，聘请了英国威斯敏斯特大学李树良教授、台湾新竹交通大学黎汉林教授、台湾云图科学计算股份有限公司创始人兼首席数据科学家周庭锐等 3 名短期协议工作学者；海外人才特区引进了香港中文大学冯项楠博士 1 名人才；本院教师晋升教授一名，副教授一名；和长江学者讲座教授蒋丹凌教授、许矩秉教授、胡仁华教授开展多次交流合作，在科学研究、人才培养方面开展了深度合作。通过各种渠道（境外 ASSA、FMA、AMA 招聘会，境内招聘广告），共接收境内外简历 133 份，通过筛选 60 份，组织面试 43 人，发出邀请 18 份，参加试讲 6 人，达成引进协议 5 人。

【人才培养】在本科生培养质量建设上，2017 年全力迎接本科教学审核性评估并形成了自评报告，并于 12 月接受了教育部对学校本科教学审核性评估。组织本科学生 30 个实习团队，1 170 人次的暑期实习工作；完成 2016 年 1 项教改重点项目中期检查、3 项校级教改重点培育项目和 7 项一般项目的结题验收工作。完成 2017 年教学改革 10 个一般项目、1 个定向项目的申报、立项工作。完成学院面向峨眉校区开设第二专业的 12 门慕课建设及上线准备工作。完成 2016 级 6 个双学位、8 个辅修专业培养方案的制定工作，完成 2017 级 8 个本专业培养方案的校核修订工作。

学生工作上以安稳工作为基础，保障各项学生工作的顺利推进；以党建工作为龙头，扎实推进“两学一做”学习教育常态化制度化建设，观看十九大召开、学习十九大精神；以团建工作为亮点，促进学生综合素质的成长，强化班风、学风建设，营造良好的学习氛围，妥善完成了九里校区大一新生的各项工作，研究生和本科生分别有 1 个班级获得校级“忠忱班集体”荣誉称号，1 名本科毕业生获得“竢实扬华”奖章。

组织与实施了研究生夏令营，取得了良好的效果。其中：夏令营报名 91 人，拟接收 41 人，录取 14 人；预报名 231 人，拟接收 46 人，录取 15 人。最终录取推免学术型硕士研究生 47 人，其中本校学生 13 人，985/211 高校生源占比 38.30%。推行了博士研究生“申请-考核”模式，62 名学术型硕士研究生、22 名博士研究生、14 名留学生顺利通过答辩毕业。完成 2017 年硕士、博士各类型研究生奖助学金评选工作，以及硕士 2013 级、博士 2011 级学籍清理工作，和 2018 年硕导、博导遴选工作。修订并优化了博士、硕士研究生四个一级学科培养方案及课程体系。

专业型硕士招生各个环节均严格按照学校招生相关文件，2017 年 MBA 招生录取 422 人，专业学位(项目管理、会计、工业工程)录取 106 人，完成 2 个 CEO 班、24 个课程进修班、37 个企业政府短期培训班项目市场开发与培训实施，实现培训收入 1 960 万余元，同比增长 17.4%，同等学力教育已取得明显经济效益。

进行 CAMEA 认证前期准备工作，获中国高质量 MBA 教育认证（CAMEA）认证资格。正式启动工商管理、工程管理、工业工程、项目管理四个专业学位授权点的合格评估筹备工作。首期“线上+线下”班 7 门课程正式上线，首期上课人数共计 50 余人。

校友工作取得进展，成立了 EMBA 校友会，在户外运动、慈善爱心、扶贫支教、企业访谈等方面开展了一系列校友活动，增强学院教育品牌和影响力，加强了校友服务，校友数据整理、社会募捐、产学研结合等各方面有所突破。

【科学研究】2017 年组织申报国家自然、社科、教育部人文社科项目数分别为：35.9.24，国家自然科学基金获批 10 项，教育部人文社科项目获批 6 项，顺利完成学校下达的国家层面项指标。并在自然科学基金重大研究计划中的培育项目、四川省社科重大招标项目中取得突破。截至 11 月底，学院新立项项目 55 项，合同经费近 800 万元。其中纵向项目 41 项，合同经费 470.1 万元；横向项目 14 项，合同经费 292.6 万元；校级项目 7 项，合同金额 31 万。发表中文文章 166 篇（CNKI）；出版学术专著、教材 9 部。

2017 年度经济管理学院国家级基金项目

序号	项目名称	负责人	经费（万元）	项目类别
1	基于大数据的城市互联与投资者偏好对本地股票上市和交易的影响研究	蒋丹凌	43	国家自然科学基金重大研究计划培育项目
2	电动物流车与燃油物流车混用的扩展轴辐式快递网络设计优化--考虑充电排队的影响	陈彦如	48	国家自然科学基金面上项目
3	法律诉讼，社会网络与债务契约	肖作平	48	国家自然科学基金面上项目
4	流动性枯竭与股价崩盘风险—基于中国证券市场的分析	朱宏泉	50	国家自然科学基金面上
5	基于网络视角的金融系统系统性风险的研究	程　贤	18	国家自然科学基金青年项目
6	弱权情境与中国 CIO 领导力的构建：制度因素探究与应对策略分析	丁　月	18	国家自然科学基金青年项目
7	波动率指数衍生产品定价方法研究—基于离散时间波动率模型新视角	郭姝辛	17	国家自然科学基金青年项目
8	信息不对称下的股权众筹互动与投资者让渡价值研究：基于心理契约理论	康明惠	18	国家自然科学基金青年项目
9	股权激励行权限制对管理层短视行为的影响研究	刘宝华	18	国家自然科学基金青年项目
10	高频数据视角下的金融市场波动率建模及预测：基于机制转换和动态模型平均组合预测法的研究	马　锋	20	国家自然科学基金青年项目

组织承办“大数据环境下的商务管理”重大项目 2016 年度检查交流会，自然科学基金委管理科学部主任吴启迪教授、常务副主任李一军教授、二处处长吴刚研究员，以及大数据领域的专家学者共 70 余人参会。与文科建设处、“一带一路”研究院共同承办了第五届中国高铁“走出去”战略高峰论坛。邀请境内外专家、学者讲座 46 次，其中境外学者 23 次，境内学者 19 次，组织院内教师讲座（研讨会）4 次。

【管理与服务】学院加强管理与服务建设，着力做好师生安全稳定工作，2017 年没有发生任何影响安全稳定的事件。利用学校教育职员定岗定级的契机，学院加大对行政人员考核力度，采取网络投票、教师一人一票的形式为行政人员打分，对管理人员服务质量提升起到了极大的推动作用。学院优化内部机构设置，在完成三大中心科职岗位聘任工作的基础上，圆满完成六个中心主任、副主任聘任工作，提高了行政办公效率，使广大教师从行政事务中解放出来。

工会及后勤保障工作，累计投入近 400 万元，圆满完成学院四楼局部办公区域以及新生学工组、教务办的装修改造并投入使用，正在进行中的信息楼四楼办公区域（二期）、信息楼二楼平台防水以及信息楼八楼实验教学机房的装修改造工程，极大提升了办公人员的硬件环境；学院工会积极组织全院教工春游、秋游，举办趣味运动会，利用工会之家开展工间操、瑜伽课、力量健身的等课程，丰富了教工们的业余生活，提升了教工们的生活品质。

【课程建设与实验教学】积极准备并完成应用经济学一级博士学位点申报材料；完成工商管理、管理科学与工程、应用经济学、理论经济学四个一级学科的教育部第四轮学科评估后续工作，启动四个一级学科的合格评估工作。

稳步推进实验室工作，落实完成“实验教学质量标准体系建设”“实验室安全管理系列要求”“实验技术队伍建设”“国拨经费执行工作”及“大型精密贵重仪器设备开放共享工作”等工作。充分做好经管学院实验室搬迁的前期考查、认证、评估工作，初步确定，经管实验中心完全搬迁至九里校区信息楼八楼。并于 3 月至 10 月成功举办第九届大学生课外科技创新实验竞赛活动。

【国际认证与国际化合作】向 AACSB 提交

了资格认证申请报告并获得顺利通过；完成了第一次 AOL（学习保障）工作；完成了第一次 AACSB 师资资格界定工作；接受了 AACSB 认证导师的第一次现场访视；初步完成了 AACSB 学习保障中的课程映射；持续跟进 AMBA 认证的各项工作，优化 MBA 项目。组建了学院学位项目课程教学委员会，完成学院战略咨询委员会成员名单的拟定工作。成立了“国际交流与合作中心”，对我院的国际合作项目进行统筹和管理。与加拿大约克大学、安瑞教育与职业发展基金会（加拿大）签署合作协议并拟成立“中加教育发展中心—约克卓越中心”。积极响应国家留学基金委《关于做好 2017 年青年骨干教师出国研修项目第二批选拔推荐工作》，派出 13 位青年骨干教师赴美国夏威夷大学商学院进行为期三个月的教学法研修。在外专引智方面，积极组织夏威夷大学 Jian Zhou 教授申报了国家外专局“高端外国专家项目”。

（六）外国语学院

【发展概况】西南交通大学外语系成立于 1985 年，1987 年开始招收英语专业本科生，2001 年成立外国语学院。历经三十余年发展，学院现已形成拥有本科、硕士、博士三个层次，英语、法语、德语、日语、对外汉语等语种齐全的人才培养格局。

学院现开设英语、日语、德语、法语、汉语国际教育、翻译和商务英语 7 个全日制重点本科专业，1 个外国语言文学一级学科硕士学位点（下设英语语言文学、德语语言文学、翻译学、比较文学与跨文化研究 4 个二级学科方向），1 个汉语国际教育专业硕士学位点，1 个翻译硕士专业学位硕士点，1 个译介学二级学科博士学位点。

学院现有国家级精品课程 2 门、国家级精品资源共享课程 1 门、国家级视频公开课 1 门、教育部慕课 2 门、欧盟“让·莫内”课程 3 门、省级精品课程 1 门，出版国家级规划教材 1 部，省级规划教材 2 部。“十二五”期间，学院主持国家社科基金重大招标项目 1 项，国家社科基金项目 6 项，省部级项目 16 项，省厅级项目 45 项；发表研究论文 357 篇，出版学术专著（译著、教材）135 部。

学院现有教职员工 205 人，其中专任教师 183 人，教授 12 人，副教授 31 人，博士、硕士研究生导师 38 人，国际翻译家联盟（FIT）学术委员会委员 1 人，中国教育学会教育行政专业委员会副理事长 1 人，教育部大学外语教学指导委员会副主任委员 1 人，教育部大学外语教学指导委员会委员 2 人，四川省翻译文学学会会长 1 人，四川省大学外语教学研究会副会长 2 人，四川省比较文学学会副会长 1 人；国家级教学成果二等奖获得者 7 人，四川省人民政府哲学社会科学优秀成果一等奖获得者 7 人，四川省教学成果一等奖获得者 15 人。

【师资队伍】2017 年，学院新增海外院长 1 名、短期到校专家 1 名，招聘博士 5 名；新增博士生导师 1 名、硕士生导师 1 名。

【人才培养】学生规模：2017 年，学院各类在校生 1099 人。其中，有来自世界 30 多个国家和地区的留学生 112 人。

专业建设：学院现有 7 个本科专业，在 2017 年全国专业排名中，5 个专业位列 A 类阵营，排名全国前 15%，1 个专业为 B+，排名全国前 20%。其中，德语专业排名全国第 10，翻译专业排名第 18。

课程建设：学院积极构建跨文化通识课程体系。2017 年，“西方现代视野下的英美文学”“全球化与中国文化”及“职场英语”等 3 门慕课在中国大学 MOOC 平台同时上线运行，课程选课人数达 3 万人；“综合日语”获批四川省第二批省级精品在线开放课程。

公共英语教学：2017 年，学院完成覆盖全校“两地三校区”的大学英语教学资源共享平台建设，推进“新视野大学英语”微课资源、“FIF 口语训练系统”、I-Test、I-Write 等线上资源智能平台的有效利用，全面实施“五位一体”混合式教学模式。非外语专业 2016 级本科生第一学年大学英语四级笔试通过率 89.74%，平均分创历史新高，优良率首次超过 50%；2016 级 6 000 余名本科生参加大学英语口语考试，合格率

97.4%，优良率 52%，参试人数、合格率及优良率均创历年新高。

本科生培养：2017 年，学院以迎评为主线，全面开展教学质量评估，校、院两条线双轨并行开展课程评估，单项评估覆盖面 100%，全面评估覆盖面 20%，评估优秀率 70%以上；开展 2016—2017 学年教学实习、毕业论文、教学资料全覆盖审核评估，评估结果总体良好。2015 级翻译专业专业四级考试通过率 93.33 %，高出全国平均通过率 44.79 个百分点，高出理工类大学平均通过率 36.07 个百分点。2017 年，本科生读研率 40%，其中国际汉语专业读研率 54%，创历史新高。在国家级学科竞赛中，1 人获一等奖，5 人获二等奖，5 人获三等奖；在省级学科竞赛中，6 人获特等奖，8 人获一等奖，60 人获二等奖，111 人获三等奖。

研究生培养：2017 年，学院全面修订研究生培养方案，优化课程设置，推动共享平台课建设；组织召开“2017 外国语学院研究生导师论坛”；加强研究生导师管理，建立导师例会制；加强研究生日常管理与指导，将课程学习时间延长至三个学期；调整优化学科专业方向，新增翻译学和比较文学与跨文化研究方向。在国家级学科竞赛中，2 人获二等奖，2 人获三等奖；在省级学科竞赛中，5 人获一等奖，9 人获二等奖，9 人获三等奖。

教学成果：2017 年，学院荣获四川省第八届高等教育教学成果奖一等奖 1 项（参与），二等奖 1 项（主持）；获校级教学成果奖一等奖 3 项，二等奖 2 项，三等奖 2 项。

表 1　外国语学院 2017 年教学成果获奖一览表

序号	项目名称	完成人员	成果名称	成果等级
1	构建阅读与写作通识教育体系，培养高素质工程人才	李成坚等	四川省第八届高等教育优秀教学成果奖	一等奖
2	跨文化通识课程体系建设与国际化人才培养	李成坚等	四川省第八届高等教育优秀教学成果奖	二等奖
3	跨文化通识课程体系建设与国际化人才培养	李成坚	西南交通大学教学成果奖	一等奖
4	研究生学术英语能力培养模式的构建与实施	曾祥敏	西南交通大学教学成果奖	一等奖
5	开发大学英语课程共享资源提升课程整体教学质量	吕长竑	西南交通大学教学成果奖	一等奖
6	互联网+模式中的英语听译教学	李　勇	西南交通大学教学成果奖	二等奖
7	英语学习中心建设	易　红	西南交通大学教学成果奖	二等奖
8	日语专业实践教学体系建设	李海振	西南交通大学教学成果奖	二等奖
9	大学英语教改特色课程——职场英语课程立体化建设	杨安文	西南交通大学教学成果奖	三等奖
10	手机微课	陈蜀玉	西南交通大学教学成果奖	三等奖

【科学研究】2017 年，美国研究中心和欧洲研究中心共同成为教育部国别和区域研究备案中心，实现学校文科教育部平台零突破；英译专著《大交通：从“一带一路”走向人类命运共同体》在 2017 年“一带一路”国际合作高峰论坛期间展出；成功举办全国英国文学年会，在学界产生深远影响。

科研成果：2017 年，学院新增国家社科基金项目 2 项，教育部国别和区域研究课题 4 项，四川省哲学社会科学规划课题 1 项，四川省哲学社会科学外语专项课题 1 项，四川省厅级重点课题 2 项、一般课题 15 项，获成都市社会科学优秀成果三等奖 1 项；发表 C 刊论文 13 篇，出版专著 4 部、译著 3 部、编著 2 部。

表 2　外国语学院 2017 年新增高级别科研项目一览表

序号	项目名称	项目主持人	项目类别	项目经费（万元）
1	法语世界的孔子形象研究	成　蕾	国家社科基金项目	19
2	唐诗在德语世界的译介与研究	张　杨	国家社科基金西部项目	19
3	英国脱欧背景下爱尔兰在欧盟的小国作用研究	李成坚	教育部国别和区域研究课题	2.5
4	“一带一路”与美国：中国交通技术走向美国的问题探讨与策略研究	俞森林	教育部国别和区域研究课题	2.5
5	瑞典语言政策研究——瑞典第二语言（英语）的教育与推广	宋　冰	教育部国别和区域研究课题	2.5
6	美国的语言政策研究：奥巴马到特朗普时期美国的语言政策与实践的动态跟踪研究	任显楷	教育部国别和区域研究课题	2.5
7	中国铁路技术标准英译现状和标准研究	戴若愚	四川省规划项目	1.5
8	《周易参同契》英译与传播研究	俞森林	四川省规划项目	1.5

【党建工作】2017 年，学院认真落实校党委关于成峨校区一体化工作部署，扎实做好峨眉校区商务英语系建设管理；落实校党委要求，主动进行校院两级管理体制改革；落实校党委十四届八次全会精神，制定“凝心聚力，建设一流专业和人才培养质量”计划，助力学校“建设轨道交通领域世界第一的大学”的奋斗目标。抓好支部建设，合理设置支部，选优配强支部书记，积极发挥支部战斗堡垒作用和党员先锋模范作用。学院认真落实意识形态工作责任制，加强意识形态阵地管理。推进民主管理和院务公开，积极营造风清气正、求真务实、和谐奋进的学院文化。

【学生工作】组织各年级每月召开一次年级大会，分阶段组织学生集体学习学生管理相关制度，让制度走进人心，让学生自觉遵守规范。2017 年，学院按照“活动项目化、项目品牌化、品牌成果化”思路，着力打造校园原创文化艺术作品。通过国际大学生文化艺术节·中外民族歌舞专场搭建文化沟通桥梁；开展好书推荐会、经典阅读系列讲座等活动，利用话剧形式创新文化浸润途径，加强学院学术和文化氛围；制定《外国语学院学生安全应急预案》《外国语学院请销假制度》等制度，为安稳工作提供制度保障，学院全年没有安稳事故发生。2017 年，本科生就业率 95.32% 研究生就业率 90.48%。

【对外交流】学院已与美国、英国、法国、德国、加拿大等 10 多个国家和地区的 25 所大学建立并保持合作关系。全年学院共有 112 名学生赴海外高校交流，比例达学生总数的 10.2%；共有 128 名外国留学生来院学习，来华留学生总数占学院学生总数的 13%。全年引进 3 名外籍专家到院工作，教师出国（境）访学、工作、参加国际学术交流 15 人次，招聘外籍语言教师 8 人。

（七）交通运输与物流学院

【学院发展概况】交通运输与物流学院是西南交通大学具有悠久办学历史的学院，是学校交通特色的重要支撑。六十多年来，学院一直以“立足轨道交通，面向综合运输，服务经济建设”为指导思想，在学科建设、教育教学、人才培养、科学研究、实验室建设、对外交流、党建与学生工作、社会化服务等方面取得了显著的成绩。学院的前身是 1956 年在唐山铁道学院成立的“铁道运输系”，1985 年更名为“运输工程系”，1998 年组建为“交通运输学院”。2006 年 5 月，为了适应现代物流发展及人才培养需要，学校以交通运输学院物流工程系为基础，成立了全国“211工程”建设重点大学中的首个物流学院。2010年10月，在学校“凝聚学科力量、强化学科特色、提高学科水平、增强学科竞争力”的发展战略指导下，交通运输学院和物流学院整合组建了交通运输与物流学院。学院在唐山奠基，在峨眉成长，在成都壮大，目前已具有从本科生、研究生到博士后完整的人才培养体系，设有交通运输工程博士后流动站1个；交通运输规划与管理、交通工程、系统工程、物流工程4个博士学位授权点；交通运输规划与管理、系统科学、物流工程、交通工程、安全科学与工程5个硕士学位授权点；交通运输工程、安全工程、物流工程3个工程硕士学位授权点；交通运输、交通工程、安全工程、物流工程、物流管理5个本科专业；其中交通运输、交通工程为国家级特色专业。学院拥有雄厚的师资力量和完善的教学设施，现有综合交通运输智能化国家地方联合工程实验室1个，综合交通大数据应用技术国家工程实验室1个，国家实验教学示范中心1个，省部级重点实验室2个，省部级人才培养基地5个。中国工程院院士1人（双聘），国家高层次人才特殊支持计划“万人计划”教学名师1人，国家教学名师奖获得者2人，教育部“新世纪优秀人才支持计划”1人，四川省“百人计划”2人，四川省学术带头人3人，博士生导师29人，教授25人，副教授59人，兼职和客座教授40余人，在校本科生1 800余人，硕士和博士研究生1 100余人。2017年新增留学生6名，本科生2名，硕士1名，博士3名，在读留学生41名，其中，本科生7名，硕士18名，博士16名。半个多世纪以来，学院已为国家交通运输与物流领域培养了近万名毕业生，为我国交通运输与现代物流的建设和发展做出了巨大贡献。

【全面加强党建和领导班子建设】2017年，学院党委发挥政治核心和组织保障作用，班子成员严格履行“一岗五责”，保证了学院各项工作的健康发展。一是精心策划，认真部署，确保宣传学习教育十九大精神全覆盖。二是立德树人，强化责任，深刻领会全国高校思想政治会议精神。三是凝聚力量，统一思想，全面贯彻落实好学校相关会议精神，围绕学校“双一流建设”、推进成峨“一体化”工作。四是发挥党建主体责任和保障监督作用，定期召开党委会、党政联席会议，讨论研究学院重大事项决策，加强领导班子建设，提高领导班子的政治意识、民主意识、大局意识。五是夯实党建基础工作，扎实推进“两学一做”学习教育常态化制度化，提升党建工作精细化科学化水平。六是加强沟通、积极排查，全力做好师生安全稳定及信息报送工作。七是加强领导班子作风建设和党风廉政建设，严格落实中央“八项规定”和“六个纪律”要求，严格落实“三公消费”禁令，厉行节约。组织全院党员干部中专题学习《关于新形势下党内政治生活的若干准则》和《中国共产党党内监督条例》。2017年，两个党支部获得学校“十佳主题党日活动”称号，一个党支部获“优秀主题党日活动”称号。在2015—2017年校级“创先争优”评选表彰中，我院涌现出了2个先进党支部、7名优秀共产党员、1名优秀党务工作者。院级表彰中，涌现出了4个先进党支部、29名优秀共产党员、1名优秀党务工作者。2017年举办全国高校交通类学院党委书记主题论坛，探索提高党建工作科学化水平。来自北京交通大学、北京航空航天大学、同济大学、哈尔滨工业大学、东南大学等17所高校的22个交通类学院的35名党委书记、副书记代表参加了本次论坛。结合党课教学和主题实践完成了160名入党积极分子、106名党员发展对象的培训工作；抓好党员骨干队伍建设，举行党员骨干培训6次，1 000余人次党员骨干接受培训。

【学科建设与科学研究】2017年，学院优化学科资源，注重突出学科特色和建设重点，完善学科结构布局，完成交通运输专业（城轨方向）课程负责人及课程梯队建设，完善学院本科教学质量保障体系建设，组织完成36门课程的评估，组织完成安全工程专业、交通工程专业认证申请报告。完成综合交通运输智能化国家地方联合工程实验室验收工作，与北京航空航天大学共同向国家发改委完成了“综合交通大数据应用技术国家工程实验室”的资金申请报告，基本理顺了双方的协同关系，为学校开展实验室建设奠定了前期基础。2017年全年，全院科研立项136项，其中，纵向项目 47 项，横向项目 89 项，合同金额 3 978 万元，到位金额 2 796 万元，立项数量稳定增长，合同金额突飞猛进。2017 年，全院共获批国家自然科学基金 10 项，包含实现了学院零突破的 2 项海外及港澳学者合作研究基金、2 项面上项目及 6 项青年基金项目，获批国家社会科学基金 1 项。2017 年，全院共发表论文 300 余篇，其中在国内外顶级、知名期刊共发表高级别论文共 46 篇。

【高层人才和师资队伍建设】学院紧密围绕学校人才强校战略，加大人才建设的工作力度，努力引进高层次人才。2017 年，我院 3 名青年教师受聘西南交大“雏鹰学者”岗位，唐优华老师入选学校“闪亮计划”优秀人才；2 名教师晋升教授职称，4 名晋升副教授职称，1 名教授获博士生导师任职资格，5 名副教授获硕士导师任职资格，2 人晋升高级实验师。学院不断加强与世界著名大学交通领域的顶级学者联系与合作，积极组织申报国家级和四川省人才称号。组织 3 人申报长江学者项目。全年补充青年教师 5 名，4 名教师获批国家留学基金委青年骨干公派项目，选派 7 名优秀青年教师依托国家留学基金委资助项目，学校青年教师“双百计划”出国研修项目派出教师 1 人次，其他出国研修项目派出教师 9 人次。罗霞教授荣获全国总工会“全国五一巾帼标兵”荣誉称号，是四川省 11 位巾帼标兵获得者中唯一的高校获奖教师。

【人才培养】本科教育教学方面，组织完成安全工程专业、交通工程专业认证申请报告的提交；推进“交通运输全英文试点专业”建设方案，2017.2018 年计划建设 10 门全英文专业基础课和专业课程；组织完成 2017 版各专业培养计划课程简介和课程大纲的撰写；修订 2017 级双学位培养计划以及辅修培养计划。组织 2015 年校级教改项目中期检查及结题，并有 3 项推荐成为优秀校级教改项目；组织申报 2017 年度校级教改项目，共立项 14 项（其中学院支持 7 项），以及 2017 年度校级教改定向支持项目，共立项 4 项；组织申报四川省 2016 教学成果奖 2 项，获二等奖 1 项；组织申报唐立新优秀教师奖，1 名教师获得唐立新优秀教师奖，1 名教师获得唐立新优秀学者奖；组织西南交通大学第八届青年教师教学竞赛初赛、复赛，学院共 21 人报名，8 人推荐进入复赛，2 人进入决赛并获二等奖。组织 2016 年大学生科研训练计划、2016 年四川省大学生创新创业训练计划项目和 2016 年国家大学生创新创业训练计划项目结题答辩，共有 5 项学生科研训练计划，2 项四川省大学生创新创业训练计划项目和 2 项国家大学生创新创业训练计划项目推荐为优秀项目；组织申报 2017 年大学生科研训练计划、四川省大学生创新创业训练计划项目和国家大学生创新创业训练计划项目，分别立项 37 项、11 项和 6 项；完成 2017 届 466 人本科毕业设计（论文）中期答辩、校级抽样答辩、面上答辩以及评估工作；组织创新讲座共计 22 场次；修订《交通运输与物流学院 2017 级本科生转专业实施细则》；完成 2015、2016 级本科生转专业工作，共计 54 人转入。

研究生教育教学方面，招收 17 级硕士研究生共 239 名，完成硕士研究生奖助学金等级的评选；招收 17 级博士研究生共 27 名，完成博士研究生的奖助学金的评选。完成 25 名博士研究生论文答辩及授位工作，255 名硕士研究生论文答辩及授位工作。完成了学位评定分委会换届工作以及启动学位点自评估工作。完成了 2018 年 98 名在岗硕士研究生导师和 30 名在岗博士研究生导师上岗遴选与聘任工作。完成了 2018 年 16 名新增硕士研究生导师与 6 名新增博士研究生导师的遴选与聘任工作。完成了研究生创新实验实践项目申报与结题工作。完成了新增导师岗前培训工作，组织研究生导师参与“研究生学术素养提升计划”。完成博士生创新基金中期检查、结题验收工作，4 名博士通过博士生创新基金申报，2 名博士通过博士创新基金中期检查。完成博士研究生拔尖创新人才的选拔工作，3 名博士研究生入选第七届博士研究生拔尖创新人才；组织校级优秀博士、硕士学位论文评选推荐工作，完成了 27 名博士研究生中期检查，完成了 26 名博士研究生与 188 名硕士研究生的开题评审。完成优秀应届本科毕业生免试攻读硕士研究生复试及拟录取工作。完成 2018 年博士研究生和硕士研究生招生简章的编制工作。完善学院研究生奖（助）

学金管理规定，举行了研究生国家奖学金公开答辩会，评选出国家奖学金博士8名、硕士27名。开展优质生源培育及招生工作，组织熟悉专业设置和专业发展前景的业务老师前往985和211等相关学科高校对相关学科的在读本科生开展招生宣传活动。完成了超期研究生学籍核查工作。完成工程硕士学位杰出校友评选工作。

【学术交流与国际化】新增2项国家自然基金资助海外合作研究基金项目，是学院在国际合作上的新突破，新增海外院长2名。协助国际处完成意大利驻重庆总领馆、英国利兹大学、法国诺曼底高等商学院与学校的合作会谈；完成泰国国立发展行政学院竞争力研究中心、韩国仁荷大学与我院的合作交流研讨。学术交流及参会方面，我院协办和参加了在日本举办的创新与供应链管理国际研讨会；部分师生参加了在美国举办的TRB国际会议以及运筹学和管理科学研究协会年会；在日本举办的灾后重建政策与城市·地区复兴国际会议，在韩国举办的第16届韩-中质量专题研讨会，在新加坡举办的第二届IEEE智能交通工程国际会议，中国香港交通研究学会年会；受邀访问了新泽西理工大学，法国国立路桥学校，德累斯顿工业大学，东京工业大学，莫斯科国立交通大学，圣彼得堡交通大学，亚里士多德大学，国际铁路合作组织，日本立教大学，大福株式会社，日本庆应义塾大学等，参与师生共46人次，其中教师20人次，学生26人次，会议主题报告1场，论文报告25场。继续实施学院与泰国拉卡邦工学院的交换生项目，组织接待对方教授来访，接收两位交换留学生；日本富山大学交换学生项目目前在日同学1名，完成项目返回同学1名，完成了2018年日本富山大学交换学生选派工作。继续实施学院与英国利兹大学联合培养硕士协议，完成项目返回同学3名。继续实施学校与日本山梨大学的合作协议，学院教师1名交流访学；根据双方双学位协议，目前在日同学3名，完成项目返回同学3名，学生学习效果反映良好。共计64人次学生参与了国（境）外活动，其中，与国（境）外大学联合培养在册博士生19人次，联合培养在册硕士生9人次，联合培养在册本科生6人次，学生参加国际会议26人次，论文报告18场，访问境外学校等交流活动4人次。

【国家级科研和实验平台建设】综合交通运输智能化国家地方联合工程实验室建设方面，完成综合交通运输智能化国家地方联合工程实验室验收工作，完成了项目技术总结报告；项目工程竣工总结报告；项目推广示范作用总结报告；项目财务决算相关工作及报告；国工室专项审计相关工作及报告；项目经济效益和社会效益分析报告；完成资金到位情况及项目支出情况报告以及国工室4 749万元设备明细报告。完成综合交通运输智能化国家地方联合工程实验室相关平台的建设工作，完成了多环境条件下驾驶行为仿真及可靠性评估平台的搬迁、安装与调试（700万元）；完成了综合交通运输大数据应用平台的搬迁、安装与调试（140万元）；完成了自动分拣与职能堆垛平台的招标、进场、安装与调试工作（463万元）；完成了危险品货物运输包装检测等系统搬迁、安装与调试工作。完成了交运（国工室）大楼装修工程工作，完成交运大楼验收工作，学院及国工室搬迁工作，完成国工室大数据信息中心建设工作。综合交通大数据应用技术国家工程实验室建设方面，与北京航空航天大学共同向国家发改委完成了“综合交通大数据应用技术国家工程实验室”的资金申请报告，基本理顺了双方的协同关系，为学校开展实验室建设奠定了前期基础。建立了校内建设协调统筹委员会，基本理顺了校内各单位的协同关系（职能部门和相关院系），完成了内部机构和筹建工作组的设置。争取政府部门对国工室支持方面，开创了良好的局面。包括：（1）向省发改委提交了资金申请报告，有关资金已经列入省发改委2018年的预算，将用于实验室校内基地的建设；（2）与高新区管委会达成了校外研发基地共建的协议，取得了高新区在场地和运行经费以及政策方面的宝贵支持；（3）与广东省交通运输厅和西藏交通运输厅签署了共建国工室的战略合作协议，并将于今年12月12日，在交通运输部领导的见证下，开启国工室华南研发中心的建设序幕；（4）在学校与四川省交通运输厅已经签署的战略合作协议框架下，进一步加强了与省厅合作共建国工室的意向；（5）完成了四川省委组织部的创新人才平台项目申报；（6）完成了唐山市政府要求的国工室唐山分中心的资金申请报告；（7）与深圳市政府、成都市政府、贵阳市政府、苏州高新区管委会等地方政府部门开展了合作会谈，为下一步的具体合作奠定了基础。与企业的产学研合作方面开创了良好的局面，现在与国工室已经有明确合作意向的企业有来自北京、成都、贵阳、重庆、广州、深圳等地的互联网企业、智能交通企业、交通投资与运营企业、交通规划设计院所、交通管理部门、运输服务集团、大数据企业、人工智能企业等10余家。在学校政策的支持下，实验室的成果转化机制和渠道基本形成。依托实验室平台，联合相关单位，已经开始开展和酝酿相关国家级和省部级课题的申请，包括（1）国家发改委重点项目的联合申报；（2）科技部重大专项项目的预申报；（3）四川省重点专项的申报指南编写。

【**学生工作**】不断加强思想政治工作，提升班风学风建设质量，推进心理健康教育和职业生涯规划及就业指导工作。学院获评 2015—2016 学年学校“就业工作先进集体”二等奖，2015—2016 学年“毕业生签约先进集体”。学院1支学生志愿服务队获团中央2017年全国大中专学生志愿者暑期“三下乡”优秀实践队称号。本科和研究生共获评 3 个忠忱班集体、8 个先进班集体、2 个优秀班集体和 3 个特色班集体。学院组织各类科创活动 10 余项，组织学生 300 余名参加各类科创竞赛，取得丰硕成果，共获国家级奖项 20 余项，省部级以上科创获奖 70 余项。1 人获“竢实扬华”奖章，755 人次获各类荣誉，2021 人次获各类奖学金。学院团委获四川省大中专学生志愿者暑期“三下乡”社会实践活动优秀单位。学院一个团支部获“四川省五四红旗团支部”荣誉称号，一名同学获“四川省优秀共青团员荣誉”称号。学院团委获校“五四红旗团委”荣誉称号。学院学生会获校“十佳学生会”，研究生会获校“十佳研究生会”，青年志愿者协会获校“十佳青年志愿者协会”，云运新媒体获校园“十佳校园媒体”称号。2017 届毕业生就业率 99.7%；截止到 12 月 15 日，2018 届毕业生就业率 80.35%。

（八）材料科学与工程学院

【**发展概况**】西南交通大学材料科学与工程学院的办学历史可追溯到20世纪初，1905 年，唐山路矿学堂设立矿冶科；1931 年，交通大学唐山工学院成立矿冶系；1946 年，矿冶系分为采矿工程系和冶金工程系；1951 年，建立材料工程系；1952 年，全国院系调整，冶金系、采矿系调往北京组建北京钢铁学院（今北京科技大学）、北京地质学院（今中国地质大学）和中国矿业学院（今中国矿业大学），材料工程系调回北京铁道学院；1979 年，西南交通大学恢复组建材料学科；1985 年，成立材料工程系；2001 年，正式成立材料科学与工程学院，于 1979 年恢复招收研究生，1981 年开始招收本科生。学院孕育了一大批卓有建树的材料学科专业人才，包括吴自良、姚桐斌、陈能宽 3 位“两弹一星”功勋奖章获得者和严东生、魏寿昆、周惠久等 16 位中国科学院、工程院院士。学院现拥有材料科学与工程一级学科博士点和硕士点、生物医学工程一级学科硕士点和材料科学与工程、材料成型及控制工程和生物医学工程 3 个本科专业。现有在职教职工 120 人，离退休教职工 29 人，在校博士、硕士、本科学生共 1 778 人。

【**党建工作**】学院党委围绕中心抓党建，抓好党建促发展，与学校党委“同心、同向、同行”；坚持问题及目标导向，以解决实际问题为抓手，有序开展学院党建工作。贯彻落实“党要管党、从严治党”的要求，严格落实党委书记抓党建责任制；全年共召开党政联席会议 14 次，中心组学习 8 次，党委会议 8 次，多次多场合不间断统一党委委员思想，逐步形成了坚强有力的党委领导集体。持续推进“两学一做”学习教育常态化制度化；夯实支部基础，将党建工作向纵深推进；以党委委员联系支部制度保障支部建设质量；强化党员身份，让党员发挥旗帜作用。切实提高做好对意识形态工作重要性的认识，自觉把意识形态工作作为学院的重要工作来抓；建立党委统一领导、党政齐抓共管、各部门组织协调、贯彻实施的意识形态工作机制。解决基层党建薄弱的问题，破解难题，成立学院党建中心；做到学院党建工作有重点，计划有审批，活动有监督，质量有保障；努力探索新时代“党建+”模式。党政密切配合，解决实际问题；成立学院国有资产管理委员会、学院综合改革领导小组、制定综合改革方案；引、育结合，持续不断加强高层次人才队伍建设，为学院的科学发展提供原动力。加强对工会的领导，重视统战工作及离退休工作，充分发挥其积极作用。组织西南交通大学民盟及材料学院走进新津活动，陈辉教授担任西南交通大学（青岛）研究生院院长，杨苹教授再次当选侨联主席，推荐1名党外人士到学校中层干部挂职锻炼。加强与校友的联络和沟通，争取广大校友对学院发展给予支持和帮助。积极寻找与地方政府的合作，先后与郫都区、龙泉区政府合作事项，为学院发展争取外部资源。

【师资工作】院长、书记亲自负责人才引进工作。利用学院网站、微信、国际国内学术会议、海外院长等多渠道广泛宣传学院，寻找人才。制定人才引进、培养方案及奖励措施，鼓励全院教工参与到人才引进工作中。为学院引进人才落地提供服务，改善人才工作的软、硬环境。2017年度，周绍兵教授获得“国家杰出青年基金”。此外，引进副教授2人，接收讲师3人、辅导员1人，实验室人员3人。积极培育“青苗计划”“雏鹰计划”“扬华计划”“鲲鹏计划”人才，努力使学院省部级以上人才比例达到专任教师的30%。

【人才培养】本科生培养方面，完成本科教学评估工作；材料成型及控制工程专业通过专业认证，完成材料科学与工程（金属材料工程方向）专业的认证专家进校考查；获得四川省教学成果二等奖1项；以教学团队建设为核心的基层教学组织重建工作全面开展，拥有国家资源共享课1门，省级资源共享课2门，通识课程1门，跨学科课程1门，开设新生专业研讨课14门；就业率98.79%，升学率43.72%；开展招生制度改革，制定大类招生制度下学生选择专业（方向）的实施办法，制定毕业论文选题、中期检查和归档的指导意见；在学校第八届青年教师教学竞赛中获二等奖1项，三等奖3项。创新实践教学基本达到全覆盖，建设成效显著，项目数位居学校前列，如下表所示。

年度	SRTP	省创	国创	惠及学生人数
2015	31	11	10	208
2016	41	12	10	250
2017	40	12	10	257

研究生培养方面，进一步调整和凝练学科方向，确定负责人，明确发展目标，完成学科评估工作；积极申报生物医学工程一级学科博士点，服从学校统一布局，大力支持药学博士点申报；积极参与学校的专业学位研究生改革试点工作，深入推进詹天佑复合创新人才培养工作；获校级教学成果奖一等奖1项；2017年度，录取博士研究生30名，硕士研究生190名，授予硕士学位130人，博士学位24人，就业率97.89%；获得硕士学位论文的学生，累计发表SCI论文51篇，EI论文12篇，核心期刊37篇，申请专利6项；获得博士学位的学生，在学期间累计发表SCI论文74篇，EI论文10篇，核心期刊3篇，申请专利20项，与去年相比均大幅增加。成立研究生招生工作小组，统一部署，分系推进，前往兄弟院校开展招生宣传工作20余次；举办首次“全国优秀大学生暑期夏令营”，留校攻读研究生人数逐年增加；积极响应博士招生改革，试

行博士生审核制招生，前期报名形势良好；开展涵盖科研与诚信、校史、抗震知识、党史、日常管理等多方面的新生讲座；累计参加国际学术交流活动的研究生达到数十人次，与新竹交通大学工学院签订了研究生论文共同指导计划协议。实验教学方面，面向13 000多名学生开出44门实验教学课程、300余个实验项目；完成53门实验课程的教学大纲修订；申报示范性虚拟仿真实验教学项目1项；成功举办“首届安全知识竞赛暨材料安全文化月”活动；开展大学生第九届科创校级实验竞赛，参与学生200余人；组织10名实验室教师参加4次全国性实验室建设研讨会。完成中央修购计划项目（1 000余万元）的教育部专家现场复审工作，组织申请涉及全院25个实验室的中央改善办学基本条件修缮类项目，完成2019—2020年设备购置类申请（2 000余万元）；开展安全培训4场，参与学生428人；面向新生开展实验室开放周活动；开展由院领导带队的实验室安全检查10余次，发出整改通知40余份；学院新建两个危化品库房，并进一步完善危化品的购买、储存、申领、使用上报等制度，进行“四废”处理2次；完成教育部专家对我院44台大型精密设备使用机时数的调查工作。

【科研工作】陈辉团队项目获四川省科技进步奖一等奖，王勇团队项目获成都市科技奖（自然科学奖）一等奖。获批国家重点研发计划课题2项，国家杰青1项，国防项目实现突破，获批军口科技委前沿研究项目1项。2017年度学院累计到账科研经费2 975万元，其中纵向经费1 622万元，横向经费1 353万元。发表多篇高水平论文：博士生杨倩在国际顶尖学术期刊*Science*发表论文；以第一作者在国际顶尖期刊*Nature Materials*上发表论文。周绍兵团队连续在材料领域国际顶级期刊*Advanced Materials*（影响因子19.6）上发表文章。杨维清教授团队连续在材料领域国际顶级期刊*ACS Nano*（影响因子13.942）和*Nano Energy*（影响因子12.343）上发表论文。光明日报报道了戴虹教授在青藏铁路格尔木到拉萨段中起到的关键作用、中央电视台新闻联播节目报道了戴光泽教授团队研发的动车接地装置、经济半小时报道了黄楠教授科技成果转化。与多个地方政府（部门）洽谈合作，包括国家认监委、四川省质监局、成都市质监局、成都市龙泉驿区政府、彭州市政府、宜宾市政府、柳州和盐城等。积极申报轨道交通质量基础国家工程中心。与多个大型国企开展横向科研合作，包括中航集团、青岛四方公司、唐山机车车辆公司、南京浦镇公司等，与攀钢研究院、铁道科学研究院共建“轨道交通金属材料联合实验室”。

组织四川省机械工程学会焊接专委会年会，苟国庆获得“天府焊接杰青奖”。

【学生工作】深化学生工作“五册一库”体系改革，更新了信息库目录及工作手册，制订相关工作制度及模板近30项；在2016级中试行班导师制改革，师生反馈良好；实行学籍预警学生专人负责制，学院党委书记、副书记，分管教学工作副院长及系主任均担任专人负责教师，取得较好效果；优化党支部设置，成立学生工作组党支部；建立大学生党团中心，提升党员作用发挥，开展各项工作近60项；坚持实行评奖评优工作三级评审、公示制度，实现工作零差错；建立重点学生专项档案46册，做到重点学生“一人一档一策”；实行宿舍楼长制，有效掌握学生动态信息。开展学生安全“周研判”，全年上报安稳信息30余条，全年无重大学生安稳事故发生。持续改造学院犀浦环境氛围，制作完成了学院官方宣传视频。凸显环境育人与文化育人功能。组织学生参与全国性学科大赛9项，获得二等奖以上奖项21项（特等奖1项，一等奖5项，二等奖15项，三等奖4项）；省部级学科大赛3项，获得二等奖以上8项（一等奖3项，二等奖5项）；参加第三届中国“互联网+”大学生创新创业大赛获银奖，“菁蓉杯”中国轨道交通创新创业大赛获创新奖。如下表所示。

序号	竞赛名称	特等奖	一等奖	二等奖	三等奖
1	第五届“蔡司·金相学会杯”全国高校大学生金相大赛	1	1	1	
2	第三届“莱州华银·金相学会杯”全国高校大学生材料综合技能大赛			1	
3	第六届“徕卡杯”全国大学生金相技能大赛		1	1	1
4	2017 中国大学生材料热处理知识与技能大赛			7	
5	第二届全国失效分析大奖赛		1	1	
6	第二届全国大学生焊接创新大赛		1	2	
7	神雾杯”第十届全国大学生节能减排社会实践与科技竞赛全国总决赛			1	
8	2017 菁蓉杯·中国轨道交通产业创新创业大赛		1		
9	第三届中国“互联网+”大学生创新创业大赛（国家级）			1	3
10	“蜂云谷杯”第三届四川省“互联网+”大学生创新创业大赛		1	2	
11	四川省第一届大学生材料设计大赛		1	1	
12	金牛区 2017 就业创业大赛		1	2	

【**国际交流**】主办第六届生物材料表面与界面国际会议，黄楠教授任国际委员会主席。与香港机械工程师协会、澳大利亚斯威本科技大学、新西兰奥克兰大学等单位商定，共同主办 2018 年第三届材料科学与纳米技术国际会议，由朱旻昊院长和 Alan Lau 教授担任会议主席，会议定于 2018 年 3 月在成都召开。斯威本大学副校长、欧洲科学及艺术学院院士，欧洲科学院院士 Alan Kin Tak LAU（刘建德教授）访问我校，双方在科学研究、博士研究生双学位培养方面达成初步合作协议。经学校批准，聘任新西兰奥克兰大学高唯院士为学院海外院长。2017 年度共邀请 40 余位境外学者来校交流，60 余人次参加国际学术会议。

（九）地球科学与环境工程学院

【**党建工作**】2017 年在学校党委的正确领导下，地学学院深入推进“两学一做”学习教育常态化、制度化，制定了《地学学院学习贯彻十九大精神方案》《地学学院党支部考核办法》等 6 个文件；作为学校代表参评教育部先进党支部；获四川抗震救灾先进党支部 1 个、抗震救灾先进个人 1 名；获校级先进党支部 1 个、校级先进党务工作者 1 名，优秀共产党员 6 名；全年学院共召开 12 次党政联席会议、10 次党委中心组学习会、6 次党支部书记培训会、4 次全院教职工大会。党政同心，认真贯彻学校各项重大工作部署，以党建为龙头，全面推进学院的人才工作、经济工作、干部队伍建设和一流学科建设工作，完成了学院目标任务的年度计划，使学院的各项事业发展跃上了新台阶。

【**师资队伍**】2017 年学院专任教师新增 6 人，其中引进人才 1 人、接收国内外应届博士毕业生到校工作 5 人，年度教师招聘计划执行率 100%；新增国家测绘地理信息局第四批科技领军人才入选者 1 人、新增四川省青年科技奖入选者 1 人；2 人申报教育部长江学者计划；4 人申报第十二批四川省学术和技术带头人；2 人申报第十二批四川省学术和技术带头人后备人选；7 人申报西南交通大学人才师资队伍培育系列支持计划。4 人入选国家留学基金委出国项目。学院具有博士学历师资达到 84.7%，具有海外一年以上留学经历师资达到 55.9%。

【人才培养】

1. 本科生培养质量

环境工程、地质工程顺利通过本科专业认证。全院师生以良好的精神状态通过了本科教学审核评估。学院本科专业在各类专业排名中不断上升，测绘工程等三个专业均名列全国前三。学生获省级以上竞赛奖 65 项；教师获本科教学竞赛国家级一、二、三等奖各 1 项。注重培养具有地学特色的复合型、国际化拔尖创新人才。学院与 OSU 合作开设安全工程、新设立资源勘查工程均顺利在峨眉招收首届学生，助推学校对峨眉校区的战略实施。环境专业首次招收 1 名本科留学生，实现本科生国际化零的突破。

2. 研究生培养质量

研究生优质生源率达到 55.7%；设立“地质 83 班震旦奖学金”100 万元；参与教育部研究生教育综合改革项目 1 项；我院教授获 2017 年国家测绘地理信息科技奖特等奖和一等奖各 1 项，1 名导师再获 ISPRS“最佳青年论文”奖；3 名研究生获“第三届‘天地图·四川’进高校应用开发大赛”一等奖；学科国际化水平稳步提升，今年我院与佛罗伦萨大学等 5 所高校建立了联合培养博士生渠道，65 人次研究生参加国际、国内学术会议；与清华大学建立了“地质学科联合野外实习基地”；严把学位论文质量关，本年度学位论文抽检全部合格。

3. 实验教学质量

学院 2017 年开出课内实验项目 512 项，26 个本科专业近 20 421 人次学生从中受益；暑期实习队 23 个，共 16 个专业 2 520 余名学生参加；全年累计开出实验学时约 40.34 万人时数。优化实验项目和层次设置，综合设计型、研究创新型实验比例超过 60%。开设个性化实验 21 项，SRTP 项目 40 项。主办校级实验竞赛 6 项，参赛学生 371 余人。积极指导学生参加各种赛事，并取得省赛一等奖 3 个、二、三等奖各 6 个，国赛特等奖 2 个、一等奖 1 个和二等奖 4 个，取得历史最好成绩。

4. 学生育人工作质量

学院全面推进班风学风建设，本科生班级创优达标率 22.5%，本科忠恍班集体 1 个，本科先进班集体 6 个，本科特色班集体 2 个；研究生优秀班集体 1 个，研究生学风专项建设优秀班集体 3 个。开展校级品牌文化活动 9 项，院级品牌文化活动 51 项；共 160 间学生宿舍（55%）获得“文明寝室”；重视学生健康教育，建立管理台账，线上线下开展心理测评工作共涉及本研 647 人次，开展学生谈心谈话 271 人次，建立心理测评约谈登记表 21 份；学生荣誉获奖再创新高，评奖优化制度不断完善，学生优秀率达 32.14%；保质保量完成各项资助工作，59.22%受助学生获得各类奖学金，助学贷款还贷率 97.25%，2017 年接受捐赠奖学金 47 万；举行各类小型招聘会 31 场，开展丰富多彩就业指导活动 22 场，学生就业率 97.89%。

【科学研究】学院 2017 年度获批国家自然科学基金 14 项，其中重点项目 1 项(我院连续第三年获得重点项目资助)，面上项目 5 项，青年基金 8 项，总经费 814 万元；获批国家重点研发计划 3 项，累计经费 1 025 万元；此外，还获批国家自然科学基金委国际合作项目 1 项，经费为 200 万元，实现了我院国际合作项目零的突破。截止到 2017 年 12 月 6 日，全院纵向科研经费累计 1 678.358 5 万元（其中国家级 37 项，经费 1 262.668 5 万元；省部级 29 项，经费 415.69 万元），横向科研经费累计 1 774.447 万元（共立项 173 项），今年全院科研经费达 3 452.805 5 万元；发表 SCI 论文 55 篇（其中 2 篇 ESI 高被引论文）、EI 论文 51 篇；新增发明专利 8 项、实用新型专利 7 项、新增发明专利申请 26 项。科学研究工作再上新台阶。

【管理与服务】

1. 学生日常管理

地学学院高度重视安全稳定工作，制定和完善《地学学院学生安全稳定工作委员会章程》、《地学学院学生安稳工作应急预案》等工作制度，建立《地学学院重点关注学生个人档案》管理台账，重视学生心理健康教育，线上线下开展心理测评工作共涉及本研 647 人次，开展学生谈心谈话 271 人次；能够及时掌握和妥善处置学生突发事件，并按规定及时上报；能够及时完成学生工作各项任务，按时提交日常学生工作资料，认真做好全部专项学生工作；工作态度积极认真，能够保质保量完成；学生工作主动作为、求实创新，学工负责人按时参加例会，各项征求意见及时反馈并提出意见建议，党建工作、思政教育和学风建设亮点突出、成效显著。

2. 实验室日常管理

学院在九里校区土木馆的实验室全部搬迁，岩石标本室落地犀浦校区校史馆。全面修缮了犀浦校区的测量实习场地，成为实践教学基地建设和管理的样板。不断完善安全管理制度，顺利通过教育部的实验室安全检查。实验室环境大为改观，为我院顺利通过本科教学审核评估奠定了基础。全年无安全事故发生。

3. 产学研合作情况

2017 年全院共立项横向项目 173 项，累计经费 3 452.805 5 万元。学院涉及的环境、地质和测绘三大学科广泛与四川省环境保护厅、四川省国土资源厅和四川省测绘地理信息局密切合作，服务于四川省乃至全国的环境保护、地质灾害防治、铁路安全运营空间信息等行业发展和地方经济建设。昝月稳教授自主研发的车载探地雷达系统继续在西安铁路局和成都铁路局所管辖的线路上全面推广应用；朱庆教授等提出的智慧城市已经在成都市得到普及和应用；刘国祥教授、胡卸文教授全程参与 2017 年“6・24”茂县特大山体滑坡、“8・8”九寨沟地震应急抢险，为四川省委、省政府抢险救灾决策提供了重要的建议，并通过科技部国家遥感中心将有关研究结果和建议三次上报国务院办公厅，为此，国家遥感中心给学校发来感谢信。初步商定与重庆北斗科技集团成立西南交通大学北斗交通科技研究院。每年可获 500 万元运转经费。2017 年完成管理干部及技术人员培训 900 余人。

组织完成高级环保管理与技术人才系列培训，累计培训 600 人次；组织完成中国铁路总公司、深圳市公安局等高级安全管理和技术人才系列培训，累计培训 698 人次。

4. 国家级平台建设与管理

学院积极推进国地实验室研发中心落户新都，新都区提供 5 000 平方米试验场地，分三年投入 3 000 万元财政资金；目前征集了我院教师入驻新都研发基地项目 15 个。推进全国资学科平台公司注册工作，产业集团和成都香投集团共同确定注册资本金 8 000 万元，新都区投资公司以现金出资方式占 60%股份，学校以科技成果评估作价方式占 40%股份。目前已投资 340 万元完成国地实验室计算中心建设，四号教学楼内千兆级连接计算中心服务器，实现高速传输、运算；完成成都轨道交通研究院 160 万元设备采购任务，大力补充了国地实验室高端设备。

【其他】学院全力推进综合改革和国际化示范学院申建，2017 年 10 月 30 日，学校第十四届党委会第 74 次常委（扩大）会议通过了地学学院综合改革方案，国家外专局对我院筹建申报西南地区首家国际化示范学院给予了充分肯定和大力支持。

（十）建筑与设计学院

【党建工作】2017 年，建筑与设计学院党委认真学习习近平新时代中国特色社会主义思想和十九大精神、全国高校思想政治工作会议精神，认真贯彻落实学校第十四届八次全体（扩大）会议精神，全面贯彻落实从严治党，严履学院党委的主体及保障监督责任，按照学校党委工作要求，深入推进“两学一做”学习教育，全面部署、加强学院党建工作，做好思想政治教育工作，做好人才工作和经济工作等，取得一定成绩。在“创先争优”评选表彰中，4 名党员被评为校级“优秀共产党员”，20 名党员被评为院级“优秀共产党员”；1 个党支部被评为校级“先进党支部”，3 个党支部被评为院级“先进党支部”。本年度，推荐入党积极分子 77 名，推荐党员发展对象 80 名，其中一名副教授；发展党员 64 名，其中 1 名副教授；按期转正党员 52 名，其中 1 名讲师。开展以“我的中国梦”“不忘初心 继续前进”喜迎十九大为专题的主题党日活动，以“创建美丽城乡”为专题的专业实践活动，以“纪念建军 90 周年”和“弘扬伟大抗战精神 同筑美丽中国梦”赴四川省博物馆、成都市博物馆、建川博物馆等红色教育实践活动共计 46 项，其中主题党日活动 16 项，打造院级重点活动 4 项，获批校级示范性学生党支部特色活动 2 项。

【学科建设与学术交流】建筑与设计学院共有建筑学、城乡规划学、风景园林学、设计学 4 个一级学科硕士点和美术学 1 个二级学科硕士点。目前，学院拥有建筑学学科一级博士点，工程环境与景观、工业设计与工程 2 个二级学科博士点。国内学术交流方面，建筑与设计学院成功举办了“何镜堂院士作品西部行”“2017 年国际绿色发展论坛”及“2018 年中国工程科技论坛暨第十届全国防震减灾工程学术研讨会”。同时举办了中国“特色小镇”建设与发展模式专家论坛、SUDes 可持续城市设计系列学术讲座等学术活动。邀请中国城市发展研究院总规划师林纪、中国城市规划学会理事赵万民教授、何镜堂院士举办专题讲座。

【国际化方面】与联合国教科文组织国际水环境教育学院、美国艾奥瓦大学、俄罗斯圣彼得堡大学等院校建立了新的合作关系。继续深入开展，学生交换和境外学习项目，在既有项目持续开展的基础上，首次向意大利米兰理工大学和罗马第三大学分别派出建筑学专业研究生和本科生交换生，录取国际留学生多名。学院保持了较高数量的国际来访和师生出访，国际联合研究工作向深度发展。学院国际化工作整体水平，进一步得到提升。

在国际化学术交流方面，与美国、日本、意大利、尼泊尔、澳大利亚等国外知名高校及学术机构的互访不断增加。邀请瑞典隆德大学 Lars Henrisk Stahl 教授做 SUDes 可持续城市设计系列学术讲座、韩国国民大学教授潘荣焕做“City and UX Design”讲座。

【本研教学与专业竞赛】校院系三级通力配合，顺利完成了本科审核评估的各项工作。学院进一步完善了《设计类专业暑期实习管理规定》《大类分专业实施管理办法》等规章制度，圆满完成了招生考试工作。

本年度，学院获四川省级教学成果二等奖 2 项。教师参加各类地区性或国家性教学研讨培训教师 24 人次，总共发表教研论文 8 篇；校级重点、校级一般、重点培育以及院级教改立项共计 20 项；教师获得全国教案竞赛、竞赛优秀指导教师奖等奖项 6 项，占教师人数的 17%；校级讲课比赛获二等奖 1 人，三等奖 2 人；获得校唐立新优秀教师 1 人，优秀学者奖 1 人。出版完成“十三五”国家级规划教材《城乡规划方法导论》一部，普通教材《家具设计》一部。

学院完成校级 SRTP 结题 34 项、省级科研创新实践 11 项、国家级科研创新实践 5 项，涉及学生 221 人。在参与全国性、区域性专业竞赛中，2017 全国建筑学专业建筑设计作业评优、2017“西部之光”大学生暑期规划设计竞赛、2016 城市综合社会调查报告竞赛、2017 城市规划专业城市设计作业竞赛等全国性重要赛事活动中获奖 50 余项，获奖人数共计 91 人。其中参加 2017 全国建筑学专业建筑设计作业评优专业竞赛选送作品 100%获奖。2017 年度成功举办了西南交通大学第一届学术夏令营活动。

学院现有留学生 11 人。OSU 2+3 项目建筑学 4 人；本年度新增与罗马第三大学交流项目 3 人，年度总交换生学习 18 人。

【科研与平台建设】2017 年度建筑与设计学院共新增纵向课题 30 项，到账纵向经费 237 万元，其中国家自然科学基金项目 2 项，教育部人文社科项目 2 项，省级项目 6 项；新增横向课题 24 项，到账横向经费 1 092 万元。在基地建设方面，稳步推进四川省社科重点研究基地“现代设计与文化研究中心”建设，强调过程管理，顺利完成中心 2017 年度项目申报和结题工作。为鼓励我院教师潜心治学，推出学术出版支持计划资助优选的学术著作。学院开展高端学术交流活动如“站城融合与城市更新国际论坛”“新时代绿色发展国际论坛——成都海绵城市论坛”等 10 余场，大型会议 10 余次，讲座 30 余次。发表学术论文 130 余篇，新增学术著作 6 部，授权专利 15 项。平台建设方面，加强实验室安全管理，确保全年无安全事故。完善了艺术实验省级教学示范中心的网站建设。配合学校的资产清查工作，基本完成九里校区办公空间的清退任务。配合学校对 8 号教学楼屋顶防水改造工作，对部分教学和办公环境进行了维修性改善，有效提升了学院的学术氛围。

【人才工作】本年度，引进美国爱荷华大学 A.Jacob Odgaard 教授担任院长，聘任台湾大学李鸿源教授担任名誉院长；海外院长按时到岗。另外，新申报短期人才到校 2 人，续聘顾问教授 1 人，申报兼职教授 1 人，“青苗计划” 3 人申报访问学者 5 人，继续聘任王建国院士等在内的一批国内外有影响的学者担任兼职教授。

【新闻宣传】2017 年，西南交通大学建筑与设计学院累计在学院官网发布国际前沿、党建工作、学术座谈、安全生产、诚信教育、学生工作、特色活动、获奖情况等专项新闻 147 篇，新闻点击率累计超 13 万次。其中：外媒转载共计 20 余篇，点击量累计 3 000 余次。在扬华新闻网等校级媒体的“学院风采”等栏目发布国际交流、学生党建、学院活动、作品展览、学习交流等相关新闻共计 130 篇，累计点击量 3 万余次。“西南交大建筑媒体”“西南交大建院学生会”等微信公众号关注量逾 3 000，累计发布微信推送 60 篇精品图文活动报道，累计阅读量 16 500 余次。

【学生工作】 2017 年度，建筑与设计学院本科生获得校级专项奖学金、国家奖学金、国家励志奖学金共计 570 人次，研究生获得国家奖学金、学业奖学金、各项专项奖助学金 516 人次；446 名同学获得“三好学生标兵”“优秀研究生标兵”等优秀个人荣誉称号；14 个党支部、班级和学生组织获得校级表彰，1 个党支部被评为“校级先进党支部”。我院本研学生在国内外各类学科竞赛中获奖共计 1 086 人次。院团委被评为“五四红旗创建单位”，院学生会获评校 2017“十佳优秀学生会”，院研究生会获评校 2017“十佳优秀研究生会”，院青年志愿者协会获评校 2017“十佳优秀青年志愿者协会”，院“橙”合唱团在 2017 年学校“一二・九”红歌赛中获得第二名的佳绩，两支校级重点队获得校 2017 暑期“三下乡”社会实践“校级优秀队伍”称号。以“造精神家园、建多元文化体系、扬触媒作用”三位一体的文化育人理念，从国际交流、学术座谈、团学教育、文体活动、志愿服务五方面打造学生文化活动品牌，累计开展各项活动 60 项。其中：建造节、作品联展、学术能力提升培训周等学术座谈类活动 22 项；交通公益等团学教育类活动 5 项；“橙”合唱团、院庆晚会等文体类活动 13 项；志愿服类活动 20 项。累计开展主题党日和实践活动 46 项，其中主题党日活动 16 项；打造院级重点活动 4 项，获批校级示范性学生党支部特色活动 2 项。着力打造“多维隐形动态关注网”，建立重点生内部档案。

（十一）物理科学与技术学院

【发展概况】物理科学与技术学院是经历了自 1948 年以来前身的普通物理教研室、应用物理系、理学院之后，发展到 2006 年成立的学院，现在已经成为基础教学、科学研究和学科建设协调发展，理工融合，前沿科学研究与高新技术研发并举，具有一定综合实力的学院。

目前，学院有教职工 124 人（含峨眉校区），在 100 名专任教师中有教授 17 人、副教授 41 人，拥有博士学位的教师有 70 人。学院有教育部新世纪优秀人才 2 人（林文斌、王红艳）、四川省突出贡献专家、四川省学术和技术带头人 1 人（王红艳）、西南交大特聘教授 1 人（刘庆想）、西南交通大学雏鹰学者 3 人（刘其军、倪宇翔、孙柏）。目前各类在校学生 908 人。

学院具有本科、硕士研究生、博士研究生三个层次的教育体系。本科层面设有应用物理学、电子信息科学与技术两个本科专业，研究生层面涵盖物理学一级学科及电子科学与技术一级学科中的电磁场与微波技术、物理学两个方面。其中物理学为一级博士学位授予点。

学院的学科建设呈现出良好的发展态势，形成了“理工融合”“前沿科学研究与高新技术研发并举”的协调发展格局。学院在承担全校大面积大学物理理论、实验以及本学院专业教学的同时，在教学体系、教学模式、教学方法、教学手段等方面进行了深层次的探索和实践。学院近年来科研水平稳步提升，科研团队和科研平台建设成效显著。通过持续的人才引进和人才培养，不断加强科研团队建设，形成了铁路安全检测、强辐射源与微波系统、计算电磁学、聚变等离子体、高温高压物理、量子光学、宇宙线天体物理等优势研究方向，并取得了丰硕的研究成果。

【党建工作】按照学校党委的工作部署，以学习贯彻党的十九大精神、全国高校思想政治工作会议精神、学校思想政治工作会议精神和学校十四届八次全体扩大会议精神为魂，抓好学院领导班子建设，全年学院党委中心组学习 9 次。提升一流思想政治工作的牵引力，抓住校院两级综合改革的契机，坚持以服务一流为导向，以贡献求生存，把努力提升轨道交通领域人才的物理素养作为根本，凝练学科方向，优化专业结构，启动学院综合改革方案的制定工作，初步搭建好保障学院规范有序运行、持续长远发展的四梁八柱，基本上改变了教职工中长期存在的部分不良倾向。

坚持党建与思想政治工作融入人才培养等中心工作之中。党支部书记兼任副系主任并分管业务工作，以党支部为主体推进各系教师交叉听课达到全覆盖；教授为本科生上课率达到 100%；加强班导师建设，院长带头做 2017 级新生的总班导师；应用物理系党支部推进低年级本科生进入科研实验室全覆盖；着力构建学院“大思政”育人格局等实践与探索，受到了本科评估审核专家组蒋毅坚教授的肯定和好评。加强民主和融合。涉及教职工切身利益大事召开教代会，加强系系融合、师生融合、生生融合。

应用物理党支部荣获中共西南交通大学党委会 2015—2017 年创先争优“十佳”先进党支部。

【全面启动学院综合改革】

1. 2017 年学校对学院领导班子进行了调整，班子成员是：院党委书记刘长军、院长刘庆想、常务副院长王喜庆、副院长李相强。

2. 调整学院三级组织机构。按照专业和工作需要，学院重新划分了系（中心），组建成立大学物理教学研究中心、应用物理系、电子信息科学与技术系，学院党委将党支部建在系上，加强系的力量。三个系（中心）的领导班子成员如下：大学物理教学研究中心主任何钰，党支部书记兼副系主任樊代和，副系主任魏云、曾勇，党支部副书记朱浩；应用物理系系主任贾焕玉，支部书记兼副系主任刘其军；电子信息科学与技术系系主任刘运林，支部书记兼副系主任李金龙，副主任朱宏娜、张健穹。

3. 按照学校要求成立了综合办公室、教师服务办公室、学生支持办公室、学生工作组，并进行了科职干部的聘任。综合办公室主任为陈曦，教师服务办公室主任为崔良平，学生支持办公室副主任为王静雅，学生工作组副组长为门满洲。

4. 为配合学校的统一规范管理，合理配置资源，学院行政办公地点从九里校区搬迁至犀浦校区 5 号教学楼。科研团队办公室从九里校区电气馆搬迁至 0 号教学楼 9 楼。并对学院的固定资产进行梳理。建立学院产出与占有资源相挂钩机制。

5. 根据学院发展中的问题，开展对策研究，拟定学院综合改革方案。学院认真分析，梳理了学院发展中的七个方面问题：存在思想观念僵化、小富即安的心态；学院发展的顶层设计缺失；绩效杠杆作用发挥不足；学科发展整体力量不足，缺乏后劲；人才培养缺乏特色；高层次青年人才严重缺乏，师资队伍职称结构不尽合理；国际化交流弱。提出了“思想政治工作争创一流计划”“借帆远航计划”“理科振兴计划”“强院富民计划”。各个系基本完成了未来 3-5-10 年发展规划。

6. 学院全面改革考核方案，进行学院统筹，分类考核。把考核下放到系，由学院负责从总体上进行统筹。学院在津贴分配上采取“学院奖励+系内分配”相结合为主的方式进行，下到系的部分由各系来制定具体的分配方案实施分配。学院原则上在按照各系人数核算的基础上，结合学院当年的具体实际情况，以一定的比例进行切块打包划拨，体现差异。学院今后考核分配的导向就是发挥绩效杠杆的作用，重在用奖励进行激励和引导教职工不断进步，争做先进。利用津贴分配来逐步营造“做成做优”文化，把“保教学、重科研、带学科、促转化”四位一体的发展理念落到实处，瞄准未来发展目标，把学院引向科学发展。考核方案已经在学院党政联席会和教代会上通过。

7. 学科发展规划基本完成，筹建青年创新团队。

【本科教学审核评估工作】学院从 7 月份就开始部署本科教学审核评估工作，成立了工作领导小组和工作组，具体在分管院领导的组织协调下，开了多次准备会、工作布置会、研讨会，接受预评估并进行整改。学院加大了对本科教学的规范管理，完善并制定了学院及两系一中心的教学管理等方面的文件、规章制度，加大了教学检查力度，整理完善了教学过程资料。从 2017 年开始每班配一个导师，院长、常务副院长带头做总班导师；教授为本科生上课率 100%，本科生走进科研实验室；启动了全员听课评价制度等，收到了评估专家组的好评。

【师资队伍】本年度，学院继续加大力度推进人才引进和师资培养工作。普通师资招聘计划执行率 85.7%，学院已经招聘入职教师 3 名（其中海外博士 1 名），有 3 名正在申报程序中，其中 1 名为海外知名大学博士后。教职工年度变动情况：调入 6 人（陈起辉、张欣、尚玉平、崔良平、李萍、王静雅），新入职 2 人（刘兵、刘海），调出 2 人（郝卫明、周永生）。

学院注重师资培养工作，为新入职青年教师制定培养计划，以学科团队为依托，将年轻教师对口到相关团队中去；依托大学物理教学中心，培养青年教师的教学能力，提升教学技能助力青年教师成长。开展 2017 年首开课教师和学院新入职青年教师教学试讲工作。

加强师德师风建设。在教职工大会上专题强调思政教育和师德师风学习教育活动，全年共进行 10 余次。学院深入开展"黄大年式教学团队的学习创建活动"；并召开青年教师"立德树人，做四有好老师"专题座谈会；在学院教师的岗位聘任、个人年度考核以及优秀人才推选等相关工作中，落实师德师风建设，实行一票否决制。

【教学工作】加强课程建设和教学改革。通过课程建设、机构调整，推进大学物理"理论+实验"的融合教学模式的改革。开设了两门双语课程："电磁场与电磁波""数字图像处理"。2017 年完成 2 部教材的出版，《电磁场与电磁波》（高等教育出版社）《矢量分析新理论及其应用》（科学出版社）；"电磁场与电磁波"获批高等学校省级精品在线开放课程。申报校级教改项目 12 项，获批立项 6 项；个性化实验项目立项 2 项，重点实验室开放项目立项 1 项；2017 年教师发表教改论文 1 篇；获得四川省教学成果奖三等奖 1 项；2017 年 2 月获得校级教学成果奖 7 项，其中一等奖 1 项，二等奖 3 项，三等奖 3 项。樊代和老师获得 2017 年全国高等学校物理基础课程青年教师讲课比赛一等奖；樊代和、王辉老师参加西南交通大学第八届青年教师教学竞赛中获三等奖。

强化科技创新活动，提升学生实践创新能力。2017 年指导并组织学生参加第一届西南地区大学生物理学术竞赛，获团体二等奖、最佳评论方奖各一项；第八届中国大学生物理学术竞赛，获团体二等奖、最佳正方奖各一项；第四届全国大学生物理实验竞赛，获一等奖、二等奖、三等奖各一项；2017 年全国大学生电子设计竞赛四川赛区，获三等奖一项；获得四川省"挑战杯"三等奖 1 项。举办四川省中学生物理竞赛实验复赛一届。2017 年大学生科研训练计划项目获得立项 SRTP 项目 27 项，省创 5 项，国创 3 项。

【学科建设】物理学院在取得物理学一级学科博士点之后，对学院未来发展定位为教学研究型学院，教学是学院的立院之本，学科是学院发展的强院之路。在研究生培养，特别是在博士生培养方面积极探索，创新方式，首批加入"申请—审核"制招收博士生，同时结合学位点建设以及学生培养实际，修订了物理学一级学科培养方案，优化了课程体系，实现了硕、博贯通培养，从导师和学生两个方面适度提高对研究生毕业的要求。初步完成了物理学一级学科发展规划（5-10 年）的拟定。

增设等离子体物理二级学科。首次在西南交通大学针对本科生开设了《基础等离子体物理》作为大三学生的必修课；针对研究生新增了《等离子体物理》《磁流体力学理论》《等离子体实验技术与诊断》《托卡马克等离子体约束与输运》四门专业课程。

【科学研究】学院共组建了 8 个研究团队，涵盖物理学 6 个二级学科。分别是：聚变等离子体、宇宙线与理论物理、高压科学与技术、纳米材料和计算物理、量子光电实验室、光学及无损检测、高功率微波技术、电磁仿真。

现有两个四川省高校重点实验室——“高压科学与技术实验室”和“电磁场与微波技术实验室”，国家自然科学基金委“理论物理学术交流和人才培养平台建设”连续两年获批，参与国家野外科学观测研究站“西藏羊八井国际宇宙线观测站”和国家重大科技基础设施“高海拔宇宙线观测站”建设，正在筹建“技术物理”四川省重点实验室。

2017年，多项高层次科研项目获批，其中973课题（国家级）1项；重点研发计划（国家级）6项；国家发改委国家重大科技基础设施建设项目LHAASO子课题1项；国家自然科学基金面上项目3项;国家自然科学基金青年科学基金项目2项。科研经费总量740余万元。2017年科研院统计数据：2016年发表SCI收录论文72篇，其中一区论文4篇，二区15篇，三区17篇，四区33篇，其他3篇，发表EI收录论文23篇发明专利授权10项，申请发明专利25项。

【实验室建设】

1. 物理国家级实验教学示范中心的建设得到发展

按照修购计划，执行了峨眉校区实验室的建设及物理科学与技术学院两个专业的专业实验室建。2017年度两校区实验室运行情况良好。实验室实行学生自主开放的选课模式，运行情况良好。实验室根据教学计划，严格按照教学大纲执行并完成教学计划。中心编制教授为本科生上课率100%。实验项目设置合理，综合设计型、研究创新型实验比例达60%；针对茅以升学院的学生采取任课教师跟班负责制的教学模式。2017年12月，物理国家级实验教学示范中心获得西南交通大学实验室先进集体奖。

2. 依托Olympus-西南交通大学无损检测联合实验室，开发了一系列实验项目。迎接了教育部专家检查，对实验室进行了优化和改进。

3. 西南交通大学-中国科学院高能物理研究所宇宙线物理联合实验室继续建设。作为lhaaso的激光标定和大气监测负责人，推动学校和中国科学院高能物理研究所签订了全方位合作协议，标志着学校正式加入国家重大科技基础建设设施高海拔宇宙线观测站lhaaso的建设中去。作为负责人申请到高海拔宇宙线观测站的激光定标系统的科研经费130万元（经费源于国家发改委）。作为主要参与人和团队成员共同申请到四川科技计划省院省校合作（重点项目）经费50万元。参与申请宇宙线物理与探测技术四川省重点实验室。

【国际交流与合作】学院承担教育部中外合作办学无损检测双硕士项目，共有10名研究生在德国联合培养。本年度学院对中外合作办学无损检测双硕士学位项目进行了整改，并完成了教育部评估工作。招收在读的国际博士留学生5人，1人已顺利完成博士答辩。

2017年，学院主办、承办高端学术交流活动4次，分别是：主办The 2017 Annual Meeting of Gravitation and Relativistic Astrophysics Division of the Chinese Physical Society / The Fifth Galileo-XuGuangqai Meeting，主办2017年国际计算物理大会计算化学分会（ICCP10，Macao SAR，China，from 16-20 January，2017），承办第三届国际高频引力波研讨会，承办2017年远东论坛铁路专场。外籍参会人员30人。

邀请国外专家11人次来校交流，参与国际大会20余人次。举办校内外专家学术讲座38次，其中校外专家学术讲座次数25次。

获批2017年度国家外专局外专项目1项。与日本国家核融合研究所签订了共建CFQS协议书；与美国PPPL国家重点实验室签署了聚变研究合作协议。8名教师在国外进修访学。

毕业生出国（境）深造6人，在读学生出国（境）13人次。

【学生工作】加强思想引领，夯实党团建设，用创新化形式提升效果。建立党建工作室学生组织，规范各项工作。开展入党谈话142人次，发展积极分子74人次；推优入党20人次、开展主题活动76次。党政班子走进学生，开展理想信念教育，树立菁英物理模范典型。党委书记分别面向研究生、本科生开展党课教育4次，院长作为总班导师逐个班级开展教育6次；指导开展了多项融入学生生活、学习，引领模范先进的特色主题活动，例如“学《条例》《准则》知识竞赛”，党支部“一帮一”学习帮扶、经典阅读党建“朗读者”“坚定信念跟党走，我为物理增光辉”主题演讲比赛、“走进新时代，讲好物理故事”“学习十九大精神，照亮前行道路”时政热点研读班等。利用信息化建设，构建思政建设新平台，通过建设物理党建、菁华物理新媒体平台，构建网络宣传阵地，推出优秀物理党员专访、优秀物理学子专访、优秀物理教师专访系列模范榜样宣传活动。

围绕服务构建学院“大思政”工作格局，开展“411”能力提升工程，两个“1”分别指建立“学院—系—党支部—班导师—辅导员—学生”一体化工作机制和《物理科学与技术学院学院学生综合能力考核细则》，“4 进”是指我院开展的教师进寝室、学生进科研、领导班子、专业教授进学生、师生共进课余生活 4 个方面“师生交流互访，共建菁英物理”系列活动 30 余项活动，其中应用物理系学生进科研达到了全覆盖。坚持开展生涯规划；坚持开展朋辈教育，开展了“菁英物理讲师团”10 人宣讲团，发布《竞赛指南3.0》《毕业生说 3.0》两本期刊，开展访谈优秀栏目。系统开展学生干部培养，开展菁英物理骨干论坛培训（党委书记、副书记、辅导员分别开展培训 6 场）、每月团委例会开展主题培训 3 次、助理干部培训 4 次、班级协理员培训 2 次。加强校企联合，邀请了 4 名企业校友开展讲座，2 名 HR 开展求职技能提升讲座、1 次校企联合“创战计”项目。开展学术讲座、博士沙龙等活动，提升学生科研能力。

加强师生活动融合，开展了师生党建知识竞赛、师生趣味运动会、师生“2018 迎新晚会（3 个教学单位及机关分别表演了节目，全员参与）、多次师生篮球赛、足球赛。

建设学院“第二、三课堂”项目库，提高文化育人质量。围绕学风建设、生涯指导、志愿服务、新生教育等开展特色活动，如：菁英班导师计划、菁英讲师团、竞赛指南、毕业生说生、生涯发展互助会、简历面试技巧培训、校企联合求职提升活动“创战计”，军训服义卖、三下乡、新生系列教育文体类活动。

做好学生的安全稳定工作。严格落实安全稳定周报制度；抓好特殊时期、节日假期的安全稳定工作；重点关注、建立台账制度，辅导员重点开展谈心等工作。

2017 年物理学院获得学生个人奖励及荣誉如下：集体荣誉：忠忱班集体 1 个、先进班集体 5 个，特色班集体 1 个、院级示范团支部 3 个；“一二·九”红歌比赛三等奖。个人荣誉：竢实扬华奖章 1 名，三好学生标兵 6 名，三好学生 51 名，优秀学生干部 54 名，明诚奖 70 名，省级优秀毕业生 2 名，校级优秀毕业生 16 名。获奖情况：国家奖学金 7 人，国家励志奖学金 26 人，院级专项奖学金 10 人，校级专项奖学金 4 人，2017 年物理本科生参加学科竞赛获奖 265 项，其中国家级 14 项（一等奖 4 项、二等奖 7 项、三等奖 3 项），国际级 3 项，省级 67 项（一等奖 21 项、二等奖 22 项、三等奖 25 项），发表 5 篇论文，其中 3 篇核心，文体活动比赛获奖 60 项。

【工会工作】学院积极组织开展工会工作，2017 年学院工会获评“2015—2016 年度西南交通大学先进工会集体”。学院提案获评校工会“优秀提案”。在校工会组织的校运动会、“好家风家训”征文、羽毛球比赛、教工足球比赛等各类活动中，取得好成绩。协助开展学院开展师德师风建设，召开青年教师加强思想政治工作、师德师风建设——“立德树人，做四有好老师”专题座谈会议。

（十二）人文学院

贯彻落实党的十九大会议精神和学校“双一流”建设目标，按照学校文科跨越发展和学院综合改革要求，牢固树立“学术至上、育人为本”的办院理念，以“本科教学审核评估、学位授权点合格评估”为契机，狠抓师资队伍、人才培养、学科科研、国际合作、管理服务等工作，全面推进学科专业进位，着力建设西南交大基础文科研究高地和通识教育基地，培养具有丰厚人文情怀、扎实专业素养和良好社会适应能力的文科拔尖创新型人才，不断提升我院的学术影响力和社会知名度。

【师资队伍】学院重视师资队伍建设，坚持引培并重，推进人才强院战略。本年度从香港中文大学全职引进国际知名宗教学者吕鹏志教授（2级教授），是我校基础文科领域首次从海外名校全职引进的高层次人才；引进台湾交通大学通识教育中心研究绩优教授詹海云教授，翟惠生、王雄、崔志刚受聘学院兼职教授；同时，大力支持中青年教师参加境内外高级别学术会议，全年1/4专任教师受学院全额资助参加境内外学术会议。拟招聘8名国内外名校博士生（院内已完成2批次公示）。经学院教授委员会表决通过，拟推荐1名教师申请“雏鹰学者A类”计划（黄阳）、2名教师申请“青苗计划”（郑武曦、张诗婷）。学院一级学科点专任教师博士比达82.5%。

【人才培养】学院不断夯实人才培养工作，实现人文教育价值。

本科教育方面，以本科教学审核评估为契机，完善本科专业顶层设计及培养方案修订，加强本科教学的各项常规管理，切实提升人才培养质量。

1. 按照本科教学审核评估要求，全院上下积极做好各项评估材料及文档资料的规范与整理。多次组织各专业各年级学生代表进行座谈，就培养及教学问题收集学生意见，并反馈各系所教师。

2. 与音乐、传播、广告专业负责人及全体教师座谈，明确专业建设及人才培养目标，修订培养方案与毕业设计细则。修订人文学院《班导师管理细则》，分析研究《教学工作量计算办法》存在的问题及改进方法。

3. 组织学校第八届教学竞赛动员会、经验交流会及教学比赛课程反思研讨会系列活动，提升青年教师教学水平。共18名教师参加初赛，最终，朱洁老师获得全校决赛一等奖（文科唯一），马健老师获得全校决赛二等奖。

4. 学院积极引领学校通识课程人文板块建设。组织全院教职工召开通识课建设与教学改革研讨会。我院肖平教授的“工程伦理学”、李任飞副教授的“中华名相之管仲管理思想”获得2017年国家精品在线开放课程立项。李任飞副教授主讲的15集电视讲座“中国衣裳”在中央电视台《百家讲坛》播出。我院沈如泉副教授参与《构建阅读与写作通识教育体系，培养高素质工程人才》（排名5/10）获得第八届高等教育四川省教学成果奖一等奖。

5. 课堂教学与比赛实践结合，学院学生学科竞赛获奖大丰收。其中，人文学子在第九届全国大学生广告艺术大赛中获得了2项国家级等级奖和24项省级等级奖的好成绩。音乐系师生参加四川省第八届大学生艺术节大获全胜，获得四个一等奖，三个二等奖，成为音乐系建系以来的最好成绩。

学位与研究生教育方面，以学科学位点水平评估为目标要求，加强研究生教育的各项常规管理工作。

1. 针对学院博士培养及毕业要求相关问题，分别多次召集博导及博士生座谈，调研其他院校博士培养规定并数次与学校研究生院沟通，最终向研究生院递交《人文学位分委会关于对中文学科博士研究生在学期间发表学术论文规定进行修订的备案》。

2. 导师参与搭建研究生交流平台，定期开展学术交流活动。我院联合四川大学和四川师范大学古代文学专业发起并主办2017年度第五届玉垒论坛，极大地促进了川内高校研究生学术交流，扩大了研究生学术视野。

3. 10人次研究生参与国内外高级别学术会议并宣读论文，获得可喜成绩，如博士生高韬、朱福妹受邀参加由中国社会科学院主办的第50届国际汉藏语言暨语言学会议并宣读学术论文，哲学所硕士生林於明从海内各大高校的290余篇投稿论文脱颖而出，受邀参加第五届“全国哲学研究生学术创新论坛”。1人获得学校博士生拔尖创新人才，1人获得优秀硕士论文。

【学科科研】学院不断提升学科科研水平，打造基础文科高地。

1. 组织传播系、中文系教师完成新增学位点申报填表工作。

2. 紧紧围绕《人文学院周期目标任务责任书》（2016—2018年），先后通过召开学院各系（室）、研究所专业诊断会，学位授权点评估讨论会等方式，梳理各学科建设的成果和不足，全面启动2018年学位授权点合格评估工作。

3. 科研项目：2017年，全院共获得22项科研项目立项。其中，国家社科基金重点项目1项，一般项目1项，重大招标项目子课题1项，特别委托项目子课题1项，教育部人文社会科学研究项目1项，进校总经费176.19万元（数据来自文科处，包括本年国家社科立项经费及纵向、横向进校经费）。

4. 科研论文：2017年共发表高级别论文37篇，其中CSSCI期刊论文29篇，ISTP论文2篇，CSSCI扩展期刊论文2篇，核心期刊论文4篇，出版专著、译著及教材共计16部。

5. 合办学术刊物：学院与四川大学签订协议，合作编辑出版CSSCI刊物《现代中国文化与文学》(2017—2020年)，2017年已出版第22、23辑，为学院相关学科搭建了学术交流平台。推进落实人文学院学术著做出版、教材出版相关工作。

举办高层次学术会议：2017年10月28—29日，学院和《学术月刊》杂志社合作，成功举办了"四十年代的国家想象、地方经验与文学形式"学术研讨会。来自北京大学、中国社会科学院、新加坡南洋理工大学等二十多家国内外高校四十余位专家、学者参加了会议。会议召开获得上海市社会科学界联合会报道。2017年12月9日—10日，由学院和中国文艺理论学会联合举办的"文学理论的问题、立场与经验"高端论坛顺利举行，来自中国人民大学、武汉大学、中山大学等近20所高校，包括杨慧林、朱国华、王家新等著名专家在内的近30位学者出席了本次论坛，极大地提升了学院的学术文化软实力和人文学科知名度。

学术活力迸发，学术影响力彰显：本年度，我院共举办研究生学术讲座31场，邀请来自荷兰莱顿大学、新加坡南洋理工大学、北京大学、复旦大学、中国人民大学等高校的专家教授到院进行讲学，拓展了师生学术视野。同时，学院柏桦、邢文、汪启明、肖平、吕鹏志、罗宁、刘玉珺、陈国强等教授也应邀至新加坡南洋理工大学、香港中文大学等知名学府做驻校作家、讲学或者高端学术会议做大会发言，极大地提升了学科的声誉及影响力。

国际化水平：学院加强国际化工作管理，2017年首次对申请公务经费出国交流的项目进行评审并提出学术产出要求；同时努力拓展国际化交流合作伙伴，为学科建设、师资进修及学生访学游学提供了视野和平台，提升国际化水平。2017年，学院引进美国达特茅斯学院冠名讲座教授邢文到院任职副院长，分管国际化工作及学科科研；完成对海外院长（新加坡南洋理工大学中文系游俊豪主任）的选拔面试，现已上报学校进入评审阶段；9月，美国密苏里大学新闻学院国际交流中心中国项目负责人杨力老师来院座谈，双方表示继续推行两校2+2人才培养，并就教师教学科研、师资互访交流等问题交换了意见；11月学院与英国利兹大学语言、文化与社会学院Francis J. Finlay院长作了会谈，双方达成在传播学、广告学本科专业及音乐硕士专业合作的初步意向。2017年度共有24名本科、硕士学生赴境外知名高校与机构学术交流或参与实习及担任汉语志愿者。

【管理与服务】学院不断提升管理服务水平，助力学院建设发展。

1. 管理服务体制：党政联席会本年召开11次，作为学院最高决策权力机构，严格执行"三重一大"决策制度，会前坚持向全院教职工公示预告相关议题，会上充分讨论，会后形成纪要，告知教职工并督办落实。教授委员会本年召开22次(含20次网上投票)，坚持"教授治学"原则，充分履行学术咨询决策功能。召开教职工大会4次，保证教职工充分的知情权。

2. 管理服务部门：按照学院综合改革要求，以教学科研为核心，服务师生员工，助力学院发展。教师事务、教务服务、资产设备、公房教室、实验教辅、图书资料、综合服务、学生支持等管理部门各司其职、通力配合，形成强大而有效的"管理合力"，助力学院发展。学生支持围绕"人才培养"中心，在大学生党建、班团、校园文化、资助和心理教育、就业创业指导等方面提供服务支持，并形成育人合力，学院团委学生会获得辩论赛冠军、"十佳"学生会、暑期"三下乡"优秀实践队等荣誉达15项。本年度，安全稳定0事故，获"竢实扬华"奖章2人，唐立新系列奖

7 人次，各类校级及以上荣誉 310 余人次，国家级、省级学科竞赛奖项 70 余项。

【党建工作】

1. 把握全局，协调各方，切实履行党建主体责任。统一领导，多项并举，为学院可持续发展提供保障。全面确立党建工作责任制，落实学院党委书记负总责，班子成员认真履行“一岗五责”，全年度在意识形态、党风廉政、安全稳定、保密等领域未出现任何事故。

2. 认真学习贯彻落实党的十九大精神。学院党委制定了《人文学院学习宣传贯彻十九大精神方案》。截至目前，学院党委已通过党委会、中心组学习会专题学习十九大精神 3 次；邀请学校十九大精神宣讲团专家张雪永教授为全院教职工专题解读十九大精神；党委书记向仲敏、党委副书记曹乔为学生主讲十九大党课 3 次；党政领导班子成员沈如泉、胡红深入教工党支部主讲党课 2 次；指导学院各直属党支部开展十九大专题学习活动近 30 次。

3. 全面加强基层党建工作，有效推进“两学一做”学习教育常态化制度化。出台《人文学院“两学一做”常态化、制度化工作方案》《人文学院党委直属党支部工作指导手册》《人文学院教职工党支部建设规划纲要》等近 10 项制度规范，加强党建工作的制度化建设。

4. 立足特色，打造品牌，有效提升思政工作水平。设立人文学院党委思想政治教育基金。学院提供启动基金 10 万元，以此调动全院师生参与思想政治教育活动的积极性，提升学院思想政治教育工作的活力。答辩通过的首批 9 项基金已启动建设。

（十三）公共管理与政法学院

【发展概况】公共管理与政法学院（School of Public Affairs & Law）学院设有一级学科硕士点 3 个：公共管理、政治学和法学；专业学位点 3 个：公共管理专业学位（MPA）、法律硕士（JM）和安全工程；本科专业 3 个：公共事务管理、法学、政治学与行政学。

截至 2017 年 12 月底，学院现有教职工 78 人，专职教师 62 人，其中，具有博士学位 43 人，占专职教师的 70%，教授 10 人，副教授 33 人，高级职称占专职教师的比例 70%；教育部优秀青年教师奖获得者 1 人、霍英东青年教师奖获得者 1 人、“黄达 - 蒙代尔经济学奖”获得者 1 人、四川省有突出贡献的优秀专家 5 人、四川省学术技术带头人 2 人、四川省学术技术带头人后备人选 6 人。另外，学院还聘有国内外兼职教授 60 余人。2017 年正常师资补充 5 人（其中引进海外知名高校博士 1 名），执行率 100%。

【学科建设与研究生教育】2017 年，我院录取全日制学术型研究生 71 人，专业型研究生 159 人（其中全日制 33 人，非全日制 126 人），共录取 2017 级硕士研究生 230 人，接收 2018 级推免研究生 20 人。全年开题 305 人（其中 39 人不通过），论文预审 231 人（其中 37 人未通过），论文答辩 197 人（5 人未通过），召开了 3 次学位评定分委会会议，共计授予 194 名研究生硕士学位。9 篇硕士学位论文获校级优秀学位论文。第一批联合培养的硕士研究生（3 人）均通过两校答辩，获得硕士双学位。完成 53 位硕士研究生导师的遴选（含 1 位新增导师）工作。召开 MPA 毕业论文写作专题研讨会，制定 MPA 学位论文写作基本要求（试行版）。与成都市中级人民法院正式签署了《“实习法官助理课程”合作共建协议书》，合作培养“实习法官助理”。本年度组织研究生学术讲座 23 场。

【本科教育】坚持以学生为中心的服务理念，抓好本科教学的常规工作。强化了管理工作的科学化、实效性，进一步规范日常的教学行为，加强过程管理，做好学期各环节教学检查工作，加强了教学监督。成立专门的本科评估工作小组，对专业相关教学数据梳理并保存，为《数据库》填报和学校审核评估做好相关工作，顺利完成了本科评估工作。完成了本科三个专业的培养计划修订和四个专业双学位及辅修的培养计划。开展教学研究活动，申报校级本科教育教学改革项目 12 项，其中有 6 项属于学院多渠道筹集资金资助项目，每项支持 8 000 元。组织申报 MOOCs

课程，7门课程获批。2017年度学院实验室共开设15门实验课程，组织实施了第六届全校模拟法庭竞赛。2017年12月，实验中心《模拟法庭训练》个性化实验项目获评为“2016年个性化实验项目校级优秀项目”，成为学校获奖的所有13个实验项目中唯一的一项文科项目。电子政务综合实验中心面向全校师生开放，开放使用98次，师生共计3 852人次使用。实施了班导师制度的改革，进一步改进和完善班导师各项工作。各专业形成固定时间和地点举办教研活动的惯例。每学期开学初按要求上报本系室教研活动计划，做好活动会议记录，成为教师参与公共服务的考核内容。

【科学研究】 2017年教职工公开发表论文80余篇，其中CSSCI及以上计11篇。纵向到校经费119.25万元、横向到校经费113.695万元。学院创新创业研究团队继续发布创新创业指数，产生较大社会影响。成功举办学术会议第三届天健论坛、“政府绩效公众评价：动态与前沿 ”研讨会、企业知识产权能力与运营圆桌论坛。学院完成《职务科技成果混合所有制改革进展、问题与建议》《四川全面创新改革试验区初建阶段成效与下一步工作建议》等成为四川省委省政府重要研究课题。2017年新获批教育部5项，全国老龄办2项，司法部项目1项，省委省政府决策咨询项目2项，省软科学重点项目1项，省哲社规划项目3项，四川省社会科学重点研究基地项目2项；中国高铁知识产权研究院持续发展，高铁数据库建设基本完成。

【国际化工作】 国际化工作稳步推进。延聘美国爱荷华大学唐文方教授、康奈尔大学高怀珠教授为学院海外院长。继续短期引进美国美利坚大学吕杰副教授。继续发展与美国爱荷华大学、美国康奈尔大学、美国罗格斯大学公共政策学院、美国佐治亚州立大学安德鲁杨政策研究院、日本东北大学、日本明治大学政经学院和韩国延世大学政商学院的交流合作关系，本年度共接收国外交换生8人，送出本院学生14人。与美国加州大学河滨分校公共政策学院建立了合作。全年共派遣6人次出国（境）访学和短期海外培训。共有18人次参加国际学术会议。

【学生工作】 突出价值塑造，培育和弘扬社会主义核心价值观。以党建为龙头，2017年，每个党支部每月至少召开一次支部学习、一次支委会；成立“一团一会”，开展9项主题党日活动，30余项志愿服务系列活动，获校级“示范性学生党支部特色活动”荣誉2次；以实效性为标准，建立2个“服务基地”，进行9次新生入学教育，将社会主义核心价值观教育外化于行。聚焦行为引领，从底色塑造到能力提升拔高。共开展16次全覆盖寝室走访，每月1次主题班会，严实结合规范学生行为，塑造底色；以集体、个人双层面入手指导学生行为提升拔高，获奖班团达8个，4个院级，3个校级（1个忠忱班集体），1个国家级（基层活力团支部），学院团委获学校“五四红旗团委”称号，学生获得“竢实扬华”奖章、成都市“十佳”志愿者等个人荣誉。助力能力提升，充分发挥五大课堂作用。第一课堂方面，设常规班自习制度，开展学风专项调查，启动“星火计划”，三大措施同步狠抓班风学风和考风建设，2018届本科生司法考试通过率43.2%，保研率20%，2017届研究生就业率93%，其中5人读博；第二、三课堂方面，理想信念教育、社会实践与志愿服务等五大类活动全面提升学生综合能力；第四课堂上，本年度共选拔15名交换生，推进国际化工作；第五课堂方面，“guan_ni”与“一起奔跑的四年”双向平台互动，共同推进网络思政。打造文化品牌，提升校园活动感染力。学生会共开展活动17项（1项省级，5项校级）；研究生会开展活动12项（2项校级），获本研双“十佳”荣誉。学院以安全稳定为保障，谈心谈话动态台账心系学生。谈心谈话384次，建立特殊学生档案和台账321个，全覆盖查寝16次，报送6起安稳情况。此外，学工组进行理论学习，探索实践研究。本年度共开展10余次专题学习交流活动，发表论文6篇（其中一篇北大核心），完成学校教改课题1项。

【干部培训】 根据省委组织部部署及各地组织部门规划，积极研究培训方案，开发培训课程，组织培养培训师资。本年度，受地方各级党委组织部委托，完成各级各类干部培训班9期（次），参训人数累计为535人，其中包括：苍溪县交通管理人才培训班、苍溪县社会工作管理人才培训班、苍溪县城乡规划建设与管理人才培训班、贵州省福泉市委组织部城镇化建设（古镇建设）专题培训班、山东省临沂市公路局“交通战略与综合素质”提升培训班、邛崃市-新津县优秀年轻干部人才递进（党政综合类）培训班、山东省青岛市崂山区城市管理行政执法局青年突击队培训班、深圳市城市更新局“拓展空间保障发展十大专项行动城市更新”培训班（一期和二期），受到委托单位及干部学员的好评。

【党建工作】学院党委共有党支部17个，党员238名。学院党委充分发挥政治核心作用，履行党建主体责任，共召开9次党委会、中心组学习10次，把握政治方向。扎实党建基础工作，推进“两学一做”学习教育常态化制度化建设，学院党委成立督导工作小组，对照学校督导组2次反馈的问题进行总结，3次召开专题会议部署整改工作，扎实开展督导自查工作。同时，修订完善《党支部考核办法（试行）》《教职工党支部建设规划》等6项党建规章制度，召开年度党支部书记述职评议考核会。全面落实意识形态工作责任制，成立学院课堂教育教学督导小组，严格“马工程”教材管理。院党委认真履职，院党委书记作为第一责任人为党支部、全体党员上党课6次，与教职工、党外人士和少数民族教师谈心30余人次，重视联系基层工作；引进优秀青年教师4名，包括1名海外名校博士，加强师资队伍建设；成功申报教育部、司法部、省政府等各类重要项目11项，科研成果取得显著进步；利用干部培训基地积极开展市场开发，2017年共收入160多万元。在加强思政工作、意识形态等工作的同时，围绕“不忘初心、牢记使命”开展主题党日活动。学生党支部深入九里堤交大社区开展“十九大精神进社区宣讲活动”，与金牛区司法局合作，开展“十九大精神之宪法日普法活动”；教职工机关党支部开展我的“中国梦”主题党日活动之重走灾后致富路，获学校“优秀教职工主题党日活动”称号，个人获得校“创先争优”十佳优秀共产党员荣誉。

（十四）生命科学与工程学院

【发展概况】西南交通大学生命科学与工程学院的前身是成立于1950年的唐山交通大学（现西南交通大学）化工系。1952年，全国高校院系调整，化工系主体调整至天津大学，保留部分组建化学教研室，承担全校工科化学基础课教学。2000年，西南交通大学隶属关系由原铁道部划归教育部直属以后，学校积极拓宽学科专业面，并以国家西部大开发战略和生物医药产业迅速发展为契机，依托西部生物资源和中药产业优势，在原化学教研室基础上设立了西南交通大学生物工程系。2002年，学校在峨眉校区设立了西南交通大学药学院（筹）。2005年，西南交通大学生物工程系更名为西南交通大学生物工程学院。2008年7月，根据学校学科优化与调整方案，生物工程学院与药学院（筹）合并组建西南交通大学生命科学与工程学院。

学院现有生物工程和制药工程二个本科专业，其中生物工程为四川省特色专业，与美国乔治亚州立大学设立（3+1）有本科教育培养项目。学院设有1个药学一级学科硕士点、1个生物化学与分子生物学二级学科硕士学位授予点，以及生物工程和制药工程两个工程硕士培养领域。

2017年全院在职教职工97人（含峨眉校区），其中专任教师总数70人，教授14人，副教授38人（含副研究员等），博导7人，硕导65人（含兼职导师），拥有博士学位教师46人，50%的教师具有国外学习或工作的经历。学院下设三个系（化学化工系、生物工程系、药学系），一个实验中心。实验室总面积约6 000平方米，各种教学科研仪器设备3 500余台套，仪器设备总资产合计约3 500万元。

2017年在读和毕业学生情况如下表。

类别 Category		专业 Discipline	在读人数 Student Registration 17 级 Gra. 17	16 级 Gra. 16	15 级 Gra.15	14 级 Gra.14	年度毕业数 Graduation No.	年度就业率 Employment Rate
本科生 Bachelor		生物工程	111	101	117	98	107	99.1%
		制药工程	122	100	102	101	65	100%
		生物工程类（中外合作办学）	26	20	0	19	9	100%
研究生（全脱产）Postgraduates (full time)	硕士 Master	生物化学与分子生物学	16	12	13		14	100%
		化学工程与技术		6	8		5	100%
		药学	45	25	27		23	100%
		制药工程	11	3	7		8	100%
		生物工程	8	7	2	2	9	100%
	博士 Doctor							
研究生（在职）Postgraduates (on job)	硕士 Master	生物工程		2	1	2		
		制药工程		4	1	7		
	博士 Doctor							

【**学科建设**】学院设有 1 个药学一级学科硕士点、1 个生物化学与分子生物学二级学科硕士学位授予点，以及生物工程和制药工程 2 个工程硕士培养领域，并与美国乔治亚州立大学开展硕士研究生中外合作办学项目（“双硕士 1+2 合作办学”）。

现有生物工程和制药工程 2 个本科专业，其中生物工程为四川省特色专业，与美国乔治亚州立大学设立（3+1）有本科教育培养项目。

2017 年新进教师 3 人，其中博士毕业生 2 人，为学院的学科建设与后续高水平发展注入了新的动力与活力。

学科建设正按照实现药学一级学科博士点、化学和生物学一级学科硕士点目标逐步开展各项准备工作。

2017 年生命科学与工程学院各学科主要研究方向

学科		研究方向
1	药学	1. 药物化学 2. 药剂学 3. 生药学 4. 药理学 5. 药物分析学
2	生物化学与分子生物学	1. 资源与环境生物技术 2. 系统发育与分子进化 3. 生物信息应用 4. 微生物与生物技术
3	制药工程	不区分研究方向
4	生物工程	不区分研究方向

【教学工作】

1. 本科教学

2017 年是学院本科教学评估年，包括：中外合作办学评估、工程教育专业认证申请、本科教学工作审核评估等三个评估工作。对照评估要求，对本科教学工作进行全面检查、分析和总结。

本年度本科教学共计 185 门课程，任课教师 78 人，其中 12 位教授为本科生上课。本年校级教改立项 12 项，正式出版教材 1 本，发表教改论文 10 篇，校级教学成果奖分获一、二、三等奖各 1 项。

开设 13 门双语课程和 4 门全英文课程，40 人次参加教学能力提升培训，组织教研活动 42 次，面向本科生举办各类讲座 17 次。第八届西南交通大学青年教师讲课比赛取得优异成绩，1 个一等奖，2 个二等奖，2 个三等奖。

2017 年度教师出国学习情况

序号	姓　名	出国项目	出国时间	所去单位
1	饶书权	博士后	2016.07-2018.12	哈佛医学院波士顿儿童医院
2	袁　艺	国家留学基金委青年骨干教师 1：1 项目	2016.02-2017.02	美国乔治亚州立大学
3	刘艳秋	国家留学基金委青年骨干教师 1：1 项目	2016.09-2017.09	美国科罗拉多大学
4	魏桂花	国家留学基金委青年骨干教师 1：1 项目	2016.03-2017.03	美国新泽西州大学

2017 年度教师参加教学能力提升培训情况

序号	姓　名	培训项目	培训时间	培训单位	地点
1	黄新河、蒋合众、姚　宁、李遂焰	第八届青年教师教学竞赛示范课观摩活动	2017.06.27	西南交通大学教师发展中心	西南交大综合楼 148
2	郝　静、李　萍、刘新荣、罗红霞、万　军、王懿萍、魏大木、魏桂花、熊维巧	西南交大第三届（2017）教师教学能力提升研修班	2017.04-2018.03	教师发展中心	西南交大综合楼 430
3	李遂焰、王懿萍、廖　海、黄新河、姚　宁、郝　静	混合教学与教师信息化教学能力提升研修	2017.03.23	西南交通大学	西南交通大学
4	李遂焰	本科教学工作审核评估 2017 年第二期研讨培训会	2017.04.17-19	教育部高等教育教学评估中心	江西师范大学
5	李遂焰、姚　宁	2017 年中外合作办学评估培训会	2017.05.05	教育部学位与研究生教育发展中心	西南交通大学
6	李遂焰、廖　海、姚　宁、周嘉裕、魏大木	四川省在线开放课程建设与应用研讨会	2017.09.15	全国高等学校教学研究中心	西南交通大学
7	李遂焰、任平弟、王懿萍	高等学校教学改革优秀成果实践经验总结报告会	2017.10.30-11.01	中国高等教育学会	汕头大学
8	徐　柳	第五届高校细胞生物学骨干教师研修班——实验设计与创新人才培养	2017.07.21-23	中国细胞生物学会	四川大学
9	孙会丽	教学设计：从入门到精通	2017.10.27	教师发展中心	西南交大综合楼 430
10	孙会丽	以学生为中心的教学转型与基于项目的教学及课程设计	2017.05.16	教师发展中心	西南交大综合楼 430
11	廖　海、刘艳秋、周嘉裕	第十二届高校生命科学课程报告论坛	2017.11.24-26	高教出版社	上海
12	姚　宁、田　原	创新创业师资培训班	2017.07.07-16	成都市就业服务管理局	四川省就业训练中心
13	周嘉裕	教学创新与教学管理主题论坛	2017.10.20-21	西南交通大学	成都

2017 年教改立项情况

序号	立项名称	项目级别	负责人	立项时间	拟结题时间
1	《普通生物学》课堂教学模式的探讨	校级一般	罗红霞	2017.01	2018.01
2	《中药分析》案例教学研究与实践	校级一般	吴晓青	2017.01	2018.01
3	符合课后教学特点的问题导向“及时雨”微平台构建	校级一般	万　军	2017.01	2018.01
4	工程化学智慧课堂建设	校级一般	王懿萍	2017.01	2018.01
5	基于跨学科研讨在通识课程中开展的新教学模式的研究	校级一般	孙会丽	2017.01	2018.01
6	基于项目和任务驱动的制药工艺学的教学设计	校级一般	陆　群	2017.01	2018.01
7	教学质量的过程控制研究	校级一般	熊维巧	2017.01	2018.01
8	跨学科课程《生物信息学》教学模式改革研究	校级一般	郭志云	2017.01	2018.01
9	生物学野外实习教学体系的构建	校级一般	李　萍	2017.01	2018.01
10	药用植物学 SPOC 数字化实践教学平台的构建	校级一般	周嘉裕	2017.01	2018.01
11	以熵、焓、吉布斯函数等重要概念群为切入口，探讨以学生为中心的工程化学教学新模式	校级一般	童志平	2017.01	2018.01
12	以学生为主体的微课辅助有机化学课程教学研究与改革	校级一般	张小荣	2017.01	2018.01

2017 年教改论文情况

序号	论文名称	作者姓名	期刊名称	发表时间	等级
1	本科新生研讨课《遗传密码——生命与自然》的教学实践探索	喻　凯，黄新河，李　萍	高教论坛	2017.02	核心期刊
2	成都高校生命学科人才引进的机遇与挑战	甘　甜，刘映天，闫智勇，马超英，蒋合众	劳动保障世界，2017，(02)，41.	2017.02	一般期刊
3	学科人才引进新制度探究—以成都地区高校为例	甘　甜，刘映天，闫智勇，马超英，蒋合众*	决策与信息，2017，(9)，98-103.	2017.09	一般期刊
4	中外合作模式下有机化学双语教学的开展	郑　良，李　星，周先礼	广东化工 2017，21(44)：153-154.	2017	一般期刊
5	以学生为中心的微课教学改革	魏大木，王　艳，茆灿泉	《教育教学论坛》2017，(32)：72-73	2017.08	一般期刊
6	生命科学导论通识课程新的探索	李　萍	科教导刊，2017.(25)：56 转 95	2017	一般期刊
7	生物学野外教学实习的问题分析与改革思路	李　萍	安徽农业科学 2017，45（28）：257-258	2017	一般期刊
8	翻转课堂模式下药物化学的理论教学改革	陆　群	广州化工，2017，45（4）：140-141，转 149	2017.02	一般期刊
9	《中医学基础》大班教学方法探索	耿　耘，等	课程教育研究，2017，（37）：252	2017	一般期刊
10	湿邪致病与祛湿类中药的应用	耿　耘	学术争鸣，1671-5861（2016）12-0308-01	2016	一般期刊
11	交通天下特色的西南交通大学通识教育策略	孙会丽，闫智勇，李遂焰，张兴国，王盛民，等	内蒙古科技，2017，36(416)：175-177	2017.02	一般期刊

2017年度教学获奖情况

序号	项目名称	项目类别	负责人	获奖人数	获奖级别	获奖时间
1	西南交通大学第八届青年教师讲课比赛	校级	黄新河	1	一等奖	2017.11
2	西南交通大学第八届青年教师讲课比赛	校级	郭志云	1	二等奖	2017.11
3	西南交通大学第八届青年教师教学竞赛	校级	孙会丽	1	三等奖	2017.11
4	生命科学导论教学方法的创新与实践	校级	李　萍	7	一等奖	2017.01
5	中医学基础与中药学自学导读	校级	耿　耘	5	二等奖	2017.01
6	中医药基础理论	校级	马超英	5	三等奖	2017.01

2017年度生命学院学生出国学习情况

序号	姓　名	专　业	项目名称	海外院校	出国时间
1	肖时雨	生物工程	生物工程（中外合作办学）	美国乔治亚州立大学	2015.06-2017.06
2	赵蔚伦	生物工程	生物工程（中外合作办学）	美国乔治亚州立大学	2015.06-2017.06
3	管伊琳	生物工程	生物工程（中外合作办学）	美国乔治亚州立大学	2015.06-2017.06
4	赵昶淞	生物工程	生物工程（中外合作办学）	美国乔治亚州立大学	2015.06-2017.06
5	杨凯威	生物工程	生物工程（中外合作办学）	美国乔治亚州立大学	2016.08-2018.06
6	王俊凯	生物工程	生物工程（中外合作办学）	美国乔治亚州立大学	2015.06-2017.06
7	石文炳	生物工程	生物工程（中外合作办学）	美国乔治亚州立大学	2015.06-2017.06
8	邓静瑶	生物工程	生物工程（中外合作办学）	美国乔治亚州立大学	2015.06-2017.06
9	赵炜萌	生物工程	生物工程（中外合作办学）	美国乔治亚州立大学	2015.06-2017.06
10	王诗榕	生物工程	生物工程（中外合作办学）	美国乔治亚州立大学	2015.06-2017.06
11	许侃昂	生物工程	生物工程（中外合作办学）	美国乔治亚州立大学	2015.06-2017.06
12	李映东	生物工程	生物工程（中外合作办学）	美国乔治亚州立大学	2015.06-2017.06
13	刘嘉琛	生物工程	生物工程（中外合作办学）	美国乔治亚州立大学	2015.06-2017.06
14	王　玲	生物工程	生物工程（中外合作办学）	美国乔治亚州立大学	2015.06-2017.06
15	袁　奕	生物工程	生物工程（中外合作办学）	美国乔治亚州立大学	2016.06-2018.06
16	徐晓蓓	生物工程	生物工程（中外合作办学）	美国乔治亚州立大学	2016.06-2018.06
17	蒋广哲	生物工程	生物工程（中外合作办学）	美国乔治亚州立大学	2016.06-2018.06
18	吴　征	生物工程	生物工程（中外合作办学）	美国乔治亚州立大学	2016.06-2018.06
19	温钧植	生物工程	生物工程（中外合作办学）	美国乔治亚州立大学	2016.06-2018.06
20	张力丹	生物工程	生物工程（中外合作办学）	美国乔治亚州立大学	2016.06-2018.06
21	高毓瞳	生物工程	生物工程（中外合作办学）	美国乔治亚州立大学	2016.06-2018.06
22	元忠贤	生物工程	生物工程（中外合作办学）	美国乔治亚州立大学	2016.06-2018.06
23	刘雨桐	生物工程	生物工程（中外合作办学）	美国乔治亚州立大学	2016.06-2018.06
24	吴嘉婧	生物工程	生物工程（中外合作办学）	美国乔治亚州立大学	2016.06-2018.06
25	熊兰乔	生物工程	生物工程（中外合作办学）	美国乔治亚州立大学	2016.06-2018.06
26	李昶蓥	生物工程	生物工程（中外合作办学）	美国乔治亚州立大学	2016.06-2018.06

续表

序号	姓　名	专　业	项目名称	海外院校	出国时间
27	刘心玥	生物工程	生物工程（中外合作办学）	美国乔治亚州立大学	2016.06-2018.06
28	肖　玥	生物工程	生物工程（中外合作办学）	美国乔治亚州立大学	2016.06-2018.06
29	李　珂	生物工程	生物工程（中外合作办学）	美国乔治亚州立大学	2016.06-2018.06
30	董之疑	生物工程	生物工程（中外合作办学）	美国乔治亚州立大学	2016.06-2018.06
31	杨若宇	生物工程	生物工程（中外合作办学）	美国乔治亚州立大学	2016.06-2018.06
32	何　丹	生物工程	生物工程（中外合作办学）	美国乔治亚州立大学	2016.06-2018.06
33	李林遥	生物工程	生物工程（中外合作办学）	美国乔治亚州立大学	2016.06-2018.06
34	操文浩	制药工程	比利时鲁汶工程大学 2+2 本科生	鲁汶工程大学	2016.07-2018.07
35	宋余笑	制药工程	比利时鲁汶工程大学 2+2 本科生	鲁汶工程大学	2017.07-2019.07
36	赵　蕤	生物工程	中法 4+4	马赛中央理工学院	2017.07-2019.07

2017 年度海外学生来校情况

序号	姓　名	专　业	项目名称	海外院校	来校时间
1	Beeson	生物学	GSU 海外游学项目	美国乔治亚州立大学	2017.05
2	Blankenhorn	生物学	GSU 海外游学项目	美国乔治亚州立大学	2017.05
3	Castelhano	生物学	GSU 海外游学项目	美国乔治亚州立大学	2017.05
4	Castelhano	生物学	GSU 海外游学项目	美国乔治亚州立大学	2017.05
5	Ferris	生物学	GSU 海外游学项目	美国乔治亚州立大学	2017.05
6	Flores	生物学	GSU 海外游学项目	美国乔治亚州立大学	2017.05
7	Haynes	生物学	GSU 海外游学项目	美国乔治亚州立大学	2017.05
8	McLain	生物学	GSU 海外游学项目	美国乔治亚州立大学	2017.05
9	Mitchell	生物学	GSU 海外游学项目	美国乔治亚州立大学	2017.05
10	Nail	生物学	GSU 海外游学项目	美国乔治亚州立大学	2017.05
11	Sagesse	生物学	GSU 海外游学项目	美国乔治亚州立大学	2017.05
12	Mehta	生物学	GSU 海外游学项目	美国乔治亚州立大学	2017.05

2017 年度外籍教师来校上课情况

序号	姓　名	专业	项目名称	海外院校	来校时间
1	Walter William Walthall	动物生物学	生物工程（中外合作办学）	美国乔治亚州立大学	2017.05
2	Eric Seth Gilbert	基因工程	生物工程（中外合作办学）	美国乔治亚州立大学	2017.05
3	Lakshmi Polavarapu	英语	生物工程（中外合作办学）	美国乔治亚州立大学	2017.02-2018.01
4	Frank Cruz	生物学原理	生物工程（中外合作办学）	美国乔治亚州立大学	2017.12
5	Henary Maged	有机化学	生物工程（中外合作办学）	美国乔治亚州立大学	2017.12
6	Jie Jiang	生物化学	生物工程（中外合作办学）	美国乔治亚州立大学	2017.12

2. 研究生教学

2017 级全日制硕士研究生招生 79 人，非全日制硕士研究生 1 人，其中来自 211 院校 32 人、985 高校的 5 人，国家级特色专业的 2 人，总计 34 人，优质生源率 48.7%。

授位的硕士研究生共计 59 人，共计发表文章 92 篇，其中 SCI 31 篇，较去年增加 18 篇，核心期刊 55 篇，人均论文发表数 1.6 篇；推荐校优秀硕士论文 5 篇。

新增硕士生导师 4 人；申报优秀留学生研究生导师 1 人；获得了研究生教育教学改革项目 1 项；第八届西南交通大学青年教师讲课比赛（研究生组）获二、三等奖各 1 项。

举办了 20 场创源讲座（主讲嘉宾均为校外专家），以及博士论坛、实验室安全专题讲座、文献检索讲座、海外院长见面会等一系列研究生交流活动。

继续与美国乔治亚州立大学（GSU）开展硕士研究生中外合作办学项目（“双硕士 1+2 合作办学”），首批联合培养硕士研究生（2 人）在美深造；同时，4 名境外留学硕士研究生在本院接受培养（本院研究生课程大多采用双语教学）。

2017 年度获得校优秀硕士论文情况

序号	论文名称	作者姓名	指导老师
1	Pickering 乳液在药物释放与酶促反应中的应用研究	白瑞雪	孟　涛
2	稻瘟菌侵染过程中水稻细胞质膜蛋白组研究	曹继东	李遂焰
3	氮杂环羧酸类配体配合物的合成及相关性质的研究	代海玉	王萃娟

2017 年度研究生教改立项情况

序号	立项名称	负责人	项目级别	立项时间
1	生命科学与工程学院专业学位研究生综合应用型校企联合实践平台建设的探索与实践	闫智勇	校级	2017.09-2018.08
2	高等生物分离工程创新人才培养模式改革	周先礼	省级	2014.01-2018.12
3	工科背景下药学学科研究生教育质量评价体系研究	闫智勇	国家级	2015.01-2016.12

2017 年度教学获奖情况

序号	项目名称	项目类别	负责人	获奖人数	获奖级别	获奖时间
1	西南交通大学第八届青年教师讲课比赛（研究生）	校级	万　军	1	二等奖	2017.11
2	西南交通大学第八届青年教师教学比赛（研究生）	校级	蒋合众	1	三等奖	2017.11

2017 年度举办研究生创源讲座情况

序号	讲座名称	主讲人	工作单位	主讲人职称	时间	地点
1	海洋新药发现之关键	谭仁祥	南京中医药大学	教授	2017.05.15	九里校区 3609
2	从有机新方法到天然产物合成和药物筛选	唐维平	美国威斯康星大学麦迪逊分校	教授	2017.07.03	九里校区 3609
3	基于代表性化学结构的市售中药复方制剂体内药效物质研究	戴　毅	暨南大学中药及天然药物研究所	研究员	2017.07.03	九里校区 3609
4	神经病理痛的表观遗传学研究：DNA 甲基转移酶 DNMT3a 在背根神经节的作用	梁玲利	美国新泽西罗格斯大学	研究员	2017.07.24	九里校区 3609

续表

序号	讲座名称	主讲人	工作单位	主讲人职称	时间	地点
5	基于现代技术的中药质量评价方法研究	毕开顺	沈阳药科大学	教授	2017.09.24	九里校区镜湖宾馆多功能厅
6	基于自由基串联反应的生物碱合成	秦　勇	四川大学华西药学院	教授	2017.09.25	九里校区镜湖宾馆多功能厅
7	冷冻电镜结构生物学：从生物大分子到细胞基本结构	隋森芳	清华大学生命科学学院	教授	2017.09.27	犀浦校区图书馆2号报告厅
8	控制有害微生物生长与提高人类生活质量	雷德清	Lonza 集团公司（美国）	博士	2017.10.11	九里校区 3609
9	Targeted liver delivery system on CC-070025 to treat liver fibrosis: from bench to clinic study	宋　淳	山东大学药学院	教授	2017.11.14	九里校区 3609
10	液态核磁共振技术在结构生物学和代谢组学研究中的应用	胡凯锋	中国科学院昆明植物研究所	研究员	2017.11.14	九里校区 3609
11	Exploration of Versatile Geminal Bis(silane) Chemistry	宋振雷	四川大学华西药学院	教授	2017.11.28	九里校区 3609
12	木脂素天然产物的化学合成	彭　羽	兰州大学	教授	2017.11.28	九里校区 3609
13	荧光探针的设计策略与构筑	王雅雯	兰州大学	教授	2017.11.28	九里校区 3609
14	全合成的效率：生源假说与串联合成	刘　波	四川大学化学学院	教授	2017.12.11	九里校区 3609
15	A Step Beyond the Boundary of Traditional Aryne Chemistry	李　杨	重庆大学	教授	2017.12.11	九里校区 3609
16	多反应位点底物的设计及在不对称合成中的应用	闫海龙	重庆大学	研究员	2017.12.11	九里校区 3609
17	活性天然产物全合成研究：稠环骨架和手性季碳的高效构建	张　敏	重庆大学	研究员	2017.12.11	九里校区 3609
18	Fluorescent Guided Surgical Resection of Tumors Using Charge Balanced Near-Infrared Imaging Agents	Maged Henary	美国乔治亚州立大学	博士	2017.12.18	九里校区 3609
19	山地磷的生物地球化学循环	吴艳宏	中国科学院成都山地灾害与环境研究所	研究员	2017.12.20	九里校区 3609
20	Physician Assistants in the United States	Jennifer Moorfield	美国乔治亚州立大学	博士	2018.01.03	九里校区 3609

【科研工作】截至 2017 年 12 月底，我院新增科研项目 38 项（纵向项目 32 项，其中国家自然科学基金项目 10 项、省级项目 13 项、其他项目 9 项，横向项目 6 项），全年科研经费到账 602.48 万元（纵向 420.19 万元，横向 182.29 万元），人均到位科研经费 17.21 万元。

2017年度获批的纵向科研项目

序号	批准号	项目名称	负责人	经费（万元）	项目类型
1	2016-HM01-00260-SF	川芎α-淀粉酶抑制剂基因的表达、纯化及降血糖活性研究	周嘉裕	10	其他科技项目
2	81703813	藏医名方中有效单体挖掘及其诱导EPCs调控脑缺血后血管再生修复的研究	刘睿颖	20	国家自然科学基金项目
3	2015-HM01-00311-SF	三种山胡椒属植物中抗肿瘤活性成分及构效关系	蒋合众	10	其他科技项目
4	81773605	抗阿尔兹海默症二萜生物碱的发现、合成与作用机制研究	周先礼	62.5	国家自然科学基金项目
5	21702173	博落回植物源杀虫剂的设计、合成与作用机理研究	陈　伟	24	国家自然科学基金项目
6	21708030	近红外线粒体靶向pH荧光探针的合成及其在生物成像中的应用研究	吴明雨	23	国家自然科学基金项目
7	21775126	多孔磁性固定化金属亲和色谱纳米材料的制备及其在生命分析中的应用	封　顺	64	国家自然科学基金项目
8		中药材二氧化硫快速生物检测标准研究及推广应用	谭　锐	10	省、直辖市、自治区科技项目
9		川产道地药材（乌梅）综合开发与区域发展项目应用	谭　锐	22	省、直辖市、自治区科技项目
10	2017SZ0074	川产道地药材黄柏的炮制加工和质控关键技术研究	谭　锐	30	省、直辖市、自治区科技项目
11		黄柏中药材与饮片生产规范及标准制定	谭　锐	53.5	国家各部委项目
12		川牛膝重要与饮片生产规范及标准制定	谭　锐	63	国家各部委项目
13	21708031	光引发巯基-炔点击化学构建低脱靶双环稳定多肽体系及其生物学应用	田　原	26	国家自然科学基金项目
14	2017GZ0411	光控可逆转相的纳米颗粒乳化剂关键技术研究	孟　涛	20	省、直辖市、自治区科技项目
15	21776230	双水相液滴微流强化酶促反应机理研究	孟　涛	64	国家自然科学基金项目
16	2016NFPZX0046	渠县白芍优质高产高效益生产技术的集成示范与应用推广	张兴国	5	省、直辖市、自治区科技项目
17	2016NZYZF0025	川天麻金乌1号新品种在南江引种的集成技术应用于扶贫示范	童　妍	12	省、直辖市、自治区科技项目
18	2016ZR0257	土地利用与生态环境建设的协调研究---以四川省成都市为例	李　萍	5	省、直辖市、自治区科技项目
19		湖北五峰后河国家级自然保护区本底资源调查	茆灿泉	25	国家科技计划项目
20	2017JY0222	决明橙黄决明素生物合成关键酶基因的筛选与鉴定（面上）	周嘉裕	10	省、直辖市、自治区科技项目
21	2015-395-002	昆虫活性多肽构效与功能研究和开发	陆　群	50	国家各部委项目
22	2016Z013	四川常用藏药化学基因双指纹信息建设	任瑶瑶	40	省、直辖市、自治区科技项目
23	2016Q038	姜黄素新型脑靶向制剂制备及其靶向性研究	刘睿颖	2	省、直辖市、自治区科技项目
24	2017C001	藏药红景天美白会呼吸面膜的研制	刘睿颖	10	省、直辖市、自治区科技项目

续表

序号	批准号	项目名称	负责人	经费（万元）	项目类型
25		南江天麻.沐川科技扶贫项目专家工作经费（四川省三区人才支撑计划专项）	张兴国	4	省、直辖市、自治区科技项目
26	2016QQ040	川麦冬的特异分子标记和鉴定	魏桂花	2	省、直辖市、自治区科技项目
27	2015-HM01-00336-SF	金属-有机纳米孔洞材料可控合成与药物缓控释研究	王萃娟	10	其他科技项目
28	2015-HM01-00347-SF	神经病理性疼痛的机制研究	魏桂花	10	其他科技项目
29	2016YFB0700505	材料基因工程大数据技术在高铁材料中的示范应用	王晓敏	63	国家科技计划项目

【实验室工作】生命科学与工程学院实验中心成立于2013年9月，含生物、制药、化学化工等多个实验室。本科教学实验室位于犀浦校区6号教学楼，研究生、科研实验室主要在九里校区3号教学楼。实验室总面积约6 000平方米，各种教学科研仪器设备3 500余台套，仪器设备总资产合计约3 500万元。

实验中心面向学院化学化工系、药学系和生物工程系三个系的本科专业和全校相关专业（“环境工程”“消防工程”“材料科学与工程”“土木工程”“机械工程”“轨道交通”等）本科生开设包括两门四川省精品课程（生物信息、化学工程）在内的80余门实验课程，还为科研训练（SRTP）、大学生科创项目、个性化实验项目以及毕业设计等提供平台。同时中心还负责学院科研实验室的安全检查与监督，学院大中型仪器设备共享平台的建设与日常管理，易燃、易爆、易制毒药品的购置等工作。年服务学生人数超过3 000人，年均达80 000万人/时数。

2017年，中心配合学院完成了中央修购计划314.07万余万元制药工程专业药学实训平台设备的购置和验收工作，并争取了9.606万元用于购买配套设备。向学校额外申请了10万元维修专项用于维修损坏的大型设备。完成了123台设备的报废工作和近30吨实验室废液的处理处置工作。完成了峨眉校区原药学院中试车间的整体搬迁工作。同时2017年中心启动和实施了学院大型仪器设备的共享化建设工作。对实验中心实验用房重新进行了规划和调整，并预计于2018年完成全部建设工作。为了加强师生的安全意识，中心2017年还和资实处联合举行了危险化学品安全知识培训与危险化学品泄漏应急演练工作，取得了良好的效果。

中心紧紧围绕学院的发展和建设要求，本着服务学生和老师的根本宗旨，将中心规章制度化，工作规范化、高效化，充分利用两个校区的实验室资源，认真做好实验室建设规划，更好地为本科教学和科研服务。

【党建工作】全面学习贯彻党的十九大会议精神，深入贯彻落实习近平新时代中国特色社会主义思想，组织全体党员收看党的十九大开幕式，认真听取习总书记报告内容并开展支部专题学习；组织全体党员参加党建知识竞赛。学院现有教职工党支部4个，学生党支部6个，党员188个。

落实党政联席会议制度——坚持通过党政联席会议讨论和决定本单位重要事项，学院全年共召开21次党政联席会议。

党委履行党建主体责任——党委书记主持召开党委会10次、党委中心组学习11次，支部书记会议6次，积极研究部署党建工作，为师生讲党课，具体指导支部工作。按照学校要求，认真开展“两学一做”学习教育，抓好“两学一做”学习教育制度化常态化工作，认真接受学校党建工作检查。认真完成党员的基层组织建设，包括党组织发展、党员教育管理、党组织按期换届、党费收缴排查工作及党支部书记述职评议工作。

抓服务型基层党组织建设——为学生就业服务，学院制定了《毕业生就业奖励办法》，激励教师帮扶学生就业；为教学科研服务，学院党委委员成立教学检查领导小组，重点关注学院学风和教风情况；为学院安全稳定服务，党委书记每周安排实验室安全检查并督促隐患整改，学院全年安全稳定无事故。

加强思想政治工作——院党委委员参加各系党支部、群团组织活动，及时了解师生动态，有针对性开展工作；落实党风廉政建设责任制，重视师德师风学风建设；坚持党管宣传及意识形态工作，加强学院思想文化建设，落实意识形态工作责任；重视群团组织建设，指导工会、团学组织工作；充分发挥退休教师的作用，聘请退休教师担任兼职组织员、教学督导组成员，定期组织退休教师座谈；做好统战工作，重大事项充分发扬民主；做好保密工作，严格按照学校要求执行。

【学生工作】学院设立以专业为纵向本科党支部 2 个，以班级为横向研究生党支部 4 个。截止到 2017 年 12 月，学院共有学生党员 128 人，其中预备党员 33 人；全年送培入党积极分子 76 人，预发展党员培训 45 人，发展新党员 42 人。通过制定《生命科学与工程学院驻班党员制度》，选拔优秀党员带动学生党建工作。学生党支部共开展各类教育及特色活动 40 余次，校级示范党支部特色活动 2 项。

学院制定《生命学院本科生规章制度》《阶梯导师制实施方案》《无手机课堂倡议书》；修订《生命学院本科生考勤暂行规定》《生命学院导师工作手册》，成立学风建设工作领导小组和学风建设督察小组，学风建设月查课 16 次，每周组织新生、学生干部集体自习 5 次。学院每学期召集各年级班委开展工作学习交流会。全年先后召开班级各类主题会议共计 96 次，开展 7 轮班团干部轮训，培训学生干部共计 500 余人次。学院开展第六届班级精英挑战赛，实现班级 100%全覆盖；创新开展班团一体化建设，学院特称团支部建设率 100%。

学院通过制定《朋辈导师工作制度》、优秀校友专访等活动积极发掘优秀典型，现有 2016、2017 级朋辈导师 16 位，通过朋辈效应，发挥引领作用；学院评选省级优秀毕业生 2 人，校级优秀毕业生 17 人，“竢实扬华”奖章 1 人；先进班集体 4 个，优秀班集体创建特色班级 1 个。

学院致力于家校共育理念，建立由“《给家长的一封信》—特殊学生学业成长报告—家长微信群—学院家校共育服务平台”多点形成的家校互通平台。2017 年共发出《给家长的一封信》900 余封，家校共育服务平台微信公众号关注量达 1 920 人次。

学院承办第四届四川省大学生“生命之星”科技邀请赛、西南交通大学第二届“化而实习之”化学实验技能竞赛；组织学生申报 SRTP 立项 52 项、结题 46 项；开设创新讲座 17 场；学生获国家级、省市级、校院级奖项 108 人次。学院本科生在 2017 年度公开发表学术论文 9 篇，第一作者 4 篇；研究生以第一作者累计发表文章 121 篇（其中 SCI 文章 25 篇）。

2017 年完成学院新版网站搭建、官微栏目调整，搭建以学院官微为中心的一体化宣传平台，开设“生命学习”“生命话新闻”“纷·享”等专栏。截至 2017 年 12 月，新闻中心全年共发表新闻 240 余条，全年推送文章 283 篇；新浪微博现有粉丝 902 人，发送微博 275 条。

2017 年度，学院新建 3 个实习实践就业基地，开展就业指导活动 7 大类别，20 余项。全年发布招聘公告 70 余条，举办招聘会 31 场，求职创业补贴评选 25 人次；2017 届、2018 届毕业生求职指导覆盖 100%；2017 届本科就业率 99.1%，研究生就业率 100%。

学院通过打造新生导航计划加强认同教育，开展毕业季系列活动加强感恩教育 17 场，组织“两礼一会”大型文化活动，承办第八届“图书漂流”活动，开展“生晖讲坛”之经典“悦”读分享会收集读书笔记 251 份，微信推送优秀笔记 16 篇；开展“学习习总书记讲话，做合格共青团员”征文活动，推送优秀征文 19 篇；本年度共开展各类文体活动 44 项，文化素质讲座 12 场。学院于 9 月成立二、三课堂工作小组，制定《生命学院二、三课堂工作规范》，截至目前共开展第二课堂 7 类，31 项，累计参与 2 198 人次。同时学院通过搭建特色服务平台，开创特色服务支队 2 支，建立特色志愿服务基地 6 个，开展志愿服务活动 31 项，全年志愿服务对象共计 26 000 余人次。

学院开展新生“寝室名片”活动，共为 68

间新生寝室安装“名片”；继续开展第七届“寝有独钟”四院寝室文化节比赛，新生班级参与度77%；本年度我院共有22个寝室获得三星级文明寝室、83个寝室获得校级文明寝室、161个寝室获得院级文明寝室称号。

学院将安全教育纳入学生日常管理之中，开展安全主题教育17次，线上推送校园安全内容、开展实验室安全知识考试，线下开展“消防、救生、应急”疏散安全演练，实验室安全知识培训，本科生覆盖率达100%。新生开展心理健康主题教育2次；通过新生心理健康测评工作，对37名学生进行重点约谈；同时学院“导师阶梯计划”实现关注学生发展全过程。本年度学院建立重点学生档案96人，处理退学、休学问题9人。学院始终以安全稳定为首要任务，通过家校互通平台，执行学生网状维稳体系。2017年全年共组织开展寝室安全卫生检查21次，学院及时发现、处理并上报安全稳定事件18起，开展各类安全问题通报8次。学院本年度无学生安全事故发生。

【国际交流】本科生培养国际化：继2016年4月西南交大与美国乔治亚州立大学（GSU）签署生物工程类（中外合作办学）修订协议并恢复中美班招生（2016年招生26人）后，2017年12月西南交大又与GSU签署加强协议（拟将招生规模由30人扩大至60人），使项目规模及体系更加完善，目前2016、2017级中美班合计53人。同时，本年度首次突破性招收1名俄罗斯籍本科生在学院培养。另，2017年共有3位本科生出国学习交流（不计在GSU联合培养的2013、2014级中美班学生），12位美国学生来本院游学，6位外籍教师来本院授课。

研究生培养国际化：继续与美国乔治亚州立大学（GSU）开展硕士研究生中外合作办学项目（“双硕士1+2合作办学”），首批联合培养硕士研究生（2人）在美深造；同时，4名境外留学硕士研究生在本院接受培养（本院研究生课程大多采用双语教学）。

其他合作与交流：本年度举办知名专家创源讲座20余场，其中包括清华大学生命科学学院隋森芳院士、美国威斯康星大学药学系主任唐维平教授、美国乔治亚州立大学Maged Henary助理教授等。继续与本院多位外籍名誉教授（包括Thomas Silhavy（美国科学院院士，现普林斯顿大学教授）、Jean Chen Shih（中国台湾中央研究院院士，现美国南加州大学教授）、Robert K. Yu（中国台湾中央研究院院士，现美国奥古斯塔大学教授）进行深度合作。同时本年度本院教师申请国家外专局外专项目多项，多位教师参加各类国际会议，多位教师受邀为国际期刊审稿。

【工会工作】积极组织全院工会会员深入学习党中央的重大决策和学校的重要部署，积极组织学院工会委员、工会小组长共同学习学校工会2017年工作要点，共同研讨并制定我院工会2017年工作要点。学院工会主席积极参与学院党政议事决策，全年共参加学院党政联席会议22次。就学院教职工岗位考核任务、学院发展规划、师资队伍建设、年终绩效分配方案等建言献策，认真收集教职工关心的事项，切实发挥好桥梁纽带作用。

建立健全学院工会制度，明确工会委员各项分工，工作中坚持民主集中制原则，定期召开工会委员会和工会办公会议。由学院工会组织委员专项负责认真做好《四川省工会组织和工会会员信息采集登记表》工作。学院现有教职工96人，其中女教职工52人，非事业编制职工1人。贴心做好年度会员会费收取工作。学院工会分别荣获2015—2016工会“先进集体”和“先进女职工集体”称号。

学院工会现已将犀浦校区6教6423学院“教职工之家”打造完毕并向学校工会申请建家运行经费，现已投入运行，为全院教职工提供专门的空间和场地进行交流、活动开展、科研研讨和课间休憩场所得以保证。

学院工会通过建QQ群、微信群实现工会会员100%全覆盖；通过学院工会工作群、5个工会小组群便捷、快速传达和部署学校及学院工会重点工作；学院网站专门设立教职工之家板块，学院工会通过学院网站发表新闻22篇。积极主动向学校工会投稿，全年学院工会通过学校工会网站投稿共计23篇。通过“互联网+”开展工会服务，主动在学院微信群、QQ群及日常工作中了解和倾听教职工对于学院发展、工会建设的意见和建议，关心教职工所关心的问题，关注教职工所关注的事宜。

关心教职工身心健康，建立健全困难教职工电子档案，做好每个季度生活困难教职工的统计和帮扶工作，学院工会积极为6名生病教职工申请困难补助。慰问离退、困难教职工，对于生活困难、退休教职工、生病或家庭有重大变故的教职工，学院工会给予长期关注和定期走访。

关注和关心学院女教职工和青年教职工，坚持鼓励女职工每年参加学校组织的体检。认真组织新入职教师（4人）参加学校组织“四有”教师主题教育活动；鼓励单身青年教师（1人）参加教师联谊活动；积极组织女教职工（3人）参加学校组织的女性健康知识讲座；组织工会女干部（2人）参加学校开展的女工委心理调适活动；组织学院工会女职工（8人）参加学校“三八”国际妇女劳动节趣味活动。学院向成都市妇女联合会优秀女性人才推荐人选1人。

积极组织学院教职工参与各项文体活动，包括“三八”国际劳动节趣味活动、健步走、排球比赛、师生微型马拉松、篮球比赛、羽毛球比赛等，其中荣获排球比赛（女排组）季军；荣获学校篮球比赛第八名的好成绩。学院积极鼓励教职工参加各类协会，包括排球协会、合唱协会、羽毛球协会、舞蹈协会、瑜伽协会等共计10余人次；积极组织教职工参加学校各类体检；积极组织学院教职工（5人）参加学校组织的红色主题教育活动；积极倡导学院教职工进行爱心募捐。

扎实推进师德师风建设，加强教师师德师风宣传，要求所有新入职教职工专题学习“六禁止、红七条”。积极动员、认真组织学院教职工参加第八届青年教师教学竞赛，学院共有13名青年教职工参加初赛，在西南交通大学第八届青年教师教学竞赛决赛中，我院教师斩获佳绩，荣获一等奖1个，二等奖2个，三等奖2个。

（十五）力学与工程学院

【发展概况】学院现有教职员工80名，其中教授26名（博士生导师20名）、副教授23名、高级工程师4名，教师中博士学位比例超过90%。教学研究队伍中现有中国工程院院士“双聘”教授1人，“海外院长”1名，“长江学者”讲座教授1人。培育中组部“万人计划”领军人才入选者1人，“国家杰出青年基金”获得者1人，“长江学者”特聘教授1人，国家级教学名师1人，教育部新世纪优秀人才支持计划人选3人，德国“洪堡学者”3名，四川省突出贡献专家1人，四川省学术与技术带头人6人，四川省杰出青年学科带头人（四川省杰出青年基金）7人。建成基础力学、工程力学国家级教学团队2个，四川省青年科技创新团队1个。

在校学生：本科生442人，硕士生148人，博士生72人，留学生2人。在人才培养方面，因材施教，2017届研究生和本科生毕业生就业率达到100%，其中本科生升学率超过60%。学院拥有力学博士后流动站和力学一级学科博士点，下设动力学与控制、固体力学、流体力学、工程力学、基础力学与交叉五个二级学科。统招本科生专业有工程力学和飞行器设计与工程，具备了从本科、硕士、博士到博士后完整的力学学科高层次人才培养体系。学院拥有较好的科研、教学、实验条件，设备总资产达5 500多万元。拥有国家工科基础课程力学教学基地、国家级力学实验教学国家示范中心、“应用力学与结构安全”四川省重点实验室和“强度与振动”四川省高校重点实验室。工程力学专业为国家级特色专业，教育部“卓越工程师”教育计划试点专业。

【学科建设】按学校统一安排，力学一级学科参加“全国第四轮学科评估”工作，评为B级；力学一级学科点开展“学位授权点合格评估”准备工作。参与“轨道交通国家实验室”和“桥隧线国家重点实验室”申报筹备工作。加强博士后流动站的宣传管理，今年在站博士后达7人。1名青年教师入选中国科协“青年人才托举计划”，1名青年教师获中国力学学会“王仁塑性力学青年科技奖”，中国力学优秀博士学位论文提名1人。新引进清华大学优秀博士后1名、北京大学优秀博士毕业生1名。另外1名985高校毕业生正在办理入职手续，1 名海外博士毕业生、1 名 985 高校毕业生正经学校审核中。青年教师中有 7 名分别前往美国、德国、中国香港进行为期 1 年的访问学习。

【教学工作】2017 年完成新专业“飞行器设计与工程”首届本科生招生计划；2017 年研究生招生：博士生优质生源率 90%；硕士生优质生源率为 65%；博士生发表 SCI 论文 22 篇，毕业生人均发表 6.75 篇，与 2016 年相比增加 237.5%；开展 2018 年研究生招生宣传工作，报考力学研究生的考生人数达 105 人；首次开展暑期夏令营活动，取得丰硕成果：招收 7 个保送生，其中优质生源 6 人；1 名博士获得中国力学学会优秀博士论文提名奖；为研究生举行“创源”论坛 14 次，获得校级研究生教学成果奖一项。

建立了本科教学质量保障体系和本科教学管理与运行工作规范，圆满完成了本科教学审核评估任务。《工程力学》《材料力学》《理论力学》认证为国家级精品在线课程；《材料力学》通过四川省精品在线课程认证；四川省优秀教学成果奖答辩，获得了 2 项一等奖和 1 项二等奖；第十一届全国周培源大学生力学竞赛，获得了“理论设计与操作”团体赛优秀奖、“基础力学与实验”团队赛第 1 名；申报了中国高教学会理科教育专业委员会研究课题 1 项，参与申请中国高教学会重大攻关课题 1 项，获批校级教改项目 6 项；联合承办第四届全国力学实验教学会议（贵州凯里）；主办了“第九届大学生课外科技创新实验活动力学创新实验大赛”。

【科研工作】强化科研项目财务制度和科研经费规范使用，学院承担的各类科研项目没有出现严重的违规问题。应用力学与结构安全重点实验室队伍得到进一步加强，新增了先进设备和专用装置；召开了第 4 届实验室学术委员会会议；“应用力学与结构安全”四川省重点实验室年度考核为优秀；2017 年在研纵向项目 51 项（新增 26 项，含 NSFC 重点项目 1 项），全年到位科研经费 1 100 万元，其中纵向经费 670 万元，横向经费 430 万元；2017 年共发表 SCI 论文 69 篇，EI 及核心论文 16 篇、其他论文 15 篇；中英文专著各 1 部，英文合著 1 部；先后与中航成飞、中石油、中铁二局等 10 家单位进行了学术交流，取得了一定成果。

【党建工作】深入贯彻落实党的十九大精神，扎实开展“两学一做”学习教育。不断加强服务型基层党组织建设，切实发挥了基层党组织的战斗堡垒作用和党员的先锋模范作用。制定党建工作规划和党建工作责任清单并狠抓落实。抓好思想建设和制度建设相结合，提升领导班子执行力。重视意识形态工作、统战、工会、团委和学生工作等。力学实验中心党支部获学校“十佳”先进党支部称号，1 名教师获“十佳”优秀共产党员称号，2 名教师获优秀共产党员称号，力学实验中心党支部和 2014 级、2016 级本科生党支部分获教职工和学生“十佳主题党日活动”。将保密工作纳入学院党政工作重点，落实保密工作责任制，全年没有发生失密泄密事件。

【学生工作】以党建为龙头，在全院学生党员中扎扎实实开展“两学一做”学习教育，狠抓学生安全稳定工作常态化机制。针对学业困难、少数民族等各类学生谈话 350 人次。通过学院领导听课制度、诚信教育、课堂考勤、朋辈榜样作用发挥、“一对一”帮扶计划等方面开展学风建设。2017 届学生就业率 100%，其中升学深造率 60.92%，名列全校第一。构建全方位资助育人体系，一年来共获得资助 135 人次。大力推进第二课堂建设，丰富学生课余生活。2017 年学生个人获得各类表彰共计 383 人次。

【学术交流与国际化】举办“COMPSAFE2017 国际计算科学会议”“全国压电和声波理论及器件应用研讨会”各 1 次，“中国力学大会-2017”组织三个专题研讨会，组织西部力学论坛 1 次、校际学术交流会议 1 次，其他研讨会 4 次；邀请国外 20 位、国内 30 余位知名专家学者来我校开展学术交流和讲座；参加境外学术会议 11 人次；70 余人次教师和 50 余人次研究生参加国内学术会议并宣读论文；新设研究生交流培养项目 2 项；开设本科生双语/全英文课程 2 门、研究生双语/全英文课程 9 门、留学生全英文课程 3 门。4 名博士生获得国家留学基金委的资助，进入欧美名校进行联合培养，研究生参加境外学术会议 2 人次。

（十六）数学学院

【发展概况】西南交通大学数学教学的历史始于 1896 年，与学校的建设和发展历史同步。数学学院的前身是创办于 1958 年的唐山铁道学院数理力学系。在 20 世纪，黄寿恒、郭可詹、杨荣宝、黄克欧等著名数学前辈先后在数学学院任教，其中黄寿恒教授还被誉为“唐院五老”之一，一代代数学教师为学校“竢实扬华，自强不息”精神和“严谨治学，严格要求”特色的形成做出了巨大贡献。1960 年我校培养出首批应用数学专业毕业生，1978 年获国际戴维逊数学奖、2017 年获华罗庚奖的著名数学家侯振挺教授就是数学专业毕业生的杰出代表。1978 年 11 月，中国科学院原副院长、中国现代数学泰斗华罗庚先生来我校视察期间，对我校数学学科拥有的雄厚师资力量和丰硕的办学成果给予了高度的评价和赞扬。1982 年我校在全国工科院校中第一批获得基础数学硕士学位授予权，1985 年学校正式成立数学系，2008 年学校正式组建数学学院。数学学院现有四川省重点学科一个：应用数学;一个一级学科博士点：数学；两个一级学科硕士点：数学、统计学；本科专业三个：数学与应用数学、信息与计算科学、统计学。共有在校研究生、本科生 694 名，其中研究生 133 名。数学学院现有教师 106 人其中教授 16 人，副教授 37 人。中科院院士（双聘）1 名，国家有突出贡献的中青年专家 1 名，省学术和技术带头人 1 名，省“杰出青年基金”获得者 2 名，省学术和技术带头人后备人选 7 名，具有博士学位的教师比例高，成都、峨眉两校区平均达 75%，成都校区近 90%。

【党建工作】2017 年数学学院党委切实履行党委主体责任，贯彻执行学校党委的各项部署与决定，认真学习贯彻党的十九大精神，深入推进“两学一做”学习教育常态化制度化，落实全面从严治党，围绕学校和学院的中心工作，发挥政治核心和监督保障作用。坚持把习近平新时代中国特色社会主义思想贯彻到“坚持发展基础数学，建设以应用计算与数据科学为特色的西南交大数学学院”各项工作中，凝心聚力，在理科振兴和全面一流建设中取得了新的成绩。

数学学院党委深入推进“两学一做”常态化制度化，强化党的领导，不断完善学院内部治理体系，配合学校党委完成学院行政班子换届工作，推进校院两级改革和院机关结构调整。规范党建工作，制定《数学学院党建工作常态化管理办法》和《数学学院党委基层党支部考核办法》，以及教工和学生党支部建设规划等 10 余项制度，突出党建工作的实效性。强化基层党支部工作，2017 年完成党支部换届工作，配齐选强支部书记和支委，建立党委委员联系党支部制度。加强基层党支部支委工作培训和指导，注重发展党员、党员教育管理和“三会一课”等基础工作。落实党员应知应会知识考试和基层党支部书记述职评议考核。努力发挥基层党支部在教学、科研和推动学院博士点申报、“双一流”建设中的支撑作用。坚持民主生活会、党委委员双重组织生活和谈心谈话制度。基层党支部认真落实民主生活会和党员民主评议，开展批评与自我批评，不断提升党员党性修养。学院鼓励和支持党支部开展丰富多彩的组织生活，如教工党支部开展了“新时代新征途重走长征路”的主题党日活动，重温入党誓词、缅怀革命先烈等；学生党支部策划开展了“喜迎十九大”系列主题活动，“一二·九”唱红歌活动等，坚定理想信念。推进民主政治建设，积极发挥教授委员会在学科发展和学术探索中的引领作用和教职工参与学院民主管理、民主监督作用。二级工会开展换届工作，筹备成立教代会，制定数学学院《工会章程》和《教代会章程》。做好离退休教师工作，组织离退休教师活动，关心生病的离退休教师。学院团委组织团员青年，为学院发展积极建言献策。认真做好校友和引才引资工作，成功举办数 77 级校友入学40周年暨郭可詹教授100周年诞辰活动。新增“极客·数学奖学金”，学院发展的外部条件进一步优化。

【学科建设】2017年数学一级学科博士点申建成功，学院将围绕推进基础数学建设，着重培养和发展应用、计算和数据科学，力争建设和发展一个有计算数学、应用统计、数据科学为特色的数学学院的发展目标着力加强数学一级学科博士点建设。坚持发展代数、几何、泛函分析和微分方程与动力系统等基础数学学科方向，加强符号演算与机器证明、数值计算等计算数学方向的科学研究，力争在代数编码及其应用和大数据分析等应用数学研究领域开展应用合作。

继续推进基础数学学科建设。依托数学中心开展基础数学学科的研究与交流，培养学院优秀教师，引进高层次人才，力争在基础数学学科的建设中取得更大的突破。

着重培养和发展应用、计算和数据科学学科。邀请海外专家学者开设专业课程和学术交流，做好应用、计算和数据科学学科的人才培养工作。同时依托系统可信性自动验证国家地方联合工程实验室和金融大数据研究院，开展与应用、计算和数据科学学科的培训和合作项目，完成国内外创新研发，促进校企合作与军民融合。

坚持发展应用数学为主，专在智能信息处理，强在系统优化决策的数据科学学科，以符号演算与机器证明、信息编码、计算金融与金融大数据为强势学科方向，力争在数值计算、智能信息、系统优化等方面达到国内前列水平。重新发挥四川省现场统计学会的作用，面向社会，面向企业，面向其他高校，大力推动应用、工业、企业统计的科学研究。

【人才培养】2017年共完成本科生114门课，414个教学班，37 032人次；研究生42门课，77个教学班，5 173人次的教学任务。

抓学科竞赛，提学生创新能力。组织学校“新秀杯”数学建模竞赛，共有1 200多队、近4 000名同学报名参加。开展“实验竞赛月”等活动，指导同学们参加全国数学建模竞赛、美国数学建模竞赛以及“五一杯”“电工杯”等数学建模竞赛，共有1 400多队、4 000多人次的同学参加。全国大学生数学建模竞赛成绩名列全国第一（“大满贯”），2017年获得“高教杯”全国大学生数学建模竞赛一等奖5项、二等奖5项，四川省一等奖51项、二等奖22项、三等奖27项，合计110项；获“五一”数学建模竞赛、“中国电机工程学会杯”全国大学生电工数学建模竞赛一、二、三等奖合计411项；获“美国大学生数学建模竞赛”M奖（一等）、H奖（二等）、S奖（成功参赛）合计39项。全国研究生数学建模竞赛成绩名列全国前列，获得一等奖2队，二等奖12队，三等奖8对。全国大学生数学竞赛四川赛区一等奖37对，石岗同学（轨道交通信号与控制专业）以94分的高分并列全省第一名，他将代表四川赛区参加于明年进行的全国决赛。

抓教研教改，提教师教学水平，成效显著。积极组织和开展教改项目研究、实行课程责任教授制、试行网上阅卷、编写出版电子教材。“数学学习中心”开展“坐诊式”和全天候的学习辅导。第八届青年教师讲课比赛情况：共有64名老师参加第一阶段的初赛，共有20名老师参加第二阶段的初赛；共有15名老师进入学校的复赛；共有8名老师进入最后的决赛。获奖情况：3名教师获得一等奖，2名教师获得二等奖，3名教师获得三等奖。获西南交通大学本科教学成果奖5项，其中：一等奖2项，二等奖1项，三等奖2项；获四川省教学成果三等奖1项。教研教改深入推进：本年度申报校级教改项目13项，学校立项12项；省级教改项目2项。目前学院在研教改项目17项，含3项省部级项目，1项校级重大和1项校级重点项目。获得四川省教学成果奖三等奖1项（公示中）。出版“十三五”规划教材两部《概率与数理统计》（第二版）、《线性代数》。

数学一级学科博士点申报成功，为学校推动的理科振兴助力。学院积极开展培养方案和模式的研究；鼓励校内外师资共同指导本科生的毕业设计；坚持研究生讨论班制度以及论文外审与预答辩制度等；加大招生宣传力度，研究生生源质量持续提高，上线率超过50%，2017年研究生招生规模达到53人。

【科研工作】2017年学院科研项目和经费取得重大进展。获批国家自然科学基金面上项目1

项、国家自然科学基金青年项目7项、国际交流及合作项目1项、教育部人文社科项目2项。学院青年教师科研能力成长迅速，近三年学院国家自然科学基金青年项目资助率都远高于全国平均水平。新增纵向科研项目 24 项，到账经费 253.48 万元；新增横向科研项目 5 项，到账经费 101.26 万元。新增 ESI 热点论文 2 篇，ESI 高被引论文 1 篇。

【**师资队伍**】2017 年学院领导班子高度重视，教师积极参与，强力推进“人才强校主战略”。细化“引、育、逼”的具体措施，师资队伍建设有了新进展。崔宁伟副教授获西南交通大学唐立新优秀学者奖。新进青年教师6人，3人博士毕业于日本名古屋大学，法国巴黎第十一大学，香港科技大学海内外知名高校，3人博士毕业于四川大学、兰州大学等国内知名高校，师资招聘计划完成率 100%。周正春教授获“教育部装备部联合青年基金人才”，新增 SCI 期刊 Advances in Mathematics of Communications 编委。王璐获省教育厅哲学社会科学科研成果二等奖。

【**学生工作**】2017年学院共表彰7个荣誉集体和186名优秀个人，有63名同学获得各类奖学金。其中先进（优秀）班集体4个，院级示范团支部3个；省级、校级优秀毕业生15人，三好学生标兵、三好学生、优秀学生干部、明诚奖等 135 人，优秀团员干部（团员）40 人，星级志愿者 14 人；国家奖学金 9 人，获国家励志奖学金 17 人，专项奖学金 37 人，综合奖学金 149 人，唐立新奖学金奖章2人。组织学院表彰大会，加强先进典型事迹宣传。现有专项奖助学金 5 项，其中新设立奖助学金各1项，另有1企业奖助学金正在洽谈。

【**国际交流**】2017 年金融大数据研究院与斯坦福大学、卡耐基梅隆大学、哥伦比亚大学、加州大学戴维斯分校等世界知名高校进行了广泛的合作交流，共同开展项目基金申请和科研教学合作。2017年，金融大数据研究院举办了新兴市场与金融国际会议、金融预测与数据科学会议等国际会议。同时，学院也广泛邀请美国加州大学洛杉矶分校、美国普渡大学、新加坡国立大学，以及中国科学院、北京大学等国内外知名学者和专家到校交流，举行研讨会或学术报告60余次。

（十七）马克思主义学院

【**党建工作**】学院党委建构“一体、三维、三层次”立体化党建新格局。一体为党建主体责任；三维为“两学一做”学习教育常态化之下的从“大”处着眼进行党性教育、从“小”处着眼进行组织建设、从“长”处着眼进行制度建设；三层次为学习宣传贯彻十九大精神之下的点面结合学深、学研结合悟透、教宣结合践行。

在党建新格局下，学院党建工作取得显著成效，在 2015-2017 年度“创先争优”表彰中，学院党委荣获先进基层党组织称号，毛泽东思想和中国特色社会主义理论体系概论教研室党支部荣获“十佳”先进党支部称号，朱铃同志荣获“十佳”优秀共产党员称号，熊钰同志荣获“优秀党务工作者”称号。

【**学科建设**】教育部学位与研究生教育发展中心公布全国第四轮学科评估结果，我校马克思主义理论学科被评为 B+，在全国 231 所全国参评高校中，位列 10%-20%之间。获批马克思主义理论一级学科博士点。

【**师资队伍**】马克思主义学院 2017 年有教职工 89 人，其中专任教师 76 人，教授 9 人。学院有博士生导师 14 名（含兼职 6 名），硕士生导师 24 名（含兼职 5 名）。

【**人才培养**】在本科人才培养方面：（1）全面提升思想政治理论课的教学质量。校领导全员带头讲“思政课”；加强教学督导；实施“精彩一课”建设，2017 年 3 月验收 13 项 2016 年度“精彩一课”项目，合格率为 87%，全优通过率 40%；2017 年 6 月资助 23 人立项“精彩一课”，占全院教师的 40%。（2）深入推进教学改革。2017 年获学校教改立项 5 项，获得教学成果奖一等奖3项、三等奖3项，获学校优秀教改案例4项；制定《马克思主义思想政治理论课实践教学实施办法》，立项实践教学项目5项，资助金额25万元；推出“西南交大形势与政策课程教学平台”，积极探索考试方法改革。（3）努力进一步提升教师的教学水平，林伯海获评为全国“高校思想政治理论课教师年度影响力提名人物”，汪澎获“全国高校思想政治理论课教学能手”称号，刘锋获“全国高校思想政治理论课教学骨干”称号。（4）“毛泽东思想和中国特色社会主义理论体系概论”课被评为四川省精品在线开放课程。（5）《中国高等教育》报道我校思想政治理论课建设经验（胡子祥，林伯海.在改进中加强课堂教学质量[J]. 中国高等教育，2017(11): 62-63）。（6）深入推进党的十九大精神进课堂、进大学生头脑。按照学校的整体部署，圆满完成了教育部本科教学审核评估的各项任务。（7）思想政治教育本科专业2017年招生58人，现共有本科生102人。（8）接受教育部2017年本科教学评估，获得专家组充分肯定，专家组评价为：领导高度重视本科教学工作，人事经费等管理制度充分体现了本科教学中心的地位；教学单位支持教师提升能力水平，开展教研总体情况好；教授为本科生开课情况好；课程教学质量保障体系完整，运行良好；教学激励机制制度健全，评选“明星教师”老教师传帮带等有特色，有效果；“从中国高铁辉煌成就看社会主义优越性”等课程顶层设计好，影响大。

在研究生人才培养方面：完成马克思主义理论一级学科博士点申报工作。抓好招生宣传，吸引优质生源。做好研究生招生复试工作。推进研究生学术素养提升计划。邀请名家讲座，举办学术沙龙。共举办创源大讲堂23场，中铁隆大讲堂3场。做好硕士和博士研究生的开题，中期考核及预答辩工作，开题考核：博士12人，硕士21人；中期考核：博士8人，硕士14人，预答辩博士7人。做好答辩和授位工作。毕业博士11人，硕士12人。进行超期博士硕士的清理工作，对超出博士6年最长学制的人进行清理，共清退1人，结业4人。进行辅导员专项博士生的集中培训。先后2次进行全体博士学业汇报及辅导员博士封闭培训。举办研究生导师论坛，提高导师指导水平。

【科学研究】（1）建立科研团队制度，学院建立了7个科研团队，由经验丰富的教授担任团队负责人，团队均有明确的研究方向，基本稳定的研究人员，合理的研究计划，现已有序开展研究工作。（2）成立校级研究机构“习近平新时代中国特色社会主义思想”研究中心。（3）林伯海教授领衔申报国家社科基金重大招标项目《大数据时代西方主要社会思潮的发展动态及其批判研究》获国家社科基金重点项目立项，方纲申报的《雾霾天气持续下城市居民的社会心态及其引导研究》获国家社科基金年度项目立项，李世敏申报的《新媒体时代社会主义核心价值观的有效传播研究》获国家社科基金青年项目立项。（4）林伯海教授获四川省第十七次哲学社会科学优秀成果奖二等奖，田永秀教授、郭海龙副教授获四川省第十七次哲学社会科学优秀成果奖三等奖。

【学生工作】（1）打造学生工作党建品牌，博士宣讲团先后赴校内宣讲数86场；博士党支部连续获评校级先进示范党支部。（2）日常管理分类指导，完善日常管理及育人体系。学生3人分别获国家奖学金、国家励志奖学金。（3）走学工队伍专家化、职业化道路。学生工作组成员获得了全国SYB讲师资质，全国创业实训师资助理资质，职业生涯规划师资质等；主持课题8项（省部级课题1项），出版专著1部，发表论文8篇（1篇C刊，2篇C扩），先后获得四川省政府第十七届哲学社会科学二等奖及其他众多奖项。

（十八）心理研究与咨询中心

心理研究与咨询中心作为学校发展的保障型二级教学、科研和公共服务机构，按照学校要求承担着全校的心理健康教育、心理咨询与危机干预、通识与素质教育、专业教学、学科建设、社会服务，以及全国高校心理健康教育与咨询示范中心和省级平台建设等工作。

【师资队伍】心理研究与咨询中心现有教职工39名（含峨眉校区4名），其中专任教师33名，有博士学位12名（含3名海归），教授3名、副教授8名。教育部全国高等学校心理健康教育专家委员会委员 1 名（副秘书长），教育部心理学科类高校教学指导委员会委员 1 名，四川省学术与技术带头人 1 人，四川省教学名师 1 人，四川省高校心理健康教育专家组成员 2 人。选派 1 名骨干教师赴美国进行为期一年的访学进修，1 人赴美参加卓越教师学会年会。中心加强对咨询老师的督导培训，其中邀请校外专家督导 6 场次，校内同辈督导 18 次；案例分析与督导 32 次，对院系辅导员的案例督导 27 次。本年度，1 人获评学校唐立新优秀教师奖，1 人次获得西南交大青年教师教学竞赛一等奖，1 人次获得四川省心理健康教育教学竞赛一等奖，向学校推荐“雏鹰计划”2 人，“扬华计划”1 人，“青苗计划”1 人。

【党建工作】心理研究与咨询中心直属党支部成立于 2016 年 4 月，现有党员 34 人，其中教师党员 19 人，学生党员（含研究生）15 人；支部下设教职工和学生两个党小组；配有直属党支部书记、副书记，主持工作副主任、副主任和主任助理，领导班子已全部配齐到位。2017 年，中心共发展党员 6 人，转正 7 人（其中研究生党员 1 人）。

心理研究与咨询中心直属党支部作为学校党委下设二级党组织，进一步强化党建主体责任，坚持直属党支部书记是中心党建第一责任人，强化班子成员“一岗五责”要求，认真贯彻落实中央重大决策部署和学校党委重要工作部署。进一步明确了党政联席会议是中心重要事项具体决定的主要组织形式，制定了《心理研究与咨询中心党政联席会议制度（试行）》《心理研究与咨询中心三重一大集体决策制度》等一系列制度，并以党政联席会议的形式，统筹部署“两学一做”学习教育常态化制度化工作，学习传达和制定《心理研究与咨询中心直属党支部对照中管高校巡视发现问题的专项整改任务书》，组织学习党的十九大精神、新修订党章和习近平新时代中国特色社会主义思想，学习中共西南交通大学委员会十四届八次全体（扩大）会议精神，研究制定心理研究与咨询中心创一流工作计划方案，进一步强化党的建设核心地位。

深入推进“两学一做”学习教育常态化制度化，巩固“两学一做”成果。根据学校党委督导工作的统一部署，中心分别于 6 月和 11 月接受了学校“两学一做”学习教育督导检查，并严格按照督导反馈意见进行对标整改。通过整改，中心加强了领导班子建设，党政领导已全部到位；制定了心理研究与咨询中心党的组织生活计划，支委委员联系指导党小组制度，明确任务分工和工作职责要求；严格执行三重一大集体决策制度，2017 年共召开党政联席会议 11 次，会后形成会议纪要，通过 OA 报送党委组织部；严格执行党的组织生活制度，将单周四下午固化为组织生活时间，本年度开展党组织生活 23 次，定期开展党员民主评议；按期开展中心领导班子民主生活会；举办党员党建知识考试 1 次；先后制定了《心理中心两学一做常态化制度化工作方案》《心理研究与咨询中心贯彻落实“准则”和“条例”工作方案》《心理研究与咨询中心三重一大集体决策制度》《心理研究与咨询中心党政联席会议制度（试行）》等“两学一做”制度化常态化工作制度。

狠抓基层党组织建设，发挥基层党组织战斗堡垒作用和党员先锋模范作用。中心党支部下设教师和学生党小组，分别负责教职工党员和学生党员的教育、发展工作，严格落实“三会一课”等组织生活制度，中心党支部书记联系指导教工党小组，主持工作副主任和学生工作组组长联系指导学生党小组。教工党小组利用组织生活学习《西南交通大学加强教师思想政治工作和师德师风建设实施细则（试行）》，将师德师风与年底绩效考核挂钩；中心党支部书记带头给党员和支委干部讲党课，党员教师带头做心理咨询辅导近 600 人次，处理心理危机干预工作 27 起；教师党员冉俐雯老师获得学校讲课比赛一等奖和四川省心理健康教育讲课比赛决赛一等奖。本年度，中心没有出现一起意识形态重大教学事故和师德师风问题。学生党小组先后组织开展了“重温入党誓词”，学习《准则》《条例》，“十九大与我”图文征集大赛，学习十九大精神，观看“《榜样》纪录片”等一系列主题党日活动。在 9 月迎新、“325 善爱我”心理健康教育等活动中，学生党员主动承担，积极参加志愿服务，佩戴党徽，亮身份、做表率，充分发挥了基层党组织战斗堡垒作用和党员先锋模范作用。

主动融入大思政教育格局，积极营造校园心理育人氛围。在今年的一级学科博士点申报中，中心的成果有力支持了马列主义一级学科博士点申报工作，并设置心理健康博士学位专业方向。2017 年，中心首批招收 15 名硕士研究生，作为大思政框架下心理健康教育学生骨干队伍。

以党建为统领，工作成效显著。一年来，中心在人才培养、科学研究、社会服务、文化传承与创新和国际化等方面取得了一些标志性成果，如：荣获第九届全国高校校园文化建设成果特等奖，实现我校在此项目中零的突破；又一次通过了四川省哲学社会科学重点基地（心理健康）评估，获得四川省哲学社会科学科普基地十佳基地称号，成都市哲学社会科学科普基地常务理事单位，保持了在四川省的领先优势；获得四川省教学成果二等奖，《当代青年心理学（一）（二）（三）》获选“十三五”国家级课程；开发了中国人心理健康状况与预警评估平台；承担了四川省哲学社会科学重大规划项目“灾难心理学”学科建设；青年教师蔡雪丽获批 2017 年度国家自然科学基金项目 1 项，中心实现国家青年自然基金项目零的突破；在双一流建设和本科教学审核评估中，中心都作为学校的特色和亮点，得到专家的一致好评。今年四月，教育部陈宝生部长专程来到心理中心，就新时期开展心理健康教育理念、途径、模式、方法进行专题调研，中心作了“扎根中国大地，育德育心育人，走中国特色心理健康教育之路”的专题汇报，受到部领导的高度赞扬。

【人才培养】

1. 高度重视和加强本科教学工作。目前开设通识课程 8 门，54 个教学班，选课总人数为 5 986 人；专业课程 32 门，二专课程 23 门。全年 10 门课程接受学校课程质量评估，其中 4 门评估结束，3 门优秀；中心教学督导组抽评 10 门课程进行单向评估。在本科教学审核评估期间，“幸福心理学”课程教学受到评估专家的好评，并肯定了中心的课程体系。经过一年的努力，“当代青年心理学（一）（二）（三）”获评为 2017 年国家精品在线开放课程；获得四川省教学改革成果二等奖 1 项；获批校级教改项目立项 11 项；开设 2 门跨学科课程；发表教改论文 15 篇；2 人在第十届全国心理卫生学术大会心理健康教育教学分论坛发言，1 人在四川省高校心理健康教育专委会年会上发言，3 人次主持校级教学工作坊活动。组织学生到龙泉洪安镇川西监狱、工程训练中心等实践基地进行学习实践活动。

2. 大力加强学科及研究生教育工作。2017 年心理中心新增心理学一级学科硕士点，首批招收 15 名研究生；中心承担了四川省哲学社会科学重大规划项目“灾难心理学”学科建设；中心的国家和省级平台、国家级教学成果奖、国家级精品课程、国家级重大科研项目等标志性成果有力支持了马克思主义理论学科一级博士学位点申报工作，并设置了心理健康博士学位专业方向，为学校优化学科布局和争创“双一流”做出了重要贡献。根据 2017 年上海软科“心理学科”学科全国排名显示，我校心理学科排第 45 名（前 50%）。

3. 加强实验室平台建设，服务实验教学。2017 年，中心又一次通过了四川省哲学社会科学重点基地（心理健康）评估，保持了在四川省的领先优势。荣获四川省哲学社会科学科普基地“十佳基地”称号，获选成都市哲学社会科学科普基地常务理事单位；完成了国拨项目西南交通大学心理健康教育大数据集成及分析系统设备购置任务，项目经费 144 万。完成外文资料室的建设和虚拟现实实验室设备升级。完成 25 门心理中心承担的课程实验教学大纲的编写。面向全校开设了 3 项个性化实验；举办了第七届西南交大大学生模拟心理咨询大赛，15 个学院 150 名学生参与；举办了 64 场创新讲座（心理沙龙），受益学生近 1 300 人；组织团体心理辅导 20 场，受益学生 500 人次。开放个性化测评、心理压力调试、沙盘辅导、虚拟现实、生物反馈训练等实验室，受益 2 000 人次。在 2017 年西南交通大学实验室考核评比中，心理健康教育实验中心被评为“先进集体”。

4. 人才培养成果显现。本年度，中心有 1 人获评校级优秀毕业论文（设计），获批省级科创立项 2 项，校级 SRTP 立项 19 项、结题 14 项，院级科创以及科研论文 11 项。获得“先进班集体”1 个，“特色班集体”1 个，“竢实扬华”奖章获得者 1 名，唐立新优秀学生标兵奖学金获得者 1 名，国家奖学金获得者 1 名，国家励志奖学金获得者 4 名，专项奖助学金 5 名；荣获省级优秀毕业生 1 名，校级优秀毕业生 3 名，“三好学生标兵”1 名，“三好学生”8 名，“优秀学生干部”8 名，“明诚奖”11 名。中心的学生综合奖学金率达到 37.3%，2017 届毕业生升学率达到 50%，深造率位列全校第二名。此外，中心还组织学生开展了“关爱留守儿童——心毅行”“三下乡”活动、“绿色出行”的“交通公益”活动、三个月一次的“校园清扫”志愿活动、中心社科基地志愿者服务等活动，培养学生的社会责任感和主动担当精神，传播正能量。

【科学研究】中心进一步加强教育部“全国高校心理健康教育与咨询示范中心”科研团队的国际化培育，8 月在美国进行为期一年进修学习的 1 名骨干教师学成归国，将所学经验在中心进行了内部培训。心理学一级学科硕士学位点于 9 月招收了第一批研究生，覆盖灾难与应急心理学、心理健康教育与咨询、青少年发展与职业心理、心理测评与实验技术等四大特色方向。

2017 年，四川省重点研究基地“心理健康教育研究中心”资助立项重点项目 7 项，一般项目 22 项，自筹项目 7 项。资助单位包含省内外高校、科研单位等，标志着我校心理健康教育重点研究基地的社会影响力进一步扩大，发挥省内引领、省外辐射的作用。

2017 年，四川省一级学会“省心理健康教育研究会”通过开展心理沙龙，心理培训，心理辅导等工作，为我省心理健康事业的发展做出了积极贡献。

2017 年中心获批国家自然科学基金青年项目立项 1 项，省级重点基地立项 6 项，四川省社会科学研究规划项目立项 2 项，国家社科基金青年项目在研 1 项，四川省科技支撑项目结题 1 项、在研 1 项并通过年度检查。公开发表论文 18 篇。

【管理与服务】在学校的领导下，通过多年的努力和积淀，我校已经成为全国高校心理健康教育与咨询工作的一面旗帜和排头兵。2017 年 4 月，教育部陈宝生部长莅临中心检查指导工作，就新时期开展心理健康教育理念、途径、模式、方法进行专题调研，中心作了“扎根中国大地，育德育心育人，走中国特色心理健康教育之路”的专题汇报，受到部领导的高度赞扬。

1. 服务全校师生心理健康教育。心理中心作为心理健康教育公共服务平台，2017 年共接受咨询 1 021 人次，咨询主要问题集中在自我认知、人际交往、恋爱问题、学习问题、求职择业等问题。本年度共处理心理危机干预工作 30 起，问题主要集中在抑郁症、精神分裂等精神类问题。此外，中心与校工会合作开展了“西南交通大学女工委员心理调适活动”，全校近 60 名女教职工参与此次活动；为全校 27 个教学单位的 240 余名心理健康委员开展培训，为大学四年的心理健康保驾护航。

2. 开展新生心理健康测评，为新生保驾护航。今年共完成 2017 级本研新生测评 9 859 人次，其中本科新生 7 249 人次（含峨眉校区 1 019 人）研究生新生 2 610 人次。重点约谈和回访学生 806 人，其中本科生 711 人，研究生 95 人。

3. 构建完善心理健康督导、联动机制。建立健全心理咨询值班制度、转介制度、咨询室工作规范、来访者知情同意书等。特别是在督导模式方面，开创了咨询老师+督导老师、咨询老师+督导老师+辅导员、咨询老师+督导老师+家长、咨询老师+督导组、咨询老师+辅导员+督导组+中心领导+学院领导+学生处领导等工作模式，针对危机及困难案例进行有效的督导工作。通过加强与学生处的沟通联系，在危机学生的干预工作中与学院、学生处密切沟通和相互支持，帮助学生解决问题、度过危机，逐步完善“三级心理危机防御”与“五级联动”的危机干预体系，为学校的安全稳定工作提供了有力的保障。

4. 营造心理健康校园文化。中心充分发挥心理健康专业优势，引领和培育“阳光、感恩、坚韧、创新”为理念的校园心理文化氛围。组织开展了“325 海报征集”、“心情故事”等文化活动，承办了校团委第二课堂精品项目“谁的月亮谁的心”心理短剧表演比赛；中心指导的演讲与口才协会举办了“话响交大”演讲比赛；联合四川大学、西南财经大学、川旅、川艺、成都工业、西华大学等七所高校成功举办了“为爱发声”演讲比赛并荣获四川省“联盟杯”比赛三等奖；联合峨眉校区社交与口才协会和交大官微举办了第二届“扬华杯”主持人大赛，得到四川省和成都市电视台的大力协助和一致好评；演讲与口才协会被评为“全国大中专学生最具影响力文艺社团”荣誉称号。2017 年，中心荣获第九届全国高校校园文化建设成果特等奖，实现我校在此项目中零的突破。

5. 面向校内外，服务学校重大工作。我校的心理健康教育工作已成为学校的一张名片，在双一流建设、各专业认证评估、本科教学审核评估中，作为学校人才培养的特色和亮点工作而成为评估专家集体考察的重要单位，得到专家们的一致好评。本年度，先后有广西社科联、华南农业大学、北京林业大学、重庆师范大学等近 20 所高校和社会团体来访参观学习和交流；教育部领导视察我校心理中心后评价为“全国示范中的示范”。

（十九）工程训练中心

【师资队伍】

1. 师资队伍规模扩大结构改善。中心共有教职工 40 人（校内编制 31 人、劳务派遣 9 人），具有研究生学历的有过去 11 人增加到 13 人；具有本专科学历的有过去 10 人增加到 20 人。近年来师资队伍的建设得到了学校的大力支持，教师的学历层次有了提升，教师的年龄趋向年轻化，教师队伍整体结构得到了优化，增加了活力，初步形成了一支有较高水平的实践教学模块带头人和实践教学骨干队伍。

2. 师资队伍教学水平不断提高。2017 年中心教师编写工程训练教材 600 千余字；完成学校 SRTP 项目 3 项；指导学生参加全国大学生工程训练综合能力竞赛获得国赛二等奖 2 项，省赛一等奖 4 项、二等奖 10 项、三等奖 2 项；获得校级优秀实习团队二等奖 1 项；获得省级教学成果奖 1 项，校级教学成果一等奖 1 项。中心目前已形成了一支有活力、有潜力、有一定实力的实践教学队伍。

3. 多措并举加强师资队伍建设：（1）分类型培养实践教学队伍：技术型/技能型实践教学队伍；技术型/研究型实践教学队伍。（2）以教学模块为单元开展教学研究活动，今年组织中心老师开展教学研究活动共计 15 次，参与教师 180 余人次。（3）加强交流与培训，提高教师教学水平：鼓励教师参加各种工程训练会议；参加学校教师发展中心的培训；参加企业举办的 3D 打印培训；参加中心开展的激光加工等培训活动。（4）建立有效的激励机制，严格考核制度：将教师的教学效果与岗位绩效考核挂钩。

4. 以特色活动为载体提升师德师风：（1）为提升中心教职工人文素养，继续开展“经典悦读”活动，14 名教职工撰写了心得体会，其中有 3 篇在学校主页山海原经典网刊登。（2）为引导中心党员在工作中切实发挥模范带头作用，开展“铭记抗战史，学习交大人，共筑交大梦”主题党日活动，并获得学校“十佳教职工主题党日活动”。（3）为让中心教职工感受中华语言与文化的魅力，开展“赏诗文 润心田”为主题的朗诵活动。（4）为留住实训历史的记忆，开展“重温工程训练情怀，惜别九里实训基地”为主题的教职工座谈活动。（5）开展“青年教职工理想信念”访谈调研活动，完成学校党建基金项目 1 项，发表论文 1 篇。

【人才培养】

1. 克服搬迁带来的困难，顺利完成教学任务：（1）基础训练：全年完成基础训练共计 2 908 人，30 多万人学时，涵盖机械、力学、电气等 11 个学院共 22 个专业。新增利兹学院机械专业的工程训练。（2）综合训练：全年完成综合训练共计 851 人，73 360 人学时。涵盖 2016 级电气学院所有专业，信息学院 2016 级自动化和轨道交通信号控制专业，2015 级产品设计专业。（3）选修课：开设了 3 门选修课。（4）组织完成 2015 年 2 项校级教改项目的交流研讨及评审及 1 项重大项目的中期检查。组织申报并获批 2017 年西南交通大学校级教改项目 2 项。（5）完成实训报告的修订。（6）参加 2017 年第五届全国大学生工程训练综合能力竞赛，获国赛二等奖 2 项；完成学校 2016 年 SRTP 项目结题验收 3 项；新获批学校 SRTP 项目 3 项，其中省创项目 1 项。

2. 创客活动精彩纷呈，创客平台力争再上新台阶。（1）2017 年 5 月，积极争取，全力承办由成都市教育局和西南交通大学主办的“中美青年创客大赛成都分赛区比赛”。来自四川大学、重庆大学、贵州大学等 28 所高校、10 多家企业的 101 个团队，334 名创客报名参加了比赛。经过筛选，西南地区 47 个创客团队参加了成都赛区的比赛。（2）组织成都赛区创客团队参加在北京市中华世纪坛举办的“2017 共创未来——中美青年创客大赛”总决赛与系列活动。（3）开展“IOT 之夜”活动 10 次，“创客夜校”活动 12 期，累计参与人数 1 200 多人次。接待课外科创同学约 3 500 人次。（4）积极申报首批建设中美青年创客交流中心。受邀参加了 11 月 12 日，在苏州市举办的中美青年创客交流中心建设研讨会。会议由教育部国际司主办，教育部留学服务中心、苏州独墅湖教科创新区、英特尔公司共同承办。教育部国际合作与交流司领导、苏州工业园区管委会代表；清华大学、北京大学、上海交通大学、中国人民大学、西南交通大学、美国圣母大学等 17 所中美高校领导；中兴通讯股份有限公司、北京歌华文化发展集团、英特尔公司、微软、IBM、亚马逊等 11 家中美企业领导，会同 80 余名中美有关高校和企业代表参加会议。冯晓云副校长带领我中心教师参加会议，并做报告。（5）校企合作。Intel 捐赠志愿者服装 250 套，Intel 赴中心开展研讨活动 4 次，我中心赴 Intel 开展研讨活动 2 次；神州高铁捐赠人民币 50 万元，赴中心开展研讨活动 2 次。（6）社会服务。接待社会预约来访 19 次，其中大学 4 次，政府机关 2 次，企业 4 次，个人性质 9 次，共计 123 人，含 60 名港澳台同胞，2 名英国创客。

【管理与服务工作】

1. 齐心协力，顺利完成中心搬迁任务。2017 年中心整体搬迁，中心领导班子高度重视，制定周密详细的搬迁计划和应急预案，带领广大教职工全力以赴，克服困难，在学校多部门的支持配合下在规定的时间节点完成了 1 000 多台设备仪器的搬迁、安装和调试工作，完成了所有办公家具、工具材料等搬迁任务，保证了实训教学的正常进行。

2. 凝心聚力，全力做好本科教学迎评工作。搬迁的同时迎来了本科评估，在时间紧，任务重，要做的工作千头万绪的情况下，举中心之力，集中心之智，积极做好迎接本科教学审核评估的准备工作。按照学校要求及时提交了《工程训练中心本科实习实践质量保障自评估报告》《工程训练中心本科教学年度报告》《工程训练中心本科教学工作审核评估自评报告》等迎评教学资料，使本科教学评估工作顺利完成。

3. 加强实验室建设，提高实训装备的技术水平。完成 2017 年度教育部改善基本办学条件项目，完成总值 346.595 万元、294 台（套）设备的安装调试和验收，大部分已投入教学使用，有力地配合了搬迁后的教学工作；完成 2018 年度教育部改善基本办学条件项目计划申报，顺利通过教育部专家组审核；对中心房屋和设备等资产进行了全面清查，按学校资实处要求完成和上报了九里校区和犀浦校区房屋资产清查报告；配合搬迁任务，完成报废设备的报批和移交，及时维修故障设备，保证教学正常进行。

4. 凝练中心文化，优化育人环境。新建成的工程训练中心其建筑和周边环境优美，但内部人文环境还需要建设完善，中心文化建设小组，群策群力做好顶层设计，查阅和搜集大量资料和图片，多次召开审定会，不断完善方案、内容。文化建设突出工程文化、安全文化、创新文化、工匠精神等内容，覆盖中心 A 座和 B 座各楼层。

5. 扎实开展安全教育活动，树立“以人为本，安全第一”的思想。继续落实日常的安全检查制度，确保中心实训无安全隐患；中心全部实训场地安装了安全警示牌，标明了所有安全通道；实验室管理规定、设备操作规程及管理制度全部装框上墙，安全责任落实到个人，所有工种和实验室的管理人员情况均张贴在各入口；安全情况每周汇总，发现的问题及时纠正整改；继续开展消防安全培训，提高消防安全意识，保证中心环境安全。

6. 创新工会活动载体，增强教职工凝聚力。中心工会开展形式多样的教工文化和体育活动，举办 “迎新春 包饺子 唱欢歌”联欢会；开展以“强壮体魄，快乐工作，健康生活，展现风采”为主题工间操活动；开展庆祝“三八妇女节”系列活动；组织教职工参加校工会 2017 阳光体育之健步走活动；组织代表队参加学校“华沐杯”教职工篮球比赛和教职工羽毛球赛；开展迎接十九大“健步走，跟党走”健身活动；开展“重温工程训练情怀，惜别九里实训基地”为主题的退休职工座谈活动；开展送温暖活动，定期慰问退休职工和生病职工活动等。

【制度建设】修订中心教师参与省级及以上竞赛指导工作的奖励方案。

（二十）体育工作部

【体育建设工作】体育工作部启动落实《西南交通大学体育工作实施办法》工作；根据学校第十四次党代会任务、十四届八次全委（扩大）会精神、思想政治工作会议精神、各类决定决议和年度工作要点、重要专项工作等内容，体育部在立德树人，构建“四维一体”的创新人才培养体系；加强体育教育，支持学生开展各类体育活动；建立民生问题台账，学校公共设施和活动场所优先为师生服务等方面做了卓有成效的工作，完成了学校工作要点的分解任务。

1. 首先对体育部进行顶层设计，进行了学生体质状况与体育课改革；依据教育部关于印发《高等学校体育工作基本标准》（教体艺〔2014〕4 号）等通知，经过 2016—2017 学年第二学期第九次校长办公会审议通过，西南交通大学出台了“西交校〔2017〕14 号文件”《西南交通大学体育工作建设实施方案（试行）》。这是学校体育工作部工作指南，也是学校对体育的考核内容。体育工作做了如下改革：

① 建立健全学校、各职能部门、学院、体育部、学生一体的系统组织机构——西南交通大学体育工作委员会；

② 将体育工作分类评价体系；学生体质健康测试评定体系；体质健康测试评价体系。建立学校系统评价体系纳入评优、考核体系；

③ 体育教改系统模式的建立。

2. 完成了科职行政岗位评聘工作。

3. 完成本科教学审核评估工作。

迎接校内专家和校外专家两次评估。评估专家高度评价了体育工作部汇报材料的全面性，赞扬体育工作“组织到位、认识得体，有亮点、有特色”。

4. 团队工作高效务实。发挥教授委员会的督促作用、工作团队的服务作用、科研团队的创新作用。

5. 组织完成体育部工作简报。本学期双周体育部定期发布《体育部工作简报》，向教职工通报近期部门党政工作、教学科研工作、群体竞赛高水平工作、实验室工作等各项工作的开展情况。

6. 贯彻落实签到制度。运用手机 APP 进行本科教学、运动训练、行政工作等签到制度，对规范教学秩序、监管运动训练、提高教辅人员的服务意识起到了督促作用。

7. 完善体育工作部网络平台网页工作。对体育部网页进行修改、完善内容建设工作及加强网络宣传工作。加强网站双语建设工作。

实行土木工程学院师生体质健康提升计划，开展讲座、教师体质健康测试及师生体制健康运动会工作；两名国际裁判参加国际赛事；成功中标 2018 年第一批四川省科技计划项目（社发重点）、完成论文 12 篇。

【党建工作】2017 年，体育党支部带领支部 46 名党员，从加强班子队伍建设上着手，从服务师生生方面着力自觉把，党建工作和学校教育、群体竞赛、师生体质提升等方面有机结合，互相促进。

1. 加强党员理论学习，不断提高队伍素质。认真开展形势政策宣传教育活动。2017 年初支部大会制定了党的理论学习计划，从 20 个方面进行学习，包括了支部书记讲党课、十九大精神集体研讨、专家讲座等如沈火明常委主讲的“不忘初心牢记使命为建设教育强国贡献力量”的十九大精神学习辅导。本学年我支部总共进行了 12 次党员学习，党的主题活动 2 次，党员和教职工积极主动性实践活动（备课）8 次，培养和发展党员 3 人次。

2. 开展主题创建活动，不断推进党组织文明建设。

① 开展主题党日活动，发挥党员同志的带

头作用，开展各项教职工活动 15 次；

② 全面、深入推进创先争优活动。

3. 全面学习党的十九大精神。在“学”上下功夫，在“做”上下功夫，在“干”上下功夫，在“专”上做文章。通过专家讲座，党员同志集体研讨等形式将十九大精神贯穿和落实到教育工作和党政工作上。

4. 以思想政治工作为重点，不断深化作风建设。

① 突出抓好思想政治建设，认真执行民主集中制，开好民主生活会；

② 切实加强队伍建设，不断强化大局意识、责任意识、发展意识、创新意识；

③ 重点加强作风建设，认真落实党风廉政建设责任制和党内民主生活会制度，建设团结、和谐的领导班子。

【教学工作】2017 年，体育教学工作在“充实内涵、提高质量、强化管理、锐意改革”的总体发展思路指导下，以提高课堂教学质量为抓手，进行了课堂教学大检查，引领体育部全体教师遵循规范、严谨、实效的教学要求，确保教学工作稳步推进；加强体育教学课内外一体化改革工作，践行《学校体育教学工作改革方案》；体育部在新学期第一次教工大会上做工作安排，并邀请经管学院教师周静博士做“玩转课堂”教师学习讲座。

1. 围绕《西南交大体育工作实施办法》启动体育教学各细则制定工作。

2. 年度本科教学开设必修体育课 16 门，体育 I、体育 III 共 245 个教学班，体育 II、体育 IV 共 249 个教学班，体育保健班 4 个；开设选修体育课 17 门，共 45 个教学班；2016—2017 学年必修课上课学生 23 506 人次，选修课选课学生 1 284 人次。

3. 完成了 2016—2017 年《体育课程内容设置及学生选课统计》《体育课学生选课及成绩统计》《大学生体质测试状况统计》等相关指标测试统计分析，并完成了相应的报告。

4. 开设以常见运动损伤与处理为主的体质健康选修课 2 门，双语课教学突破显著。体育部获得西南交通大学 2017 年“全英文教学课程建设”立项一门、“双语教学示范课程建设”立项一门、“双语教学课程建设”立项两门。学校青年教师教学竞赛决赛二等奖。

【群体高水平工作】围绕《西南交大体育工作实施办法》启动群体工作各细则制定工作，包括：初步拟定学院年度体育工作及学生评奖、评优评价体系等。开展提高学生活动参与面及打造特色活动项目工作；做好本学期部安排的竞赛活动、协会活动、课外锻炼等具体工作，包括：成功组织了西南交通大学第 118 届运动会。组织了 17 项校内外竞赛活动，参与学生达 11 095 人次；开展院系体育活动 62 次，参与学生达 11 630 人次；开展体育类协会组织的体育活动 1 608 次参与学生达 50 509 人次。各类活动参与学生总计达 73 234 人次，历年之最。7 支非高水平运动队参加 10 次省级竞赛，取得 12 项第一名、10 项第二名、7 项第三名的好成绩。

顺利完成 2017 年度高水平运动队招生工作。完善高水平运动队管理工作，本学年高水平队参加了 7 项全国性比赛，4 项省级比赛。取得全国冠军 1 项、第三名 1 项、第四名 1 项，省级冠军 12 项、亚军 11 项、季军 9 项；四只队伍均打进了全国赛。

【研究生工作】组织了 10 余次研究生工作例会；对研究生学习、生活、思想等方面进行及时指导、沟通和交流，在安全稳定教育，评奖评优、党员的发展、就业指导等工作中，做到无矛盾、无投诉。组织和开展专题学术交流活动 4 次，读书会活动 4 次，研究生 1 次论文报告交流活动，文化素质活动 4 次，就业指导活动 2 次；按要求组织研究生开题、中期检查和答辩工作，优秀学生比率达到 25%；毕业研究生就业率达 95% 以上。

【工会工作】体育工作部工会制订工作计划、按计划要求针对工作中存在的问题及时研究，与校工会就教工体质健康作研讨，组织土木学院师生体质健康测试；组织参加教职工篮球比赛、排球比赛、足球比赛、“健步走”活动、教职工红色教育、社会用工健康体检，“三八”国际劳动妇女节，工会为女职工发放慰问金，关心病、困教职工并及时做好慰问工作等活动，在经费使用上实行民主监督和集体决策。

（二十一）茅以升学院（唐臣书院）

西南交通大学茅以升学院成立于2010年7月，是在总结上世纪80年代理工班和七年“茅以升班”成功经验的基础上，依托土木、机械、电气、信息、运输、力学、材料、测绘等全国排名第一的大交通学科，整合高水平师资，以高端的国际化视野、优质的课程资源、高层次培养模式和个性化培养方案，致力于研究型拔尖创新人才的培养，作为西南交通大学对优秀本科生实施“特殊培养”的荣誉学院。

2015年7月，茅以升学院在原有八个工科优势专业的基础上，增加金融、中文、数学等文理专业，积极探索多元化培养模式，设置工科拔尖班和跨学科复合班，实施跨学科交叉复合型人才的培养。

2016年1月，“唐臣书院”揭牌，作为人才培养改革重要的实现载体。唐臣书院以茅以升先生的字命名，以“卓尔乐群”为核心理念，借鉴西方大学住宿书院的做法，承袭中国书院的古老传统，打造“全人”教育平台，为同学们营造“小而全”的学习生活社区，在课堂之外为同学们提供全方位的学习、研修、交流和互动场所，进而形成“从游效应”和“雁阵效应”，实现专业教育与通识教育结合，专业成才与精神成人并重，促进学生“知、情、意、行”多维度成长和德、智、体、美全面发展。茅以升学院以唐臣书院为教育教学的重要载体，通过与专业学院开展广泛的创新合作，在合作中共融、创新、提升，统筹优质资源，通过对学生实施精英化、贯通化、养成化、个性化、跨学科的特色教育，打造具有西南交大特色的致力于全人教育的“学院＋书院”联合培养体，同时也是西南交通大学人才培养模式改革的“特区”和实施教育教学改革、书院制教育改革的试验基地。

2017年学院毕业本科学生共207人，在校本科生共706人、在编教职工6人。

【专业建设】学院设有土木工程、机械工程及其自动化、电气工程及其自动化、通信工程、交通运输、工程力学、材料科学与工程、测绘工程、数学与应用数学、汉语言文学等10个专业。2015年，学院以“主修＋辅修”方式，将通信工程、测绘工程、金融大数据、数学与应用数学、汉语言文学等专业打造为“计算机＋”“测绘＋”“数学＋”“中文＋”等四个跨学科专业，实施交叉复合型培养。

【人才培养】在师资建设方面，加强与专业老师的沟通协作。建立了116名专业学院任课教师及管理团队成员组成的茅以升学院教师荣誉社区；搭建教学工作委员会、培养计划工作团队等多个教学团队；同时开展专业教师午间学术沙龙，包括茅以升学院跨学科创新力提升课程建设与思考、拔尖创新人才及跨学科复合人才培养方案建设等。

在课程建设方面，创新五课堂人才培养方案，实行课程调查全覆盖，开展跨学科课程的研究与实践探索。目前已进行了42门跨学科课程的建设工作。课程包括：《从代码到实物：造你所想》《纳米科技与生活》《手的学习与创造》《U型变革：改变从觉知开始》《设计心理学》《写作思维训练》《运动、科技与智慧人生》《现代物流与便利生活》《传统手工艺与现代设计创新基础》《人际互动中的心理与艺术》《纳米能源材料与集成系统》《创新：方法、科技与商业的碰撞》《从虚实整合环境认识工程问题》《思考学习》《FIDIC合同与国际工程承包》《自然的启迪：材料与力学》《趣味数学和力学的世界》《卓越工程师：从技术到管理》《自行车旅行之道》等。

在创新教育方面，开展首届“优秀实习生”的评选工作，实行SRTP科研训练项目全覆盖，同时完成了书院三间科创室的建设工作。

在平台建设方面，共研发出四个全新管理系统，包括学生成绩管理信息系统、经典阅读信息系统、荣誉课程信息系统、院友管理信息系统。

【书院建设】加强唐臣书院建章立制，完成茅以升学院学生成长档案系统研发，并在2015级、2016级、2017级学生中试运行；成立唐臣书院学生管理委员会，并完成筹建选拔工作。

以唐臣书院为重要载体，开展多项系列特色活动，促进书院形成特有的文化氛围和优良的学习风气。共举办十一期"唐臣学堂"系列活动；邀请人文学院吴德利副教授、阮航教授、王长才教授在书院开展了三期"读书写作坊"活动；并在书院楼常设答疑坊，为中低年级同学开设数学分析、大学物理、工程化学、理论力学、机械制图、英语等科目答疑辅导。

书院建设也得到各界大力支持，其中西南交通大学出版社为唐臣书院捐赠图书，并资助设立"唐臣·出版"专项奖学金；西南交通大学运达集团资助茅以升学院和唐臣书院设立"运达专项奖学金"和"书院基金"。

【对外交流】学院积极推进与港澳台地区以及国际合作交流，本年度邀请了中国台湾清华大学季昀教授、中国香港浸会大学 Hoshmand 教授、美国匹兹堡大学何从周教授、美国印第安纳大学 Raymond Smith 教授来校为学生开展学术讲座；参加"第三届海峡两岸暨港澳地区高校现代住宿书院制教育论坛"，同两岸四地高校学习交流住宿书院建设经验，并以此为契机申请加入高校书院联盟。

与此同时，积极开展暑期国际游学、暑期学校学习交流、寒假短期游学交流等交流活动，为学生提供更加国际化、多样化的平台。2016 年，共计选拔近 50 名学生分赴日本、美国等开展暑期国际游学；选派 35 名信息、中文、数学等专业学生赴北京大学参加暑期学校学习交流；选派 27 名茅以升学院学生于寒假期间分别赴日本、新加坡、韩国参加"日本京都大学寒假短期访学交流项目""新加坡国立大学创新管理访学实训项目"和"韩国中央大学文化访学项目"等国际交流。

【党建工作】学院党总支认真履行抓党建主体责任，围绕拔尖人才培养这一中心工作，以"两学一做"学习教育为契机，深入贯彻落实从严治党，狠抓领导班子和基层党组织建设，严格履行"一岗四责"，学习"三重一大"集体决策制度，学习《中国共产党廉洁自律准则》和《中国共产党纪律处分条例》，组织观看《背叛与忏悔》警示教育片，共计开展"两学一做"专题学习 12 次。

深入开展学生思想政治教育和师德师风建设。2017 年，学院第二党支部完成党员转正 1 人，确定入党积极分子 44 人，确定党员发展对象 22 人，发展成为预备党员 26 人。全年组织生活共 23 次，党支部大会 5 次，支部委员会 5 次，党课 7 次，志愿服务活动 1 次，践行两学一做 1 次，党支部特色党内经典阅读征文 1 次，党支部知识竞赛 1 次，党内经典征文分享会 1 次，收看十九大开幕式 1 次。先后组织开展"迎新党员先锋示范队"、"党员学风督查支队"、"答疑坊党员支队"等服务工作。

在唐臣书院建设和运行过程中注重发挥党组织的政治核心作用，在书院规划建设了"党建活动室"，配备电视、党刊等图书影像资料；积极探索以楼层为单位试点成立"书院党支部"，以寝室为单位设立党小组，加强书院自治管理，发挥党支部战斗堡垒和党员先锋模范作用。

【学生工作】

1. 在学生党建方面，严格规范党员发展和日常管理工作，提升基层党建工作科学化管理水平，重点抓好"三会一课"、民主评议、组织生活等制度落实；积极创建党员互动交流平台，加强网上党支部建设，通过建立 qq、微博、微信群等形式，开展党员网上组织生活、党员线上线下互动等活动。在基层党支部建设方面全面落实学院党支部建设规划和党支部工作考核办法的相关规定，从支部班子建设、制度建设、组织建设等八个方面全方位构建支部考核指标体系，逐步推行党员先锋指数考评管理机制，明确工作目标，夯实党建基础。同时，围绕学校探索书院制改革试点工作，坚持党建引领，进一步加强唐臣书院"党建活动室"的建设和使用，扩大党刊等图书影像资料规模；加强书院自治管理，推动书院文化建设和养成教育，成立"迎新党员先锋示范队""党员学风督查支队""答疑坊党员支队""书院后院可持续性改造志愿服务队"，开展"携手共建书香校园""十九大主题征文""党建知识竞赛"等主题活动，充分发挥学生党支部的战斗堡垒作用和党员先锋模范作用，

2. 在安全稳定方面，学院一直高度重视，全面加强学生安全教育，定期排查安全隐患，重点加强书院安全检查，通过多种形式组织学生认真学习公寓管理规定，并做到早预防、早发现、早处理，突出家校合力，不断健全机制，完善体系。全年无一起安全稳定重大事件发生，全年无

重大学生心理事件。

3. 在学风建设方面，通过树立学习榜样，系统构建包括新生荣誉典礼、毕业荣誉典礼、荣誉班集体答辩、“唐臣奖章”评选表彰、优秀实习生评选等在内的学院荣誉体系，开展无手机课堂示范活动、实施学习伙伴计划、微信“晨读打卡”行动、在书院设立答疑坊、小课堂、开展“我的班导师”师生交流活动等方式，激发学生主动学习的兴趣，营造比、学、赶、超的良好氛围。

4. 在书院文化建设方面，打造唐臣书院文化品牌，拓展文化育人平台。构建了包括“FOCUS”新生训练营、卓越讲堂、唐臣学堂、科研训练营、唐臣书香经典阅读、橙读品鉴日等在内的系列品牌活动，并通过“唐臣志”每周在书院发布活动预告，吸引同学们主动参与，通过强化书院养成教育全面提升学生人文素养和综合能力。

5. 在第二课堂方面，以党建带群团，着力加强校园文化建设，组织开展了“心系十九大”系列主题团会活动；学院团建中心、学生会、青年志愿者协会、书院管理委员会、学习发展指导中心、唐臣人新传媒等六大团学组织先后组织开展了“一路上有你”2017 届本科生毕业荣誉典礼，“晨曦之初·笃行之始”茅以升学院 2017 级新生荣誉典礼，2017“畅言杯”演讲比赛，第五届“音为你我”歌唱比赛，“绘梦锦城·寻志唐臣”茅以升学院迎新晚会，“知行青春·逐梦隘口”“三下乡”社会实践；组织青年志愿者赴养老院、留守儿童小学开展志愿服务活动，展现了新时期有责任、有担当、有理想、有抱负的我校大学生形象。

6. 在国际化教育方面，本年度，学院分批派出 75 名学生赴美国 UIUC、英国剑桥大学、悉尼大学、日本京都大学、韩国中央大学、新加坡国立大学、香港理工大学、台湾新竹交通大学等高校开展短期游学，进行跨地区、跨校际学习和交流，拓宽学生国际视野。学院出国游学人数逐年攀升，目前学院有国际游学、留学背景的学生占到 28.1%，大大高于全校平均水平。

7. 在网络思政教育方面，一是拓宽网上思政渠道，丰富网络育人载体，搭建了“FOOC”新生入学教育在线学习平台，打造唐臣书香微信公众号、微信书圈活动等，全面构建线上线下互动互补的立体式思想政治教育格局；二是加强对新闻宣传监管，修订了《茅以升学院新闻宣传工作管理办法》，进一步加强宣传团队“唐臣人新传媒”的管理与培训，使该团队今年成功获评全校优秀新媒体组织；三是充分利用茅以升学院官网、交大茅院微信公众平台、扬华素质网、新青年素质网、组织部网站、两学一做专题网站等宣传阵地，及时报道我院教育教学改革成果和学生系列主题活动，弘扬时代正能量。

8. 在创新人才培养成效方面，本年度，学院共有国家级竞赛获奖 55 人次，其中特等及一等奖 10 人次；省部级竞赛获奖 145 人次，其中一等奖 61 人次。2017 届毕业生中 3 人获评“竢实扬华”奖章，攻读研究生比例达到 78%，其中出国深造比率达到 13.6%。学院学生会以总评第一的好成绩获评“西南交通大学十佳优秀学生会”；学院官方媒体“唐臣人·新传媒”荣获西南交通大学 2017 年优秀校园媒体荣誉称号。

（二十二）医学院（临床医学院、基础医学院）

【发展概况】西南交通大学医学院（College of Medicine）位于成都九里校区，成立于 2014 年 7 月，属学校二级教学、科研管理机构，由西南交通大学分别与成都市第三人民医院和成都军区总医院签署战略合作协议共同建立。同时，西南交通大学附属医院在成都市第三人民医院挂牌，西南交通大学临床医学院在成都军区总医院挂牌。医学院着眼于“高起点、入主流、特色鲜、精锐化、善整合”的建院思路，以研究生教育为主、轨道交通医疗与医疗救援及医学人工智能为特色，以小型化、高水平、高起点、高速度为策略，不走寻常路、努力打造可能弯道超车、变道超车的新型医学院。2017 年，学院完成了组织架构的调整，设置了医学部、医学教育支撑部、医学研究部、互联网+医学及 AI 战略部和综合部等过渡部门，负责招生培养、教学科研、学科发展及行政事务等工作，为学院有序发展奠定了基础。2017 年 11 月，医学院从九里校区三号楼搬迁至交大路 144 号西南交大科技工业园 A、B 座，其中 A 座拟改造为实验室，B 座为办公区。2017 年 12 月，新版网站上线。截至 2017 年 12 月，学院有教职工 12 人，其中教授 5 人，副教授（副研究员）3 人，讲师 2 人，管理人员 2 人。现有双聘院士 2 人（戴尅戎院士、张兴栋院士），名誉教授 1 人（樊代明院士），博士生导师 9 人、硕士生导师 67 人，其中具有博士学位的导师 73 人。在读硕士研究生 71 人，新招生 46 人。

【学科建设】医学院拥有临床医学一级学科硕士学位授权资格，下设内科学、外科学、神经病学、急诊与危重医学 4 个学科方向。除此之外，医学院还设有生物化学与分子生物学、药学和生物医学工程三个硕士学位点、材料科学与工程博士点（分别挂靠在生命科学与工程学院和材料科学与工程学院）。2017 年，学院新增 2 名四川省医学会人工智能专委会委员，1 名四川省计量协会医学计量专业委员会副主任委员。2017 年，学院编制完成学科发展规划，建设“两中心四平台”，成立了平台公司，通过发展产业反哺学科建设。

【教学工作】2017 年，教学工作的重心是提升学生考核评定标准，提高研究生培养质量。2017 年，学院招收首届临床医学硕士研究生，招生指标 30 个，共有 700 多名学生报考和申请调剂，录取比例达 33：1，竞争十分激烈。3 月 27 日，学院举行 2017 年研究生复试，最终录取 46 名硕士研究生，其中临床医学 29 名、药学 7 名、生物化学与分子生物学 6 名、生物医学工程 4 名。为拓宽学生视野，了解学术前沿动态，学院先后邀请了 4 名国内知名专家学者，来院进行学术讲座。2017 年，学院理顺了研究生教育课程体系和教师队伍建设。

【科研工作】2017 年，学院到校科研经费 225 万元，其中中央财政专项经费 150 万，纵向经费 55 万元，横向经费 20 万元。国家自然科学青年基金 2 项，实现“零的突破”。纵向科研项目新立项目 3 项，横向科研项目新立项 1 项。申请发明专利 2 项。发表科研论文 12 篇，被 SCI 收录论文 2 篇。2017 年，学院形成了高原缺氧应急救治、轨道交通医疗救援、精准医学检测三大研究方向及团队。

【党建工作】医学院有 1 个直属党支部，党员 22 人，其中，在职教工党员 7 人，研究生党员 15 人。2017 年，医学院直属支部认真组织学习习近平总书记在党的十九大所做的报告以及在全国思政工作会议上的讲话，学习王顺洪书记在中共西南交通大学委员会十四届八次全体（扩大）会议上讲话；及时通报西南交通大学 2017—2018 学年第二学期工作寒假务虚会关于“全面深化学校综合改革，加快推进“双一流”建设精神并结合学院建设展开讨论；采用支部书记讲党课，导读新党章以及微信自媒体等多种形式开展活动。建立健全“三重一大”制度、班子议事规则、院务公开等相关制度。努力坚持领导班子、院务会议、党政联席会议、教授委员会制度。用党委民主生活会、学院领导班子民主生活会、学院班子工作会等多种形式开展党风廉政建设。

【学生工作】2017 年，医学院学生工作秉承“以人为本、求实创新”的学生工作理念，以思想、政治教育、学风建设、学生就业、新生入学教育、特色文体活动、学生科技和学生工作队伍建设为重点，着力创新工作方法，提高队伍工作水平，完善长效机制，实现学生工作的健康、可持续发展。

2017 年 8 月 29 日，学院组织召开迎新工作培训会，对迎新工作做了周密的部署和安排。8 月 30、31 日，迎来了学院 2017 级 46 名研究生新生。之后，学院组织召开了 2017 级新生全院见面会、新生班会，介绍学校的相关管理规定、学院的概况、专业设置、师资结构、人才培养、教学和科研等情况，组建新生班委。

1. 荣誉奖励。2017 年，2016 级硕士研究生获评“优秀研究生标兵”1 名，“优秀研究生”1 名，“优秀研究生干部”1 名，明诚奖 3 名。

2. 奖学金评选。在 2017—2018 学年的学业奖学金评定中，学院本着公开、公正的原则进行奖学金评定，2016 级硕研评选出一等奖 3 人、二等奖 10 人、三等奖 10 人。2017 级基础医学硕研入学学业奖学金评选出一等奖 2 人、二等奖 8 人、三等奖 7 人。临床医学硕研入学学业奖学金未分等级。

【国际交流】2017 年，派出人员参加国际学术会议 3 人次。

（二十三）利兹学院

【发展概况】西南交通大学-利兹学院（SWJTU-Leeds Joint School，以下简称“利兹学院”）于2015年10月正式揭牌，是经中国教育部批准，由中国西南交通大学与英国利兹大学（University of Leeds）合作创立的中外合作办学机构。利兹学院开展“4＋0”模式的本科高等学历教育，学生修业合格，将被授予西南交通大学毕业证书、学士学位证书及利兹大学学士学位证书。设有土木工程（Civil Engineering with Transport）、机械设计制造及其自动化（Mechanical Engineering）、电子信息工程（Electronic and Electrical Engineering）、计算机科学与技术（Computer Science）四个专业，旨在培养具有较强研究能力和实践能力，具有国际视野的未来行业领军人才。2017 年，共有专兼职行政管理人员 17 人，其中中方行政人员 11 人，外方行政人员 1 人，辅导员 5 人；2017年，通过高考统考招收第二届新生 300 人，实际报道注册 286 人，目前两届在籍学生人数 480 人。

【招生工作】2017 年招生工作再创佳绩。学生生源较好，50%以上的学生毕业于国家级、省级重点高中和示范性高中，自主招生质量高，学生综合素质普遍高。以四川省生源为例，2017级录取分数超一本线 69 分。2017 年招生的省市有安徽、北京、贵州、河北、河南、黑龙江、湖北、湖南、吉林、江西、辽宁、山东、山西、上海、四川、天津、云南、浙江、重庆；全院行政人员、利兹大学国际处及工学部教职人员共同分赴各省市招生现场，参加全国 30余场招生咨询会，面对面解答考生和家长的问题。学院与利兹大学国际处、我校国际处共同制定了国际学生招生宣传资料、国际学生的入学标准，并启动与河内交通大学的合作，开始探索河内交通大学学生到利兹学院学习的可能性；与利兹大学一起，制定了国际学生的入学标准。于 5 月成功组织了第二届利兹学院开放日活动，吸引了 500余名学生和家长参与，开放日当天接受了四川电视台科教频道的专题报道；赴成都七中等四川省内多所中学开展科普讲座；《西南交通大学-利兹学院招生宣传片》在优酷、爱奇艺和西南交通大学新闻网的视频点击率超过 10 万次。

【教学工作】学院加强师资队伍建设，夯实办学基础。2017 年全球公开招聘 9 名外籍全职教师，分别承担一年级数学和物理，以及四个专业的教学任务。该项工作正在有序进行中。2017年共有30名中方教师赴利兹大学进行课程培训。学院专业教师在各领域取得了骄人成绩。如，物理教师樊代和，荣获第三届“高等教育杯”全国高等学校物理基础课程青年教师讲课比赛一等奖；计算机专业教师邢焕来获得西南交通大学“竢实之星”称号及 ACM Rising Star (Chengdu Section)奖励；学院电子信息工程专业肖嵩老师获得西南交通大学第八届青年教师教学竞赛一等奖（全英文课程）。学院重视教学组织建设，构建了以中英双方专业负责人为主的专业委员会来进行专业管理。2017 年共召开 4 次中方专业负责人会议，中方专业负责人在教师管理文件的审定、实验室建设、师资队伍建设、2016 级学生转专业、特殊学生保留学籍、2017—2018学年教学安排等方面全面负责各专业运行。根据《西南交通大学-利兹学院教学质量保障工作小组工作实施细则》，2017 年共召开 4 次质量保障工作小组会议，质保组专家共完成 32 次教学检查，对学院教育教学管理、教育教学方法、教育教学手段、教育教学效果进行监督、检查评估和反馈，确保学院教育教学质量。学院 2017 年共有 177 名学生参加了 6 月的大学英语四级考试，通过率为 93.30%，排名全校第五。同时，学院加强实验室建设工作，2017 年实验室建设总预算为 640 万元，已建成计算机科学与技术专业实验室，其他各专业实验室正在建设当中。计算机科学与技术专业实验室占地 150 平方米，拥有高性能工作站 52 台套，同时配有服务器、交换机、监控、门禁系统等先进仪器设备。该实验室设计风格参考利兹大学实验室，桌椅布局便于学生进行小组研讨及交流。电子信息工程专业计划建设三个实验室，包括通用实验室、嵌入式实验室、移动式实验室。目前，通用实验室已建成并投入使用，另外两个实验室将根据教学计划逐步完成建设工作。根据教学计划，已完成各专业教材教辅书目采购近 600 本；两校英语教师共同完成一年级英语教学资料的研发工作。学院建立健全日常管理的各项制度，进一步完善《西南交通大学—利兹学院学生在线注册流程》等各类会议、日常办公、师资选拔与培训、实验室管理、教材采购、日常教学及考务安排、学生学籍管理的制度梳理，全年制定并完善 60 余项管理制度及工作流程。

【党建工作】2017 年是我院各项工作承前启后的关键年，学院深入贯彻落实党的十九大精神、全国高校思想政治工作会议精神、学校第十四次党代会任务、十四届八次全委（扩大）会精神，以习近平新时代中国特色社会主义思想为行动指引，团结协作，攻坚克难，扎实、高效推进各项工作，学院各项事业稳步发展。坚持党对中外合作办学的领导，发挥党组的政治核心作用，在中外合作办学的全环节牢牢掌握意识形态工作领导权和话语权，为教书育人服务；坚持“以我为主，为我所用”原则，积极探索中外合作办学机构党建工作方法。学院党建工作经验引起教育部国际司领导注意，并以校文形式上报教育部国际司。直属党支部“两学一做”常态化制度化的做法经组织部推荐在教育部网站进行风采展示并获评“教师党支部推荐展示特色作品”推荐，被评为特色作品。围绕学校、学院中心工作抓党建，共召开党政联席会 20 次，充分体现党的领导和党政同责；按照学校统一部署，深入开展“两学一做”学习教育实践活动，每两周中心组学习一次，由直属党支部书记讲解要点，全体党员结合思想和工作实际谈感想、谈体会；与图书馆开展基层党组织共建活动，建立了长期交流合作的机制。努力进行双导师制的研究与尝试，在小班教学和团队学习中进行情景教学的尝试。认真学习、宣传、贯彻、落实：十九大精神、习近平新时代中国特色社会主义思想、新党章、全国高校思政工作会议精神、新时期教育对外开放实施意见、中组部教育部关于加强中外合作办学党的建设的通知以及各项党规等。组织教职工学习研讨 20 次，组织学生学习讨论 6 次，学院书记为师生讲党课 5 次。邀请校领导、专家到学院上党课和思政课；学生递交入党申请书的人数越来越多，其中 4 名将发展成为预备党员；学院领导班子利用“双导师”制体系，深入学生中，了解学生的各种思想动态，有针对性地开展思想政治教育。利兹学院党建工作在 2017 年党建述职中获得全校优秀。

【学生工作】学生工作以培养具有“团队协作、交流沟通、专业技术、问题解决能力”的人才为目标导向，着眼于学生的全面和可持续发展。引导青年学生听党话、跟党走。以习近平总书记系列重要讲话精神、十九大精神等为主要内容，开展以“我的中国梦”为主题的团日活动 19 项。扎实推进“青年马克思主义者”培养工程，开办利兹学院第一届团学干部培训班，组织新生团支书、学生组织骨干参加集体培训，学习共青团改革方案、活动策划组织、公文写作等。深入学习十九大精神，组织学生代表观看十九大开幕式，组织十九大精神学习座谈会两次，直属党支部书记为学生做专题讲座传达十九大精神两次，举办“青春献礼十九大，携手共筑交大梦”校园文创手抄报大赛。学院坚持以学生为本、以学生为主、以学生为友的工作理念，为学生提供全员关怀、全天候支持和全方位辅导。继续推行个人导师制，导师不仅要指导学生的学习，还要指导学生的生活，进行德育，以更好地贯彻全员育人、全过程育人、全方位育人的现代教育理念，更好地适应素质教育的要求和人才培养目标的转变。针对新生，通过编写发放学生手册，开展师生交流会、入学教育系列讲座等形式加强学生目标教育；以新生素质拓展、迎新系列活动等在心理健康、专业认知、活动参与等方面开展适应性教育。发挥组织育人功能，加强党员的教育和培养工作。本年度组织学生参加入党积极分子培训班两期，发展对象培训班一期。强化宿舍管理，开展宿舍卫生及安全检查 8 次，大力开展宿舍文化建设，寝室风貌较去年有较大提升。4 个寝室获得校级“三星文明寝室”，15 个寝室获“校级文明寝室”，22 个寝室获“院级文明寝室”称号。学院加强学风建设，建立“师生联席会”制度，本年度召开了两次会议。充分利用丰富的网络教学系统资源，使用利兹大学虚拟学习环境系统 Minerva，学生从 Minerva 获取课程资料和课程视频，在线咨询老师问题，实现了第一课堂时间和空间的延伸。按照学院考勤制度做好学生日常出勤考核工作，每个专业一周进行一次签到，根据签到情况及时发出预警邮件，目前已与35名收到初次预警邮件的学生约谈，督促学生按时到课。以主题班会、“栗子”优秀学生访谈、学习经验交流会等形式，不断加强学习氛围的营造。按照“公平、公正、公开”的原则顺利完成国家奖学金、本科生综合奖学金、利兹学院奖学金等各类校级专项奖学金的评选工作，其中国奖奖学金2人，综合奖学金70人（特等奖2人、一等奖10人，二等奖19人，三等奖39人），校级奇葩兼优专项奖学金1人，利兹学院奖学金8人（一等2人、二等6人），累计发放奖学金32.47万元。进一步推进二课堂体系建设，本年度共开展校级活动5项、院级活动8项、一般活动15项。做好第二课堂项目实施的相关调研，科学构建第二课堂活动项目体系，将学生第二课堂实践活动情况纳入学院人才培养计划，给予学分认定，全面提升学生综合素质。二课堂体系建设，本年度共开展校级活动5项、院级活动8项、一般活动15项。做好志愿服务与社会实践，2017年度开展以“交通・公益”为主题的志愿服务18项、组织5支实践队分赴四川、泰国、英国等地，其中泰国清迈支教队获校级优秀团队，柯志昊等5位同学获得西南交通大学2017年大学生暑期“三下乡”社会实践优秀队员称号，刘耀谦、陆宇佳等2名教师获得优秀指导教师称号。2017年度组织跨文化大使活动、滑翔机设计制作大赛、词王争霸赛等一系列文化活动。面向全体2017级286名新生开展户外素质拓展活动，组织了学院男子、女子篮球赛，参与院系乒乓球赛、排球赛、足球赛。其中院排球队取得了院系第三名，学院足球队获2017年新生杯足球赛亚军。学院积极对外交流，促进学生成长成才。积极开展学生对外交流活动。7月组织学生前往利兹大学参加为期18天的暑期学校，学习主要围绕语言与技巧、英国文化、课题研究。11月中旬，应邀参加电子科技大学举办的中外合作办学学生工作研讨会以及第三届国际学生领袖交流营。

【对外交流】学院承办教育部国际司留学服务中心及四川省教育厅组织的四川省中外合作办学研讨会；中国教育国际交流协会、浙江大学海宁国际校区、广西民族大学、中南林业科技大学班戈学院、电子科技大学格拉斯哥学院等多家兄弟单位到我院进行交流；学院党建工作的探索经验在大学国际化发展论坛上进行了主旨发言。

（二十四）国际创新创业学院

【发展概况】西南交通大学秉承唐山交大百年奋斗精神，鼓励创新创业、学以致用。2011年成立创新创业教育领导小组，2015年成立由书记、校长担任双组长的“创新创业工作领导小组”。2016年4月，西南交通大学国际创新创业学院（Global Institute of Innovation & Entrepreneurship）正式成立；9月，学校任命陈晋川博士出任首任院长；12月，学院开始建章立制，独立运行。

学院的职责是在校党政领导下负责规划设计全校创新创业路径，引领全校创新创业体系建设，积聚校内外资源，在创新创业体系和平台载体建设过程中发挥主体作用。

学院的目标是：（1）建立国际化创新创业教育和科研体系。培养创新创业意识、搭建国际化平台、营造创新创业氛围。（2）建设资源集聚的创新创业孵化平台，以企业管理模式运作、实现互惠共赢。（3）建立科技成果所有权改革示范地，推动技术成果的资本化和国际化。

【学科建设】在教学过程中实行三师制，即教师（校内外教师）、讲师（专业人士、行业领袖）和导师（企业家）。学院面对全校大学生开办创新创业实验班，学生可修学分。面向全校和全社会开展创新创业培训班进行双创人才培育。

【重点工作】

1. 推进创新创业教育和科研体系建设。2017年学院组织二次创新创业学科体系建设研讨会，组建创新创业教研室，开展相关学术研讨活动；申报入选教育部全国优秀创新创业导师

27名；启动2017级创新创业菁蓉班，探索创新创业教育方式方法。

2. 推进创新创业孵化体系建设。2017年学院继续完善相关规章制度，积极推进创新创业平台建设工作。牵头或协助各类创新创业大赛20余项，包括第二届全国高校H5大赛、第一届中国城市轨道交通大赛、第三届中国“互联网+”大赛、第五届四川省导航名师大赛、2017中国轨道交通产业大赛、第一届四川“天府杯”大赛等。

3. 推进重点创新创业项目建设。2017年学院持续推进重点项目建设，包括创新创业导师百人计划，完成二批杰出校外导师的聘请；千人企业家资助计划，筹集资金用于支持交大菁蓉协会；交大菁蓉班成长计划，面向全校招聘学生开展为期一年的双创训练；交大菁蓉协会扶持计划，通过资金助力菁蓉协会快速成长；三一工程计划，与成都市委组织部人才发展促进会签署战略合作协议；交大创新创业要素整合计划，走访调研21个学院，建立工作机制，协助全校兄弟单位，指导创新创业学生工作，服务大学生创新创业，开展一对一帮扶。

4. 加强思想政治学习，努力提高业务能力水平。践行党的教育方针和政策，组织10次专题会议，认真学习领会党的十九大报告，学校十四次党代会报告，坚持创新，注重实效，扎实推进“两学一做”。

【对外交流】2017年组织接待了四川省人大、美国卡内基训练中心、澳大利亚新南威尔士大学、加拿大劳瑞尔大学等来校调研，分享经验，探讨合作。2017年5月，美国排名第一的创业孵化器公司Founder Space创始人Steven Hoffman加盟本院。10月，美国著名华人企业家、社会活动家、中国政府友谊奖获得者曾宪章博士成为我院创业导师。

【所获荣誉】

1. 荣获全国首批深化创新创业教育改革示范高校。

2. 荣获首批全国深化创新创业教育改革特色典型经验高校。

3. 荣获教育部第三批全国实践育人创新创业基地。

4. 第三届中国“互联网+”创新创业大赛，获得四川赛区金奖5项、银奖11项、铜奖5项，获奖总数位列全省前列。

5. 第十五届“挑战杯”全国大学生课外学术科技作品竞赛终审决赛，获得二等奖1项、三等奖1项的好成绩，成绩位列四川省高校前三。

（二十五）竺可桢书院

【书院基本情况】2017年，书院有教职工19人（其中兼职领导干部2人，兼职辅导员7人，借调管理岗科员1人），学生1 976人（2017级1 022人，2016级954人），覆盖十个专业、七个学院，共有2个年级，66个自然班。

【群策群力“重点工作”】通过外出调研学习、内部研究讨论，制定了《竺可桢书院创一流工作计划》并逐步落实；继续开展常规文化活动，使之程序化、固定化，成为文化育人的主阵地；加强研究与提炼，注重开拓与创新，圆满召开“求是”论坛暨首届书院日大会；以引资工作为突破口，多方寻求资源，进一步改善书院软、硬件环境，书院办学条件日益完善。

【全面推进“特色工作”】继续推进“乐学”晚自习（每周一至周四晚7:30～9:05，全部安排在6号教学楼，各班固定教室、学生固定座位），加强学风建设，促使学业提升辅导体系扎实推进；坚持实施“魅力晨读、魅力晨练”，加强养成教育，推广传统文化、加强英语学习；继续实施了“竺可桢大讲堂”（八期）、“游艺美学苑”（三期）和“明德讲习所”（二期）等品牌活动，让大师做客书院、让文化之光辉映峨眉；大力引进外部优秀文化机构走进校园开展专题文化活动，本年度邀请了四川省曲艺研究院到书院开展专场演出2场，四川省交响乐团到校开展演出1次，承办学校国际大学生艺术节开幕式1次，为校区师生营造文化育人的优良氛围。

（二十六）牵引动力国家重点实验室

【发展概况】回顾2017年，牵引动力国家重点实验室积极开展“两学一做”和“十九大”会议精神学习，强化四个意识，全面加强实验室的管理，出台了一系列的制度规定并全面实施，CNAS的认证通过扩项评审。在科研方面，达成了共识，凝练了科研方向，为未来几年乃至更长时间实验室的发展指明了方向，科研总经费近1.2亿元，SCI收录论文达到169篇。在研究生培养方面，新招收博士研究生32名、硕士研究生151名，毕业博士研究生13名、硕士研究生82名，1名学生获西南交通大学“竢实扬华”奖章。在国际合作方面，“111”引智基地硕果累累，依托“现代轨道交通车辆设计与安全评估技术”国际科技合作基地获得了国际合作重点专项项目，成功获批教育部“轨道交通工程动力学”国际合作联合实验室，舍弗勒-西南交通大学联合研究中心挂牌建设。这一年，实验室按照学校的部署，组织了一系列的学术活动，凝聚了人心；这一年，磁浮车辆、空轨频频亮相媒体，党和国家领导人视察实验室，与主机厂已经形成有计划的科研，常州轨道研究院规范发展，社会服务和影响力大大提升。

【教师队伍】 实验室现有教职工91名（不含联合研究所人员），其中教授（研究员）31名、副教授（副研究员和高工）31名，博士生指导教师28名。实验室人才辈出，在国内外有重要影响，拥有院士2名，国家973计划项目首席科学家2名，“长江学者”特聘教授3名，科技部中青年科技创新领军人才2名，国家杰出青年基金获得者3名，优秀青年科学基金获得者1名，新（跨）世纪优秀人才获得者12名。引进人才1人。

【实验室建设】2017年实验室完成滚动振动试验台液压阀升级，进行了塞尔维亚机车牵引制动试验、更高速转向架试验，试验速度达到600 km/h；2015—2017年新增大型设备21台，完成教育部2015—2017年度财政拨款专项资金总计3 286万元的设备购置及安装调试工作；接管国家实验室设备及大厅设备管理工作，进行仪器设备全面清查工作、试验仪器设备安全管理、特种设备管理工作。

【科学研究】本年度牵引动力国家重点实验室主持了60余项国家级在研项目，包括“973”项目1项、课题3项，主持国家自然科学基金项目42项和若干横向技术服务咨询项目及军工项目。2017年新增国家重点研发计划战略性国际科技创新合作重点专项项目1项、国家自然科学基金项目12项（包括重大项目1项、重点项目2项）。本年度到校总经费累计达11 300余万元，其中纵向2 200余万元。2017年度，实验室共发表论文几百余篇，其中SCI论文169篇；本年度申请专利89项，其中发明专利43项；授权专利48项，其中发明专利16项。

【国际交流与合作】（1）“轨道交通工程动力学”教育部国际合作联合实验室获批立项建设。（2）新获批4项国际合作项目，包括：1项国家重点研发计划战略性国际科技创新合作重点专项，1项中拉科学家交流计划项目，2项韩国Dawonsys合作项目。（3）成功主办第一届国际轨道交通学术会议（ICRT2017）。（4）新增3个国外合作伙伴，分别为：与澳大利亚蒙纳什大学铁道技术研究所签署《澳大利亚蒙纳什大学铁道技术研究所与西南交通大学牵引动力国家重点实验室合作谅解备忘录》，与瑞士PROSE公司签署《西南交通大学—PROSE公司战略合作协议》，与马来西亚拉曼大学签署《拉曼大学（马来西亚）与西南交通大学牵引动力国家重点实验室（中国）谅解备忘录》。（5）舍弗勒驻西南交通大学先进技术研究中心在实验室正式启动。（6）12位年轻教师赴海外做访问学者。（7）研究生出国（境）参与学术交流及科研活动30余人次；招收英国、瑞典留学生来实验室学习。（8）在国际学术会议上做特邀报告5人次；邀请国外专家来实验室讲学10余人次，受邀到国外讲学3人次；参加国外学术会议50余人次；（9）新增国际学术组织会员1人；新增国际学术期刊编委4人，其中主编1人、共同主编2人、副主编1人。至此，现任国际学术组织会员3人、国际学术期刊主编3人、荣誉主编1人、共同主编2人、副主编4人，国际学术期刊编委25人。

【年度大事记】

序号	时间	事件
1	1月19日	牵引动力国家重点实验室与瑞士PROSE公司签署《西南交通大学—PROSE公司战略合作协议》
2	5月10日	翟婉明院士撰写的《车辆－轨道耦合动力学》荣获“第六届中华优秀出版物图书奖”
3	5月25日	牵引动力国家重点实验室与马来西亚拉曼大学签署《拉曼大学（马来西亚）与西南交通大学牵引动力国家重点实验室（中国）谅解备忘录》
4	7月10—12日	主办第一届国际轨道交通学术会议（ICRT2017）
5	7月24日	牵引动力国家重点实验室与澳大利亚蒙纳什大学铁道技术研究所签署《澳大利亚蒙纳什大学铁道技术研究所与西南交通大学牵引动力国家重点实验室合作谅解备忘录》
6	9月4日	舍弗勒驻西南交通大学先进技术研究中心启动仪式
7	10月10日	1项国家重点研发计划“战略性国际科技创新合作”重点专项项目（编号为2016YFE0205200）获得批准
8	10月18日	央视《新闻联播》报道翟婉明院士回校传达十九大精神
9	12月4日	牵引动力国家重点实验室第七届学术委员会第三次会议
10	12月28日	西南交通大学交通运输工程学科在第四轮学科评估中获评A+

十一、对外合作与交流

（一）国际合作与交流

一年来，学校坚持以持续提升国际交流合作水平为抓手，以落实好“双一流”建设为工作落脚点，以国家深入实施“一带一路”倡议和“高铁走出去”战略为契机，继续纵深推进学校国际化战略，大力提升国际合作与交流水平，深度拓展与世界一流高校和“一带一路”沿线国家高校的合作关系，加速推进学校国际化工作迈入新台阶。

截至 2017 年 12 月，学校已与美国、加拿大、英国、德国、法国、韩国等国家或地区的 195 所高校或机构建立了合作关系。本年度学校国际合作与交流主要工作为：“西南交通大学-俄克拉荷马州立大学安全工作中外合作办学项目”成功落地峨眉，标志着峨眉校区国际化园区建设推进工作迈出关键一步；教师因公出国（境）开展学术交流活动的人数实现持续增长、学生出国（境）交流人数再创新高；来华留学生人数持续增长；成功举办了一批具有较大影响力的国际学术会议和论坛，学校学术国际影响力得到持续提升。

1. 境外培训

2017 年，配合远程学院完成以下涉外培训项目：一是商务部各类援外培训项目，培训人数达 200 余人次；二是肯尼亚涉外培训项目，联合了国内八所铁路职业学院的 50 多名优秀教师赴肯尼亚开展车、机、工、电、辆五大铁路工种培训，开设班级 28 个，培训当地学员 900 多名；三是根据我校与印度铁道部签署的《中印高速铁路高层管理人员培训项目服务合同》，配合远程学院完成第一期交通运输方向的培训工作，共有来自印度铁道部的 39 名官员参训。

2. 在校生出国留学

2017 年派出各类学生共计 1396 人次；其中，通过国家留学基金委各类项目派出学生达 153 人，较 2016 年增长约 40%，基本实现本硕博层次全覆盖。国际化人才联合培养实现新突破。我校与英国曼切斯特大学联合培养的博士生杨倩（2015 年国家公派研究生），以第一作者身份在国际顶级期刊 *Nature Materials* 上发表学术文章，是我校开展国际化人才联合培养的重要成果。

3. 协议签署

2017 年，学校与美国纽约州立大学石溪分校、加拿大阿尔伯塔大学、埃塞俄比亚亚迪斯贝巴大学、希腊亚里士多德大学等 12 所高校或科研机构新签署或续签合作协议。

4. 聘请外国专家

我校外专引智工作领域实现重大突破，同时，外专项目经费创历史新高。2017 年我校获批国家外国专家局外专引智项目经费 675 万元，较 2016 年增长 25%。

5. 中外合作办学

中外合作办学事业稳步发展。完成“西南交通大学-俄克拉荷马州立大学安全工程中外合作办学项目”第一届项目学生招生、入学相关工作。

按照教育部相关要求，完成“西南交通大学-乔治亚州立大学生命工程中外合作办学项目”“西南交通大学-弗朗霍菲无损检测研究所无损检测中外合作办学项目”的评估工作。

6. 因公出国（境）

全年完成教学科研人员因公出国（境）审批近 600 人次，较 2016 年增长 17.4% 。此外，四川省外事侨务办公室已在我校设置外事办证服务中心，提供“一站式上门服务”，极大地方便我校师生快捷办理因公临时出国（境）的审批、签证等手续。

7. 国际会议

2017 年，学校顺利举办各类国际学术会议或学术论坛共计 8 次，包括“第一届国际轨道交通学术大会”、“新时代绿色发展国际论坛——成都海绵城市论坛”等具有较强国际影响力的高端国际学术会议。

8. 来华留学生

奖学金留学生数量得到明显提升。2017 年，我校奖学金留学生学生已突破 300 人，奖学金类别包括中国政府奖学金（CSC）、“丝绸之路”中国政府奖学金等。2017 年，新增教育部“丝绸之路”道路与铁道工程硕士项目来华留学生班 1 个；新增商务部项目“轨道交通电气化与信息化技术”项目班 1 个。

作为来华留学质量认证第三批试点院校，我校与中国教育国际交流协会正式签署相关协议。根据协议，我校将于 2018 年完成所有质量认证工作。

（二）国内合作与交流（含各研究院、董事会工作情况）

2017 年，在进一步规范了对外合作流程的基础上，学校与政府、企业、高校签订合作协议 29 项，合作领域包括政府、高校、科研机构等，其中，校地合作 13 项，校企合作 10 项，校际合作 2 项，与科研机构合作 4 项。合作内容涉及人才培养、科技合作、技术合作及其他合作，其中人才培养 21 项、科技合作 22 项、技术合作 22 项、其他合作 10 项。这些对外合作拓展了学校的办学空间，有利于国家、有利于学校、有利于发展。如与新都区人民政府合作，新都区提供 3 000 多平方米的房屋用于地学学院实验室建设，经费 3 000 万元。如与唐山市人民政府合作，唐山市提供 3 000 平方米的教室和宿舍，经费 1 000 万元。如与中国铁建股份有限公司合作，中国铁建提供每年不少于 200 万元的院士工作站经费和每年不少于 1 000 万元的基本研发经费。

2017 年，完成了第十七次董事大会相关文件的整理及汇编工作。四川缘满集团向学校捐赠 100 万元并成为董事单位，学校董事单位累计达 94 家。

（三）服务社会

1. 与各界合作协议一览表

详见附录部分“（十一）2017 年与学校签订合作协议的单位”表格。

2. 对口支援工作

学校的援藏援疆任务是援助西藏大学工学院和新疆农业大学交通运输学院。2017 年，学校选派雷艳红（两次）、何平、赵晓彦共 4 人次赴西藏大学进行支教，选派王鹰、雷国胜、覃维 3 名援藏干部赴西藏大学开展援藏工作，选派闫海峰赴新疆农业大学开展援疆工作。接收西藏大学“1+2+1”联合培养学生 54 名，接受西藏大学来校进修研究生 8 名，接收西藏大学来校挂职干部、进修教师7名。全年共投入援藏、援疆经费25万元。2017年9月在教育部援藏工作会议上作为高校唯一代表做经验介绍。

3. 精准扶贫工作

2017年，学校立足于“智力扶贫、科技扶贫，提升精准脱贫内生动力和干事创业软实力”，主要在马尔康市、峨边县、泸定县、红原县、小金县、阿坝县开展精准扶贫工作。全年共投入经费130万元用于精准扶贫工作，先后组织26批次、166余人次，开展教育帮扶、医疗帮扶、产业发展和交通规划等帮扶工作。筹措精准扶贫项目资金90万元，用于马尔康市9个贫困村的集体经济项目及基础设施建设。在峨边县双凤村协调资金60万元打造出峨眉黑鸡、旧院黑鸡、山桐子、猕猴桃、藤椒、土山羊、牛尾笋、茶叶、生猪养殖、肉牛养殖等具有双凤特色的产业扶贫品牌项目。与工会联合组织教工认购阿坝县贫困户的木耳400多斤。接收马尔康市代培中学生5名，建立马尔康市中学“笃志奖学金”并奖励14名学习成绩优秀的马尔康学生，选派1名教师、4名研究生赴马尔康开展支教工作，选派3名优秀干部赴马尔康及峨边开展驻村工作。经过一年多的努力，马尔康市松岗镇哈飘村如期摘掉了贫困帽，全村12个贫困户顺利脱贫。

十二、校友联络

（一）校友会工作

在校友会建设方面，2017 年，新成立丹麦、哈尔滨、海南、贵州、苏州、青岛和 EMBA 等 7 个海外、地方及行业校友会，学校海内外校友会已增至 61 个（其中海外校友会 9 个）。各地校友会以校友兴趣爱好为导向，成立校友俱乐部，全年各地新成立校友俱乐部近 30 个。

在校友活动组织方面，打造秩年返校品牌活动，邀请 83 级共 650 余位校友返校参加毕业 30 周年庆祝活动。做好 121 周年校庆庆典大会、校友返校和校友文体活动等校庆工作，接待其他年级返校校友 300 余人。全年接待校亲 8 人，校友 1 150 人。依托校友志愿者协会，面向在校生开展以校情校史为主题的毕业季活动，培养准校友“爱校、荣校”意识。全年共组织 8 支校友走访团队赴安徽、郑州、深圳、新疆、天津、广州、南京、北京寻访 30 余位校友，加强在校生和各地校友的交流。指导校友志愿者协会开展“拜托了，校友”和 2017 届毕业季活动，向 10 000 余位毕业生发放印有各地校友会联系方式的“毕业车票”。

在基础工作方面，2017 年首次在应届毕业生中聘任 389 名同学担任校友工作班级理事，进一步加强毕业校友班级与母校之间常态联络，为各地校友会建设发展注入新鲜力量。加强校友工作信息化建设，以“一库三平台”为目标，依托校友数据库，打造校友移动服务大厅、传统媒体和新媒体三个平台。全年通过参加校友活动和邀请校友返校聚会等各种方式收集校友有效联系电话 15 158 条，进一步提高校友联络率。实现 1896 级至今全部本科毕业校友和大部分研究生毕业校友的基本信息电子化，完成 60 个已成立的地方校友会档案梳理工作。全年推送微信 116 条，微信关注量近万人。全年宣传十九大代表、全国劳动模范和院士等优秀校友 29 位；利用官微和门户网站等平台改版《校友通讯》，尝试电子化办刊。全年共制作校友卡 10 902 张，其中应届毕业生（含全日制本科、全日制研究生）10 477 张，往届毕业生 425 张。

（二）基金会工作

2017 年，学校教育基金会新设立了“双一流”建设基金、国际交流基金、校庆活动及校友建设基金等捐赠项目 67 项，举行了江西泰明光伏、西川汇、交大土木公司等大额捐赠项目仪式 20 余场次。接受单位和个人捐赠 2 370.36 万元。2017 年 11 月，荣获中国高等教育学会教育基金会工作研究分会颁发的“教育基金工作先进单位”奖。

在大额捐赠方面，成唐龙先生捐赠曹建猷教育基金 1 000 万元，运达高管团队捐赠 400 万元用于学校发展，汤翔先生捐赠 200 万元助力学校“双一流”建设，四川省明厚天信息技术股份有限公司捐赠200万元用于建设金融大数据研究院。

新开发了“微信捐赠平台”，打造了“双优体育基金”“遇见更好的自己——学校 121 周年校庆图书捐赠”“给学弟学妹们的一份礼物——毕业生捐赠项目”“让爱回家—西南交通大学 1987 届校友毕业 30 周年返校捐赠项目”等特色捐赠项目，合计捐赠到账逾 10 万元，捐赠人次 500 人，开创了校友捐赠新局面。

积极联系海外基金会及企业基金会，加深友谊务实合作。目前，已与美国亚美研究教育基金会、日本似鸟国际奖学财团、中国香港培华教育基金会、茅以升教育基金会、黄万里基金会、中华广文基金会建立了联系。

十三、财务收支情况

(一)2016—2017年决算收入情况

我校2017年决算收入319 000.83万元,较2016年决算收入增长6.35%。其中:财政拨款150 720.62万元,占47.25%,较2016年财政拨款增长4.39%;事业收入135 518.39万元,占42.48%,较2016年增长11.43%;其他收入32 761.82万元,占10.27%,较2016年减少3.5%。

(二)2016—2017年决算支出情况

1. 2017年支出决算情况说明

我校2017年总支出286 625.05万元,较2016年总支出278 932.58万元增加7 692.47万元。其中:基本支出204 519.58万元,较2016年减少1.61%;项目支出82 105.47万元,较2016年增长1.55%。

2. 支出情况说明

我校2017年总支出286 625.05万元,其中:一般公共服务支出(201类)74.62万元,占0.03%;教育支出(205类)273 456.49万元,占95.41%;科学技术支出(206类)2 906.90万元,占1.01%;文化体育与传媒支出(207类)300万元,占0.10%;住房保障支出(221类)9 887.05万元,占3.45%。

3. 财政拨款支出情况说明

我校2017年财政拨款支出总支出151 498.09万元,与2016年相比增加8 997.49万元,增长6.31%。其中:

(1)高等教育支出(2050205),2017年支出138 032.13万元,比2016年增长4.89%;

(2)重点实验室及相关设施支出(2060204),2017年支出2 641.91万元,比2016年增长98.16%;

(3)住房公积金支出(2210201),2017年支出4 777.00万元,比2016年增长11.32%;

(4)购房补贴支出(2210203),2017年支出3 330.18万元,与2016年持平。

十四、审计工作

（一）概　况

2017年，西南交通大学在教育部财务司的指导下，紧紧围绕学校工作总体思路和工作重点，适应新常态，践行新理念，积极开展内审工作，认真履行审计监督职责，充分发挥了内部审计在促进依法行政、加强内部控制、规范财经管理、提高资金使用效益等方面的积极作用。

（二）审计制度建设

2017年，为进一步健全完善学校经济责任审计制度，加强干部管理监督、促进廉政建设，审计处修订了《领导干部任期经济责任审计的暂行规定》，出台了《西南交通大学领导干部经济责任审计实施办法》《经济责任审计工作流程》；同时，为加强和规范建设工程管理，完善内部控制，落实好管理责任，提高资源绩效，制定了《西南交通大学建设工程管理审计实施办法》。

（三）经济责任审计

1. 进一步强化经济责任审计工作领导小组会议作用。2017年，组织召开了3次学校领导干部经济责任审计工作领导小组会议，聚焦学校管理，从规范二级单位主要负责人经济行为、学校顶层制度建设、“三重一大”集体决策制度落实、资产管理、合同管理、审计结果运用等方面提出了12项可操作性的工作思路和设想，领导小组会议审定了工作分解方案及完成时间表(西交校工纪〔2017〕17号)，并对审计处认真负责的工作态度、高度的政治责任感和历史使命感给予了充分的肯定。

2. 创新新时代下的经济责任审计工作规范。结合审计项目特点，新时代下创新审计理念，进一步完善审计工作规范，修订了《审计通知书》《审计意见书》《审计整改通知书》等文本，使被审计单位、被审计人更加深入地了解审计工作程序和要求；充分贯彻无纸化办公要求，制定了经济责任审计报告等系列文档发送、签呈、审批工作流程。

3. 改革深化经济责任审计内容。在经济责任审计内容上注重问题导向，结合“中管高校巡视问题清单”，重点关注中央“八项规定”精神落实情况、津补贴等人员经费支出情况，增加了对领导干部应当承担直接责任、主管责任、领导责任的评价，有重点、有深度、有步骤地开展工作。2017年完成19个审计项目，审计资金总额81 356.2万元，提交审计报告19份，提出合理化审计建议98条；针对学校普遍性、典型性问题，提交《专题汇报》一份。

4. 强化经济责任审计整改落实。加大审计整改落实督办力度，促使审计整改工作系统化，深入分析整改事项，实现整改工作精准分类和归类，努力形成审计工作闭环。2017年，完成9个项目的审计整改督办工作，针对提出的48条审计建议和3条管理建议，已整改36条，正在整改7条，尚未整改8条。通过整改，促使完善了学校内部规范管理，如制度建设、决策程序、财务收支、资产、合同，等等。

5. 进一步加强审计结果运用。将审计结果及时报送组织部、人事部门等部门作为考核、任免、奖惩被审计单位领导人员的参考依据。加大审计公开力度，严格要求被审计单位将审计结果通过会议、公告或内部传阅等方式在单位内部进行公开，并将公开结果记录报审计处备案。

（四）专项审计

1. 开展专项审计与调查。有针对性地从费用规范性角度开展专项审计工作，提出改进建议。2017年，完成了哲学社会科学基金项目经费专项检查，及时纠正了3类问题，收回金额4 716.6元；开展了预决算审计1项，专项资金审计1项，财务收支审计1项，资产管理审计1项，内部控制管理审计1项，采购与招标管理审计1项，基建工程管理审计1项，对校产企业国有资本上缴学校投资收益再监督审计1项。

2. 做好科研项目审签工作。2017年完成了科研项目外拨经费325.2万元、20个科研项目结题的审签、29个资助计划项目审核工作。

（五）工程建设审计

1. 加强建设工程管理审计。2017年完成工程结算审计项目225项（以合同项目为准），送审总额34 511.21万元，审定金额31 343.56万元，审减金额3 324.25万元，审增金额156.59万元。其中：自审工程项目189项，送审金额2 790.43万元，审定金额2 603.67万元，审减金额186.76万元；委托审计工程项目36项，送审金额31 720.78万元，审定金额28 739.89万元，审减金额3 137.49万元，审增金额156.59万元。

2. 加强建设项目结算经济管理活动监督。参与、配合基建（修缮）工程项目和其他项目招投标审计监督29人次；审签施工合同、协议等86份；参加工程项目验收88人次。

3. 积极开展重大项目跟踪审计。2017年签订了3号教学楼全过程跟踪审计合同，完成了清单审核，审减控制价2 002万元，在清单审核中对土方、清水模板等提出合理化建议，为学校节约了大量的建设资金。

4. 强化工程项目竣工财务决算审计。2017年完成3个工程项目竣工财务决算审计，审定金额2.23亿元，确保资产入账。

（六）审计管理

1. 落实完成了学校《对照中央巡视中管高校发现问题》自查自纠整改工作。截至2017年9月25日，落实整改工作，针对所涉及的共计77条问题，已整改39条、正在整改7条，尚未整改30条，移交监察处督办1条，收回金额16 890.6元。

2. 落实直属高校财务专项治理工作。积极配合完成直属高校财务专项治理工作报告，发出问题清单，报告整改完成情况。

3. 规范项目管理，确保学校利益。防范资金使用风险，防范损害学校利益的行为，发布《关于贯彻〈国家发展改革委关于进一步放开建设项目专业服务价格的通知〉意见》《关于三万元以下修缮工程项目财务报销的补充规定》，多次对校BOT项目、国拨资金建设工程项目竣工决、结算资料提出意见。

4. 落实“两地三校区一体化”审计工作。为实现两地审计工作高效对接，主动会同峨眉校区有关部门专门召开业务交流会，进一步明确峨眉审计工作标准和要求。截至12月15日，已保质保量顺利完成了峨眉校区经济责任 8 个项目的审计及1个项目的整改工作，工程审计30个项目及常态化工作。

5. 精益求精，严把质量关。严格执行发现问题集中讨论制、报告审核、审批制等。

6. 加强与服务对象沟通联系。采取及时发送工作联系函、召开审计座谈会等形式，解决审计共性、难点问题，以达到即查即改，即知即改的目的。

7. 加强审计信息化建设。改版了审计处网站，加大审计宣传工作力度；运用审计软件，提升了工程审计业务信息化水平。

（七）审计队伍建设

1. 加强政治理论学习。认真组织学习了十九大报告、中国共产党章程、十八届中央纪委工作报告、习近平总书记“7·26”讲话精神等，开展了多形式的主题党日活动，努力践行“责任、忠诚、清廉、依法、独立、奉献”审计核心价值观，牢固树立四个意识，不忘初心，牢记使命。党支部荣获“双一流”建设献策活动二等奖，1名党员被评为机关“优秀共产党员”。

2. 开展业务知识培训。审计处坚持“补短板强弱项”理念，加强业务学习，继续教育和培训21人次，其中会计继续教育培训 6人次，教育部财务司培训1人次，中国内部审计协会培训3 人次，中国教育审计学会7人次，四川省内部审计协会教育分会培训 4 人次；参加业务研讨交流13人次。

十五、采购与招标工作

（一）概　况

2017 年，采购与招标管理办公室在学校党政的领导下，紧紧围绕学校第十四次党代会任务和学校重点工作任务，坚持“规范采购行为、维护学校利益、促进廉政建设”的宗旨，按照“突出重点、优质采购、提升内功”的工作目标，强化服务，保障发展，进一步提升规范化水平，圆满完成了学校全年各项采购任务，争创一流，保障学校发展。

（二）主要工作

1. 突出重点，争创一流

根据学校 2017 年工作要点“完善采购管理内控建设，建立健全合同管理体系”，全面加强内部管理。

（1）2017 年制定了 7 个文件，进一步完善了采购管理内控制度：《西南交通大学工程、货物和服务项目分散采购实施细则（试行）》《西南交通大学采购需求论证和履约验收管理办法（试行）》《西南交通大学采购与招标管理办法》《西南交通大学政府采购项目档案管理办法（试行）》《西南交通大学政府采购供应商管理办法（试行）》《西南交通大学采购与招标评审专家管理办法（修订）》《西南交通大学采购与招标工作领导小组会议议事规则（试行）》。

（2）2017 年着重在以下方面加强内控管理：一是建立采购项目申请审批制度，明确各部门职责，在校内实现采办分离。二是进一步规范采购与招标项目需求论证和履约验收行为，实行采购项目部门负责，校内外监督相结合的模式。三是建立供应商准入和评估制度，维护学校合法权益。四是按国家要求落实节能环保、促进中小企业、监狱企业及残疾人企业发展等政府采购政策。

（3）继续完善现有的合同管理制度。根据学校合同管理办法对《采购合同管理办法（试行）》进行了修订，并拟定了《采购合同管理实施细则》。建立并修订了工程类、货物类、服务类、进口产品技术协议四类采购合同标准模板。建立了采购管理平台——合同管理系统，将合同内控管理流程中所涉及的关键环节内嵌至系统中。梳理了采购合同管理流程，实现了合同审核、盖章、编号、登记、归档工作的流程化管理。合同专用章由专人保管和使用，并严格进行使用登记。

协助完成学校 2017 年工作要点“切实保障改善民生”。

在后勤与基建管理处、审计处、监察处等多部门的通力合作下，完成了犀浦校区 3 号教学楼项目施工标段和监理标段的招标和合同签订工作，完成了饮食加工配送中心加工设备项目招标和合同签订工作。

重点推进中央财政拨款项目的采购招标任务。

采购与招标管理办公室高度重视中央财政拨款项目的采购招标任务，提前筹划，优先办理，与相关部门积极配合，按时完成了全年中央财政拨款项目的采购与招标工作。其中设备购置项目

14个，基础设备改造项目10个，房屋修缮项目5个，涉及国拨资金共计15 800万元。

2. 优质采购，助推一流

（1）截至目前，共完成学校集中采购项目（含央采集中采购）323个，同比增加1.5%；预算金额51 344万元，同比增加95.1%；成交金额46 625万元（其中：工程类项目成交金额32 255万元，仪器设备类项目成交金额11 846万元，物资服务类项目2 524万元），节约资金4 719万元，节支率9.19%。

（2）截至目前，共完成学校分散采购项目1 544个，同比增加176.7%；合同金额7 543.45万元，同比增加150.1%。

（3）截至目前，共组织校内网上竞价项目579个，同比增加21.1%；合同金额3 244.34万元，同比增加101.3%。

（4）截至目前，共组织采购评审活动284次，同比增加12.7%，其中：公开招标项目126次，竞争性磋商项目100次，竞争性谈判项目9次，单一来源谈判42次，校内快速采购7次。

3. 提升内功，对标一流

（1）不断完善内控制度，规范采购招标工作程序，完善学校采购与招标制度体系，建立健全合同管理体系。按照指导、保障、操作三层次结构制度体系框架，制定了7个学校采购与招标相关文件。结合质量控制规范和经济活动内控指南，继续对各类采购与招标文件进行修订。

（2）按照简政放权、放管结合、优化服务的指导思想，建立采购申请审批制度，明确采购项目部门和归口管理部门的职责，在学校内部实现了采办分离。进一步规范了学校采购与招标项目需求论证和履约验收行为，实行采购项目部门负责、业务归口部门和校内外监督相结合的模式。

（3）调整优化采购方式，根据采购项目类型、预算金额、使用经费类型及项目用途明确采购方式。制定工作流程及操作说明，提升服务质量。

（4）加强信息化建设，继续协同推进学校大资产数字化平台建设，整合并动态完善采购管理平台各模块，实现电子化管理，提升工作效率。

（5）推进评审专家库建设和供应商准入评估制度，已入库评审专家144名，供应商1400余家，进一步规范了政府采购行为，维护学校政府采购公平竞争环境和合法权益。

（6）推进党建与业务深度融合，加强校内外交流学习，做到业务工作和党建工作同谋划、同部署、同推进、同落实。认真落实党建工作，学习十九大精神，不断加强党风廉政教育。全面开展宣传活动，采用多种方式向教职工宣传采购招标工作政策。主动走出学校，通过教育部培训班授课，与其他高校交流学习等方式，不断提高我校在高校政采领域的影响力。

（三）2017年集中采购项目一览表

序号	项目编号	项目名称	项目单位	中标金额（人民币：万元）、下浮率、折扣等	中标单位	项目类别
1	FWCG-2017-002	西南交通大学部分建筑自动消防系统维保	武装保卫处	15.4	四川瑞安消防工程有限公司	部门预算
2	FWCG-2017-003	西南交通大学峨眉校区学生公寓洗衣机租赁服务采购	峨眉校区		四川省长全机电设备有限公司	自　筹
3	FWCG-2017-004	鸿哲斋4号楼博士生家具拆装	资产与实验室管理处	18.5	四川省森木阁家具有限公司	部门预算
4	FWCG-2017-005	工程训练中心仪器设备和家具的拆装和搬迁	工程训练中心	33.8	成都迁禧搬家有限公司	部门预算
5	FWCG-2017-006	西南交通大学犀浦校区明诚大讲堂建筑方案设计	校园规划与建设处	46.8	四川华成辉宇建筑设计有限公司	自　筹

续表

序号	项目编号	项目名称	项目单位	中标金额（人民币：万元）、下浮率、折扣等	中标单位	项目类别
6	FWCG-2017-007	西南交大茅以升图书馆图书及家具搬迁项目	图书馆	39.8	成都蚂蚁物流有限公司	部门预算
7	FWCG-2017-008	西南交通大学行政办公家具维修项目	资产与实验室管理处		成都市优特办公用品有限公司；四川中旭家具制造有限公司	部门预算
8	FWCG-2017-009	西南交通大学成都两校区校园环境整治（园林）施工单位入围招标	后勤与基建管理处		成都怡境花卉有限公司；四川省百汇园林建设有限公司；成都长城金山绿化工程有限公司	部门预算
9	FWCG-2017-010	西南交通大学公房零星修缮服务	资产与实验室管理处		四川蜀联建信工程建设有限公司；四川广汇建筑智能化工程有限公司；四川中铁二局成都工程有限公司	部门预算
10	FWCG-2017-011	西南交通大学犀浦校区综合楼多联机中央空调系统日常维护保养服务	后勤与基建管理处	23.5	成都森立节能科技有限公司	部门预算
11	FWCG-2017-012	本科审核评估数据举证综合报告服务	教务处	49	北京新锦成数据科技有限公司	部门预算
12	FWCG-2017-013	27.5 kV 牵引电源等电气设备操作维护	牵引动力国家重点实验室	27	四川华东电气集团有限公司	部门预算
13	FWCG-2017-014	海外专利申请代理服务	电气工程学院	29.28	北京润平知识产权代理有限公司	其他经费
14	FWCG-2017-015	西南交通大学九里校区学生宿舍空调租赁服务项目	后勤与基建管理处		四川省长全机电设备有限公司	部门自筹
15	FWCG-2017-016	大学生创业实训培训服务	教务处	72	北京正保育才教育科技股份有限公司	其他经费
16	FWCG-2017-018	电气工程学院搬迁	电气工程学院	90	成都蚂蚁物流有限公司	部门预算
17	FWCG-2017-020	国拨修缮和基建项目管理信息系统	校园规划与建设处	19.98	北京邦永科技有限公司	改善基本办学条件专项
18	FWCG-2017-021	电气工程学院搬迁设备调试	电气工程学院	44.5	成都航天烽火精密设备制造有限责任公司	部门预算
19	FWCG-2017-022	西南交通大学 2017-2018 年公务印刷服务商遴选	采购与招标管理办公室		成都市海之都印务有限公司；四川川印印刷有限公司	
20	FWCG-2017-024	西南交通大学“双一流”建设品牌宣传	党委宣传部	49.68	北京华媒联拓文化传播有限公司	部门预算
21	FWCG-2017-025	犀浦校区电气大楼片区物业管理服务项目	后勤与基建管理处	61.673 9	江苏银河物业管理有限公司	其他经费
22	FWCG-2017-026	西南交通大学九里校区南北园家属区综合改造施工设计招标	后勤与基建管理处	40.498 4	四川高地工程设计咨询有限公司	部门预算
23	FWCG-2017-027	西南交通大学机械学院搬迁	机械工程学院	14.98	成都市邦发物流有限责任公司	部门预算
24	FWCG-2017-028	西南交通大学犀浦校区 3 号教学楼项目监理标段	校园规划与建设处	300	四川三信建设咨询有限公司	基　建
25	FWCG-2017-029	西南交通大学 2018—2020 年保安服务项目	党委保卫部	1 379.70	四川天虎保安服务有限公司	专项经费
26	FWCG-2017-030	2017 女职工妇科普查	后勤与基建管理处	16	成都美年大健康管理有限公司	专项业务费
27	FWCG-2017-031	高层次人才引进信息发布合作	人事处	43.854	赛尔互联（北京）教育科技有限公司	专项经费
28	FWCG-2017-032	软件正版化服务	信息化与网络管理处	43	赛尔网络有限公司	自　筹
29	FWCG-2017-033	网站群系统子站迁移	信息化与网络管理处	25.78	西安博达软件股份有限公司	自　筹

续表

序号	项目编号	项目名称	项目单位	中标金额（人民币：万元）、下浮率、折扣等	中标单位	项目类别
30	FWCG-2017-034	远程与继续教育学院电信宽带业务项目	远程与继续教育学院	69.6	中国电信股份有限公司成都分公司	自筹
31	FWCG-2017-035	西南交通大学成都两校区2018-2020电梯日常维护保养服务	后勤与基建管理处	34.2	成都广博电梯有限公司	部门预算
32	FWCG-2017-038	西南交大峨眉时期部分视频资料修复及数字化	党委宣传部	19	四川玉川文化传播有限公司	其他经费
33	WZCG-2017-001	西南交通大学维修及工程材料采购	后勤与基建管理处	159.087 7	四川腾达恒辉建筑装饰工程有限公司；成都鼎端装饰装修工程有限公司；成都超顺环卫服务有限公司	自筹
34	WZCG-2017-002	西南交通大学校医院医用耗材	后勤与基建管理处		成都康杰医疗器材有限公司	部门预算
35	WZCG-2017-003	西南交通大学食堂大宗物资采购	后勤与基建管理处		四川凯斯盾后勤管理服务有限公司；成都北峰面粉有限公司；遂宁市高金食品有限公司；成都佳享食品有限公司；四川金忠食品股份有限公司	部门自筹
36	WZCG-2017-004	西南交通大学食堂用零采物资采购	后勤与基建管理处		四川凯斯盾后勤管理服务有限公司；四川省内江金鑫畜禽有限公司；汉源县钱记鲜蛋养殖有限责任公司	部门自筹
37	WZCG-2017-005	(2017年本科新生)军训服装购置	党委保卫部	61.76	四川圣山白玉兰实业有限公司	自筹
38	WZCG-2017-006	九里校区眷诚斋学生公寓床铺板购置	资产与实验室管理处	22.611 4	四川中旭家具制造有限公司	部门预算
39	WZCG-2017-008	西南交通大学校医院中药材及饮片采购项目	后勤与基建管理处		四川新绿色药业科技发展有限公司；四川省中药饮片有限责任公司	自筹
40	WZCG-2017-009	西成药品采购	后勤与基建管理处		国药控股四川医药股份有限公司；四川科伦医药贸易有限公司；四川海王金仁医药集团有限公司；四川金利医药贸易有限公司	自筹
41	WZCG-2017-010	学生公寓家具购置项目	资产与实验室管理处	108.12	成都四通瑞坤家具有限公司	改善基本办学条件专项
42	WZCG-2017-011	西南交通大学峨眉校区食堂冻禽类制品采购	后勤集团-峨眉	38.371 3	峨眉山家家乐商贸有限公司	部门自筹
43	WZCG-2017-012	西南交通大学2017年本科毕业生纪念品采购	党委学生工作部	12.994	成都博瑞祥会务有限公司	部门预算
44	WZCG-2017-013	加拿大高等教育基础部2017年9月学生使用的加拿大原版教材	加拿大高等教育基础部	15.355 6	中国图书进出口（集团）总公司	部门自筹
45	WZCG-2017-014	2017级新生文化衫	党委学生工作部	21.42	四川华源服饰有限公司	部门预算
46	WZCG-2017-016	西南交通大学峨眉校区食堂食用油采购	后勤集团（峨眉）	17.308	峨眉山家家乐商贸有限公司	部门自筹
47	WZCG-2017-017	西南交通大学峨眉校区食堂大米采购	后勤集团（峨眉）	50.515	乐山市奇能米业有限责任公司	部门自筹
48	WZCG-2017-018	西南交通大学峨眉校区新生床上用品（被褥等）采购	后勤集团（峨眉）	20.9	四川鑫奥棉织品有限公司	自筹

续表

序号	项目编号	项目名称	项目单位	中标金额（人民币：万元）、下浮率、折扣等	中标单位	项目类别
49	WZCG-2017-018	西南交通大学峨眉校区新生床上用品（被褥等）采购	后勤集团（峨眉）	30.8	成都市新都蜀绣工艺制品有限公司	自　筹
50	WZCG-2017-019	西南交通大学水类维修及工程材料采购	后勤与基建管理处	81.237 5	成都市金牛区恒昌水暖洁具经营部	部门自筹
51	WZCG-2017-020	西南交通大学电类维修及工程材料采购	后勤与基建管理处	95.1	成都市金牛区恒昌水暖洁具经营部	部门自筹
52	WZCG-2017-021	西南交通大学装饰类维修及工程材料采购	后勤与基建管理处	82.867 5	成都市金牛区恒昌水暖洁具经营部	部门自筹
53	WZCG-2017-022	西南交通大学食堂大宗物资（冻禽）采购	后勤与基建管理处		成都市泉发食品有限公司；成都林海禽业有限公司	部门自筹
54	WZCG-2017-023	西南交通大学食堂大宗物资（大米）采购	后勤与基建管理处	80.515	成都航都粮油有限责任公司	部门自筹
55	WZCG-2017-025	犀浦电气馆办公家具采购项目	电气工程学院	94.816	成都天骄家具有限公司	部门预算
56	WZCG-2017-026	西南交通大学犀浦校区学生公寓家具购置	资产与实验室管理处	175	成都四通瑞坤家具有限公司	部门预算
57	WZCG-2017-027	犀浦校区本科生公寓家具	资产与实验室管理处	93.86	成都四通瑞坤家具有限公司	改善基本办学条件专项
58	WZCG-2017-028	校医院医用物资	后勤与基建管理处		四川澳拓美信科技有限公司；四川浩洋科技有限公司	自　筹
59	WZCG-2017-029	2017 年学生评优奖品采购	党委学生工作部	46.4	成都亿达一品商贸有限公司	部门预算
60	WZCG-2017-030	西南交通大学峨眉校区医院 2018 年药品（中成药、西药）采购	后勤集团（峨眉）	40	乐山市医药有限公司	自　筹
61	WZCG-2017-032	加工配送中心加工设备配套零部件、耗材采购	后勤与基建管理处	29.975	成都市金鑫酒店用品有限公司	改善基本办学条件专项
62	XJGC-2017-001	西南交通大学两校区建筑物防水改造（一期）施工与监理招标	校园规划与建设处	467.570 6	标段一：四川中之星建筑工程有限公司	改善基本办学条件专项
63	XJGC-2017-001	西南交通大学两校区建筑物防水改造（一期）施工与监理招标	校园规划与建设处	314.048 3	标段二：四川宏弋建筑特种工程有限公司	改善基本办学条件专项
64	XJGC-2017-001	西南交通大学两校区建筑物防水改造（一期）施工与监理招标	校园规划与建设处	下浮 40%	监理：四川省兴旺建设工程项目管理有限公司	改善基本办学条件专项
65	XJGC-2017-002	物理学院微波实验室二食堂二楼装修改造	物理科学与技术学院	80.34	四川蜀联建信工程建设有限公司	科研项目
66	XJGC-2017-003	交运大楼办公区域装修工程	交通运输与物流学院	83.268 7	四川蜀联建信工程建设有限公司	部门预算
67	XJGC-2017-004	九里校区留学生宿舍改造工程施工	校园规划与建设处	278.233 9	四川汇鑫建筑工程有限公司	改善基本办学条件专项
68	XJGC-2017-005	成都两校区学生公寓修缮（一期）	校园规划与建设处	659.083 6	四川建安建设工程集团有限公司	改善基本办学条件专项
69	XJGC-2017-006	九里校区信息楼二楼屋顶（靠南门半侧）防水施工工程	经济管理学院	43	四川省宏美建筑装饰工程有限公司	自　筹

续表

序号	项目编号	项目名称	项目单位	中标金额（人民币：万元）、下浮率、折扣等	中标单位	项目类别
70	XJGC-2017-007	九里校区游泳池改造	校园规划与建设处	377.860 8	成都华阳建筑股份有限公司	改善基本办学条件专项
71	XJGC-2017-008	九里校区1号高压站改造	校园规划与建设处	583.135 4	四川洲桥水电工程有限公司	改善基本办学条件专项
72	XJGC-2017-009	成都两校区消安防建设二期	校园规划与建设处	332.585 9	四川省明厚天信息技术股份有限公司	改善基本办学条件专项
73	XJGC-2017-010	西南交通大学两校区学生宿舍门禁系统	校园规划与建设处	305.744 7	四川省明厚天信息技术股份有限公司	改善基本办学条件专项
74	XJGC-2017-011	西南交通大学峨眉校区学生食堂节能减排改造（二期）土建及安装施工	校园规划与建设处	694.241 4	四川鑫圆建设集团有限公司	改善基本办学条件专项
75	XJGC-2017-012	九里校区信息楼12、13层整体装修	公共管理与政法学院	168.424 6	隆生国际建设集团有限公司	部门预算
76	XJGC-2017-013	光纤交换系统	信息化与网络管理处	196.292 9	成都凌天通信网络工程有限公司	部门自筹
77	XJGC-2017-014	九里校区信息楼四楼局部装修改造二期工程	经济管理学院	114.806 1	峨眉山市符溪建筑有限公司	部门自筹
78	XJGC-2017-016	西南交通大学九里网络中心修缮工程施工	校园规划与建设处	315.248 9	四川升博建设工程有限公司	改善基本办学条件专项
79	XJGC-2017-017	犀浦校区食堂集中加工配送中心（土建装修及其他类）	后勤与基建管理处	249.151 3	四川元盛建筑工程有限公司	改善基本办学条件专项
80	XJGC-2017-018	九里图书馆改造监理	校园规划与建设处	53.265	四川飞红工程管理咨询有限公司	改善基本办学条件专项
81	XJGC-2017-018	九里图书馆改造施工	校园规划与建设处	3 219.40	贵州建工集团有限公司	改善基本办学条件专项
82	XJGC-2017-019	机械馆2545、2619、2632房间装修	机械工程学院	19.8	四川蜀联建信工程建设有限公司	部门预算
83	XJGC-2017-020	西南交通大学犀浦校区 3 号教学楼项目施工标段	校园规划与建设处	23 655.20	成都市第八建筑工程公司	基建项目
84	XJGC-2017-021	大学生实践训练基地电气改造	工程训练中心	44.511 8	四川鑫圆建设集团有限公司	学生实践训练基地
85	XJGC-2017-022	西南交通大学（犀浦校区）消防水泵房设备改造	保卫处	29.768	四川久瑞消防工程有限公司	部门预算
86	XJGC-2017-023	牵引动力国家重点实验室办公楼修缮工程	牵引动力实验室	131.308 5	四川省中企恒基建筑工程有限公司	重点实验室运行专项经费
87	YQSB-2016-122	自动分拣与智能堆垛系统采购	交通运输与物流学院	463	山东兰剑物流科技股份有限公司	部门预算
88	YQSB-2016-138	两校区直播互动教室建设项目	资产与实验室管理处	253.23	上海卓越睿新数码科技有限公司	部门自筹

续表

序号	项目编号	项目名称	项目单位	中标金额（人民币：万元）、下浮率、折扣等	中标单位	项目类别
89	YQSB-2017-001	综合热分析仪采购	资产与实验室管理处	$8.35	四川宏锐达科技有限公司	改善基本办学条件专项
90	YQSB-2017-002	多媒体语言实验室设备购置	外国语学院	114.655	成都市武侯区中汇电子有限公司	改善基本办学条件专项
91	YQSB-2017-003	运动健康中心评测、分析及保障设备与系统	体育工作部	122.8	成都恒康源科技有限公司	改善基本办学条件专项
92	YQSB-2017-004	光电动挠度测试系统购置	力学与工程学院	19.7	四川博创世纪科技有限公司	改善基本办学条件专项
93	YQSB-2017-005	水准仪、全站仪采购	力学与工程学院	21.3	成都金四维数字测绘科技有限公司	改善基本办学条件专项
94	YQSB-2017-006	激振器等设备购置	力学与工程学院	21.8	江苏联能电子技术有限公司	改善基本办学条件专项
95	YQSB-2017-007	振动传感器等设备购置	力学与工程学院	37.75	成都中泓泰智科技有限公司	改善基本办学条件专项
96	YQSB-2017-008	非金属超声波仪及基桩动测仪采购	力学与工程学院	30	江苏泰斯特电子设备制造有限公司	改善基本办学条件专项
97	YQSB-2017-009	动态信号测试系统购置	力学与工程学院	22.4	武汉优泰电子技术有限公司	改善基本办学条件专项
98	YQSB-2017-010	动、静态应变测试分析系统等设备购置	力学与工程学院	30.128	江苏泰斯特电子设备制造有限公司	改善基本办学条件专项
99	YQSB-2017-011	峨眉校区磁场测量仪等物理实验教学仪器采购	峨眉校区	224.9	四川蓝鸽科技有限公司	改善基本办学条件专项
100	YQSB-2017-012	DMA动态热力学分析仪	力学与工程学院	$10.12	四川宏锐达科技有限公司	引导专项
101	YQSB-2017-013	激光共聚焦显微镜采购	资产与实验室管理处	$38.67	北京恒三江仪器销售有限公司	改善基本办学条件专项
102	YQSB-2017-014	场发射扫描电子显微镜采购	资产与实验室管理处	$46.50	捷欧路（北京）科贸有限公司	改善基本办学条件专项
103	YQSB-2017-015	台式计算机	资产与实验室管理处	42.35	四川省三特科技有限公司	其他经费
104	YQSB-2017-016	接触网实验设备采购	电气工程学院	40.895	上海锦申信息科技有限公司	改善基本办学条件专项
105	YQSB-2017-017	峨眉校区多功能语言实验室设备购置	外国语学院	86.829 9	成都市武侯区中汇电子有限公司	改善基本办学条件专项

续表

序号	项目编号	项目名称	项目单位	中标金额（人民币：万元）、下浮率、折扣等	中标单位	项目类别
106	YQSB-2017-018	数字示波器等电工电子实验设备及仪器仪表购置	电气工程学院	89.97	四川革新时创电子有限公司	改善基本办学条件专项
107	YQSB-2017-019	继电保护测试仪等电气工程学科基础及专业实验设备购置	电气工程学院	206.86	成都德瑞科技有限责任公司	改善基本办学条件专项
108	YQSB-2017-020	电力电子实验台等设备购置	电气工程学院	35.46	成都普捷瑞科技有限公司	改善基本办学条件专项
109	YQSB-2017-021	单点激光多普勒测振仪等力学实验教学仪器采购	峨眉校区	73.5	北京龙腾远洋科技有限公司	改善基本办学条件专项
110	YQSB-2017-022	任意波信号发生器等物理教学设备购置	物理科学与技术学院	154	四川蓝鸽科技有限公司	改善基本办学条件专项
111	YQSB-2017-023	液晶器件制备测试系统等物理教学设备购置	物理科学与技术学院	136.3	成都菲尔仪器设备有限公司	改善基本办学条件专项
112	YQSB-2017-024	心理健康教育大数据集成及分析设备购置	心理研究与咨询中心	104.1	成都中泓泰智科技有限公司	改善基本办学条件专项
113	YQSB-2017-025（包1）	服务器投影仪等设备采购	峨眉校区基础课部	12	成都宇皓科技发展有限公司	改善基本办学条件专项
114	YQSB-2017-026	三维电磁仿真软件购置	物理科学与技术学院	39.6	安世工仿科技（成都）有限公司	改善基本办学条件专项
115	YQSB-2017-027	荧光分光光度计等化学实验仪器购置	生命科学与技术学院	83.762	成都世纪方舟科技有限公司	改善基本办学条件专项
116	YQSB-2017-028	计算机服务器等设备采购（包二）	电气工程学院	37.38	成都联志网络科技有限公司	改善基本办学条件专项
117	YQSB-2017-029	图形处理设备采购	信息科学与技术学院	18.46	成都联志网络科技有限公司	改善基本办学条件专项
118	YQSB-2017-030	列车车载及驾驶仿真实验集成系统采购	信息科学与技术学院	105	成都运达科技股份有限公司	改善基本办学条件专项
119	YQSB-2017-031	光谱仪和示波器采购	信息科学与技术学院	$7.10	武汉华拓轩光电科技有限公司	人才专项
120	YQSB-2017-032	云桌面虚拟化系统	经济管理学院	94.6	成都清网威联网络技术有限公司	自　筹
121	YQSB-2017-034	沥青动态剪切流变仪采购	土木工程学院	113.36	成都市海硕仪器设备有限公司	引进人才专项
122	YQSB-2017-035	数字存储示波器等设备采购	电气工程学院	53.2	四川革新时创电子有限公司	部门预算
123	YQSB-2017-036	自动控制系统实验箱等铁道信号专业实验设备购置	信息科学与技术学院	78.17	成都德瑞科技有限责任公司	改善基本办学条件专项

续表

序号	项目编号	项目名称	项目单位	中标金额（人民币：万元）、下浮率、折扣等	中标单位	项目类别
124	YQSB-2017-038.039.040、041	铁路信号基础设备及控制系统集成项目	信息科学与技术学院	245.34	中铁八局集团电务工程有限公司	改善基本办学条件专项
125	YQSB-2017-042	计算机服务器等设备采购	物理科学与技术学院	19.19	成都联志网络科技有限公司	改善基本办学条件专项
126	YQSB-2017-043	傅立叶变换红外光谱仪等设备购置	生命科学与技术学院	88.91	成都世纪方舟科技有限公司	改善基本办学条件专项
127	YQSB-2017-044	全自动生化分析仪等设备采购	生命科学与技术学院	75.85	成都江德科技有限公司	改善基本办学条件专项
128	YQSB-2017-045	中药提取机组等设备采购	生命科学与技术学院	59.33	成都江德科技有限公司	改善基本办学条件专项
129	YQSB-2017-046	紫外可见分光光度计等设备采购	生命科学与技术学院	89.98	成都江德科技有限公司	改善基本办学条件专项
130	YQSB-2017-047	档案管理信息化系统采购	档案馆	64.6	南京轩恩软件开发有限公司	改善基本办学条件专项
131	YQSB-2017-048	智能 DNS 系统	信息化与网络管理处	27	四川博远尚鼎信息技术有限公司	改善基本办学条件专项
132	YQSB-2017-049	虚拟机带宽访问控制与账号管理系统	信息化与网络管理处	59.88	赛尔网络有限公司	改善基本办学条件专项
133	YQSB-2017-050	油水综合分析仪采购	资产与实验室管理处	29.98	成都盛欣隆进出口贸易有限公司	改善基本办学条件专项
134	YQSB-2017-051	测试技术与机器人设备采购	机械工程学院	111.5	武汉智能装备工业技术研究院有限公司	改善基本办学条件专项
135	YQSB-2017-052	单片机及热工基础类设备采购	机械工程学院	38	成都智凯自动化科技有限公司	改善基本办学条件专项
136	YQSB-2017-053	数字信号示波器及信号发生器等设备采购	力学与工程学院	18.95	成都中泓泰智科技有限公司	改善基本办学条件专项
137	YQSB-2017-054	综合设计型机械设计试验台等机械原理及设计实验设备采购	机械工程学院	62.98	湖南中科科教有限公司	改善基本办学条件专项
138	YQSB-2017-055	金相显微镜等制造技术设备采购	机械工程学院	88.65	成都世纪方舟科技有限公司	改善基本办学条件专项
139	YQSB-2017-056	动态应变仪测试分析系统购置	力学与工程学院	22.8	江苏东华测试技术股份有限公司	改善基本办学条件专项
140	YQSB-2017-057	列控仿真系统采购	信息科学与技术学院	50.3	成都交大和诚科技有限公司	改善基本办学条件专项

续表

序号	项目编号	项目名称	项目单位	中标金额（人民币：万元）、下浮率、折扣等	中标单位	项目类别
141	YQSB-2017-058	示教教学设备采购	工程训练中心	9.76	成都品位科技有限公司	改善基本办学条件专项
142	YQSB-2017-059	机电控制基础实训装置采购	工程训练中心	20.835	四川耀发科技有限公司	改善基本办学条件专项
143	YQSB-2017-060	智能空压站采购	工程训练中心	21.8	成都惠特斯机电设备有限公司	改善基本办学条件专项
144	YQSB-2017-061	焊接烟尘净化设备采购	工程训练中心	39.9	上海灏苒机电设备有限公司	改善基本办学条件专项
145	YQSB-2017-062	网络自主学习及考试软件采购	信息科学与技术学院	33.25	北京万维捷通软件技术有限公司	改善基本办学条件专项
146	YQSB-2017-063	峨眉校区培训教室 LED 屏幕采购	远程与继续教育学院	45	成都万星高祺科技有限公司	部门自筹
147	YQSB-2017-064	台式计算机	工程训练中心	79.7	成都联志网络科技有限公司	改善基本办学条件专项
148	YQSB-2017-065	西南交通大学数字化校园建设二期	信息化与网络管理处	799.597	四川省卓越睿新电子有限公司	改善基本办学条件专项
149	YQSB-2017-066	透反偏光显微镜及地质标本等采购	地球科学与环境工程学院	29.9	四川百客喜贸易有限公司	专业建设专项经费
150	YQSB-2017-067	峨眉校区校园信息化基础设施改造	信息化与网络管理处	697.5	成都森森科技有限公司	改善基本办学条件专项
151	YQSB-2017-068	峨眉校区培训教室音响系统采购	远程与继续教育学院	14.99	四川智邦系统集成有限公司	部门自筹
152	YQSB-2017-069	AIP（美国物理联合会）全文数据库	图书馆	16.629 9	北京中科进出口有限责任公司	改善基本办学条件专项
153	YQSB-2017-070	PQDT 博硕士论文全文数据库	图书馆	12.423 3	北京中科进出口有限责任公司	改善基本办学条件专项
154	YQSB-2017-071	剑桥期刊在线数据库	图书馆	10.748 5	中国教育图书进出口有限公司	改善基本办学条件专项
155	YQSB-2017-072	牛津期刊现刊数据库	图书馆	13.539 7	中国图书进出口（集团）总公司	改善基本办学条件专项
156	YQSB-2017-073	Springer 电子期刊数据库	图书馆	50.379 3	北京中科进出口有限责任公司	改善基本办学条件专项
157	YQSB-2017-074	Nature 数据库	图书馆	23.393 3	北京中科进出口有限责任公司	改善基本办学条件专项

续表

序号	项目编号	项目名称	项目单位	中标金额（人民币：万元）、下浮率、折扣等	中标单位	项目类别
158	YQSB-2017-075	Science Online	图书馆	7.5261	北京中科进出口有限责任公司	改善基本办学条件专项
159	YQSB-2017-076	CAMIO 艺术博物馆	图书馆	2.23	北京中科进出口有限责任公司	改善基本办学条件专项
160	YQSB-2017-077	Emerald-200 管理学期刊数据库	图书馆	11.391 9	北京中科进出口有限责任公司	改善基本办学条件专项
161	YQSB-2017-078	IEEE/IET Electronic Library	图书馆	92.299 6	中国图书进出口（集团）总公司	改善基本办学条件专项
162	YQSB-2017-079	INSPEC	图书馆	17.585 5	中国教育图书进出口有限公司	改善基本办学条件专项
163	YQSB-2017-080	Web of Science（SCI、SSCI、A&HCI）	图书馆	93.112 4	北京中科进出口有限责任公司	改善基本办学条件专项
164	YQSB-2017-081	EV Compendex 工程索引	图书馆	23.273 5	中国教育图书进出口有限公司	改善基本办学条件专项
165	YQSB-2017-082	Wiley Online Library	图书馆	34.396 6	中国科技资料进出口总公司	改善基本办学条件专项
166	YQSB-2017-083	OSA（美国光学学会）期刊全文数据库	图书馆	10.534 6	北京中科进出口有限责任公司	改善基本办学条件专项
167	YQSB-2017-084	SpringerMaterials 数据库	图书馆	16.113 2	中国图书进出口（集团）总公司	改善基本办学条件专项
168	YQSB-2017-085	CPCI	图书馆	8.937 1	北京中科进出口有限责任公司	改善基本办学条件专项
169	YQSB-2017-086	ESI	图书馆	10.987 6	中国图书进出口（集团）总公司	改善基本办学条件专项
170	YQSB-2017-087	JCR	图书馆	7.106 7	中国图书进出口（集团）总公司	改善基本办学条件专项
171	YQSB-2017-088	Westlaw Next	图书馆	3.961 7	中国教育图书进出口有限公司	改善基本办学条件专项
172	YQSB-2017-089	SciFinder Academic 数据库	图书馆	59.402 7	中国图书进出口（集团）总公司	改善基本办学条件专项
173	YQSB-2017-090	Elsevier ScienceDirect 期刊全文数据库	图书馆	132.056 9	中国教育图书进出口有限公司	改善基本办学条件专项

续表

序号	项目编号	项目名称	项目单位	中标金额（人民币：万元）、下浮率、折扣等	中标单位	项目类别
174	YQSB-2017-091	超星读秀知识库	图书馆	13.65	北京世纪读秀技术有限公司	改善基本办学条件专项
175	YQSB-2017-092	百链 MedaLink	图书馆	9	北京世纪读秀技术有限公司	改善基本办学条件专项
176	YQSB-2017-093	EBSCO（ASC+BSC）期刊全文数据库	图书馆	15.662 1	北京中科进出口有限责任公司	改善基本办学条件专项
177	YQSB-2017-094	SpringerNature 电子书	图书馆	43.406 7	中国科技资料进出口总公司	改善基本办学条件专项
178	YQSB-2017-095	维普智立方知识资源服务平台	图书馆	10.4	重庆维普资讯有限公司	改善基本办学条件专项
179	YQSB-2017-096	华艺台湾人社期刊、学位论文数据库	图书馆	14	中国教育图书进出口有限公司	改善基本办学条件专项
180	YQSB-2017-097	WSN 电子期刊全文数据库	图书馆	6.580 2	中国科技资料进出口总公司	改善基本办学条件专项
181	YQSB-2017-098	虚拟仪器实验系统等设备购置	电气工程学院	29.94	四川革新时创电子有限公司	专业建设专项
182	YQSB-2017-099	同步辐射成像用微型原位拉伸机冷热系统	牵引动力国家重点实验室	$3.45	上海恒商精密仪器有限公司	引导专项
183	YQSB-2017-100	电气电源负载及测试设备采购（进口）	电气工程学院	$2.24	成都嘉恒科技有限责任公司	引导专项
184	YQSB-2017-100	电气电源负载及测试设备采购（国产）	电气工程学院	26.1	成都嘉恒科技有限责任公司	引导专项
185	YQSB-2017-101	表面改性处理成套设备采购	牵引动力国家重点实验室	158.7	哈尔滨惠昂商贸有限公司	部门预算
186	YQSB-2017-102	网上办事服务平台采购	信息化与网络管理处	115.3	江苏金智教育信息股份有限公司	改善基本办学条件专项
187	YQSB-2017-103	后勤数字化服务信息管理系统采购	后勤与基建管理处	127.65	北京博纳德科技有限公司	改善基本办学条件专项
188	YQSB-2017-104	数字局部放电测试仪	电气工程学院	$3.75	奥幂电力技术咨询（上海）有限公司	引导专项
189	YQSB-2017-105	高速高压表面电位测试系统	电气工程学院	27.87	成都兴创立科技有限公司	引导专项
190	YQSB-2017-106	ICCD 相机	电气工程学院	$4.16	北京金先锋光电科技有限公司	引导专项
191	YQSB-2017-107	光纤激光切割机等激光设备采购	工程训练中心	138.2	北京格瑞纳电子产品有限公司	改善基本办学条件专项
192	YQSB-2017-108	智能测控分段装置及远动监控模拟终端采购	电气工程学院	40.322	成都交大光芒科技股份有限公司	引导专项
193	YQSB-2017-109	牵引网分布式光纤差动保护模拟平台采购	电气工程学院	58	成都交大许继电气有限责任公司	引导专项

续表

序号	项目编号	项目名称	项目单位	中标金额（人民币：万元）、下浮率、折扣等	中标单位	项目类别
194	YQSB-2017-110	动态信号测试系统购置	力学与工程学院	38.3	江苏东华测试技术股份有限公司	改善基本办学条件专项
195	YQSB-2017-111	压电式四分量测力仪	机械工程学院	39.7	武汉楚高科技有限公司	利兹学院建设启动经费
196	YQSB-2017-112（包1）	学院云计算中心设备采购	远程与继续教育学院	45	上海金曜电子工程有限公司	部门自筹
197	YQSB-2017-112（包2）	学院云计算中心网络存储服务器设备采购	远程与继续教育学院	106.6	成都天和云创科技有限公司	部门自筹
198	YQSB-2017-112（包3）	学院云计算中心网络核心交换机设备采购	远程与继续教育学院	46.246 8	北京瑞丹得思信息科技有限公司	部门自筹
199	YQSB-2017-113	电务监测可视化维护平台采购	信息科学与技术学院	22.95	四川省三特科技有限公司	引导专项
200	YQSB-2017-114	六轴力/力矩传感器等仪器采购（进口）	土木工程学院	$9.84	成都昊普特科技有限公司	引导专项
201	YQSB-2017-114	六轴力/力矩传感器等仪器采购（国产）	土木工程学院	10.1	成都昊普特科技有限公司	引导专项
202	YQSB-2017-116	人工智能GPU工作站及VR/AR系统	信息科学与技术学院	59.43	成都宇皓科技发展有限公司	引导专项
203	YQSB-2017-117	三维运动采集系统	机械工程学院	59.82	上海硅步科学仪器有限公司	引导专项
204	YQSB-2017-118	低温容器采购	牵引动力国家重点实验室	48.1	成都新连通低温设备有限公司	科研项目
205	YQSB-2017-118	电磁脉冲测试系统采购	牵引动力国家重点实验室	74.76	上海超导科技股份有限公司	科研项目
206	YQSB-2017-120	离散元颗粒系统仿真工具	土木工程学院	31	北京海基嘉盛科技有限公司	引导专项
207	YQSB-2017-121	GPU处理器和图形图像处理工作站采购	信息科学与技术学院	29.8	成都东盛顺合科技有限公司	引导专项
208	YQSB-2017-122	犀浦校区食堂集中加工配送中心冷链配送车辆	后勤与基建管理处	31.3	镇江康飞汽车制造股份有限公司	改善基本办学条件专项
209	YQSB-2017-123	峨眉校区学生食堂节能减排改造（二期）设备采购及安装	校园规划与建设处	289	成都好亮厨厨房设备有限公司	改善基本办学条件专项
210	YQSB-2017-124	电类学科基础及电气化与自动化实验设备购置	电气工程学院	16.62	成都普捷瑞科技有限公司	改善基本办学条件专项
211	YQSB-2017-125	犀浦校区食堂加工配送中心-加工设备采购	后勤与基建管理处	375.689	成都市金鑫酒店用品有限公司	改善基本办学条件专项
212	YQSB-2017-126	高效液相色谱仪采购	生命科学与技术学院	$10.38	四川冠策科技有限公司	引导专项
213	YQSB-2017-127	图形工作站采购	利兹学院	76.96	成都众芯源科技有限公司	部门预算
214	YQSB-2017-128	工业自动化实验设备采购项目	电气工程学院	180	大连理工科技有限公司	部门自筹
215	YQSB-2017-129	原子力显微镜采购	机械工程学院	$19.10	牛津仪器科技（上海）有限公司	科研项目
216	YQSB-2017-130	西南交通大学峨眉校区食堂LED屏幕采购	校园规划与建设处	77.55	北京康邦科技有限公司	改善基本办学条件专项

续表

序号	项目编号	项目名称	项目单位	中标金额（人民币：万元）、下浮率、折扣等	中标单位	项目类别
217	YQSB-2017-131	化学机械抛光机采购	机械工程学院	60	天津华海青科机电科技有限公司	人才专项
218	YQSB-2017-132	“明厨亮灶”监控系统	后勤集团（峨眉）	11.773	四川科宁建设工程有限公司	改善基本办学条件专项
219	YQSB-2017-133	耗散型压电晶振界面分析仪采购	机械工程学院	63	亚铭（北京）科技有限公司	科研项目
220	YQSB-2017-134	计算机等设备采购	电气工程学院	29.118	四川省三特科技有限公司	改善基本办学条件专项
221	YQSB-2017-135	快速扫描生物型扫描探针显微镜采购	机械工程学院	$19.15	牛津仪器科技（上海）有限公司	引导专项
222	YQSB-2017-136	西南交通大学峨眉校区（西山梁片区）供水管网渗漏报警平台建设采购项目	后勤集团（峨眉）	35	厦门矽创微电子科技有限公司	自　筹
223	YQSB-2017-137	西南交通大学峨眉校区食堂空调采购及安装	校园规划与建设处	89.5	乐山市金鹏程电器有限公司	改善基本办学条件专项
224	YQSB-2017-138	交通运输与物流学院报告厅与会议室空调系统	交通运输与物流学院	23.8	成都市南虹制冷工程有限公司	部门预算
225	YQSB-2017-139	桌面型激光雕刻机采购	电气工程学院	22.75	北京正天恒业数控技术有限公司	改善基本办学条件专项
226	YQSB-2017-140	电子万能试验机采购	土木工程学院	27.68	深圳三思纵横科技股份有限公司	引导专项
227	YQSB-2017-141	环网顶破试验机及拉力试验机采购	土木工程学院	42	四川奥特机械设备有限公司	引导专项
228	YQSB-2017-142	高速摄像机及运动分析软件采购	土木工程学院	$11.00	成都瑞润裕科技有限公司	引导专项
229	YQSB-2017-143	“中国知网”数据库	图书馆	77	同方知网（北京）技术有限公司	改善基本办学条件专项
230	YQSB-2017-144	“万方数据”数据库	图书馆	46	北京万方数据股份有限公司	改善基本办学条件专项
231	YQSB-2017-145	世纪中数图外文电子书数据库	图书馆	12.4	成都易宝中数图科技有限公司	改善基本办学条件专项
232	YQSB-2017-146	BvD 数据库	图书馆	25.5	毕威迪信息咨询服务（北京）有限公司	改善基本办学条件专项
233	YQSB-2017-147	MathSciNet & AMS E-Journal Consortium	图书馆	10.53	中国教育图书进出口有限公司	改善基本办学条件专项
234	YQSB-2017-148	EPS 数据库	图书馆	11.48	北京福卡斯特信息技术有限公司	改善基本办学条件专项
235	YQSB-2017-149	FiF 外语学习资源库	图书馆	11.2	北京外研讯飞教育科技有限公司	改善基本办学条件专项

续表

序号	项目编号	项目名称	项目单位	中标金额（人民币：万元）、下浮率、折扣等	中标单位	项目类别
236	YQSB-2017-150	中华数字书苑及方正阿帕比数字资源平台电子图书	图书馆	13	北京方正阿帕比技术有限公司	改善基本办学条件专项
237	YQSB-2017-151	超星移动图书馆	图书馆	12	北京世纪超星信息技术发展有限责任公司	改善基本办学条件专项
238	YQSB-2017-152	混凝土腐蚀测试系统等设备购置项目	利兹学院	207.98	四川博创世纪科技有限公司	部门预算
239	YQSB-2017-154	地学学院国地实验室计算中心多功能室液晶显示屏	地球科学与环境工程学院	43.570 1	四川广汇建筑智能化工程有限公司	专项经费
240	YQSB-2017-155	材料学院动态信号测试分析系统	材料科学与工程学院	14.8	四川德翔科创仪器有限公司	其他经费
241	YQSB-2017-156	SAGE Premier 现刊全库	图书馆	39.324 7	中国教育图书进出口有限公司	改善基本办学条件专项
242	YQSB-2017-157	AIAA 电子期刊及会议论文全文数据库	图书馆	17.242 9	中国教育图书进出口有限公司	改善基本办学条件专项
243	YQSB-2017-159	科技业务云平台采购	信息科学与技术学院	79.2	四川博全科技有限公司	科研项目
244	YQSB-2017-160	西南交通大学地学学院国地实验室计算中心建设	地球科学与环境工程学院	195.8	成都伊登软件技术有限公司	学科发展+实验室建设专项
245	YQSB-2017-161	轨道交通工业控制系统安全测评服务项目	信息化研究院	815	深圳市安络科技有限公司	科研项目
246	YQSB-2017-162	高性能台式工作站等设备采购	数学学院	198.973	四川省三特科技有限公司	人才专项
247	YQSB-2017-163	布拉格光纤光栅网络分析系统	土木工程学院	31.9	四川博创世纪科技有限公司	人才专项
248	YQSB-2017-164	音乐系数码钢琴教室及教室防潮防湿处理	人文学院	26.81	成都天禹鸿图科技有限公司	部门预算
249	YQSB-2017-165	交易数据分时行情订阅 Python 接口等数据库采购	数学学院	63.9	深圳国泰安教育技术股份有限公司	人才专项
250	YQSB-2017-166	高分辨倒置荧光显微镜采购	材料科学与工程学院	69.2	成都宝赛思科技有限公司	科研项目
251	YQSB-2017-167	石英晶体微天平分析仪采购	材料科学与工程学院	57.8	亚铭（北京）科技有限公司	科研项目
252	YQSB-2017-168	InCites 数据库	图书馆	18.909 1	中国图书进出口（集团）总公司	改善基本办学条件专项
253	YQSB-2017-169	Taylor & Francis ST 期刊全文数据库	图书馆	16.139 1	北京中科进出口有限责任公司	改善基本办学条件专项
254	YQSB-2017-171	高温烧结炉	材料科学与工程学院	63.8	上海晨华科技股份有限公司	人才专项
255	YQSB-2017-172	陶瓷膜设备	材料科学与工程学院	34.7	四川宏锐达科技有限公司	人才专项
256	YQSB-2017-175	流式细胞仪	材料科学与工程学院	$7.40	四川坤诺贸易有限公司	人才专项

十六、办学条件

（一）校舍构成情况

	合　计	犀浦校区	九里校区	峨眉校区
总　计	1 804 101.91	810 107.00	769 773.55	224 221.36
一、教学科研及辅助用房	557 478.99	297 326.12	192 125.42	68 027.45
教室	146 407.11	90 708.17	29 613.44	26 085.5
图书馆	60 047.35	36 731.35	16 961.00	6 355
实验室实习场所及附属用房	137 511.17	110 846.65	8 357.32	18 307.2
科研用房	147 530.36	13 076.95	124 313.66	10 139.75
体育馆	53 143.00	45 963.00	7 180.00	0
会堂	12 840.00	0.00	5 700.00	7 140
二、行政办公用房小计	114 200.28	59 095.37	41 884.16	13 220.75
三、生活用房小计	696 216.62	414 315.91	199 848.34	82 052.37
学生宿舍	491 299.37	324 123.00	104 977.00	62 199.37
学生食堂	39 666.00	24 425.00	6 950.00	8 291
教工宿舍	57 010.00	6 795.00	45 997.00	4 218
教工食堂	3 020.00	2 220.00	800.00	0
生活福利及附属用房	105 221.25	56 752.91	41 124.34	7 344
四、教工住宅	192 622.00	0.00	160 187.00	32 435
五、其他用房	243 584.02	39 369.60	175 728.63	28 485.79

（二）实验室分布一览

序号	学　院	研究所/实验室名称	实验室名号	所在校区	所在地点
1	土木工程学院	高速铁路线路工程教育部重点实验室	教育部重点实验室	九里校区	高速铁路线路工程实验室
2	土木工程学院	交通隧道工程教育部重点实验室	教育部重点实验室	九里校区	交通隧道工程教育部重点实验室研发大楼
3	土木工程学院	道路工程四川省重点实验室	四川省重点实验室	九里校区	道路工程实验室

续表

序号	学　院	研究所/实验室名称	实验室名号	所在校区	所在地点
4	土木工程学院	结构工程试验中心		九里校区	结构试验中心
5	土木工程学院	土工离心机试验中心		九里校区	离心机实验室
6	土木工程学院	岩土工程试验中心		九里校区	岩土工程试验中心
7	土木工程学院	陆地交通地质灾害防治技术国家工程实验室	国家工程实验室	犀浦校区	陆地交通地质灾害防治技术国家工程实验室
8	土木工程学院	土木工程实验教学中心	国家级实验教学示范中心	犀浦校区	馆外实验室
9	土木工程学院	风工程四川省重点实验室	四川省重点实验室	犀浦校区	XNJD-3 风洞
10	机械工程学院	现代制造技术实验中心		九里校区	先进设计与制造技术研究所
11	机械工程学院	机车车辆实验室		九里校区	2 号教学楼
12	机械工程学院	物料搬运机械实验室	四川省高校重点实验室	九里校区	2 号教学楼
13	机械工程学院	新型驱动技术四川省高校重点实验室	四川省高校重点实验室	九里校区	2 号教学楼
14	机械工程学院	起重运输与工程机械实验室		九里校区	馆外实验室
15	机械工程学院	摩擦学研究所	四川省高校重点实验室	九里校区	摩擦学研究所
16	机械工程学院	机械基础实验中心	国家级实验教学示范中心	犀浦校区	5 号教学楼
17	机械工程学院	车辆热能动力机械实验室	四川省高校重点实验室	犀浦校区	5 号教学楼
18	机械工程学院	机电测控实验中心		犀浦校区	5 号教学楼
19	机械工程学院	热工与建筑环境实验中心		犀浦校区	5 号教学楼
20	电气工程学院	电气工程基础实验中心	国家级实验教学示范中心	犀浦校区	6 号教学楼
21	电气工程学院	电气工程专业实验中心		犀浦校区	10 号教学楼
22	电气工程学院	国家轨道交通电气化与自动化工程技术研究中心	国家工程技术研究中心	犀浦校区	10 号教学楼
23	电气工程学院	磁浮技术与磁浮列车教育部重点实验室	教育部重点实验室	犀浦校区	10 号教学楼
24	电气工程学院	铁道电气化与自动化铁道部重点实验室		犀浦校区	10 号教学楼
25	信息科学与技术学院	信息量子技术实验室		九里校区	0 号教学楼
26	信息科学与技术学院	现代交通通信与传感网络国际联合研究中心	国际联合研究中心	犀浦校区	南区浴室改造
27	信息科学与技术学院	无线通信与列控研究中心		犀浦校区	9 号教学楼
28	信息科学与技术学院	轨道交通信息传输与处理技术平台	四川省创新团队	犀浦校区	9 号教学楼
29	信息科学与技术学院	无线通信与编码高等学校学科创新引智基地	四川省国际科技合作基地	犀浦校区	9 号教学楼

续表

序号	学　院	研究所/实验室名称	实验室名号	所在校区	所在地点
30	信息科学与技术学院	交通安全监测与管控平台	四川省青年科技创新研究团队	犀浦校区	9号教学楼
31	信息科学与技术学院	高速光信息传输处理及传感应用四川省国际科技合作基地	四川省国际科技合作基地	犀浦校区	9号教学楼
32	信息科学与技术学院	信息协同与物联网工程实验室	四川省高校重点实验室	犀浦校区	9号教学楼
33	信息科学与技术学院	交通信息工程实验室（原铁道部重点实验室）	原铁道部重点实验室	犀浦校区	9号教学楼
34	信息科学与技术学院	云计算与智能技术	四川省高校重点实验室	犀浦校区	9号教学楼
35	信息科学与技术学院	信息编码与传输四川省重点实验室	四川省重点实验室	犀浦校区	9号教学楼
36	信息科学与技术学院	移动通信实验室	四川省高校重点实验室	犀浦校区	9号教学楼
37	信息科学与技术学院	信息安全与国家计算网格实验室	四川省高校重点实验室	犀浦校区	9号教学楼
38	信息科学与技术学院	信号与信息处理	四川省高校重点实验室	犀浦校区	9号教学楼
39	信息科学与技术学院	交通信息工程及控制	四川省高校重点实验室	犀浦校区	9号教学楼、7号教学楼
40	信息科学与技术学院	网络通信技术实验室	四川省高校重点实验室	犀浦校区	9号教学楼
41	信息科学与技术学院	计算机应用实验室		犀浦校区	9号教学楼
42	信息科学与技术学院	信息光子与通信研究中心		犀浦校区	9号教学楼
43	信息科学与技术学院	软件工程实验室		犀浦校区	9号教学楼
44	信息科学与技术学院	智能传感器与微系统		犀浦校区	9号教学楼
45	信息科学与技术学院	虚拟现实与多媒体技术实验室		犀浦校区	9号教学楼
46	信息科学与技术学院	微电子研究所		犀浦校区	9号教学楼
47	信息科学与技术学院	智能系统与先进控制实验室		犀浦校区	9号教学楼
48	信息科学与技术学院	西南交通大学中国土地信息大数据研究院		犀浦校区	9号教学楼
49	信息科学与技术学院	计算机科学与技术实验室		犀浦校区	6号教学楼、9号教学楼
50	信息科学与技术学院	软件工程系实验室		犀浦校区	7号教学楼
51	信息科学与技术学院	通信工程实验室		犀浦校区	9号教学楼
52	信息科学与技术学院	电子技术基础实验室		犀浦校区	6号教学楼、9号教学楼
53	信息科学与技术学院	计教中心实验室（原软件学院）		犀浦校区	7号教学楼
54	信息科学与技术学院	轨道交通信息工程与技术实验中心	国家级实验教学示范中心	犀浦校区、峨眉校区	9号教学楼（犀浦）、中学楼（峨眉）
55	信息科学与技术学院	铁道信息工程系实验中心		峨眉校区	中学楼

续表

序号	学 院	研究所/实验室名称	实验室名号	所在校区	所在地点
56	信息科学与技术学院	铁道信息工程系铁路信号实践基地		峨眉校区	信号楼、老中学楼
57	信息科学与技术学院	铁道信息工程系大学生科创开放性实验室		峨眉校区	中学楼、老中学楼
58	经济管理学院	服务科学与创新四川省重点实验室	四川省重点实验室	九里校区	0号教学楼、行政楼
59	经济管理学院	经济管理实验中心	省级实验教学示范中心	犀浦校区	5号教学楼
60	外国语学院	外语教育技术实验中心		九里校区、犀浦校区、峨眉校区	4号教学楼（九里校区）、1号教学楼（犀浦校区）、中山梁3号教学楼（峨眉校区）、6号教学楼（峨眉校区）、网络中心楼（峨眉校区）
61	交通运输与物流学院	西南交通大学全路列车运行图编制研发培训中心		九里校区	0号教学楼、4号教学楼
62	交通运输与物流学院	货物运输包装实验室		九里校区	后勤集团库房
63	交通运输与物流学院	交通运输与物流实验中心	国家级实验教学示范中心	犀浦校区	5号教学楼3层
64	交通运输与物流学院	综合交通运输智能化国家地方联合工程实验室	国家地方联合工程实验室	犀浦校区	交运楼
65	材料科学与工程学院	材料先进技术教育部重点实验室	教育部重点实验室	九里校区	材料先进技术教育部重点实验室、分析测试中心、材料重点实验室、3号教学楼
66	材料科学与工程学院	人工器官表面工程实验室	四川省高校重点实验室	九里校区	0号教学楼、2号教学楼
67	材料科学与工程学院	四川省先进焊接及表面工程技术研究中心	四川省工程技术研究中心	九里校区	4号教学楼
68	材料科学与工程学院	顶峰多尺度科学研究所		九里校区	2号教学楼
69	材料科学与工程学院	现代焊接技术实验室	四川省高校重点实验室	九里校区、犀浦校区	焊接实验室（九里校区）、0号教学楼（九里校区）、材料实验室（犀浦校区）
70	材料科学与工程学院	材料科学与工程实验教学中心	国家级实验教学示范中心	九里校区、犀浦校区	2号教学楼（犀浦校区）、水力学实验室（犀浦校区）、热处理实验室（九里校区）、重点实验室（九里校区）、0号楼分析测试中心（九里校区）、材料馆外实验室（犀浦校区）、5号教学楼（犀浦校区）

续表

序号	学　院	研究所/实验室名称	实验室名号	所在校区	所在地点
71	地球科学与环境工程学院	地质资源与地质工程实验中心		九里校区、犀浦校区	4号教学楼（犀浦校区）、馆外实验室（九里校区）
72	地球科学与环境工程学院	环境科学与工程实验中心	四川省高校重点实验室	九里校区、犀浦校区	犀浦馆外（犀浦校区）、1号教学楼（九里校区）
73	地球科学与环境工程学院	测绘科学与技术实验中心		犀浦校区	4号教学楼、6号教学楼
74	地球科学与环境工程学院	消防工程实验中心		犀浦校区	馆外实验室
75	建筑与设计学院	建筑实验中心		犀浦校区	8号教学楼
76	建筑与设计学院	艺术实验教学中心	省级实验教学示范中心	犀浦校区	馆外实验室、8号教学楼
77	物理科学与技术学院	物理实验中心	国家级实验教学示范中心	犀浦校区	6号教学楼
78	物理科学与技术学院	电磁场与微波技术实验室		九里校区、犀浦校区	0号教学楼（九里校区）、5号教学楼（犀浦校区）
79	物理科学与技术学院	量子光电实验室		九里校区	0号教学楼
80	物理科学与技术学院	高功率微波技术实验室		九里校区	0号教学楼
81	物理科学与技术学院	高压科学与技术实验室	四川省高校重点实验室	九里校区	馆外实验室
82	物理科学与技术学院	无损检测实验室		九里校区	工业中心
83	人文学院	影视传播实验室		犀浦校区	8号教学楼
84	人文学院	语言学实验室		犀浦校区	8号教学楼
85	人文学院	音乐教学实验室		犀浦校区	体育场
86	公共管理与政法学院	电子政务综合实验中心		九里校区、犀浦校区	5号教学楼（犀浦校区）、0号教学楼（九里校区）
87	生命科学与工程学院	九里实验中心		九里校区	3号教学楼
88	生命科学与工程学院	犀浦实验中心		犀浦校区	6号教学楼
89	力学与工程学院	应用力学与结构安全四川省重点实验室	四川省重点实验室	九里校区	0号教学楼
90	力学与工程学院	振动冲击噪声中心		九里校区	摩擦所
91	力学与工程学院	力学研究所		九里校区	2号教学楼
92	力学与工程学院	力学实验中心	国家级实验教学示范中心	犀浦校区	5号教学楼
93	力学与工程学院	高性能材料与器件研究中心		5号教学楼	X5B01
94	力学与工程学院	界面流体与功能界面实验室		5号教学楼	X5B02
95	数学学院	系统可信性自动验证国家地方联合工程实验室	国家地方联合工程实验室	九里校区	0号教学楼
96	数学学院	数学专业实验室		九里校区	0号教学楼
97	数学学院	数学实验实践中心		犀浦校区	5号教学楼

续表

序号	学　院	研究所/实验室名称	实验室名号	所在校区	所在地点
98	数学学院	公共数学学习基地		犀浦校区	2号教学楼
99	数学学院	数据分析与统计建模实验室		犀浦校区	2号教学楼
100	数学学院	数据处理与仿真控制实验室		犀浦校区	2号教学楼
101	心理研究与咨询中心	心理健康教育实验中心	省级实验教学示范中心	犀浦校区	5号教学楼
102	工程训练中心	工程训练中心	省级实验教学示范中心	犀浦校区	工程训练中心A座、B座
103	体育工作部	运动人体机能实验中心		犀浦校区	北区田径场、主体育馆
104	超导与新能源研究开发中心	超导与新能源中心		九里校区	3号教学楼、1号教学楼
105	牵引动力国家重点实验室	牵引动力国家重点实验室	国家重点实验室	九里校区	牵引动力大厅、国实大厅试验区

（三）教学科研仪器设备分配表

单位名称	仪器设备		其中：单价5万元（含）以上仪器设备	
	件数	金额（万元）	件数	金额（万元）
土木工程学院	10 068	21 514.79	594	14 477.75
机械工程学院	8 296	14 006.55	388	8 925.72
信息科学与技术学院	12 344	13 407.23	338	6 161.57
电气工程学院	10 203	13 766.22	456	8 584.38
交通运输与物流学院	3 485	5 880.98	239	3 649.00
材料科学与工程学院	3 625	10 815.87	356	8 422.53
建筑与设计学院	2 267	2 096.05	47	671.17
力学与工程学院	2 963	6 463.42	185	4 227.76
生命科学与技术学院	3 136	3 479.90	119	1 725.82
地球科学与环境工程学院	4 133	5 913.56	181	2 848.93
医学院	3	2.64	0	0.00
马克思主义学院	353	195.82	0	0.00
经济管理学院	2 395	2 188.98	45	691.37
公共管理与政法学院	485	1 002.79	7	65.63
人文学院	1 374	971.87	8	103.93
外国语学院	3 485	1 501.47	16	277.16
物理科学与技术学院	5 269	5 887.54	147	2 796.67
数学学院	1 348	1 075.33	19	275.43

续表

单位名称	仪器设备		其中：单价5万元（含）以上仪器设备	
	件数	金额（万元）	件数	金额（万元）
体育部	926	816.50	23	318.08
利兹学院	849	196.65	5	34.54
心理研究与咨询中心	660	912.20	31	423.80
牵引动力实验室	6 615	22 527.25	426	17 780.08
轨道交通国家实验室(筹)	22	1 362.50	5	1 344.21
轨道交通电自工程中心	384	2 242.56	43	1 927.53
超导与能源中心	592	2 869.26	64	2 405.33
机车仿真中心	154	356.26	6	213.93
信息化研究院	325	2 012.94	101	1 787.96
远程与继续教育学院	1 261	1 398.64	41	577.64
国际教育学院	91	15.46	0	0.00
国际创新创业学院	1	0.38	0	0.00
工程训练中心	1 008	2 133.09	106	1 513.79
	88 120	147 014.70	3996	92 231.70

（四）多媒体课室情况

校　区	总课室数（间）	多媒体课室数（间）	总座位数（个）	多媒体课室座位数（个）	多媒体课室座位数百分比（%）
九　里	122	108	12 544	11 793	94.01
犀　浦	404	267	33 954	27 743	81.71
峨　眉	123	112	11 713	11 225	95.83
合　计	649	487	46 498	39 536	90.1

备注：多媒体课室不含语音教室

（五）图书馆年度经费使用情况

项　目	金额（万元）
本年度文献资源购置费	2 453.63
购纸质资源	798.55
中文图书购置费	349.53
外文图书购置费	60.05

续表

项　目	金额（万元）
中文报刊购置费	116.74
外文报刊购置费	272.23
电子资源购置费	1 633.55
购中文电子图书	70.05
购外文电子图书	225.11
购中文电子期刊	162.14
购外文电子期刊	593.82
文献资源加工费	/
文献装订、修补费	10.74
数字资源加工费	/
资源共享费（物流）	10.79
联盟费用	2 453.63

（六）图书馆馆藏文献一览表

项　目		计量单位	数　量
文献累积量	文献资源累积总量	册（件）	26 465 296
	图书累积总量	册	24 493 325
	纸质图书累积量	册	3 570 259
	中文纸质图书累积量	册	3 302 229
	外文纸质图书累积量	册	268 030
	电子图书累积量	册	10 487 118
	中文电子图书累积量	册	9 423 961
	外文电子图书累积量	册	1 063 157
	期刊合订本累积总量	册	1 967 605
	纸质期刊合订本累计量	册	252 214
文献累积量	电子期刊累积量	册	1 715 391
	中文电子期刊累计量	册	756 920
	外文电子期刊累积量	册	958 471
	其他电子资源累积量	个	89
	非书资料累积量	件	4 277
	学位论文累积量	册	43 488
	生均拥有文献（不含电子文献）	册	84
	生均拥有文献（含电子文献）	册	608

续表

项　目		计量单位	数　量
当年新增文献量	当年购置图书	册	9 451 276
	当年购置中文纸质图书	册	70 170
	当年购置外文纸质图书	册	1 610
	当年购置中文电子图书	册	9 199 369
	当年购置外文电子图书	册	180 127
	当年购置报刊	份	1 273 192
	当年购置中文纸质报刊	份	3 870
	当年购置外文纸质报刊	份	309
	当年购置中文电子报刊	册	550 461
	当年购置中文电子报刊	份	39 711
	当年购置外文电子报刊	册	718 552
	当年购置外文电子报刊	份	46 975
	当年购置其他电子资源	个	86
	当年新增学位论文	册	3 343
	其他来源新增文献	册	3 036
	当年剔除、注销文献	册	453
	当年生均新购文献（含电子文献）	册	209

（七）图书馆服务状况统计表

项　目			数　量
读者人数（按办证人数统计）			135 726
折合在校生数			51 230
周开放时间（小时）			98
阅览座位（个）			4 158
检索终端			62
书刊外借量			250 495
文献传递	传入量		670
	传出量		5
信息服务	查　新		210
	定题服务		0
	查收查引		1 120
用户教育	信息检索课	开课学时数	736
		学生数量	2 185
	素质教育讲座	专题讲座（次）	40
		培训人次	7 623

（八）校档案馆馆藏档案（资料）及利用情况

项目			单位	数量
馆藏全部档案	案卷		卷	212 820
	案卷排架长度		米	5 854
	教工人事档案		卷	7 127
	学生档案		卷	52 569
本年度进馆档案			卷	22 401
本年度移出档案			卷	8 202
馆藏资料			册	2 713
档案编目情况	机读目录	案卷级	条	16.71 万
		文件级	条	14.70 万
本年利用档案			人次	19 740
本年利用档案	总计		卷次	20 503
	其中	编史修志	卷次	288
		工作查考	卷次	19 452
		学术研究	卷次	117
		经济建设	卷次	72
		其他	卷次	1 761
本年利用资料			人次	125
			册次	311
本年复印档案、资料			页	13 247

（九）校史馆服务状况

2017 年，校史馆在场馆建设、开放接待、专题展览、学术交流、宣传教育等方面做了大量工作，取得了良好成效。

1. 场馆建设

（1）地学学院与校史馆协商，将地学学院原存放于九里校区的地质标本搬迁到校史馆二层，让更多的观众能够观看、学习；今后相关专业的学生认知实习也将在校史馆进行。

（2）校园规划与建设处牵头，请专业防水公司实施了校史馆屋面防水维修工程。

2. 开放接待

2017 年，校史馆共接待来访团体 560 个，观众 2 万余人次。教育部本科教学工作审核评估专家组、地质工程专业评估专家组等专家进校考察路线都包括校史馆，校史馆在展示学校办学历史和人才培养成就等方面发挥了重要作用。四川省政协、河北省人大常委会、四川省马尔康市、教育部留学基金委等领导莅临校史馆，唐山学院、大连理工大学、柳州铁道职业技术学院、越南河内交通大学等兄弟院校到访，郫都区实验二中、成都九中等中学组织学生参观校史馆，校史馆在学校对外交往、招生宣传等方面都起到了文化地标的作用。大批校友返校、校亲来访必访校史馆，校史馆已成为联络校友校亲的重要平台。

3. 专题展览

2017年5月，以纪念西南交通大学建校121周年为契机，举办专题展，布展内容包括历年建校纪念活动情况、国立交通大学贵州分校学生两地书、主题书法作品等，获得了观众的好评。

4. 学术交流

（1）2017年6月，校史馆派员参加上海交通大学主办的“高校校史馆建设与育人论坛”，并做了题为《新形势下校史馆建设与社会主义核心价值观教育——以西南交通大学校史馆为例》的学术报告。

（2）2017年8月，校史馆参加了四川省高校档案工作协会2017年学术年会，校史馆的参会论文《校史育人——社会主义核心价值观教育融入校史布展的思考与实践》荣获优秀论文一等奖。

5. 宣传教育

（1）2017年1月，开通了微信公众平台——西南交通大学校史馆，并加入西南交通大学新媒体联盟。

（2）继续做好校史课程——《走进交大历史文化》的教学工作，该课程是学校通识教育核心课程，面向全校本科生。

（3）各学院（部、中心）组织2017级本科生、研究生到校史馆进行入学教育，教师发展中心、校工会组织2017年新入职教职工到校史馆进行校史校情教育。

（4）校史馆派员到成都市通锦中学为高中学生举办西南交通大学校史讲座。

（十）网络运行情况

	信息化建设情况											
	高基522											
	编号	网络信息点数（个）		上网课程数（门）	电子邮件系统用户数（个）	管理信息系统数据总量（GB）	数字资源量				信息化培训人次（人次）	信息化工作人员数（人）
		计	其中：无线接入				电子图书（册）	电子期刊（册）	学位论文（册）	音视频（小时）		
甲	乙	1	2	3	4	5	6	7	8	9	10	11
总计	1	57 726	2 256	645	20 510	24 400	2 618 122	1 485 121	7 553 614	167 711	96	79

（十一）新增大型仪器设备

设备编号	资产名称	价值（元）
1604929S001	恒温箱	172 800.00
1003121S001	动力测试仪器	253 268.66
1763419S	商务英语综合实训平台	168 000.00

续表

设备编号	资产名称	价值（元）
1754300S	三维脉动风速测试仪探头	100 000.00
1754299S	三维脉动风速测试仪探头	100 000.00
1778681S	64通道浪高采集系统	101 000.00
1750514S	精密直流电源	101 206.01
1642631S	微型电子计算机	102 360.00
1763719S	全自动胶囊充填机	106 600.00
1763720S	全自动胶囊充填机	106 600.00
1770399S	ZYJ7+SH6电动转辙机	110 000.00
1758242S	中长跑测试仪	116 000.00
1758243S	中长跑测试仪	116 000.00
1773639S	广播级制播工作站	120 000.00
1763172S	荧光分光光度计	121 600.00
1763171S	荧光分光光度计	121 600.00
1763724S	傅立叶变换红外光谱仪	123 000.00
1763726S	傅立叶变换红外光谱仪	123000.00
1763725S	傅立叶变换红外光谱仪	123 000.00
1783201S	GNSS参考站接收机	125 000.00
1756060S	机架式GPU服务器	129 400.00
1770301S	轨道电路仿真系统与测试仪	130 000.00
1770302S	轨道电路仿真系统与测试仪	130 000.00
1770303S	轨道电路仿真系统与测试仪	130 000.00
1757259S	智能DNS	135 000.00
1757258S	智能DNS	135 000.00
1781454S	GNSS流动站接收机	135 000.00
1747254S	实验电机	138 900.00
1770278S	应答器报文读写测试装置	140 000.00
1750426S	微量天平	142 616.43
1778945S	动态信号测试分析系统	148 000.00
1774339S	高光谱成像仪	149 700.00
1783354S	应用交付	158 500.00
1759910S	无线控制器AC	170 000.00

续表

设备编号	资产名称	价值（元）
1755517S	空压机组	172 950.00
1763951S	Web Portal 管理系统	185 000.00
1781237S	机器人焊接工作站	188 000.00
1749400S	多关节机械臂	189 317.95
1774369S	天阔服务器	199 500.00
1754110S	直线型液压作动器	200 000.00
1754111S	直线型液压作动器	200 000.00
1774475S	研究级正立材料显微镜	200 066.19
1774838S	实时仿真系统	213 968.17
1774837S	实时仿真系统	213 968.17
1769806S	高铁轴承试验台	226 000.00
1764975S	运维审计系统（堡垒机）	228 800.00
1758241S	人体成分分析仪	230 000.00
1756801S	GSM-R/RBC 仿真系统	248 200.00
1775380S	局部放电检测系统	254 000.00
1756800S	CTC 仿真系统	254 800.00
1763952S	宽带接入服务器	256 500.00
1763953S	宽带接入服务器	256 500.00
1747369S	PC 服务器	259 000.00
1747368S	PC 服务器	259 000.00
1747370S	PC 服务器	259 000.00
1750725S	动态三轴控制及采集系统	264 937.62
1747347S	其他存储设备	268 000.00
1781240S	电子万能试验机	276 800.00
1754301S	三维脉动风速测试仪	280 719.65
1781584S	时间分辨 ICCD 相机	281 993.46
1763950S	认证计费系统	285 000.00
1764976S	Web 应用防火墙	287 500.00
1755552S	CALIPRI C40 非接触式激光车轮钢轨外形测量仪	290 000.00
1750350S	光学式分析仪器	291 946.30
1769597S	NAS 存储系统	297 000.00

续表

设备编号	资产名称	价值（元）
1755595S	油水综合分析仪（精研一体机）	299 800.00
1770282S	智能电源屏	300 000.00
1758141S	流控设备	301 500.00
1757034S	轨道交通信号实物模拟环境	315 000.00
1641223S	中央空调	336 621.00
1757035S	列车司机驾驶台	367 500.00
1757036S	安全输入输出平台	367 500.00
1764977S	上网行为管理网关	367 800.00
1748805S	双臂机器人	375 000.00
1754946S	腐蚀损伤动态测试系统	375 000.00
1770261S	3D Imetrum Video Gauge	395 000.00
1778329S	网环顶破试验机及拉力试验机	420 000.00
1774114S	双通道波形发生器	425 332.85
1751194S	电化学工作站，纳米粒度仪	426 942.24
1769665S	数据采集系统	463 317.80
1769722S	多通道数据采集系统	465 583.76
1754139S	荧光光谱仪	506 547.48
1765030S	核心交换机	532 600.00
1765029S	核心交换机	532 600.00
1781074S	落锤冲击试验机	560 000.00
1774057S	综合热分析仪	568 170.85
1755460S	倒置显微镜	580 000.00
1759912S	万兆核心数据转发设备	600 000.00
1759911S	万兆核心数据转发设备	600 000.00
1773089S	耗散型压电晶振界面分析仪	630 000.00
1769651S	全自动残余应力检测系统	672 000.00
1778328S	高速摄像机分析系统	733 446.59
1750977S	高速相机	812 544.00
1778555S	四通道任意波形发生器	903 827.20
1755594S	LED 屏幕	1 062 430.80
1778558S	高宽带实时示波器	1 098 806.02

续表

设备编号	资产名称	价值（元）
1755742S	冻土声波测试及三维定位系统	1 151 007.59
1749437S	显微镜	1 253 375.08
1770293S	微粒子高速冲击材料表面改性设备	1 374 618.94
1750629S	实时数字仿真系统	1 443 633.34
1755743S	高性能虚拟计算服务平台	1 447 932.04
1754410S	显微镜	1 494 280.98
1773631S	高温动态纳米压痕仪	1 647 443.45
1774839S	充放电测试系统	1 667 284.44
1770275S	无液氦超导磁体系统	1 747 187.22
1754127S	X射线残余应力测试仪	1 831 674.30
1774059S	激光共聚焦显微镜	2 558 548.39
1775060S	场发射扫描电子显微镜	3 200 090.29
1748016S	短波长X射线应力分析仪	3 495 000.00
1763867S	实验室低温喷雾干燥机	102 000.00
1774944S	压电陶瓷触动器	103 005.15
1754923S	高精度高响应电液伺服静压支撑作动器	105 500.00
1751195S	等离子清洗机	107 079.53
1770408S	25HZ轨道电路	110 000.00
1769967S	三维扫描仪	110 000.00
1754922S	全数字电液伺服单通道加载实验控制器	115 000.00
1748941S	木工磨光、抛光机	117 170.93
1761227S	材料力学参数反求模块MTI	119 000.00
1770279S	车站连锁机软件	120 000.00
1770280S	车站连锁机软件	120 000.00
1770281S	车站连锁机软件	120 000.00
1770398S	车站连锁机	120 000.00
1762878S	光纤陀螺特性研究及应用综合实验系统	123 500.00
1762879S	光纤陀螺特性研究及应用综合实验系统	123 500.00
1769999S	激光打标机	128 000.00
1762891S	液晶器件制备测试系统	129 000.00
1762890S	液晶器件制备测试系统	129 000.00
1644796S	光学隔振平台	129 000.00

续表

设备编号	资产名称	价值（元）
1754295S	热台	133 271.18
1774558S	高精度外径超精研机	140 000.00
1750432S	发电装置	144 000.00
1774622S	MiniProf 蓝牙车轮外形测量系统	152 825.61
1744948S	中频感应加热成套设备	158 119.66
1748012S	实验辅助设备	163 332.00
1783506S	锯骨机	166 888.00
1770257S	24 位网络式智能采集仪	169 500.00
1754296S	偏光显微镜	172 687.30
1749454S	微纳米操纵仪	177 030.53
1641262S	轨道车辆车轮不圆度测量仪	179 487.18
1641263S	轨道车辆车轮不圆度测量仪	179 487.18
1772946S	大桥及无砟轨道静动态自动化监测系统	186 500.00
1747080S	特殊实验设备	193 000.00
1757803S	继电保护测试仪	199 000.00
1757801S	继电保护测试仪	199 000.00
1757802S	继电保护测试仪	199 000.00
1774528S	焊接烟尘净化设备	199 500.00
1774529S	焊接烟尘净化设备	199 500.00
1755626S	超导冷却装置	200 982.04
1755625S	超导冷却装置	200 982.04
1755624S	超导冷却装置	200 982.04
1755623S	超导冷却装置	200 982.04
1755616S	超导冷却装置	200 982.04
1755621S	超导冷却装置	200 982.04
1755620S	超导冷却装置	200 982.04
1755619S	超导冷却装置	200 982.04
1755618S	超导冷却装置	200 982.04
1755617S	超导冷却装置	200 982.04
1755622S	超导冷却装置	200 982.04
1755615S	超导冷却装置	200 982.06
1770242S	螺杆空压机	202 300.00

续表

设备编号	资产名称	价值（元）
1778300S	冷热台	235 624.70
1744938S	TDICCD 相机系统	235 853.36
1769952S	超声功率放大器	240 000.00
1755834S	表面张力仪	244 098.56
1761226S	单点激光多普勒测振仪	248 800.00
1783502S	自动绞肉机	254 880.00
1746127S	32 通道 EDAQ 数据采集系统	260 000.00
1764983S	轮对粗糙度测试系统	263 977.51
1783503S	蔬菜切丁切断机	271 000.00
1783505S	三维切丁切丝机	271 200.00
1769968S	绿光激光 3D 雕刻机	280 000.00
1774570S	固定性驾驶模拟仿真实验平台	280 900.00
1755835S	接触角测量仪	305 123.20
1746105S	声学测试系统	318 134.00
1769966S	激光焊接机	340 000.00
1745973S	数据采集系统	346 254.82
1745972S	数据采集系统	346 254.82
1745974S	数据采集系统	346 254.82
1755272S	制备液相色谱仪	348 000.00
1783507S	切片砍排机	360 000.00
1783500S	多功能洗菜机	368 880.00
1783501S	根茎类去皮清洗机	382 881.00
1770292S	车站连锁继电器架	389 000.00
1769969S	光纤激光切割机	470 000.00
1769782S	织构快速检测分析仪	564 790.87
1746559S	矢量网络分析仪	701 775.72
1783504S	擦丝切片机	832 281.00
1783499S	冻肉切丁切丝机	848 880.00
1745525S	宽带无线仿真平台	950 000.00
1751675S	中型波流水槽	1 862 820.75

十七、后勤与基建工作

（一）概　况

2017年9月学校第十四届党委会第72次常委（扩大）会议决定，同意设立“西南交通大学后勤与基建管理处”和“四个中心”（即饮食服务中心、物业服务中心、医幼及场馆服务中心、维修、水电及运输服务中心）。后勤与基建管理处作为学校的一个行政职能部门，代表学校行使后勤与基建管理、保障、服务、监督的职能，负责制订学校后勤与基建目标规划，编制年度工作计划，并组织实施。

后勤与基建管理处（以下简称“后基处”）机关下设综合事务科、规划设计科、计划造价科、工程修缮科、目标监察科和社区管理办公室6个科室，同时一体化延伸管理峨眉基建管理办公室和峨眉校区后勤集团。

自学校宣布成立后基处以来，处党政班子完成原后勤保障处（后勤集团）与原校园规划与建设管理处的机构合并工作，以及内部机构设置、机制运行等一系列实质性推进工作，在较短时间内实现两个单位的融合，同时深入学习贯彻落实党的十九大精神，以学校第十四次党代会任务和十四届八次全委（扩大）会精神为指导，厘清制约我校后勤与基建发展的主要问题和突出矛盾，理顺管理体制，明晰运行机制，平稳有序推进后勤基建工作。

后勤基建工作既有社会效益又有经济效益，逐步实现包产到组、包产到片区，并制定相应目标任务，加强考核，开源节流。明确了后基处与四个服务中心的关系为“甲乙方++”，精准施策、精益求精、高标准地用工程、用项目来带动工作开展，积极主动地思考策划全方位改进学校后勤与基建工作，用扎扎实实的工作、实实在在的成绩，助力学校“轨道交通领域世界第一”的目标建设，在较短的时期内努力“实现后勤保障一流”“实现校容校貌、校园秩序一流”。

2017年4月，西南交通大学被评为“2016年度四川高校后勤动力与节能工作先进集体”；12月，荣获“2017年度郫都区节水工作先进单位”和“2017年度成都市节水工作先进单位”。

（二）党建工作

2017年9月学校常委会决定对后勤与基建机构进行调整，将原后勤保障处（后勤集团）党委与机关党委原规建处党支部进行整合成立了后基处党委。截至2017年底，后基处党委下设8个党支部，包括处机关党支部、饮食服务中心党支部、物业服务中心党支部、医幼及场馆服务中心党支部、维修水电及运输服务中心党支部、劳服司党支部、退休一党支部和退休二党支部，共有党员225人，其中：在职教职工党员129人、退休党员96人，退休党员比例为42.7%；非事业编制党员30人，占党员总数的13.3%；挂靠党员7人，占党员总数的3.1%。

2017年后基处党委坚持全面从严治党，充分发挥党委的政治核心作用和纪委的纪检监督作用，强基固本、筑牢根基，以突出政治引领为根本、以改革创新为动力、以提升发展为目标、以强化服务为抓手，不断加强后基处思想、组织、作风、制度、廉政防控等建设和意识形态工作，不断推进党建工作和后勤保障与校园建设工作并取得了新成效。

党建工作的特色与亮点如下：

1. 切实担当党建主体责任，履行“一岗五责”，促进全面从严治党向基层延伸；抓好班子和员工的政治理论学习，深入贯彻学校重要工作部署，为党建和后勤保障工作争创一流提供坚实的思想基础；履行党组织书记和党委委员抓党建职责，形成党政协同，齐抓共管的党建工作格局；强化纪检监察力度，加强党风廉政建设。

2. 深入推进“两学一做”学习教育常态化制度化，成立学习教育领导小组，制定学习教育实施方案，丰富学习载体，精心设计主题活动。通过组织红色参观，高校访问考察，演讲比赛、知识竞赛，开展“尚德守法 共治共享食品安全”“小手牵大手，爱护绿色家园”“勿忘国耻、振兴中华” 等特色支部等活动，进一步增强了党员干部带头干事业的决心和信心。

3. 制定并颁布党支部考核办法，完成了对原后保处各党支部书记述职考核工作。

4. 在机构合并过程中，完成四个中心副主任及部门负责人聘任工作，干部职数有较大幅度减少，做好思想政治教育和宣传工作，确保广大党员干部积极支持学校改革，服从组织安排，在过渡阶段，坚守工作岗位，确保了工作正常有序开展。

5. 发挥党建凝聚人心作用，结合后勤基建工作特色，积极开展党建和服务师生主题活动。制定和完善一系列安全生产规章制度，整章立制，为平安交大保驾护航；全面保障学校各项重点工作的开展，如教学评估环境整治等；定期随访和指导退休职工 2 000 余人次；免费运送离退休职工 10 万人次；交付基建工程总建筑面积 48 452 平方米；完成南北园家属区业主信息核实和首届业主大会筹备组的组建。

6. 主动对接学校需求，发挥基层党支部在学校重点工作中的核心作用。提升推进康复科建设，增加康复理疗设备；免费建立离退休教职工健康档案；举行大型义诊活动；完成医疗对口支援马尔康哈漂村义诊活动；完成广元苍溪幼儿园支教服务活动等。

7. 抓好新媒体宣传和后勤基建文化建设，搭建师生沟通的渠道，立足本职，推进服务育人。毕业餐、迎新餐独具特色；截至 2017 年年底，在学校及后勤基建平台发布微博 548 余篇，微信 95 余篇，稿件 150 余篇。

8. 6 月份开展了全处安全生产与技能竞赛月活动，将“两学一做”党建知识竞赛与安全生产和岗位职责学习相结合，取得良好效果；11 月份举办“后勤梦、交大梦、中国梦”十九大精神学习员工演讲比赛，选拔推荐选手参加全省高校后勤系统“后勤梦、中国梦”员工演讲比赛，取得了唯一 1 名一等奖的好成绩，展示了学校和后勤人的风采。

一年来，在学校党委的领导下，在全体党员干部和员工的共同努力下，后勤基建服务质量不断提高，党建工作取得新成效。

（三）工会、退休工作

认真执行校工会《关于部门工会经费管理的暂行规定》，严格遵守工会经费使用范围，管理和使用好工会经费。

1. 完成校工会举办各项文体活动的组织和配合工作，积极努力争取好名次，为后基处争得荣誉。

2. 积极组织参加学校 2017 年 118 届运动会并取得好成绩。获得教工甲组团体第三名及入场式三等奖。

3. 完成校工会 2017 年“春风伴我行”健身走活动的组织、统计、汇总、上报及奖品发放工作。

4. 积极组织参加校工会排球赛，取得了男子组第三名；女子组第六名好成绩。

5. 积极组织参加校工会五人制足球赛，取得第三名好成绩。

6. 积极履行职责，切实维护职工的合法权益，为职工排忧解难。积极为职工申报困难补助、大病补助，元旦、春节慰问生病住院职工等，为职工办好事、办实事。

7. 积极深入推进教职工之家建设。在2015—2016年度教职工之家评选工作中，被评为合格教职工之家。与此同时根据基层工会“建家”标准，结合后基处员工特点，积极探索后基处职工之家管理模式，建设具有后勤特色的职工之家。

2017年后基处退休职工311人。为了更好地体现工会对退休老同志的关怀，处工会积极完成了退休职工参观工农业生产活动的组织安排工作。

完成65岁以上退休职工逢“5”生日慰问金的统计、汇总、上报及发放工作。完成元旦、春节、七·一等重大节日党委组织部慰问离退休党员、校工会慰问离退休职工的送温暖工作。

完成离退休教职工住院护理补助、生活困难职工的慰问与困补统计、汇总、制表、发放办理工作（200余人次）。

（四）计生工作

西南交通大学计划生育工作职责所属后勤与基建管理处综合事务科，在学校人口和计划生育委员会的领导下，负责教职工、学生、流动人口的计划生育宣传教育与管理服务工作。现有专职计生工作人员1人。

一年来，计生办负责全校人口与计划生育工作报表数据的统计，有规范化的账、卡、册及时准确填写，并将月报、半年报、年报及时报送街道办事处并得到好评。办理婴儿出生登记及验证工作238次；到校档案馆移交学生申请生育指标证明存底28次；负责全校流动人口的管理，定期检查是否办证和验证3次（共计：1 470多人次），组织全校流入育龄妇女三查2次（共计：1 000多人次），并每月汇总流动人口报表，上报街道办。积极服从并配合街道办事处的各项工作安排，使我校育龄妇女中无一例计划外怀孕，计划生育率达100%，避孕药具计划发放率100%，随访率100%，药具应用率100%，避孕有效率99.9%。加强了流动人员的管理，无一例在本校无计划怀孕躲生和超生现象，为学校育龄妇女开具婚假及产假证明232次；到保险公司办理全校独生子女两全保险各类遗留问题16次；组织申请再生育的独子家庭子女有残疾的进行病残鉴定2次。配合街道办对我校领取生育指标的师生的婚育情况进行核查，并出具相关婚育情况证明208次，负责全校纳入计划生育家庭特别扶助对象申报工作5个家庭（发放慰问品12次，组织体检2次，审核材料12次），避孕药具的领取6次，计划发放多次（不好统计），为全校毕业生开具在校期间婚育状况证明4 731次，为调入调出人员办理各种相关手续189次，负责接待办事处对我办公室各项工作的检查4次。协助全校师生办理独生子女父母光荣证118次。

全面投入计生信息化数据录入及旧卡片整理归档的工作。全校独生子女父母数据录入及数据更新管理，涉及2 348个家庭，共录入全校育龄妇女信息数据1 467次，使用药具人员信息数据726次。

2017年，已婚育龄妇女教职工1 142人，独生子女家庭861户，流动人口总数372人。全年出生婴儿64人（只是户口在九里堤的教职工），出生婴儿缺陷率为0。

关注不同人群，慰问独生子女家庭、失独家庭、新婚教职工等各类人员8人，共计支付1.445万元。

（五）人事管理

截至2017年底，后基处事业编制职工178人（含四个中心），其中干部128人（学历：研究生18人、大学74人、大专10人、中专4人，职称：副高5人、中级91人、初级54人，职级：

管理五级 2 人、管理六级 15 人、管理七级 22 人、管理八级 18 人、管理九级 7 人、见习期 0 人）；工人 50 人（学历：大学 11 人、大专 4 人、高中 29 人、中专 1 人；技术等级状况：截至 2017 年底，后基处共有高级技工 28 人、中级技工 6 人、初级技工 4 人；人事代理人员 6 人；离退人员 307 人；2017 年，后基处办理了事业编制职工 5 人的退休手续。

截至 2017 年底，编制外聘用人员（含四个中心）1 072 人（学历：大学 39 人、大专 83 人、高中 172 人、中专及职高 70 人、初中及以下 737 人）。

（六）基建工作

1. 主要建设工程基本情况

（1）深入贯彻第十四次党代会精神，顺利完成原校园规划与建设处与原后勤保障处的机构合并工作，在较短时间内实现两个单位的融合。

（2）完成了犀浦校区教学实验科研园区规划和犀浦校区电力规划及改造。

（3）完成 17 个基本建设项目的投资计划、前期报规报建、施工图设计、清单编制、招标、施工管理、资金支付、竣工验收、结算、实物移交、财务决算、销号等工作。

（4）完成了 12 个国拨修缮项目的施工图设计、清单编制、招标、施工管理、资金支付、竣工验收、结算、实物移交等工作，并顺利完成全部国拨资金支付。

（5）加快建设工程信息化建设，完成“国拨修缮和基建项目管理信息系统”的调研、招标、实施工作及国拨资金支付。

2. 2017 年立项报建及争取国拨情况

（1）完成犀浦校区大学生创新创业教育中心项目建议书编制及申报工作，并获得教育部立项批复。

（2）通过积极争取，2017 年争取到国拨资金 12 277.76 万元，其中中央预算内投资 5 000 万元，用于犀浦校区 3 号教学楼项目建设，中央改善基本办学条件专项资金 7 277.76 万元，共 12 个项目），均已按期完成资金支付。

（3）按时完成 2018 年度 29 个国拨修缮项目的编制、审核和申报工作，并顺利通过了教育部的评审，申报金额 21 695.58 万元，最终评审金额 10 843.53 万元。

（4）完成教育部 2018—2020 年“改善基本办学条件专项资金”项目入库汇总工作，申报资金约 6.6 亿元。

3. 2017 年在建基建（含修缮）项目情况

（1）完成了犀浦校区 3 号教学楼 BIM（建筑信息模型）的建模和施工图并取得了职能部门审查文件，办理了报规报建手续，完成了项目施工、监理招标，完成了施工许可证办理并开工建设，保证了项目国拨资金的使用进度。

（2）启动了“双一流”建设国拨资金储备项目“犀浦校区现代交通先进装备创新研究基地”前期工作。

（3）按教育部计划，高效、全面完成 11 项国拨修缮项目任务，包括两校区建筑物防水改造（一期）、九里图书馆改造（一期）、九里网络中心修缮、九里校区留学生宿舍改造、成都两校区学生公寓修缮（一期）、峨眉校区学生食堂节能减排改造（二期）、西南交通大学两校区学生宿舍门禁系统、成都两校区消安防建设二期、九里校区游泳池改造、西南交通大学犀浦校区食堂加工配送中心、九里校区 1 号高压站改造、成都两校区食堂明厨亮灶建设（一期）。

通过国拨资金修缮项目的实施，彻底解决了犀浦校区、九里校区部分建筑物漏雨问题；提升了留学生住宿条件、犀浦校区食品加工系统化水平和食堂基础设施；消除了犀浦、九里校区部分管理、消防及安全隐患；通过游泳池、1 号高压站改造改善了九里校区基础设施；峨眉校区学生食堂节能减排改造改善了学生就餐环境。

（4）完成 9 号教学楼、南区小高层、馆外观绿化工程一、二期、犀浦校区 8.9 号教学楼前三角地带景观绿化工程的竣工结算工作。

（5）完成了犀浦校区教学实验科研园区东侧围墙工程施工。

（6）完成了成都两校区地铁、有轨电车、沱江河改造、互通立交、市政道路施工占用校区周边土地协调问题。

（7）完成了犀浦校区 BOT 项目的资料清理工作，对南区 BOT 项目的现场消防工程进行了核查，配合消防设计公司完成了消防改造设计，协调开发商进行施工前准备工作。

4. 2017 年基建竣工交付情况

（1）完成犀浦校区 4 号教学楼、犀浦校区 9 号教学楼、犀浦校区二期景观工程三个项目的竣工财务决算，并在教育部基建投资计划中销号。

（2）完成馆外二期工程（包括大学生实训基地 14 428 平方米、工程训练中心二期 8 924 平方米）资产移交，并交付资产管理部门使用。

（3）顺利完成电气综合楼（26 000 平方米）建资产移交手续，并交付资产管理部门使用。

（4）完成了犀浦校区教学实验科研园区东侧围墙工程资产移交，完成了大学生实训基地、工程训练中心二期等项目配套的绿化景观工程的资产移交。

（5）完成 2017 年度 11 个国拨修缮项目建设，顺利竣工验收并交付使用，尤其是学生宿舍及教学楼项目，确保开学前顺利入住。

（6）清理完成多个建设项目合同的遗留结算工作，大力推进了固定资产交付工作。

5. 2017 年基建项目投资计划完成情况

（1）截至 2017 年底，经学校批准的成都两校区累计基建投资总计划为 387 794 万元，累计总到位基建资金为 308 213 万元，累计总支出为 305 748 万元（含交付使用资产 191 364 万元，其中 2017 年交付资产 22 251 万元），累计未完成投资为 82 046 万元。现将截至 2017 年基建投资计划犀浦校区和九里校区执行情况如下：

犀浦校区基建投资计划执行情况：累计投资计划为 363 609 万元，累计到位基建资金 284 227 万元（含交付使用资产拨款 171 584 万元），其中 2017 年到位基建资金 9 000 万元（财政拨款 5 000 万元，自筹资金 4 000 万元），累计支出 281 771 万元（含交付使用资产 171 584 万元），其中：2017 年支出 11 526 万元，累计交付使用资产 171 584 万元，其中 2017 年交付资产 22 251 万元，累计未完投资 81 838 万元。

九里校区基建投资计划执行情况：累计投资计划为 24 185 万元，累计到位基建资金 23 986 万元（含交付使用资产拨款 19 780 万元），累计支出为 23 977 万元（含交付使用资产 19 780 万元），其中 2017 年支出 742 万元，累计交付使用资产 19 780 万元，累计未完投资 208 万元。

（2）2017 年高效圆满完成修缮国拨项目 12 项，资金总金额 7 356 万元，其中成都校区国拨修缮项目支出 6 150 万元，峨眉校区国拨修缮项目共计支出 1 206 万元。

（七）饮食服务中心

饮食服务中心现有员工 412 人（其中事业编制员工 22 人，社会聘用员工 390 人），下设 4 个保障部门（综合事务部、质量监督部、经营拓展部和运行保障部）、1 个加工配送中心及 13 个食堂（餐厅）。作为学校后勤服务实体，负责为全校师生员工提供餐饮服务与保障。

2017 年，中心始终坚持“确保食安、优质服务、师生满意、保障有力”的工作方针，经过全体员工的共同努力，全年实现营业收入 7 090 万元。

1. 中心始终高度重视食品安全工作，严格执行《食品安全法》相关要求，坚持不懈的狠抓采购、验收、加工、销售等关键环节的管理，通过培训、食品安全宣传周、签订《食品与安全承诺书》等多种手段确保食品安全，中心全年无一起食品安全责任事故。

2. 面对食品原材料价格上涨、人工成本增加、学校能源补贴降低、学校就餐人员减少、网络订送餐冲击等情况，通过加强内部管理、严控成本、原材料出库价不变等方式，确保了食堂饭菜价格和质量的基本稳定。

3. 不断完善和修订相关规章制度，努力提高管理水平，提升餐饮服务质量。与各部门管理人员签订“一岗四责”责任书（食品安全责任、廉政风险防控责任、服务质量责任及经营目标责任<保障工作责任>）；与所有员工签订《饮食服务中心安全工作责任书》。

4. 全年完成两次“食堂（餐厅）满意度问卷调查”工作，为进一步提升饮食服务质量，不断满足师生服务需求打下基础。

5. 积极鼓励菜品创新，不断加强员工烹饪技能培训工作，开展饮食服务中心员工技能操作竞赛，并组织员工积极参加后勤保障处（后勤集团）安全生产与技能竞赛月—技能操作竞赛。

6. 完成“明厨亮灶”一期（犀浦校区清真食堂、学生一食堂、学生二食堂）改造工程，同时，完成附中食堂“明厨亮灶”改造工作。

7. 2017 年国拨项目“犀浦校区食堂集中加工配送中心”于 8 月初开始施工、12 月建设完成。

8. 犀浦校区学生三、四食堂顺利通过四川省高校标准化食堂复评验收。

9. 助力学校本科教学评估，经过全方位的准备，饮食服务中心的接待服务和就餐保障得到了评估专家们的肯定。

（八）物业服务中心

物业服务中心现有员工 536 名（其中事业编制员工 22 人，社会聘用员工 514 名），下设 4 个保障部门（综合事务部、质量保障部、运行保障部和公共服务部）。作为学校后勤服务实体，负责校园、楼宇保洁，校园植物养护、校园绿化、美化，校园垃圾清运、人工湖湖面清理，公用电梯、空调维护，公共设施的巡查、报修，学生公寓的日常保洁、值守、服务区域内公共设施的巡查和报修、热水进公寓的管理，负责生活服务区铺面物业管理、合同签署、费用催收，配合财务完成应税工作，负责日常经营行为、秩序的监管工作等。

1. 2017 年，中心完成的绿化、外环等工作：垃圾清运量 5 765.17 吨；教学区“竢实扬华”墙及 6 号教学楼前花箱草花更换 8 000 株；全年修剪草坪 7 次、绿篱 3 次；倒树扶正加固 65 株；4 月份对校内的杨树、梧桐和柳树进行病虫害防治，总共施药 2 000 只。春夏对易生蚜虫的紫薇、芙蓉、栾树等进行喷药 3 次；灌木丛杂草清理 3 次；补种草坪 600 平方米；配合生活垃圾装车 83 车，清理九里南北园家属区非生活垃圾 60 余车；10 月份修剪 4 组团乔木 68 株；对校内树干刷白，专用涂白剂 3.2 吨。全年打捞人工湖及沱江河垃圾 300 余次；清理人工湖边的杂草约 30 余吨。毕业典礼、开学典礼、安全知识讲座、交响音乐、组织部活动、新东方、校园招聘会等活动中，摆放桌椅 10 200 余个，临时搬运家具 20 余次。

2. 2017 年，中心配合完成九里、犀浦两校区国拨资金修缮项目：完成两校区零星维修 46 135 次，两校区毕业生房间维修：锁芯 425 个、防盗门锁 407 套、铁门锁 203 套、推拉门滑槽 871.5 米、沙门滑槽 471 米、沙门 123 扇、防盗门 19.2 平方米、推拉门 27 扇、便池 25 个、面盆 40 个、大理石台面 18 张、地砖 76 平方米，大环境补砖 600 平方米。

3. 2017 年，中心遵循学校总体工作思路和后勤工作计划，加强对国有资产的日常维护与管理及管辖范围内师生生活服务区日常经营秩序管理和维护。完成资产管理整改专项工作；完成九里校区邮政代办工作，开展日常邮政代办业务及信函、包裹的收寄等工作。

（九）医幼及场馆服务中心

医幼及场馆服务服务中心现有员工 157 人（其中事业编制员工 54 人，社会聘用员工 103 人），下设 2 个保障部门（综合事务部和目标监察部）。作为学校后勤服务实体，负责师生医疗保障服务、公费医疗、师生医保、预防保健、公共卫生防疫、医疗继续教育，负责学前教育、体育场馆及学生会堂保障服务等工作。

1. 校医院联合成都大学附属医院开展面向全校师生员工及家属的庆七 •一大型免费义诊活动，接诊病人 589 人次；完成医疗对口支援马尔康地区义诊活动，校医院党员医疗小组免费为当地群众发放药品 26 种，诊治病人近 240 人次；在重阳节期间，连续三天免费为全校 165 名离退休教职工开展诊疗体验服务活动。

2. 做好两校区 24 小时基本医疗保障工作，全年完成 4.531 4 万人次的门诊诊治，急诊出诊救治病人 3 364 人次，全年无医疗事故发生。

3. 顺利完成教职工年度体检工作、女职工妇科疾病筛查和新生入学体检工作，同时完成 3.035 3 万名学生参保工作。

4. 幼儿园共有 14 个保教班，以早期阅读为特色，6 月顺利通过成都市教育局一级园复核评估。

5. 全园组织开展“亲子六一欢乐总动员”活动，让家长和孩子们的潜能和个性得到充分发挥；组织教师围绕语言活动的设计与组织进行研讨。以一课多研的方式，帮助教师累积语言教学活动经验，提升教师语言活动设计与组织能力。

6. 场馆服务面积达 170 390 平方米（其中九里校区 44 190 平方米、犀浦校区南区运动场 59 100 平方米、犀浦校区北区运动场 67 100 平方米）。

7. 2017 年为大学生们提供教学、训练 4 000 余课次；义务为学校、院系及团委提供大小赛事 870 场次，提供其他活动数百场次，累计达 6 000 余次。通过与多家体育俱乐部的合作，全年实现营业收入 3 349 944.78 元。

（十）维修、水电及运输服务中心

维修、水电及运输服务中心现有员工 124 人（其中事业编制员工 40 人，社会聘用员工 84 人），下设 2 个保障部门（综合事务部和目标与质量管理部）。作为学校后勤服务实体，负责九里、犀浦两校区供水、供电保障服务工作；负责校内水、电设备及基础设施的维修、抢修工作；负责校内各单位委托的各类修缮及改造工程工作；负责校区间交通运输服务、犀浦校园内交通运输服务、学生实习、会议等大型活动的交通运输服务工作；负责学校公务用车的管理工作。

1. 2017 年完成教学楼、图书馆、实验室的水、电、土、木、金等工种的日常维护和维修共计 6 069 次，以及校园大环境的日常巡视及设施、设备、道路、路灯、雨污水的维护维修；完成各项工程 90 余项，如九里校区 W 街二层员工宿舍改造、犀浦校区利兹学院 9318 实验室改造、九里校区信息楼 12、13 层电力增容、犀浦校区体育馆卫生间、更衣室墙砖修缮、九里校区原通信所员工宿舍改造、九里校区家属区南北园架空线路维修、犀浦校区苗圃员工宿舍屋面改造等。

2. 完成两校区共 57 所高低压配电站的日常巡检，全年共进行了 24 次低压配电站巡检；完成九里、犀浦两校区水电费回收工作，两校区水电费总支出 5 119 万元，回收水电费 2 370 万元、水电管理费 120 万元，完成了学校下达的水电费目标管理任务；完成犀浦校区洪哲斋 8 ~ 11 号楼购电电控系统的联网改造工作；完成两校区自来水管网测漏 90 次，发现跑冒滴漏 50 处，年度节约用水量约为 40 万吨；中心完成两校区大型校园活动应急水电保障共 30 余次；完成九里、犀浦两校区 2 467 台空调定补充值工作。

3. 中心共有交通车 10 辆，2017 年全年运行 60 万 km，安全无事故。全年交通车往返两校区 13 200 趟，运送师生 75 万人，为学校的教学、科研、迎新、会议、实习等各项活动提供用车 800 余趟，为 70 岁以上离退休教职工办理免费乘车卡，每天免费运送离退休职工约 300 人次。迎新期间共投入了 22 台大客车，8 台校内交通车共计接送新生及家长 1.6 万人次；开通微信实时校车功能，方便师生在微信上关注校车的运行状况。

十八、资产管理

（一）概 况

1. 工作职责。资产与实验室管理处是学校国有资产和实验室的综合管理和协调部门，在分管校长的领导下，围绕学校发展战略和教学科研工作需求，承担学校资产管理和实验室管理建设任务，以制度建设和信息化建设为抓手，统筹安排、扎实推进，为建成一流大学提供坚实的物质基础和管理保障。

（1）负责国家国有资产管理法律法规和政策的贯彻落实；负责制定学校国有资产管理制度和办法，检查落实执行情况；承担学校国有资产管理委员会办公室的职责。

（2）负责统筹规划学校国有资产信息化平台及学校出资人资产监管信息化平台的建设，推进资产信息公开及监管工作协同，实现资产信息共享和动态监管，对系统及时进行日常维护管理。

（3）负责办理学校房屋资产产权登记、变更及注销等工作，同时负责学校房屋类实物资产台账信息管理和使用管理；负责配合学校相关职能部门做好各类办公及实验用房年度大修计划方案，日常管理学校各类办公房屋（含实验室）功能装修、改造的论证及审核。

（4）按照国家住房制度改革的总体思路和相关政策法规，负责研究制定和执行学校住房制度改革方案，承担学校房改工作领导小组办公室的职责。

（5）负责申报并实施国家及学校设备购置类专项资金项目，负责编制学校各类办公及教学设备配置计划；牵头实施仪器设备科教免税进口工作；牵头定期组织学校相关部门进行资产清查、清产核资、资产评估等管理工作；负责学校设备类实物资产的配置、使用管理和处置，编制设备类资产相关统计报表等工作；负责学校大型仪器设备、家具等固定资产的论证工作。

（6）负责对学校投资企业国有资产产权及股权变动、资本运营效率、国有资本回报等资产运作总体状况进行监管，负责监管学校资产保值增值和资产使用绩效考核等工作。

（7）负责学校实验室和实验技术队伍的规划建设与培训管理，定期对学校实验教学进行管理和考评，负责学生实验科技创新活动的组织与实施。

（8）负责学校实验室技术安全与环境保护监管，包括实验室安全检查、评估及表彰，实验室重点投资项目的效益评估等；负责统筹学校教学、科研实验室的整体规划，落实其相关建设并实施日常管理；负责指导国家级、省级实验教学示范中心、虚拟仿真实验教学中心的建设、申报和日常管理。

（9）负责学校教室（含多媒体教室、标准化考场等）、会议室及公共场所的使用调配、安排定期维护计划等管理工作；负责学校大型仪器设备、实验室等资源的共享及其绩效管理。

（10）落实学校提出的国家级、省部级、校级科研基地（含科研平台）建设规划。

（11）负责指导学校分析测试中心的运行和管理工作。

（12）完成学校交办的其他工作。

2. 发展愿景。

（1）完善六大体系：实验室体系，实验教学质量保障体系，实验室资源开放共享体系，设备资产全生命周期管理体系，实验室文化和安全保障体系，实验技术队伍人才梯队体系。

（2）实现四大提升：实验教学质量、实验室建设管理水平、实验室资源开放共享水平、实验技术队伍水平提升。

（3）取得六类显著成果：建成国家级虚拟仿真实验教学中心及国家级实验教学示范中心 3 个；建成一批实验类慕课；建立创新创业实验室；实验项目累计更新率达到 100%；建立大型精密贵重仪器设备开放共享长效机制；建立大资产平台下的实验室与设备资产综合管理系统。

3. 机构设置

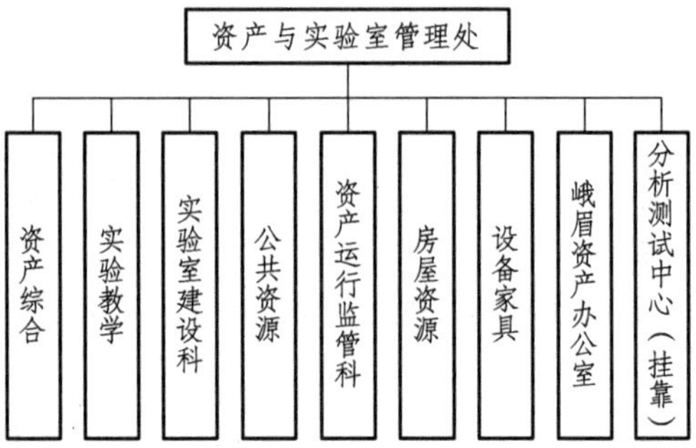

（二）实验教学

1. 根据《教育部办公厅关于 2017—2020 年开展示范性虚拟仿真实验教学项目建设的通知》（教高厅〔2017〕4 号），我校积极开展国家级示范性虚拟仿真实验教学项目的建设及申报工作。根据教育部对国家级虚拟仿真实验教学项目的年度建设安排，2017 年我校建设并推荐交通运输实验中心的《高速铁路列车调度指挥仿真实验》参加国家级示范性虚拟仿真实验教学项目的评审。目前该项目已通过省内评审，进入国家评审阶段。

2. 成功举办了西南交通大学第九届大学生课外创新实验竞赛活动。活动共有 15 个教学单位，承办了 64 场赛事，60 余项创新型竞赛项目，逾万名学生报名参赛。学校自 2009 年创办“大学生课外创新实验竞赛月活动”以来，至今已连续举办了九届，已成为我校培养学生创新能力及团队合作精神的重要平台。

3. 完成本科实验大纲修订工作。出台《西南交通大学实验教学大纲修订管理办法》。截止到 2017 年 12 月，各学院共编写实验教学大纲 685 门，其中独立设课 242 门，非独立设课 443 门。土木、交运等 15 个教学单位的实验教学大纲，分为 9 册，约 169 万余字。本次修订的实验教学大纲，对以往的大纲内容及格式都有了较大改革。涉及的信息量大、编写和校对的工作量繁重，但是对我校本科实验教学以及人才培养工作提供了最为宝贵的资料。

4. 积极开展实验教学管理与质量监督，加强实验教学日常管理，保障实验教学正常、有序开展。根据实验教学安排，对实验课程进行随机抽查。查找问题，规范实验教学，确保实验教学质量。上半年的实验教学检查工作从第 3 教学周开始，每周巡查 5 天，每天巡查 5 讲，共巡查课程 7 286 讲次，形成调查报告，确保实验教学任务顺利完成。下半年，共巡查 7 852 讲次。同时，分别在第 5 周，第 13 至第 15 教学周开展了集中实验教学检查，对每时段的实验课都进行了抽查，做到了学院、实验室、各时段的全覆盖。通过对实验教学质量、效果以及管理水平的巡查和评价，及时发现和解决实验课在教学和管理中存在的问题。

5. 根据 2017 年我校本科教学审核评估的相关要求，认真准备自评报告，梳理实验室建设、实验教学、实验队伍、设备资产等相关工作的基础数据及支撑材料。通过召开实验教学负责人工作会、多次实地走访实验室、检查实验教学开展情况等方式，总结经验，剖析不足，查找原因，制定措施。为更好地展示我校教学及科研实验室的现状，联合教务处、科学技术发展研究院、各教学单位编制了《西南交通大学实验室概况》《西南交通大学第九届大学生课外创新实验竞赛》宣传册。

6. 完成第 16 期重点实验室开放项目和第 11 期个性化实验项目的结题工作。第 11 期个性化实验项目共发布 164 个项目的项目指南，其中立项 134 项，报名学生 575 人。第 16 期重点实验室开放项目，立项 68 项，报名学生 285 人。

（三）房屋资源

1. 房屋资产宏观管理综合改革工作。（1）制定了《西南交通大学公有房产及设施管理办法（试行）》（西交校资实〔2018〕3 号）和《西南交通大学公有房产及设施管理实施细则（试行）》（西交校资实〔2018〕2 号），对公有房产管理体制、配置方式、管理审批权限、使用监督等内容进行了规定，并对教学科研单位按照“符合定额无偿配置、超出定额有偿使用、少于定额适度补贴”的原则，根据教学、科研贡献进行定额管理。（2）大力推行科研周转用房有偿使用管理，采用契约化、周转限制制的方式，提高科研用房的周转效率和使用效益。（3）借犀浦校区电气综合楼、交运综合楼建成交付的契机，完成了电气工程学院、交运与物流学院到位工作，并利用相关学院腾退的空余房源，对九里校区材料工程学院等学院按用房规划进行了集中化调整。（4）对通过国有资产管理整改回收的房源，及时进行用途调整和使用规划，使其尽快回归教学、科研用途。

2. 房屋资产管理信息化建设工作。（1）结合工作实际，对公房资产管理系统进行了功能需求设计，以定制的方式重新构建了公房管理信息平台，初步具备了教学科研用房、学生公寓、教师周转公寓等公房资产信息管理的基本功能，公房配置、退房均实现线上操作。（2）引进了教师周转公寓管理平台及相应的手机 APP，基本实现了线上签约、线上缴（扣）租等功能，极大提高了管理效率。（3）继续推进九里、犀浦两校区公房面积测绘工作，做到了九里、犀浦两校区房产全覆盖（含临建），并已启动峨眉校区、唐山研究员公房面积测绘工作。以测绘数据为基础，对公房管理信息系统中的数据进行了全面更新。

3. 学生公寓管理工作。（1）与学生工作部、后勤与基建管理处等部门联动，对学生公寓进行了彻底清查，压缩非学生住宿用房比例，最大限度地释放空余房源。（2）完成了犀浦、九里、峨眉三校区学生公寓使用规划，为峨眉校区一本学生倒迁成都校区做好准备。（3）由于教师周转公寓使用需求降低，及时将九里校区扬华斋 2 ~ 6 号楼用途调整为研究生公寓，并通过国拨修缮经费进行必要的维修改造，扩充了学生公寓房源，为逐步改善研究生住宿条件奠定了基础。

（四）设备家具

1. 加强设备家具资产全生命周期管理，对关键环节进行重点控制。加强对设备家具购置的计划管理，按照资产管理与财务管理相结合，资产管理与预算管理相结合的资产管理原则，在全校范围内首次试行设备家具购置预算工作，发布了《关于编制西南交通大学 2017 年设备家具购置预算的通知》，统一编制了学校事业经费购置预算。

加强设备家具处置管理。认真履职，严控设备报废关，对报废设备部件不完整的情况，按照学校的资产赔偿办法进行了赔偿。通过加强设备报废环节管理，加强学校人员资产管理意识，提高资产管理水平。

加强设备家具入账审核制度。建立设备家具入账复审机制，提高入账信息的准确性。

加强设备验收工作。优化大型设备的验收流程，建立权责明晰的设备验收制度。

2. 优化固定资产管理信息系统。为提升服务，提高工作效率，对新开发的固定资产管理系统进行了优化，以实现资产类别全覆盖、资产生命周期全覆盖的信息化、网络化为目标，通过与学校财务系统实时对接，实现资产实物账与财务账的账账相符，通过与招标办的采购系统的对接，实现资产从需求到处置的全生命周期的信息化管理。让数据多跑路，老师少跑路，提升老师办事体验。

3. 多渠道为学校筹措设备家具资源。克服学校事业发展经费紧张的不利局面，优化增量，盘活存量，多渠道为学校各项事业发展筹措资源。对回收的淘汰设备、家具进行维修翻新，重新配置给对性能要求不高的部门。对库存废旧家具重新进行了翻新；对无法使用的旧课桌进行了翻新改造；为附中、后保处等部门调配空调；为众多学院、学术团队、机关部门调配翻新家具。

（五）资产综合运行监管

1. 深入研究资产配置、出租出借原则和标准，强化日常使用合规性监管和闲置浪费督查，合理调配资源，及时整改违规行为，有效纠正了长期以来存在的资产管理乱象；

2. 坚持“有规可依、有规必依、合规合理、严格要求”，强化制度依据，强调权力制约与岗位监督，优化决策程序，深化内控制度建设，强化内涵提升，为实现精细化管理构建强有力的制度依据保障。

（六）公共资源

公共资源服务保障。分类建立了“会堂中心、教室、会议室类、体育场馆等”四大类公共资源管理体系和监管机制，出台了《西南交通大学公共资源管理服务办法》，提升了公共资源保障服务水平。

与场馆中心签订会堂中心、体育场馆委托管理协议，在保障教学要求的基础上为师生员工公布了免费服务时段。

根据学校九里、犀浦校区定位微调方案结合本科生、研究生教学需求，及时调整教室配置，此外，在三校区新建了三间远程直播互动教室，实现了三校区课程资源的实时共享。2018 年中央改善基本办学条件项目申报及专家现场评审工作，批复金额 466 万元。

完善了会议室信息管理平台、并新建了教室信息管理平台，为教室、会议室的统筹预约使用提供了有效保障。

圆满完成全年公共资源保障工作。完成 526 间教室、19 间会议室、2 间报告厅核查、维护工作；完成 2017 年自主招生考试、博士生考试、大学英语 4、6 级考试、硕士研究生考试等使用标准化考场的需求，确保考试顺利进行；完成会议室预约使用 2 110 次，其中省部级视频会议 7 次，内容涉及全教会、党风廉政建设、大学生征兵、传达学习党的十九大精神等。

大型仪器开放共享。出台了《西南交通大学大型仪器设备开放共享服务管理办法》，全面推进国家级、省级、校级共享服务平台的对接和建设工作，校级平台纳入大型仪器设备 390 台，总值 4.5 亿元。

（七）实验室建设

1. 贯彻落实规章制度，加强安全教育与宣传。资产与实验室管理处专题制作关于学校实验室安全管理办法（试行）、实验室安全责任追究办法（试行）、实验室安全考试准入办法（试行）等 3 个管理办法的宣讲 PPT，到相关重点实验室开展宣讲工作。

2. 开展一系列安全培训活动及宣传教育，完成 2017 年度教育部关于我校科研实验室的安全检查。一是集中组织了 2017 年第一期培训班、四川省高校实验室工作研究会、学校实验室安全年度工作专题会、学校实验室安全工作培训会等 4 次培训并开展安全宣传教育；二是按照“统一标准、集中建库、分散考试”的原则，建设并维护“实验室安全考试系统”，及时更新培训内容与题库，2017 年秋季学期完成学生考试 3 548 人；三是各学院结合大学生课外创新实验竞赛活动大力开展实验室安全教育，并将安全教育作为赛事活动的必备环节之一，开展“实验室安全知识竞赛”等专题活动，共举办60余场次，覆盖学生达10 000人次；四是将实验室安全教育纳入新生入学教育，督促二级教学科研单位广泛开展安全教育；五是开辟了安全生产专网，发布相关信息；搭建网上QQ群沟通平台；加入“安全生产（归口部门）”“安全生产工作联络员”QQ群、高校危险废物处置QQ群，并及时关注上级部门关于实验室及安全工作的各项要求；六是根据上级部门及学校安全管理办法、安全生产工作要求，不断加强实验室安全应急能力建设工作，2017年度开展全校实验室安全培训和危化品泄露应急演练等3次。演练以实验室常见易发的危险化学品泄漏事故为背景，学校多职能部门和涉及危险化学品使用管理的实验室安全负责人及实验室管理人员参加了培训及现场观摩演练，主要开展了“危化品泄漏应急处置演练”“消防知识培训与应急处置演练”“心肺复苏演练技能培训”。

3. 加强易制毒化学品和危险化学品、特种设备安全使用监管，加强设备仪器维护维修的实验室建设工作。学校在实验室设备零星维护及危化品处置等工作中，给予40余万元经费补充，主要对既有的危化品库房投入专项资金进行升级改造，在生命、材料等学院的重点部位配置了应急急救箱，设置安防监控设施；生化类实验室在公共区域配置应急喷淋装置和洗眼装置；对有毒有味废气排放的实验室配备了通风柜、换气扇等通风设备。

4. 成立实验室技术安全专项检查工作组，建立“日常检查、周巡查、月自查、专项检查”的长效检查机制，开展实验室安全专项检查。学期初、学期末、重大节假日前开展各层面的专项清理排查，对检查中发现的问题记入安全台账，按照“登记-通知整改-追踪整改-复查-核销”的模式，严格落实隐患整改工作，实现实验室安全动态管理。开展年度例行、学期初、学期末检查4次；重大活动和重大节假日检查7次；学校综合性检查2次；开展日常安全巡查，隐患险于明火、防范胜于救灾、责任重于泰山，及时发现并消除安全隐患，将安全事故消灭在萌芽之中，才是安全检查的最终目的。2017年度发出整改通知30余次，并现场进行复查，及时排查安全隐患；对于学院自身无法解决的安全隐患，及时提交给学校安全稳定及安全生产工作领导小组审议解决。

5. 组织并实施中央高校改善基本办学条件项目（设备购置类）申报与验收工作。完成中央高校改善基本办学条件专项资金项目2018—2020年项目申报（设备购置类），累计申报项目61项，申报经费达到26 576.07万元，其中申报2018年25项，申报额度11 009.43万元，申报2019年16项，申报额度7 994.71万元，申报2020年20项，申报额度7 571.93万元；其中2018年项目中，积极响应学校峨眉校区“实验室条件改造计划”重点考虑峨眉校区一本办学需求的改善办学项目，为人才培养质量提供保障。

6. 推进峨眉校区一本办学实验室建设工作。根据峨眉校区一体化办学需要，启动在峨眉校区一本办学所需的实验室条件改造专项工作，首先满足已入校本科生必需的实验教学需求，共计4个项目，涉及金额1 772.29万元。

序号	项目名称	金额（万元）
1	峨眉校区基础课实验教学平台建设设备购置	492.76
2	峨眉校区交通设备与控制工程专业基础实验室设备购置	395.61
3	峨眉校区城市轨道交通电类学科基础及电气化与自动化实验设备购置	499.92
4	峨眉校区铁道信号专业实验设备购置	384.00
5	基础公共测试平台设备购置	695.00
6	工程训练基础实践设备购置	346.30
7	物理实验中心设备购置	355.00

续表

序号	项目名称	金额（万元）
8	多媒体语言实验室设备购置	127.75
9	学生公寓家具购置项目	110.24
10	制药工程专业实验室平台建设	348.58
11	工科力学创新实验平台设备购置	264.80
12	人体机能实验中心设备购置	125.95
13	心理健康教育大数据集成及分析设备购置	144.73
14	轨道交通信息工程与技术实验教学中心设备购置	265.97
	合　计	4 556.61

（八）分析测试中心

1. 构建科研支撑服务平台，稳步建设分析测试中心。

（1）圆满完成中心第一期环境改造工作（290 m^2 场地粉刷和 195 m^2 无尘吊顶安装）。

（2）严格执行国拨预算 695 万元设备的招标采购、调试及开放共享（TXP 精研一体机、DSC2500 差示扫描量热仪、A1+激光共聚焦显微镜、JSM-7800F 场发射扫描电子显微镜，共计 4 台/套）。

2. 稳步开展已有仪器设备测试工作，支撑校内学科建设和“双创”工作。

（1）完成 TXP 精研一体机、DSC2500 差示扫描量热仪、A1+激光共聚焦显微镜、JSM-7800F 场发射扫描电子显微镜培训工作。

（2）开展 TXP 精研一体机、DSC2500 差示扫描量热仪、A1+激光共聚焦显微镜、JSM-7800F 场发射扫描电子显微镜共享操作培训。

（3）持续开展分析测试技术培训，邀请国内外专家讲学，开展大型仪器测试培训 12 场次，为教师发表高水平论文搭建服务平台。

十九、附属学校

(一)附属中学

西南交通大学附属中学,是一所直属于西南交通大学的全日制完全中学,1986 年被省教委命名为“四川省重点中学”,1994 年 10 月通过省重点中学复查验收,2013 年被评为“四川省阳光体育学校”,同年,通过了“四川省二级示范性普通高中”的复查验收。

1. 办学基本条件

学校建有理、化、生标准化实验室,设置了通用技术专用教室、信息技术教室,及其他功能室,学校每间教室均配置了教学需要的多媒体设施设备。学校图书馆藏书 7 万余册,有 100 平方米的学生阅览室,有报纸杂志 100 多种,建有 250 米塑胶田径运动场、3 个标准化篮球场、1 个排球场、1 个足球场,学校建有标准化学生公寓,学生食堂由西南交大饮食服务中心管理,为师生提供安全、可口、实惠的饮食。

2. 专业师资队伍情况

2017 年全校教职工有 130 人,专任教师 117 人,其中高级教师 45 人,硕士毕业生及研究生学历 30 人,教师学历达标率 100%。金牛区学科中心组成员 16 人,中青年学科带头人、骨干教师 33 人。特聘西南交通大学两院院士沈志云;中国科学院院士、西南交通大学首席教授翟婉明教授为附中名誉校长。

3. 办学规模

2017 年学校占地面积 25 333 平方米,建筑面积 13 741 平方米,学校现有 24 个教学班,学生 1 002 人。

4. 教育教学业绩

2017 年附中高考取得了优异成绩,上线人数和比例创新高,获得了成都市教育局表彰。本一上线 129 人,上线率 44%,本二上线 260 人,上线率 88.7%,600 分以上 13 人。在 2017 届高三教学团队中,牟佩红、郑荣、黄利等 3 人荣获成都市高中教育教学优秀教师称号,陈惠、陈玥、傅相万、何明鉴、刘静黎、汪红兵、徐葵等 7 人荣获得金牛区优秀教学质量奖,冯永莉、雷云、席文来等 3 人荣获得金牛区班级管理奖,理科综合备课组、文科综合备课组、数学备课组、英语备课组等 4 个备课组荣获金牛区备课组优秀团队奖。

附中获金牛区 2016—2017 学年度初中教学管理优秀等级学校,2017 年中考中,总计有 155 名学生升入了省级示范高中学习,45 名学生通过指标到校生政策升入省级示范高中,中考重点上线率 49.6%,学生巩固率达 100%,学生一次性毕业率 99%。在 2017 届初三教学团队中,有曾辉、范孝勇、侯建敏、唐仕辉、薛雯等 5 人荣获得金牛区优秀教学质量奖,甘璐、胡甜甜、石华等 3 人荣获得金牛区班级管理奖,数学备课组、英语备课组等两个备课组荣获得金牛区备课组优秀团队奖。

附中 2017 年学生参加学科竞赛共计 401 人次获奖,其中国家级 42 人次,省级 115 人次,市级 71 人次,区级 96 人次,其他 77 人次。

2017 年全国高中数学联合竞赛,国家级三等奖 1 人。2017 年全国初中数学联赛,国家级二等奖 1 人。第三十四届全国中学生物理竞赛,国家级二等奖 2 人、三等奖 3 人,省级一等奖 4 名、二等奖 8 名、三等奖 12 名。2017 年全国高中学生化学竞赛,省级一等奖 8 人、省级二等奖 5 人。2017 年全国中学生生物学联赛,国家级三等奖1名，省级一等奖1名、三等奖1名。第十二届全国中小学生创新作文大赛网络赛区（初中组）决赛，国家级三等奖6人。2017年全国中学生英语能力竞赛（高中），国家级一等奖2人、二等奖5人、三等奖7人；省级一等奖10人、二等奖13人、三等奖18人。2017年全国中学生英语能力竞赛（初中），国家级一等奖1人、二等奖4人、三等奖6人，省级一等奖6人、二等奖10人、三等奖13人。第十六届全国创新英语大赛，国家级三等奖1人，省级一等奖1人。“外教社杯”第九届全国中学生英语能力大赛（初中），省级特等奖1人、一等奖4人。

附中2017年教师发展成果共计327项（不含2017年与中高考相关奖项），其中国家级36项，省级68项，市级94项，区级56项，校级68项，其他5项。

附中获2017年成都市金牛区“写经典”师生现场书法比赛活动优秀组织奖。

艾富菊、杨诚被评为成都市金牛区2017学年度优秀班主任，解云被评为成都市金牛区2017学年度优秀德育工作者，李莉被评为金牛区优秀青年教师，薛雯、杨诚被评为2017年度成都市金牛区中青年骨干教师争先进位先进个人，解云被评为2017年学生资助工作先进个人。徐成钢获2017年成都市金牛区“写经典”师生现场书法比赛一等奖及优秀指导教师奖。巫丛菊获四川省高校教职工乒乓球赛A组女子双打第一名。

（二）子弟小学

西南交通大学子弟小学由西南交通大学主办，1972年始建于峨眉，1989年随西南交通大学迁至成都。学校以“提升教育品质，培育交大少年”为办学目标，以“以人为本，质量优先，严谨治学，内涵发展”为办学思路，学校一直是金牛区优秀学校，先后荣获“全国校园足球特色学校”“四川省职业技能示范校”“市乒乓球传统学校”“市航模传统学校”“市信息技术示范学校”“市语言文字工作示范学校”等荣誉称号。

1. 办学基本条件

学校占地10亩，建筑面积4 165平方米。学校拥有自然科学实验室、师生阅览室、微机室、音乐教室、区教育局乒乓球训练基地、校园广播电视台、多媒体教室和心理咨询室，每个教学班均配备多媒体教学设备，建有校园塑胶运动场。

2. 专业师资队伍情况

学校现有教师47名，本科及以上学历占100%（硕士研究生6人），小学高级教师38名，小学一级教师6名，市学科带头人1名，区学科带头人6名，省级骨干教师2名，区教育专家1名，全国优秀班主任1名，成都市优秀班主任3名，区优秀班主任6名。

3. 办学规模

学校目前有18个教学班，学生774人，其中校内子弟504人。

4. 教育教学业绩

本年度，我校教师1人获得区师德先进个人称号，1人获得区优秀班主任。在金牛区片区赛课活动中，获得一等奖1人次，二等奖1人次；在成都市“一师一优课”评选中，获得二等奖1人次。我校四年级学生接受了金牛区学业监测，在金牛区67所学校中名列前茅。在成都市“创意之门”大赛中获优秀组织奖。

本年度，我校学生参加金牛区“墨香书法展示”活动获得硬笔书法一等奖1人次，软笔书法一等奖1人次。参加金牛区“国学知识竞赛”获一等奖，并代表金牛区参加成都市比赛，斩获小学高年级组二等奖。在金牛区艺术展演中，我校“校园法庭”校园剧、“带我到山顶”表演唱、“秋韵”诗朗诵均获得区一等奖。我校绿鹰足球队在金牛区“金教杯”校园足球联赛中获第一名，并成功晋级超级联赛。我校气排球队获成都市气排球比赛5个一等奖，区气排球比赛2个一等奖、2个二等奖的好成绩。

二十、附　录

（一）西南交通大学2017年大事记

【一月】

1 月 5-6 日，我校以微信排名第四、微博排名第九的优异成绩，连续第三年荣膺中国教育政务新媒体综合力十强。

1 月 7 日，校长徐飞荣获 2016 年“学生喜爱的大学校长”殊荣，西南交通大学视频制作团队获得“最佳原创微视频制作团队”。

1 月 9 日，2016 年度国家科学技术奖励大会在人民大会堂隆重召开，党和国家领导人习近平、李克强、刘云山、张高丽等出席大会并为获奖代表颁奖。西南交通大学主持和参与完成的 3 个项目荣获 2016 年度国家科学技术奖励，我校王平教授和张卫华教授作为获奖代表参加大会。

1 月 11 日，西南交通大学举行首批校内挂职党外干部宣布暨第一期挂职党外干部培训班、2017 年区（县）人大代表和政协委员培训班开班仪式。仪式上宣布了学校党委关于聘任张祖涛、舒泽亮、赵海全、王兴、李延来、王璐、孟开文、刘桓龙为挂职干部的决定。

1 月 11 日，我校首届国家级教学名师奖获得者、著名机械工程教育专家吴鹿鸣教授被追授中国大学在线开放课程论坛“特殊贡献奖”。

1 月 22 日，西南交通大学党委书记王顺洪召开工作会议，再次研究布置加强和改进新形势下学校思想政治工作，提出“学习好贯彻好全国高校思想政治工作会议精神，是我校当前和今后一个时期的首要任务”的要求。

1 月 22 日，学校选送案例《交大新媒体启动“双引擎”，72 变玩转百廿校庆》入选 2016 年度教育系统“十佳”教育新媒体案例。

1 月 25 日上午，四川省委常委、常务副省长王宁一行来校看望慰问教育部“长江学者”特聘教授、“新世纪百千万人才工程”国家级人选、我校校长助理何川教授。

1 月，《泰晤士报高等教育》发布了 2017 年的全球 CEO 母校排名［“Times Higher Education Alma Mater Index（Global Executives）2017”］，该榜单以大学授予世界五百强首席执行官的学位数量为评选依据，共收入全球一百所大学，学校位居国内第 7、全球第 57。

【二月】

2 月 14—15 日，铁路合作组织在波兰华沙举行“21 世纪国际铁路联运领域人员培训的挑战与新机遇”高级别研讨会，校长助理王晓茹教授率团出席研讨会。

2 月 15 日，国家知识产权局副局长贺化一行来校调研“职务科技成果混合所有制”试点情况，双方就“职务科技成果混合所有制”改革以及修订《专利法》第六条进行了深入的讨论交流。

2 月 17 日，四川省人大常委会《专利法》修改议案工作调研座谈会在校召开，我校副校长张文桂、国家大学科技园代表、科研院代表参加调研会，就我校对《专利法》第六条的修订建议进行了介绍和讨论。

2 月 17 日，国家新闻出版广电总局和国家出版基金规划管理办公室公布了 2017 年度国家出版基金项目评审结果，西南交通大学出版社策划申报的“‘喜马拉雅深处的面孔’民族口述影像志”（4 册）、“中国盐业考古与盐业文明”（5 册）两个项目入选。

2月17日，由西南交通大学和北京航空航天大学共同筹建的国家级创新平台——综合交通大数据应用技术国家工程实验室成功落地四川，该实验室是国家发改委围绕转型内容和重点将组建13个国家级大数据实验室中的一项。

2月24日，埃塞俄比亚科技部副部长Shumete Gizaw Woldeamanuel一行来校访问，与学校签署合作备忘录，并在奖学金、教职工交换交流、自费生入学等方面达成了合作意向。

2月26日，中国机械工程学会2016年度最新表彰决定出炉，由我校材料科学与工程学院和表面物理与化学重点实验室共同承办的“第七届表面工程国际会议”被评选为“2016年度最具影响力的学术会议和综合活动平台”。

2月26日，中国科学技术协会公布了首批“青年人才托举工程”（2015—2017年度）入选名单，我校力学与工程学院于超副教授和机械工程学院江亮副研究员入选。

2月27日，爱思唯尔（Elsevier）发布2016年中国高被引学者（Most Cited Chinese Researchers）榜单，我校7名学者进入榜单、涉及5个学术领域，分别为康国政教授、周仲荣教授、范平志教授、唐小虎教授、王家素教授、王素玉教授、张继业教授。

2月27日，中华全国总工会表彰全国先进女职工集体和个人，并宣布全国“五一巾帼”奖章、全国“五一巾帼标兵岗”和“五一巾帼标兵”获奖名单。我校交通运输与物流学院博士生导师罗霞教授在本次评选中荣获“全国五一巾帼标兵”荣誉称号，是四川省11位巾帼标兵获得者中唯一的高校获奖教师。

【三月】

3月1日上午，上海市政协副秘书长、民盟上海市委专职副主委方荣，上海科学院副院长曹阿民等一行来校就科技成果转化定价问题进行了专题调研。

3月3日，峨眉校区首批留学生开班仪式在第五会议室举行。

3月3日，国家新闻出版广电总局公布了“走出去”基础书目库首批200种入库图书名单。我校出版社出版的土木工程学院王平教授的著作《高速铁路道岔设计理论与实践》列入其中，作为“走出去”的常备、重点和基础书目。

3月4日，马克思主义学院贯彻落实全国高校思想政治工作会议精神研讨会在犀浦校区召开。

3月10日下午，2016年度西南交通大学“佳士光彩”助学金颁奖仪式在犀浦综合楼272会议室举行，该助学金由佳士健康产业集团出资，每年资助学校16名来自信息科学与技术学院、生命科学与工程学院的家庭贫困、品学兼优，且全日制在读的研究生和本科生。

3月11日，第六届“通译杯”四川省翻译大赛决赛同传体验（总评颁奖礼）暨成都会展外事菁英创新创业论坛在成都大学十陵校区拉开帷幕，我校学生首次斩获四川省翻译大赛总冠军。

3月13日，西南交通大学党委召开第十四届第59次常委（扩大）会议，研究“双一流”创建等工作。

3月13日，信息科学与技术学院博士研究生张力月（导师：潘炜教授）在复杂网络同步机制的研究中取得突破性进展，相关成果“Incoherence-mediated Remote Synchronization”以第一作者身份发表在国际权威学术期刊*Physical Review Letters*（*PRL*），西南交通大学为第一署名单位，美国西北大学Adilson E. Motter教授等为合作教授。

3月14日，在教育部组织开展的全国高校“两学一做”支部风采展示活动中，我校党委组织部党支部、党委宣传部党支部、文科建设处党支部、马克思主义学院博士党支部、援藏干部人才临时党支部等5个党支部荣获全国优秀或特色作品，获奖党支部总数名列全国高校第三、四川省高校第一，工作案例、微党课、支部展示三个类别获奖党支部数均名列川内高校第一。

3月15日，成都市委副书记、市长罗强一行来校考察。

3月，西南交通大学颁布了《西南交通大学思想政治工作和党务工作队伍专业技术职务评审管理办法（试行）》和《西南交通大学高教管理系列专业技术职务评审管理办法（试行）》，引起了学校教职工的广泛关注。

3月22日上午，全国老龄办副主任朱耀垠、全国老龄办政研部副主任李志宏、全国老龄办政研部副处长张一鸣以及四川省老龄办相关人员莅临学校，检查指导学校的国家马克思主义理论研究和建设工程（简称“马工程”）重大项目进展情况。

3月22日，江西泰明光伏有限公司向学校捐赠100万元。

3月22日，学校连开两场“创建‘双一流’”座谈会，各学院负责人、专家学者，各部处负责人，离退休老领导、老专家畅所欲言，为学校创建一流大学、一流学科建言献策。

3月22日，西南交通大学与国家认监委研究所在京签署战略合作协议书。

3月23日，西南交通大学首个小语种阅览室在犀浦图书馆603B正式揭牌成立。

3月24日，西南交通大学第五次归侨侨眷属代表大会暨新侨联谊会成立大会在犀浦校区举行。

3月25日，中国西部高校“善爱我”心理健康教育宣传活动在我校犀浦校区拉开帷幕。

3月28日，位于成都市剑南大道旁、双流区蒋店路和鹤高路交叉口的天府新区西南交通大学研究院和成都西南交大研究院有限公司一期工程正式落成。

3月30日，200余位黑龙江各地校友及母校代表欢聚一堂，共同见证西南交通大学哈尔滨校友会成立。

3月31日，四川省政府参事室主任、室馆党组书记吴显奎率队，四川省人民政府全体参事来校考察，就学校发展进行了深入调研。

3月31日，学校党委党校、社会主义学院峨眉教学基地和党外知识分子之家峨眉基地揭牌仪式在峨眉校区举行。

3月31日，学校峨眉校区与民盟乐山市委共同举办“农村教育烛光行动”暨“盟校合作”启动仪式。

3月31日，我校信息科学与技术学院辅导员刘娟老师当选“第三届四川省高校辅导员年度人物”。

3月31日，马克思学院党委书记刘占祥与中铁隆工程集团有限公司董事长签订了合作协议，副校长朱健梅与中铁隆工程集团副总经理赵冬共同为马克思主义学院实习实践基地揭牌。

3月31日，在学校党政领导和各部门的大力支持下，医学院圆满完成了第一届临床医学硕士研究生的招生复试工作，西南交大附属医院（成都市第三人民医院）和成都军区总医院积极参加了本次研究生招生工作。

【四月】

4月1日，西南交通大学与宜宾市人民政府就人才培养培训、科技成果的转化与产业化等签署战略合作框架协议。

4月7日，西南交通大学2002级法学专业校友，四川伟旭律师事务所主任杜伟荣获全国“五一劳动奖章”。

4月8日，由中国养老金融50人论坛（CAFF50）主办、西南交通大学国际老龄科学研究院承办的“金融支持养老产业发展”成都高峰论坛在富力丽思卡尔顿酒店圆满落幕。

4月12日，学校申报的文化成果《阳光 坚韧 创造 感恩——西南交通大学近20载大学生心理文化建设的探索与实践》荣获第九届全国高校校园文化建设优秀成果评选特等奖。

4月12日，我校道路工程四川省重点实验室主任、四川省公路学会副理事长邱延峻教授应邀参加会议并首次当选为中国公路学会道路工程分会第八届理事会理事。

4月13日，我校与白俄罗斯国立交通大学签署两校战略合作协议。

4月14日，学校启动与俄克拉荷马州立大学安全工程合作办学项目。

4月13日，西南交通大学人文学院召开第27次党政联席会议，讨论并通过了《中共西南交通大学人文学院委员会思想政治教育基金管理办法（试行）》，设立思想政治教育基金10万元。

4月13日，《四川省就业创业促进条例（草案）》立法调研组一行莅临学校，就《条例》相关问题征询交大师生意见与建议。

4月19日，由我校主办的“2017印度高速铁路高层管理人员培训”项目开班仪式在西南交大九里校区远程与继续教育学院学术报告厅隆重举行，来自印度铁道部的 38 名铁路官员参与培训。

4 月 19 日下午，四川省教育厅副厅长汪小帆、省教育厅高教处处长杨亚培，省教育厅科研处副处长陈玲来校调研。

4 月 20 日上午，俄罗斯圣彼得堡国立交通大学校长亚历山大 ·帕内切夫，副校长伊戈尔 ·基谢利夫来校考察。

4 月 22 日，学校聘任中组部尹学军博士为西南交通大学土木工程学院防灾减灾学科方向带头人。

4 月 25 日，教育部党组书记、部长陈宝生率调研组来到西南交通大学，考察学校大学生心理健康教育工作。陈宝生认真听取了党委书记王顺洪、校长徐飞关于学校办学特色、人才培养、思想政治工作和大学生心理健康教育创新与实践的汇报。

4 月 25 日，国际创新创业学院创新创业导师百人计划证书颁发仪式暨第一届交大创新创业学科体系建设研讨会在犀浦校区大学生创新创业教育中心进行召开。会上聘任了郑雪元、孙瑜、彭肖肖、孙美以及孙红霞五位杰出女性导师。

4 月 26 日，四川省科技厅党组书记、厅长刘东一行来校就科技成果转化工作进展状况进行检查指导。

4 月 28 日，西南交通大学地学学院王玉峰博士后、程谦恭教授与台湾中央大学董家钧教授的研究论文“Velocity-dependent frictional weakening of large rock avalanche basal facies：Implications for rock avalanche hypermobility?”在国际著名期刊 *Journal of Geophysical Research：Solid Earth* 发表。

4 月 28 日，西南交通大学与四川省铁路产业投资集团有限责任公司签署战略合作协议。

【五月】

5 月 2 日，学校地球科学与环境工程学院朱庆教授当选第四批国家测绘地理信息局科技领军人才。

5 月，西南交通大学结构服役安全及力学基础创新团队，力学与工程学院康国政教授与阚前华副教授受邀由 John Wiley & Sons Ltd 公司出版了英文专著 *Cyclic plasticity of Engineering Materials：Experiments and models*，分七个章节，共 538 页(ISBN：9781119180807)。

5 月 3 日，西南交通大学与中华职业教育社签署了《中华职业教育社西南交通大学战略合作协议》和《中华职业教育社西南交通大学准确扶贫毕节市专项合作协议》。

5 月 3 日，国家新闻出版广电总局规划发展司（改革办公室）公布了 2017 年新闻出版改革发展项目库入库项目名单，我校出版社组织申报的“‘一带一路’中国铁路技术教材建设工程”项目被列入此次入选项目库名单。

5 月 6 日，全国老龄办召开了国家“马工程”重大项目课题组会议，我校“马工程”重大项目首席专家何云庵教授代表课题组汇报了研究进展及下一步工作安排。

5 月 5 日，由中国工程院主办、西南交通大学承办的“高速磁悬浮技术与产业发展战略研讨会”在成都市沙湾会展中心隆重举行。会议由“高速磁悬浮技术与产业发展战略研究”课题组组长、中国工程院钱清泉院士主持。

5 月 6 日上午，美国麻省理工学院（MIT）Bruce Montgomery 院士来校，与钱清泉院士就磁浮交通技术方面签署框架合作协议。

5 月 9 日，中国教育会计学会高校政府采购分会在中山大学成立，西南交大当选为 14 个常务理事单位之一，我校采购与招标管理办公室主任宋新入选为第一届常务理事。

5 月 9 日，工商银行四川省分行与西南交通大学签署战略合作协议。

5 月 9 日，中央纪委驻科技部纪检组组长、科技部党组成员王宾宜来校就中央科技创新重大决策部署落实情况的监督进行专题调研。

5 月，中共中央原政治局常委、国务院副总理李岚清同志，赠学校其亲手镌刻的校训治印一方，代表了岚清同志对我校以及广大师生校友的厚爱与期望。

5 月，学校首席教授翟婉明院士的专著《车辆——轨道耦合动力学》（第四版）荣获“第六届中华优秀出版物图书奖”。

5 月 10 日，西南交通大学与中国联通贵州分公司签署战略合作协议，以期共同做大做强大数据开发和大数据产业。

5月11日，中国社会科学院社科文献出版社社长谢寿光一行来校考察调研。

5月13日，庆祝建校121周年暨1987届校友返校欢迎大会在九里校区大学生会堂隆重举行。会上，徐飞校长和四川校友会钮小明会长共同为西南交通大学“校友之家”揭牌，并启动了年度捐赠倡议及小额捐赠平台。

5月，西南交通大学名誉教授、美国西北大学黄永刚教授因在可延展电子器件力学及机械引导三维组装方面的先驱工作当选为美国国家工程院院士。

5月17日，西南交通大学第二十届工会会员暨第七届教职工代表大会第三次会议（以下简称双代会）在九里校区隆重召开。

5月19日，全国古籍整理出版规划领导小组办公室公布了2017年度国家古籍整理出版专项经费资助项目名单，西南交通大学出版社策划申报的“青城山道医文献选辑（第一辑）”（作者：谢克庆、廖品清、洪闫华等）位列其中。

5月19日，电气工程学院李群湛教授科研团队研制的世界首套“组合式同相供电装置”和世界首套“牵引网分段保护与状态测控系统”科技成果评价会在京召开，经质询和讨论，评价专家组一致同意通过评价并对两项成果给予了高度肯定。

5月20日，国务院副总理刘延东亲临以“科技进万家”为主题的全国科技活动周暨北京科技周主场活动现场，对西南交通大学材料学院杨维清教授团队与中科院纳米能源所王中林团队合作研发的摩擦发电草表现出浓厚兴趣，并对其高度赞扬。

5月23—25日，由我校战略发展处、交通社会学研究中心、中国高铁发展战略研究中心承办的第二届交通运输研究峰会跨学科论坛（TRC）在京举行。

5月25日，为贯彻落实全国、全省高校思想政治工作会议精神和习近平总书记系列重要讲话精神及治国理政新理念新思想新战略，尤其是习近平总书记关于教育的系列重要讲话精神，学校在九里校区隆重召开西南交通大学思想政治工作会议。

5月25—28日，大师云集的第十二届中美华人纳米论坛（12thSino-US Nano Symposium）在京举行，我校材料科学与工程学院（材料先进技术教育部重点实验室）周祚万教授、鲁雄教授团队的13名学者参加本次大会。

5月，人力资源社会保障部、中国科协、科技部、国务院国资委公布了首届“全国创新争先奖”名单，翟婉明院士等10余位西南交大人荣获首届“全国创新争先奖”。

5月27日，“交大·恩光”教育基金签约仪式在犀浦校区举行，校友李治斌捐赠并设立“交大·恩光”教育基金，专项支持母校一流学生工作建设。

5月28日，学校2支参赛队伍荣获“上海路港杯”第十二届全国大学生交通科技大赛二等奖1项，三等奖1项，获奖率100%。

5月30日，在习近平总书记“全国科技创新大会”重要讲话一周年之际，中央电视台《新闻联播》节目头条推出题为《科技强国 创新圆梦——我国科技界坚实推进科技改革发展》的专题报道，对西南交通大学积极开展以职务科技成果混合所有制为代表的制度创新予以关注和报道，时长1分4秒。

5月31日，学校在九里校区学术交流中心召开了2017年博士学位授权审核工作专家评审会，马克思主义理论、工程博士、数学、网络空间安全、药学等五个学科以超过到会委员2/3的得票数通过了校内评审。

【六月】

6月1日，“第六届计算机辅助翻译和技术传播大赛”决赛中，马嘉欣同学夺得一等奖，薛婷婷和吴美萱同学获得二等奖，马欣、余邡棋和林义同学获得三等奖，黎斌老师获得“优秀指导教师”奖，西南交通大学获得“最佳组织奖”。

6月1日，英国里卡多铁路（亚洲）总裁IAIN CARMICHAEL、英国里卡多铁路（中国）总经理MACK-ZHANG、英国里卡多铁路（中国）业务发展总监黄琴来到校，与学校签署科技战略协议。

6月2日，交通大学学生思想政治教育工作研讨交流会在西南交通大学举行。

6月2日，全球著名创业孵化导师、美国FOUNDERS SPACE创始人史蒂文·霍夫曼（Steven Hoffman）加入学校创新创业导师百人计划，成为国际创新创业学院创业导师。

6月6日，西南交通大学学子在2017世界交通运输大会（World Transportation Convention，WTC）六大板块活动之一的“中交公规院杯”大学生桥梁设计大赛中包揽10项大奖，总数列参赛高校第一，学校获最佳组织奖。

6月7—8日，校党委副书记、校长徐飞率队赴马尔康市，调研督导学校精准扶贫工作。

6月，我校首席教授孙林夫教授全票当选为科技云服务产业技术创新战略联盟理事长。

6月8日，正在哈萨克斯坦访问的国家主席习近平在哈萨克斯坦总统纳扎尔巴耶夫陪同下，参观阿斯塔纳专项世博会中国国家馆。在“智慧能源的一天”展区，习近平邀请纳扎尔巴耶夫一同登上由西南交大研制的高速列车模拟驾驶舱。西南交通大学杰出校友、中国铁路总公司总工程师何华武院士在现场为两国元首介绍了有关情况。

6月9日，西南交通大学与中国铁建股份有限公司签署三项战略合作协议：磁浮交通技术战略合作协议、联合组建西南交大—中铁磁浮交通研究院协议、共建企业院士工作站合作协议。

6月10—12日，第十四届“挑战杯”四川省大学生课外学术科技作品竞赛终审决赛中，我校学子发挥出色，获得一等奖5项，二等奖8项，三等奖5项，团体总分位列第四，获得“优胜杯”。

6月13日，四川省国土资源厅与我校签署战略合作协议。

6月13日，青岛市委统战部副部长宋立春一行来校，就统战工作进行专题调研。

6月14日，国家科技评估中心副主任黄灿宏一行8人组成的国家全面创新改革试验检查评估组来校调研职务科技成果混合所有制改革试点。

6月14日，四川省委副书记、省长尹力一行来到西南交通大学，调研交通隧道工程教育部重点实验室、轨道交通国家实验室（筹）数字化仿真平台及高速铁路线路工程教育部重点实验室，并在九里校区学术交流中心多功能厅主持召开轨道交通产业发展座谈会。

6月17—18日，第六届全国口译大赛（英语）总决赛中，我校王筱莳同学获个人赛二等奖，团体赛三等奖；俞萌萌同学获个人赛三等奖。

6月，我校物理科学与技术学院周勋秀副教授作为通讯作者代表ARGO-YBJ合作组撰写的题为“Search for Gamma Ray Bursts with the ARGO-YBJ Detector in Shower Mode”的论文被国际权威学术期刊*Astrophysical Journal*（《天体物理杂志》）接受发表。

6月20日，西南交通大学2017届校友工作班级理事聘任仪式在犀浦校区学生活动中心正式拉开帷幕，这是西南交大首次在应届毕业生中聘任校友工作班级理事。

6月22日，国务院办公厅调研组来校就职务科技成果混合所有制改革工作进行了调研。

6月，西南交通大学信息科学与技术学院、四川省云计算与智能技术高校重点实验室彭博副教授作为第一作者撰写的题为“Evaluation of Segmentation Quality via Adaptive Composition of Reference Segmentations”的论文在国际权威学术期刊*IEEE Transactions on Pattern Analysis and Machine Intelligence*（《IEEE模式分析与机器智能汇刊》）上发表。

6月22日，全国政协委员、全国工商联常委、省政协副主席、省工商联主席陈放来校视察。

6月，科技部正式公布2016年创新人才推进计划入选名单，西南交通大学3名教授入选。其中，中青年科技创新领军人才2人，分别为机械学院钱林茂教授、牵引动力国家重点实验室王开云教授，重点领域创新团队1项，为电气学院吴广宁教授。

6月25日，中国铁路总公司总经理陆东福与中国中车董事长兼党委书记刘化龙为中国标准动车组“复兴号”揭牌，西南交通大学副校长张文桂、首席教授张卫华受邀见证了这一激动时刻。西南交大的多个科研团队也深度参与“复兴号”长达5年的艰辛的诞生历程。

6月27日，西南交通大学与北京全路通信信号研究设计院集团有限公司签署战略合作协议。

6 月 28 日，教育部“轨道交通工程动力学国际合作联合实验室”立项建设论证会议在九里校区举行，专家组一致同意立项建设。

6 月 29 日，西南交通大学与中国交通建设股份有限公司签署联合培养国际化工程人才合作协议。

6 月 29 日，新加坡陆路交通管理局铁路学院董事长詹道存教授、执行总裁雷德顺教授一行来校访问。

【七月】

7 月，根据《教育部社科司关于 2017 年度教育部人文社会科学研究一般项目评审结果的公示》(教社科司函〔2017〕125 号)，西南交大共有 21 个项目通过立项评审，在西南地区排名第 2 位，全国排名并列第 14 位，创立项数和排名的历史新高。

7 月 3 日，数学学院与成都极客未来教育科技有限公司签署合作协议，双方就奖助学金和实习基地建设开展合作。

7 月 3—4 日，徐飞校长应邀参加在京召开的国家铁路局铁路科技创新工作会议并做交流报告，我校翟婉明院士受邀参加大会，并受聘为国家铁路局专家委员会专家。

7 月 6 日，四川省第十七次社会科学优秀成果评奖中，我校共主持获奖 14 项，其中二等奖 4 项，三等奖 10 项，乃是历年来获奖数新高。

7 月 10 日，西南交通大学主办的第一届国际轨道交通学术会议在蓉开幕，本次大会时间为 7 月 10 日—7 月 12 日，我校翟婉明院士将作主旨报告。来自海内外 23 个国家和地区，欧洲、美国、日本、澳大利亚等国 30 余名轨道交通领域顶级专家任国际学术委员会委员并出席会议。

7 月 12 日，西南交通大学教育信息化试点项目“信息化条件下教育教学模式改革探索实践”以优异成绩通过验收。

7 月 12—15 日，在第四届全国大学生物理实验竞赛中，我校物理科学与技术学院应用物理专业的四名本科生组队参赛，最终四名参赛队员全部获奖。

7 月 13 日，国家外国专家局教科文卫专家司副司长王嵩一行来校调研。

7 月 17 日，西南交通大学与东莞市长安镇人民政府签署共建国家轨道交通电气化与自动化工程技术研究中心华南基地合作协议。

7 月 17 日，西南交通大学首届中国高铁发展青年学者论坛在九里校区举行，来自海内外的 17 位青年学者围绕交通运输工程、土木工程、机械工程等国际前沿科技及热点研究领域展开交流与探讨。

7 月，西南交通大学社科联被授予“全国社科联创建新型智库先进社会组织”荣誉称号。

7 月 18 日，高速铁路运营安全空间信息技术国家地方联合工程实验室技术委员会聘任仪式暨技术委员会第一次会议在西南交通大学犀浦校区综合楼召开。

7 月 20 日，我校地学学院教师叶沅鑫博士受邀到德国航天局和慕尼黑工业大学作学术报告。

7 月 24 日，学校与西藏自治区人民政府及交通厅、农牧厅、教育厅、国土资源厅、住房和城乡建设厅共同签署了战略合作协议。

7 月 27—28 日，第三届四川省“互联网+”大学生创新创业大赛决赛中，我校代表队共获得 5 项金奖、11 项银奖、5 项铜奖的优异成绩，获奖总数位列全省前列，同时 4 个项目(满额)被推荐参加第三届“互联网”大学生创新创业大赛全国总决赛。

【八月】

8 月 8 日，校长徐飞的著作《纵横“一带一路”——中国高铁全球战略》作为社科领域第一本关于中国高铁的理论读本入选 2017 年上海书展年度十大推荐好书。

8 月 9—12 日，第十届全国大学生节能减排社会实践与科技竞赛中，我校荣获了一等奖 2 项、二等奖 2 项、三等奖 11 项的优异成绩，包揽了四川省唯一的 2 项一等奖，学校获得“高校优秀组织奖”，取得了我校参加该项赛事以来的最好成绩，获奖质量和数量均列西南第一、全国前列。

8 月，我校公共管理与政法学院、经济管理学院、信息科学与技术学院联合组成的“Mami-Love”项目团队在第七届全国大学生电子商务“创新、创意及创业” 挑战赛总决赛中成功斩获全国一等奖，并获“最佳创业奖”。

8月10日，陕西省人大常委会法制工作委员会副主任贾治国一行来校研科技成果转化工作。

8月13日，西南交通大学160余名贵州校友，汇聚在福泉市，共同见证西南交通大学贵州校友会恢复成立。

8月，西南交大出版社申报的“深海空间技术出版工程”“高速铁路绿色发展丛书”图书项目增补列入“十三五”国家重点图书、音像、电子出版物出版规划。

8月，我校地学学院谷延超博士生撰写的学术论文被地学领域顶级国际期刊 *Geophysical Research Letters* 正式接收并在线发表，该论文是我校测绘学科首次以西南交通大学为第一署名单位发表在该期刊的学术论文。

8月，国家自然科学基金委员会（以下简称“基金委”）公布了2017年度国家自然科学基金项目评审结果。截至目前，西南交通大学 2017 年度获批项目数162项、较去年同期增长6.6%，直接经费较去年同期增长27.7%，项目数和经费数创历史新高。2017 年，学校项目批准率达到28.08%，连续4年持续提升。

8月19—22日，“华为杯”第十二届中国研究生电子设计大赛总决赛在惠州市会展中心举行，学校“交大高铁”代表队（队员李洪赭、郭鑫、刘韬、张晓薇、章缙，指导教师闫连山教授）以第二名的成绩获得大赛特等奖，闫连山教授被评为“优秀指导教师”。

8月21—25日，由国际粗糙集学会（IRSS）和中国人工智能学会（CAAI）主办，西南交通大学、意大利米兰比可卡大学和英国利兹大学以及中国人工智能学会粗糙集与软计算专委会承办的2017年第二届“粗糙集：决策、数据挖掘与知识表示”在西南交通大学九里校区举行。

8月23日，在第三届“高等教育杯”全国高等学校物理基础课程青年教师讲课比赛决赛中，我校物理科学与技术学院的樊代和老师代表西南地区高校参赛，以第一名的成绩荣获一等奖。

8月23—26日，第十二届全国大学生“恩智浦”杯智能汽车竞赛全国总决赛上，我校参赛队伍在由信息科学与技术学院蒋朝根老师率领下，参加了电磁节能组和创意组的双车对抗组的比赛，最终，学生组成的代表队获得了电磁节能组一等奖，双车对抗组二等奖。

8月24—25日，由教育部学位与研究生教育发展中心、中国科协青少年科技中心等共同主办、西南交通大学承办的第四届中国研究生智慧城市技术与创意设计大赛决赛在校举行，我校团队荣获创意设计赛一等奖3项。

8月30—31日，中国共产党西南交通大学委员会十四届八次全体（扩大）会议在成都九里校区召开。校党委书记王顺洪同志发表题为《坚定不移朝着“交通特色鲜明的综合性研究型一流大学”总目标，扎扎实实建设轨道交通领域世界第一的西南交通大学》的讲话。

【九月】

9月2日，2017全国大学生电子设计竞赛“瑞萨杯”在西安交通大学落下帷幕，我校参赛代表队共获得4项全国一等奖、4项全国二等奖，获奖质量及数量位列全国第七，取得了我校参加该项赛事以来的最好成绩。

9月3日，西南交大土木工程设计有限公司成立二十五周年庆祝大会暨创新基金捐赠仪式在九里校区创新大厦举行。会上，西南交大土木工程设计有限公司向学校捐赠 100 万元，成立“西南交大土木工程设计有限公司创意基金”。

9月8日，西南交通大学国际创新创业学院与成都人才发展促进会签署了战略合作框架协议，双方将合作建立成都“蓉漂计划”专家企业人才实训基地。

9月11日，我校杰出校友、中国著名水利工程学专家黄万里先生之女儿黄肖路、女婿章贤杰来访西南交通大学。学校党委书记王顺洪、副校长朱健梅分别看望了黄肖路女士。

9月11日，由科技部创新发展司主办，科技部科技评估中心、西南交通大学承办的促进科技成果转移转化研讨会在西南交通大学九里校区国际会议厅召开。来自科技部、国家相关部委和地方科技厅的领导，各个高校、科研院所、企业、技术转移机构的专家学者以及媒体代表出席了本次研讨会。

9月12日下午，蓝骄集团董事长、青年企业家文泽平先生向西南交大附中捐助办学设备及活动赞助金110万元人民币。

9月15日，西南交通大学新一届思想政治理论课督导组聘任仪式暨第一次全体会议举行，会议由汪铮主持。新一届思政课督导组由何云庵教授担任组长，朱铃教授、邓介曾教授、马黎教授、苏志宏教授等多位在思政课建设方面有着丰富经验的专家学者任成员。

9月15日，由全国高等学校教学研究中心、中国高等教育学会教学研究分会、爱课程网主办，西南交通大学教务处承办的“四川省在线开放课程建设与应用研讨会”成功召开。本次研讨会得到四川省教育厅高教处的大力支持，来自省内近六十所高校的教师代表共280余人参会。9月15日下午，学校思想政治理论课专家、88岁高龄的朱铃教授作了“学习习近平总书记‘7.26’重要讲话精神，迎接党的十九大”的专题学习辅导报告。

9月16日，由成都市政府主办，双流区委区政府、成都市科技局、成都市经信委共同承办的“创业天府 菁蓉汇·双流”军民融合专场活动在双流区启幕。天府新区研究院推荐“车载探地雷达技术”在数十个项目中脱颖而出成功入围，当场获得1000万元的投资意向。

9月18日，由教育部主办、中组部、中央统战部联合举办的教育对口支援西藏暨“组团式”教育人才援藏工作会议在西藏拉萨召开，西南交通大学作为高校代表参会，对外合作与联络处处长谭建鑫就学校十余年来教育援藏工作情况及成果在会上进行主题发言。

9月16—18日，第三届中国“互联网+”大学生创新创业大赛全国总决赛在陕西西安电子科技大学举行。我校学生的参赛项目“皮秒激光清洗”获得银奖，“车载互联优化操纵驾驶节能指导装置”等3个项目获得铜奖。

9月，*International Journal of Fatigue*（《疲劳国际杂志》）增选力学与工程学院康国政教授为杂志的共同主编，主要负责亚太地区的稿件处理工作。

9月22日，中铁二院—西南交通大学首届国际化人才班开班仪式在九里校区学术交流中心多功能厅隆重举行。国际化人才班共招选31位相关专业研究生，旨在培养通外语、会管理、懂技术、了解海外法规的高素质人才，服务国家“一带一路”发展战略。

9月21日，学校召开会议宣布后勤与基建管理处机构成立及干部任免决定：设立后勤与基建管理处机构，撤销“西南交通大学后勤保障处（后勤集团）”“西南交通大学校园规划与建设处”，设立“西南交通大学后勤与基建管理处”和四个中心（“饮食服务中心”“物业服务中心”“医幼及场馆服务中心”“维修、水电及运输服务中心”）。

9月21日，学校召开会议宣布党政办公室机构调整及干部任免决定：撤销“西南交通大学党委办公室”“西南交通大学校长办公室”及其挂靠机构，设立“西南交通大学党政办公室”机构。

9月18—22日，ISPRS地球空间周（Geospatial Week 2017，GSW 2017）国际学术大会在武汉召开。地学学院青年老师叶沅鑫博士的论文“Fast and Robust Registration of Multimodal Remote Sensing Images via Dense Orientated Gradient Feature”荣获大会最佳青年论文奖，是学校师生首次获得该项殊荣。

9月25日，中美创客峰会暨中美青年创客中心启动仪式在美国纽约大学举行。中华人民共和国国务院副总理刘延东出席活动并讲话，纽约大学校长安德鲁·汉密尔顿主持会议并致词。徐飞校长受邀出席中美青年创客峰会暨中美青年创客中心启动仪式。

9月29日上午，“西南交大—中铁”磁浮交通研究院揭牌，会上学校与中铁磁浮交通投资建设有限公司签订“CMT120中低速磁浮交通系统方案改进研究”合同。

【十月】

10月9日，在中国共产党第十九次代表大会即将召开之时，西南交通大学2002级校友、全国优秀党员尼玛江村作为中国共产党年轻党员代表之一与中外记者见面并答记者问。

10月10日，学校聘任MichaelWalton院士为名誉教授。

10 月 10 日，由西南交通大学、日建设计、中国建筑学会地下空间学术委员会共同主办的“站城融合与城市更新国际论坛”在校开幕。

10 月 12 日，四川省副省长彭宇行一行来到校视察了轨道交通国家实验（筹）。

10 月 13 日，“蜂云谷杯”第三届四川省“互联网+”大学生创新创业大赛颁奖典礼在新都区“蜂云谷”创新创业中心举行，西南交通大学共获得四川赛区金奖 5 项、银奖 11 项、铜奖 5 项，获奖总数位列全省前列，学校陈辉教授获大赛优秀指导教师。

10 月 14—16 日，我校两位青年教师赵晓彦、杨虎锋在“首届全国大学青年教师地质课程教学比赛”中分别获得了一等奖和三等奖。

10 月 16 日，学校党委召开第十四届第 73 次常委（扩大）会议，研究土木工程学院第二轮综合改等工作。校党委书记王顺洪同志主持会议。

10 月 18 日，中国共产党第十九次全国代表大会在北京胜利召开。西南交通大学师生对党的十九大的召开十分关注，学校组织师生在成都及峨眉三个校区集体收看收听十九大开幕会现场直播。

10 月 19 日，党的十九大开幕后，校党委王顺洪书记给学校全体辅导员老师写了一封热情洋溢的亲笔信，寄语辅导员们在人才培养的最重要环节上，努力工作、身正示范，与学生一起，共同为实现中华民族伟大复兴中国梦贡献力量。

10 月 20 日，由西南交通大学电气工程学院院长陈维荣教授主持的“十二五”国家科技支撑计划“燃料电池/超级电容混合动力 100%低地板有轨电车研制”项目（编号：2014BAG08B00），在北京顺利通过科技部验收。

10 月 21 日，第十三届“华罗庚数学奖”在中国数学会 2017 学术年会上揭晓，著名数学家、西南交通大学 1960 届校友侯振挺教授获此殊荣。

10 月 22 日，美国普渡大学 KumaresSinha 院士受聘为西南交大名誉教授。

10 月 23 日，西南交通大学第一届“中国交建国际工程班”开班。

10 月，由我校翟婉明院士领衔申请的“轨道交通工程动力学”国际合作联合实验室获批立项建设。

10 月，西南交通大学地球科学与环境工程学院地质工程系程谦恭教授申报的“青藏高原南缘中尼经济走廊巨型高速远程滑坡动力学机理”项目获批 2017 年度国家自然科学基金委员会（NSFC）与国际山地综合发展中心（ICIMOD）合作研究项目，获批直接经费 200 万元。

10 月 26 日，教育部直属系统传达学习党的十九大精神视频会召开，部党组书记、部长陈宝生传达党的十九大会议精神，并就学习宣传贯彻党的十九大精神作动员部署。我校在犀浦校区综合楼 148 会议室设立分会场。

10 月 27 日，国际顶级学术期刊 *Science* 发表我校博士生杨倩参与的论文“Size effect in ion transport through angstrom-scale slits”(离子在埃级别狭缝中传输的尺寸效应)，该工作由西南交通大学荣誉教授、曼彻斯特大学诺贝尔物理学奖得主 Andre Geim（安德烈· 海姆）教授引领，并作通信作者。

10 月 27 日，由中国老龄事业发展基金会主办，西南交通大学国际老龄科学研究院、中国人寿四川省分公司、荷兰贸易促进委员会成都代表处承办的首届中国（四川）老龄事业与养老服务业发展高峰论坛在成都圆满落幕。

10 月 28 日，“港迪-中力杯”第二届全国大学生起重机创意大赛决赛中，我校参赛研究生及本科生团队荣获一等奖 2 项、二等奖 6 项、三等奖 1 项。

10 月 28 日，西南交通大学唐山研究生院成立揭牌仪式暨 2017 年入学典礼在唐山市举行。

10 月 29 日，中央电视台《新闻联播》以《十九大代表回基层 高校学子：接力奋斗 投身新时代》为题，报道我校十九大代表翟婉明院士返校后为学生分享亲身参会和学习十九大精神的体会。

10 月 30 日，学校首席教授、中国科学院院士、十九大代表翟婉明同志传达了党的十九大精神。

10 月 30 日，西南交通大学国际化工作大会在九里校区国际会议厅举行。

10 月，我校思想政治理论课教师在全国高校思政课现场教学展示中表现突出，汪澎老师被授予“全国高校思想政治理论课教学能手”称号、刘锋老师被授予“全国高校思想政治理论课教学骨干”称号。

【十一月】

11月2日下午，西南交通大学习近平新时代中国特色社会主义思想学习研究会成立大会在犀浦校区隆重举行。该社团由杨镇、杨森、徐博宇、石红艳等2015级本科生发起，创始会员66人，包含本科生、硕士生、博士生。

11月2—3日，四川省高校学生思想政治工作研究会2017年年会在西南石油大学召开，我校党委常委沈火明同志做了《以扎实的学生工作落实立德树人根本任务》的大会主题发言。

11月3日，西南交通大学习近平新时代中国特色社会主义思想研究中心在犀浦校区揭牌。

11月3日，城市轨道交通系统安全保障技术国家工程实验室第一届理事会会议暨启动会在京举行，我校张文桂副校长带队参加会议，并作为学校代表接受了中国铁路总公司总工程师何华武院士授牌，我校牵引动力国家重点实验室张卫华教授作为技术委员会专家出席会议，并接受了专家聘书。

11月4日，西南交通大学第八届青年教师教学竞赛决赛在犀浦校区举行，55位教师获奖，其中一等奖11人，二等奖18人，三等奖26人。

11月4—6日，美国俄克拉荷马州立大学（Oklahoma State University，简称OSU）副校长Dr. Lee Bird一行6人来访西南交通大学。访问期间，OSU代表团还参加了位于峨眉校区的安全工程项目部启用仪式。

11月6日，第四届“信息编码和无线通信前沿国际研讨会”（2017 International Workshop on Advances in Information Coding and Wireless Communications，AICWC 2017）在西南交通大学召开。

11月3—11日，校党委书记王顺洪率团出访总部位于波兰华沙的铁路合作组织，中国驻俄罗斯大使馆，以及俄罗斯交通大学、俄罗斯圣彼得堡交通大学、希腊亚里士多德大学、希腊雅典大学等四所欧洲高等学府。

11月9—10日，西南交通大学邀中外专家学者相聚峨眉校区举办“创新·包容·共享大学国际化发展”国际论坛。

11月，西南交通大学牵引动力国家重点实验室圣小珍教授牵头承担的国家重点研发计划战略性国际科技创新合作重点专项“复杂条件下高速铁路减振降噪关键技术的合作研究”启动。

11月14日，由中国科协、教育部、中科院、社科院、工程院、自然科学基金会举办的“学习贯彻党的十九大精神——2017年全国科学道德和学风建设宣讲教育报告会”采用网络视频方式向全国各地各高校实时直播报告会，学校组织学生代表、青年教师代表在犀浦校区二号报告厅集体观看。

11月14日下午，在我校78级某校友向学校捐赠200万元（按校友要求隐去姓名），用于学校发展，助力学校“双一流”建设。

11月14—19日，第十五届“挑战杯”中国银行全国大学生课外学术科技作品竞赛终审决赛中，我校选送的2件作品获得二等奖1项、三等奖1项的好成绩，成绩位列四川省高校前三。

近日，西南交通大学材料科学与工程学院（材料先进技术教育部重点实验室）博士生杨倩以第一作者身份在国际顶级期刊*Nature Materials*上发表题为“Ultrathingraphene-based membrane with precise molecular sieving and ultrafast solventpermeation”的文章，发现了一种基于氧化石墨烯（GO）的高通量分子分离膜。

11月15日下午，四川省人大常委会副主任彭渝率队来校调研轨道交通产业发展情况。

11月16日，“2017中国（成都）智能制造协同创新国际论坛暨科技成果校企‘每月一对接’西南交通大学专场”活动在成都世纪城国际会议中心举行。本次活动中，学校与新尚集团签订了科技成果转化意向合作协议、四个优秀团队进行了项目路演、集中展示了学校数十项科技成果。

11月16日，中国航天科工三院刘永才院士、航天三院304所所长王俊(系我校95级计算机专业校友)一行来校访问。

11月16日，教育部科研实验室安全检查组莅临我校开展2017年科研实验室安全现场检查工作。

11 月 17 日，北京航空航天大学党委副书记李军锋等人来校调研学生工作。

11 月 18 日，“交通强国”战略高峰论坛暨西南交通大学苏州校友会成立大会在苏州大学阳澄湖校区举行。

11 月 20 日，我校高速铁路防灾减灾技术研究院与四川西南交大铁路发展股份有限公司、隔而固（青岛）振动控制有限公司、珠海市泰德企业有限公司以及河南辉煌科技股份有限公司签署战略合作协议。

11 月，中铁大桥院副总工程师、全国工程设计大师，我校校友徐恭义被国际桥梁及结构工程协会执行委员会推荐为“杰出结构大奖评选委员会”的评委，任期为 2017 至 2021 年四年。据悉，徐恭义是该任期中唯一的中国评委。

11 月 21 日，全国首届高速铁路地震预警系统技术培训班开班典礼在西南交通大学举行，全国 18 个铁路局高铁防灾专业主管人员就高速铁路地震预警系统进行为期半个月的集中培训。

11 月 22 日，葡萄牙里斯本大学学院（ISCTE University Institute of Lisbon）雷托校长一行来访我校。

11 月 22 日，中国工程院院士钱清泉教授走访电气工程学院学生寝室，将自己求学、工作、生活的经历传进了学生的心，与学生们深入交流。

11 月 22—23 日，在北京举行的“中国学术期刊未来论坛”发布了《中国学术期刊影响因子年报》（自然科学与工程技术，2017 年第 15 卷）。该年报显示，《西南交通大学学报》复合影响因子（U-JIF）达到 1.615，位列全国综合性科学技术类 423 种学术期刊的第 2 名；学术期刊影响力指数(CI)达到 508.465，位列第 18 名，进入前 5%。

11 月 24 日，首届中国城市轨道交通科技创新创业大赛西部赛区“运达杯”复赛中，我校“城市轨道交通信号智能监测系统”项目获得理论创意组第一名。

11 月 24 日，英国利兹大学（University of Leeds）副校长余海岁一行来校访问交流。

11 月 25 日，“国家轨道交通电气化与自动化工程技术研究中心华南基地”在广东省东莞市长安镇揭牌。

11 月 27 日，中国工程院公布了 2017 年当选院士名单，西南交通大学校友卢春房（1978 年 3 月—1982 年 1 月，在西南交大铁道工程系铁道工程专业学习）当选为工程管理学部院士。

11 月 27—28 日，中国高校校报协会 2017 年年会暨第二届中国高校传媒发展高端论坛在蓉举行，我校选送的 4 件作品获得 2016 年度中国高校校报好新闻奖，其中有 2 项一等奖、1 项二等奖、1 项三等奖。

11 月 29 日，美国工程院院士、美国弗吉尼亚大学（University of Virginia）Craig H. Benson 教授受聘为西南交通大学名誉教授。

11 月，据“中国学术期刊国际引证年报”，*Journal of Modern Transportation*（《现代交通学报》）入选“2017 中国国际影响力优秀学术期刊”，标志着现代交通学报进入中国 TOP 期刊行列。

11 月，我校报送的原创校史动画片《途说·茅以升》在 2016 年“五个一百”网络正能量精品评选活动中获评“百部网络正能量动漫音视频”作品。

【十二月】

12 月 1 日，我校党委宣传部电视台制作的廉政主题动画短片《贪者自焚》荣获 2017 全国政企优秀原创视频“十佳作品奖”。

12 月 1 日，西南交通大学期刊社学报编辑部、*Journal of Modern Transportation*（*JMT*）（《现代交通学报》）编辑部双双荣获四川省高校高校学报研究会颁发的优秀编辑部称号，期刊社主任宋吉荣荣获中国高校科技期刊研究会“优秀主编”称号，学报编辑部唐晴荣获四川省高校高校学报研究会“优秀编辑”称号。

12 月 4—7 日，11 名本科教学工作审核评估专家来校，诊断学校本科教学工作并返回意见。

12 月，据四川省新闻出版广电局川新广函〔2017〕390 号文件，西南交通大学主办的 *Journal of Modern Transportation*［《现代交通学报（英文版）》］被四川省新闻出版广电局评为“四川省品牌报刊”。

12 月 5 日，由丝路规划研究中心、西南交通大学、中国城市建设研究院有限公司联合主办的“新时代绿色发展国际论坛——成都海绵城市论坛”在校举行。

12月6日上午，教育部召开“2018届全国普通高校毕业生就业创业工作网络视频会议”，西南交大设立分会场。

12月6日，在“南方优立杯” 第九届全国高校测绘学科大学生科技论文竞赛中，我校地学学院共获得特等奖2篇、一等奖1篇、二等奖3篇，是我校参加该项赛事以来取得的最佳成绩。

12月7日，以“数字驱动，智造未来”为主题的“2017 中国年度最佳雇主”颁奖盛典暨人力资源国际管理论坛拉开帷幕，我校在就业工作上的积极创新受到社会以及用人单位肯定，荣膺2017年度中国高校就业“最具创新奖”。

12月8日，美国乔治亚州立大学（Georgia State Univesity）副校长 Wolfgang Schlor 一行来访我校。

12月8日，中国工程院院士、原铁道部常务副部长孙永福一行来校考察。

12月，西南交大荣获“全国深化创新创业教育改革特色典型经验高校”称号，学校张祖涛、丛政、曹瑶瑶三位老师荣获“2016 年全国高等学校创业教育工作先进个人”称号。

12月9日，由西南交通大学、光明日报社、北京外国语大学、中国科学报、新浪微博、每日经济新闻联合主办的第五届中国高铁走出去战略高峰论坛在九里校区国际会议厅举行。

12月9日，四川省省长尹力会见徐飞校长，就成都市双机场之间的快捷连接问题进行深入沟通，学校立即组织相关部门和专家团队进行了充分研讨。

12月10日晚，党的十九大代表、《光明日报》总编辑张政到访西南交通大学宣讲党的十九大精神。

12月10—12日，越南河内交通大学阮玉龙校长一行10人来访学校。

12月12日，四川省政府副省长杨兴平，省政府副秘书长何旅章一行来校调研。

12月13日下午，国防大学军队政治工作教研室主任、博士生导师公方彬教授来校宣讲了党的十九大精神。

12月，学校在2017年“高教社”杯全国大学生数学建模竞赛中表现优异，7支队伍荣获全国一等奖，12支队伍荣获国家二等奖，100余支队伍获得省部级奖项，获奖数量排名全国第一。

12月14日，党的十九大代表、重庆长客轨道车辆有限公司技术部电气组组长、我校校友姚鸿洲来到学校宣讲党的十九大精神。

12月14日，中国高等教育学会《高校竞赛评估与管理体系研究》专家工作组在杭州预发布《中国高校创新人才培养暨学科竞赛评估结果》，在2012—2016年全国普通高校竞赛评估结果（本科）榜单上，我校奖项折算总分位居全国高校第九位。

12月15日，上海海事大学党委副书记门妍萍一行来校交流调研。

12月15日，教育部公示了2017年国家精品在线开放课程认定结果，西南交通大学以15门（17个上线课程）精品课程排名全国第七。

12月15日，由中国教育国际交流协会主办的“中国高等教育国际化发展调查报告暨来华留学质量认证工作会”在京召开，校长助理王晓茹代表学校签署了第三批试点院校“来华留学质量认证协议书”。

12月17日，共青团西南交通大学第二十二次代表大会在九里校区国际会议厅隆重召开。

12月，西南交大土木学院风工程团队成功获得了第十届亚太国际风工程大会（APCWE X）承办权，由廖海黎教授担任大会主席。

12月20日，学校党委召开2017年第13次党委书记工作会，传达学习教育部党组《高校思想政治工作质量提升工程实施纲要》。

12月20日，西南交通大学“双一流”建设推进大会在九里校区举行。

12月，西南交通大学成功入选第三批“全国高校实践育人创新创业基地”。

12月，教育部公布首批中美青年创客交流中心单位，认定16家高校和2家企业为首批挂牌单位。西南交通大学成为国内首批认定的16所高校之一。

12月25日，陆地交通地质灾害防治技术国家工程实验室通过验收。

12月26日，西南交通大学青岛研究院启动仪式在青岛中科研发城举行。

12月26日，西南交通大学青岛校友会成立，任玉君担任青岛校友会会。

12月27日，国家铁路局在京召开工作会议，校长徐飞作为高校代表应邀出席本次会议。

12月，中国教育会计学会高校政府采购分会授予我校采购与招标管理办公室"高校政府采购十佳集体"奖项，采购与招标管理办公室原主任宋新同志荣获"高校政府采购杰出贡献奖"，宋丽志同志荣获"高校政府采购优秀业务标兵"称号。

12月，中国科学院院士、发展中国家科学院院士、我校优秀校友李树深于2017年12月履新中科院党组成员、副院长。

12月28日，教育部学位与研究生教育发展中心正式发布了全国第四轮学科评估结果，西南交通大学交通运输工程学科获评A+，这意味着我校将继续引领交通运输工程学科发展，我校共有28个一级学科上榜。

12月，省委组织部、人力资源社会保障厅、省科协决定授予50名同志第十四届四川省青年科技奖，地学学院赵锐教授获此殊荣。

12月28日，在首届教职工文化艺术节闭幕式暨迎新年综艺晚会上，党委书记王顺洪和校长徐飞分别为学校第八届青年教师教学竞赛中获奖老师和学院颁发了荣誉证书，苗勇为学校颁发"全国产务公开民主管理先进单位"奖牌，校党委常委沈火明代表学校领奖。

12月29日，巴基斯坦国立科技大学来校访问交流。

12月29日，国家标准委发布了2017年第32号中国国家标准公告，西南交通大学地球科学与环境工程学院朱庆教授牵头制定的国家标准一项和参与制定的国家标准一项，双双位列其中。

12月29日，教育部公布《教育部关于第一批教育信息化试点验收结果的通报》（教技函〔2017〕77号），西南交通大学被批准为教育部第一批教育信息化试点优秀单位，是四川省唯一获此殊荣的本科院校。

12月31日，西南交通大学杰出校友、中国铁路总公司总经理特别技术顾问、中国工程院院士何华武入选"2017中国科学年度新闻人物"。

（二）表彰与奖励

中共西南交通大学委员会2015—2017年先进基层党组织、"十佳"先进党支部、"十佳"优秀共产党员、先进党支部（党小组）、优秀共产党员和优秀党务工作者表彰名单

一、先进基层党组织（4个，按首字笔画排序）

土木工程学院党委
马克思主义学院党委
机关党委
信息科学与技术学院党委

二、"十佳"先进党支部（10个，按首字笔画排序）

力学与工程学院党委国家级力学实验教学示范中心党支部
土木工程学院党委铁道工程系党支部
马克思主义学院党委毛泽东思想与中国特色社会主义理论体系概论教研室党支部
电气工程学院党委学生工作组党支部
机关党委党委办公室党支部

机械工程学院党委学生工作组党支部
材料科学与工程学院党委生物医学工程系教工党支部
图书馆党总支峨眉党支部
物理科学与技术学院党委应用物理党支部
信息科学与技术学院党委学生工作组党支部

三、“十佳”优秀共产党员（10名，按姓氏笔画排序）

王永杰	甘　霖	乐　源	朱　铃	李成坚（女）
陈　晨	赵　舵	夏显波	钱林茂	高　波

四、先进党支部（党小组）（30个，各类按首字笔画排序）

土木工程学院党委（2个）：
本科学生第十党支部
铁道工程系党支部
机械工程学院党委（2个）：
学生工作组党支部
研2015-2班党支部
电气工程学院党委（2个）：
电力电子与电力传动系党支部
学生工作组党支部
信息科学与技术学院党委（2个）：
本科通信第二党支部
学生工作组党支部
交通运输与物流学院党委（2个）：
本科交运类国防生党支部
教工物流党支部
经济管理学院党委（1个）：
机关党支部
马克思主义学院党委（1个）：
毛泽东思想与中国特色社会主义理论体系概论教研室党支部
人文学院党委（1个）：
学生工作组党支部
材料科学与工程学院党委（1个）：
生物医学工程系教工党支部
物理科学与技术学院党委（1个）：
应用物理党支部
外国语学院党委（1个）：
工程英语第一、二联合党支部
建筑与设计学院党委（1个）：
建筑系教师党支部

生命科学与工程学院党委（1个）：
化学化工系教工党支部
力学与工程学院党委（1个）：
国家级力学实验教学示范中心党支部
数学学院党委（1个）：
教工信息与计算科学系党支部
地球科学与环境工程学院党委（1个）：
教工学生工作组党支部
公共管理与政法学院党委（1个）：
教职工公共管理系党支部
机关党委党委（1个）：
党委办公室党支部
后勤与基建管理处（后勤集团）党委（1个）：
物业党支部
离退休工作处党委（1个）：
在职党支部
峨眉校区党委（3个）：
土木工程系地下空间与建筑党支部
计算机与通信工程系教工第二党支部
机械工程系铁车与制图教工党支部
牵引动力国家重点实验室党委（1个）：
列车与线路研究所教工党支部
图书馆党总支（1个）：
峨眉党支部

五、优秀共产党员（100名，按姓氏笔画排序）

土木工程学院党委（11名）：

孙明祥	李福海	杨绍林	周刘茜（女）	周　曦
栗怀广	高　波	郭文琦	陶柯免	黄喜兵
崔　凯				

机械工程学院党委（7名）：

于　楠（女）	钱林茂	罗大兵	李　毅	江　亮
黄书玉（女）	郭　沛			

电气工程学院党委（7名）：

王　嵩	白家棣	张　异（女）	张婷婷（女）	张　慧（女）
赵　舵	高仕斌			

信息科学与技术学院党委（7名）：

马垚垚	刘明慧（女）	刘宜罡	严　巍（女）	陆　凡（女）
莫晓波	崔　波（女）			

交通运输与物流学院党委（7 名）：

李清滢（女）　张光远　张　杰　张　锦　黄文成
曹　鹏　程学庆

经济管理学院党委（5 名）：

朱宏泉　陈怡翔（女）　武　俊　夏显波　曾孝武

马克思主义学院党委（1 名）：

朱　铃

人文学院党委（2 名）：

杨　琴（女）　吴德利

材料科学与工程学院党委（3 名）：

尹冬弟　杨静晖（女）　章春军

物理科学与技术学院党委（2 名）：

孙燕云（女）　周永生

外国语学院党委（2 名）：

迟维佳（女）　李成坚（女）

建筑与设计学院党委（4 名）：

沈中伟　林　茂　金宇航　崔　叙

生命科学与工程学院党委（2 名）：

陆　群　张鹏飞

力学与工程学院党委（2 名）：

乐　源　刘金玲

数学学院党委（2 名）：

杨　洋　葛　灵（女）

地球科学与环境工程学院党委（6 名）：

刘冠军　杨　乐（女）　杨都强　杨翔钧　周　青（女）
赵晓彦

公共管理与政法学院党委（3 名）：

王永杰　赵　巍　彭川宇（女）

机关党委（5 名）：

史维生　朱　炜　闫月勤（女）　杨育鸿　陈　晨

后勤与基建管理处（后勤集团）党委（2 名）：

林　波　曾晓燕（女）

离退休工作处党委（2 名）：

李　恒（女）　郭书和

峨眉校区党委（9 名）：

王友松　伍贤楷　杜　润　陈　东　陈诗伟
黄小红　黄群艺　翟　旭　魏振兴

竺可桢书院党委（1 名）：

甘　霖

国际教育学院直属党支部（1名）：

李　海

牵引动力国家重点实验室党委（3名）：

王开云　　吴圣川　　翟婉明

茅以升学院党总支（1名）：

张长玲（女）

工程训练中心直属党支部（1名）：

刘　玉

利兹学院直属党支部（1名）：

黄　涛

心理研究与咨询中心直属党支部（1名）：

冉俐雯（女）

六、优秀党务工作者（10名，按姓氏笔画排序）

王　轶（女）　苏小桦（女）　李国芳（女）　李雪飞　沙晓雪（女）
罗妍妍（女）　柯小君　徐　革（女）　傅尤刚　熊　钰（女）

西南交通大学2016年度共青团工作表彰名单

一、五四红旗团委（6个）

公共管理与政法学院团委　信息科学与技术学院团委
电气工程学院团委　交通运输与物流学院团委
人文学院团委　峨眉校区团委

二、五四红旗团委创建单位（7个）

经济管理学院团委　土木工程学院团委
建筑与设计学院团委　材料科学与工程学院团委
生命科学与工程学院团委　外国语学院团委
地球科学与环境工程学院团委

三、“十佳”示范团支部（10个）

2014级交运茅班团支部　2015级交运詹班团支部
2015级茅院交运1班团支部　2014级机械6班团支部
2014级成型1班团支部　2014级土木6班团支部
2014级茅信1班团支部　2014级法学2班团支部
2015级广告2班团支部　2014级遥感1班团支部

四、院级示范团支部（100个）

土木工程学院（7个）

2014级土木7班团支部
2014级土木13班团支部
2014级土木15班团支部
2015级土木11班团支部
2015级土木14班团支部
2015级土木10班团支部
2015级土木18班团支部

机械工程学院（8个）

2014级机械8班团支部
2015级车辆1班团支部
2014级机械4班团支部
2015级车辆5班团支部
2015级机械14班团支部
2015级机械1班团支部
2015级机械5班团支部
2014级车辆4班团支部

信息科学与技术学院（8个）

研究生信息8班团支部
2015级通信1班团支部
2015级轨道1班团支部
2014级计算机1班团支部
2015级通信4班团支部
2015级软件3班团支部
2015级自动化2班团支部
2015级通信3班团支部

电气工程学院（7个）

2014级电气2班团支部
2014级磁浮1班团支部
2014级电子4班团支部
2014级电气1班团支部
2015级电气7班团支部
2015级电气1班团支部
2015级电子2班团支部

人文学院（2个）

2015级音表1班团支部
2015级汉语1班团支部

交通运输与物流学院（5个）

2014级交通2班团支部
2014级交运4班团支部
2015级交运1班团支部
2015级交运2班团支部
2015级安全班团支部

经济管理学院（4个）

2015级经济学1班团支部
2015级金融1班团支部
2014级会计1班团支部
2014级电子商务1班团支部

建筑与设计学院（7个）

2015级产品二班团支部
2014级环艺3班团支部
2015级研究生艺术班团支部
2014级建筑1班团支部
2015级环艺1班团支部
2014级建筑2班团支部
2015级视觉传达2班团支部

外国语学院（4个）

2015级日语1班团支部
2015级法语1班团支部
2015级外汉2班团支部
2014级德语2班团支部

材料科学与工程学院（4个）

2014级材料1班团支部
2014级生医1班团支部
2014级生医2班团支部
2015级成型3班团支部

力学与工程学院（2个）

2014级力学3班团支部
2014级力学茅班团支部

物理科学与技术学院（3个）

2014级电讯（光电）1班团支部
2015级电讯（电磁）1班团支部
2014级电讯（电磁）2班团支部

生命科学与工程学院（4个）

2015年级生物1班团支部
2014年级生物3班团支部
2015年级生物4班团支部
2015年级制药4班团支部

地球科学与环境工程学院（3个）

2015级地环02班团支部
2015级消防01班团支部
2015级地质01班团支部

公共管理与政法学院（2个）

2015级法学1班团支部
2015级公共管理事业1班团支部

数学学院（3个）

2015级数学3班团支部
2015级统计学1班团支部
2014级统计学1班团支部

心理应用与咨询中心（1个）

2014级心理1班团支部

茅以升学院（2个）

2015级金融1班团支部
2015级土木1班团支部

峨眉校区（24个）

2014级会计3班团支部
2014级铁道车辆2班团支部
峨眉校区第二学生分会团支部
2015级机械制造工艺1班团支部
2015级铁道车辆2班团支部
2015物资管理级1班团支部
2014级城轨运营2班团支部
2014级物资采购1班团支部
2014级铁道信号3班团支部
2014级城轨2班团支部
2015级计通2班团支部
2015级城轨控制1班团支部
2015级铁道工程1班团支部
2015级工程造价2班团支部
2013级詹天佑班团支部
2014级工程造价1班团支部
2013级工程造价1班团支部
2014级地下空间1班团支部
2015年级电化2班团支部
2015年级电化1班团支部
2014年级电化2班团支部
2014年级电子2班团支部
2014年级政治1班团支部
2015级翻译1班团支部

五、“十佳”学生会（10个）

茅以升学院学生会
经济管理学院学生会
信息科学与技术学院学生会
建筑与设计学院学生会
电气工程学院学生会
公共管理与政法学院学生会

生命科学与工程学院学生会
交通运输与物流学院学生会
材料科学与工程学院学生会
土木工程学院学生会

六、“十佳”研究生会（10个）

经济管理学院研究生会
信息科学与技术学院研究生会
交通运输与物流学院研究生会
公共管理与政法学院研究生会
物理科学与技术学院研究生会
地球科学与环境工程学院研究生会
人文学院研究生会
牵引动力国家重点实验室研究生会
机械工程学院研究生会
生命科学与工程学院研究生会

七、“十佳”学生社团（10个）

篮球协会
基础数学协会
招生宣传志愿者协会
书画协会
外语协会
贫困地区教育观念救助会
大学生心理协会
数学建模协会
街舞协会
创新创业俱乐部

八、“十佳”青年志愿者协会（10个）

交通运输与物流学院青年志愿者协会
公共管理与政法学院青年志愿者协会
信息科学与技术学院青年志愿者协会
生命科学与工程学院青年志愿者协会
外国语学院青年志愿者协会
建筑与设计学院青年志愿者协会
地球科学与环境工程学院青年志愿者协会
机械工程学院青年志愿者协会
人文学院青年志愿者协会
土木工程学院青年志愿者协会

九、优秀共青团干部（799 人）

茅以升学院（22 人）

袁柯木	赵天胤	段淳熙	张　杭	曹艺译	钟若轩	郭东博
林　晨	张钰姝	张文娟	郑淑娟	胡留洋	王文琦	张珊珊
杨宇康	杨睿默	周红霞	唐骥骅	李茂粟	曹一民	张志博
毛　泉						

土木工程学院（64 人）

田　源	刘　强	刘力玮	何晨烨	罗　登	聂新斌	迟　航
雷景刊	魏欢博	秦超越	陆述豪	沈忠辉	王　超	司雨楠
朱　麒	李金宜	周　衡	陈婧雯	路桦铭	吴　楠	崔耀中
孙嘉雯	赵　冰	罗　洋	王　绪	王　旭	张　靖	涂玖林
王　勤	常勇夫	宁新悦	汪蓉蓉	张　奥	冯恩泽	杨采薇
魏云格	肖修安	顾正宇	李　裕	王皓正	张金龙	赵　贺
陈景适	祁　旺	吴跃成	吴传杰	夏浩文	刘中一	黄天鹏
余景文	高　帅	田红涛	陈伯璇	黄一峰	张乐拉	朱浩浩
李会青	刘欣旺	林茂文	李孟原	刘　洋	路　通	代镇洋
齐　远						

机械工程学院（61 人）

李慕尧	蔡俊俊	马　楠	李中志	郭立昌	于　楠	师路妍
彭宇杰	毛凯波	敬瑶阁	李汶锦	任玺悦	曲　帅	王宇杰
杨　雯	杨云棋	任　财	徐　璇	曾大懿	尹纪超	嵇仕儒
孙兆文	陈　辰	徐倩如	星　星	黄　璐	马　韬	郭　龙
翟福琪	杨　柳	廖婷婷	刘　铎	何　川	王言喆	严　开
李少青	任育博	张晋恺	曹　奥	王显嵘	付　强	南婧雯
卢　锋	秦　天	朱雪冬	胡苏楠	黄　勇	马成成	李仁杰
刘健夫	许明辉	安君儒	叶立航	张子默	李懿伟	余虹谷
杨俊峰	黄　昕	梁　超	袁宇航	龚江林		

电气工程学院（47 人）

刘　昊	邓亚茹	潘一铭	范耀榕	马超俊	马　哲	郑尚直
梁敏怡	唐诗涵	沈　睿	王恩昊	聂江霖	尚富琛	蒋鹏远
张旭冉	刘相洪	曹海鹏	周海阔	侯明斌	刘慧雪	黄勤琴
周海兰	彭宇圣	王雪纯	张雅新	江　良	蒋　凯	胡冉冉
陈　斌	曹建旗	刘育阳	唐丽敏	胡慧怡	杨　昭	曹清源
王一哲	林微涛	赵长浩	谢晨娟	王何万兆	陶鹏远	许　鹏
韩笃硕	郑逸凡	雷民敬	王逸涔	江坷滕		

信息科学与技术学院（69 人）

梅资若	刘芯宏	潘振军	杨玉川	董明轩	魏裕璐	刘泓谷
窦祖尧	刘　娜	王陆晞	武子严	邱　晨	陶星宇	黄河健
戴冬柯	刘帮松	张本贵	叶　阳	彭　潇	王一得	吴　阳
刘中轩	黄　润	赫天骄	邱东阳	卢　焰	陈　谱	王亚东
兰传宝	赖　培	王　周	薛怡媚	毛佳程	彭方云	郑雅琛

傅子晗	王师晗	董　颖	李卓桐	刘　迎	麻志鹏	张飞飞
王晨雨	李　燕	侯一林	王　龙	郭　虎	李浩然	余梦雪
蔡思佳	刘　燕	段　絮	王财全	毛　潇	吴　翔	王玥璇
史　昊	李　末	陈　旭	严　巍	杨　妙	刘宜罡	王　硕
赵晋南	熊　露	熊　苡	孙世宇	纪玉清	许　阳	

人文学院（36 人）

张　译	王天玥	赵丹娅	李杭珈	汤逸琳	卞　梦	宁思鑫
佘林恩	李国仪	刘晗悦	吉梦瑶	屈　婷	翁　培	王　丹
杨怡凡	黄　锟	刘禹杉	赵琳玉	石　钰	沈晓雪	刘　婷
郑月华	黄英子	吕世俊	侯　瑶	郑韩渝	彭旭珏丹	方　圆
伊梦颖	刘梦君	刘天仪	徐　洁	王东媛	白　玉	康　萌
廖子恒						

交通运输与物流学院（61 人）

康雨轩	薛佳荣	唐慧敏	肖　杨	益　洛	吴　丹	姚清晨
苏森森	李　洁	陈文杰	王道莘	谭良伟	赵凡漪	文萃雯
郭立昌	杨梦颜	江可心	唐　晗	赵浩懿	文　倮	吴漪念
王　洋	鞠艳妮	陈思为	向江海	郑家乐	李清滢	赵　睿
葛雷雨	吴佳佳	邱菲尔	王元济	何苗苗	蒋霁琬	许一凡
刘　聪	彭瑞欣	金晓东	严子文	曾悦明	周伊冰	龙秋萍
张瑞婷	褚健圣	方　岩	胡钟予	陆　良	朱思锦	景荟颖
谢文杰	顾　超	石文成	熊江瑜	怡智航	赵福军	景润乐
田　翀	王朝辉	罗　雯	夏云鹏	韦楠楠		

经济管理学院（36 人）

杨　峻	付柏坤	朱一韬	陈思宏	潘佳丽	颜　政	黄　凯
徐雨芊	余亦舟	刘　柳	钱雨琪	鲍　婕	周欣玥	黄俊橙
叶润强	胡云彤	万春利	程远嘉	张志勇	刘东瑶	陈琳娜
樊漪婧	陈雪婷	袁婧怡	李沁笑	林杰坚	黄凯伦	吕柯良
朱春晔	李嘉玮	柳清溪	程中月	杜　徽	孔玮玥	李世豪
洪婷婷						

建筑与设计学院（48 人）

苏恺忻	张照欣	阚美璇	高铭苒	张照欣	黎　敏	邢人丹
曾子容	靳晓晓	曹凤婷	颜　静	龙春香	张世杰	齐　琪
范正午	李烨晴	赵伟名	周星呈	李茗萱	张瀚天	陈雨芊
张　雯	龙正双	姚　力	张郅一	高开德	张艾佳	戎　尚
闫梦迪	丁茗芊	常天奇	李　桃	尤宁宁	王新博	付一然
张英轩	张　钒	顾　珊	张思妍	杨怡瑶	郭贞妮	周子涵
陶汪洋	胡　琳	陈蓦然	王奕丁	金　磊	胡　琪	

外国语学院（47 人）

王潇潇	曹　阳	马　超	王雪迪	吴珍珍	李　婷	甄晓平
王汝梦	沙玛丽·吾勒合潘		王淑玉	李　旋	王玲桂	江源鑫
贺　琎	孟凡荣	顾宇岷	张婉春	王艺璇	张晓灵	刘兆祥
路嘉洲	许不凡	张顺顺	陈喜润	刘　歌	魏子钰	商雨茹

王羚磬　吴　莹　徐昭然　王　潇　刘梦蝶　张馨元　刘雪如
马骁驭　邢梦琪　李灏薇　黄日欣　邓　宸　向晓凤　王　予
张素慧　白　羽　舒小花　夏清云　张容华　陆宇佳

材料科学与工程学院（32 人）

窦嘉鑫　汪海江　张　珺　李　庆　杜佳奇　刘　媛　丰　琪
菅政杰　陆　塬　雷　楠　李林艳　刘国升　施鸥玲　吴　俣
袁帅洁　蒋泽宇　李　艳　苏晨文　王书翰　杨　杰　肖　希
周仲毅　高梦航　李春媛　江林珈　胡凯文　杨　佳　覃利娜
薛俊良　陈　兵　王誉静　邱鑫玥

力学与工程学院（9 人）

黄梓幸　刘轩秀　韩佳惠　朱佳佩　王巍尧　黄茂波　马仕博
陈俊霖　刘　派

物理科学与技术学院（25 人）

袁忠康　吴　谦　谢安达　钟荣良　龙兰心　张　毅　闫宝罗
张　迁　齐　鸿　陆潇涵　李金丽　王　杰　吴　杰　汤　桦
许　岚　李　娟　王志勇　杨献龙　何　磊　王璐璐　樊　伟
张芳芳　门满洲　辛　毅　张笑芸

生命科学与工程学院（25 人）

曾天府　刘子靖　刘芝宏　石　开　高鹏宇　党湫药　孙　华
刘雪飞　罗静帆　吴晨阳　张汀溢　曹孟岩　于梦姮　张　琪
王　蕊　张伯言　金一然　阮俊杰　时彭艺　陈　秀　李　磊
刘　萌　郭奕鑫　孙静莹　潘红彬

地球科学与环境工程学院（33 人）

梁之圆　勒伍松　唐海元　张海鹏　田博涵　阿依加玛丽·阿迪力
张洁洁　蒋子琴　吕培敏　陈琪磊　陈小凡　徐肇文　杨瀚盛
姜　平　梁欣荣　张震林　徐浩洋　拉巴普赤　樊　欢　郭永欣
胡　鑫　许波涛　胡梓木　黎　龙　尹筱思　王熠瑶　段珂珂
张曼迪　解　睿　于海华　文　强　范楚梦　颜　清

公共管理与政法学院（27 人）

李昊南　熊　莹　古丽仙·玉素甫　周建坤　贾寅龙　张　倩
魏凌雪　孙　艳　孙　壮　潘颜升　王昱佳　张　博　黎　浩
许　楠　钱　磊　李国欣　彭丹阳　钟义婷　鲍超群　见　瑶
靳　青　罗梦澜　朱屹承　杨永久　龚子涵　刘玉婷　赵　莹

数学学院（14 人）

李绍俊　牛帅程　翟宇阳　唐竟成　王婧姿　任艺凝　田明言
高　炅　景雪松　王汇川　邓杨歆　刘　灿　施柯丞　罗堃元

心理应用与咨询中心（4 人）

陈力天　庞　欢　邱　一　张曦元

牵引动力国家重点实验室（2 人）

张鹏飞　黄兆国

峨眉校区（129 人）

陈　潇　杨　喆　张艺兰　查旺俄玛　王郁竹　荣丽蒙　曾雪蕊

陈思琪 黄可尧 赖桂瑾 李　强 胡梅梅 周　敏 杨振坤
陈利夫 侯传羽 高　枫 李丽阳 罗智阳 刘　星 蒲俐彤
金珈辉 顾婉杨 魏银花 张家畅 伍　婕 李　楠 张子立
汤　鲜 陈永杰 王登松 万　悦 邓　涛 杜金鑫 袁　金
范国春 林　航 陈世苇 肖　杰 马怀遥 程海涛 董思远
李　俊 刘　杰 李亚蕾 刘　晨 武汉城 邱　吕 俞铭杰
张　浩 李梦怡 张时健 冯冉升 吴　艳 左　慧 冯欣畅
徐明珠 刘力铭 赵　原 杨文韬 陈　茜 秦　怡 霍胥男
张　丽 张　欢 幸少培 杜　丹 谢　静 林静娴 刘佳昱
刘昱成 邱　妮 樊芝菱 邓晓臻 陈晓粤 黄文露 巫雪梅
李正坤 王竹君 方利堃 任一彤 李思逸 赵佳欣 闫艺佳
韩雅蓉 马篮薪 杨　泽 盛睿芷 胡月荣 闫欣睿 刘婀宁
贾瑞敏 陈鑫荣 吴荆炜 李　宁 冯自强 王　望 宁秋娴
刘　恒 彭　磊 程梦瑶 代坤鑫 朱　皓 张乐森 周　瑾
王丹伶 周　沁 王志龙 温　静 朱　瀚 练　宇 李东祎
杨文冲 李中源 芦　柳 袁子浩 高　斐 田宇飞 李江怀
孟令旗 郭晓晗 陈　柳 陈宇霞 杨德梅 侯益平 郑揣鑫
谢谨隆 高菁菁 王诗雯

附属中学（8 人）

林　欣 王自恣 蔡　苗 毛晓亮 王博东 单世原 马玥桐
杨方芳

后勤集团（2 人）

郑永川 白　莹

图书馆（1 人）

吴　蓉

十、优秀共青团员（1 335 人）

茅以升学院（34 人）

范家玮 郭佑星 朱　婷 李子彦 陆禹佳 张露阳 杜铭枢
孙鸿博 岳子洋 王文捷 刘晓薇 张　赫 梁志闯 王君竹
嵇　爽 周子扬 李睿哲 刘激扬 赵嘉熙 杨睿昕 周怡琳
何家琪 刘红灵 宁佳琪 苏　辉 姜毅鑫 程宜静 徐禾颖
龚超奇 邹佳焜 臧奕茗 王子仪 蒋秋路 王　策

土木工程学院（102 人）

王少华 杨晓巍 王　卉 朱恩璞 隋　涛 胡安民 唐健清
罗文森 但　强 徐子超 洪闰林 张雨婷 邹　圻 程志强
吴文芊 党振宇 芮　聪 余劲松 李佳旺 刘禹尧 刘　畅
何智雄 刘　坤 陈晓庆 甘小平 吴　昊 周飞聪 李思达
李　磊 邵子萌 刘新田 程　焘 武博文 张　鹏 张迎港
蔡俊宇 林楷皓 李秋缘 唐　旭 姜沫臣 秦鹏程 赵　东
胡津铭 张　乐 肖　波 顾天宇 王振宇 周林君 王　朗

徐瑜珮 范乐雯 隆小锋 杨雨 刘禹岑 陈峰 徐祎
刘啸宇 曾博涵 王子阳 刘超 何佳勇 郭干昌 禹壮壮
吕悦 王一博 蒋云枭 唐文杰 蔡李斌 甘雨航 王旭东
张忆茹 刘立冬 胡启凯 雷昕 樊琛 陆志明 江杨
蒋新政 曾鑫 邓宇航 侯禹辰 何思宏 王斌杰 闫晨波
杨兆宇 周正 任悦 程杨 田昊 丁文灏 田宁
张子阳 梁圆元 孙畅 刘倩卿 阳颖潇 戴明昊 廖田婷
刘娉婷 史英杰 朱浩 苏昂

机械工程学院（95人）

谭力榛 王琦琦 田润泽 兰波 计程文 张昱龙 王子铭
王沙沙 王乐宁 李齐翔 周帆 王瀚轩 祁孟孟 孙壬珏
陈玉坤 刘梓钰 向小龙 雷越 郑翔 陈鹏 冷忠霖
罗樟圳 朱根 周永健 李茂杰 林俊琛 李鑫 林奎志
叶飞 杨婧宜 焦伟溱 任彦平 张宁峰 陈宇山 熊强
许攀 王金磊 姜伟东 谢锐涵 李强 刘书玮 郭相均
肖柯宇 谢鑫 刘培栋 李帅 答晨晨 陈洁云 张可馨
夏体磊 张航 赖飞 余佳鑫 张超 顾新壮 郭连杰
黄佳圣 李婷 喻小飞 吕天一 蒋涛 宋浩宇 张家维
谢津 陈彦如 彭伟宸 赵宇 梁惠康 刘佳昕 陈仰辉
董懿辉 冯晓卫 向上 解国林 李波 向顺 刘洋
王斌汉 杨欣 胡云川 孙思 康宇航 袁文 杨睿智
胡家 张鼎 郎晓玥 杜宽 邹敏 刘浚嘉 周祥志
年宇鹏 杨茜晨 李欣颢 石桃桃

信息科学与技术学院（120人）

魏献壁 蔡青青 蒋振东 林碧如 刘宇 王刚 姚伦慧
郭相文 魏国波 韩霖 田友丽 孙磊 黄佳楠 刘宇翔
董雨菡 董旺 郭澄霖 李岳峰 李兆江 宋凤丽 战悦
乔建军 宋一锋 徐稼生 鲍跃康 黄子荆 杨瑾 杨西子
王莹 任怡雯 王鹏 胥建平 李平天 阿吾扎尔·库都丝
张凯峰 雒茜 李晓芳 邹菁华 葛旭阳 蒋奇 曾小娟
周洋程 费杰 李远平 李辉 王天成 邹婷 陆子豪
潘文琪 李鹏 杨峰 黄鑫 蔡建生 邓美君 焦天宝
黄铮 张志满 纪圣荣 孙文茹 王广兴 朱秀林 尹瑞
王佳文 张秋怡 徐佳南 俞天敏 赵文彬 黄竞磊 李祎珂
褚心童 陈锦炜 张义枫 刘畅 孙照林 张邵芳 余飞宏
刘子钰 温龙辉 唐晨凯 郭瑞林 魏传琪 张晓雪 余婧文
代畅 邵子一 张兴革 徐侃 王永良 张少辉 许明华
刘明桓 于铁栓 闫晓钰 闫俊蓉 刘明飞 谭福 李泽汗
王杰 倪桥 杨永虎 王潇阳 吕蔓 王蕾 金洲
何凯 李忠玉 陈虹州 王富斌 李运隆 简明 姜伟
杨林杰 王宾 王冰 郑伟 于歌 苏丽娜 黎振星
许维杰 张婕 陈楚珺

电气工程学院（78 人）

何志江　潘文武　李静雯　田钉荣　耿星海　陈　思　谢镇鸿
刘佳宁　陈海宇　尉海琪　陈阳春　李鹏园　邓　颖　康立烨
陶明江　王　蓝　朱磊磊　李　平　李　辉　李宸宇　姚锦飞
庞　超　陈雪菲　钟　鸣　何明志　唐玺璐　王雨晴　李欣原
朱宸彦　李海燕　戴佳宁　周瑞兵　王　璇　郑舜玮　杨永鹏
欧　阳　龚　政　姚　月　阳含点　林　欣　陈　明　李明轩
王全宇　薛逸凡　李成庆　周虹志　王思婕　黄棋伟　尹宏宇
李明伟　谭洪林　田　宇　柳诗捷　竺天晨　朱俊辉　胡泽尧
孔　睿　王馨玥　殷成凤　杜　荥　刘　梓　张振东　王新宇
章　羽　李芊一　万　晓　陆虹蓓　纪雅欣　李旭东　雷　宇
何周泽　刘嘉诺　万钰旆　陈俊钦　赵一鸣　黄　平　杨嘉楠
杜沁洲

人文学院（51 人）

王宇璇　赵　铭　刘　璐　罗国鑫　朱　琳　姜润霄　苏玉巧
宋天宇　刘云逸　李子桦　张若涵　邢彦妮　王雨奇　戴　瑶
张　强　罗静妍　游　宇　成方祥　李盛兰　郑琪文　刘海天
蔡雨杉　刘　鹏　曾　潇　何小凡　黄恒靓　潘　振　程传捷
李晨宇　谢富琼　崔　昂　梁乐凡　淮　秀　罗　杨　卜丹丹
袁睿琦　焦文欣　王其平　茹婕好　张美奂　钟　云　丁颖佳
黄　松　于潇怡　瓦子珺　胡　琳　秦　颁　褚晓琳　任丽尧
刘兰多加　欧阳卓颖

交通运输与物流学院（103 人）

于永林　李巍远　吴　桐　沈　昊　黄　海　刘佳林　郭　昊
马逸敏　傅俞铭　王宇浩　田祎波　代瑞麟　田德鹏　吴宇桐
代金芯　沈丹琪　黄　珊　冯　杰　曾永家右　谭　雪　刘润哲
孙克洋　陈宇帆　韩　卓　张晨洋　尹　航　古梓劲　郭梦雅
尹嘉诚　张文杰　蒲杨桐　盘　浩　蒋秋路　苏　鑫　王怡琛
王倩妮　闫科维　郭少媛　黄　琰　陈浩东　王逸群　郭雅心
杨在旭　李青扬　刘峻瑜　刘　丹　敖超峰　童开源　赵华铭
郑康康　李金蓉　李万立　方家慧　林君怡　王晓怡　甘易玄
陈杨斌　王　沛　杨树鹏　许　未　梁　霄　郝偲成　黄江彦
程　洋　朱国栋　杨泽坤　付　艺　彭小倩　尹廷玉　张洪基
夏　旸　王　栋　童凌翔　左劲松　朱永康　张　悦　陈梦菲
孙梅轩　邬少杰　徐　旭　王文杰　曹佳伟　段冉冉　谭霖欢
魏婷婷　伍丽芳　李　玥　章圳琰　陈　钊　代明政　赵　越
何秀秀　陈雨雪　孙　耀　何浩东　靳琳琳　张　琪　苏　芮
谢　薇　侯雨彤　曾俊翔　冯斌才　周廷熙

经济管理学院（58 人）

郑家宁　谢　青　徐　晨　程彦天　董霁阳　杨荇贻　唐梦澜
冯橹壁　付倩倩　刘丁睿　华婧宇　施　颖　陈祖儿　张云豪
周鹤洋　熊　蒙　张艺萍　娄斯好　牟红燕　杨佳炜　蔡乔钰

易晓璇	夏　佳	周靖雯	杨　青	余　帅	陈　琨	喻　敏
赵慧敏	王天昊	吴倩倩	李飞玉	朱　月	刘夕瑶	桑晓亮
谭　旭	赵欣怡	尹馨欣	金燕超	赵　剑	张　莹	程梓羚
戴雅倩	石佳鑫	唐历娜	董正环	何　田	陈新怡	杨帆归航
鲁丹丹	刘晓晨	张玲慧	任科卉	杨馥竹	王　琦	黄　静
张　叶	范小霜					

建筑与设计学院（88 人）

龚予春	杨　铮	刘　宏	侍宇枢	薛雨亭	张　健	臧格囡
支凌生	高晨苇	张智博	刘雅婷	刘皓雪	陈春戎	谢　婧
唐安表	张志尧	姚　亮	何嫣然	张晓冉	夏时雨	罗召鑫
钟和丽	贾子璇	李孝成	吴思汗	王子悦	张心悦	刘静怡
刘　盼	周　睿	杨　李	于　垚	徐嘉瑞	徐寅莹	赵家慧
何佩玲	吴文欢	李　壮	李　志	畅子冉	赵若曦	刘艳琳
郭依依	李宏炜	余婷婷	林莹莹	王嘉欣	赵小蝶	杨卫宇
张学思	陈方丽	叶　潘	王　慧	白文娟	辛　振	来雪文
陈梅一	杨玄烨	白奕乐	刘　叶	孙振彤	杨　欣	陈明豪
王　浩	卢　申	李孟圆	杨雨青	潘霆豪	杜　娟	吴容与
王　怡	巫雪松	杨婧怡	温迪雅	叶冠麟	王逸飞	陈俊羽
赵倩琳	孙德林	周　冶	刘奕孜	李浩然	张博文	郑天琦
陈子蝶	赵东诚	信嘉玉	林瑾如			

外国语学院（52 人）

肖　峰	郑画天	孙　茜	邱　焕	崔　珊	张启益	赵雪洁
郝　帅	杜一丹	刘　璐	刘三华	陆晓燕	蔡思铭	张　抒
简　慧	裴宏伟	祝紫荆	王冬筠	张争气	隋　愿	王　艳
荀皓月	张振宇	罗　洁	沈　荣	卢晓斐	祝苏涵	杨智慧
徐紫芮	方　雪	吴向婷	孙小梅	贺宇欣	马　源	王莉萍
刘　昶	江沐子	吴悦琪	周　馨	刘　欢	徐　梦	刘　潇
陈斯琪	杨　雅	杨子莹	王　钰	周　琪	张世鑫	周　玚
张靖彬	方宇珊	梁滢莹				

材料科学与工程学院（53 人）

王一涵	武文婷	王　晶	陶启明	朱雨辰	吕云兰	谢冰鑫
景建华	王菁珂	张子君	王馨瑶	王　洵	张　闯	毛路遥
庹靖义	王月梅	王俊洁	李　玮	李诗乐	胡翔洲	姜　珊
曾贤侃	寸菊娥	苟佳利	黄　璐	彭　喆	张　倩	刘瑜轩
朱　硕	吴　越	王玉祥	唐志祥	管　洁	王绮思	阮月玥
葛芳琳	安玥妮	文晓琨	高育育	唐　倩	于远航	白家元
李　天	张佳敏	赵睿澍	施梦含	王秀群	勒格吉哈	盛世雨
唐冠雄	李　浩	杨　倩				

力学与工程学院（17 人）

张　晨	李　琦	李世鑫	张　聪	王　丽	李祯平	刘　涛
吴　帅	姜　晗	李　实	陈　庸	雷　宇	许　磊	朱弈嶂
王晨阳	匡唐圳	冯　超				

物理科学与技术学院（35人）

安海华　余　磊　戴万霖　刘泽国　周昱成　孙国涛　辛　钊
屈云婕　孙秦宁　罗远航　史文兰　孟　赟　薛智阳　杨孜旭
刘锐鑫　张志强　金开礼　王思豪　李智超　殷　慧　陶　柱
文建云　滕丹丹　瞿芬芬　李蒙蒙　汪鹏程　李莎莎　王　荣
刘钊希　冯治杰　杨　港　王廷轩　吴云志　沈　鹏　缪　波

生命科学与工程学院（49人）

杨秀伟　任　澜　温　馨　毛　欢　徐炜锋　王威威　熊　瑞
张加勋　韦　倩　周　怡　宋宣毅　左诗曼　李　昕　张天元
张梦琪　张纳川　马虎林　王　楠　王　宇　宋俊伟　赵　瑞
吴道顺　郭　荣　邹双优　王　宁　吴晨阳　张静媛　朱　袁
林钬杰　胡暄然　李静远　郭诗琪　刘丹丹　彭　放　唐嘉彤
毛夏婷　李雪莲　管　渝　郭彦鑫　马　珂　蒋瑞平　刘珺琪
金一然　谢宇轩　陈金凤　杜函圳　戴佳咪　何坤霖　刘星辰

地球科学与环境工程学院（47人）

陈淑娴　尹　威　李嘉慧　武　威　谭　桦　贺丽霞　包雨睿
郭春江　马　强　李文静　杨小艺　丁德建　李茂林　郭　虎
毕　凡　徐祖奔　任雨豪　张金昊　高洪杰　方　伟　张文俊
李浩标　贺俊庆　朱　柏　宋梓荣　张　浩　常　城　陈欣格
王　婵　朱梦园　张　弛　谭宇浩　荆腾申　郭瀚文　张玘恺
张蕊馨　熊宇昊　梁康康　方晓峰　胡　彪　李旭辉　姜宇奇
张俊蕊　赵　静　冷　爽　李永才　芮云龙

公共管理与政法学院（42人）

牟朗宇　杨　珏　高成月　李　慧　孙咏悦　王宇楷　唐　琴
王嘉欣　李　娜　李盈曌　夏艺淼　胡竞元　李美霖　王笑冰
龚之健　程　曦　刘　玥　孙　榕　徐博宇　范　蕾　戴一宁
李若钰　房庆云　王　璐　张钰坤　杜　攀　杨尚荣　陈小湘
刘　璐　柳　翠　米　怡　罗　贝　刘　阳　王义鑫　黄格格
丁远锐　张凯丽　马子萱　杜娟娟　殷　倩　谢翔宇　杨　淼

数学学院（26人）

刘　广　刘光宇　金千贺　曹易铜　杨　敏　韩　举　郜梦玮
周梦梅　高　宇　崔灵苹　谭安琪　齐少乾　余佳每　余君澜
杨思哲　于鹏宇　李曾珍　王文姣　雷艺萌　陈麒同　谭雨昕
王泽坤　伍彦霖　唐自念　谢文圆　张晨阳

心理应用与咨询中心（8人）

马斯良　王　颖　宗雨新　许梦薇　林　琳　刘佳丽　唐婵媛
郑　琦

牵引动力国家重点实验室（4人）

唐俊杰　罗　洁　桑　平　王志伟

峨眉校区（257人）

黄文英　饶夏瀰　蔡成林　李　悦　尹诗琴　龚爱淋　王书怡
谢瑞佳　陈诗琪　吴晨宇　曾泓叡　陈芷瑶　李心蕙　李婷婷

李玉琴　谭洪玉　张　辉　王金梅　王敦霞　王翌丞　邓顺云
刘子仪　李　蓉　张紫薇　包晓庆　黄虹云　吴启繁　赵　侠
张　瀚　曹茂森　陈玟聿　任其芬　杨昊成　王園琳　潘　飞
丁丽萍　何　杰　曹　宇　邓钰龙　吴　霜　金　琳　祁梓昌
张　寒　邹雪俐　胡　海　刘佳妮　刘飞帆　朱禹澜　连媛媛
余　航　王思捷　胡媛媛　梁　仓　薛禹良　唐一开　左思家
乔江天　王亚男　李　宁　胡　涛　杨　鑫　陈　芮　曾　极
马昂扬　陈朋乐　杨　松　王安瑞　杨更生　张思涵　马粕家
赵　强　李　治　高　星　陈　楠　何文瑜　张　茜　禹正君
吴　镭　张浩文　张青松　范　锐　彭极智　徐洪亮　马　奔
何金真　周世伟　刘华强　张　锐　李明君　魏光敏　贾炎燊
吕圣恺　王紫薇　丁仕安　包佳奇　曾梦珂　葛璟瑶　罗　敏
毛　静　徐　晨　朱正佳　陈紫琪　何梅方　李钦钦　李依璠
尹　菲　张艳珍　何　珊　帅　琦　颜　静　田　甜　王娅丽
田广映　刘家奇　罗　超　何晓文　胡　维　周　健　李赛赛
王佳敏　陈　诚　石成基　罗晨翔　郎　越　张　猕　李　可
高　鹏　王　萍　王红艳　彭露瑶　唐聆嘉　夏露源　杨雨桐
刘思明　廖　戈　于　佳　郑博文　陈　雨　董　森　常逢潮
朱鹏静　许伊虹　胡　蓉　唐　莉　邓晓东　谢昭易　唐国强
段苏湉　古苗苗　杨宗琴　陶春梅　刘兴华　伍艺娴　王才新
殷　妮　张昌辉　徐　笑　肖诗夕　李沛阳　罗玉萍　刘　琪
任静怡　袁熙霞　刘依源　张宇迪　孙　琳　何明杨　高艺文
谭梅玲　何　嵩　潘　雪　程　源　何虹雨　石敏涵　周静韵
温世斌　刘晓凤　唐雅蕾　焦润青　刘　涛　杨　彪　卢梦圆
李　旸　曾琼瑶　谢东京　逯星宇　周志明　朱仁政　吴　南
朱智勇　刘迪一　闫昕彤　刘　宽　白杨曦　尹洋阳　戚　巧
夏雨同　李　梁　唐志博　周寒霞　周小洁　江永旺　陆仁芳
龚　雷　雷尧钧　王　黎　胡润民　周桢佺　陈宇宏　张艳秋
谭嘉伟　李　艺　王　岩　闻艺希　陈裕萍　万又豪　艾　欣
刘俊潇　申晓赫　丰　鑫　吴　芮　张新玉　张金翔　徐　杰
王二力　邓雅心　翟文强　张琪雯　伍星玥　韩育松　王晨宇
陈星宇　吴　伋　陈露明　谢　甜　杨葶葳　陈　玥　燕家欣
张翼翔　李泽旭　董子开　邵瑞彤　袁　玉　韩俊飞　刘栩伶
刘　非　黎旨宇　马东飞　王凤华　迟春节　关丹琦　李昕怡
赵　洋　侯　琴　郑晓宇　朱沛桦　李梁绮

附属中学（16 人）

邹盛至　邱子彦　朱幼佳　谢　涛　谢林杉　张芥菠　李金玉
彭洪玉　李林雨　邵　竞　周佳余　范　磊　舒　达　陈　莎
伍　健　陈　源

后勤集团（7 人）

赵　曼　庞　婷　叶　文　余洋洲　周　倩　曾　玮　熊　丹

图书馆（1 人）

李向前

十一、星级志愿者（254 人）

茅以升学院（8 人）

五星级志愿者（2 人）：毛　泉　刘　广

四星级志愿者（6 人）：范家玮　栗广暄　刘　统　张　赫　吕泽楷　何家琪

土木工程学院（12 人）

五星级志愿者（2 人）：刘振撼　罗　洋

四星级志愿者（10 人）：邵子萌　袁宝江　程　泰　梁园元　张　鹏　陈　戈　武博文　杨　磊　兰广菲　尹广超

机械工程学院（12 人）

五星级志愿者（3 人）：王言喆　胡书媛　何　川

四星级志愿者（9 人）：张　颖　黄智港　周毅晨　李　婷　单仁量　郭相均　张子默　申　晨　李婷婷

信息科学与技术学院（13 人）

五星级志愿者（3 人）：李　燕　刘　琦　曲坤新

四星级志愿者（10 人）：张蕴霖　李浩然　蔡思佳　李泽汗　张啸峰　余梦雪　乔建军　王增安　倪　桥　张毅然

电气工程学院（9 人）

五星级志愿者（2 人）：沈　睿　王　慧

四星级志愿者（7 人）：刘昕宇　刘俊杰　柴　娜　王恩昊　邢金慧　刘满华　李　平

人文学院（11 人）

五星级志愿者（3 人）：宋海龙　刘云逸　翁　培

四星级志愿者（8 人）：蔡雨杉　邢彦妮　刘　鹏　贾俊迪　吕世俊　郑月华　袁睿琦　刘　婷

交通运输与物流学院（22 人）

五星级志愿者（4 人）：张奕源　王绮思　马逸敏　唐　晗

四星级志愿者（18 人）：金晓东　刘　聪　任瀚堃　彭瑞欣　郑康康　敖超锋　张翔宇　孟庭洁　袁　佳　刘润哲　尹　航　韩　卓　赵浩懿　古梓劲　张晨洋　徐松源　毛　杰　路媛媛

经济管理学院（11 人）

五星级志愿者（4 人）：喻　敏　叶润强　赵慧敏　柳清溪

四星级志愿者（7 人）：万春利　张馨艺　卢　轩　罗圣洁　严　琪　胡云彤　张　炬

建筑与设计学院（10 人）

五星级志愿者（3 人）：杨怡瑶　史　昊　周子涵

四星级志愿者（7 人）：李　琴　张　健　叶冠麟　温迪雅　侍宇枢　胡　琳　郭贞妮

外国语学院（12 人）

五星级志愿者（4 人）：李　旋　王玲桂　王淑玉　向晓凤

四星级志愿者（8人）：崔鑫茹　王　艳　武晨昊　简　慧　马　欢
张素慧　江源鑫　王　予

材料科学与工程学院（10人）

五星级志愿者（3人）：丁　燕　覃利娜　胡凯文

四星级志愿者（7人）：管　洁　葛　晨　黄　悦　俞刘叶　王　航
杨　佳　姚涛林

物理科学与技术学院（10人）

五星级志愿者（3人）：陈　琦　金开礼　韩　锟

四星级志愿者（7人）：胥　华　臧保强　吴　杰　周昱成　李丽嘉
宋　麒　樊　伟

生命科学与工程学院：（12人）

五星级志愿者（3人）：林钬杰　郭诗琪　李静远

四星级志愿者（9人）：张梦琪　尚晨曦　张伯言　唐嘉彤　许　青
梁　杰　胡暄然　何坤霖　刘星辰

地球科学与环境工程学院（12人）

五星级志愿者（3人）：李思奇　樊　莉　郭永欣

四星级志愿者（9人）：孔晓威　张洁洁　郑泽福　郑力宾　李文静
陈建飞　冷　爽　丁德建　范楚梦

公共管理与政法学院（13人）

五星级志愿者（3人）：见　瑶　黄世伟　张　倩

四星级志愿者（10人）：龚之健　许　楠　张　婷　谢翔宇　杜　攀
王昱佳　程　曦　张　博　王紫东　李　娜

数学学院（7人）

五星级志愿者（2人）：于思凡　李　旭

四星级志愿者（5人）：秦天宇　李曾珍　张华铭　王汇川　王婧姿

力学与工程学院（6人）

五星级志愿者（2人）：冯　超　马仕博

四星级志愿者（4人）：王智鹏　独晨希　袁萌萌　胡　持

心理研究与咨询中心（2人）

四星级志愿者（2人）：郑　琦　季明轩

峨眉校区：（62人）

五星级志愿者（12人）：罗　欢　周　闰　郭晓晗　黄玉真　陈思琪
张雅琪　周思宏　许发青　吴　伋　杨德梅
罗庆斐　左　慧

四星级志愿者（50人）：赵　浪　李丽阳　王运帷　周　维　范晓栋
黄俊文　胡江来　赵虹霖　何建平　向碧楠
刘　勇　向宝剑　唐俊贤　冉启兰　余　凡
徐　笑　李　兰　刘聪颖　陈思琪　陈　晗
曹智铭　万仕丹　魏光敏　曾雪蕊　陈露明

黄可尧	方龙娇	汤 鲜	张若涵	连 岳
李 根	张 圣	高菁菁	黄霜玲	孙月言
杨正元	陈 敏	冯 镓	肖康博	韩雅如
刘才迎卓玛		郭美坊	程明正	徐 杰
陈流宇	王宏兴	王新尧	杨龙宇	吴 艳
梁兰兰				

十二、自强奖学金（10 人）

土木工程学院	郭文琦
经济管理学院	梁 扬
交通运输与物流学院	龚超奇
电气工程学院	严志星
信息科学与技术学院	蔡建生
地球科学与环境工程学院	周永江
力学与工程学院	许 磊
机械工程学院	罗樟圳
建筑与设计学院	杨婧怡
峨眉校区	曹茂森

西南交通大学2016-2017学年“先进集体”“优秀学生”表彰名单

忠忱班集体（20 名）

成都校区本科生（9 个）

茅院（交运）2015-01 班	土木 2014-06 班	机械 2015-08 班	电气 2015-01 班
计算机 2015-03 班	交运 2015-詹班	茅院（测绘）2014-01 班	经济 2015-01 班
广告 2015-02 班			

成都校区研究生（10 个）

土木 16 级岩土硕士 1 班	机械 16 级硕士 9 班	电气 16 级硕士 9 班	信息 16 级硕士 6 班
经管 16 级硕士 2 班	交运 16 级博士班	交运 16 级硕士 6 班	物理 16 级硕士 2 班
公管 16 级硕士 1 班	牵引动力 16 级硕士 2 班		

峨眉校区（1 个）

信号 2014 级 3 班

竢实扬华奖章（30 名）

成都校区本科生（18 名）

唐骥骅	王皓正	郭文琦	曲 帅	冷子珺	沈 睿	蔡经鑫	史 昊
何 曦	武 薇	高华建	江沐子	陈 琦	刘天仪	曹 佳	沈 成
许 磊	林代春						

成都校区研究生（8名）

徐海岩　张海全　程治淇　王筱药　张　磊　刘中慧　周明星　李春胜

峨眉校区（4名）

杨　彪　舒　晓　曹茂森　谢雨梅

本科生先进班集体（119个）

茅以升学院（3个）

中文2015-01班　金融2016-01班　土木2015-01班

土木工程学院（9个）

土木2014-16班　土木2014-17班　土木2015-17班　土木2016-16班
土木2015-11班　土木2015-18班　土木2015-08班　土木2016-11班
土木2016-18班

机械工程学院（9个）

机械2014-07班　机械2014-05班　机械2014-06班　车辆2016-05班
机械2015-04班　机械2015-03班　机械2015-01班　机械2016-07班
机械2016-06班

电气工程学院（7个）

电气类2016-12班　电子2016-01班　电气类2016-08班　电气类2015-07班
电气类2016-13班　电气类2015-11班　电子2015-02班

信息科学与技术学院（9个）

茅院（电子信息）2014-01班　物联网2014-01班　计算机2014-01班　电科（微电）2014-02班
通信2015-01班　轨道2016-02班　计科2016-02班　软件2015-03班
物联网2015-02班

交通运输与物流学院（8个）

茅院（交运）2014-01班　物流2015-02班　交运2016-詹班　物流2014-03班
安全2014-01班　交运2015-04班　交运2014-04班　物流2014-02班

利兹学院（1个）

机械（利兹）2016-01班

材料科学与工程学院（6个）

生医2015-01班　成型2014-01班　成型2015-01班　材料2016-08班
材料2014-03班　材料2016-07班

地球科学与环境工程学院（6个）

测绘2014-02班　测绘2015-01班　地质2015-01班　测绘2016-05班

环境 2015-02 班　地质 2016-01 班

经济管理学院（5 个）

工商 2015-01 班　管信 2015-01 班　管理 2016-03 班　经贸 2016-04 班　管理 2016-04 班

外国语学院（5 个）

国汉 2015-02 班　英语 2015-02 班　法语 2016-01 班　德语 2016-01 班　国汉 2016-02 班

建筑与设计学院（5 个）

景观 2013-01 班　环艺 2014-01 班　环艺 2015-01 班　建筑 2016-03 班　建筑 2015-03 班

物理科学与技术学院（4 个）

电讯(光电)2014-02 班　应物 2015-02 班　应物 2016-02 班　应物 2014-01 班

人文学院（3 个）

广告 2016-02 班　广告 2016-01 班　传播 2015-02 班

公共管理与政法学院（3 个）

公管 2015-02 班　公管 2016-01 班　法学 2016-02 班

生命科学与工程学院（5 个）

制药 2014-01 班　生物 2015-01 班　生物 2016-02 班　生物 2014-04 班　制药 2016-02 班

力学与工程学院（1 个）

茅院（力学）2014-01 班

数学学院（3 个）

统计 2015-02 班　统计 2016-01 班　应数 2015-03 班

心理研究与咨询中心（1 个）

心理 2015-01 班

竺可桢书院（6 个）

机械交控 2016-02 班　英语商英 2016-02 班　网络工程 2016-01 班　电气 2016-01 班　交运 2016-02 班　地下（峨眉）2016-01 班

峨眉校区（20 个）

2014 级詹天佑班　2014 级造价 1 班　2015 级铁工 1 班　2015 级詹天佑班
2015 级造价 2 班　2014 级机电 1 班　2014 级铁车 2 班　2015 级工机 1 班
2014 级电子 2 班　2015 级电化 3 班　2015 级城电 2 班　2015 级城运 1 班

2015级外贸2班　2014级外贸2班　2014级计应1班　2014级计通2班
2015级城控2班　2015级计应2班　2015级翻译2班　2015级会计1班

研究生优秀班集体（26个）

土木工程学院（3个）

16级博士班　16级学硕桥梁2班　16级学硕隧道1班

机械工程学院（2个）

16级硕士1班　16级硕士7班

电气工程学院（2个）

16级硕士2班　16级硕士8班

信息科学与技术学院（3个）

16级硕士5班　16级硕士7班　16级硕士8班

经济管理学院（3个）

16级硕士1班　16级硕士3班　16级硕士5班

交通运输与物流学院（2个）

16级硕士5班　16级硕士7班

材料科学与工程学院（1个）

16级硕士4班

地球科学与工程学院（1个）

16级地质1班

建筑与设计学院（2个）

16级建筑学学硕班　16级艺术专硕班

物理科学与技术学院（1个）

16级硕士1班

人文学院（1个）

16级硕士艺术班

公共管理与政法学院（1个）

16级法学1班

生命科学与工程学院（1个）

16级硕士2班

马克思主义学院（1个）

16级马列硕士班

牵引动力国家重点实验室（2个）

16级硕士3班　　16级硕士4班

本科生特色班集体（41个）

茅以升学院（1个）

金融2015-01班

土木工程学院（3个）

茅院（土木）2014-01班　土木2015-07班　土木2016-10班

机械工程学院（3个）

车辆2014-01班　车辆2015-01班　机械2016-08班

电气工程学院（2个）

电气类2016-05班　电气类2016-14班

信息科学与技术学院（3个）

通信2015-04班　通信2014-06班　通信2015-02班

交通运输与物流学院（3个）

物流2014-01班　交运2016-06班　交运2016-05班

材料科学与工程学院（2个）

高分子2015-01班　生医2014-02班

地球科学与环境工程学院（2个）

消防2015-01班　地质2016-03班

经济管理学院（2个）

经贸2016-03班　管理2016-01班

外国语学院（2个）

日语2015-01班　英语2016-01班

建筑与设计学院（2个）

视觉2015-01班　设计2016-05班

物理科学与技术学院（1个）

电讯(电磁)2015-01班

人文学院（1个）

汉语2016-1班

公共管理与政法学院（1个）

政治2015-01班

生命科学与工程学院（1个）

制药2015-04班

力学与工程学院（1 个）

工力 2014-01 班

数学学院（1 个）

统计 2014-01 班

马克思主义学院（1 个）

思政 2016-01 班

心理研究与咨询中心（1 个）

心理 2014-01 班

竺可桢书院（2 个）

土木道桥 2016-01 班　　土木铁道 2016-01 班

峨眉校区（6 个）

2014 级城地 1 班　　2015 级城地 1 班　　2014 级工机 3 班　　2015 级电化 1 班
2014 级城运 2 班　　2015 级信号 1 班

本科生三好学生标兵（220 名）

茅以升学院（5 名）

李　君　　王　巧　　苗子凌　　刘钊玮　　顾金池

土木工程学院（18 名）

沈忠辉　　邓卓章　　余宽原　　雷康宁　　张金龙　　林　静　　陈晓庆　　张　悦
邵子萌　　姜沫臣　　顾天宇　　初晓雷　　吴宏伟　　岳朝阳　　漆美霖　　王心怡
潘克宇　　李贤敏

机械工程学院（17 名）

张玉橙　　张　硕　　朱秋凝　　叶立航　　戴明坤　　刘浚嘉　　张家维　　周毅晨
李　帅　　顾新壮　　徐　昊　　胡苏楠　　姚　铭　　单沫文　　杜世伦　　吴可非
钟　正

电气工程学院（15 名）

陈俊钦　　严志星　　徐云松　　邢金慧　　刘顺攀　　蒋鹏远　　陈　思　　陈海宇
张雅新　　黄云柯　　裴　锐　　单　煜　　文振明　　刘　镝　　董　侃

信息科学与技术学院（18 名）

金天恺　　周　琦　　唐大伟　　冷天然　　祖　轩　　刘明桓　　王永良　　柳泽晨
左　薇　　刘　宇　　霍春蓓　　蔡经鑫　　方静妍　　陈　旭　　王如斌　　汤　朋
罗彦娜　　胡　宪

交通运输与物流学院（14名）

郝偲成　周子朝　张志博　康雨轩　施展华　马以越　曾　诚　王曾睿
郝韵瑶　邱菲尔　宋姗珊　张浩岳　刘雨欣　黄莉莎

利兹学院（2名）

唐沂鑫　柯志昊

材料科学与工程学院（10名）

杨　杰　丰　琪　王月梅　于远航　岑　岭　王茜茜　阳　欣　石君利
马　睿　周　迪

地球科学与环境工程学院（10名）

杨俨棣　包雨睿　刘越凡　张逸萱　张蜀军　邓凯丰　帅馨怡　葛　进
叶倩婷　梁欣荣

经济管理学院（11名）

王　翔　叶新兰　吴丝钰　莫蕊蕊　游凯瑞　李知新　程梓羚　黄鑫桂
郑舒文　安鸿儒　黄彩玉

外国语学院（7名）

吴悦琪　郭　鹏　魏子钰　郑画天　祝苏涵　夏健鑫　陈再浩

建筑与设计学院（14名）

高伟哲　金宇航　金　磊　刘艳琳　乔一敏　李翰林　李　雯　娄晨霄
李烨晴　肖　越　韩　烨　徐嘉瑞　戎　尚　丁　亿

物理科学与技术学院（6名）

张　颖　骆　鹏　张　毅　辛　钊　皮文萱　韩佩杉

人文学院（6名）

毛美琳　薛稚尧　汤逸琳　鲁荟宇　王雨奇　袁睿琦

公共管理与政法学院（5名）

唐　明　柳凌艳　贾寅龙　季芸菲　罗　萍

生命科学与工程学院（7名）

刘桂玲　徐炜锋　李雪莲　陈施吉　韩芳平　杨靖康　李诗佳

力学与工程学院（3名）

王子仪　朱容岐　洪　旺

数学学院（4名）

周梦梅　仵宏铎　曹易铜　舒子腾

马克思主义学院（1名）

田　璐

心理研究与咨询中心（1名）

张　璐

竺可桢书院（11名）

曾庆文　孙陈哲　余　煜　卫苗苗　陈　晨　黄　镇　陈浠航　陈倩媚
焦钰钧　李逸飞　刘　妍

峨眉校区（35名）

郭　达　艾　欣　龚　雷　蒋朋博　吴　芮　丁晓琦　宋　茜　曾琼瑶
刘　宽　林　航　万　悦　马槐遥　何文瑜　邱　吕　郭金松　王翌丞
刘子仪　刘佳妮　梁　仓　干雨婕　张　寒　高艺文　何虹雨　杨　婷
刘　琪　林雷杰　陈　茜　严雪溦　于　佳　黄心怡　王娅丽　刘婀宁
郑　琪　陈思琪　李　凯

优秀研究生标兵（70名）

土木工程学院（9名）

申兴柱　徐建峰　金　鑫　杨麒陆　秦晓同　易志伟　王沂峰　张　川
鲍玉龙

机械工程学院（6名）

漆令飞　潘宏烨　熊仕勇　张　醒　关海达　张　鑫

电气工程学院（8名）

韩　莹　钟俊平　王成杰　唐启迪　韩鹏程　唐浩龙　王　怡　孟　翔

信息科学与技术学院（8名）

吴　娜　张　娟　范钦民　杨　雪　刘林志　王　丹　付永高　刘　灿

经济管理学院（4名）

张耀杰　周亦宁　阚　霞　高若兰

外国语学院（1名）

马嘉欣

交通运输与物流学院（6名）

姚志洪　李彦瑾　于　宝　阳　帅　李丹丹　郭静妮

材料科学与工程学院（4名）

靳　龙　郭　涛　杨晓益　柏奇琪

地球科学与工程学院（5名）

张亚男　吕　波　许慧敏　冯　远　闫玉平

建筑与设计学院（3 名）

刘　骥　　黄　月　　葛虹言

物理科学与技术学院（2 名）

宋文伟　　邬奇洋

人文学院（2 名）

许　欢　　孙泽仙

公共管理与政法学院（2 名）

车思涵　　赵海堂

生命科学与工程学院（1 名）

朱家丽

力学与工程学院（2 名）

陈开卷　　赵晋生

数学学院（1 名）

李　霞

马克思主义学院（1 名）

邱铁鑫

体育科学研究所（1 名）

王　斌

医学院（1 名）

强　磊

牵引动力国家重点实验室（3 名）

张明远　　张婷婷　　苏兴亚

本科生三好学生（1 779 名）

茅以升学院（76 名）

孙鸿博	张钰姝	岳子洋	霍家旭	陆昀程	杜铭枢	陈燕铭	廖　雄
靳怀敏	刘　统	伍桃腱	邱雨鸿	冀媛媛	王　林	程剑珂	姜琳芝
郭东博	赵嘉熙	苏启明	朱　婷	郑淑娟	王君竹	曹清泉	余　浩
李若愚	林奕翔	王子昂	陈　潜	龚振华	佐坤逶	刘　洋	洪宇超
兰瑞意	于　婕	蓝阳泽	邱元森	黄畅捷	郑　进	张嘉航	胡恒溢
卞梦奇	赵宇光	赵盛淙	陈　欢	孙文俊	杨珂浩	段虎昌	白　展
马震宇	温乐鹏	王林轩	李　薇	沈小茱	李　松	侯芊如	喻　翼
鲁文静	王文双	潘　琴	林　铭	周彦希	周　成	林嘉勇	贾春霖

吴锦领　周子扬　张皓迪　周雅莹　叶丽莎　梁志闯　薛　兆　张　杭
杨　啸　吴少龙　王诗晨　石文旭

土木工程学院（143名）

叶绪谦　贾文涛　赵宇璇　王高锋　梁浩毅　张国庆　但　强　张茂亦
廖祎来　万世付　杨洪宽　李星星　王如磊　刘未钦　张蓝月　金　钊
钱　阳　曾冠雄　黄　杰　李杉杉　杨耀武　周征昊　李　拼　赵若昀
唐　旭　王　绪　李　裕　翟花玲　江勇涛　吴文芊　胡萧越　蒋新政
唐嘉琦　宋　娟　李远洋　王　凯　夏富强　盛翔宇　姚祖强　吴　凡
荆　祥　王冠青　李雨强　张康健　黄道兴　罗文森　曾元江　杨光宇
何佳勇　周凯歌　陆志明　张超翔　刘锦超　杨建烽　李　茜　周远洲
秦宇辉　阴娜娜　袁山明　朱　麒　周林君　李金宜　周　亮　张　乐
杨轲昕　周尚武　胡津铭　熊镇疆　华哲生　林佑玮　孙浚杰　姜逸帆
蒋帆影　林迪睿　武志伟　吴　昊　周飞聪　蔡俊宇　周　聪　宋　迪
李思达　王智勇　蔡李斌　李　杰　王锡蓁　郑晓航　徐一帆　施劭矗
喻　炜　吴斌斌　刘新田　李帷韬　徐双婷　贺浩楠　董博文　阮舒敏
许昱旻　罗力伟　黄雅茜　唐　杰　徐才厚　潘文韬　熊文威　汪铸航
王琛中　卞香港　张　天　龚禹为　邓鹏昊　孔德睿　戴　轶　程星源
赵子贤　王文昊　卫一博　游颖川　沈凌铠　王　东　许　帅　林浩宇
刘　晨　吴　悦　张子为　马天宇　谢金池　王志恺　李　越　安浩然
李文秀　徐代苓　郑亦轩　杨　锐　易梦雪　贾思桢　吴光源　王　杰
高子祁　祝欣宇　熊英健　胡继丹　戴朴修　杜昱衡　胡科鹏

机械工程学院（138名）

马志颖　曹亚萍　蔡建秋　胡泽鑫　吴勤勤　卢　锋　雷子豪　屈　萌
杨　雯　谭郭玺　顾梦沁　任　财　白晨光　王一宇　周浩杰　赵　旭
陈　凌　杜佳林　罗樟圳　张庆铼　曾大懿　文　章　张增玉　李　卫
廖婷婷　李贵生　魏瑞悦　孙绍磊　万红宇　王劭谦　欧阳杨　袁宇航
王雪妍　杨贺淞　沈　兰　张　博　韦晓婷　敬瑶阁　赖晓龙　郝梦丽
石桃桃　黄　祎　王瀚轩　周红梅　曹林峰　李一帆　王　珏　任玺悦
周旭晖　丁　伟　陈宇山　魏再新　钱世越　许　攀　赵　凡　苏建川
周化旗　姜伟东　杨俊峰　解国林　王子豪　徐静吉　吴文新　郭贵松
兰英健　乔逸飞　王晨曦　辜秉松　黄鸿颖　陈航航　赵　魁　杨浩镝
李　娆　郝　磊　郑钦文　赖昊楠　答晨晨　曾　诚　丁俊杰　张　恒

蓝　宇	韩明弘	焦伟溱	吴晓彤	黄　宇	魏明慧	卢志帅	张　平
王雨杨	袁浩然	张信民	翟羽佳	庄仁诚	林　芃	李　硕	鲁俊钟
齐宇晗	于新善	高钰翔	任　鑫	陈　升	李涵斌	杨泽伟	兰建斌
包渝锋	秦会杰	胡　悦	魏沁成	罗　玄	李致萱	郭金龙	曾　锐
朱鹏飞	江开元	林杰羽	潘博雅	程奕炜	龚邻骁	魏　爽	柯亚汉
欧阳汀益	吉宇昂	陈晓鹏	陈壮壮	解印山	郭锦文	王怡豪	苏　瑞
朱振东	毛斐然	侯如洁	郭宇星	祁凯健	吴　森	林超雄	陈伯清
赵王昱斐	楼琳慧						

电气工程学院（120名）

余昊伦	吴拓剑	王　蓝	林尉杰	孙中元	周海阔	陈思捷	张文瑞
黄兰佳	陈彦初	李正康	商皓钰	胡德旺	晏　寒	李正雄	姚锦飞
罗　兰	鲁泽龙	刘余家	彭　俊	陈鸿辉	尤冰涛	刘相洪	傅王璇
李若愚	蔡春健	张旭东	李若娴	许　鹏	梁　伦	龚子元	王　慧
王　崭	陈剑箫	梁丹琦	宫泽旭	庞鸿宇	王梦婷	李　波	曾梦江
殷成凤	胡泽尧	潘文武	胡则宇	皇甫阳	马超俊	李佳泓	金浩哲
李　彪	马　骁	宋远大	耿星海	刘瑞煦	王　瑞	俞　庭	郭　毅
朱世力	蒋　宇	刘佳宁	黄棋伟	黄　平	王成龙	赵一鸣	万钰旆
尚富琛	胡元杰	谢　俊	马志千	马智杰	邓　颖	杨　旭	马　哲
彭子通	王晓梅	鲍光婕	周洹伊	梁佳慧	彭云尔	李亚鹏	周泓宇
杨子玉	秦科军	陈华生	谢　诚	朱秋月	黄建海	耿孟坤	赵倩林
朱纹纹	徐如馨	张财源	艾　磊	周荣斌	穆宏伟	严子尧	赵鹏飞
王　刚	骆柯宇	王传儒	李臻恺	王铭华	张思慧	唐茂森	王　潮
魏利屾	刘芸江	曾宪锴	李志强	李　东	倪思杰	陈灵灵	霍冠霖
程章桃	王晓菲	杨伟康	任　超	徐　健	李　锐	郑莹莹	闫兴达

信息科学与技术学院（147名）

黎家靖	陈周擎	彭　潇	皋韫喆	张晓雪	许维杰	刘　强	李兆峰
董益民	翁　爽	王文杰	肖　渝	方宣凯	卢晓孟	夏嘉伟	吴方剑
覃　瑶	姜润皓	周亦凡	毛慧慧	李　晴	胡礼如	黄之秋	余飞宏
陆兴程	张韦嘉	李方舒	刘　畅	刘国升	王迎迎	杨　越	黄　超
冯小川	李海洋	蔡思佳	高作缘	刘　畅	宋一锋	陈宗棋	崔慧丽
苏博艺	吴德成	陈明鑫	吴　冕	宋凤丽	李兆江	陈　旋	肖子洋
戴　越	吴珉鑫	黄晋涛	于可汗	刘子钰	罗兆一	刘昌源	陈佳文

郭宇阳	杜显君	张洪彬	续英杰	闫　赟	陈锦炜	杨文权	武晓静
唐子凌	罗逍遥	周　凯	陈　权	张义枫	安　锐	丛丽静	李达贤
刘正琦	毛　钰	李浩然	袁　涛	王晨雨	杨　程	靳继硕	李冠略
李志遥	危　卓	张邵芳	苏金领	刘　轶	魏　伟	谭　福	梅雨晴
潘露盛	杜贵琪	李睿睿	魏国波	张碧依	邹　婷	潘文琪	郭　蕾
刘路路	姜泽兵	孙万斌	申　卓	卢嘉益	赵梦韵	苗　宁	邓美君
蔡建生	姚建军	林若兰	姚伦慧	严海康	张佳汇	冯　伟	黄翠彦
旷依婷	李卓桐	杨　峰	解　晋	陈文杰	杨张洁	焦　笑	施永邦
刘　江	孙虹霞	李林翰	纪圣荣	左浩宇	黄　鑫	孟详淞	杨　儒
徐晓杰	吴　伟	陈华平	饶申宇	俞天敏	陈荣叠	刘思雨	秦　洁
李俊晖	王佩哲	陆　凡	张　琳	王文杰	何玮钧	吴宇森	邱　晨
李　末	聂莹莹	褚心童					

交通运输与物流学院（111 名）

谢再春	梁　霄	王道莘	盛东雪	黄江彦	唐李莹	唐昱恬	陈锦渠
严子文	程　洋	赏珂祺	李晨林	龙秋萍	向江海	何秀秀	贾越平
代金芯	黄　珊	吴佳佳	蒋朋利	全　超	付　艺	张小佳	龚超奇
陈　卓	曹靖楠	刘　坦	尹廷玉	黄思敏	古圆圆	张洪基	胡　鑫
黄佳帅	曾悦明	陈　瑜	唐诗韵	李婉雯	谢　薇	王　帆	李巧宜
扈倩雅	刘　楷	彭　慧	廖珮茹	童瑞咏	王悦馨	陈梦菲	符佳芯
黄志航	张斯嘉	李　冲	高楚翘	薛佳荣	尚宸宇	鲁　晨	吴　楠
周　博	何　磊	徐　旭	高　宽	李洪运	翟志康	周芳如	肖德伟
李青扬	于学礼	谢婷婷	夏云鹏	章圳琰	舒　丹	朱　陈	徐杭炜
代　念	余依桐	王凯越	吕　乐	胡琪琳	张明姝	陈非逸	杜　倩
程宇涛	杨青蓓	蒲京辉	李浩深	柳佳音	刘晓晴	赵　鑫	张星瑶
阚晨妍	李　响	冷怡霖	张希捷	邱子峻	章子睿	谢安龙	蒋浩然
陈思远	韩佳哲	苏中玲	张宇涵	李　海	苏月同	王致远	李蓉蓉
俞傅伟	田方晓	曾子安	刁雨晨	周玉军	吴雪妍	李搏志	

利兹学院（16 名）

董书豪	邓博威	范洪瑞	吴登轲	尹若恺	陈科名	虞雷逸	邹新睿
任睿劼	徐之彦	吴怡宁	吴彬青	陈冠宇	李享睿	黎　西	刘明煦

材料科学与工程学院（70 名）

梁奥衍	李　玮	沈霖赟	王俊洁	粟　瑞	郑本超	王园园	张　闯

张伊扬	刘　进	彭陈程	袁力军	管淇星	高天正	邱菲菲	王一川
陈锦涛	肖子玥	杨芯霞	赖黄晋	杨梦毅	刘新月	魏　超	邓　茜
章淑娴	敖　勇	邓佳荣	张鹏真	尹佳宁	金泽原	胡晓楠	邓玉春
杨佳兴	白家元	彭琬苏	张　妍	朱敏惠	莫　涛	王秀群	阮月玥
黄　璐	张永鑫	文晓琨	高亚岚	杨　倩	吴金结	朱　硕	盛世雨
王一涵	张佳敏	杨　璐	张　倩	普煊赫	卫丹妮	吴　越	曹蕊莹
周思豪	施鸥玲	包翔云	雷　楠	黄若铭	徐　忠	王　晶	丁　燕
景建华	毛路遥	田云付	吴　俣	席嫚嫚	唐尧天		

地球科学与环境工程学院（84 名）

苏静玲	雷　蕾	张　莹	徐　珊	高秋实	金一杲	徐清杨	漆念尊
都　鑫	徐思彦	陈佳佩	孔少哲	花张羽	董　璇	陈国平	赵　媛
苑　袆	曾思璇	陈绣文	刘　滢	郑静如	张之逸	易苁利	杨　桐
王晨祺	艾钰璇	柴子健	洪馨怡	陈弈轩	王思源	毛子豪	杨鸿毅
潘昱奇	龚雨航	李茂粟	段珂珂	徐　浪	汪　濛	解　睿	任海艺
郭　虎	郭永欣	张璇钰	于海华	任雨豪	李陈新	杨　敏	吕培敏
任占强	刘丁毅	尹筱思	徐伟健	陈　颖	韩雨迪	徐祖奔	郑英蝶
方　伟	王　董	马雨轩	施志成	王　婵	喻志鹏	朱　柏	曹文峰
贺俊庆	余军炎	万天真	管允粽	杨相斌	冯　勃	徐肇文	游继钢
范楚梦	卢若晨	黄益伟	申　赛	张洁洁	宋曼娇	朱梦园	刘维嵩
陈小倩	李文静	万　琦	周志钻				

经济管理学院（84 名）

祝梓惟	杨荇贻	周欣玥	颜群蕾	张艺萍	代　力	兰清清	汪　阳
孙文斌	杨　洋	陈雨佳	赵明辰	易煜岑	金文丽	袁婧怡	嵇江夏
卞佳文	张馨艺	阴曙光	俞　秀	徐　斐	肖江红	林艳旻	谭　旭
蒋紫伊	吴　琪	杜　徽	李　桢	毛　玲	孔玮玥	路　明	万玥灵
谢　青	郭梦娇	胡鑫燕	符静娴	杨佳炜	陈子豪	李　烁	张瑞娟
王国飞	陈　琪	汤嘉诚	胡泽正	张雨梅	李广帅	陈晓雪	郭　玉
赵舒琦	柯　城	杨千依	周锡楠	田思妮	陈雪玉	周安琪	王　凤
黎兆基	陈佳玲	左文波	张　彤	李泽丹	付紫婷	徐祯虹	李　铖
顾锦芳	王　欣	朱昕阳	曾　渝	俞高赏	戴璧娇	关茜儒	李雪萌
余　鑫	赵清纯	郭昊天	李　茜	李　艺	陈凯月	谢书君	刘晓宇
王　晶	张心雨	朱嘉雯	杨佳怡				

外国语学院（58 名）

李育倩	章可可	周　馨	肖　凡	甘文娟	郭　虹	刘美珊	刘　欢
马丽敏	何　萍	程凯蒂	魏华冰	廖斯言	孙芳颐	王立特	王清悦
刘亦宸	黄淑萍	张艺馨	郑丽红	解赟璐	崔　珊	胡　琳	高婉莹
马　源	杨子莹	冯天宇	陆晓燕	孙小梅	郝　帅	张　抒	王莉萍
汪秋楠	蒋虹桂	何　敏	吴　莹	张素慧	蔡家奕	邹钰珏	林雨烟
徐梦轩	袁仪萍	苏晓萌	张汝男	王春雨	孙　雯	杨孟谦	温　暖
黎自珍	黄庭缘	陆盈辰	李昶昊	李柳熳	陈　怡	黄安琪	罗佳欣
王钰靓	邓欢原						

建筑与设计学院（102 名）

王新博	李孝成	廖　晋	尹雪梅	阚美璇	韦合普	张斯扬	王　浩
罗雅丹	储　皓	方国臣	徐　放	郝艺璐	刘静怡	王子悦	冯裕茗
刘梦雨	习　羽	罗　天	吴登大	赵若曦	唐安表	董　灵	王秀娟
王旭菲	马佳星	吴文欢	欧林杰	陈春戎	朱艳苗	朱锡妍	崔中慧
贾雨洁	郭雪婷	徐璐怡	张瀚天	陈雨芊	徐雨星	徐寅莹	巫雪松
何嫣然	高开德	邓文珺	刘奕孜	尤晨淳	王若名	李　琴	俞婷婷
黄昱娴	杜　娟	张艾佳	文　清	徐　路	李　杰	阮姗姗	赵倩琳
陶汪洋	罗　兰	孙德林	林莹莹	朱兰静	林家慧	李浩然	亓明静
郝珂清	尤坪汝	吴嘉玮	王筱璇	胡玉磊	王一初	夏雨荷	丁瀚林
闵　银	黄钰倩	焦丽蓓	刘艾娜	邵晓白	刘璐凡	刘仁梓	任远哲
赵婉露	钱一凡	李晓易	王晶晶	郭丽颖	沈孙文茜	玉　璋	林素贞
孙语晨	胡晨宇	刘雨婷	杨婧璇	许　锐	郭雅婷	吴奕雯	姚志怀
程瑞凤	邹玲怡	王文静	王佑祺	赵玉婷	张　旭		

物理科学与技术学院（51 名）

章云龙	闫宝罗	薛智阳	龙鲸凤	孟　赟	瞿芬芬	房荣成	齐　鸿
李子健	杨献龙	张宇伟	赵　攀	王　杰	姚嘉晨	傅佳璇	王志勇
陈　扬	梁立晗	柳　源	周昱成	齐一鸣	陈　锐	卢凡晋	张明祥
钟荣良	陈　帅	李　昕	张双敏	周　涛	陈　诺	杨　港	徐鹤洺
余棪凯	杨海瞳	张博雯	李慧聪	邱哲睿	黄　敏	邓金鑫	张霄涛
王龙祥	张　恬	李航瑛	代春玥	张岩开	肖　玥	董　瀚	王　楠
金述平	岳　芳	张艳秋					

人文学院（48 名）

卞　梦	周　伟	林艺芸	王　琳	张　涵	张力化	苏玉巧	何可人
李从容	叶小欢	佘林恩	李灵娜	周　雨	杨子淇	徐　丹	陶玉祥
沈永佳	苏子涵	周芯慧	汪　洋	谢　柯	陈　康	朱　伟	张　宇
卜丹丹	黄智远	周子雯	卢燕妮	刘　婷	杨　丹	张亦欣	伊梦颖
李菁晨	何　佳	张　强	杨　娜	郭赛博	茹婕妤	陈若茵	苏明璇
徐　蕾	李盛兰	蔡松璇	张佳欣	王子睿	付　婷	张　越	耿嘉文

公共管理与政法学院（40 名）

洪姝瑜	陈小湘	谢翔宇	夏艺淴	胡竞元	张凯丽	李青彦	董　洁
许　楠	尹一帆	宁晓钰	曾维维	王文慧	汪　洋	于明心	徐晓妍
刘婷婷	蔡茹薪	饶　也	宣绍雯	沈双颖	邱歆怡	吴少华	孙凡博
任豪飞	朱李缘	郝　宇	华郁蓉	钟义婷	房庆云	雷梦杰	王廷兴
罗　贝	张　洋	龚子涵	钟义婷	计静勤	康娜娜	敬素君	张璐璐

生命科学与工程学院（55 名）

毛　欢	罗桂芳	周　洁	熊　瑞	卞启武	郝斯佳	郭奕鑫	向　蓉
李牧洲	李泽贤	韦　倩	冶倩雯	朱淑珍	邱　艳	胡　肖	高　慧
徐　蕊	左诗曼	刘丹丹	唐嘉彤	李　畅	王　蕊	彭　志	张纳川
符　欣	郭高平	刘雪飞	马虎林	潘思芮	施俊仰	宋余笑	罗静帆
张　宁	毛夏婷	王诗琪	刘晓华	唐弋雯	冯　璐	党湫莳	何雨蔓
张梦琪	钱志凯	王溢滟	俞泽斌	朱　萌	张广森	吴聪瑞	田贾梓
程汝虔	杨程硕	黄钶文	蒋文韬	黄龙玲	兰　洁	韩　涛	

力学与工程学院（26 名）

任志文	乔　亮	李祯平	汪颖杰	刘振海	张子欣	滕　昊	李宗豪
雷　宇	顾天成	李　琦	李金浪	胡晓宇	张良贤	王昭力	何　昕
郑斯峥	曹圃瑜	冉　彬	王　翔	郝一涵	邓磊鑫	孙吴雪鹏	黄茂波
王潇飞	彭　鑫						

数学学院（34 名）

卿译方	江自豪	朱莹莹	郑伟洁	王梓帆	伍舒妮	徐弋洋	黄崇昊
孙济仁	张雁灵	谭安琪	张嘉琪	闫金涛	贾瑞坚	孟德林	楼心怡
胡　霞	滕宇欣	代　维	袁子微	徐世杰	李林润	刘　广	王　敏
王调育	罗江毅	温苗苗	经舒扬	邓杨歆	高　炅	段嗣钊	徐　潇
牛帅程	周小兰						

马克思主义学院（3 名）

王潇雪	刘 昱	冷 羽

心理研究与咨询中心（8 名）

许梦娇	何云青	王 颖	陈力天	彭琪雅	陈 龙	王婧嫣	费安绮

竺可桢书院（76 名）

陈燕洁	梁喜燕	曾敏敏	蒋欣言	张艺晓	张超宙	余康凡	周 林
付洁懿	张善媛	周 涛	马贵林	王玲茂	刘轲瑞	张 科	陈湛文
兰天阳	王志鹏	韦玉颖	钟雨卓	崔 峰	廖 翔	王博安	宋南杨
徐康桥	姚文浩	鲁丁豪	吴海兵	丘梓澂	屈柏林	王 杨	张婉莹
郝兆扬	曾 理	周 童	刘呈磊	李润田	徐 溢	舒英杰	周 超
刘峻岭	谭曼丽莎	王晓明	陈赵玉	殷 芝	谢淑敏	陈发明	陶 然
窦湘迪	易贤玉	陈泽健	安文婷	李博臻	范昕钰	李泽鑫	林知心
来佳雯	赵 犇	霍宗鑫	李洺慧	左 彤	何 柳	安 博	刘于萌
罗歆然	鲁家齐	陈玉洁	刘晗熠	谷 蕊	李若月	杨雅然	谢朝燕
文 清	李 洋	陈 瑶	向洪洁				

峨眉校区（289 名）

何 澜	杨宁欣	陈可道	蔡奕霖	黎 雪	郭 吉	何锁宋	彭乙芹
简嘉川	王 艾	周俊波	刘 璐	范家宾	李虹燕	李 茂	陈正兴
夏 苓	汪建安	何金明	刘 非	刘栩伶	梁思妹	游四方	杨 寒
陈露明	李江怀	虞龙平	李书雅	吴炜昌	王 超	高 升	桂登斌
陈 柳	杨 藩	陆仁芳	曹凌宇	李东祎	陈坤荣	雷尧钧	郑佳祥
张 浩	吴 南	逯星宇	谢 强	郑 钤	周小刚	唐雨洁	曾文莉
王平波	唐苗家	张 宇	王焌郦	王 望	李 梁	鲜金涛	贾孟宗
马良忠	李 锐	宁秋娴	张光明	白杨曦	钟光容	李 旸	戚 巧
代坤鑫	彩骆骆	刘基泰	赵硕硕	邵瑞彤	郭晓晗	孙顺稀	李 昕
成 强	康晋嘉	樊少彻	沙马则火莫	赵晶晶	张怡宁	杨浩正	王紫薇
李延军	贾炎燊	曾 峰	罗 杰	李杰橼	陈超越	陈奕夫	程 涛
陶之源	李 治	黄浩南	肖 杰	张毓睿	张易飞	胡志男	王艺宸
赵 强	刘 晨	范 锐	李亚蕾	陆泽金	袁 瑞	陈 芮	刘华强
夏煦东	徐友坤	陈晓钦	张青松	杨 鑫	陈 睿	冉 卓	张浩文
王 方	彭伟伦	王 笠	彭 维	李 静	李晟尧	陈 楠	陈 芮
刘华强	毋炎磊	徐富旺	乔江天	吴舜尧	韩忠云	周思宏	陈利夫

陈晓锋　吴启繁　马思棋　王俊雄　钟慧敏　高乾刚　张晓丹　周民生
高　枫　龚佳承　侯传羽　王高翔　陈　震　张　雪　曾　菲　胡梅梅
张　瀚　周凌云　周　敏　涂元超　黄虹云　杨昊成　邓忆德　周　彤
李昱阳　范林歌　杨雨杰　李丽阳　蒲俐彤　刘飞帆　潘春霞　吴　霜
王園琳　杨　龙　孙　科　雷　杨　罗智阳　王　鹏　金珈辉　邹雪俐
邓钰龙　罗正天　刘子硕　刘曦文　刘　星　汤　鲜　薛禹良　袁子了
胡　海　潘　飞　刘兴华　陈思琪　刘　琦　袁　欣　李　科　巫雪梅
孙龙丽　李沛阳　雷　渝　贺紫玲　伍艺娴　段苏湉　陶　颖　罗　雯
张　露　石敏涵　杨滨舟　朱思敏　黄文露　谢昭易　王柳錆　苏　瑞
李茹雪　邓晓臻　李璐瑶　朱　雨　由冰玉　展孟悦　张瑜霖　张文霞
闫欣睿　杨顺莎　董　森　黄建辛　胡　蓉　赵　涵　周麟钗　邱　妮
樊芝菱　姜悦洋　袁熙霞　肖梦雪　石成基　高泽威　赵其桂　熊小飞
张　静　潘建安　彭露瑶　祖萌蒙　李小雨　李　逍　刘晶宇　张　欢
王红艳　张　林　郎　越　胡丁丁　罗鱼维　吴发地　齐　敏　李文雯
付永皓　王筱睿　庞琦珂　雷雨升　魏　莲　夏露源　刘思明　曾梦珂
杜　昊　敖银霜　杜　丹　赵愉悦　许明君　杨　晨　宋月华　李　迪
罗　敏　田广映　罗思涵　李依潘　何　珊　薛　莲　黄千芮　王　悦
杨炘杰　梁晓雯　焦润青　李枚阳　王茹诗　张　佳　侯　琴　王雪纯
李昕怡　刘腊梅　郑揣鑫　黄霜玲　何　亚　谢晨颖　张　妍　何　逸
宋　霞　龚爱淋　杜芳雪　梅　丹　冯　镓　王思涵　王郁竹　陈诗琪
刘柯妤

优秀研究生（334名）

土木工程学院（55名）

李郁林　贾　毅　蒋　兴　张超凡　张宏亮　赵丽娜　阎勋章　段伦良
滕　乐　闫孔明　陈　漫　莫晨聪　徐旭炜　袁　双　唐云波　徐亚军
桂　波　万瑛莹　姜文雨　芮　奕　杨红磊　庞　丹　朱洪雪　段苏栗
陈　行　苏先锋　冯锡尧　郭立平　王　丰　肖　杭　汪　鑫　赵　琦
梁张烽　张国宝　孙煜煌　伏　鑫　谢宏伟　于和路　许子宜　牛澎波
钱　聪　聂　骏　郭俊杰　张晨航　刘　幸　赵建沣　黄　磊　程震宇
陈林雅　许　芃　赵海鑫　梁　林　严乃杰　刘　宝　王力武

机械工程学院（33名）

刘云海　曾宇帆　许　杨　师陆冰　马逸飞　周建容　王　畅　张人梅

段威力　孙浩然　赵江东　董洪亮　王奉晨　吕斯云　朱　鑫　张　爽
蔡　芸　赵　蕾　张亮星　刘　帅　邹祖伟　郭宇豪　王　媛　荆建瑛
江海凡　向　顺　张　露　杨　滔　蔡久凤　李　波　王若鑫　邓　星
蔡　宁

电气工程学院（36 名）

成　业　徐　赛　刘宇文　张　煜　余胜林　周靖松　罗正延　伍玉鑫
蒋　凯　刘明杰　俞孝峰　林天仁　江明阳　宋勇葆　刘红星　洪志湖
司帅帅　徐　琼　林晓岚　杨孝伟　耿照照　尹凯丽　梅　诚　周应东
曾海波　何正伟　刘　柳　朱　琳　高大春　白　莎　邱宜彬　王伟颖
曾驰鹤　郭　建　喻　翌　朱晓娟

信息科学与技术学院（37 名）

钟李涛　廖怨婷　钱巧娅　胡云蒙　马　凌　庹兴兵　杨宇航　唐源皓
王　鹏　刘　勇　张效良　宋富洪　郑　伟　何海军　冯　霞　潘　磊
李兰平　冯金荣　唐　堂　唐　博　肖冰言　朱勉宽　宁尚明　曾旭禹
张铭瑶　龚　敏　王益峰　周　湘　郭峰峰　孙林川　李耘书　许晓宜
邓祎宁　唐梦玥　刘　义　刘天俊　何子庆

经济管理学院（19 名）

王金秋　蒋玲玲　王焯平　游紫蕾　伍春涛　龙婷婷　张　洋　高　爽
曹世蛟　刘　楠　陈银平　黄禹舜　倪佩玲　李雨潇　羊　茜　谢光明
陈晓亮　付阿慧　冯戈坚

外国语学院（5 名）

刘莉娟　张茉莉　俞萌萌　潘　巧　薛佳菁

交通运输与物流学院（27 名）

李　洁　祝俪菱　章国鹏　李文新　杨　强　石修路　王　典　王　磊
荣　新　张　琪　闫章存　高　源　杨树鹏　李佳励　贺玉姣　郑巧然
曹　阳　李祥尘　李忠灿　李俊博　包天雯　罗红双　乌兰娜仁　马　媛
庞登瑀　李启洋　曹涛涛

材料科学与工程学院（18 名）

李　伟　兰　伟　徐亚莉　韩丛珍　王启猛　李培闯　胡　洁　刘芯宇
于润洋　桑粒茗　唐　琪　雷洋洋　王华高　鲜　鹏　章　霞　邓乔元
王誉静　张　康

地球科学与工程学院（26名）

李　强　南　轲　李静文　王　丹　刘许柯　王国元　田　赐　王艺培
黄　娅　邓术兴　许晓君　杜　晟　王艳涛　王宏胜　骆成杰　李广宇
李智豪　杨汝馨　谢　玮　吕文婷　李永才　李　赟　王　森　刘铭崴
黄　雯　王　林

建筑与设计学院（14名）

赵靖宇　鄢晓洵　匡晓燕　彭　俊　徐　曼　奉　天　骆丽梅　刘美伶
肖江浩　谭丽梅　王　鑫　路　鹏　贾子萱　张瑞佛

物理科学与技术学院（6名）

张宏岗　李培培　钟云杰　苏　鹤　杜云婷　袁宏翔

人文学院（11名）

王晓晨　刘　艳　黄玉佳　赵赓更　熊安琪　夏　爽　张素子　牛晨越
白红丽　陈靖元　蒋梦园

公共管理与政法学院（9名）

张　霞　陈佳威　刘　松　敦雪梅　李施奇　赵　双　赵志强　刘　锋
陈文昊

生命科学与工程学院（6名）

张鹏飞　张一鸣　谭　辉　袁娟娟　刘懿苇　韦乐华

力学与工程学院（7名）

李　航　司贵海　赵建锋　董有恒　李高磊　张保龙　谢　曦

数学学院（4名）

刘　冰　冯雪峰　王秋娇　薛彬彬

马克思主义学院（3名）

于博伦　金　薇　唐　丹

体育科学研究所（1名）

翟　彬

医学院（1名）

王　迪

牵引动力国家重点实验室（16名）

刘健炜　张晓阳　任德祥　张梦乡　刘顺东　徐方正　刘　康　徐忠伟
吴华丽　黄宇峰　李　岩　邹航宇　杨恩源　孙睿雪　郭　峰　周鹏博

本科生优秀学生干部（1 882 名）

茅以升学院（39 名）

张 婷	刘嘉锡	刘玉文	周怡琳	张露阳	谢顺丰	劳武略	陈雅欣
王英霞	李增辉	刘心然	王明浩	王帷韬	刘 雯	李永梅	胡宇豪
马嘉霈	侯思远	王文琦	林 晨	段淳熙	余明泽	王宗为	董芷函
苏惠萍	张 赫	范家玮	郭佑星	陆禹佳	曹艺译	赵天胤	贾晨杰
李浩然	熊宇威	段雨辛	暴怡可	程宜静	何雪莹	李卓妠	

土木工程学院（153 名）

梁圆元	张 阳	桂祥哲	李沛松	李 满	任泽华	吴强亮	黄德楷
聂新斌	吴雨奇	张钰莹	雷景刊	王 旭	肖俊宏	王 晨	魏欢博
乐宏磊	徐 成	王子聪	程志强	高 帅	张 磊	谷笑旭	邓江绪
禚 莹	芮 聪	王豫寅	孙 君	章晨临	罗程鸿	潘 前	邹 圻
张尚达	滕茂科	刘鉴兴	罗 登	马正勇	乔森森	刘 畅	司雨楠
余 航	钱凌枫	杨宗源	覃青松	刘蝉杰	朱浩浩	王 泗	次惠岭
王一博	罗 霄	甘小平	冯殿怡	孙月铭	李 强	周垲烯	李泽星
廖田婷	崔耀中	孙嘉雯	何浩东	柳 康	赵建华	郭文静	鲁选一
黄剑峰	赵林林	唐政浙	段旭翀	高 翔	魏夏鹏	龙咸政	崔凯琪
康 佳	刘一璇	郑兆光	陈力文	梁 润	叶高宏	许 洋	廖 伟
胡哲钏	黄岑巍	何宗弈	苏家琪	马 元	郝晨哲	莫小明	王 童
黎承祚	左龙飞	洪 云	倪家麟	杜诗灵	祁 旺	鲍晶晶	李 珍
龚佳琛	任 悦	周 燕	陶柯免	芦梦琪	蒋 辉	陈婧雯	陈国平
刘双龙	肖 波	王东阳	冯恩泽	吴昊天	张忆茹	陈 壮	曾 鑫
樊惠惠	张 奥	禹壮壮	周 豪	侯禹辰	何思宏	王斌杰	闫晨波
张迎港	张 鹏	石 磊	刘谦彬	于 洋	徐 祎	赵 东	曾博涵
杨 雨	吴 楠	隆小锋	范乐雯	陈 俊	魏鹏儒	蒋云枭	罗 燕
刘立冬	江 杨	雷 昕	陈 峰	王 堃	齐 远	马 飞	武博文
林茂文	刘 超	黄一峰	史英杰	马文瑞	张檬丹	刘铭扬	夏浩文
张 航							

机械工程学院（149 名）

祁孟孟	龚聪煜	陈玉坤	曹洪斌	郭旭鑫	赵豪川	刘赛北	张笑璐
杨思恒	郭显伟	刘 铎	陈超朋	宋窈窕	盘家俊	肖 通	尹婷婷
王宇杰	吴承浩	刘俊含	彭其云	李茂杰	李 鑫	余 焘	林奎志

王乐宁	徐子豪	张　博	李仁杰	杜　宽	孙壬珏	游涛华	杨燕妮
王成杰	王子铭	王沙沙	施　雨	李孟柯	陈　鹏	许明辉	马成成
张子默	杨　胜	金鼎臣	谯清清	龚江林	曹　奥	李　旭	陈延康
赵世超	夏体磊	董懿辉	黄　斌	陈　辰	黄佳圣	徐倩如	谭　磊
唐琦旺	吴　昊	黄　璐	李　强	陈志强	梁　超	许栋来	马　韬
肖柯宇	刘义伟	郭连杰	陶明锋	李　婷	郑勋臣	崔俊飞	尹纪超
张　超	杨婧宜	任彦平	赵　博	郑　杰	张可馨	彭　喆	程小钢
赵　靓	孙兆文	李　宝	冯晓卫	王显嵘	赖　飞	梁惠康	尚帅杰
翟福琪	刘培栋	秦　天	向　上	周钰莹	张　航	宋浩宇	张晋恺
李少青	宋江杰	肖　玲	刘根硕	王亚昆	郑超群	何　闻	米雨阳
林含潇	周徐呈	付鑫裕	崔李滨	钟　鹏	范海斌	董　博	刘旭阳
刘科寒	陈　栋	方嘉龙	周怀诚	钟卓文	高天健	杜睿智	余泓宇
刘昕昱	韩鑫明	乌文扬	孙乐乐	傅渤雅	苗佳鹏	孔德洲	姜旭涛
李林峰	杨天澍	胡秉伦	王淑莹	罗　睿	张籍丹	戴永升	周宪政
郑　达	郑明月	娄　亮	张　威	刘吉潇	李录斌	熊嘉铭	赵桉颢
彭　璨	党院成	贾西贝	魏贺晨	宫瑜辰			

电气工程学院（144 名）

徐　祥	何艺萌	李欣然	马　乾	肖　伊	王　铖	何前晓	王　阳
陶孟兴	宋　曦	曹海鹏	李　辉	李宸宇	阚浩睿	陈晴悦	刘满华
顾耘东	赵淑丹	尹　涛	杨奎旭	李宇婕	林小奇	蹇卓夫	于　越
江　良	黄宇剑	王全宇	程基兴	俞跃华	毛诗琴	唐玺璐	杨　尧
翟莉莉	张家瑞	刘　昊	王雨晴	李丁华	李欣原	廖琦沁	薛逸凡
邹佳琨	熊　钊	王敏行	何志江	吴智超	鲁　超	李荦一	孔　睿
殷　唐	戚　闯	李静雯	艾煜桐	郑　悦	钟立雄	潘一铭	汪小丰
贺一国	李旭东	张志斌	常明远	胡向东	梁敏怡	薛霁旸	甘　锐
孙　检	廖　铭	章　羽	潘科宇	谭鸣骢	李鹏园	张旭冉	李高云
施晰耀	崔乃川	王恩昊	康立烨	陶明江	张　尧	唐旭阳	周　昊
杜　蒇	余冠东	闫　帅	纪雅欣	范展程	詹　睿	魏　来	章梦柯
陆佳怡	谢华强	王小雨	李　昊	陈　佳	肇恒博	徐珊珊	孙浩宁
阳　洋	陈晓雯	刘晓天	李金宇	马　超	杨萍萍	雷雨兴	柏小辉
张嘉豪	杨东亮	卞之琳	蔡汉林	马　彪	杜　清	秦群淋	罗嘉明
王子轩	黄　毅	刘骆川	高岩松	许家辉	李东杰	杜佳旭	张晅阁

唐仁卿	王斯佳	宰常竣	孙庆东	雷腾跃	樊文倩	贺　飞	黄　毅
王东昊	麻　晓	任雨萌	袁洲茂	樊龙海	焦小宇	蒋嘉飞	周晨晨
张之昱	黄文洁	焦丽香	保　扬	郑逸凡	王　璟	王云逸	杨佩琦

信息科学与技术学院（155 名）

薛鸿艺	郑佳琪	王颖峰	许明华	余梦雪	黄　程	郭澄霖	温龙辉
肖皓宇	张晓龙	宋云昀	廖　浩	张嘉文	郭思杰	王　蕾	张曼钰
冯丽君	邹汶材	钟海燕	庞琬佳	代　倩	张建雄	吴佳鸿	唐晨凯
呼亚楠	武瑞梓	崔啸虎	邵子一	袁天心	徐　侃	闫晓钰	傅子晗
丁俊俊	庞姝雯	胥青云	刘梦欣	魏传琪	李虹位	淳玉文	陈志超
邵润齐	陶江峰	刘春洋	乔建军	刘明飞	孙　营	孙世宇	刘家明
朱理婧	刘昊东	黄　亮	李嘉雄	徐志锟	孙煜南	邱　凯	马　睿
肖　锋	唐　翰	刘浩玮	王士恒	黄海鑫	张蕴霖	王师晗	刮岱文
陆可承	刘克崇	胡　洋	张　昊	孙照林	刘兆年	王紫微	刘艳玲
王亚锋	祁祥威	代　垚	雷　蕾	韩　宁	焦天保	龚子轶	黄　铮
张嘉文	黄子涵	赵艺苗	徐佳南	喻泽晨	杨天懿	郑雅琛	黄　润
李　蓉	申鑫宇	彭方云	刘晏伊	滕　建	周诗莹	秦小云	王超迁
余　洋	刘园春	张舒萌	王雪雪	李　鹏	潘晓波	韩小川	黄竞磊
刘中轩	杨敏松	张　严	朱秀林	吕凯莉	黄　伟	曹震浩	王杰胜
尹　瑞	黄　开	张　幸	王增增	温　湘	任天群	付顺超	闫　硕
李祎珂	赖　培	董家希	王　莹	许　阳	刘　琦	侯一林	卢　焰
赵千理	韩云昊	刘一琳	陈巍林	毛　潇	杨　露	张馨悦	曾舒宇
郑安琪	任艺飞	田　婧	龙　芳	黎振星	史　昊	陶　雪	郭　虎
刘鑫哲	赫天骄	马君宜	唐衡璇	章晓晗	杨　洋	陈　晓	刘泓谷
严梓文	赵　乐	王　刚					

交通运输与物流学院（130 名）

张　浩	闫雅雯	张奕源	张子明	陆　良	徐桃让	蒋霁琬	任　毅
陈雨雪	周伊冰	李清松	沈如意	崔明洁	景荟颖	顾　超	彭　壮
贺　菲	孙　耀	杨博文	李欣蕾	左钰玺	杨一铭	段冉冉	许一凡
赵华铭	陆仪萱	王朝辉	吴佳媛	钟璐同	卓　莹	邬少杰	赵　倩
尹德志	田　翀	刘润哲	侯雨彤	李巍远	滕正如	罗　雯	李　玥
冯　杰	金志成	赵远均	张昕悦	伏　瑞	龙　康	胡一冰	夏宁乾
吕亦菲	毛远思	周子涵	易佳欣	傅　莉	王昕鹏	朱永俊	郑　帅

汪雪均　田志鸿　罗玉婷　王翰桢　李冠辉　彭小倩　尹　航　李若愚
窦烨涵　付玉雪　陈姝伶　于　童　李玥玲　尚雅茹　刘　璐　刘峻瑜
杨在旭　王逸群　闫凌初　杨泉明　张　月　王迎迪　张黎明　林叶新
杜昭呈　何苗苗　郑家乐　贺佳颖　王倩妮　龙玉莹　侯康宁　黄　琰
郭安迪　岳　瑶　陈淑杰　洪如昕　韦楠楠　王晓怡　余　涛　吴　锋
彭万灵　方旭峰　龙施宇　荣腾风　卢星竹　伍丽芳　田文峣　潘　月
张雅睿　张啸建　马　楠　袁梦琦　郑雪羽　杨琳婕　肖玉曼　刘家俊
怡智航　唐慧敏　曾永家右　陈文杰　郭　昊　代瑞麟　王宇浩　赵凡漪
杨梦颜　江可心　唐　晗　陈　钊　杨洪云　张楚良　朱永康　田德鹏
林晓丹　姚清晨

利兹学院（16 名）

尹懋文　王思博　孟　阳　陈祺琪　孙润安　王竟成　祁铭鸿　吴一昊
尚婷慧　周书坤　文　的　叶婧竹　杨纤雪　高欣仪　胡佳敏　李昊霖

材料科学与工程学院（69 名）

孙敬壹　王菁珂　谢　娜　刘国升　田　果　刘旻瑶　袁帅洁　杨　佳
李　艳　唐　倩　葛芳琳　陈子健　宣　宇　唐冠雄　勒格吉哈　苟佳利
苏丽丽　赵睿澍　钟城浩　李　浩　解佳琪　杨明思　唐艺涓　贺凤东
王绮思　宋　锋　王　淼　孟令玎　魏嘉佳　刘懿瑄　马　强　王玉祥
肖　希　王琪琦　任思宇　韩智慧　张玉玥　刘涛瑞　罗　逸　李朝阳
曾贤侃　林雯静　付　恒　陈秋皓　安玥妮　李宁远　张灵瑜　李金哲
李　想　马诗隽　余　坤　周千策　王云芸　刘泽昊　周仲毅　何海微
赫　斌　费煜晨　叶　劲　常邵祎　刘力恒　倪　然　刘嘉诚　罗扬阳
蒋欣悦　周海斌　邹亦凡　武文婷　权　月

地球科学与环境工程学院（91 名）

勒伍松　李　岚　栾　鑫　梁之圆　苏紫敏　赵聆利　杨雅洁　崔安琪
尹　威　陈淑娴　赵星皓　唐海元　张海鹏　池洪全　王　洁　邢本聪
文　强　任雨欣　万旭昊　刘　雨　王桢钰　胡　樾　白　慧　苏　婕
刘　珏　冷　爽　钱柯疆　郑力宾　姜　平　蓝再成　李　瑶　钱　坤
李　楠　赵　静　蓝　杰　田博涵　宋梓荣　刘　畅　高洪杰　匡思远
李思佳　罗彦虎　袁　鑫　冯杰亨　王鹏宇　刘羽秋　包孟民　罗周颖
董林威　刘晗帆　陈燕燕　王博轩　张　茜　徐一帆　兰诗寒　薛雨微
张金昊　蒋子琴　李家才　李明耀　李浩标　孙天葆　张文俊　陈东彩

王健　张瑜　陈琪磊　罗宇航　赵庆华　仉铭坤　杨皓璐　丁德建
奚博豪　李嘉慧　方晓峰　任百万　赵笑笑　谷思文　许嘉伦　任嘉冰
杨乐　李茂林　王所智　段必杰　张俊蕊　张思华　胡鑫　谢宇航
张曼迪　曹奕馨　张聪

经济管理学院（99名）

夏佳玉　潘佳丽　刘一川　刘伊亮　杨治先　王燕　姬潇涵　刘广宁
熊芮　赵慧敏　秦玉玺　袁也　黄丘杰　王悦　韩绍龚　何月
戴哲炜　郑家宁　谭伊笑　高琛傲　王云芳　蔡乔钰　侯靖宇　付柏坤
乌鹤达　安徽　任科卉　刘倩琳　杨雨佳　刘宇航　陈奕君　袁月
杨添靖　李飞　丁诗苑　阳樊　郭晨莹　黄心莹　孙榕　王馨玉
张玲慧　刘丁睿　陈玥　王璐　黄韵珂　王雅蓝　何秀群　李双妮
夏境坤　路怡欣　沃继赉　彭钟瑶　毛雯静　刘佳琪　张晨曦　邹洪亮
何玉梅　郑淑琼　周美枝　黎汀柔　周诗岚　曹晖　黎博文　陈婉馨
李子茜　郑星玥　杨帆归航　熊烨　闫嘉威　黄梦娜　徐文娴　杨海艳
李昕阳　柳清溪　王树玉　刘泳宏　满霁萱　范小霜　蔡玮　何沐春
戴雅倩　刘家雨　熊蒙　钱雨琪　牟红燕　朱雯琪　李飞玉　段洪锦
赵紫莹　赵欣怡　刘夕瑶　黄静　谭子恒　李孟昱　周鹤洋　陈祖儿
唐梦澜　肖月　王浩鹏

外国语学院（58名）

路嘉洲　郭子阳　蔡馨玥　王玲桂　陆享璇　李婷　陈怡欣　林可月
顾宇岷　沙玛丽·吾勒合潘　刘三华　张争气　崔鑫茹　沈荣　武晨昊
杜一丹　徐东琪　徐梦　陈雨杭　孙茜　宁彦铭　姚梦洁　赵星宇
陈怡　刘亚航　商雨茹　罗洁　杨盛果　王盛东　冯璞　张枫茹
冯叶　张啸之　边雨婷　张萌　蒋国维　刘丹丹　黄艳秋　周雨雯
熊燕　巫欣桐　卞佳琦　张蓓雯　焦敏　单施佳　王昱霄　潘峥
王皓月　赵娜亨　余港　吴莹　陈喜润　王羚磐　赵育萱　向晓凤
王潇　王予　许不凡

建筑与设计学院（91名）

李霁鹏　赵伟名　霍雨佳　姚力　闫雅静　王婷　袁国华　陈希
马贻薇　李沛锡　马宝裕　范依婷　李壮　刘昕　李宜航　秦颖
陈佳敏　李茗萱　陈中迪　代祎　孙泽宇　王艺颖　周冶　杨依婷
王雅楠　刘晓俐　龚予春　郭盼盼　李宏炜　赵锐雯　丁茗芊　张绍影

冯雨乔	黄钰昇	梅映雪	黄烨曼	蒋　馨	李武坤	杨玄烨	许玥莹
罗雪蕾	李秄頔	严晶晶	雷景涵	周梦瑶	曹瑜亮	赵思琦	胡　琳
陈明豪	潘天仪	鲁　欢	卢国梁	陈琪琦	董若雨	王润琼	洪啸林
董志凌	任禹赫	陈亚茹	贺　庆	潘哲宇	陈　鹏	陈蓦然	王子萱
王　珩	方仁杰	王晓慧	王梦杰	朱小琨	张　钰	张　钒	尚云熠
马天豪	孙　悦	杨琳萱	毛慧宁	向巴央希	胡昌杰	杨婧怡	高晨苇
王　欢	张英轩	陈梅一	李孟圆	曹凤婷	苏恺忻	颜　静	张　凯
薛雨亭	刘得顺	齐　琪					

物理科学与技术学院（54名）

陶　柱	孙国涛	余　磊	张志强	黄趾维	吴　博	高　富	李金丽
金开礼	吴　杰	张　晗	李蒙蒙	王　荣	陈素弘	陈亭宇	苏　磊
刘治权	李岸宁	赵伟成	陈　慧	刘钊希	陶　竹	钟文婷	杨　宁
郭子玥	廖卓冬	王廷轩	龙兰心	马茹钰	郑可心	彭　康	刘泽国
雷　钧	李　威	万家辉	叶　波	刘孝毅	张　茜	乔小斌	任旭东
徐书涵	刘　俊	李颖捷	胡辰凯	商子璇	王嘉星	李　倩	邸世民
韦青江	侯博文	伍泓锦	叶峻涵	何诗琪	陈思洁		

人文学院（71名）

欧阳光	刘晗悦	刘云逸	姚　轲	留名倩	刘　瑞	汪之岸	梁　明
陈　悦	雷　晨	宁思鑫	蒋欣兴	闫东萍	苍　旭	刘丽华	邱欣然
杨　涛	王玲英	喻佳宁	师　旭	刘　茜	冉梦婷	欧阳卓颖	李　丽
孙　星	吴　磊	白　榕	黄　舜	丁颖佳	李杭珈	焦文欣	刘兰多加
曾婧琳	梁乐凡	费鸿宇	侯　瑶	唐婷婷	刘虹伶	彭旭珏丹	王嘉暄
张菲菲	饶　玮	佟　朗	王立君	刘小泽	王爱迪	陈威宇	熊美玲
侯宝璇	何小凡	汤雅雯	谢富琼	曾　潇	罗静妍	申天文	吕世俊
李　想	田千慧	宁星愿	李晨宇	李　铮	肖依仁	秦　颁	罗　婕
李一鸣	杜明阳	淮　秀	周坤鹏	曾梓桐	崔　昂	钟　云	

公共管理与政法学院（47名）

石红艳	石雪莉	毛雅婧	杨　森	李丹丹	杜　攀	梁　欢	雷　琳
谢沁希	汪宣霖	邓　龙	李星玮	朱俊桦	任效民	谢元桃	陈　鑫
牛钰彤	李国欣	彭丹阳	陆志杰	郑　博	戴一宁	黄格格	牛怡凡
丁远锐	巩奕辰	金琬璐	王一帆	王　璐	张钰坤	唐　琴	李　慧
张连超	廖思璐	胡品中	刘　彤	王义鑫	王雨婷	任可欣	陈小方
罗　忠	莫皓月	周　玮	解　斛	张　倩	程　曦	常樱钰	

生命科学与工程学院（62 名）

王威威	周康	曾天府	郭诗琪	于梦妲	朱晓琛	刘子靖	吴欣悦
林钦杰	张加勋	陈淼	欧景丹	邹双优	时彭艺	黄玉兰	谷欢
刘芝宏	郭彦鑫	周怡	李慧娟	谭康志	刘萌	戴佳咪	张汀溢
宋俊伟	廖思扬	张子豪	曹孟岩	刘珺琪	马建超	郭志鑫	彭放
孙华	刘广鹏	刘星辰	林霖	应瑜玲	张敬媛	王渤川	张伯言
朱袁	李佳轩	王宇	郭臣文	曾唐艳	管渝	吴道顺	陈婷
陈子昂	张周雨	寸聪瑞	康之汇	闫若禹	常允建	陈巧灵	秦思嘉
魏莱	李珊蓉	谢金华	曹佳欣	党春阳	刘旭玥		

力学与工程学院（25 名）

朱佳佩	颜喻雯	胡持	马仕博	陈鑫	冯超	梁禹迪	刘涛
付辰辰	尚彬	陈俊霖	宾诚文	张晨	陈鸿明	龙裕	李翊歆
王姝予	何子露	熊君媛	王智鹏	独晨希	鄢朝昕	张雪莲	李世鑫
武世江							

数学学院（37 名）

高宇	彭馨	陈颜宁	王汇川	还鸿新	刘芳婕	牟佳琪	杨淏
杨嘉琪	曹子祺	谢欣洁	汤健	贾吉舒	田明言	胡亦秋	余佳每
余君澜	王文姣	崔妍妮	齐玲玲	景雪松	张子坪	崔灵苹	王晨
海杰	杨思哲	赖诗颖	韩举	赵柏涵	王晗宇	陈诗琪	王子成
赵钰彤	陈磊	唐自念	刘继辉	鲍嘉瑾			

马克思主义学院（4 名）

姜雅欣	李明洋	陈玉洁	宋昊洋

心理研究与咨询中心（8 名）

周全	蒲鹤引	宗雨新	许梦薇	唐婵媛	林琳	郑琦	龚丽

竺可桢书院（82 名）

王铎颖	张飞越	钟运涛	马泽瑜	刘宸伊	陈杰	张宏宇	李思禹
何都文	刘植钏	罗翔	彭小雨	甘霖	严檬	李云健	刘佳
马梁铭	周梦婷	李佳诚	罗锦	王举	张舒祺	杨希	陈留香
刘金卓	魏鸿琳	李懋	田武鑫	陈明	母博宇	罗椿曾	余思远
王浩然	吴菲宇	曾泓皓	应明达	贾文怡	罗曦	乔龙星	叶嵩岩
裴彦飞	未娜超	单洁	邵坤	黄森	彭渺	袁明烨	杨宇
黄玉洁	肖雨欣	王艺璇	杨蕾加	杨晴媛	陈莞尔	黄小冰	肖伊

屠宇航	刘倖溧	刘　震	席加熠	陈锐锐	吴雨桐	汪鼎宸	李博宇
郭书勤	李智妍	王　茜	郭培鹏	张新宇	刘书怀	马丽萍	陈昊男
何昊天	张丁荣	阙蕾宇	邢　蓉	郑　姗	张驰岳	陈子豪	彭丽圆
李腾木	阿布力孜·斯热吉艾合麦提						

峨眉校区（298 名）

曹红玲	袁子浩	邹作家	东　升	田宇飞	相晨永	刘俊潇	郭佑锟
黄冬川	李　旺	芦　柳	丰　鑫	艾菁鹏	李玉梅	高　斐	王二力
邱家骏	桂　飘	杨文冲	李竺朋	陈鹏飞	胡　豪	付　彬	刘涛磊
文　超	张照城	付伦杰	蔡荣波	邱　华	雷远芳	李中源	燕家欣
陈　玥	王志远	李雪钰	凌　静	朱光武	李嘉琦	陈流宇	韩俊飞
黎　涛	陈星宇	田　鹏	周小洁	斯寒林	胡　然	杨春鹏	唐世杰
魏蓓蓓	周玉海	张译文	赵先伟	赵小波	钟帅鑫	曾　龙	陈洪岳
程沛媛	张　磊	杨　洪	刘　城	张军政	周智军	刘　鑫	魏俊华
韩　放	诸　洲	肖姝玮	刘方淇	郭　超	唐浚涵	刘　恒	尹洋阳
王静冰	程梦瑶	夏雨同	王　黎	商子鹤	燕家欣	董子开	周　伟
乔江天	赵国梁	马粕家	王　旺	赵佳佳	张思涵	张大银	李三平
江紫兰	魏光敏	王德艺	李　宁	陈世苇	张正松	周　洁	陈朋乐
申　磊	李冀柢阁	王　旭	杨更生	赵玉臣	黄雨生	杨明军	袁　金
姚　琴	王彤彤	杨　锐	陆怡霖	马　奔	周世伟	张青松	武汉城
肖嘉兴	蒲春燕	陈乾坤	张中栌	杜金鑫	禹正君	邱　苹	李　匆
张　华	孔维东	吴祁松	郭博学	杨束雨	黄晓钰	张泽鑫	马博文
任冠州	叶　辉	孟　玺	张紫薇	连媛媛	张　恒	舒云琦	李齐亨
吕　途	陈玟聿	王守略	崔　健	郜　伟	杨　浩	廖飞翔	刘　毅
赵宸樱	钱　磊	李　蓉	岳心海	佘雯鑫	朱建丽	文　柳	赵晋钰
曹自强	任其芬	包晓庆	李俊志	向碧楠	吕兴国	庞鼎烈	曹　宇
刘　勇	欧天宇	陈永杰	朱嘉南	李林蔚	黄凡旗	顾婉杨	汪　聖
王　怡	罗　聪	陈　靖	郑　芳	朱禹澜	陈顺缘	赵煜杰	张家畅
张子立	伍　婕	左思家	田　野	孙　浩	古苗苗	张宇迪	林　蔚
刘鸿轩	刘聪颖	李　兰	赵　雪	刘　丹	陶春梅	李　衍	杨武梅
王竹君	王梓雯	刘　蓉	王艺竹	钟小梅	杨宗琴	范　明	任一彤
钱　懿	杨利平	殷　妮	吕冰超	黄文婷	肖诗夕	闫艺佳	许舒舒
张林科	吴　伋	谢沛江	唐　莉	洪　铭	贾科洋	刘　洋	周　颖

廖芳玥	罗玉萍	向　君	刘　森	李博宇	何　嵩	周思源	程　源
包　敏	裴国秀	赵中鑫	沈　巧	李　可	邓家雪	何清泉	任春光
雷　鑫	姚　迪	梅　斌	潘镓亮	赖仕荟	幸少培	郝静茹	周梦蝶
谢金利	石成基	李　超	周　港	毛　静	冯欣畅	冉江涌	黄　舰
王渊济	张恩凡	孙念怡	冯　英	牟明会	罗　宇	杨文韬	芦佳茹
许鑫钰	帅　琦	范可欣	吴　旭	梁紫玥	赵　原	韦　婵	石红雨
张宏妍	谢　静	吴　艳	郭汝珍	温世斌	刘晓凤	陈鑫荣	吴荆炜
赵　越	谢谨隆	马卷益	王　果	刘嫒琳	赵　洋	许璐怡	迟春节
王诗雯	高菁菁	杨　菲	穆　倩	陈　潇	张晓莉	何　静	张　玲
吴晨宇	吴春玲	赵丁仪	曾雪蕊	杜雨珂	李玉琴	胡秋伶	黄文英
叶蓓蓓	曾泓叡						

优秀研究生干部（297 名）

土木工程学院（51 名）

闫高明	邸银桥	陈秒单	刘　欢	廖　惠	李文强	李　哲	叶　浪
周贤舜	石培泽	陈　政	瞿福林	聂　浩	周刘茜	刘占峰	陈拔进
赵　东	金凯平	陈鲤波	杨绍林	张炳鑫	牟　祎	陈子全	钱王苹
赵银亭	王志伟	陈世辉	陈阳阳	陈　醉	廖　丹	梁东彪	唐协波
张　翼	曾博文	董　玲	代超龙	肖柯利	王虓阳	李　杰	余　磊
曹艺缤	魏冠华	高靖遥	于洋洋	向琪芪	廖　平	罗川疆	苏　昂
张树明	晋智毅	洪　杰					

机械工程学院（27 名）

郭　沛	胡宇涵	刘　祺	罗　鹏	赵　锐	张　琦	杨林志	宗治方
熊武标	唐　维	许素瑕	牛悦丞	曾庆臻	贾　萌	李　凯	冯全平
向南秀	胡龙飞	丁莲静	宋靖东	邓慧心	王连富	徐　超	南婧雯
王斌汉	付　强	陈　坤					

电气工程学院（29 名）

胡冉冉	黄　振	温　豪	雷杰宇	董　磊	黄沁悦	谢建隆	罗鸣州
肖　聪	王明越	宋雅琳	王　博	狄亚柳	侯李军	龚天勇	于　洋
田　震	毛桂华	林进钿	杜成飞	李　浩	王朋成	陈　晨	徐　慧
李　伟	胡　超	卢学民	姜晓峰	李朝阳			

信息科学与技术学院（35 名）

邹宇深	王帅韬	朱亮吉	李运隆	王　硕	姜　伟	马妙龙	李　翔

王　冰	邵　博	吴　宇	朱立霞	胡文帅	马云琪	黄玲玲	赵　尘
陈海欢	吴文丰	王红珠	毛　三	代新月	康　帅	任龙飞	赵银辉
马　超	罗哲明	徐　鹏	桂　瑶	金　楠	张　婕	李　倩	林新仪
苏丽娜	赵晋南	单东辉					

经济管理学院（17 名）

胡志会	秦松昆	代雨宏	李路云	龙吟霄	杨璐芸	刘　爽	刘　瑶
石琳琳	张燕林	蔡玉叶	褚媛媛	牟文琰	刘俊岐	蒋　晨	王文怡
陈覃霞							

外国语学院（5 名）

林　义	杨中兰	张静菡	刘思佳	张容华

交通运输与物流学院（25 名）

徐长安	黄文成	刘　庆	赵　睿	蒲　政	申泰崑	王　洋	刘　悦
杨波峰	李清滢	凌　敏	王铭飞	曹　燕	杨懿轩	李林卿	赖宏智
陈　阳	尹嘉诚	张　伟	张天轶	徐君翔	张浩轩	袁　野	陈思为
鞠艳妮							

材料科学与工程学院（13 名）

唐攀登	陈友忠	潘向南	尚腾达	蔡皖豪	邓　稳	席乃园	张　迪
陈婧雯	危军浩	孙　浩	周　玉	高　宇			

地球科学与工程学院（21 名）

苏王克磊	王铭庆	张　旭	徐小凤	蔡　雨	徐俊韬	张腾飞	韩雨菲
金　涛	李超越	宋振东	谭倩兰	高　飞	朱洪明	曾映敏	何　悦
张　波	李登峰	芦英俊	周高峰	何　杨			

建筑与设计学院（16 名）

詹妮娟	郝　梦	王　坤	王　雪	刘艾梅	陈寒阳	梁朋朋	严　杰
熊　超	侯振莉	黄　睿	刘　飞	宋雅倩	袁　珺	崔方迪	王嘉钰

物理科学与技术学院（5 名）

段　帆	李海成	罗集睿	朱晓光	郑　艳

人文学院（14 名）

康　萌	扬壹景	刘依依	王　悦	李思缘	张　增	田　垚	张思敏
李孟熹	李晓丹	任淑莉	杨　柯	刘姝岩	罗旭永		

公共管理与政法学院（9 名）

柳　艺	米　怡	陈　丹	刘静雯	刘　薇	李　响	罗琦佳	韩晓霞
温　雯							

生命科学与工程学院（4 名）

马凌晖　蒙俊桦　陈　秀　马　珂

力学与工程学院（5 名）

王晨阳　王　玲　王宇星　伍小莉　钟佳宏

数学学院（3 名）

王慧霞　苏　阳　陈巧菊

马克思主义学院（4 名）

崔维清　祝佳兴　彭　丹　周良芹

体育科学研究所（1 名）

金小朋

医学院（1 名）

谢博文

牵引动力国家重点实验室（12 名）

应　颖　吴明泽　李彦兴　胡瑞霞　毛伟成　宋　哲　高　聪　李　斌
钱科元　罗　洁　李　涛　金李炜

本科生明诚奖（2 461 个）

茅以升学院（74 名）

李　晟　蒋　兴　李睿哲　杨睿默　韩　悦　姜文韬　刘　桓　杨诗雨
章　晨　马登峰　任舸帆　周明昊　赵家祥　李经纬　吴艺迪　田玙衔
刘激扬　刘红灵　翟羽佳　刘　晔　张珊珊　史若冰　段智超　柳晨阳
王红杰　郑若冰　胡明成　张少聪　周红霞　吕菀舟　高金锋　郑　鹏
展润青　刘嘉望　董乾伟　赵海洋　蔡新忆　高祥胜　赵含晓　廖云滔
田晓雨　刘　鑫　牟春露　张文娟　钟若轩　周寅慈　马菁馨　凌腾肖
卓　琪　蒋希昊　陈　子　王于凯　褚　旭　王振宇　黄垠钦　廖　梦
边岱森　王　坤　施柒媛　冯　波　廖紫穹　胡世杰　李楚玥　孟　媛
王红杰　郑若冰　胡明成　张少聪　周红霞　吕菀舟　高金锋　郑　鹏
刘　杨　张浩楠

土木工程学院（185 名）

赖健维　刘一宏　杨文腾　陈　韬　马　杰　张珂源　鲁宗鹏　蒋东江
方　晶　迟　航　何乃李　李传伟　董天俊　徐子超　魏欣宇　肖修安
罗　铖　李洪岩　苏光旭　骆丽茹　徐天泽　苏　磊　蔡树垚　付　凯
青松勇　俞景文　吴　俊　高　鑫　周世松　罗浩宇　姚　康　黄晓东

涂玖林　邓捷航　洪闰林　张泽宇　杨梦雪　王　祥　刘禹尧　尹　超
葛良奇　叶　宇　倪松涛　庞业森　侯宗豪　刘　坤　甘雨航　王兆和
冯跃超　李艳东　何超超　刘天宇　丛宏宇　袁宝江　朱　俊　戴明昊
周红吉　牛亚文　徐　剑　谢达禧　许路平　霍永鹏　张振兴　刘　源
胡文哲　龚旭焘　张　浩　王昭儒　吴世光　陆　粤　程　田　周润楠
张　航　张学宇　高亚杰　曹翔鹏　陈欣妮　戴九洲　窦金行　刘　静
汪　虎　徐郡伟　孙健洋　刘新华　蒋作栋　罗　实　吴景攀　杨忠超
闫丹阳　金鼎立　苏子峰　杨佳麟　段　理　郑浩宇　刘宇铎　王诗洋
毛宇昕　尹广超　孙家齐　宁新悦　蓝芳源　王翔宇　张雨薇　李晨辉
利　璐　邱　昊　陈钲宜　陆述豪　路桦铭　王　超　李直昆　李则均
王浩清　王子阳　周承航　陈仕旗　魏云格　刘振撼　李　磊　金云涛
张　鑫　王攀杰　郭干昌　李志凌　赵一玮　姜博恬　苏榆婷　李　浪
邓宇航　熊　港　毛子轩　林锦镇　邱弘楷　余　祯　杨　超　杨　昊
陈昭颖　丁岩松　刘俊宏　王　涛　王　帅　程　焘　钟　皓　严健雄
张书航　吕嘉诚　秦艺源　赵欣然　张　鹏　李宗鍪　王　勤　左婧怡
朱凌凤　陈　龙　朱智勇　龚汇涵　王品皓　杨　艺　谭诗麒　张　靖
杨采薇　米少瑄　黄　丹　钟昌翌　张祖迪　邢龙飞　邹　壮　戴开来
彭梓骞　陈啸林　刘子琦　樊　琛　常勇夫　庞明非　刘禹岑　赵　宁
张鉴玮　杨甜甜　张博韬　王　楷　刘倩卿　陈景适　凌静波　杨　盛
范鑫杨

机械工程学院（186 名）

乔　智　吕志崇　余堂保　马　驰　赵　鑫　任　猛　史晓斌　向小龙
王东伟　刘禹清　唐荣淼　卢大林　何华昌　何　川　徐　俊　王瑞晨
魏志宇　韩天依　戴志坤　邹文轩　林汇积　韦盛琴　王　宇　王洪春
柯　飙　刘宇松　周永健　黎若琪　乔若渊　王　翔　谢　成　蒋长宏
杨松颖　刘玉婷　张紫嫣　邓双贵　张麇垚　唐文举　杨子萱　董柿豪
周志儒　杨　震　宋昌晔　陈　薇　胡智章　杨示羽　段尚宇　左继雄
潘文辉　黄　成　马悦然　唐中英　汤鑫康　潘俊贤　冷忠霖　丁浩东
李丹青　施文泽　朱　聪　陈　曦　杨帅冰　周祥志　彭振宇　贾昌源
熊　强　陈　瑾　郑德康　魏在先　刘泽宇　杨鑫语　赵沈城　程思涵
公培权　胡云川　年宇鹏　邬世龙　刘书玮　聂　箫　高鑫池　曾小倩
艾礼录　喻小飞　杨育辉　何　栋　胡亨汶　郭　龙　谢秀全　郭学理

丽娜·坎吉别克	马建鹏	王婷婷	曾仕豪	李俊杰	蒋啸源	高之浩	张一楠
万堃	叶飞	高瑞	吕天一	姜昊	董诗传	陈彦如	刘守帅
苏楷通	王科力	郭文海	周鑫	闫雨生	孟姝	杜滑	黄尧
周书仪	林俊琛	袁嘉伟	郭相均	姜颖	刘佳昕	孟林	杨文洁
门松辰	张志奇	邬志勤	张鼎	李龙	彭梦颖	田九州	肖智伟
朱雪冬	秦慧	秦礼目	李梦爽	景海强	张涧珲	黄霖川	吕琨
尹首权	刘润溪	廖浩南	罗锦泽	邹雨琦	张文剑	周昊南	黄金荣
刘珂	许铁群	杨金灵	王昊	高睿	陈开	何子仪	张旭欣
代楚天	田子恩	谢智宇	王镇飞	李炎翰	徐铭坤	黄宜超	夏凡
杨振轩	王俊辉	刘永龙	刘名远	胡徐洋	黄飞鸿	罗锐冰	王天鹏
蒋鑫池	甘霖	王宣博	赵岩	王一帆	廖豪杰	熊健	吴舒扬
祁飞	何文涛	冯毅诚	庄宇倩	张圣义	王羽扬	边寅初	白佳杰
彭道原	吕宗鑫						

电气工程学院（185名）

王雪纯	韩越	马浩铮	周韬	孟自磊	刘运佳	朱磊磊	曹健
李平	杨映海	吴昶锦	黄晓鹏	谢东旭	王一鸣	谢松霖	眭博文
邓荫楠	李忻忆	冯德福	路文超	宋依桐	丁欢	肖凯	黄涛
索力	王乾	邱子清	孟祥旭	陈雪菲	魏秋禹	王慧茹	陈纬楠
念宗锐	陈龙	李欣	刘玉祥	何祥	田宇轩	韩一丹	周云风
杨文杰	刘永兴	赵鹏程	张婷	孙鑫	王晴	李心一	聂江霖
张鹏鹏	谢东	魏哲恺	胡高枫	蒋旭	刘华夏	黄文冬	马万识
何宗伦	陆远方	万晓	常春艳	章日欣	刘希宝	高崧宸	胡华青
童亮	李明伟	刘梓	赖继敏	唐诗涵	周恒	何宇杰	王晨曲
周叶芝	谭洪林	刘昕宇	尉海琪	陈阳春	王贤	简政	陆虹蓓
范耀榕	崔梦玮	田宇	麦江东	布丽布丽·巴合提努尔	邓子豪	李沁霖	尹宏宇
胡梦	王榆楗	傅梓枫	陆伟君	张知原	李国荣	田钉荣	梁茹楠
邓亚茹	王新宇	李洁	彭宇圣	宋威宏	吴卓然	苏旭林	尚丽娇
刘鑫	钟勇	韩卓青	张莹莹	王梦媛	韩士昆	杨正凤	龙波
邱跃	洪辉	郑舒宁	孙曦	庞仕承	钟博韬	王久谊	向钰
职鑫	任卉钊	李智立	刘聪	张俊	谭黎亮	李志轶	巩素梅
李传举	石晟吾	白恩泽	尹春霞	王宇	段星	周楠	谢培

杨媛平　胡世杰　李卫兰　潘　禹　沈苏阳　陈　欣　刘宇飞　周　欢
李　奇　施鑫林　曾莘桅　宋敏思　李海龙　马　港　瞿　甜　唐嘉鑫
仇冠伦　刘光毅　谢雨池　唐圣灵　张秀好　黎秋豪　曾广宇　刘濉枢
栾雪芸　王源程　徐志文　吕美如　倪修正　孙　晓　勾旭宇　张海靖
吴雪莲　庄倩杉　刘继达　白宝雪　江淑娜　王子昕　杨瑛玮　刘　琰
张振东　谢晨琳　杨嘉楠　顾　琦　莫修双　加依娜·巴合提　文天琦
李凌锐　帅玉吉

信息科学与技术学院（215 名）

洪　悦　巴俊峰　胡　明　王　珂　韩启福　郭子薇　张　羿　李吻雯
赵嘉豪　高国彬　陶海波　蒋双婷　罗志敏　王　杰　徐华峰　蔡青青
陈名君　谌　塘　王成林　程　夕　郭瑞林　杨晓娟　王博文　代　畅
陈铭月　余梦麒　邢涛涛　柳　村　梅资若　黄　睿　王鑫运　郭泠峰
梁　懿　邹京汕　郭馥佩　麻志鹏　孙瀚辰　周　琨　陈佳欣　张修仁
唐　鑫　王佳雯　高翰远　王秋锋　魏宇乐　罗赛南　王　科　周晓雪
李小宇　唐荣骏　刘衬清　李润泽　余　杰　郑　勇　张兴革　张红莉
贾安尧　郑小莲　周洋锐　黄圣凯　郭家昕　刘嘉诚　郭乾坤　关雅静
李岚桢　李　果　王　勇　李泽汗　蒋庆雯　徐雨豪　董舜华　王　龙
苏铁桓　张馨悦　周莆钧　钱逸君　王玉莹　雷新宇　郑泽章　邵　焕
杜鹏程　杨子钰　宋晨健　刘宇翔　盛　丽　师浩恩　曹文涛　田怡豪
乔　露　唐　森　凌梓豪　邹联程　刘何为　李晓明　陈　文　刘晓辉
李　松　邵桢瑜　陆　晓　周　桐　孙齐伟　吕征阳　温　昕　李峻峰
杨江陵　丁文成　黄泰北　石海丰　李承睿　郑　艺　韩子瑞　张欣玉
孙鸿斌　占　越　宓仕达　严　聪　朱元庆　刘祥毅　朱元兵　常聪聪
董　颖　郑润泽　王　周　黄　鑫　朱铭俊　班洪山　闫绘茹　邓棋方
陈子骐　李　叶　刘致远　张　伟　张志满　王秋婷　冯一铭　徐婷婷
李　玥　朱志宇　马梦帆　林松挺　罗　彬　宋思雨　蒋祖祥　郭　川
袁凯军　李　斌　喻盼盼　陈钢霖　班子玲　程　超　胡俊超　丁文琦
王天豪　黄　强　孙文茹　韩庆华　李　蒙　郝一凡　何华均　侯正罡
宋正聪　华　颖　王佳文　成松林　陈禹潼　肖明秋　高远洲　袁　桥
冯世勤　曾兴兴　张　煜　蒋林枫　丁小青　张少攀　李　燕　张思杨
张　健　张馨月　谢林佚　文景臣　阳　波　杜世龙　窦祖尧　何锦宏
谢兰欣　李展鹏　兰传宝　蔡　林　李卓元　黄　杨　邓金红　魏文博

唐靖尧	柏　慧	王姚远	李　浩	刘振威	韩　霖	张若晨	董雨菡
罗文杰	杜世龙	游浩然	陈丽莎	陈丽娟	刘东林	叶明亮	龚子健
张跃梁	李明昱	刘芯宏	鲍跃康	张　琪	黄子荆	田友丽	

交通运输与物流学院（165 名）

杨笑妍	毛润丰	闫　宇	李红梅	莫俊泓	白婉莹	余　波	范马宁
杨泽坤	张粟祥	徐逸飞	刘展汝	丁晓康	王　栋	王玉富	王予瑞
金晓东	赵　越	彭瑞欣	任瑶瑶	刘佳林	余小燕	陈　竹	韩思源
鄢　煜	刘　浩	李　昊	马逸敏	刘　聪	尚晋德	张洪龙	孙靖翔
黄　达	魏婷婷	林君怡	苏　畅	许铭兰	袁　媛	尚梦晗	崔鹏翔
张　庆	陈　莹	李　钰	高　玮	谭霖欢	张　琪	俞富盛	景润乐
周明悦	潘槿仪	代仕登	杨　阳	苏　芮	代明政	蒙晋康	张济宁
杨　月	赵福军	何红萝	范珂如	陈晓锦	卿　雨	王雅宁	谢卓祺
贺佩华	叶　青	王宁静	郑　镕	马辛阳	徐瑞瑶	缪雨岚	赵成骏
瞿泓铮	张振晨	方　瑞	程　凯	雷　雨	林丽霞	王先寅	刘伟勋
王尔卓	黄银浩	李佩珊	钟昱辰	曹维彤	程浩帆	廖嘉雯	刘禹初
李奕坤	蒋　玺	吴欣怡	朱百川	袁　佳	徐松源	郑康康	刘　丹
童开源	敖超锋	王岳川	乔　宇	周世元	刘熙煜	袁　希	赵浩翔
塔　娜	肖志同	郭子榕	周　益	黄筱洁	海星星	高　雅	王怡琛
文萃雯	邹　奇	何旭东	陈振哲	于　巍	王英东	赵凌珂	闫科维
李雨璇	汪雯文	陈杨斌	何　山	胥文杰	胥佳霖	周婧玥	梁洪铭
朱　海	王　宇	邓一平	王铭萱	王昕露	梁　鹏	申钰洁	刘　星
明　天	上官一丹	孙士清	盘　浩	王月杏	杨　敏	路媛媛	张　晨
李　洁	孟伟轩	刘　虎	袁皓杰	万新宇	龙　昊	常艳杰	尹　恒
孙克洋	赵浩懿	高　靖	吴漪念	申毅杰	孙一宸	刘佳文	张　欣
王　锋	石文成	游冬明	李纪宏	郭东珠			

利兹学院（20 名）

周勇帜	杨朕洲	郭雨鑫	尹钊杨	张欣宇	吴穆清	于林臻	李汉元
黎元丰	王雄鹰	李翔宇	任治玮	肖官衍	文梦凡	唐滢江	钱舒月
曾　佳	唐　浩	杨皓云	骆　言				

材料科学与工程学院（92 名）

王书翰	刘家佐	罗　洁	赵铭斐	黄　宇	张子君	陈泽文	陈谢仁
罗　丹	周祁杰	施孟含	乐天伦	卿　月	曾子丹	李　天	张　璐

江林珈	严潇伟	夏梦林	周佳	刘浩	冯博士	唐树生	王航
郑欢	魏嫣然	谢冰鑫	彭家民	刘义彰	高玥	李庆	姜珊
韩恺	梅朝辉	唐志祥	尤莉娜	李鹏程	刘芳勇	李雨遥	王先磊
陆玉先	鲁家睿	李辰雨	田宇辰	吕瑞洁	周洁	游风至	常博文
王海卫	裴子逸	姚淑一	王兆峰	孙丞	李魏然	胡斯圆	王恒
曹久涛	徐瑶瑶	苗莉君	孟昊天	马骏	李云皓	张天伟	唐舒琪
谭泽	黄智杰	张旭龙	丁雅轩	周锦霖	薛振振	杨超	曲茗
张晟国	曾子懿	郑逸斌	周浩钰	张奇强	张柏杨	郑婉婷	张艳瑜
苏晨文	杨鑫磊	王锐	胡俊成	李晓雅	杨旭	肖华杰	高育育
加依娜·托力洪		王庆	张振	杨程			

地球科学与环境工程学院（117 名）

谢峥宇	宋定桂	何国铭	孔凡昊	林茂源	王楚斌	郝建龙	董可
高颖	王宇航	邓付煜	林一峰	袁鹏	刘思妤	谢杰轩	李子龙
伏景涛	张姜岚	赵瑞涵	高晗	尹威	黄光林	杨国辉	吾梦妍
杜逸峰	孔晓威	王雪擎	代如玉	任鹏羽	张雪	何轲	徐奕骋
阿依加玛丽.阿迪力	社土么惹作	帕利扎尼亚孜	罗越扬	李其枫	杨晓波	庞茵	李嘉钰
毛顺福	陈壮	刘翔	李景轲	黄贤喆	吕奕杰	朱玉梅	王天宇
李麒麟	王竹	龚恩慧	冉向京	韩莹莹	杨正宇	张宇君	邹智林
何小飞	周天宇	郑锐杰	邓明园	张杰	谭鸣凤	黄涛	巩宏哲
尚戴雨	陈龙	陈建浩	黄吕	韩啸	陈彦毓	阚余辉	袁冰雪
戴维镛	钱嘉侦	周文	韦良	杨世利	刘策	郭文婷	刘郭林
巩辰阳	崔士博	许志杰	孔维来	韩天宇	夏涛	杨超	魏壮
田之霖	严宇超	张鹏飞	李维康	傅成安	陶威	宋沅枸	姜宇奇
陈宣同	卢会颖	胡楠周	罗荆璇	常城	刘海明	荀军	杨瀚盛
哈斯娜	武威	李岳峰	卜婷玮	乔晓琪	吕毓东	孙凤鸣	欧庚
芮云龙	关雪祺	赵才	钟庵伦	赵宇萌			

经济管理学院（126 名）

邓嘉浩	高聪敏	胡云彤	祁健	陈琳娜	熊盛兰	朱兆丽	叶睿
吴倩倩	梁艳艳	姜子超	杨钧杰	何苗苗	李朝旭	国希	赵俊杰
梁晓沁	鲁丹丹	林书恒	刘梦竹	刘依依	亢心月	马文婕	李润晖
常树浩	严芷涵	罗琴	池旋	叶新婧	许婷丽	张雯霏	郭芊
卢轩	苏春如	刘颖	彭建华	曾婷	周靖雯	卢钰灵	张馨予

杨海辉	张志勇	桑晓亮	范作垚	杨春洪	宋浩男	吕　璐	伍韵洁
张　叶	付倩倩	姚　文	曾蕾燕	胡高吉	王定杨	冯橹壁	谢　可
吴　越	范少香	安昱霖	郑龙澍	刘思聪	陈　进	金吉吉	邹修箭
袁元昊	王巧濛	朱文凯	梁　扬	丁天硕	白　洋	王　心	杨丝竹
田彬丁	陈新怡	刘雨晴	黄　泽	鲁小琛	孔芳婕	洪凝悦	孙艳昕
贺钰婷	邓亚南	王恒月	潘学琴	薛　聪	杨秀梅	李　娜	何振群
陈　琨	张云豪	邓　莉	王文征	石登峰	刘晓晨	闫淑莹	雍　薇
杨　宁	王安琪	杨　青	谢林芸	徐筱姣	张钰鸿	方纪乐	李姹珂
张　涛	廖乐伟	迟宇前	何思雨	陈园园	钟　晋	张婷婷	李佳乐
魏琳爽	曹　燮	童小轩	张惠雅	刘晓雯	邓舒文	涂智群	马露露
孟　毅	肖武奇	崔译丹	郑镇仕	范鹤川	冯莹莹		

外国语学院（89 名）

王　淼	周思瑶	吴娇琪	邓　宸	李内莉	王一迪	罗　楠	张　妍
王佳杰	刘　璇	汪　梦	钟佩如	许　粤	甄晓平	熊怡洁	李　旋
姜宇恬	王晗铄	郑亚莉	彭思雪	陈静怡	戴旖萱	王　筱	罗佳怡
贾思怡	贾森钠	易文娟	蒲罗乐	裴皓月	王　艳	曹　爽	陶思雨
赵雪洁	肖　峰	梁滢莹	张曦颖	蒋小云	卜扬婷	钱枫桦	简　慧
杨春丽	杨智慧	李灏薇	陈斯琪	陆冰儿	郑贝雨	辛宗文	虞　悦
张靖彬	张晓岩	刘　昶	邢梦琪	刘欣磊	孙婧磊	商秋楠	原尚祺
邓识宇	刘小熙	李欣燕	史诺文	尹　朝	李佳漓	任宇璇	荣之灵
邓梦铃	许佳琪	尹可然	徐　薇	郭可萱	包兴佳	洪　昂	马馨怡
许思博	刘梦霞	潘逸雯	陈蕾蕾	董文琪	马　欢	张煜炜	夏　天
崔馨允	赵　颖	张　可	张　雪	邹　萌	欧　微	戴　悦	王一土
舒小花							

建筑与设计学院（134 名）

杜家旺	贾　媛	王　晟	何　超	王　朔	吴晓娟	张紫迅	欧阳梦婷
刘征涛	戎彦宇	唐佳毅	郑晓敏	张　玲	张　明	唐召宇	梁　欢
龙　腾	罗召鑫	苏映彰	龙春香	罗　文	唐　楚	刘　炜	钟　茜
罗潇楠	陈　炀	刘　通	袁星雅	刘　盼	支凌生	陈裕民	周晓非
王淑华	莫　迪	徐衍新	郭贞妮	郭逸群	王　聪	刘旭哲	罗美玲
刘　娇	曾昱玮	徐志逸	尹延哲	陈　杰	顾晓梅	姚佳秀	揭　慧
朱　惠	王　婷	洪铭乐	陶志雄	刘　杨	丁　拓	张　雯	申思雨

孔祥卓	王进步	李小芳	刘羽	杨欣	宋楷楠	夏铭坚	徐秋莹
朱霞	徐丹	杨卫宇	陈允康	于垚	张文杰	何佩玲	李亚森
漆雕若彤	吴昭辉	张甄	彭家莉	郁明翔	章汇	温雯锋	苑善宇
李锞腾	高旭丽	董多	刘梓雯	吕箐	杨馨	高烨	苏悦
夏谢栋	任榜新	彭小玉	辛茹玉	刘祎朵	李蕴杰	石琬琪	冯哲芬
曹峡锡	王麒鸿	禤颖彪	周博轩	张博文	李亚楠	许洁	郜家兴
李思潮	周雅婷	张蕾	孟繁熙	蒙思渊	陈子蝶	李帅帅	郑天琦
赵煜	马文洁	赵家慧	刘叶	孙雅馨	潘霆豪	胡如意	张若阳
李晨晨	刘姿言	董颖	王嘉文	张准	赵润奇	魏曼婷	刘亚琴
陈欣	徐立	姚梦颖	陈子扬	杨颜子	胡琳雪		

物理科学与技术学院（70名）

官联徐	张芳芳	史文兰	刘维杰	李智超	殷慧	张迁	刘锐鑫
唐欣盈	樊伟	王翔	孙秦宁	谢安达	倪泰来	贾晨雪	宁静
王涛	柳文杰	胡国浪	杨孜旭	冯治杰	郭翔	胡仙凯	崔子麟
王俊哲	王瀚东	胡诗洋	牛书蓉	许岚	邢继泽	孙宝真	马殊
曹效通	岳子峥	洪杰昌	沈鹏	达娃卓玛	安海华	程勋照	贾添元
曾祥涛	陈义	白璐	王昂	张涛	辛本坚	王嘉锡	傅蔚珽
张志璇	常荣	刘航	何嘉保	牟书峥	李赞	彭露露	秦荣荣
陈凯丰	黄武英	蒋丹	孟凡泽	宁勇	田小芮	颜智	李宽
贾苇杭	黄博文	季天皓	席静怡	苏家利	姚超		

人文学院（86名）

陈子佳	何飞	高赫临	王晓光	程乐维	郭守金	连源媛	张显扬
何星泽	钱莹	杨雅涵	丁大金	邹璧璐	张怡婷	宋博言	李国仪
汤宜人	张同格	朱小玲	李嘉晨	黄锟	王爱琳	胡青扬	刘芯
张娜	胡渝媛	于慧	刘畅	何思敏	田朔	孙跃豪	卜晓瑾
杨光宇	黄恒靓	周思元	郭佳玉	黄英子	李金阳	魏庆泽	雷楠
张天聪	符弘珉	郭泰然	罗国鑫	郑韩渝	覃柳静	姚胜楠	张赵琦
朱宇骏	单雨菲	何映雪	邹丽凤	郑琪文	刘畅	闫明照	黄珞鸶
韩胜杰	黄崴昊	杨雨嘉	叶鋆乐	高越	王伊鸣	张文欣	廖子恒
罗杨	许文婷	郑月华	杨雯	武彬彬	聂杨铮	许乐怡	白雪
屈圣霖	王雨嫣	郑文婧	陈锐	卢瑞奇	俞兆欣	李朝静	张美奂
蒲翔鹭	游宇	王加林	杨佳桧	刘建	高伟华		

公共管理与政法学院（63 名）

吴建业	杜娟娟	钱　雨	杜兴润	戴一宁	张　婷	周颖玲	闫敬文
黎　浩	杨尚荣	范　雷	董晓峰	徐博宇	于海洋	黄　陶	龚之健
孙　壮	刘美煦	殷　倩	吾勒波森	王梓萱	倪悦玲	岳健松	杨永久
周建南	陶　冶	李佳妮	饶嘉茹	徐九岱	何凯南	其米格	雷建锋
陈文静	邓思宇	付　壮	谢琴彦	程　修	于晓倩	倪　熙	曹芷铭
鲍超群	杜亦阳	王艺涵	李盈罂	王韶锋	周运静仪	张容嘉	马婷婷
伊　帆	朱屹承	钱思帆	靳　青	郑晴予	罗梦澜	周建坤	李　娜
李玺鸣	李　培	曹雅鑫	孙　艳	王昱佳	韩靖宇	李　治	

生命科学与工程学院（76 名）

王　钰	王于昕	金一然	朱有卫	陈进炜	张　琪	阮俊杰	赵　磊
高鹏宇	蒙炳流	宋宣毅	陈金凤	李静远	谢宇轩	曾钰凌	李　鹏
张天铜	何坤霖	白楚峰	蒋瑞平	赵　瑞	王　宁	石　振	龚　政
汪文双	姜吉曈	彭　敏	钟天翔	尹　伟	李　渝	孙晓娜	李　博
王　楠	张逸飞	姜喆瑞	罗　云	校振益	许　青	朱　佳	李　义
尚晨曦	吴晨阳	刘　江	保瑞琪	李　昕	雷乾娅	向　往	宓天宇
杨　晨	宫天佑	范　强	杨慧宾	李钰洁	王韶畅	李康奇	邱　爽
刘贵川	杨雅丽	朱载民	牛增和	朱金金	黄霄雷	蒋文建	段贤洁
张　浩	李红宽	叶来宾	向　月	万珍伶	钟宁远	杨　柳	白虎东
葛津彤	郑　颖	胡婧雯	杨钰琛				

力学与工程学院（33 名）

鲍泓翊玺	张艺星	郭　阳	孙　毅	孙文章	王　理	王廷钧	文春云
王地元	张　浩	彭承斌	袁萌萌	马嘉良	金晨淞	唐　炜	李泽忠
曹　熙	黄子阳	杨　艺	杨泞瑞	阿地力·阿不都肉苏力		郑婉倩	杜金树
黄　健	刘佳璐	赵中基	徐未凤	吴锐东	王梦凡	常旺生	胡兴超
黄梓幸	王梓航						

数学学院（46 名）

翟宇阳	徐君瑶	杨昱旻	张红佳	牛天骄	任艺凝	施柯丞	刘　灿
刘　雯	程智敏	张晏铭	蒋梦怡	金千贺	李淑男	陈丽霞	赵弘毅
吕艳欣	李曾珍	刘洪成	胡　磊	柳　通	李绍俊	郑　婷	彭璐洁
孙　昊	赵　辉	郜梦玮	陈金楠	周　智	陈　琪	胥子威	张治飞
姜咏琪	祁　元	凡红梅	盖天宇	蔡雨欣	陈苑榕	汪恒庆	杨　鑫

彭思思　姚　悦　何逸茗　谢雨寒　陈友丰　曾雨欣

马克思主义学院（7名）

高　薇　胡　春　张思敏　罗　田　旦增罗布　范恺椋　邓盈利

心理研究与咨询中心（11名）

戴子涵　邓钦文　马斯良　刘小菡　淡伟龙　王婧怡　王　燕　顾卓然
王一捷　赵立明　李翼翔

竺可桢书院（98名）

王熙茹　邓盛中　蔡孙宝　张　弘　孔琳皓　赵宗煜　万郅玙　姚　琴
刘天润　张香茹　魏昱瑾　高雨菡　张宇晗　李　爽　杨金月　余安雄
谷馥伶　李奇远　王东辉　潘奕诚　唐小涵　刘志霄　周靖涵　许江辉
夏文艺　赵博洋　林亚兰　孙清源　于东尼　施卓成　杨之溢　邵云飞
徐乐琳　金梦曦　李欣洧　张　涛　刘生虎　江文杰　赵向雪　王翰林
吕怡航　杨秋豪　余松林　郝智慧　牛好冰　刘宝森　杨　昊　金香桥
李旭朋　周夕乔　谢沁霖　崔晓航　王浩铭　郭禹希　王星宇　余林琨
邹俊成　陈　敏　苗　圃　高天雨　张　楠　周天颖　肖发美　韩文奇
李双寅　张彤阳　曹涧川　梁志梅　安文垚　王新杰　崔耀桦　焦雪莲
郭知宇　周柯廷　龚　然　罗苾芯　张海桃　苏诗琴　王奕丹　王　典
罗晗葳　魏瑗珂　袁启航　郑东妮　张　涵　古程渝　谢铭雪　曾林溪
魏杨洋　贾博文　曾静岚　雷非凡　符　艺　郑中一　唐霖锐　高宏旺
森巴特·哈尔恒　艾合麦提·尕依提

峨眉校区（383名）

冯杰中　周泓锦　申晓赫　董子开　武鑫浩　黄　叶　胡海婷　陈立崴
张仕锦　谢　臻　杨韶杰　李永超　袁　远　李　强　杜振华　陈发勇
姚成杰　赵小波　李嘉俊　胡　博　刘力维　韩　琳　牟纪为　张新玉
张涵韬　邓雅心　郑　杰　胡梦丹　彭　朋　韩育松　张诗悦　周　翱
李奇峰　张娜艳　张金翔　江永旺　徐　彦　史景程　陈念波　黎　静
杨　琪　李祖璨　付宗政　杨康华　熊志鹏　王雪妮　刁相杰　张　栋
吴　迪　王兆鹤　杜文涛　杜嘉宝　袁　梦　程心怡　陈永健　张梦雷
徐　杰　张　钰　刘小杰　石彦博　曹　纯　王晨宇　孔　吉　王鸿笙
侯积英　陈裕萍　张轩翰　易虹宇　李坤杰　周志明　林　璨　王　岩
徐子凡　谢　东　游　杨　刘　海　廖毕成　邓顺懿　邹　鹏　杨　潘
栾性方　宋任群　唐志博　杨昌睿　许润峰　陶洁琳　陈胜源　赖晨雨

邓　科	刘佳成	韩　金	喻　凡	邓世灵	杨东晓	翟文强	陈宇霞
杨葶葳	付宗政	王　菲	车庭雨	张香茹	杨　松	徐海斌	黄　勇
王安瑞	段　陶	熊永丰	杨　毅	刘建成	王亚男	张登庆	王秋润
王治于	陈欣元	徐小岚	杨　星	曲云鹤	张香茹	陈志莹	王世尹
刘兰峰	王国君	范国春	徐　辉	蓝慧思	庄清泽	曾介心	孙铭阳
徐乾峰	张　浩	彭极智	石　鑫	李亚蕾	蒲思贤	孟祥隆	薛祖伟
张　锐	冯渝淮	徐　田	谌思桦	石富明	黄宇航	吴　镭	吕圣恺
邓　菁	魏熙朋	张　行	张保平	王　笠	陈　楠	辜俊雄	田友权
翁姑捏布	胡　涛	杨　浩	陈　杰	万郅玙	袁　点	高　爽	曾　极
缪昊东	何荣龙	李　圆	陈志翔	黄　鸿	邓顺云	郭章梦	王远东
黄万军	易刚春	罗佳希	周昱涵	段俊毅	陈斐然	蒋紫涵	苏　杰
刘成立	唐思达	李华桃	何建平	杨伟豪	吕子鑫	王万城	蒋昌富
欧　倩	李　伟	陈　渊	袁　庚	胡媛媛	杜宪文	曹　颖	刘静伟
张焮耘	莫　鹏	陈　顺	廖珩粟	丁泽林	徐世杰	向天瑜	刘自庚
王文娟	李嘉颖	郭凯男	徐家德	王婵娟	何　杰	赵俊丞	聂小杰
唐珩顶	刘天奇	杨众举	张中奇	陈　虎	汪许瑞	李　楠	陈洪李
王　杰	李蔚然	王可心	陈伟杰	张玉国	曹智铭	杨婷婷	黄彦豪
蒋　娴	郭文博	张　露	李　娇	刘雨竹	晏楠欣	黎　璐	潘　雪
李　飞	王　琳	杨　婷	杨琴桢子	王　丹	霍静海	唐崟傲	王　昌
杜　颖	姜　维	何明杨	李　曜	崔国敏	刘馨悦	胡天梅	刘依源
唐甜甜	傅宗杰	杨　益	杨画画	李世林	林　庆	杨　泽	邱　燕
卢思澔	杜　鹃	杨昕颖	杨安国	封弟坤	朱　洁	李俊捷	刘瑞琦
周相其	任静怡	张晓敏	周珊珊	蒋尔伟	高　菡	黄子月	郭　璐
张艺谋	王　宇	郑雨轩	唐国强	姚珍珍	罗红超	刘凌顶	吕婧璇
叶欣扬	马篮薪	谭梅玲	盛睿芷	夏　雄	周静韵	肖智豪	韦志强
胡月荣	王　萍	柏耀辅	吴　艳	程　炼	唐钰琳	但诗芸	陈嘉琪
张　倬	张　猕	向志霖	廖　雨	袁浩轩	罗春蓉	包亚丽	梁春瑜
张邦杰	张　宇	李赛赛	陈小龙	漆　艳	文志龙	李　轲	刘　颖
张时健	刘云菡	张翰文	冯元泉	王泠宇	罗逸韬	左　慧	张佳杰
黄浩然	陈紫琪	田希锦	张思敏	陈虹谕	张俊尧	黎　枫	荆瑞颖
刘家奇	曹云珠	李　鑫	罗　超	何晓文	何梅方	齐国庆	李钦钦
秦已齐	刘佛天	尹　菲	林　倩	孙　丹	万仕丹	胡　维	唐荣华

李　琦	张艳珍	徐楚昕	热依兰木·买吐送		余　凡	唐雅蕾	许发青
德吉康珠	母康莉	汤　颖	陈　瑶	詹涵颖	郑小悦	黎旨宇	秦雨钦
穆泽慧	陈　蕾	曾凡章	万中元	杨微微	张　宁	严钟毓	王　帆
王海生	刘华林	谢瑞佳	邱　悦	姚竹子	安一帆	丁晓青	雷　珊
熊敬杨	陈　敏	李婷婷	陈　奕	杨　娟	叶航宇	刘政榜	周佳瑶

研究生明诚奖（559名）

土木工程学院（88名）

许华翔	陈雅兰	赵春光	张　硕	肖　薄	吴梦瑶	韩　岳	李星烨
曾　勤	吴　聪	赵洁茹	唐　倩	杨　意	徐朝阳	张启坤	朱　禹
何佳银	陈侠辉	罗珍妮	朱　敏	张　维	任　森	唐利科	徐家铎
孙明祥	韦国耀	张晓柯	俞科成	杨成武	于曰明	吴枋胤	张　路
崔兆东	杨学奇	韩　通	陈美灵	李红义	王沛源	从建力	张其胜
沈毓婷	任世杰	李思江	卓林波	褚晶磊	李凯甜	巨云华	张佳鑫
葛延龙	何佳骏	唐自航	蔡闽金	彭祖昭	包　芮	康纪平	董雨洁
谢昆佑	漆启明	温宗意	李　佳	闫亚飞	文　鸿	吴　峥	郭　强
郭翔宇	周　强	刘　阳	房　忱	赵梓彤	钟应子	孙建春	王保亮
韩　瑞	陈星宇	张家瑞	赵　宁	孙　飞	谢宏明	曹礼聪	王党雄
李依芮	兰永强	韦安祺	刘　阳	杨文昕	董佳慧	李傲赢	宋淳宸

机械工程学院（53名）

陈彦佐	卢宇奇	张明尧	张沭玥	王　爽	刘兴中	温朋哲	周　坤
徐　凯	李妮檜	涂天慧	李　盎	罗小龙	杨　欣	杨　阳	高三山
邹宾森	周　杰	曹玉鹏	许　琳	杨金霞	陈刚烨	黄仁勇	章武林
刘曦洋	高春立	张　雨	同晓雅	杜艳婷	郑　亮	李文宇	王　文
金维栋	尹福兰	王　波	韩志彬	胡俊成	叶　潇	李朝曦	刘治勇
郑何妍	赵　刚	廖振科	黄　鑫	龚举华	邓　勇	刘亚龙	梁　铃
李　俊	范欣晨	魏驰翔	程正伟	向俊杰			

电气工程学院（61名）

韩　昱	张　硕	廖　维	潘文杰	张玉蕾	陈　斌	廖　峰	潘志豪
杨　曦	张俊武	许嘉轩	刘　源	张　颖	薛　诚	林双双	刘优贤
晋　庆	潘青松	李　霞	刘　铭	赵　鑫	边力丁	杨　洁	节　帅
徐　蓓	赵　传	朱　菲	陈春利	陈雪骄	杨　雪	娄　颖	刘若飞
肖　壮	武雪松	袁　爽	刘　杰	张文强	曹　宁	徐　正	戈　灏

魏久林	叶　馨	李祖勇	邓文丽	刘枝峡	于泓博	曾歆然	王学佳
高　岩	申正超	谭凯峰	石超群	黄　可	王文渊	唐毓涛	陶海东
刘倩倩	叶泓材	何冠霖	谢晨娟	赵长浩			

信息科学与技术学院（60 名）

娄宇航	胡燕儒	黄莉芝	朱玲玉	冯娉婷	张　华	叶　飞	王嘉卿
王艳旭	张晓强	李立华	梁　玥	谭洁帆	伍江鹏	吴茂月	王　宾
杨经国	刘力浩	曹占伟	褚福舜	李洪赭	王　荣	王　冰	饶　畅
蒋　林	王东杰	周国剑	毛仲浩	刘邦国	刘　闵	吴　博	李　林
杨秀慧	吴千爽	冯鑫儒	王知文	任朝淦	杨蜀崇	欧阳小草	刘思琪
王祎云	欧阳聪	李　鑫	陈家敏	王闻祎	向重洋	崔　喆	王文俊
陈蕾衣	汪鹏鹏	易心一	尤嘉诚	代孟悦	王秀峰	兰　浩	李江龙
杨　刚	韦　乔	赵青荷	杜　洋				

经济管理学院（33 名）

赵盈娜	李云龙	杨　惠	叶云波	方珂玮	尹馨欣	金燕超	万　青
董勤鲜	李　甜	程　琳	林秀青	周初明	魏雅雯	王安茹	但　颖
李攀凤	鲍　琴	叶登楠	张　琪	段沛英	贾　佳	孙　敏	虞尚书
江　珊	杨文毅	柳　娟	李冰禹	王　森	张文杰	王经略	黎安聪
王　琦							

外国语学院（8 名）

周　娟	刘　迪	李昀蔚	魏厚静	钟悦欣	彭思宇	王　玲	祝雨嘉

交通运输与物流学院（45 名）

骆　晨	李进龙	王　睿	刘　博	钟庆伟	张永祥	李晟东	李岸隽
李　斌	向耘赤	陈怡静	凌飞翔	苏　婕	薛宇飞	余后伦	陈瑞雅
吴　鹏	桂　欣	徐跃华	李　龙	毕天儒	谭一帆	刘　雨	吴昕阳
朱绪斐	赖莉娟	郑浩毅	赵博昊	雷毅成	王　丹	葛　洋	许京鹏
冯　涛	王志鹏	杨　玄	范翘楚	余　茜	霍世每	张梦洁	郝娟娟
左　科	苏　岳	张　伊	杜玲丽	吴　桐			

材料科学与工程学院（30 名）

周叔强	黄　斌	杨　雪	王　娜	田　馨	王　颖	刘鹏飞	刘柯志
何　旭	张　辉	肖　雯	张彬彬	王克兵	储　翔	杨　川	曾　崎
王　伟	陈　友	王　松	郭占英	杨　铣	谈　瑞	刘丹凤	薛珺予
周明扬	范永鸿	邢文思	罗　丹	唐柳婷	张永振		

地球科学与工程学院（42 名）

吴凡雨 仝博伟 唐 俊 张宁宁 顾玄龙 杨翔钧 陈 婷 雷 军
杜兆萌 黄杰俊 吴泽刚 张迎春 王昀晖 黄雨婷 罗进奇 户佐康
吴先赋 王梅馨 肖星光 谢小慧 林 蕊 丁张凯 李 先 关海昌
张瑞芳 陈江玲 许 立 范智浩 吴荣光 赵 真 赵剑斐 张珂健
王 莹 刘 畅 刘一铭 方 卉 李 婧 张骏骁 张倩宁 李 壮
苟雪梅 吴京涛

建筑与设计学院（30 名）

周延龙 王寒冰 张 雨 高智威 张颖萍 张 攀 邹璨阳 冯 宁
邓添星 王永杰 宁 文 赵 博 曾浩杰 辛 振 杨 超 安 静
张 迪 刘海男 赫俭俭 白文娟 郑丽鑫 王元哲 周 静 徐 洋
甘洛书 李 峰 亢 净 王雪飞 石思明 倪 佳

物理科学与技术学院（9 名）

钟 汨 徐 敏 黄 卫 秦康智 姜雯楠 周 哲 李振宇 严煜铭
闫瑞瑞

人文学院（22 名）

李姝宏 周柱英 董晓霞 马一凡 李思佳 刘珊杉 李梦莹 李思野
王振阳 李秀婷 张若涵 赵琳玉 张 艳 沈晓雪 徐 文 刘思博
敖玮婧 秦守玉 曾 薇 臧亚萍 尹邦彦 卢 琴

公共管理与政法学院（17 名）

丁梦雪 杨易莹 李学霞 姚 阳 赵 倩 邹梦云 张晓梦 杨 阳
曹延雯 曾 晓 汤腊梅 管素婕 崔山佳 张 耀 李昊南 龙良秀子
韩 慧

生命科学与工程学院（9 名）

黄 翠 王明强 赵梅宇 余婷婷 戴宇轩 杨 鑫 康 冉 陈 霜
万琳茜

力学与工程学院（11 名）

刘 杰 陈 栋 何广伟 王 冰 王志平 郑瑞峰 张欣冉 邢帅兵
王希理 刘 东 周 廷

数学学院（6 名）

田海涛 谭启涛 高 琪 敬思惠 张雯琴 徐 颖

马克思主义学院（6 名）

彭 娜 曲成举 周玥琳 钱金凤 乔建军 包志国

体育科学研究所（1名）

李智超

医学院（3名）

徐艺箐　宋宗辉　许　燕

牵引动力国家重点实验室（25名）

韩霄翰　冯　悦　许黎明　唐泽娴　邱鑫玥　蒋文杰　孙艳红　谭　江
袁　芮　金　潇　杨豆豆　王　峰　钟庭生　梁　赛　李　密　袁成标
开　建　刘丰嘉　程　尧　王　晨　徐　磊　徐　坤　晏　永　何庆烈
蒋咏志

2017年度奖助学金获奖名单

本科生国家奖学金（246名）

茅以升学院（6名）

岳子洋　邱元森　朱　婷　洪宇超　董芷函　顾金池

土木工程学院（20名）

沈忠辉　邓江绪　林　静　邵子萌　刘　迅　岳朝阳　王心怡　漆美霖
王皓正　邓卓章　陈晓庆　姜沫臣　吴宏伟　陈萱颖　潘克宇　任　涵
郭文琦　余宽原　张　悦　顾天宇

机械工程学院（19名）

张玉橙　叶立航　张家维　顾新壮　姚　铭　杜世伦　钟　正　林超雄
朱秋凝　戴明坤　周毅晨　徐　昊　王淑莹　解印山　龚邻骁　吴晓彤
欧阳杨　刘浚嘉　李　帅

电气工程学院（16名）

陶孟兴　李若愚　蒋鹏远　王成龙　马智杰　黄云柯　周泓宇　单　煜
陈彦初　钟　鸣　陈　思　董　侃　杨伟康　沈　睿　臧奕茗　陈海宇

信息科学与技术学院（20名）

陈华平　胡　宪　史　昊　范景腾　柳泽晨　金天恺　唐大伟　冷天然
纪圣荣　龚子轶　蔡经鑫　王永良　宋凤丽　周　琦　丛丽静　左　薇
于可汗　陈　旭　卢晓孟　刘明桓

交通运输与物流学院（16名）

梁　霄　何　曦　邱菲尔　鲁　晨　宋姗珊　陈思远　郝韵瑶　王倩妮
张志博　杨博文　曾　诚　马以越　张浩岳　王曾睿　周子朝　王致远

利兹学院（2 名）

尹若恺　陈冠宇

材料科学与工程学院（10 名）

梁奥衍　武文婷　周　迪　薛俊良　文晓琨　阮月玥　吴　越　阳　欣
宋恪琪　马　睿

地球科学与环境工程学院（12 名）

朱梦园　万天真　叶倩婷　刘晗帆　张逸萱　杨俨棣　邓凯丰　帅馨怡
贺俊庆　段珂珂　方　伟　唐海吉

经济管理学院（12 名）

叶新兰　卞佳文　熊　烨　陈　琪　郑舒文　关茜儒　安鸿儒　张欣欣
高华建　莫蕊蕊　李知新　周安琪

外国语学院（8 名）

章可可　王　钰　吴悦琪　郑画天　许不凡　蔡家奕　李　玥　林雨烟

建筑与设计学院（15 名）

高伟哲　习　羽　金　磊　陶汪洋　王佑祺　李晓易　任远哲　林瑾如
阚美璇　刘昌贵　徐嘉瑞　王一初　李翰林　刘艳琳　唐安表

物理科学与技术学院（7 名）

齐　鸿　孟　赟　辛　钊　柳　源　皮文萱　邱哲睿　张霄涛

人文学院（7 名）

毛美琳　汪　洋　张　强　袁睿琦　王雨奇　佘林恩　李灵娜

公共管理与政法学院（6 名）

贾寅龙　曹　佳　夏艺崧　谢翔宇　陈　鑫　孙凡博

生命科学与工程学院（8 名）

毛　欢　刘桂玲　左诗曼　潘思芮　冯　璐　韩芳平　李诗佳　魏　莱

力学与工程学院（3 名）

王子仪　李　琦　何子露

数学学院（5 名）

滕宇欣　周梦梅　郭奥洋　伍莞秋　孙济仁

马克思主义学院（1 名）

杨柳风

心理研究与咨询中心（1 名）

张　璐

竺可桢书院（11 名）

曾庆文	黄玉洁	黄　镇	刘　妍	龚谈韬	林知心	焦钰钧	卫苗苗
孙陈哲	余　煜	陈　晨					

峨眉校区（41 名）

陈思琪	李　凯	郭金松	孟　玺	王翌丞	朱禹澜	梁　仓	张　寒
胡　海	禹正君	朴银川	刘　晨	李晟尧	张思涵	万　悦	王　超
霍胥男	彭露瑶	杨琪婷	夏露源	李　迪	于　佳	刘家奇	杨　婷
黄建辛	王柳锖	何虹雨	石敏涵	巫雪梅	刘婀宁	刘　宽	鲜金涛
曾琼瑶	吴　南	周小刚	郭　达	蒋朋博	艾　欣	吴　芮	李　茂
刘腊梅							

本科生国家励志奖学金（816 名）

茅以升学院（19 名）

王子昂	刘　统	韩　悦	任舸帆	张露阳	伍桃腱	曹艺译	姜琳芝
叶丽莎	苏惠萍	赵含晓	卓　琪	陈　欢	罗　然	王红杰	王英霞
马震宇	任玉豪	蔡新忆					

土木工程学院（65 名）

张康健	曾元江	雷康宁	陈国平	金　钊	李雨强	王　绪	唐嘉琦
万世付	马　飞	蒋　辉	禚　莹	曾冠雄	荆　祥	翟花玲	魏欢博
李星星	黄　杰	夏富强	李　拼	但　强	陆志明	陈婧雯	朱　麒
李　茜	武志伟	柳　康	周林君	宋　迪	周凯歌	禹壮壮	赵　东
陈　雨	吴斌斌	刘锦超	张　乐	王智勇	次惠岭	蔡李斌	李金宜
周　亮	荀宇星	徐双婷	石　磊	魏夏鹏	杨佳麟	周　豪	胡科鹏
龚禹为	陈　俊	窦金行	杜昱衡	吴光源	王　杰	徐才厚	张永琦
谢金池	唐政浙	张佳鹏	卞香港	刘新华	邓鹏昊	徐代苓	张书航
郭兴川							

机械工程学院（64 名）

曹亚萍	胡泽鑫	刘赛北	杨　雯	任　财	白晨光	张　硕	宋窈窕
张增玉	马成成	李　卫	李贵生	赖嘉芮	周　帆	沈　兰	韦晓婷
赖晓龙	石桃桃	李一帆	任玺悦	蔡建秋	丁　伟	许　攀	赵　凡
姜伟东	解国林	唐琦旺	黄　璐	黄弟胜	辜秉松	刘旭阳	郑钦文
郑勋臣	崔俊飞	秦　天	张一楠	张　超	刘守帅	苏楷通	赵　博
魏明慧	张　平	张可馨	于新善	高钰翔	刘瑞祥	兰建斌	刘　珂

秦会杰	罗　玄	王　昊	曾　锐	何　闻	徐铭坤	魏　爽	陈晓鹏
门松辰	苏　瑞	古洪亮	郭宇星	林含潇	何文涛	张志华	付鑫裕

电气工程学院（55名）

吴　芮	解蕙茹	陈　威	陈俊钦	李正康	晏　寒	罗　兰	傅玉璇
刘余家	陈鸿辉	徐云松	李若娴	毛诗琴	张旭东	王　慧	侯川江
邢金慧	蔡春建	王庭康	李正雄	殷成凤	朱　婷	曾梦江	潘文武
李静雯	皇甫阳	李　彪	耿星海	邓亚茹	张志斌	黄棋伟	胡则宇
李鹏园	邓　颖	彭子通	王晓梅	肖冬华	谢　诚	陈　佳	徐珊珊
黄建海	赵倩林	张财源	赵鹏飞	袁洲茂	廖艺涵	王　刚	王传儒
肖迪文	李　东	方友旭	刘宇飞	程章桃	徐　健	雷腾跃	

信息科学与技术学院（68名）

邓美君	潘文琪	陈丽娟	李睿睿	伍绪龙	旷依婷	王增增	刘思雨
陆　凡	张润涵	聂莹莹	张思杨	卢嘉益	蔡建生	黄翠彦	冯　伟
李　蓉	王如斌	张碧依	王超迁	焦　笑	罗彦娜	饶申宇	张浩天
陈莉莎	姜泽兵	孙万斌	安　锐	章晓晗	杨晓娟	胡礼如	温龙辉
宋一锋	邓金红	王秋锋	王文杰	张韦嘉	邓　川	罗志敏	郭瑞林
危　卓	杨　露	李冠略	张晓雪	黄晋涛	霍春蓓	傅子晗	李浩然
张邵芳	余飞宏	赵毓博	杨　阳	刘　强	夏嘉伟	黎家靖	谢兰欣
龙　芳	肖　渝	毛慧慧	郑佳琪	陶江峰	李从溢	张晓龙	杨　洋
苏金领	游钦滟	胥青云	陈　旋				

交通运输与物流学院（53名）

张小佳	龚超奇	谢再春	陈锦渠	刘俊杰	陈宇航	朱国栋	任　毅
代金芯	吴佳佳	付　艺	康　丽	陆　良	唐李莹	尹廷玉	黄思敏
古圆圆	张洪基	胡　鑫	魏婷婷	罗　雯	李　玥	荣腾凤	陈梦菲
卓　莹	李　冲	刘峻瑜	赵　倩	尹德志	杨在旭	李　栋	吴　锋
李婉雯	谢　薇	薛佳荣	孙克洋	杨　敏	杨梦颜	林晓丹	朱　陈
张明姝	李浩深	程宇涛	李　响	谢安龙	李冠辉	付玉雪	郑　帅
李　海	廖嘉雯	岳　瑶	刘家俊	李蓉蓉			

材料科学与工程学院（32名）

席嫚嫚	田云付	陈　兵	李伟杰	刘国升	汪海江	施鸥玲	杨　杰
王　铭	张艳瑜	付　文	岑　岭	陈　勇	杨　璐	曾贤侃	张　妍
林　鑫	卫丹妮	朱　硕	冯博士	高亚岚	谢义鹏	倪　然	刘　进
邓玉春	宋　锋	杨佳兴	陆　琦	陈　耀	杨明思	邓　茜	王琪琦

地球科学与环境工程学院（40 名）

张洁洁	李文静	陈淑娴	喻志鹏	王婵	万琦	周志钻	冯勃
王所智	朱柏	雷远	管允粽	吕培敏	任占强	邸永健	王熠瑶
施志成	张给禄	林小淇	郭文婷	荣子豪	任海艺	张蜀军	郭虎
汪利斌	张子琪	苑祎	曾思璇	赵媛	罗越扬	易苁利	蓝再成
李智	陈志辉	刘越凡	王成龙	雷蕾	徐珊	都鑫	张莹

经济管理学院（39 名）

赵明辰	白洋	赵清纯	夏钰	孙霞	王巧濛	夏佳	陈雨佳
闫彦超	吴丝钰	汪阳	符静娴	胡鑫燕	潘学琴	段洪锦	杨湛
毛玲	吴琪	张瑞娟	李广帅	曾汇淋	刘静	张雨梅	陈晓雪
刘灿晖	徐祯虹	田思妮	黎兆基	张彤	李泽丹	夏境坤	王欣
宋雪	曾渝	谢书君	黄彩玉	朱雯琪	陈静静	布丽根·吾拉孜	

外国语学院（27 名）

魏华冰	詹瑶	何萍	王潇	刘美珊	郑丽红	王玲桂	张晓灵
黄淑萍	谢梅	简慧	丁晓兰	但珏环	卜扬婷	王羚磬	冯天宇
南红岩	杨春丽	蒋国维	王春雨	刘丹丹	焦敏	任宇璇	黎自珍
罗佳欣	陈怡	温暖					

建筑与设计学院（51 名）

杜家旺	马贻薇	廖逸天	王蕾蕾	古亚宁	张文正	陈佳敏	刘子婧
王浩	冯雅靖	郭贞妮	顾珊	李壮	王秀娟	罗天	吴登大
吴文欢	曹凤婷	朱艳苗	杨俊婷	张永心	郭雪婷	李琴	杨婧怡
薛雨亭	秦薇	王珩	俞婷婷	袁国华	朱兰静	秦颖	王含钰
张玉琪	李浩然	亓明静	黄钰倩	孙德林	王永娣	胡玉磊	罗婷
赵思琦	胡昌杰	张义珊	王文静	严晶晶	陈亚茹	方仁杰	任禹赫
卢国梁	吕箐	闫鑫					

物理科学与技术学院（26 名）

房荣成	张颖	闫宝罗	傅佳璇	孙国涛	王志勇	龙鲸凤	王杰
赵攀	刘泽国	杨港	杨宁	钟荣良	陈帅	张双敏	安海华
白如玉	刘治权	黄敏	张艳秋	岳芳	刘孝毅	肖玥	任旭东
董瀚	沈一选						

人文学院（22 名）

李朝静	唐婷婷	周孟圆	刘茜	张宇	张菲菲	周雨	徐丹

何　佳　杨　丹　兰家玉　孙　星　杨　娜　卜丹丹　王加林　汤宜人
卞　梦　欧阳卓颖　苏玉巧　赵　伟　刘　瑞　刘思琪

公共管理与政法学院（20 名）

王孟伟　王廷兴　王　倩　罗　贝　张连超　徐博宇　张凯丽　李丹丹
张　婷　董　洁　杨　镇　任豪飞　谢元桃　付　壮　朱李缘　罗　萍
吴少华　饶嘉茹　华郁蓉　雷建锋

生命科学与工程学院（27 名）

沈　成　罗桂芳　欧景丹　向　蓉　韦　倩　冶倩雯　朱淑珍　高　慧
陈金凤　唐嘉彤　张纳川　马虎林　李雪莲　施俊仰　罗　云　毛夏婷
郭臣文　唐光勇　高成林　王溢滟　杨靖康　王雪玲　张　浩　向　月
兰　洁　郑　颖　朱金金

力学与工程学院（13 名）

乔　亮　李　冰　夏　炎　刘振海　刘　涛　鲍泓翊玺　付辰辰　李金浪
武世江　张雪莲　郝一涵　王　翔　邓磊鑫

数学学院（17 名）

李舒雅　邓　银　陈丽霞　曹易铜　李林润　徐世杰　海　杰　王汇川
高　灵　王调育　王文姣　刘　雯　齐玲玲　范烨瑜　赵钰彤　周小兰
段嗣钊

马克思学院（2 名）

陈玉洁　罗　田

心理研究与咨询中心（4 名）

许梦娇　林　琳　许梦薇　王婧嫣

竺可桢学院（37 名）

王宇星　叶　靓　王铎颖　张飞越　余康凡　赵博洋　王晓明　刘宝森
裴彦飞　余林琨　李旭朋　李国庆　周　童　李腾木　罗椿曾　王　杨
赵　犇　左　彤　焦雪莲　杨　宇　安　博　宋雨昊　罗　霄　肖　伊
李　洋　陈发明　陈倩媚　陈　敏　钟雨卓　徐康桥　廖　翔　周梦婷
王志鹏　梁喜燕　刘　佳　宋南杨　森巴特·哈尔恒

峨眉校区（135 名）

逯星宇　曾　龙　唐艳华　王敬平　游　杨　彭　磊　邓建强　张光明
白杨曦　李　锐　唐志博　刘　成　龙云飞　蒙石圣　李祖璨　王俊伟
王华成　邱　华　周　杰　王　艾　刘　璐　陈坤荣　桂登斌　刘　非
王明燕　王　黎　何锁宋　蒋长皓　虞龙平　黎智健　吴炜昌　王　超

江永旺	陈念波	李东祎	刘　磊	赵玉臣	罗　杰	勾　斌	李　治
马　周	张佳伟	邓　涛	李廷海	张登庆	王　旭	杨泽谋	陈　睿
蒋　烨	李　节	陈　芮	陈晓钦	袁　金	马　奔	蒲　维	邬净净
黄雨生	刘　迪	黄凡旗	汤　鲜	干雨婕	王圜琳	蒲俐彤	丁丽萍
孙　科	杨　龙	杨众举	王文娟	王　鹏	陈　靖	杨　成	舒云琦
邓顺云	张　恒	李旺竹	张　苏	周民生	周　敏	黄虹云	黄　鸿
王远东	周兴平	唐甜甜	刘　琦	李　科	幸小立	胡天梅	何　嵩
贺紫玲	朱思敏	雷　渝	李沛阳	田　虹	杨顺莎	董　森	赵　涵
邱　妮	姜悦洋	袁熙霞	苏晓丽	向　君	贾科洋	牟明会	周　健
张　军	黄千芮	颜　静	黎　枫	王娅丽	张思敏	薛　莲	孙　丹
杨　晨	齐　敏	王　萍	熊　福	胡　新	高　鹏	夏东林	罗睿思
赵其桂	马海克布木	谢铖宙	李赛赛	贾瑞敏	李枚阳	陈　蕾	陈　瑶
刘才迎卓玛	陈　奕	杨　娟	冯　鑫	丁晓青	何　静	陈冬妮	

本科生专项奖助学金（637名）

茅以升铁道教育希望之星奖学金（3名）

李名语（地学学院）　罗文森（土木学院）　王宗为（茅以升学院）

茅以升工程教育奖学金（1名）

林嘉勇（茅以升学院）

丰田助学金（5名）

马玉琴（竺可桢学院）　简银军（交运学院）　郝晓琪（经管学院）
伊尔夏提·匠格瓦尔（生命学院）　黄陶俊（公管学院）

唐立新奖学金（37名）

白　羽（外语学院）	蔡经鑫（信息学院）	陈景适（土木学院）	陈晓庆（土木学院）
陈　旭（信息学院）	范景腾（信息学院）	高伟哲（建筑学院）	郭文琦（土木学院）
胡苏楠（机械学院）	胡　宪（信息学院）	黄江彦（交运学院）	贾越平（交运学院）
江沐子（外语学院）	姜润霄（人文学院）	冷子珺（机械学院）	梁　扬（经管学院）
林　静（土木学院）	刘明桓（信息学院）	柳清溪（经管学院）	马丽敏（外语学院）
曲　帅（机械学院）	邵子萌（土木学院）	沈　成（生命学院）	唐骥骅（茅以升学院）
王　浩（建筑学院）	王皓正（土木学院）	王倩妮（交运学院）	王　瑞（电气学院）
武　薇（地学学院）	谢宇轩（生命学院）	许　磊（力学学院）	易煜岑（经管学院）
尹筱思（地学学院）	臧奕茗（电气学院）	张玉橙（机械学院）	张　悦（土木学院）
周　琦（信息学院）			

唐立新优秀学生干部奖学金（4 名）

白　羽（外语学院）　胡　鑫（地学学院）　陈景适（土木学院）　柳清溪（经管学院）

唐立新优秀学生标兵奖学金（11 名）

江沐子（外语学院）　唐骥骅（茅以升学院）　姜润霄（人文学院）　尹筱思（地学学院）
郭文琦（土木学院）　曲　帅（机械学院）　林代春（心理中心）　任志文（力学学院）
蔡经鑫（信息学院）　贾越平（交运学院）　王一涵（材料学院）

唐立新助学金（3 名）

许　磊（力学学院）　陈　琦（物理学院）　梁　扬（经管学院）

董事会奖学金（15 名）

陈　辰（机械学院）　陈力天（心理中心）　陈思捷（电气学院）　霍宗鑫（竺可桢学院）
嵇　爽（茅以升学院）　敬素君（公管学院）　李育倩（外语学院）　苏中玲（交运学院）
续英杰（信息学院）　姚　力（建筑学院）　夏雨同（峨眉校区）　邱　吕（峨眉校区）
胡丁丁（峨眉校区）　陶世龙（峨眉校区）　何　逸（峨眉校区）

交大后勤奖学金（20 名）

宗雨新（心理中心）　崔　昂（人文学院）　邓识宇（外语学院）　高之浩（机械学院）
黄　尧（机械学院）　纪玉清（信息学院）　李宋玲（竺可桢学院）　李艳东（土木学院）
李泽星（土木学院）　李子龙（地学学院）　陆伟君（电气学院）　瞿开城（茅以升学院）
王　帆（交运学院）　王婧姿（数学学院）　王园园（材料学院）　徐　立（建筑学院）
许明华（信息学院）　杨治先（经管学院）　张天铜（生命学院）　阿布力孜·斯热吉艾合麦提（竺可桢学院）

罗忠忱教授奖学金（3 名）

屈柏林（竺可桢学院）　全　超（交运学院）　严志星（电气学院）

穗港泰奖学金（6 名）

杜　舟（竺可桢学院）　李沛锡（建筑学院）　汤逸琳（人文学院）　王悦馨（交运学院）
余明泽（茅以升学院）　张志满（信息学院）

广州校友会红棉助学金（2 名）

杨腾铎（电气学院）　卓　琪（茅以升学院）

黄山教育助学金（10 名）

龚　丽（心理中心）　李　畅（生命学院）　梁志闯（茅以升学院）　彭　俊（电气学院）
陶　柱（物理学院）　滕茂科（土木学院）　王师晗（信息学院）　肖雨欣（竺可桢学院）
尹婷婷（机械学院）　周　伟（人文学院）

惠霞教育助学金（1 名）

雷子豪（机械学院）

江西校友会助学金（4名）

胡毅豪（利兹学院） 潘昭辰（生命学院） 熊家辉（交运学院） 袁文林（人文学院）

东吴人寿助学奖学金（10名）

陈　茜（公管学院） 崔慧丽（信息学院） 刘　娟（地学学院） 刘谦彬（土木学院）
刘新月（材料学院） 王红杰（茅以升学院） 魏鸿琳（竺可桢学院） 温苗苗（数学学院）
杨　柳（生命学院） 张　丹（马克思学院）

小康工业奖学金（35名）

陈小倩（地学学院） 段冉冉（交运学院） 苟佳利（材料学院） 郭依依（建筑学院）
韩佳惠（力学学院） 何佳勇（土木学院） 胡萧越（土木学院） 计静勤（公管学院）
金云涛（土木学院） 李曾珍（数学学院） 李佳尧（电气学院） 李　君（茅以升学院）
李欣颢（机械学院） 刘　江（信息学院） 刘雪飞（生命学院） 钱世越（机械学院）
粟　瑞（材料学院） 孙靖翔（交运学院） 王劭谦（机械学院） 王子豪（机械学院）
韦楠楠（交运学院） 魏云格（土木学院） 吴佳鸿（信息学院） 吴　杰（物理学院）
吴　莹（外语学院） 向　上（机械学院） 谢　娜（材料学院） 杨　峰（信息学院）
杨　倩（材料学院） 杨一铭（交运学院） 尤冰涛（电气学院） 张　博（机械学院）
张少攀（信息学院） 张　越（人文学院） 周红梅（机械学院）

奇葩贡献奖（2名）

刘天仪（人文学院） 王晓文（电气学院）

奇葩兼优奖（16名）

陈喜润（外语学院） 李烨晴（建筑学院） 邓成达（电气学院） 刘　宇（信息学院）
潘一峰（建筑学院） 史英杰（土木学院） 宋俊伟（生命学院） 未娜超（竺可桢书院）
吴彬青（利兹学院） 吴　俣（材料学院） 徐祖奔（地学学院） 张奕源（交运学院)
仉铭坤（地学学院） 赵嘉熙（茅以升学院) 郑　琦（心理中心） 钟义亭（公管学院）

美洲校友会助学金（2名）

陈　彪（材料学院） 孙雪强（交运学院）

神钢助学奖学金（20名）

卢　锋（机械学院） 杨贺淞（机械学院） 陈　凌（机械学院） 文　章（机械学院）
陈超朋（机械学院） 陶明锋（机械学院） 陈志强（机械学院） 翟福琪（机械学院）
王晨曦（机械学院） 邬世龙（机械学院） 郑朋辉（机械学院） 余泓宇（机械学院）
傅渤雅（机械学院） 肖　玲（机械学院） 高天健（机械学院） 李欣燕（外国语学院）
张　淳（外国语学院） 马　源（外国语学院） 丁尚红（外国语学院） 毛一强（外国语学院）

佳士光彩助学金（8名）

李泽贤（生命学院） 黄玉兰（生命学院） 何雨蔓（生命学院） 符 欣（生命学院）
盛 丽（信息学院） 蒋妮妮（信息学院） 刘路路（信息学院） 闫 赟（信息学院）

新国线科创学术优秀奖（2名）

夏 旸（交运学院） 翟志康（交运学院）

新国线奖学金（16名）

康雨轩（交运学院） 李晨林（交运学院） 何 磊（交运学院） 夏云鹏（交运学院）
童瑞咏（交运学院） 李青扬（交运学院） 向江海（交运学院） 周伊冰（交运学院）
徐桃让（交运学院） 陈 瑜（交运学院） 曹靖楠（交运学院） 徐 旭（交运学院）
郑家乐（交运学院） 王逸群（交运学院） 唐诗韵（交运学院） 蒋浩然（交运学院）

极客数学帮奖学金（5名）

牛帅程（数学学院） 仵宏铎（数学学院） 张雁灵（数学学院） 黄崇昊（数学学院）
徐弋洋（数学学院）

极客数学帮助学金（2名）

宋瑞阳（数学学院） 杨嘉琪（数学学院）

郭可詹-黄盛清数学奖学金（1名）

闫金涛（数学学院）

出版数学奖学金（8名）

胡 霞（数学学院） 邱书伟（数学学院） 余佳每（数学学院） 伍舒妮（数学学院）
贾瑞坚（数学学院） 张嘉琪（数学学院） 张佳俊（数学学院） 高 宇（数学学院）

数学学院院长奖学金（3名）

胡亦秋（数学学院） 邓杨歆（数学学院） 还鸿新（数学学院）

毛子洄奖学金（8名）

金文丽（经管学院） 祝梓惟（经管学院） 游凯瑞（经管学院） 张玲慧（经管学院）
陈雪玉（经管学院） 俞高赏（经管学院） 孙鸿博（茅以升学院） 张钰姝（茅以升学院）

中安经管奖学金（18名）

杨荇贻（经管学院） 嵇江夏（经管学院） 王 翔（经管学院） 代 力（经管学院）
丁天硕（经管学院） 肖江红（经管学院） 刘倩琳（经管学院） 柯 城（经管学院）
黄 泽（经管学院） 陈子豪（经管学院） 王安琪（经管学院） 汤嘉诚（经管学院）
周锡楠（经管学院） 朱昕阳（经管学院） 朱嘉雯（经管学院） 闫嘉威（经管学院）
王 凤（经管学院） 戴璧娇（经管学院）

管84级、85级校友经英励志奖学金（12名）

王 心（经管学院） 兰清清（经管学院） 张艺萍（经管学院） 张馨艺（经管学院）

杨帆归航（经管学院） 熊　蒙（经管学院） 孔玮玥（经管学院） 王馨玉（经管学院）
李双妮（经管学院） 李　铖（经管学院） 郭昊天（经管学院） 李雪萌（经管学院）

管信 2001 级经英奖学金（4 名）

金吉吉（经管学院） 周欣玥（经管学院） 王国飞（经管学院） 王文征（经管学院）

班长奖学金（3 名）

王全宇（电气学院） 孙　检（电气学院） 王东昊（电气学院）

中安红棉奖学金（12 名）

王梦婷（电气学院） 庞鸿宇（电气学院） 吴拓剑（电气学院） 白宝雪（电气学院）
陈　阳（电气学院） 王　崭（电气学院） 马一啸（电气学院） 顾　琦（电气学院）
蒋　宇（电气学院） 李佳泓（电气学院） 裴　锐（电气学院） 霍冠霖（电气学院）

中交机电奖学金（7 名）

梁丹琦（电气学院） 鲁泽龙（电气学院） 张雅新（电气学院） 马超俊（电气学院）
杨子玉（电气学院） 张晅阁（电气学院） 丘梓溦（竺可桢学院）

亚派科技奖助学金（5 名）

刘顺攀（电气学院） 陈南匡（电气学院） 叶浩维（电气学院） 胡德旺（电气学院）
姚锦飞（电气学院）

深圳盛弘奖学金（3 名）

刘相洪（电气学院） 金浩哲（电气学院） 郭　毅（电气学院）

孙训方奖学金（6 名）

孙文章（力学学院） 王　禹（力学学院） 王　理（力学学院） 顾天成（力学学院）
贺一凡（茅以升学院） 张皓迪（茅以升学院）

力学研 85 助学金（4 名）

王梦凡（力学学院） 熊君媛（力学学院） 冉　彬（力学学院） 任玉豪（茅以升学院）

常新奖学金（10 名）

代春玥（物理学院） 张岩开（物理学院） 何诗琪（物理学院） 季天皓（物理学院）
韩佩杉（物理学院） 张　毅（物理学院） 钟文婷（物理学院） 陈　诺（物理学院）
周昱成（物理学院） 卢凡晋（物理学院）

铁工 77 奖学金（3 名）

黄道兴（土木学院） 初晓雷（土木学院） 李贤敏（土木学院）

中国港湾奖学金（4 名）

孙浚杰（土木学院） 胡蓉平（土木学院） 马嘉霈（茅以升学院） 王博安（竺可桢书院）

中国港湾助学金（4 名）

曾　鑫（土木学院） 钱　阳（土木学院） 赖孝辉（土木学院） 李清池（土木学院）

钱冬生教育基金奖学金（2 名）

蒋帆影（土木学院） 戴明昊（土木学院）

成都杰瑞达奖学金（2 名）

史博然（土木学院） 周飞聪（土木学院）

土木九八级二班奖学金（6 名）

袁山明（土木学院） 赵文玉（土木学院） 游颖川（土木学院） 张国庆（土木学院）
赵子贤（土木学院） 龙咸政（土木学院）

复光铁道奖学金（6 名）

周佳仪（土木学院） 廖祎来（土木学院） 刘新田（土木学院） 林佑玮（土木学院）
张檬丹（土木学院） 范家玮（茅以升学院）

嘉洲防水奖学金（4 名）

唐　旭（土木学院） 秦宇辉（土木学院） 喻　炜（土木学院） 何超超（土木学院）

东蓝星奖学金（10 名）

袁宝江（土木学院） 李思达（土木学院） 王振宇（土木学院） 李文秀（土木学院）
钟　茜（土木学院） 祝欣宇（土木学院） 熊英健（土木学院） 金鼎立（土木学院）
周　成（茅以升学院） 赵赫男（竺可桢书院）

铁 79 校友奖学金（10 名）

高　帅（土木学院） 刘鉴兴（土木学院） 芦梦琪（土木学院） 王雪彤（土木学院）
蔡万源（土木学院） 胡津铭（土木学院） 熊镇疆（土木学院） 陈浠航（竺可桢书院）
殷　芝（竺可桢书院） 周　超（竺可桢书院）

隔而固奖学金（4 名）

江勇涛（土木学院） 吴　俊（土木学院） 李则均（土木学院） 梁喜燕（竺可桢书院）

卫华起重奖学金（14 名）

顾梦沁（机械学院） 吴勤勤（机械学院） 龚江林（机械学院） 黄鸿颖（机械学院）
王沙沙（机械学院） 王一宇（机械学院） 韩天依（机械学院） 李　婷（机械学院）
郭贵松（机械学院） 柯亚汉（机械学院） 江开元（机械学院） 欧阳汀益（机械学院）
杨俊峰（机械学院） 王雨杨（机械学院）

华伍奖学金（14 名）

王宇杰（机械学院） 乔逸飞（机械学院） 周旭辉（机械学院） 袁宇航（机械学院）
林杰羽（机械学院） 陈宇山（机械学院） 王雪妍（机械学院） 黄　祎（机械学院）
焦伟溱（机械学院） 徐静吉（机械学院） 蓝　宇（机械学院） 王怡豪（机械学院）
胡　悦（机械学院） 吴可非（机械学院）

中力奖学金（3 名）

鲁俊钟（机械学院） 曾 诚（机械学院） 敬瑶阁（机械学院）

中力助学金（7 名）

周林春（机械学院） 答晨晨（机械学院） 刘俊含（机械学院） 程 恩（机械学院）
唐中英（机械学院） 周 鑫（机械学院） 韩晓明（机械学院）

良愫助学金（40 名）

赵弘暘（机械学院） 冯启行（机械学院） 夏铭辰（机械学院） 马 飞（机械学院）
杨明发（机械学院） 罗健宇（机械学院） 谢鑫鑫（机械学院） 郑德洪（机械学院）
马举词（机械学院） 李天强（机械学院） 曲莫伍各（机械学院） 任建震（机械学院）
李梦爽（机械学院） 张 鑫（机械学院） 叶兴林（机械学院） 杨文洁（机械学院）
陈秀生（机械学院） 李迎春（机械学院） 白佳杰（机械学院） 秦礼目（机械学院）
李少青（机械学院） 刘春波（机械学院） 魏再新（机械学院） 贾昌源（机械学院）
方传文（机械学院） 李 强（机械学院） 胡亨汶（机械学院） 黄佳圣（机械学院）
任彦平（机械学院） 达瓦顿珠（机械学院） 齐维伟（机械学院） 安君儒（机械学院）
王 兵（机械学院） 韦盛琴（机械学院） 王 翔（机械学院） 杨 胜（机械学院）
廖雪林（机械学院） 左继雄（机械学院） 林奎志（机械学院） 杜佳林（机械学院）

通茂奖学金（10 名）

程小钢（机械学院） 曹林峰（机械学院） 郝 磊（机械学院） 魏沁成（机械学院）
掌新辕（机械学院） 赵 旭（机械学院） 李 娆（机械学院） 张信民（机械学院）
吴 森（机械学院） 单沫文（机械学院）

暖通 95 助学金（4 名）

庹晓糠（机械学院） 张琦旺（机械学院） 郝梦丽（机械学院） 曹广元（机械学院）

舍弗勒工程奖学金（10 名）

刘玉婷（机械学院） 廖婷婷（机械学院） 魏瑞悦（机械学院） 丁俊杰（机械学院）
翟羽佳（机械学院） 卢志帅（机械学院） 毛斐然（机械学院） 朱振东（机械学院）
楼琳慧（机械学院） 林 芃（机械学院）

地 78 级校友专项奖学金（5 名）

任宇豪（地学学院） 贺书恒（地学学院） 方晓峰（地学学院） 文 强（地学学院）
卢 冲（地学学院）

航 78 级校友新生奖学金（5 名）

陈雪扬（地学学院） 徐 琦（地学学院） 聂 珲（茅以升学院） 贾林辉（地学学院）
潘 岩（地学学院）

扬华地质校友奖学金（6名）

葛　进（地学学院）　纪成嫣（地学学院）　刑本聪（地学学院）　陈琪磊（地学学院）
石　晨（地学学院）　刘丁毅（地学学院）

中海达校友奖学金（12名）

李茂粟（地学学院）　张文俊（地学学院）　游继刚（地学学院）　徐思彦（地学学院）
汪　濛（地学学院）　解　睿（地学学院）　黄益伟（地学学院）　徐肇文（地学学院）
陈佳佩（地学学院）　赵琳盈（地学学院）　梁欣荣（地学学院）　包雨睿（地学学院）

地83级校友新生奖学金（3名）

霍子豪（地学学院）　江雪梅（地学学院）　赵　宇（地学学院）

师益环境奖学金（6名）

钱柯疆（地学学院）　李旭辉（地学学院）　宋梓荣（地学学院）　董　璇（地学学院）
史昱翔（地学学院）　张之逸（地学学院）

刘丹奖学金（6名）

徐伟健（地学学院）　丁德建（地学学院）　宋曼娇（地学学院）　刘　滢（地学学院）
翟维欣（地学学院）　胡　樾（地学学院）

电算七九助学奖学金（6名）

苏博艺（信息学院）　李沁芮（信息学院）　刘衬清（信息学院）　陈巍林（信息学院）
高国彬（信息学院）　贾博文（竺可桢书院）

计算机自控八五校友奖学金（5名）

邹汶材（信息学院）　陈明鑫（信息学院）　吴方剑（信息学院）　汤　朋（信息学院）
俞天敏（信息学院）

亿道电子物联网专业奖学金（9名）

宓仕达（信息学院）　严　聪（信息学院）　徐稼生（信息学院）　王泽昕（信息学院）
朱元庆（信息学院）　郭　虎（信息学院）　闫洪洋（信息学院）　许维杰（信息学院）
岳钰林（信息学院）

鱼鳞图创新奖学金（3名）

李明昱（信息学院）　何华均（信息学院）　刘东林（信息学院）

复合型法律人才寿步奖学金（1名）

孙世宇（信息学院）

靳蕃学术拔尖人才奖学金（1名）

张　煜（信息学院）

交大出版·唐臣奖学金（创新奖）（2名）

吕泽楷（茅以升学院）李增辉（茅以升学院）

交大出版·唐臣奖学金（荣誉学生奖）（11 名）

刘晏伊（茅以升学院） 李茂粟（茅以升学院） 张庆铼（茅以升学院） 沈霖赟（茅以升学院）
滕 昊（茅以升学院） 陆禹佳（茅以升学院） 王 巧（茅以升学院） 张 赫（茅以升学院）
钱行健（茅以升学院） 霍家旭（茅以升学院） 王君竹（茅以升学院）

NITORI 国际奖学金（4 名）

陈蕾蕾（外国语学院） 苏晓萌（外国语学院） 杜一丹（外国语学院） 张素慧（外国语学院）

利兹学院奖学金（8 名）

任治玮（利兹学院） 柯志昊（利兹学院） 董书豪（利兹学院） 陈科名（利兹学院）
陈祺琪（利兹学院） 刘明煦（利兹学院） 唐沂鑫（利兹学院） 任睿劼（利兹学院）

89 扬华奖学金（20 名）

李 梁（峨眉校区） 孙 菡（峨眉校区） 李 静（峨眉校区） 吴启繁（峨眉校区）
邓钰龙（峨眉校区） 刘兴华（峨眉校区） 廖芳玥（峨眉校区） 张艳珍（峨眉校区）
彭雪莹（峨眉校区） 刘晓凤（峨眉校区） 关丹琦（峨眉校区） 查旺俄玛（峨眉校区）
黄德贵（竺可桢书院） 刘 佳（竺可桢书院） 周梦婷（竺可桢书院） 徐铭柯（竺可桢书院）
宋诚鑫（竺可桢书院） 李 洋（竺可桢书院） 赵 犇（竺可桢书院） 彭 渺（竺可桢书院）

广东冠粤路桥奖学金（10 名）

宋 茜（峨眉校区） 杨 彪（峨眉校区） 程沛媛（峨眉校区） 彩骆骆（峨眉校区）
张军政（峨眉校区） 何 澜（峨眉校区） 王二力（峨眉校区） 田宇飞（峨眉校区）
丰 鑫（峨眉校区） 张金翔（峨眉校区）

中铁装备奖学金（10 名）

何文瑜（峨眉校区） 白凯伦（峨眉校区） 林 航（峨眉校区） 舒 晓（峨眉校区）
马槐遥（峨眉校区） 周思宏（峨眉校区） 曹茂森（峨眉校区） 刘佳妮（峨眉校区）
潘 飞（峨眉校区） 左思家（峨眉校区）

研究生专项奖助学金（289 名）

董事会奖学金（5 名）

邓兰梅（数学学院） 李 倩（牵引动力） 刘懿苇（生命学院） 王考考（经管学院）
吴德宝（土木学院）

黄山教育助学金（3 名）

郭秦林（公管学院） 谭启涛（数学学院） 闫章存（交运学院）

唐立新助学金（9 名）

潘宏烨（机械学院） 安 峰（电气学院） 刘川昆（土木学院） 李林卿（交运学院）
许 欢（人文学院） 沈彬彬（外语学院） 徐占东（交运学院） 郭庭鸿（建筑学院）
江坷滕（电气学院）

唐立新奖学金（23 名）

靳　龙（材料学院）　谢　玮（地学学院）　陈　阳（电气学院）　成　业（电气学院）
邓惠文（电气学院）　江坷滕（电气学院）　雷杰宇（电气学院）　潘宏烨（机械学院）
肖　晨（机械学院）　郑丽鑫（建筑学院）　李清滢（交运学院）　于博伦（马克思学院）
敖玮婧（人文学院）　卢　琴（人文学院）　孙泽仙（人文学院）　赵堉汀（人文学院）
敬思惠（数学学院）　刘　冰（数学学院）　苏　昂（土木学院）　沈彬彬（外语学院）
张容华（外语学院）　程治淇（信息学院）　李宗雷（信息学院）

唐立新优秀学生干部奖学金（6 名）

沈彬彬（外语学院）　雷杰宇（电气学院）　卢　琴（人文学院）　李清滢（交运学院）
于博伦（马克思学院）王誉静（材料学院）

唐立新优秀学生标兵奖学金（9 名）

张亚东（牵引动力）　杜　军（建筑学院）　徐　瑶（生命学院）　鲍玉龙（土木学院）
韩鹏程（电气学院）　刘　冰（数学学院）　周明星（马克思学院）王　乐（物理学院）
曾锦秀（地学学院）

佳士光彩助学金（8 名）

袁娟娟（生命学院）　王玉霞（生命学院）　夏满琼（生命学院）　谭　辉（生命学院）
盛　丽（信息学院）　刘路路（信息学院）　闫　赟（信息学院）　蒋妮妮（信息学院）

生工科研奖学金（4 名）

马凌晖（生命学院）　范　静（生命学院）　梁　易（生命学院）　李良建（生命学院）

新国线奖学金（5 名）

李彦瑾（交运学院）　杨　强（交运学院）　温念慈（交运学院）　朱江洪（交运学院）
张　琪（交运学院）

新国线奖学金之科创学术优秀奖（3 名）

徐长安（交运学院）　章国鹏（交运学院）　陈瑞雅（交运学院）

鱼鳞图奖学金（3 名）

黎俊秀（信息学院）　杨　雪（信息学院）　桑　静（信息学院）

平志奖学金（2 名）

何海军（信息学院）　刘雅雅（信息学院）

华为奖学金（30 名）

周　培（信息学院）　何海军（信息学院）　唐贵旭（信息学院）　杨高扬（信息学院）
陈　平（信息学院）　付永高（信息学院）　王帅韬（信息学院）　张聪杰（信息学院）
施　龙（电气学院）　王　贞（电气学院）　钟俊平（电气学院）　饶　齐（信息学院）

郭彦宏（信息学院） 王富斌（信息学院） 张瓷平（信息学院） 温鹏伟（信息学院）
马 凌（信息学院） 龚 随（信息学院） 刘 鹏（信息学院） 余礼苏（信息学院）
魏荷坪（信息学院） 钟李涛（信息学院） 孙林川（信息学院） 邓海清（信息学院）
陈一鸣（电气学院） 刘嘉蔚（电气学院） 胡 怡（电气学院） 林晓鸿（电气学院）
俞孝峰（电气学院） 徐 莘（电气学院）

孙训方奖学金（2 名）

程 前（力学学院） 王 玲（力学学院）

中安经管奖学金（3 名）

陈银平（经管学院） 王 婧（经管学院） 庞祯敬（经管学院）

毛子洄奖学金（2 名）

周亦宁（经管学院） 徐伟举（经管学院）

盛弘奖学金（4 名）

刘静怡（电气学院） 武雪松（电气学院） 王 怡（电气学院） 周 涛（电气学院）

亚派科技奖助学金（5 名）

刘文强（电气学院） 林宏健（电气学院） 牛 茁（电气学院） 陈翼星（电气学院）
唐浩龙（电气学院）

中安红棉奖学金（5 名）

李帅兵（电气学院） 黄 可（电气学院） 杨寒卿（电气学院） 陈隽文（电气学院）
洪志湖（电气学院）

中交机电奖学金（8 名）

韩 莹（电气学院） 王路伽（电气学院） 张国瑞（电气学院） 王天宏（电气学院）
刘倩倩（电气学院） 尹良震（电气学院） 龚天勇（电气学院） 林磊明（电气学院）

扬华地质校友奖学金（4 名）

范智浩（地学学院） 王凯强（地学学院） 潘一茜（地学学院） 孙春卫（地学学院）

地 83 级校友新生奖学金（2 名）

夏 攀（地学学院） 黄 健（地学学院）

航 78 级校友新生奖学金（2 名）

孙昆襄（地学学院） 王登星（地学学院）

中海达奖学金（3 名）

丁一航（地学学院） 罗晨曦（地学学院） 尹灵芝（地学学院）

刘丹奖学金（4 名）

易小莹（地学学院） 刘许柯（地学学院） 苟雪梅（地学学院） 陈 靖（地学学院）

高分子奖学金（4名）

杨　倩（材料学院）　田　馨（材料学院）　贺珍珍（材料学院）　刘丹凤（材料学院）

安吉尔奖学金（23名）

杨　倩（材料学院）　韦　枭（材料学院）　田　馨（材料学院）　马芳芳（材料学院）
贺珍珍（材料学院）　柏奇琪（材料学院）　徐亚莉（材料学院）　王　奇（材料学院）
王　颖（材料学院）　黄　飞（材料学院）　薛　飞（材料学院）　杨朝金（材料学院）
刘丹凤（材料学院）　谢亦宁（材料学院）　曹　静（材料学院）　李　伟（材料学院）
张　迪（材料学院）　俞　旭（材料学院）　廖佩姿（材料学院）　黄　茜（材料学院）
王华高（材料学院）　王文燕（材料学院）　卢　玉（材料学院）

数学学院院长奖学金（2名）

苏　阳（数学学院）　王秋娇（数学学院）

出版社奖学金（8名）

薛彬彬（数学学院）　邓　川（数学学院）　高　琪（数学学院）　常欣欣（数学学院）
陈睿轩（数学学院）　林　洪（数学学院）　姜玉婷（数学学院）　王慧霞（数学学院）

卫华起重奖学金（4名）

贾　林（机械学院）　许鸿谦（机械学院）　张　琦（机械学院）　肖泽平（机械学院）

华伍奖学金（10名）

管　超（机械学院）　邓　勇（机械学院）　邓　星（机械学院）　张天佑（机械学院）
刁云峰（机械学院）　熊　能（机械学院）　李金城（机械学院）　宋靖东（机械学院）
马逸飞（机械学院）　魏驰翔（机械学院）

中力奖（助）学金（6名）

徐江平（机械学院）　刘治勇（机械学院）　陈　坤（机械学院）　张人梅（机械学院）
卢宇奇（机械学院）　王景磊（机械学院）

通茂奖学金（7名）

邹宾森（机械学院）　蔡　宁（机械学院）　杨　阳（机械学院）　曾启航（机械学院）
林承雄（机械学院）　李　爱（机械学院）　陈　诚（机械学院）

卡莱波尔奖学金（11名）

刘兴龙（机械学院）　徐　凯（机械学院）　王　媛（机械学院）　刘金通（机械学院）
何成刚（机械学院）　曾　超（机械学院）　廖　贞（牵引动力）　汪　煌（牵引动力）
邹　欢（牵引动力）　郭力荣（牵引动力）　张　杰（牵引动力）

欧维姆奖学金（7名）

孙　齐（土木学院）　卢志楷（土木学院）　赵启超（土木学院）　邬菡茖（土木学院）
张　哲（土木学院）　白　赟（土木学院）　郭俊峰（土木学院）

铁工 77 级奖学金（3 名）

陈　行（土木学院）　徐海岩（土木学院）　段青松（土木学院）

西南交大设计工程奖学金（5 名）

陈中天（土木学院）　李永奎（土木学院）　闫孔明（土木学院）　梁　林（土木学院）
王　源（土木学院）

中国港湾奖学金（3 名）

贾东林（土木学院）　张　川（土木学院）　刘　品（土木学院）

铁 79 校友奖学金（5 名）

邓世杰（土木学院）　李　帅（土木学院）　朱　波（土木学院）　徐家铎（土木学院）
陈嘉胤（土木学院）

隧道奖学金（2 名）

易志伟（土木学院）　张　彪（土木学院）

奇葩创新奖（1 名）

张晓鸿（材料学院）

奇葩贡献奖（3 名）

倪　佳（建筑学院）　薛佳菁（外语学院）　徐君翔（交运学院）

奇葩兼优奖（11 名）

崔雅莉（土木学院）　邓慧心（机械学院）　苟方杰（电气学院）　阚国锦（物理学院）
廖怨婷（信息学院）　孙艳红（牵引中心）　唐　丹（马克思学院）王连富（机械学院）
谢　波（数学学院）　赵　睿（交运学院）　柯罗俊兰（人文学院）

钱冬升教育基金（3 名）

孙南昌（土木学院）　杨得旺（土木学院）　赵　宁（土木学院）

岩土校友基金奖学金（6 名）

张文涛（土木学院）　王　洋（土木学院）　曾鹏毅（土木学院）　王园园（土木学院）
王钦科（土木学院）　廖蔚茗（土木学院）

嘉州防水奖学金（3 名）

周　平（土木学院）　段伦良（土木学院）　刘飞成（土木学院）

复光铁道奖学金（2 名）

康维新（土木学院）　豆银铃（土木学院）

隔而固奖学金（6 名）

徐建峰（土木学院）　向　芬（土木学院）　易　强（土木学院）
阁　鑫（牵引动力）　宋坤骏（牵引动力）　张明远（牵引动力）

西南交通大学2017届四川省优秀大学毕业生表彰名单

本科生（70名）

惠　术　廖文杰　杨得海　李铁贤　刘　强　邓　鹏　陶红飞　云千芮
黄书玉　肖　炼　宋思齐　曾　攀　韩　菲　李笑涵　陈玲鹏　柳晓贞
张凯峰　徐　垚　汪　哲　孙　康　雷雁雄　刘　凯　金　森　南佳俊
廖冰洁　秦俊杰　冯　帆　江尚谕　徐杨佳文　罗　雪　朱玉霖　王广翔
应程铄　王文燕　王执晓　李　蓉　程　宏　邓子为　张雪莹　明钰童
张炜扬　陈　磊　靳　学　文海燕　李旭东　罗　枫　姜永杰　韩雪娇
张焕新　赵丹娅　钱雨梅　张雯皓　刘伦杰　李　艺　王　岩　朱　睿
李冰玉　张天航　黄凯平　郑　爽　杨　杰　葛银波　黄　蓉　周　霞
胡一枭　刘　通　江天曦　李婷婷　李小娟　严文宏

研究生（34名）

范建国　李　伟　张向旭　孙少伟　蒙国往　崔晓璐　刘丛志　崔　富
郝长金　向　川　何俊鹏　李　杰　李燕杰　张所斌　齐　辉　姚晓玲
曾慧　席纪新　陈　林　马丽娜　韩　璐　王晓文　刘天扬　魏　茂
刘猛　刘思文　曹　静　宋志磊　李佩栋　马　宇　周晓敏　胡雅楠
赵四可　韩　暖

西南交通大学2017届优秀毕业生表彰名单

土木工程学院（89名）

本科生（49名）

姚　萌　张君臣　付海清　田　源　马杲宇　范宇航　张润泽　皮振宇
何卓磊　孙明辉　许健雄　李　川　贾继祥　李小琴　程双福　刘川昆
唐　力　赖亚林　钱文亮　熊籽跞　邱钰峻　葛良福　陈敏章　朱双燕
王乾屾　张志杰　唐　庆　谭因军　邱景雷　侯伟名　逄　健　苏开濰
王霁阳　杨洪誉　钱　舵　刘金健　冯宇飞　方若全　王晨阳　杨冬雪
孙朝阳　邱小航　陈文宇　张　蕾　徐　飞　何晨烨　胡　豪　成正清
朱　旺

研究生（40名）

何尉祥　骆　飞　苏乾坤　徐　佳　罗慧玉　陈文龙　谢　丹　张誉瀚

蒋依坛　梁迎春　张瑞国　李剑鸾　陈航　陶德怀　王源　夏磊
陆小珍　潘烨　许会燕　赵海威　刘欢　侯旭丰　张珏　吴金标
杨醒宇　汪耀　谢博　谢超　李亮　吴正恺　郭靖　郭骁玥
马小斐　金正凯　张双洋　宋立忠　欧阳芳　代聪　林放　王永宝

机械工程学院（80名）

本科生（55名）

褚文俊　邓佳林　陈朗　陈璋　詹利建　王小瑞　王俊玮　郑嘉诚
余昊燃　肖俊　于海洋　朱涛　毛冉成　王庆昕　徐美奇　李婷婷
聂嘉兴　饶阿龙　侯进　刘洛辰　王杰　程凯常　胡祯　游颖超
丘婧　张鑫　王笑冬　储子昀　樊鹏宇　黄俊翔　杨洁　闫文晋
张启旸　杨杰　由智超　王振宏　范屹立　宿恒　贾俊　王可卿
武韩强　陈伟　宋家烨　陈志贤　周佳辉　吕泽奎　王雯雯　陈海潮
郭通　马苑晋　黄袁凯　何柯达　张忠良　乐超毅　兰博

研究生（25名）

杨昊亚　唐海峰　王峰　邱方长　孙海振　叶运广　李巧艺　张旭
张子舆　张茂松　曹熙　杨陶　李超军　余容　程兵　徐存宝
马超　齐亚琼　曾文宇　梅菊　万瑞琦　杨昕时　黄海波　马蕾
陈俊

电气工程学院（63名）

本科生（35名）

庆晨　王思成　王璇　向悦萍　刘慧雪　陶壮意　王磊　龚豪
侯明斌　骆冰祥　时方力　卢华歆　宋玉明　段绪伟　张妍　李忠发
周瑞兵　陈舒蕴　陈飞彬　王硕　赵钰　张越　罗裕祥　李振宇
于兴宇　刘益成　向智莉　张恒　余泽汇　李思琦　王德胜　谢东
卢孟林　鲁培琳　刘雪晴

研究生（28名）

秦晓宇　钟鑫　尹小兵　王辉　李丹丹　侯聂　马林森　田明明
杨琦　蒋烨　黄康　崔宸昱　陈静　陈亚军　张凯暾　何飞
杨杨　刘浅　明杰　唐诗光　张培　何洋阳　魏晓斌　李辉
邱璐　刘正一　杜昕　赵俊博

信息科学与技术学院（85 名）

本科生（57 名）

胡世会	鲍照耀	李治阳	王芷芸	王英杰	邓　稳	张力振	李晓芳
徐　瑶	李　运	黎治兰	周洋程	袁梅雪	刘邓华	周　倜	陈大文
雷智培	赵晓林	李　恒	王臣玺	彭　亮	段雯誉	雒　茜	石丽红
陈云鹏	徐慧斯	闫　闵	梁含玉	王　喆	靳世雄	涂　敏	苟　爽
周惠芝	袁亚辉	赵　豆	马凡迪	刘伟浩	张志文	朱彦荣	谭　腾
张　丹	贾万睿	曾小娟	张黎洁	朱晓娟	彭定明	任仲蔚	丛德铭
窦　磊	陈丽芸	李惟智	颜佳楠	王生武	邓家宁	王　铃	李瞳希
胡荷蕾							

研究生（28 名）

马文卓	郭　超	李晏君	李　旭	杨　军	崔　超	曹华杰	吉增建
白海龙	张代胜	王慧丽	余超超	张　迪	彭榆淞	杨　城	杨　巧
白　雪	张　浩	唐　郅	代　森	虎大力	赵建朋	王怀松	毕可歆
杨　超	袁金伟	李玉鑫	邓　琦				

经济管理学院（33 名）

本科生（20 名）

黄佳炜	梁潇艺	徐晓佳	邓春梅	曹文倩	杨泽冰	罗　雯	刘丽楠
张宸宁	胡婷婷	温　玲	王一格	王　希	肖云凤	赵若怡	罗钰琳
张　炜	龚　乐	张少钦	刘　佼				

研究生（13 名）

陈昱彤	王章名	李雨沛	徐冠宇	曹　阳	朱俊亚	盛　平	赵丹丹
陈晖	刘自玲	陈　冰	陈　雷	朱琼杰			

外国语学院（22 名）

本科生（19 名）

邵岳亮	朱鹏君	徐　媛	刘露露	熊孝康	张玉红	李高阳	朱孟苗
张　琪	赵　鑫	贠奇志	王敏杰	曹爱晨	张　彤	王乐阳	戚雯倩
万子千	晏阳红	王泯溪					

研究生（3 名）

薛傲霜	苟　林	冯丽平

交通运输与物流学院（58名）

本科生（38名）

文　雯	李唯真	李昌峰	赵开宇	杨　霞	刘颖沛	范利阳	谢文颖
朱一洲	张倩璐	杨窈慧	陈　伟	金　波	王精滢	徐　昊	蒋清宸
迟　明	谢晓敏	王超宇	沈　昊	易洪波	张　姚	曾　煜	胡晶晶
林云志	李登辉	林　祎	李祎凡	王豹	袁田甜	邬玎岚	邹宝宝
梁振子	王　露	马世霞	张杏蔓	孟令涵	王紫萌		

研究生（20名）

吴　胜	熊升华	刘　丹	刘　媛	秦　政	孙嘉欣	骆　强	牛清春
符倍维	牛琳博	杨吉凯	甘志良	刘亚龙	王　浩	庞　婷	程天伦
邓珺文	王沂栋	孙兆祖	李时雨				

材料科学与工程学院（36名）

本科生（24名）

杨　璐	刘彩云	黄　婷	谭　陵	谢俊兰	肖书婷	王　浩	甘吉松
杨　武	卢　玉	陈　冰	刘　欢	蒋依婷	刘　威	皮宇鹏	陈逸飞
师　爱	李洁祎	王德钊	谭家宁	赵雪微	李厚一	郭　糠	孙　越

研究生（12名）

张月萍	刘晚霞	刘　岳	汪　辛	徐　超	张志兴	杨　莹	吴　建
李正阳	漆　飞	陈英奇	韦佼君				

地球科学与环境工程学院（48名）

本科生（29名）

文湘玉	毕　峰	郭瀚文	庞　达	姜文观	夏晨翕	顾欣欣	龙　毅
郭晟鹏	孙　波	刘彦辉	孙昆襄	王广帅	王雅婷	李世昌	熊冲冲
樊　欢	刘　童	曾　芹	童　鸣	代琬璐	刘端阳	王　煦	袁运强
吕嘉润	牟玉斌	吴孟舜	王　倩	刘　航			

研究生（19名）

郭加伟	苗双喜	赵琳智	张金存	雍　琦	刘锟铭	薛　骐	魏源成
宋殿君	洪美玲	杨小凤	吴林梅	黄　帅	吴　波	王　茜	唐　蜜
苏国锋	吴开岩	刘惠涛					

建筑与设计学院（44名）

本科生（29名）

秦　梦　黄心怡　何　杰　王　唯　徐　佩　宋国晗　蒋诗怡　缪应璐
冯雅颂　叶子豪　马　卉　王　瑞　姚　望　仲　亮　程秉钤　司雨田
靳　洋　李梦思　黄超雄　李　琦　蒲春艽　沈方圆　韩　博　许　潇
马　琳　黄静瑶　陈露莹　黄行达　母爱欣

研究生（15名）

袁毓璟　钱　蔚　喻冰洁　白芸雯　陈　卓　周广鹤　钟少宏　魏　哲
李世玉　曾　晨　王　妍　李红玲　祖琰杰　杨晓丽　胡博洋

物理科学与技术学院（19名）

本科生（15名）

李梦朝　苏晶铭　刘　浩　王　熹　陈　鹏　苏冠楠　侯天龙　刘济樾
谢　杰　赵海丞　彭　双　蒋茂霞　郭子威　叶玲珑　聂荣江

研究生（4名）

马存良　任宏兵　马文利　李媛

人文学院（23名）

本科生（16名）

高圣寒　杨　帆　宋姝颖　冯雪梅　甘　甜　范晓昱　谢荣惠　颜傲雪
窦淳冉　程　洁　李晓琳　刘佳颖　朱　皓　解　然　王宇璇　张　译

研究生（7名）

焦树芳　郭　玲　殷秀秀　王　铮　黄丹丹　李卓然　袁　媛

公共管理与政法学院（18名）

本科生（11名）

董　蕘　张可安　吴佳宁　郭　熳　刘　恒　刘昱君　禹亚茹　刘兰炜
许肖碧　王　粤　关格格

研究生（7名）

周　璇　熊　茜　刘千亦　赵慧增　孙义恒　程　阳　丁家田

生命科学与工程学院（22名）

本科生（17名）

孟子晗　张家琪　徐　路　陈燕君　王漫丽　石春兰　张　昆　安　琪

陈倩倩　宋　婧　胡海碧　杜隆飞　张　敏　张雨璐　肖华帅　王　婷
刘纪伟

研究生（5名）

叶子萌　白瑞雪　俞继华　吴　润　邱雪梅

力学与工程学院（13名）

本科生（10名）

王莅辰　马相峰　张　磊　刘轩秀　张德春　姜　晗　丁　立　胡雪岩
许　诺　王　骏

研究生（3名）

谢奇峻　汪永军　杨　凡

数学学院（12名）

本科生（10名）

谢伟译　贺晨曦　肖雅丹　毛慧玲　王天一　黄宇杰　陆苏东　杨晓蕾
向一玮　唐浩丹

研究生（2名）

赵玉娟　刘文佳

心理研究与咨询中心（1名）

本科生（1名）

张　芳

马克思主义学院研究生（2名）

易　刚　朱　利

牵引动力国家重点实验室（9名）

研究生（9名）

张思齐　钟响亮　吴海涛　岳彩姝　伏　蓉　隋　皓　屈晶晶　蔡海森
陶功权

体育科学研究所（1名）

研究生（1名）

闫晓毓

峨眉校区（142 名）

本科生（142 名）

赵绍鹏	赵文豪	杨志杰	杨人川	但鹏飞	高天赐	刘　佳	蒋　频
杜　威	周　沁	李沛洲	谢铭勤	刘　梦	谢彩霞	王丹伶	严　涵
岳梦浩	何贵勤	童　磊	师新虎	艾秋池	何庭君	吴先强	胡西婷
杨敏捷	刘冬娅	徐　超	谢德超	冉智文	孙　熙	王牧麒	张　峰
王志龙	曾　元	钟　斌	温　静	张念强	郎仕伟	刘　杰	邹博文
杨世均	雷　茜	罗信明	张　乐	邓英健	张　伟	陈书剑	王一鸣
李　俊	何　博	程海涛	罗建川	刘　烨	刘　伟	邓国平	李　进
席超星	李良杰	叶志浩	马虹蛟	陈志远	唐　力	李　彪	周　景
王雪儿	赖桂瑾	唐怡阳	高　元	杨茜茜	曲嘉琦	李琦琦	叶启舟
叶庆智	邓睿	李茂才	李会子	蒋玉庆	陈　丹	邹　林	刘易鑫
李宗键	舒　锐	李岩效	古力丹	杨　皓	张　琳	姚金秀	何传磊
谭　雪	肖光楠	许　丹	李　进	马　敏	辜雪菲	舒瑞雪	郭义宽
周雪梅	蔡　雨	刘淑曼	龙罗桥	罗桂蓉	姚晓菲	邵　玉	胡　锐
方定伟	凡　郑	马树波	张晴焱	陈丰琴	王丹丹	周　芳	秦　芮
钟　磊	王　迪	李佳芯	宋　翼	熊　敏	陈思鸿	胡志蒙	白文林
凌珊	邓良艳	唐晓宇	李　亚	邛莫金曲	曾　琪	李　季	向思杨
陈安妮	马雪坤	何　婷	范中玉	曹　然	苏扬婧	牟林丽	胡云洁
程　冕	张仁杰	陈　洁	程雅梅	程梦琦	张艺兰		

2016—2017学年优秀国防生排、优秀国防生班、优秀国防生、国防生专项奖学金获奖名单

优秀国防生排（1 个）

2014 级连队 3 排

优秀国防生班（4 个）

2014 级连队 1 排 4 班　2014 级连队 2 排 6 班　2014 级连队 3 排 10 班　2014 级连队 3 排 12 班

优秀国防生（14 名）

何　曦（交运学院）　张忠文（交运学院）　李清松（交运学院）　夏　旸（交运学院）

郭　昊（交运学院）　代瑞麟（交运学院）　石文成（交运学院）　陈文杰（交运学院）
杨博文（交运学院）　张　欣（交运学院）　曾　吉（交运学院）　王宇浩（交运学院）
黄佳帅（交运学院）　陈　顺（交运学院）

国防生专项奖学金（20名）

一等奖学金（10名）

刘佳文（交运学院）　黄佳帅（交运学院）　何杜博（交运学院）　张忠文（交运学院）
郭　昊（交运学院）　赵溢伟（交运学院）　陈文杰（交运学院）　代瑞麟（交运学院）
刘　浩（交运学院）　朱永康（交运学院）

二等奖学金（10名）

戴　涛（交运学院）　杨洪云（交运学院）　王　栋（交运学院）　曾　吉（交运学院）
张　欣（交运学院）　王宇浩（交运学院）　石文成（交运学院）　钟昱辰（交运学院）
陈　顺（交运学院）　李清松（交运学院）

西南交通大学2016年度“华为优秀辅导员”名单

门满洲（物理学院）　孔　琳（生命学院）　付真珍（土木学院）
卢怡帆（数学学院）　任凯利（经管学院）　刘耀谦（利兹学院）
孙彦文（地学学院）　易洺瑶（峨眉校区）　韩　瑞（交运学院）
蔡俊俊（机械学院）　廖　凡（信息学院）　魏若彧（人文学院）

西南交通大学2017年度“华为优秀辅导员”名单

毛　盾（茅以升学院）　熊　麟（土木学院）　李　毅（机械学院）　王　轶（电气学院）
赵梨利（信息学院）　黄　莺（交运学院）　宋俊宏（材料学院）　王俊棋（外语学院）
樊　菊（心理中心）　郑　敏（峨眉校区）

西南交通大学2016年度“优秀学生工作者”名单

土木学院

石　莹　　黄雪娇　　刘　萍　　车小洁　　王若羽

机械学院

李慕尧　　马　楠　　李中志　　唐　序

电气学院

曹　楠　　乔锦新　　李诗涵

信息学院

莫晓波　　刘　娟　　朱方方

经管学院

陈建奇　　张媛媛

外语学院

王俊棋　　龙艳秋

交运学院

燕鹏飞　　李清滢

材料学院

章春军　　刘　晓　　宋俊宏

地学学院

周　青　　邓思然

建筑学院

孔翔榆　　罗克乾　　袁毓璟　　黄赫中

物理学院

周永生

人文学院

刘　爽

公管学院

易　恬　张　哲

生命学院

高　鹏

力学学院

杨　婧

马克思主义学院

赵　晨

心理中心

樊　菊

体科所

易述鲜

茅以升学院

毛　盾

竺可桢书院

李　勇

牵引动力

郭鑫鑫

国际处

黄德明

学生工作部

郝辽钢　　米　艳　　胡安辉　　侯　倩　　黄　原

校团委

李振宇　　何诣寒

招生就业处

叶林华　　徐　帅　　干　璐　　陈　晨　　冯冰淞

峨眉校区

许炜强　　白　欣　　孟凡春　　邓　超　　郑　敏　　余晓珂　　郭兆煊
魏振兴　　孔延花　　李　骐　　曾　洁

西南交通大学2017年度“优秀学生工作者”名单

茅以升学院

李佳蔓

土木学院

刘　萍　　黄雪娇　　石　莹　　车小洁　　王若羽

机械学院

于　楠　　邓慧心　　王连富

电气学院

林静英　　于　磊

信息学院

陈延云　　杨子仪　　宋方婷　　胡晓阳

交运学院

雍　腾　　赵　睿　　徐君翔

利兹学院

刘耀谦

材料学院

王誉静　　卿宴伶

地学学院

杨都强　　翟　琦　　李晓宇

经管学院

杨宏毅　　李洪辉　　雷燕君　　张先凌

外语学院

张　茜

建筑学院

孔翔榆　　刘　野　　方　翰　　段玉全

物理学院

门满洲　　周永生

人文学院

李　雯　　王晓研

公管学院

赵彦辉　　潘宇森

生命学院

孔　琳　　贺　薇

力学学院

杨　婧　　张英蓉

数学学院

邓思然　　卢怡帆

马克思主义学院

石立春

牵引动力

郭鑫鑫

竺可桢书院

李玉梅　　伏芸冬　　严翼飞　　严光银

学生工作部

任黎立　　邓秀芸　　邢晓鹏　　谭春燕　　王雯婷　　韩　冰　　张庆伟

招就处

黄春蓉　　温　朋　　彭黎明　　董鹏飞　　胡　珂

校团委

朱　炜　　李　娜　　李向蔚

峨眉校区

许炜强　　白　欣　　孟凡春　　易庆萍　　吴小平　　张江泉　　王　喆

西南交通大学2017届面向基层就业及自主创业优秀毕业生表彰名单

各省市组织部“选调生”表彰名单（19名）

本科生（4名）

徐　敏　　师　宇　　陈峻涵　　陈　根

研究生（15名）

唐浚峰　　宋春婷　　刘朝林　　杨皓珺　　韩懿婧　　张海莉　　黄林尧　　舒懿东

梁迎春　　戴亚鹏　　王　为　　郑媛君　　李　伟　　彭佳伟　　莫晓波

研究生支教团优秀毕业生表彰名单（8名）

本科生（8名）

钱　磊　　辛　怡　　车　畅　　李悄鸣　　边诗朦　　杨　磊　　严亚飞　　李　季

“大学生村官”项目优秀毕业生表彰名单（13 名）

本科生（13 名）

郭经纬　李婷婷　兰雪梅　刘　勋　王曦悦　黄　祯　黄兴琦　颜瑜琪
张佩维　唐　凡　佘垚慧　罗鹏飞　谭晓满

应征入伍优秀毕业生表彰名单（2 名）

本科生（2 名）

郑　懋　孟　杰

大学生自主创业优秀毕业生表彰名单（15 名）

本科生（9 名）

王家峰　叶净静　郭喜超　褚晓琳　朱恩璞　刘　强　李思奇　李嵩松
杨佳鑫

研究生（6 名）

连　奇　魏源成　彭海松　周　茜　张　岚　李　亮

西南交通大学2017年大学生暑期“三下乡”社会实践

优秀团队、优秀指导教师、优秀队员名单

一、团中央优秀团队和优秀个人

交通运输与物流学院“云情运卿”社会实践队（团中央暑期“三下乡”社会实践活动优秀团队）
公共管理与政法学院“法润高校”社会实践队（团中央“千校千项”最具影响好项目）
苏小桦（团中央暑期“三下乡”社会实践活动优秀个人）

二、校级优秀团队（22 支）

机械工程学院赴西安市、兰州市“由轨助力新丝路”社会实践队
机械工程学院赴拉萨市“探访天路，联谊藏大”社会实践队
电气工程学院赴西安市“古丝绸，新建设”社会实践队
电气工程学院“川渝高校电气类媒体赴川内电气类宣传单位调研考察”社会实践队
信息科学与技术学院赴梅州市“启梦 V11 自然与生活乡村夏令营”社会实践队
交通运输与物流学院赴大邑县“关爱革命伤残军人，弘扬爱国拥军传统”社会实践队
交通运输与物流学院赴马边彝族自治县“云情运卿”社会实践队
交通运输与物流学院赴宜宾市“春风入乡·雨润南溪”社会实践队
地球科学与环境工程学院赴广元市“震后地质灾害情况分析及环境影响评估”社会实践队
建筑与设计学院赴邛崃市“探寻革命足迹·扬专业之长”社会实践队
人文学院赴凯里市“牵‘守’凯里，育梦莘莘”社会实践队

利兹学院赴泰国清迈志愿支教社会实践队

学校赴马尔康市精准扶贫调研社会实践队

学校赴阿坝县精准扶贫调研社会实践队

机关党委、地球科学与环境工程学院党委、大学生社团联合会联合赴彭州市“为了那份爱”社会实践队

党委办公室赴广安市“留守儿童的成长与心理发展调研”社会实践队

党委办公室赴重庆市“访谈重庆校友，共话创新未来”社会实践队

党委宣传部赴广州市“‘一带一路’闽粤地区的中国形象社会实践调研”社会实践队

党委学生工作部赴乌鲁木齐市、兰州市“从愿景到行动：大学生媒体聚焦‘一带一路’战略重大意义、实践路径和建构机制”社会实践队

“青马工程”第六期“精英人才班”赴井冈山“井冈情·中国梦”专项社会实践队

校学生会赴北京市、天津市“走访往届主席，回忆百年校会路”社会实践队

大学生第二、三课堂运营中心赴犍为县“礼敬传统文化，走进清溪剪纸”社会实践队

三、院级优秀团队（14支）

电气工程学院赴会宁县“重走长征路、重温革命情”社会实践队

信息科学与技术学院赴美国旧金山市“2017年硅谷高科技”社会实践队

经济管理学院赴彭州市“小鱼洞关爱行”社会实践队

外国语学院赴南充市“探访丝绸之都，溯源南方丝路”社会实践队

交通运输与物流学院赴宜宾市“关注交通安全，石海景区交通安全考察”社会实践队

材料科学与工程学院赴眉山市“晨曦有语，情暖眉山”社会实践队

地球科学与环境工程学院赴乌鲁木齐市“组织暑期返疆学生，联合在疆校友发声亮剑”社会实践队

建筑与设计学院“走进社区，敬老院献爱心送温暖”社会实践队

物理科学与技术学院赴绵竹市“2016级光电1班暑期三下乡”社会实践队

人文学院赴南充市“南充留守儿童支教及实地调研”社会实践队

人文学院赴都江堰市“考察道教文化在现代的发展与传承”社会实践队

公共管理与政法学院赴遂宁市“滋新文化，自信文化”社会实践队

生命科学与工程学院赴眉山市“奉献暖人心，携手共前行”社会实践队

利兹学院赴眉山市“快乐学校——眉山关爱留守儿童”社会实践队

四、优秀指导教师（33人）（按姓氏笔画排序）

于　磊	王齐荣	王炎冰	王静雅	田　红	付　飞
任凯利	向仲敏	邬洪涛	刘　野	刘文华	刘耀谦
苏小桦	李　雯	李清滢	杨子仪	杨静文	张　哲
陆宇佳	陈　璐	陈丝丝	林静英	周　伟	赵周鉴
胡　豪	胡晓阳	段玉全	徐君翔	黄德明	鹿金龙
鲍洪刚	廖　凡	薄　慧			

五、优秀队员（185 人）（按姓氏笔画排序）

丁朱友	马婷婷	王　予	王　珊	王一土	王子萱
王天昊	王龙祥	王恩昊	王浩清	王盛东	王颖峰
文　雯	尹佳宁	孔　睿	孔晓威	邓君风	石雪莉
卢　焰	旦增罗布	申毅杰	田　垚	田文峣	冉依依
代　蓉	冯添杰	加依娜·巴合提		边岱森	乔小斌
任百万	任豪飞	华　珅	刘　莹	刘大湖	刘贝贝
刘立冬	刘亚琴	刘重熙	刘禹初	刘冠良	刘智远
刘懿瑄	闫敬文	许不凡	孙　杰	孙　星	孙　艳
孙士清	孙万寿	孙兆文	苏　星	苏　祥	苏子峰
杜一丹	杜明阳	杜逸峰	李　方	李　威	李　钰
李　倩	李　琦	李　薇	李　赞	李丹丹	李文通
李世豪	李丽嘉	李玥玲	李佳轩	李岳峰（信息）	李岳峰（地环）
李孟昱	李盛兰	李嘉玮	杨小艺	杨光宇	杨建平
杨婧怡	杨睿默	丽娜·坎吉别克		肖玉曼	肖皓宇
吴　莹	吴一昊	吴丞笏	邱菲尔	何小凡	何嘉保
邸世民	邹　萌	辛　钊	宋俊伟	张　丹	张　杰
张　恬	张　蒙	张　颖	张　璐	张云豪	张艺馨
张文娟	张正青	张宇涵	张志璇	张昕渝	张珊珊
张美奂	张晨洋	张跃梁	陈　阳	陈　希	陈　康
陈　鑫	陈宇晴	陈俊峰	武晨昊	苗莉君	范小霜
范景腾	欧　庚	卓建阳	尚雅茹	帕利扎·尼亚孜	
季海梦	金雨婷	周　益	周　维	周洋锐	周博轩
庞晓枫	赵华铭	胡　洋	胡云彤	胡佳敏	茹婕好
柯志昊	星　星	钟义婷	钟文婷	段沛英	侯博文
饶　玮	骆　言	敖超锋	袁　佳	袁　港	夏艺恣
徐　潇	徐　蕾	高子延	郭　玉	唐大伟	唐志祥
唐诗涵	唐婵媛	黄　敏	黄　琰	黄　静	黄华林
黄霄雷	常允建	崔鑫茹	商子璇	梁茹楠	蒋娟钰媛
蒋嘉飞	韩佩杉	程　烨	程梓羚	舒　丹	曾　潇
谢　柯	谢元桃	谢东旭	谢欣洁	蒲玥伶	鲍　琴
解国林	臧保强	谭　放	黎英英	戴开来	魏　杰
魏凌雪	魏婷婷				

西南交通大学2017年度优秀博士、硕士学位论文名单

一、西南交通大学 2017 年度优秀博士学位论文

序号	作者姓名	学科、专业	论文题目	指导教师
1	谢铠泽	道路与铁道工程	高速铁路钢轨伸缩调节器平面线型设计研究	王　平
2	彭留留	结构工程	非平稳极端风实测、建模和模拟及高层建筑风致响应研究	黄国庆
3	范　刚	岩土工程	含软弱夹层层状岩质边坡地震响应及稳定性判识时频方法研究	张建经
4	唐浩俊	桥梁与隧道工程	复杂山区峡谷大跨度钢桁梁悬索桥风致振动及气动措施	李永乐
5	张　楠	供热、供燃气、通风及空调工程	脂肪酸相变材料的性能调控与单元传热强化研究	袁艳平
6	何洪途	机械设计及理论	钠钙玻璃机械化学磨损的机理研究	钱林茂
7	曾东方	载运工具运用工程	高速铁路车轮钢磨损和滚动接触疲劳性能的改善方法研究	鲁连涛
8	王　英	电力系统及其自动化	弓网电接触热流和电流传导及影响规律研究	刘志刚
9	臧天磊	电气工程	动态条件下配电网多谐波源定位与贡献评估方法研究	钱清泉
10	胡　节	计算机应用技术	基于粗糙集的知识发现若干关键问题研究	李天瑞
11	郭迎辉	信号与信息处理	基于表面等离子体波导和人工电磁材料的电磁波操控研究	闫连山
12	杨　正	信息安全	5G 移动网络非正交多址接入及相关技术研究	范平志
13	李　杰	信息安全	面向分布式存储系统的具有最优存取/更新性质的最小存储再生码的设计与分析	唐小虎
14	薛晋洁	工商管理	合资企业合作困境影响因素的实证研究——交易成本和关系交换理论的双重视角	史本山
15	曾　慧	工商管理	促销框架对消费者反应的影响研究	郝辽钢
16	段龙龙	管理科学与工程	基于“国家治理论”的中国政府间财政分权研究	叶子荣
17	王颖林	项目管理	基于风险与社会偏好理论的 PPP 项目风险分摊及激励机制研究	刘继才
18	占曙光	交通运输规划与管理	严重干扰条件下高速铁路列车运行实时调整模型与算法研究	黄新初
19	王　建	物流工程	考虑物流企业金融属性的供应链金融集成风险管理研究	何　娟
20	韩　璐	材料科学与工程	仿贻贝多功能水凝胶及其生物学性能的研究	鲁　雄
21	谢超鸣	材料科学与工程	骨修复材料表面的纳米功能化修饰研究	鲁　雄
22	王振铭	材料科学与工程	骨修复材料表面仿生微环境的构建及生物学性能的研究	鲁　雄
23	叶志红	电磁场与微波技术	电子设备电磁干扰分析的高效时域算法研究	廖　成
24	陈和柏	一般力学与力学基础	几类光滑及非光滑系统的全局动力学	谢建华
25	王晓文	摄影测量与遥感	基于 InSAR 和 MAI 的电离层误差校正及同震三维形变场计算与断层滑动反演	刘国祥
26	刘义青	市政工程	紫外光化学降解水体中土霉素的研究	付永胜

二、西南交通大学2017年度优秀硕士学位论文

序号	作者姓名	学科、专业	论文题目	指导教师
1	梁雪娇	道路与铁道工程	轮载作用下高寒地区沥青路面结构力学响应及损伤分析	蒋　鑫
2	骆　飞	道路与铁道工程	小样本岩土参数统计特征估计及边坡稳定可靠性分析	罗　强
3	赵华卫	道路与铁道工程	客货共线无砟轨道荷载作用特征分析	任娟娟
4	邓非凡	道路与铁道工程	无砟轨道层间离缝注浆修复工艺优化试验研究	赵坪锐
5	张玉广	建筑与土木工程	基于模型试验的肋板式挡土墙稳定性及破坏模式分析	罗　强
6	张瑞国	建筑与土木工程	400 km/h 高速铁路与轴重 40 t 重载铁路基床结构设计技术探讨	罗　强
7	代仲宇	建筑与土木工程	城际铁路隧道携火列车进地下站烟流控制技术研究	于　丽
8	张云龙	建筑与土木工程	成贵铁路白杨林高瓦斯隧道施工安全关键技术研究	郭　春
9	彭　栋	建筑与土木工程	桥梁与其他类型线路过渡段车辆气动特性及优化措施	李永乐
10	丁嘉杰	建筑与土木工程	强横风环境下高速铁路风速测点合理位置研究	李永乐
11	王　旭	建筑与土木工程	二维超声物理模拟波场快照研究	刘争平
12	姚　阳	建筑与土木工程	基于砂箱模型试验的肋板式挡土墙稳定性及破坏模式研究	罗　强
13	徐　铖	建筑与土木工程	含典型裂纹沥青路面开裂扩展特性研究	艾长发
14	谢　丹	建筑与土木工程	尼泊尔 Ms 8.1 级地震文化遗产建筑震害调查与易损性分析	潘　毅
15	吴晓飞	结构工程	有初始应力的 FRP 约束混凝土圆柱应力-应变模型研究	潘　毅
16	许会燕	桥梁与隧道工程	高速铁路桥梁结构变形映射至轨面几何形态的定量化研究	勾红叶
17	陈科宇	桥梁与隧道工程	落石冲击及对车桥的影响研究	李永乐
18	王　磊	桥梁与隧道工程	板桁加劲梁抗扭惯性矩的计算方法	陈新中
19	姜志毅	桥梁与隧道工程	高地应力挤压性地层双护盾 TBM 管片结构设计方法研究	王明年
20	金正凯	桥梁与隧道工程	正交异性钢桥面板顶板与纵肋连接焊缝疲劳裂纹数值模拟方法	卜一之
21	冉汶民	桥梁与隧道工程	高铁站房结构在列车荷载激励下的振动响应分析	李小珍
22	谭清泉	桥梁与隧道工程	栓钉连接件疲劳损伤导致的组合梁力学性能退化机理研究	李小珍
23	杨　斌	车辆工程	基于 Tγ/A-磨损率模型的铁路车轮磨耗仿真分析	王文健
24	欧阳丽萍	供热、供燃气、通风及空调工程	连接方式和流量对太阳能光伏光热系统性能影响的数值分析	袁艳平
25	龙伟月	供热、供燃气、通风及空调工程	脂肪酸相变单元熔化过程传热特性研究及结构优化	袁艳平
26	曾乃晖	供热、供燃气、通风及空调工程	西昌地区空气源热泵辅助太阳能热水系统优化研究	邓志辉
27	张子舆	机械工程	钢轨打磨过程中钢轨温度场及热机应力研究	郭　俊
28	咼盟飞	机械设计及理论	纳米烟炱颗粒作为润滑油添加剂的摩擦学性能研究	蔡振兵
29	汪开普	机械设计及理论	基于 Pareto 人工鱼群算法的多目标斗链式拆卸线平衡特性研究	张则强
30	曹　熙	机械设计及理论	激光离散淬火对轮轨材料磨损与接触疲劳寿命影响	王文健

续表

序号	作者姓名	学科、专业	论文题目	指导教师
31	商　维	机械设计及理论	基于虚拟砂轮建模的打磨转速对钢轨打磨磨削行为影响	刘启跃
32	齐亚琼	机械设计及理论	二氧化硅磨粒结构对单晶硅表面微观去除的影响研究	钱林茂
33	毛丽丽	机械设计及理论	扩展过道布置问题的建模与改进分散搜索优化研究	张则强
34	陈志强	机械设计及理论	冲切复合微动磨损试验机的研制及实验研究	蔡振兵
35	金晨宁	机械设计及理论	温度对单晶硅表面摩擦诱导选择性刻蚀的影响研究	余丙军
36	王　博	交通运输工程	真空管道高温超导磁悬浮车气动特性研究	郑　珺
37	钱　楠	交通运输工程	低气压环境高温超导磁悬浮车环形线振动特性研究	邓自刚
38	王长科	交通运输工程	横向激励下螺栓特殊连接形式对其松动的影响研究	阳光武
39	刘　佳	载运工具运用工程	高速车轮非圆化磨耗发生机理及转向架高频减振设计	金学松
40	宫昱滨	载运工具运用工程	空心车轴过盈配合结构循环微动磨损的仿真研究	鲁连涛
41	张　奥	电气工程	考虑状态演变过程的高速铁路牵引供电设备维修策略	林　圣
42	刘啸天	电气工程	开关变换器双缘调制数字电压型控制技术	周国华
43	蒋　烨	电气工程	有向符号图下线性多智能体系统的符号一致性	陈　杰
44	侯　聂	电气工程	全桥隔离 DC-DC 变换器优化控制方法研究	宋文胜
45	蒲俊楷	电气工程	基于混合逻辑动态模型的单相 PWM 整流器 IGBT 开路故障诊断	葛兴来
46	向　川	电气工程	基于模型预测控制的车网电气量低频振荡抑制策略研究	刘志刚
47	周述晗	电气工程	单电感双输出 Boost 变换器电流型控制技术	周国华
48	李振华	电气工程	伪连续导电模式开关变换器建模分析与控制技术研究	周国华
49	连文超	电气工程	基于差动有功功率和分区加权匹配的广域后备保护研究	童晓阳
50	尹小兵	电气工程	基于电介质响应法的发电机环氧云母绝缘吸湿特性研究	曹保江
51	马林森	电气工程	基于多电平及多拾取线圈的 IPT 系统功率提升技术研究	麦瑞坤
52	黄　宇	电气工程	规模化电动汽车与电网互动策略研究	杨健维
53	高　杉	电气工程	基于时频分析的高压直流输电线路保护方法	林　圣
54	张晓华	电气工程	三电平牵引逆变器优化脉宽调制与中点电位平衡控制算法	葛兴来
55	陆立文	电气工程	多逆变器并联 IPT 系统环流消除及其频率稳定控制研究	麦瑞坤
56	郑博天	控制工程	高温超导磁悬浮重载方法研究	郑　珺
57	辛永豪	电路与系统	RFID 宽带小型化天线的研究与设计	冯全源
58	陆亚东	电子与通信工程	基于一维光子晶体的角度与频率选择方法研究	闫连山
59	张　萌	电子与通信工程	基于异构光栅的钢轨附加力监测技术研究	邵理阳
60	李燕杰	计算机技术	高温超导磁浮车电磁道岔及其控制系统设计与实现	戴　齐
61	朱文博	交通信息工程及控制	基于改进决策树的轨道电路故障诊断方法研究	王小敏
62	付淳川	交通信息工程及控制	高速铁路信号系统网络安全风险评估方法研究	王小敏
63	张　骈	控制理论与控制工程	动态头发的仿真与渲染	侯　进
64	唐　郅	控制理论与控制工程	语音驱动虚拟说话人研究	侯　进

续表

序号	作者姓名	学科、专业	论文题目	指导教师
65	周馨雨	通信与信息系统	Stokes空间中的偏振解复用技术研究	闫连山
66	刘元兵	通信与信息系统	基于属性和信任评估的访问控制机制研究	张文芳
67	高　峡	微电子学与固体电子学	RBCOT架构Buck变换器纹波补偿技术研究与设计	冯全源
68	袁　超	信息安全	面向分布式网络的跨异构域认证密钥协商及加密算法研究	张文芳
69	周明洋	信息与通信工程	基于单幅叶雕图像的三维叶雕模型构建研究	侯　进
70	徐　寒	信息与通信工程	软件定义网络分布式控制器集群管控系统设计与实现	闫连山
71	李晏君	信息与通信工程	新能源车辆多元异构倒车环境感知及其速度控制研究	张祖涛
72	郭　超	信息与通信工程	基于深度学习与分类集成的高速列车工况识别研究	杨　燕
73	张云鹏	信息与通信工程	基于差分放大的高精度分布式布里渊传感系统研究	邵理阳
74	姚晓玲	管理科学与工程	存在盗版下的出版商定价策略研究	郭　强
75	谷新军	管理科学与工程	混流U型拆卸线平衡排序优化模型与算法研究	郭秀萍
76	杨　璐	管理科学与工程	考虑电梯排队系统影响的多层流通型配送中心货位指派优化	陈彦如
77	丁　龙	管理科学与工程	社会偏好对服务商定价策略的影响	聂佳佳
78	叶宇航	理论经济学	我国农业生产性服务业发展对农民收入影响的实证研究	李　杰
79	曹　阳	应用经济学	基于动态模型平均的中国大中城市房价预测	魏　宇
80	陈　雷	应用经济学	房产的代际传递对消费的影响——来自中国家庭金融调查的证据	涂　锦
81	沈宜欣	安全科学与工程	地铁站台乘客通行效率分析与管控策略研究	马　剑
82	高洵飞	交通工程	基于ALINEA的城市高架快速路入口匝道控制优化研究	罗　霞
83	陈竹青	交通运输工程	基于公交AVL数据和AFC数据的常规公交服务可靠性研究	叶彭姚
84	孙嘉欣	交通运输规划与管理	铁路大宗货物运价浮动研究	汤银英
85	刘亚龙	交通运输规划与管理	基于数据驱动的微观交通流建模研究	邱小平
86	李林恒	交通运输规划与管理	快速路合流区设计与交通控制关键指标研究	李宗平
87	陈　阳	交通运输规划与管理	基于复杂换乘的城市轨道交通客流分配	马　驷
88	范晓佳	交通运输规划与管理	繁忙高速铁路通过能力利用优化研究	闫海峰
89	邹　晔	物流工程	资源化产品联合定价决策研究	贺政纲
90	李灵燕	物流工程	随机产出与权力结构影响下农产品供应链公平协调研究	冯　春
91	刘　丹	物流工程	竞争环境下铁路集装箱班列开行方案与动态定价优化研究	张小强
92	蒲继涛	城乡规划学	基于产业适宜性评价的乡村产业空间布局规划优化研究——以邛崃市平乐镇关帝村为例	崔　珩
93	罗　雕	城乡规划学	基于交通微循环的住区街道网络研究——以成都市为例	崔　叙
94	钟少宏	建筑学	文创乡村传统农宅适宜性更新设计研究——以成都市明月村为例	李　异
95	刘长鸣	材料工程	纳米填料改性PLLA/EVA不相容共混物的蠕变行为研究	王　勇

续表

序号	作者姓名	学科、专业	论文题目	指导教师
96	李正阳	材料工程	贫铀及其 Ti/TiN 多层涂层的切向微动磨损性能研究	蔡振兵
97	潘　虹	材料工程	新型结构金属氧化物的制备及其气敏性能研究	杨维清
98	何　南	材料工程	酸度敏感聚合物控制载药胶束的研究	李孝红
99	肖燕君	材料科学与工程	基于纳米粒子杂化网络的 PVDF 导热复合材料制备及多功能化调控	王　勇
100	张志兴	材料科学与工程	基于共混物的形状记忆材料制备及其结构性能关系	王　勇
101	王文玺	材料学	基于聚ε-己内酯的复合材料及纳米颗粒形状记忆性能的研究	周绍兵
102	白瑞雪	化学工程与技术	Pickering 乳液在药物释放与酶促反应中的应用研究	孟　涛
103	曹继东	生物化学与分子生物学	稻瘟菌侵染过程中水稻细胞质膜蛋白组研究	李遂焰
104	代海玉	制药工程	氮杂环羧酸类配体配合物的合成及相关性质的研究	王萃娟
105	任宏兵	物理学	基于相位测量轮廓术的钢轨三维形貌测量关键技术研究	李金龙
106	焦　振	物理学	铌铝高温合金的增韧抗氧化改性及其冲击波合成研究	刘其军
107	张　丹	工程力学	冻土冲击动态实验与数值模拟研究	朱志武
108	卢也森	力学	42CrMo 钢动态力学性能研究及其本构描述	朱志武
109	席纪新	翻译	多模态视角下的英译汉字幕翻译报告——以《飞虎传奇》为例	林　娜
110	薛傲霜	翻译	从奈达功能对等理论角度论英籍华裔汉学家张心沧英译《红楼梦·花冢》桥段	唐　均
111	冯丽平	外国语言文学	接受理论视角下的中国道教经籍英译——以魏鲁男《抱朴子内篇》英译本为个案的研究	俞森林
112	刘天扬	安全工程	非理性条件下出口位置及形式对群集疏散的影响实验	林　鹏
113	吴开岩	测绘工程	多点灰色变形分析与预报方法研究	张献州
114	薛　骐	测绘工程	地基 GPS 水汽反演及水汽层析研究	熊永良
115	吴林梅	测绘科学与技术	主题模型建模框架下的高分辨率遥感影像尺度自适应分类	李志林 慎　利
116	苏国锋	地质资源与地质工程	车载 GPR 检测高铁隧道的试验研究	昝月稳
117	张肖兵	地质资源与地质工程	汶马高速某千枚岩堆积体暴雨失稳机理及土拱效应研究	赵晓彦
118	卿　敬	工程环境与景观	生物炭对紫色土中涕灭威吸附特性及田间阻控试验研究	张建强
119	何　婷	环境工程	甜菜碱在高盐废水生物处理过程中的应用研究	杨红薇
120	吕　娟	环境工程	3D 打印超疏水超亲油多孔膜及其在油水分离中的应用	龚正君
121	霍联萍	环境科学与工程	半导体金属氧化物传感器的制备与性能研究	范美坤
122	郭　玲	中国语言文学	基于方言地理学的魏晋南北朝韵部发展研究	汪启明
123	曾瑞雪	安全工程	公民意识、阶层身份对环境行为的影响	王振辉
124	刁　舜	法律	演绎作品的添附保护模式研究	陈家宏
125	谢丹阳	法律	凉山州彝族民间纠纷解决机制研究	程馨桥
126	吕金蓬	法学	我国股权众筹的信息监管制度研究	魏　琼

续表

序号	作者姓名	学科、专业	论文题目	指导教师
127	王克祥	公共管理	企业单位职工退休年龄意愿及影响因素研究——以成都市X企业为例	于凌云
128	乔小君	公共管理	监狱警察职业倦怠质性研究——以上海市监狱警察为例	胡子祥
129	崔明武	公共管理	基于“四象限模型”的医患信任研究——以唐山二院为例	王振辉
130	郭　敏	公共管理	高职院校编外人员职业发展管理——以成都N职院为例	闫月勤
131	杨　柏	公共管理	治理现代化视角下的公民有序参与——基于曹家巷案例的探析	戴　宾
132	焦瑞强	统计学	贝叶斯惩罚回归中正则化参数的选择	赵联文
133	余　姣	马克思主义理论	大数据时代高校思想政治教育中大学生的隐私问题研究	胡子祥

西南交通大学第八届青年教师教学竞赛获奖名单

（按奖励等级和教师姓名音序排列）

编号	获奖级别	姓名	性别	参赛课程	参赛单位	备注
1	一等	何　莎	女	高等数学	数学学院	
2		黄新河	男	Biochemistry（生物化学）	生命科学与工程学院	双语课程
3		刘鎏	女	常微分方程	数学学院	
4		马丽琼	女	概率论与数理统计	数学学院	
5		冉俐雯	女	普通心理学	心理研究与咨询中心	
6		万　宁	女	材料力学	力学与工程学院	
7		王红军	男	机器学习	信息科学与技术学院	研究生课程
8		王　骑	男	桥梁抗风与抗震	土木工程学院	
9		魏　凯	男	科研方法与论文写作入门	土木工程学院	研究生课程
10		肖　嵩	男	Multi-objective optimization of electrical installations（电气设备多目标优化设计）	电气工程学院	全英文课程
11		朱　洁	女	创新能力基础训练	人文学院	
12	二等	蔡燕歆	女	无障碍设计原理	建筑与设计学院	
13		常向荣	女	生物医学电子与传感技术	材料科学与工程学院	
14		郭志云	男	生物信息学	生命科学与工程学院	
15		李　力	女	行车组织	交通运输与物流学院	
16		刘先峰	男	Principles of Geotechnical Engineering	土木工程学院	全英文课程
17		卢　鹏	男	数学建模	数学学院	
18		罗　荣	男	高等代数	数学学院	
19		马　健	男	京剧常识与赏析	人文学院	
20		宋爱玲	女	运动科技与智慧人生	体育工作部	

续表

编号	获奖级别	姓名	性别	参赛课程	参赛单位	备注
21	二等	万　军	男	新药研发与评价	生命科学与工程学院	研究生课程
22		汪　希	女	自然辩证法	马克思主义学院	研究生课程
23		王　坤	男	运筹学	交通运输与物流学院	
24		夏玉立	女	通用学术英语	外国语学院	
25		向乾尹	男	模拟电子技术	信息科学与技术学院	
26		张雪霞	女	电力系统分析	电气工程学院	
27		张　迅	男	混凝土结构设计原理	土木工程学院	
28		章　娟	女	国际关系史	马克思主义学院	
29		周　琳	女	研究生学术英语视听说	外国语学院	研究生课程
30	三等	曾　迎	女	新材料导论	材料科学与工程学院	
31		樊代和	男	大学物理实验	物理科学与技术学院	
32		范志勇	男	机械制图B	机械工程学院	
33		符　玲	女	电力系统分析B	电气工程学院	
34		郭　伟	男	密码分析学基础	信息科学与技术学院	研究生课程
35		韩　效	女	西方当代建筑思潮	建筑与设计学院	
36		蒋合众	男	天然药物化学专论	生命科学与工程学院	研究生课程
37		李百毅	男	绿色建筑设计与评估	建筑与设计学院	研究生课程
38		李　茂	女	毛泽东思想和中国特色社会主义理论体系概论	马克思主义学院	
39		刘　洋	女	绿色化学与环境保护	地球科学与环境工程学院	全英文课程
40		申玉生	男	地铁文化	土木工程学院	
41		宋文胜	男	电力电子技术	电气工程学院	
42		孙会丽	女	药品与生命的奥秘	生命科学与工程学院	
43		王　辉	女	大学物理	物理科学与技术学院	
44		王健鹏	男	概率论与数理统计	数学学院	
45		王　嵩	男	电机学B	电气工程学院	
46		谢　敏	女	电路分析B	电气工程学院	
47		杨晓伟	男	近世代数	数学学院	全英文课程
48		余国朱	女	数值计算M	数学学院	
49		余　敏	女	传热及传质学	材料科学与工程学院	
50		张辉波	男	数字电子技术	信息科学与技术学院	
51		张　静	女	电工与电子技术基础A	电气工程学院	
52		郑晓彤	男	实验设计与数据处理	材料科学与工程学院	
53		周乐韬	男	卫星定位技术与方法	地球科学与环境工程学院	
54		周贤永	男	创新方法与应用（TRIZ）	公共管理与政法学院	
55		邹益胜	男	制造系统及自动化	机械工程学院	

西南交通大学2017年度现代远程教育优秀学习中心名单

（排名不分先后）

1. 西南交通大学柳州铁道职业技术学院校外学习中心（点）
2. 西南交通大学网络教育包头学习中心
3. 西南交通大学网络教育成都市工业职业技术学院学习中心
4. 西南交通大学网络教育成都铁路局贵阳职工培训基地学习中心
5. 西南交通大学网络教育成都犀浦学习中心
6. 西南交通大学网络教育学院天津教学中心
7. 西南交通大学网络教育重庆铁路学习中心
8. 西南交通大学现代远程教育成都铁路局干部培训中心学习中心
9. 西南交通大学现代远程教育陕西工贸培训学院学习中心
10. 西南交通大学现代远程教育深圳市职业训练学院学习中心
11. 西南交通大学现代远程教育深圳圆梦学习中心
12. 西南交通大学现代远程教育西安铁路局安康职工培训基地学习中心
13. 西南交通大学现代远程教育西安铁路职业技术学院学习中心
14. 西南交通大学现代远程教育校本部学习中心
15. 西南交通大学现代远程教育直属学习中心
16. 知金教育上海数字化学习中心

西南交通大学2017年度成人高等学历教育优秀函授站名单

西南交通大学远程与继续教育学院郑州铁路局函授站

西南交通大学2017年度高等教育自学考试优秀教学点名单

四川建筑职业技术学院

西南交通大学2017年度现代远程教育学习中心优秀工作人员名单

（排名不分先后）

1. 西南交通大学柳州铁道职业技术学院校外学习中心（点）：邓干、兰小珺、刘玉琼
2. 西南交通大学网络教育包头学习中心：王妍雪、王琨、张丽霞
3. 西南交通大学网络教育成都市工业职业技术学院学习中心：唐平、胡勇、范华江
4. 西南交通大学网络教育成都铁路局贵阳职工培训基地学习中心：黄超、陈慕恒、柴萍
5. 西南交通大学网络教育成都犀浦学习中心：刘尧、李谦、胡海滨
6. 西南交通大学网络教育福建宁德学习中心：林锦华
7. 西南交通大学网络教育福建学习中心：卓凤麟
8. 西南交通大学网络教育学院天津教学中心：王亮、周智禹、王佳丽
9. 西南交通大学网络教育重庆轨道交通学习中心：李玲
10. 西南交通大学网络教育重庆铁路学习中心：韦燕萍、王伟、胡剑

11. 西南交通大学现代远程教育（北京铁路局人才交流培训中心）校外学习中心：张冰洁
12. 西南交通大学现代远程教育成都铁路局干部培训中心学习中心：刘延益、杨模强、李建英
13. 西南交通大学现代远程教育广州铁路职业技术学院学习中心：邱飞丽
14. 西南交通大学现代远程教育哈尔滨铁路局学习中心：刘忠鹏
15. 西南交通大学现代远程教育汉阳（武汉铁路桥梁学校）学习中心：程艳艳
16. 西南交通大学现代远程教育昆明学习中心：杨来玺
17. 西南交通大学现代远程教育陕西工贸培训学院学习中心：王萍、刘红英、齐广娟
18. 西南交通大学现代远程教育深圳市职业训练学院学习中心：洪晖、梅园俏、黄雁雯
19. 西南交通大学现代远程教育深圳圆梦学习中心：郑周、付建鹏、朱良成
20. 西南交通大学现代远程教育西安铁路局安康职工培训基地学习中心：张学新、陈佩忠、郑育华
21. 西南交通大学现代远程教育西安铁路职业技术学院学习中心：刘春岚、陈霞、童西香、周维娜
22. 西南交通大学现代远程教育校本部学习中心：张晓艳、卢锦石、郭得君
23. 西南交通大学现代远程教育郑州铁路局郑州职工培训基地学习中心：郭晴
24. 西南交通大学现代远程教育直属学习中心：廖娜、吴红梅、廖丽
25. 知金教育上海数字化学习中心：谭伟青
26. 弘成宁波数字化学习中心：夏巧巧

西南交通大学2017年度成人高等学历教育优秀工作人员名单

（排名不分先后）

1. 西南交通大学远程与继续教育学院郑州铁路局函授站：靳顺利、乔莹
2. 西南交通大学成人高等教育自贡市职工学校教学点：李险梅

西南交通大学2017年度高等教育自学考试优秀工作人员名单

四川建筑职业技术学院：马丁、彭友、邓建蓉

西南交通大学2016—2017学年
第一期成人教育和网络教育“优秀毕业生”表彰名单

成人教育 2016—2017 学年第一期优秀毕业生名单
（共计 39 名）

湖南铁科院函授站（6 名）：

匡立超　徐颖雯　厉砚明　崔　巍　邓程程　康　慧

昆明铁机校函授站（9 名）：

孙邦红　陈宝剑　黄　芳　覃　涛　赵文清　周晓梅　王紫婷　赵　娜
郑　霞

陕西铁工院函授站（1 名）：

段智强

乌铁局党校函授站（2 名）:

严永彬　曲湘华

远程与继续教育学院（21 名）:

武述高　张国顺　庞　琳　陈卫强　霍海军　兰明强　罗　林　严　达
刘萧怡　罗苓秋　刘寒曦　刘光平　曾明红　曹成刚　周　帅　俸云婷
付　涛　田宇龙　陈李中　陈李华　赵小军

网络教育 2016—2017 学年第一期优秀毕业生名单
（共计 1 400 名）

安康学习中心（18 名）:

黄宸炜　龚莎莎　李　波　周　黎　张珂珂　王　毅　李家斌　向贾军
陈佩忠　王　琪　段昱歆　张　杰　詹进升　王富平　王志娟　刘有林
张　震　张　瑞

包头学习中心（11 名）:

孙增旺　张文博　牛佳强　张　晶　范振国　盖　飞　刘　焘　樊志文
张瑞婷　赵文龙　苗鸿伟

宝鸡学习中心（76 名）:

赵海龙　王学亮　孟舒珩　莫川子　刘红宁　韩娟丽　赵红红　李亚萌
赵文科　高　鹏　刘　敏　康晓云　韩锁红　张永博　赵亮亮　叶　青
张晓军　张　博　张敏娟　王文霞　李　楠　李　阳　蒲　婷　蒲保杰
李卫强　黄　瑞　贾　靖　祝德华　于　潇　张　博　薛小庆　花　蕾
费一丹　关蕊蕊　谢金芳　李海鹏　陈　冲　何胜敏　李小英　刘博飞
白锦伟　年晋成　罗　刚　李　川　陈雅文　王　冬　于建武　张朝娟
王　静　毕秀萍　宋　婷　张景涵　程渭之　刘笃怀　张金辉　张海博
刘　鑫　杨　洁　王云飞　冯　丽　徐　瑢　陈　刚　冯　鹏　马军强
张华宁　乔利军　范成功　张小华　董广平　井　庭　杨　均　闫　栋
李　陶　张莉军　黄晓罗　杨焕玲

北京学习中心（11 名）:

姜子帅　魏　鹏　姜玉亮　张友民　闫奕彩　马东双　盖泽雨　刘家勇
张　磊　祁瑞雪　刘　昱

成都犀浦学习中心（44 名）:

李美霞　骆正伟　陈　焘　任　龙　梁　燕　马姝兰　王妙蓉　万惠婷
杨　巍　李　龙　潘　成　许　琳　赵锦平　张　清　刘秉真　唐　莉
许　蕊　何志辉　廖春蓉　贾　颖　王维庆　杨倩鸿　赵　慧　郑肖杨
杨　哲　李树国　彭旭丽　杨　林　秦婧瑜　王　涛　潘　艺　罗敏莉
王俊文　严冰释　葛　佳　任　倩　范钦华　向春艳　林　伟　张　东
蒙海波　李金凤　伍云攀　金　良

成都工职院学习中心（1 名）:

张　新

成铁党校学习中心（8 名）:

李鹏飞　张峻力　郗慧星　王玉玮　陈　宇　程　宇　金　艳　罗元伟

大连学习中心（4 名）：

王颢琳　李加国　李晓光　张君国

德阳学习中心（2 名）：

胡　标　郭明伟

峨眉学习中心（10 名）：

周　锟　王　伟　蒲海洋　钟芝梅　刘　燕　周　凯　石　岚　刘　燕　何新胜　李　建

鄂尔多斯学习中心（3 名）：

刘秀荣　王　勇　李　娟

佛山市高明区广播电视大学奥鹏远程教育学习中心（1 名）：

李佩芝

福建学习中心（12 名）：

鄢仁锋　潘榕臻　黄建滨　史晓杰　李昌龙　董　舒　陈惠雄　姚俊哲　余惠琴　刘榕森　王剑班　陈　怡

广州学习中心（49 名）：

梁韶华　叶　飞　周　佳　杨艳婷　路占峰　周建伟　刘　健　范　金　姚艳颜　侯俊杰　张浩虹　姚　萍　王金玲　王小红　王晓丹　梁绍荣　黄定文　何梦迪　吴文鹏　钟美芬　郑　文　刘小宛　陈锦淑　熊文娟　洪　欣　李望文　杨文曦　张显华　张云芳　唐　磊　蔡博文　朱瑞冬　何　晶　肖国生　邱　斌　周浩思　欧阳浩锋　张　仕　李小萍　曾　锐　刘柏君　彭佳清　吕　姗　邓泽锋　徐正芳　林　羽　肖石佑　林紫萍　张宏壮

贵阳市职工中等专业学校奥鹏远程教育学习中心（11 名）：

谢百松　薛　坤　杨凤翎　杨琳琳　曾　刚　柏　雪　陈忠生　程　超　刘建奇　聂文香　童元垚

贵阳学习中心（6 名）：

刘亚卫　张　炯　战百吉　张文武　孟相凡　谢闯闯

贵州广播电视大学铜仁分校奥鹏远程教育学习中心（1 名）：

杨家华

汉阳学习中心（18 名）：

黄炳益　张　凯　田强胜　阮卓航　邵英帅　邵娜娜　郭　倩　宋中群　胡　婷　王　蒙　胡　程　黄小玲　张帅峰　潘　颖　梁成思　唐成博　李　娜　张　丽

杭州学习中心（32 名）：

吴　冲　唐剑华　吴　泽　张月良　毛惠琦　王　翠　张　翔　赵玉铭　丰　顺　张　伟　赵艳梅　何　双　胡玉凤　胡友良　李　鹤　樊大海　吕　健　孙瑞卿　鲍　凯　张超富　屠丽娜　葛海艳　赵孝强　肖诚缤　徐惠安　张英钢　戚永金　王逢达　楼　洋　陈海娜　韩奇婷　汪　波

合肥学习中心（1 名）：

陈　娟

衡阳基地学习中心（6 名）：

陈川珍　黄　柯　邓　超　王中意　蒋佩文　蓝文星

弘成南京数字化学习中心（50 名）：

范　飞　吴欣然　郑礼彦　张　慧　吕　刚　孙　颖　刘　晖　王　杰
王贵阳　季雨婷　曹元庆　孙兆金　倪亦霞　韩世安　臧呈祥　刘永军
郝明阳　颜世超　肖东梅　李后伊　徐　美　汪　敏　王永明　胡　宁
周华胜　胡俊杰　宗秋庆　朱思敏　蒋松航　宁　娟　施　剑　余梦菁
杨　婧　王凯东　张伟波　王　强　张　睿　黄开林　蔡晟晟　何　斌
叶方园　苏同江　康东芹　王　磊　陈寅虎　姚振凯　曹莉娜　魏　明
钱大龙　庄思凤

弘成苏州数字化学习中心（7 名）：

陈　敏　马建勋　李国栋　何海霞　陈　莹　姚龙宇　彭　利

弘成温州数字化学习中心（14 名）：

郑　策　史玉希　缪德熠　屠友良　隋洪才　胡　权　白福强　李国兴
陈　晔　刘　杰　吴美杭　李良忠　林玉贞　程　波

弘成无锡数字化学习中心（16 名）：

耿海峰　杨　懿　沈嘉荣　冯晨宇　王汉石　倪　峰　严　冬　杨　涛
王　硕　丁森森　李莹歌　徐建佳　余建虹　贺敏霞　李立桐　倪少勋

弘成徐州数字化学习中心（1 名）：

赵　娟

弘成扬州数字化学习中心（4 名）：

孙增忠　程松松　曹小明　朱春娟

济南学习中心（1 名）：

刘　靖

兰州学习中心（16 名）：

郭　一　康羿锟　张　喆　陈旦旦　金海仁　马　强　杨贵军　赵　睿
周嘉赟　刘　夷　谢　强　刘海超　孙　娇　姬艳军　常　铖　亢　乐

泸州学习中心（4 名）：

徐　洋　邹　密　马碎霞　王希明

衢州学习中心（1 名）：

齐连胜

如皋学习中心（8 名）：

杨留平　花星宇　谢培培　刘　峰　周春桃　刘小丽　吴建军　袁文宏

上海局人事处（10 名）：

郁　凯　彭庆珩　王国民　汪　芬　朱忠德　程　曦　陈奇峰　麻宪本
朱健峰　周海凤

绍兴学习中心（3 名）：

陈炳辉　钱明栋　郑国良

深圳圆梦学习中心（34 名）：

杨　洋　王永保　徐晓霞　张青松　陆　山　梁　丹　周军平　黄林川
伍丽亲　付婷婷　蒋　鹏　龙汉洋　杨丁宁　张玉萍　潘凤梅　叶兴梅
周云涛　张娟梅　刘小飞　魏亚平　朱金威　赵　丽　徐　霞　王若婷
邓　元　谢慧敏　马云霞　邓小芹　容　妮　李　旭　蒋　玖　张宏波
熊燕飞　金吉国

太原学习中心（20 名）：

苏　栋	李晓岗	赵浩然	任　杰	刘万胜	张　帅	薛　峰	程法德
杨　冉	马　波	唐　杨	王金锁	张少东	马永胜	陈　华	晏建程
崔　斌	邵建涛	王丽平	王　涛				

天津学习中心（2 名）：

张　麒	孙　建

乌鲁木齐学习中心（5 名）：

曾　军	张福玲	高　强	李隽楠	刘婷婷

西安学习中心（203 名）：

高建伟	郗璐雯	杨　力	陈平安	田智佳	袁　蕊	马志刚	华　玮
鲁晓丽	车　鹏	牛武涛	苏　盼	陈　姚	徐钿棋	张改云	邱超敏
司晨路	王明昌	邓丽丽	魏昱博	李　洁	马君锋	赵健层	张　佳
苏锐超	李晨鑫	梁　博	董　亚	薛鹏浩	郝长瑞	赵　斌	王丹阳
李米军	窦同让	宋欣珂	赵　凡	关　晓	张　库	徐毅博	张　璐
王邵振	王　青	王琼琼	何小剑	赵永宏	董　盼	李　龙	肖　瑞
张　朵	史红丽	雷标标	孙志龙	袁　媛	赵　运	韩莎莎	张　舟
赵　晖	王　茜	陈丹丹	赵　云	马　萱	郭　鑫	彭　峰	陈　争
李　新	叶炜静	刘宝航	焦　闹	王　楠	郭丁磊	孙立博	纪　龙
王夕阳	于　康	杨　斌	张　锋	袁　旺	帅伟东	郭　攀	刘　杏
马阿红	韩宝成	王　超	马亚茹	王铁飞	刘　晨	马圣洁	胡学涛
张虎成	余亮亮	李龙杰	郝　方	杨　莹	刘　蕾	赵曼丽	白　茹
楚银装	高　阳	陈文娟	李　智	徐毅姣	李　军	王　丹	杨文博
张巍巍	王　婷	梁鹏辉	张　潼	赵　珊	孙海涛	李丹丹	李承周
李晨辉	路欣欣	吕文浩	张天玲	高舒娜	卢武超	刘泳利	王晓云
马　宣	韩咪绒	杨攀科	李　恒	白　楠	周　莹	邵旭华	杨晓伟
王　谊	马　辰	张晓温	杨　轲	于方斌	付立峰	王　蓓	李春谚
章　程	姚晓莉	惠　明	范特刚	直国齐	黄　旭	李　强	吕红刚
杨　健	朱少斌	魏　薇	王　磊	李运海	于冰杰	侯　琛	朱　颖
李晓峰	金罗浩	马焕平	刘　存	张宇飞	束　甜	韩　朵	马　聪
衡长明	张　鹏	豆战红	刘利萍	井利刚	王　琪	宋　鑫	孙　伟
李　航	王　磊	樊　磊	翟梦龙	耿军辉	李　雷	尚蓉蓉	郭月功
薛振刚	杜群群	刘勇岐	崔晓京	白瑞宁	袁玲丽	高建林	索　龙
刘　鹏	李　妍	张朝军	潘宝宝	杜海泉	冉炳刚	李　媛	吕佳俊
董鑫斌	张　博	姚　星	付　晓	张晓庆	赵一鸣	李　琼	张　妍
董朋霖	秦　颖	安慧敏					

校本部学习中心（257 名）：

杨志涛	魏　亮	林　康	高书华	彭　宇	邓　飞	曾秀娟	孙　兵
王　风	陈　杨	罗　玲	唐　滨	周小琪	许佳文	程　新	漆乾昊
刘春梅	杨　群	左佳会	米小琼	曾奕林	韩森垚	朱彪梅	余　波
王子君	余婷婷	许小雪	王卫宏	陈　明	陶薪羽	李　琪	冯少韦
黄小红	邓西文	黄世霞	文祥全	毛凤先	毛玉环	陈　侣	蒋　勇
杨　婷	黄露萍	李志雄	曹后君	王处雯	杨建华	李　伟	叶　旺

兰 岚	吉布木沙	陈思伶	马新愿	何江涛	陶建民	陈 平	何 禹
牟 华	何雄文	张玉琼	涂晓东	龙宜林	郭富安	何 健	黄菲菲
汪 锦	徐 波	刘 超	黄天兴	王清勇	何潇轩	赵长顺	廖 鑫
谷艳群	宋晓聪	黄宝鹏	陈 杰	黎小辉	倪政华	孙 洁	吴 英
朱 刚	张飞飞	阳善梅	黄 飞	黄 果	方 科	谭治梁	杨 建
夏义界	胡 卉	袁小龙	张远波	王 芹	王浩冰	贾 俊	康伟伟
李松霖	王美琴	韩龙军	彭会娟	尹彦君	王明锴	代堰霖	谢 春
唐 锐	王 瑞	代 辉	李晓峰	赵雷雷	肖光文	范 翀	王鸿杰
康洋川	周宏亮	刘 伟	潘 玲	张思雨	彭江涛	卿 彪	王福明
赵 晨	王 智	王建许	苏 莹	王 欢	陈 晨	苏 恒	李 蕤
喻 波	黄永林	付 虹	欧阳琳	胡 玻	张林兰	兰 敬	李王亚洲
袁赵平	江成霞	谢春燕	常程英	曾良军	龙星星	刘汶潭	侯瑞格
王祉曦	白兰露	王志岩	郭建康	刘皓月	梁太敏	廖 芮	袁 艺
郭学琳	郑 静	孙 攀	董成超	胡 雨	安思思	邹 逸	贾 俊
罗永霞	邹晓琴	苟渝梅	王 超	罗 佳	刘 佳	邓学华	叶继敏
何 媛	蒋 燕	曾阳阳	王莉萍	熊 玲	马雅静	毛 汶	苏 静
张云龙	鲁 锋	张 兵	吴丽萍	龚 麟	钟 帅	宋 春	陈守刚
肖海静	程吉银	秦 凯	于小云	龙海英	黎 丽	傅利娟	张 燕
余君银	李师恋	程 月	魏晓敏	杨路枫	宁 琴	王 迪	赵 燕
刘 力	陈远飞	徐元俊	林海燕	陈 旭	宋秀东	尹孟君	唐 乐
钱可容	刘俸伶	李园萍	尹 红	陈茜茜	吕绪宝	张叶叶	郭运艺
杨嘉宸	张 红	骆玉祥	黄维林	陈林佳	王 然	张 勇	李 宁
石方园	周 颖	张 瑜	刘 杰	何 秋	苏柯伊	杨 丹	杨昊宇
张 翼	曾 强	虞翠霞	廖富明	潘柯名	刘 玲	王新豪	王 萧
彭 基	杨小林	常 青	芦 毅	唐秋莹	李真真	申金凤	刘兴茂
叶 凯	张 静	杜智宇	唐 霜	周祥洋	亢 雄	张德艳	王 力
唐丽秋							

宜宾建培学习中心（14 名）：

陈小涓	甘勤芳	黄珊珊	牟 勇	邹小川	余杭航	严仁秀	李 路
董晓虹	吴云汉	徐 庆	唐 宁	张旭东	伍春梅		

镇江学习中心（9 名）：

陈 康	陆 佳	曹玉鹏	聂丹丹	巫 钦	赵 源	陆 燕	顾 燕
王 宣							

知金教育东莞数字化学习中心（9 名）：

刘帝兰	米 超	梁 葛	罗媛平	肖慧琴	汪 敏	胡玉凤	唐文静
童龙辉							

知金教育上海数字化学习中心（209 名）：

孔 艳	张 武	张明左	姚凌培	汤小燕	周 宇	薄顺川	汪德顺
谢清碧	严广雄	唐寒梅	韩心俞	焦祎琳	朱从辉	张双双	李晓娟
曾金玉	卫建新	吕 玲	涂燕凤	黄海林	王铭勇	董毅成	姚英杰
朱丽娟	梁伟锋	马丽萍	丁晓敏	方朝阳	秦利芳	李华艳	何经理
李蕊蕊	刘艳蕾	罗维旭	徐敏慧	陈 勇	黄大好	吴震寅	王华峰

王晓吟	邱吉松	孙云华	戴青青	王　婷	王俊华	任　宜	王　浩
王　静	王洪建	刘亚利	洪银国	杨　阳	茅伟峰	李正明	宗顺珍
丁　丹	杨晶晶	黄胜男	王洪波	薛丽娟	程小珍	杨明晟	姜　标
丁文娴	张纬晴	吴海波	林发荣	邵鸿达	吴极超	廖先青	刘晓锋
曹亚楠	蔡娟美	李　炜	孙　毅	梁会妹	童丹丹	秦　超	詹锋英
岳　林	李提勇	孙金成	林素钦	马晓云	范玉柱	张雪莲	路培勇
龙露涓	朱炳胜	沈　豪	孙晓萌	刘娜娜	郭瑞红	陶育平	穆朝阳
王凤官	王小波	刘　山	杨　欢	方志传	陆巧艳	查日荣	蒋　垲
刘　宇	胡海燕	于　达	曲婉琳	张卫志	李　玲	江　琳	王　祥
张　丽	张宝玉	范祥勇	季春华	胡　海	邢大芳	钱知多	浦佳瑛
袁　路	梁海立	陈万鹏	沈怡婷	徐　晔	刘安林	刘　涛	马增亮
乐永盛	江　勇	刘荣轩	周　华	杨四杰	王　莉	王　莉	陈永刚
郑春地	王悦婷	龚学林	孙成全	顾　蕾	陈志雄	李　燕	刘粉菊
谢萍华	邓唐保	周素文	秦春婵	李慕峰	郑　维	侯梦杰	严伟忠
刘小平	袁晓华	谢志强	杨　姣	赵春江	程胜望	孙　洋	唐　月
田文林	刘园园	范锦标	党广秀	鲁　珊	彭　茜	朱平梅	宋立明
张志松	李荟媛	蔡　贞	钱培松	吴剑雄	张小明	孙长久	李　科
胥巧红	沈海东	金　钟	邓　平	郑　重	周志芸	徐健萍	罗彩云
曹　芹	郑光恢	胡玉珠	顾晓刚	宋年光	唐安明	孙汉林	陆佳伟
何　俊	单琳琳	彭益明	蔡妮菁	张伟伟	席俊明	朱燕湖	沈　捷
李康权	刘　彬	晋改英	张见洪	陆寒凉	李鹏飞	张美红	许双双
谢　俊							

直属学习中心（140名）：

陈杰平	周小卜	李林杰	韦俊位	张轲轩	杨　莹	杨自立	蒲升平
罗　元	丁　涛	叶晨浩	唐　俊	聂　华	谢　晗	吴文俊	周　攀
杜亭亭	汪晨然	陈　敏	曹太兵	舒春燕	王成刚	贺华文	陈文君
王敏智	江　虎	何　里	胡肖肖	张　丹	鲜　耀	杨　潇	杨春兰
杨永生	张　松	谭星明	刘　超	何丽霞	谷之音	陶　靖	邓洪伟
王德安	高宏有	杨仕亚	陈小华	董慧敏	杜永伦	杨　建	黎　洪
阳良平	姚　奇	熊　柳	王春富	何　毅	张敏刚	杨建军	李　立
房雅妹	徐广忠	张清泓	李金苹	杨　奎	倪　培	李　琦	张　立
唐　娟	邹新超	李红英	张　榕	朱　红	张思贵	曾和友	朱　鹏
来　艳	帖　强	赵长江	钟　丽	叶　旺	黄九康	吴登卫	周　彬
骆柯芹	张　玲	唐天柱	姚旭东	陈　其	朱　琳	李冬梅	王　茜
唐　丽	邓　杨	黄永城	李金绘	韩　伟	毛　辉	王　刚	王瑞成
范　玲	沈　志	兰海艳	杨文富	乔　帅	段　林	欧阳红	况春涛
罗　京	宋雪梅	李丽娜	代　玉	梁建华	江文星	刘佳庆	刘　芳
李华军	雷艳梅	李　斌	吴　静	向永志	许　健	叶鹏飞	韩万利
万泽方	杨国林	王呈玥	王　波	杜逸纯	赖　娇	李昂谕	钟　敏
向　前	许云龙	鲁向前	田文棋	蒋　玲	谭洪文	杨志平	谢小珺
樊　涛	郑家钧	杨鸿越	陈玉蓉				

重庆轨道交通学习中心（18名）：

沈朝健	李　玲	肖　露	杨　超	刘　琴	谭定霞	刘定伦	王　吕
刘金煜	花家叁	李新俊	刘泫贝	邹　洋	刘程成	杨　迪	吴德雄
吴　杰	江　涛						

重庆铁路学习中心（13名）：

叶　丹	杨　兰	徐程诚	施　洁	杨龙飞	邢娟妮	罗丽恒	刘成元
董　璨	吴玉成	罗　丽	舒成芝	解　放			

株洲基地学习中心（7名）：

唐　姚	万　伟	何泰宏	王　凯	明光川	荣　威	孟　莲

西南交通大学2016—2017学年
第二期成人教育和网络教育“优秀毕业生”表彰名单

成人教育2016—2017学年第二期优秀毕业生名单
（共计6名）

昆明铁机校函授站（6名）：

陶泳安	陈锐鑫	文阿玲	冀艳婧	达俊廷	丁　涛

网络教育2016—2017学年第二期优秀毕业生名单
（共计1 529名）

安康学习中心（32名）：

史亲贤	晁聪鹏	雷　震	刘　磊	杜增光	席浩然	史宁博	张　龙
卿利民	张　宁	刘　娜	李路西	侯建生	杨　珊	赵　妍	魏振朋
高天宇	董鸣祥	岳　伟	弋有艳	占铭浩	李　伟	汪汉丽	周　博
冯雅琼	王　辉	刘　萍	刘　欣	李　刚	车　浩	范永涛	韩　涛

包头学习中心（23名）：

董国华	郭建龙	郭瀚林	刘晓磊	侯雅杰	李肖楠	刘　畅	吴　伟
杨　阳	芦海峰	郭雨泽	刘翔宇	李艳荣	刘　荣	李　帅	王　毅
李志刚	吴羽茜	王俊胜	贾艺璇	刘　昊	韩东华	张　云	

宝鸡学习中心（28名）：

梁晓艳	高　珊	强海全	杜晓璐	李红梅	王亚娟	李　超	车向军
容军艳	闫少杰	陈　翔	李佩泽	常宇轩	杨　萌	徐　平	刘争社
王雅梅	牛雪妮	孙　静	潘卫刚	潘新刚	田全君	侯金全	高　瞻
唐晓东	吕　芳	王江波	杜晓玲				

北京学习中心（6名）：

王津妍	梁江伟	王美艳	赵艺一	张荣彬	王纯兴

成都犀浦学习中心（58名）：

蒋　婷	代必群	林　阳	黄思瑜	唐怀兵	孙小毅	陈　霞	龙利蓉
周　静	黄顺国	王艺宇	周宏健	陈籽含	吕红梅	高秋华	陈　娇

龙园园	阳芸芸	李　颖	丁秋杰	周　刚	包　勇	万秋玲	梁　婷
牟舟霏	杨玉婷	邓兴举	胡雍炎	朱超俊	曾莲娜	张玉东	汤钦文
叶　静	孔广非	李全东	卓彦利	陈婷婷	袁　策	杨虹雨	胡　燕
郭　鹏	王春玲	余　祥	刘　艳	邓　勇	伍明强	韩　英	罗　勇
李　智	苏文琰	魏世泽	蒲宝林	杨　雪	李仁欣	郭　颜	明树军
何　燕	陈仕培						

成都工职院学习中心（2 名）：

杨文广　　夏　婧

成铁干培学习中心（2 名）：

毛　蕾　　汤　晨

峨眉学习中心（4 名）：

姚　瑶　　薛富文　　廖　燕　　郭　瑶

福建学习中心（7 名）：

周　科　　黄登峰　　李招宝　　杨　军　　陈伟煌　　吴禹钊　　董　皓

广州学习中心（39 名）：

朱莉娟	林标顺	李明君	罗家朗	曹露芸	代小平	罗　勇	罗元龙
刘　锋	吕暹龙	卢剑锋	黄炳城	陈信松	邓东阳	唐美琪	朱志龙
孙　慧	崔连悦	李青萍	刘　天	周　颖	肖仲洲	吴兆麟	温　健
万　鑫	胡　昆	朱林洪	陈壮龙	王跃标	刘如谋	齐　伟	李芸倩
欧盛华	徐国旺	毛　菲	刘　诚	刘卫敬	李丽标	任　媛	

贵阳学习中心（2 名）：

赵鹏利　　胡燕丽

汉阳学习中心（17 名）：

潘钰涛	张　军	易世民	李杉杉	赵德方	王力威	李亚璇	田聪聪
付红艳	顾海祥	秦　旭	许明松	邬子越	周　钱	李晓蕾	李王堃
闫洋洋							

杭州学习中心（44 名）：

杨　帆	俞金宜	朱　珩	翟文超	楼　源	钱丽芬	方志辉	金　峰
汤杭晨	王旭辉	秦　桐	吴宏震	方亨作	丁俊龙	张嫣婷	石端伟
陈建军	唐宏林	唐文容	孙韩欢	刘鹏飞	王乐杭	任　挺	郭晓英
魏思锐	甘　露	程国福	柳长春	吴建平	李小虎	郁银姣	翟　羽
陈双凤	黄学良	谢腾飞	谢莎莎	徐碧霞	彭　鑫	郑浩昱	夏　杨
丰　佳	柴晓东	李艳龙	李欣楠				

弘成南京数字化学习中心（3 名）：

黄汉锡　　张礼星　　赵会永

弘成宁波数字化学习中心（24 名）：

李　歆	吴永福	牛茹燕	姚宇晟	李振辉	张　希	王　震	曹晓倩
高蒙蒙	郎佳蓓	邓　云	葛剑臣	许玄烽	陆恺雯	李牧梓	吴亦浩
张剑豪	蒋宁翔	柴逸宇	余　煌	周文杰	缪逸群	丁　赛	余　飞

弘成苏州数字化学习中心（27 名）：

顾成林	赵梦雅	刘　杰	徐　洁	黄敏艳	沈丽红	蒋林燕	徐俊杰
李蕊娜	李晓岚	赵辰翔	蒋艳秋	邓丽莎	陈佳叶	陶欣悦	李修梅

徐　剑　徐　骏　韩　钦　李欣伦　孙　科　祝旭阳　刘光甫　钱　伟
卫　妍　钟　诚　李庆发

弘成温州数字化学习中心（10名）：

薛可宠　叶　茜　王　晓　曹　强　王金海　陈　煌　唐婷婷　包俊杰
章梦诗　林赞迪

弘成无锡数字化学习中心（11名）：

朱明亮　阮海明　李　静　费蕴桃　于燕波　蒋　军　高楠楠　廖　恒
徐东东　杨　咚　徐志军

湖铁科技学习中心（7名）：

陈　蕾　廖馥仪　钟　征　熊　宁　杨　杰　王　勇　李生辉

兰州学习中心（8名）：

陈卫国　张　俊　杨　华　胡文科　杨晓琴　孙亚萍　任红理　杨海涛

泸州学习中心（9名）：

熊　崧　刘　丹　何　萍　徐　兵　任　伟　雷　雨　杨　春　任志强
赵　婷

宁波学习中心（57名）：

付青山　汪　菲　徐航宇　包正直　赵　妍　李梦莹　刘威宏　朱超俊
唐艳武　陈美西　仇　侠　卢　杨　陈　涛　叶　楠　王豪梁　姚凯明
陈　波　沈佳辉　翁宇可　邱　豪　钱学能　佟静秋　邬江蛟　谢朝霞
刘少东　丁　玲　李盛彬　吴凯亮　杨　波　傅银君　陈颖闻　林陆艳
包郭昕　蔡俊豪　翁丽明　庄天凤　朱千军　罗　剑　陈　洲　石叶鑫
王怡璎　董　华　李新宇　边浩仁　胡倍宾　杜广慧　孙　健　乐晓颖
陈壬申　徐思远　侯炳渊　周英峰　朱　迪　王武超　范荣杰　程　玲
郑　凯

衢州学习中心（1名）：

刘富兴

如皋学习中心（7名）：

张一鸣　陈　慧　丁金峰　徐香琴　朱江莉　吴中圆　刘静静

绍兴学习中心（2名）：

沈佳华　叶芝伟

深圳圆梦学习中心（52名）：

李皓男　曾　丹　江亚金　邓　琴　黄洋洋　谢梅娇　林宝莲　孙霞妮
李桂梅　钟秋芬　梁瑞容　刘国红　程体勇　叶思敏　陈　军　唐　境
邝荣丰　盛建军　周　强　程　斌　邱华彩　幸伟玲　陈　浩　曾智明
冯　巍　冯双双　方　朋　张　咪　吴美铃　杨海松　王月亮　姜元元
张振宇　龙勇亮　谭丽雅　李海燕　郭先华　郑丹萍　陈启淮　杨　俊
韦冰宏　谢岳秋　谢丽平　温美玲　赵龙飞　赵军柱　谭四霞　黄文亚
杨　素　刘　庭　黄雪兵　杨泽隆

太原学习中心（2名）：

杨　帆　温友友

唐山研究院学习中心（2名）：

李　颖　那　琳

天津学习中心（9名）：

张　晨　王鑫磊　胡士磊　陈　欣　张　良　杜　雨　李　玮　孙　燕
于　超

乌鲁木齐学习中心（11名）：

成　伟　李　昂　张　璐　蔡孙凯　朱飞龙　朱永军　孙宝龙　田有钊
武蓓磊　刘再宇　吕玉稳

武汉学习中心（6名）：

桂　恒　袁　玥　张　超　田　希　唐志国　曾　诚

西安学习中心（232名）：

李小芳	张军昌	张璟瑄	李　东	程　苗	高　浪	王　琛	李　婷
吴　震	杨　森	王光前	薛晶晶	李　嘉	郑小菲	程　博	张　静
薛　召	李伟东	王允升	张瀚杰	任简豪	刘　华	曹雨薇	黄继凯
赵玉凤	刘　凯	陈　丹	宋雅雯	王　承	张　锐	张金芳	邹林慧
史　可	雷小龙	李朋朋	杨　帆	卢远远	孙雅楠	郑占勇	刘祎辉
吴　伟	陈　诚	白晓艳	谭　哲	杨　洋	王　莹	吴小绩	刘凯丽
于海鹏	薛勇锋	任　莹	谢　鑫	陈富红	马彤彤	侯鹏飞	姬佳佳
赵团团	岳永恒	赵翔轶	刘有圆	胡佳欣	赵怡婷	谭　博	李玺凯萍
王　贝	李渭娜	张　琪	常龙龙	屈田田	贺兴军	田　露	冯　露
冯　杰	杨　凯	胡秦川	陈宝录	杨欢欢	白　圆	田　旋	孙嘉伟
武东杰	王　茜	纪浩楠	安高攀	白　婷	方　坤	潘家平	杨　彤
周　杨	赵耀东	魏佳园	张宇波	赵春琳	范朋昭	常晓飞	孙国鹏
党小侠	高　杰	祝若辰	杨　博	李　婷	拜高杰	郭娟萍	梁　琰
任毛毛	康海英	闫　昭	张　娜	张　凯	王文娟	周　兴	王蕾娜
贺怡臻	刘　昕	王　乐	解　娜	王宁宁	赵雨柔	张　驰	王　宇
廖向璇	陈　捷	郝嫚嫚	王　毅	王　弘	张锋军	张均衡	赵明钰
云　静	邢　洋	聂　叶	方小燕	刘　杭	赵亚敏	王　康	张东川
董祯龙	王　倩	杨　璇	沙　开	魏春阳	卓　越	郭晓爽	杨　影
师博澜	余思源	康　云	渠艳峰	张文倩	刘　洋	金琛宇	杨　涛
王　璐	韩　颖	李　涛	杨　刚	樊星琦	赵强强	董晓亮	何少鹏
杨　博	张　俊	李小建	陈　浩	申芸芸	闫珂威	姚　臻	王　毅
延　开	刘春秀	张　婵	康梦瑶	李　波	张筱影	姚　峰	杨省刚
漆　帆	李少博	刘　昕	闫梦蝶	李　飞	梁红森	南　萌	刘　栋
高翠芳	林　瑞	郭博康	陈　行	张梦男	李秦冲	寮徐峰	南　鹏
刘俊华	苏琳懿	董　润	史　超	周　颖	张义才	王　敏	李凯华
杨红鸽	李荣荣	刘　欢	刘　艳	王　刚	张海超	刘治品	惠　楠
高二超	任娇姣	孙　权	张　博	胡珊珊	武奕润	苏　静	白　鹭
张兴旺	王雅楠	董　爽	刘　宁	任嘉亮	李　婷	王　乐	韦丹丹
任聪聪	王旭阳	贾蕊鸽	艾蓬玘	赵　阳	肖　哲	曹立涛	李　振

校本部学习中心（216名）：

李进国	郑守涛	向哲佳	秦小兰	陈子茵	李　俊	廖高萍	高　洋
徐　秦	唐　浩	汪微微	杨　琴	陈　才	冉　旭	罗　杰	裴静红
刘天凤	王云锋	曾庭鲤	廖雪梅	刘　丹	张　坤	徐　洁	陶永林

黄政勋	刘阳	赵薇薇	赵贺兵	姜彩凤	易家明	韩吉梅	张晓琴
向涛	何小莉	施光强	柳春良	刘一凝	周锐	杨智	郑江璘
袁飞	罗春梅	刘吉祥	安愿运	马强	彭江河	杨凯	任贵勤
魏冬	殷绍阳	廖茹茂	钱荣	贾成梁	何彪	何九龙	苏洋
陈俊先	曹婉露	叶丹	曹琳	赵岳	徐川	冯巨兴	孙田
黎蓉	苏雷	李南	向星颖	缪磊	王斌	陈立	何强
梁嘉潞	何亦辰	张小月	徐晓勇	丁燕	王媛	姚舒平	刘杰
严钞	张李波	陈越	龙梅	赖勇	龙艳	何媛	谢蓓
吴云川	孙仕娇	余杨	杨顺菊	杨晓娇	李书婷	张中保	马福军
张马	周源	雷力	杨辉	邓明雄	马玉林	文海龙	范成会
黄丽	杜虹辰	王婷	陈小丽	邓娟	赖礼霞	邱波	李宗红
沈娟	周琦	李伟伟	赵勤飞	王倩	刘皓源	覃滟	刘小慧
吴玲	张书伟	马辉翔	侯智	姚巧	杨美	王德摇	胡俊杰
梁铭	税宇	白玛其错	勾帅	张宇	张沛	王绪虎	贺祯洁
李志	粟锐	吴一	杨玉婷	任宇生	陈强	向科	曾麒麟
龙华江	唐东俏	羊帅	廖彩田	周冬梅	伍仕刚	邓鹏	雷雅晰
朱韬	舒俊	肖霜	万春艳	李钊	张晓佩	宋建扣	欧小清文
牛泽松	毛可鑫	蒲志军	马思成	韩夏丽	陶丹	唐蓉	王芳
王露慧	王东	陈金鹏	龙庭军	黄靓	罗美玲	魏薇	薛含
范海军	杨达	杨志鹏	何勇	赵彩容	向北京	罗涛	兰吉
江黄美	张蕾蕾	史策	刘秀文	王萍	朱丽	黄玲玲	叶跃文
王妨	张廷龙	龙新梅	苏鸣明	金成兰	杨哲	彭婕	高翔
张利刚	纪波	岳薇	吕炜	何琴	张志伟	姚书玲	王萌迪
别浩	张文锋	周曦	陈婧	汪庭聿	杨庆	李庆华	吴莉丽

宜宾建培学习中心（2 名）：

付晓龙　冯培杰

知金教育东莞数字化学习中心（22 名）：

卢志成	黄爱容	林爱根	刘达文	区惠妮	彭素素	王冬莲	叶雪英
王伟	周炯照	黄润娟	王秋丽	符绿珠	吴姝红	黄丽昕	陈玉兰
兰春坚	胡艳平	唐艳华	岳增辉	罗小冰	翟焕儿		

知金教育上海数字化学习中心（133 名）：

欧定富	罗晓军	张文桥	田婷	郭慧兰	房琦	江建兵	陈鑫
刘妮	吴莉	薛应莉	孔俊	吴红兵	孟志阳	张国稳	刘刚
贺雪飞	徐旭东	郑锋林	傅永成	邱元满	吕宫周	林忠兰	谈晓鞍
阚聪聪	钟利红	刘东琼	郑辉	张红	姜圆圆	徐杏	陆冬冬
张春英	徐伟平	茅陈杰	时义强	李灏	张陈兵	沈志豪	蔡云逸
林家泉	季春明	伍健雄	赵营林	李静	柯蔚珉	蒋莉	尤明
胡春辉	彭凯	黄峥嵘	田晓浪	吴佳瑛	伍德进	屠文瑜	杨霆
张亚	孙斌	余彪	姜南	陈燕	贾哲	李玉萍	徐霞萍
陈乃娟	曾银发	刘红娥	朱接春	王晓聪	张通	楼安琪	高振飞
蔡奔奔	于海星	查炼	俞顺	徐来根	刘生伟	熊伟	孙佳
李超	倪潇逸	桑卫明	耿昌国	顾晓林	高明月	王嘉翰	王彩云

李　韬　厉　晨　周凯敏　严惠嘉　万　杰　彭志尧　结字古者　马立锋
蔡贞兵　张　健　于　攀　陈　婧　瞿　珊　岳　苗　梁修军　徐巍巍
潘克俭　徐　君　蔡杨波　陈　浩　江从海　邬芳敏　张有辉　秦赛芳
胡永吉　王玉珍　唐徐玲　刘　姗　龚新光　郭瑞敏　王　娟　赵汝军
包星宇　贾晓艳　李轶群　蔡　聪　朱庆锋　倪　克　陶佳君　邓友良
沈嘉轩　张　毅　徐亚其　李红丽　赵　云

直属学习中心（391 名）：

朱跃辉　李　源　戴林岐　田禧茂　喻　红　黄梦娜　李　丹　胡华夏
马雨佳　王　朝　胡美玲　罗　帅　林　燕　刘　婷　王骏霖　谭其轩
范姣玲　陈莉琼　钟敏银　苏　柳　吴　娇　王瑜凯　蒋　旭　尤佳勇
黄　悦　王　彬　曹　睿　陶　玉　成小英　周均昌　赵　灿　张钱生
刘　辉　杨　洋　包　静　罗婷婷　杨　琴　朱永松　杜世鹏　李　飞
黄　朋　陈治萍　徐　景　詹博昌　王治光　毕洪雪　邓　鸿　罗佳明
叶　琴　刘　溦　赵洪昌　彭　涛　王　静　王　琼　孙　平　佟志超
张　聪　蔡　锭　张博闻　黄琳媚　吴　颖　陈　良　王德有　张　滔
张　新　乔彦祥　曾顺兵　陈　程　旷永为　杨成宇　黄小婷　戴　丽
张玉鼎　干　通　高海峰　黄家丽　孙小娟　林　琳　曹成龙　唐　欢
陈　欣　刘代超　李　琴　陈莉容　杨　鹏　周　迪　胡邱恒　王必琴
李　婷　辜　健　朱丁玲　刘珏汐　王昶沣　黄镌煸　代　丹　罗宇阳
陈吉祥　成　乾　谢曾琪　曹　怡　张　洪　曹　英　黄　彬　孙　正
唐晓东　郑滢洁　陈镜蓉　王安迪　邱廷琦　彭　华　匡代模　陈红梅
翁　雪　翁　芸　罗　棋　余子夜　江　悦　杨海平　吴玉霞　高　洋
何昌翼　夏贤斌　易　平　唐　琴　王　萃　张京伟　熊利辉　邓　庆
唐志强　郑海军　陈志浩　廖若颖　宋亚飞　王　伟　周正伟　胡金权
王　用　谯　英　李兴建　王　梅　赵文嘉　高士雄　张　飞　冯　凉
王存菊　龚昭云　曾倩蓉　黄　勇　丁　燕　张　杨　昝文杰　刘　颖
李　杰　江郭伟　蒋　维　樊有国　何海琼　付小平　尹　超　王志文
张栖桦　姜　涛　杨　荻　张　敏　杨　欢　蒋　俊　王晓琼　李明燕
张本李　罗　洋　谢　瑜　贾智强　何　钊　张义伟　申　林　李　欣
张国忠　向　武　陈新宇　周榆翔　何　非　杜虹萱　田洪伟　王欣萍
何　军　蔡玉洁　冯熙淋　佘文杰　贾俊晓　丁文彪　杨晓灼　吴倩倩
王琳芳　曾玉霞　王　娟　胡　月　司宝伟　李友春　卢玉梅　周　爽
雷　骏　何万冲　黄春梅　曾林慧　周凤华　袁天洋　王　胜　张文骞
刘　玲　贺　芬　胡　敏　彭　柯　张堰堃　方　文　江　昊　张云聪
卢　义　唐　军　李金钟　邓　飞　钟雪梅　罗小琴　何贵琼　刘　彬
刘　云　罗俊华　冯年利　魏　琪　李德伦　李驰昊　钟艾廷　肖　尧
钟　敏　杨冬柱　何玉莲　黄许林　敬　阳　张　妁　张小燕　王章燕
唐锡强　陈　超　盛翠蓉　王　威　何　平　张　科　廖　燕　吴康燕
汪怡扬　王志文　郭　璐　刘师杨　黎　俊　周思洁　万　月　邹　芮
何益明　徐　杉　苟于伟　王　迪　张卫刚　陈兰英　于礼波　冯炯弘
曾成英　周先蓉　陈心怡　何　春　汤文潇　邝　倩　杨　勇　陈建君
龙滟鑫　邓东平　张宗友　姚明江　王靖霞　曾志辉　舒希文　刘艺艺

邓壮伟　李中美　张　健　李　莉　王　成　张　灿　扈人杰　卢珊珊
欧海澜　管　静　杨丛坡　李　淮　何健恺　罗　凯　金　玺　杨巧琳
杨　灵　袁龙聪　梁　勇　雷晓媛　蒋　俊　冯启贵　刘　明　沈夕露
蔡　培　谷露珠　张　毅　聂潇楠　肖　学　朱　军　苟常莹　王国强
张丹丹　宋小英　程　伟　蒲婷婷　李　刚　龚　涛　王　炜　陈　聪
兰　芮　肖　倩　张　伟　何　露　吕　西　李其友　赵晓岚　刘月莹
何雨叶　李佳莉　陈　杰　刁治莉　王　娜　黄国全　陈洪英　陈　慧
王德星　李　洪　陶　卉　李　涛　张　能　王海威　张　川　胡　静
张霞丽　张　娜　吴世杰　王　培　张　莉　李　璞　陈　健　李金桃
孙建平　黄小华　卞　微　张永成　段凯龄　刘加富　刘冬焕　杨成壮
王　婧　陈　刚　张　婧　刘　智　杨　杰　徐　静　王蓉丹　张　方
樊　帆　司布彬　宋　铭　郭　伟　马永明　林高怡　张　洋　邓小波
张　斌　梁峻峰　周　杰　叶　翾　朱　畅　李树仁　蒲琳琳　王玉婷
黄　兰　雷小冬　肖茂江　陈　涛　古　倩　赵　静　邬仕凤

重庆轨道交通学习中心（8名）：

冯琴芹　池　刚　王国庆　邹星宇　兰　宁　王滢钧　刘恒亮　杨　林

重庆铁路学习中心（9名）：

付成俊　吴常学　何翔宇　范文俊　申博匀　邵　艳　王　颖　李秀仙
李　亮

株洲基地学习中心（4名）：

闫　畅　邓鹏丰　陆金龙　汤朝霞

（三）2017年接受捐赠情况

2017年接受捐赠情况（不在年鉴中展示，接受捐赠具体明细请登录基金会网站查阅 http://foundation.swjtu.edu.cn）

（四）2017年学校事业发展统计数据
（截至2017.09）

普通本专科生数：	28 702	折合在校生数：	60 416.90			普通本专科生数=一本（教务G312）+二本（峨眉G312）	教务25 105+峨眉二本3 597
硕士生数：	11 626					G317	
博士生数：	2 863	全日制在校生数：	43 749.00			G318	
留学生数：	486					G371	
预科生数：	72					G361	
进修生数：	0						
成人脱产班学生数：							
夜大（业余）学生数：	1 234					夜大（业余）学生数=业余专科（G313）+业余本科（G314）	业余专科247＋业余本科987

续表

函授生数：	3 700					函授生数=函授专科（G313）+函授本科（G314）	函授专科1 965+函授本科2 735
自考助学生数：	0						
网络本专科生数：	62 797						网络本科38 498+网络专科24 299
折合在校生数=普通本、专科（高职）生数+硕士生数×1.5+博士生数×2+留学生数×3+预科生数+进修生数+成人脱产班学生数+夜大（业余）学生数×0.3+函授生数×0.1+自考助学生数+网络本专科生数×0.1							
全日制在校生数=普通本、专科（高职）生数+研究生数+留学生数+预科生数+成人脱产班学生数+进修生数							
专任教师数：	2 646	教师总数：	2 777.5			教师总数=专任教师数+聘请校外教师数×0.5	
聘请校外教师数：	263						
				合格	限招		
		1. 生师比：	20.04	<18	<22		
具有研究生学位专任教师数	2 350	2. 具有研究生学位教师占专任教师的比例：	88.81%	>30	>10		
具有博士学位专任教师数	1 552	具有博士学位教师占专任教师比例:	58.65%				
教学及辅助用房面积	594 556.19	3. 生均教学行政用房	16.39	>16	>9	GZ52	
行政办公用房面积	122 580.53					GZ52	
教学科研仪器设备资产总值	254 239 153	4. 生均教学科研仪器设备值	4 208.08	>5 000	>3 000	单位：元	
一般图书（册）	2 952 187	5. 生均图书	48.86	>80	>40	G521	
电子图书（册）	2 618 122					G522（2016 变化）生均图书=图书总数/折合在校生数	
				合格	或者		
正高级专任教师	482	6. 具有高级职务教师占专任教师的比例	50.19%	>30			
副高级专任教师	846						
占地面积	3 037 536	7. 生均占地面积	69.43	>59			
学生宿舍面积	491 300	8. 生均学生宿舍面积	11.23	>6.5			
教学用计算机台数	16 921	9. 百名学生配教学用计算机台数	38.68	>10			
多媒体教室和语音实验室座位数		10. 百名学生配多媒体教室和语音实验室座位数	0.00	>7			

续表

当年新增教学科研仪器设备值	13 748 721.31	11. 新增教学科研仪器设备所占比例	5.72%	>10	>1 000 万元	G521，凡教学仪器设备总值超过1亿元的高校，当年新增教学仪器设备值超过1 000万元，该项指标即为合格。	
当年新增图书量	133 252	12. 生均年进书量	2.21	>3	>9 万册	G521，凡折合在校生超过30 000人的高校，当年进书量超过9万册，该项指标即为合格	

（五）2017年西南交通大学各地校友会统计

序号	校友会名称	序号	校友会名称
国内			
1	西南交通大学北京校友会	2	西南交通大学重庆校友会
3	西南交通大学广州校友会	4	西南交通大学厦门校友会
5	西南交通大学郑州校友会	6	西南交通大学西藏校友会
7	西南交通大学上海校友会	8	西南交通大学沈阳校友会
9	西南交通大学天津校友会	10	西南交通大学珠海校友会
11	西南交通大学南京校友会	12	西南交通大学山海关校友会
13	西南交通大学西安校友会	14	西南交通大学唐山校友会
15	西南交通大学四川校友会	16	西南交通大学大连校友会
17	西南交通大学武汉校友会	18	西南交通大学洛阳校友会
19	西南交通大学兰州校友会	20	西南交通大学常州校友会
21	西南交通大学河北校友会	22	西南交通大学泸州校友会
23	西南交通大学广西校友会	24	西南交通大学深圳校友会
25	西南交通大学南宁校友会	26	西南交通大学柳州校友会
27	西南交通大学呼和浩特校友会	28	西南交通大学苏州校友会
29	西南交通大学浙江校友会	30	西南交通大学青年校友会
31	西南交通大学安徽校友会	32	西南交通大学北京青年校友会
33	西南交通大学昆明校友会	34	西南交通大学四川青年校友会
35	西南交通大学长沙校友会	36	西南交通大学安徽青年校友会
37	西南交通大学青岛校友会	38	西南交通大学哈尔滨校友会
39	西南交通大学海南校友会	40	西南交通大学贵州校友会
境外/国外			
41	西南交通大学香港地区校友会	42	西南交通大学华盛顿地区校友会
43	西南交通大学加拿大校友会	44	西南交通大学越南校友会

续表

序号	校友会名称	序号	校友会名称
境外/国外			
45	西南交通大学马尼托巴校友会	46	西南交通大学北加州校友会
47	西南交通大学新加坡校友会	48	西南交通大学日本校友会
49	西南交通大学丹麦校友会		
行业/社团			
50	西南交通大学地质、测绘、环境行业校友会	51	西南交通大学 MBA 校友会
52	西南交通大学 MBA 深圳校友会	53	西南交通大学 MBA 杭州校友会
54	西南交通大学 MPA 校友会	55	西南交通大学同心校友会
56	西南交通大学 EMBA 广东校友会	57	西南交通大学 EMBA 上海校友会
58	西南交通大学广西南宁铁路局校友会	59	西南交通大学 EMBA 校友会
60	西南交通大学 92 级工民建校友会	61	西南交通大学昆明铁路局校友会

（六）西南交通大学社团一览表

大类	社团名称	社团星级
理论研究类	大学生心理学会	★★★★★
	国际关系研究会	★★★★
	青年马克思主义发展协会	★★★
	中医药文化与保健协会	★★★
	汽车爱好者协会	★★★
	消防安全协会	★★
	雾都天文社	★★
	国防教育协会	★★
	研究生心理协会	★
	证券交流协会	★
	习近平新时代中国特色社会主义思想学习研究会	★
校园服务类	国旗班	★★★★★
	礼仪队	★★★★★
	校园大使团	★★★★★
	舞美队	★★★★★
	新唐苑	★★★★★
	大学生伙食管理委员会	★★★★★
	宿舍管理委员会	★★★★
	招生宣传志愿者协会	★★★★
	图书馆学生管理委员会	★★★

续表

大类	社团名称	社团星级
校园服务类	尊老敬老协会	★★★
	校友志愿者协会	★★★
	读书俱乐部	★★★
	学生教学信息站	★★
	晨读社	★★
	纸鸢书院西南交通大学分社	★
	计划财务处助理团	★★★★★
	校史馆讲解团	★★★★★
	文物管理协会	★★★★★
	大学生班级联合会	★★★★★
	校团委助理团	★★★★★
	励行社（筹）	
社会服务类	思源社（筹）	
	Kelly 说协会（筹）	
公益实践类	贫困地区教育观念救助会	★★★★★
	创新创业俱乐部	★★★★★
	公益协会	★★★★
	雷锋公司	★★★★
	动植物协会	★★★★
	CEN 中华创新与创业联盟	★★★
	环保志愿者协会	★★★
	大学生就业与创业协会	★★★
	大学生创业孵化工作室	★★★
	大学生交往拓展协会	★★
	节能协会	★★
	留守儿童关爱协会	★★
	启梦社	★★
	国际交流协会	★
	思益社	★
	自我成长与发展协会	★
学术科技类	基础数学协会	★★★★★
	数学建模协会	★★★★★
	山海原经典网	★★★★
	大学生创造学会	★★★★
	测量协会	★★★★

续表

大类	社团名称	社团星级
学术科技类	投资理财协会	★★★★
	机器人协会	★★★★
	电子科技协会	★★★
	交通运输科技协会	★★★
	航模协会	★★★
	大学生法律协会	★★★
	物理协会	★★★
	ACM 协会	★★★
	计算机与网络科技协会	★★
	prezi 协会	★★
	环境协会	★★
	化学协会	★★
	力学与科技协会	★★
	物流协会	★★
	工程实践创新协会	★
	PPTer 协会	★
	大学生生命科学学会	★
	创客协会	★
	交大菁蓉协会	★
	设计协会	★
	Office 职场训练营	★
	综合设施工程协会	★
	数据科学协会（筹）	
	STEAM 实验与创新协会（筹）	
文化艺术类	书画协会	★★★★★
	外语协会	★★★★★
	洛灵诗歌协会	★★★★
	魔术协会	★★★★
	MARS 动漫同人社	★★★★
	镜湖文学社	★★★★
	南国相声社	★★★
	旅游文化协会	★★★
	演讲与口才协会	★★★
	汉服社	★★★
	科幻协会	★★★

续表

大类	社团名称	社团星级
文化艺术类	陶艺协会	★★★
	摄影协会	★★
	电影协会	★★
	粤语社	★★
	中外文化交流与传播协会	★★
	刀笔油画协会	★★
	齐契古风社	★★
	LT手工社	★
	辩论队	★★★★★
	美妆护肤与礼仪形象协会	★
	彝文化协会	★
	岗拉梅朵锅庄协会	★
	扬音吉他社	★
	西南交通大学校园媒体俱乐部	★★★★★
	思想者说协会	★★★★★
	管弦乐队	★★★★★
	合唱团	★★★★★
	舞蹈团	★★★★★
	民乐队	★★★★★
	扬华文化	★★★★★
	电声乐队	★★★★★
	微笑话剧团	★★★★★
体育健身类	篮球协会	★★★★★
	健美操协会	★★★★★
	体育舞蹈协会	★★★★
	街舞协会	★★★★
	双节棍协会	★★★★
	足球运动管理联合会	★★★★
	羽毛球协会	★★★★
	台球协会	★★★★
	乒乓球协会	★★★
	自行车协会	★★★
	棋牌协会	★★★
	网球协会	★★★
	游泳协会	★★★

续表

大类	社团名称	社团星级
体育健身类	跆拳道协会	★★★
	磐石社	★★★
	轮滑协会	★★★
	武术协会	★★★
	排球协会	★★
	Tough Gugs 健身协会	★★
	瑜伽协会	★★
	空手道协会	★★
	花样跳绳协会	★★
	太极拳协会	★★
	田径协会	★★
	毽球协会	★★
	滑板协会	★★
	悠悠球协会	★
	柔道协会	★
	I&F 电子竞技协会	★
	射声弓箭社	★

（七）2017年西南交通大学出版社出书目录

ISBN	分 类	书 名	作 者	开本	出版时间
978-7-5643-5206-6	I227	雨雪霏霏	万雪桃 著	32	2017.01
978-7-5643-5132-8	TB3	材料科学与工程卓越工程师培养探索与实践	张万明 主编	16	2017.01
978-7-5643-5166-3	TU991.2	水处理运行与管理	李静 苏少林 主编	16	2017.01
978-7-5643-5181-6	F713.365.2	在线商品评论偏差的成因与影响机理	李雨洁 著	16	2017.01
978-7-5643-5216-5	V35	通用机场飞行程序规划与设计	朱代武 黄晋 杨姝 著	16	2017.01
978-7-5643-5252-3	TU7	土木工程施工	董博 罗祥 主编	16	2017.01
978-7-5643-5147-2	F230	会计学原理	冯黎 徐永凡 主编	16	2017.01
978-7-5643-5214-1	K833.515.6	印度精神的召唤——作为政治理想主义者的泰戈尔研究	虞乐仲 著	16	2017.01
978-7-5643-5170-0	F592.771.2	阿坝州旅游教育发展研究：高校篇	张进伟 著	32	2017.01
978-7-5643-5200-4	V323	飞行中人的因素（第3版）	罗晓利 主编	16	2017.01
978-7-5643-5197-7	G632.0-53	教育改革与发展文论	赵家骥 主编	16	2017.01
978-7-5643-5236-3	S562.062	新疆陆地棉氮磷钾科学施肥技术	柳维扬 著	16	2017.01
978-7-5643-5196-0	J523.6	彝绣	古城 王永清 等 编著	16	2017.01

续表

ISBN	分　类	书　名	作　者	开本	出版时间
978-7-5643-5171-7	U238	高速铁路列车停站方案与运行图协同优化理论和方法	倪少权　吕红霞　陈钉均　吕苗苗　著	16	2017.01
978-7-5643-5203-5	V242	Avionics for the Air Transport Pilot (2nd edition)航空电子设备（第 2 版）	何晓薇　向淑兰　编	16	2017.01
978-7-5643-5184-7	G633.602	中学数学教学思考与实践	胡明亮　著	16	2017.01
978-7-5643-5245-5	X705	垃圾分类小百科	成都市绿色地球环保科技有限公司　编	64	2017.01
978-7-5643-5213-4	P942.710.78	四川南河国家湿地公园生态系统服务价值评估	彭培好　等　编著	16	2017.01
978-7-5643-5232-5	J063	设计色彩教程	卜林生　主编	16	2017.01
978-7-5643-5201-1	V271	民用飞机持续适航和安全评估概论	刘廷利　周长春　杨晓强　颜影　陈农田　著	16	2017.01
978-7-5643-5251-6	U292	铁路行车组织（第 4 版）	彭乾炼　石瑛　主编	16	2017.01
978-7-5643-5192-2	U239.5	大都市区市郊铁路规划方法与实践	孔繁钰　翟长旭　刘海洲　著	16	2017.01
978-7-5643-5254-7	TN79	数字电子技术应用及项目训练（第 2 版）	张晓琴　伍小兵　王政　主编	16	2017.01
978-7-5643-5058-1	TM7	高压电气设备的检修与试验	王旭波　张刚毅　主编	16	2017.01
978-7-5643-5212-7	O657	实用仪器分析	罗思宝　甘中东　主编	16	2017.01
978-7-5643-5222-6	O413.1	量子基础构造原理解读	耿化民　编著	16	2017.01
978-7-5643-5256-1	TP312.8	C 语言上机实验指导与习题集（第 2 版）	王晓　李琦　主编	16	2017.01
978-7-5643-5258-5	F407.965	建筑企业工程项目物资管理	骆中华　王永灵　编	16	2017.01
978-7-5643-5101-4	H109.4	现代汉语	张筠　总主编　张喜洪　编著	16	2017.01
978-7-5643-5217-2	TP312.8	C 语言程序设计	张帆　陈连山　张印　主编	16	2017.01
978-7-5643-5194-6	TP393	计算机网络	贺杰　潘雪峰　汪怀杰　主编	16	2017.01
978-7-5643-5215-8	H19	大学语文（阅读与口才）	邓素林　廖俐　杨雯婷　主编	16	2017.01
978-7-5643-5247-9	TU857-64	四川省既有住宅电梯增设构造图集	四川省建筑设计研究院　主编	8	2017.01
978-7-5643-5248-6	TU6-64	四川省建筑工程机电设备安装抗震构造图集（底部连接方式）	四川省建筑设计研究院　主编	16	2017.01
978-7-5643-5182-3	TV698.2	基于应变软化理论的顺层边坡失稳机理及局部破坏范围研究	郑立宁　胡启军　谢强　著	16	2017.01
978-7-5643-5188-5	J905.2-53	类型承续与观念自觉：中国类型电影的类型分析与理论建构	李简瑷　著	16	2017.01
978-7-5643-5229-5	TP391.72	计算机辅助设计技术	李成勇　黄燕　编著	16	2017.01
978-7-5643-5273-8	TP393.092.2	Web 应用开发实用技术	朱晓姝　总主编　张捷　封俊红　主编	16	2017.01
978-7-5643-4667-6	TB301	材料力学（第 5 版）	江晓禹　龚辉　修订	16	2017.01
978-7-5643-5211-0	TQ02	化工单元操作	杨青　何鸿武　徐靓　主编	16	2017.01
978-7-5643-5094-9	G782	陪你走过这十年——一位博士妈妈的教育手札	刘苹　著	16	2017.01
978-7-5643-5159-5	G633.412	The Effects on Reading Proficiency for Junior Middle School Students——From the Perspective of Metacognitive Regulation Training 元认知监控理论下的初中英语阅读实效性研究	胡萍　著	16	2017.01
978-7-5643-5152-6	J9-53	实践育人　特色办学——四川传媒学院电影电视学院优秀毕业设计汇编（2015—2016）	陈祖继　主编	16	2017.01

续表

ISBN	分 类	书 名	作 者	开本	出版时间
978-7-5643-5119-9	F830.91	股票投资方法与技巧	彭十一 著	16	2017.01
978-7-5643-5174-8	U463	汽车装配技术	白仕珑 主编	16	2017.01
978-7-5643-4480-1	C912.81	物联网工程应用系统（智慧城市）实训教程	曾妍 刘洪涛 主编	16	2017.01
978-7-5643-5150-2	G633.302	课改：走在语文课例研修的路上（国培版·初中）	周周 王又新 主编	16	2017.01
978-7-5643-5175-5	B222.65	荀子社会管理思想研究	刘军鹏 著	16	2017.01
978-7-5643-5176-2	J9-4；G206.2-4	新常态下传媒类应用型创新创业人才培养方案及研究论文汇编	陈祖继 主编	16	2017.01
978-7-5643-4954-7	TG502.35	机床电气控制线路安装与维修	董新 主编	16	2017.01
978-7-5643-5179-3	U272.6	朔黄铁路万吨列车平稳操纵优化研究	张朝辉 著	16	2017.01
978-7-5643-5169-4	TU4-44；TU47-44	工程岩土与地基基础能力训练习题	杨侣珍 主编	16	2017.01
978-7-5643-5167-0	TH11	机械常识（第2版）	苏学辉 主编	16	2017.01
978-7-5643-5143-4	P2-53	测巴渝山水 绘桑梓宏图——重庆市2013—2015年度优秀测绘论文集	楚恒 主编	16	2017.01
978-7-5643-5151-9	P33	城市水文学	王文鑫 徐义萍 拜存有 主编	16	2017.01
978-7-5643-5148-9	G41	和谐德育当代发展研究	李建刚 喻永均 柏文涌 著	32	2017.01
978-7-5643-5140-3	TU473.1-65	四川省大直径素混凝土桩复合地基技术规程	中国建筑西南勘察设计研究院有限公司 四川省建筑科学研究院 主编	32	2017.01
978-7-5643-5183-0	U239.5	城市轨道交通继电保护	方彦 主编	16	2017.01
978-7-5643-5187-8	R97	药品与生命的奥秘	孙会丽 谢明德 编著	16	2017.01
978-7-5643-5155-7	U292.4-39	计算机编制列车运行图理论与方法	倪少权 赵春雷 庄河 吕红霞 著	16	2017.01
978-7-5643-5237-0	O61-33	无机化学实验	刘云霞 主编	16	2017.02
978-7-5643-5160-1	U239.5	城市轨道交通概论（第3版）	张凡 主编	16	2017.02
978-7-5643-5154-0	U415	公路施工组织与管理	刘玉英 主编	16	2017.02
978-7-5643-5207-3	J0	艺术概论	谢委 主编	16	2017.02
978-7-5643-5274-5	H152.3	应用文写作教程	韩剑南 杨怡 主编	16	2017.02
978-7-5643-5255-4	F56	航空情报服务	陈肯 何光勤 黄邦菊 主编	16	2017.02
978-7-5643-5260-8	TH126	AutoCAD机械制图项目化实例教程	朱定见 张文 主编	16	2017.02
978-7-5643-5253-0	TB237	工程制图及CAD	欧阳志 主编	16	2017.02
978-7-5643-5279-0	D630.3-44	综合知识历年真题及详解	《综合知识历年真题及详解》编写组 编	8	2017.02
978-7-5643-5238-7	R47	护理职业风险及防范	何春渝 刘萍 主编	16	2017.02
978-7-5643-5267-7	F590.633	导游才艺技能	刘琳 主编	16	2017.02
978-7-5643-5270-7	F233	初级会计实务	邢饶舫 罗小宁 主编	16	2017.02
978-7-5643-5277-6	TU767	建筑装饰装修构造与施工技术	张勇一 何春柳 罗雅敏 主编	16	2017.02
978-7-5643-5280-6	O29-44	应用数学习题册	刘清丽 李晓君 主编	16	2017.02
978-7-5643-5262-2	F560.69	航空安全管理(第2版）	周长春 主编	16	2017.02
978-7-5643-5246-2	TU241.4-64	四川省农村居住建筑维修加固图集	四川省建筑科学研究院 主编	16	2017.02

续表

ISBN	分 类	书 名	作 者	开本	出版时间
978-7-5643-5204-2	U239.5	城市轨道交通信号基础设备运行与维护	高嵘华 吴广荣 主编	16	2017.02
978-7-5643-5233-2	D922.29	经济法	周兵 高波 主编	16	2017.02
978-7-5643-5278-3	G444	大学生心理健康应用教程	周静 王代清 汪伟 曾雪梅 主编	16	2017.02
978-7-5643-5290-5	U41	公路工程试验检测习题集	张燕 郭秀芹 主编	16	2017.02
978-7-5643-5285-1	B2	中国思想史纲要	袁名泽 主编	16	2017.02
978-7-5643-5243-1	U459.1	高速铁路隧道施工与维护（第 2 版）	郭占月 主编	16	2017.02
978-7-5643-5268-4	TP312.8	JAVA 实用教程	朱晓姝 总主编 梁勇强 蒙峭缘 主编	16	2017.02
978-7-5643-5281-3	K203	渠江吟诵（春夏篇）	赵军 陈春燕 雷霖 邢蓉 主编	16	2017.02
978-7-5643-5202-8	TM3；TM921.5	电机与电气控制技术	赵勇 胡建平 主编	16	2017.02
978-7-5643-5261-5	F713.50	市场营销学（第 2 版）	杨继莲 王淑霞 高小玲 主编	16	2017.02
978-7-5643-5287-5	D630.3	综合知识参考资料(2017)	《综合知识参考资（2017）》编写组 编	16	2017.02
978-7-5643-5219-6	TU241-65	四川省工业化住宅设计模数协调标准	四川省建筑科学研究院 主编	32	2017.02
978-7-5643-5289-9	U212.32	铁路选线设计（第四版）	易思蓉 主编	16	2017.02
978-7-5643-5294-3	U279.3	车辆检测技术	王婷 赵柏阳 翟士述 主编	16	2017.02
978-7-5643-5300-1	J51	基础图案	刘世军 石承斌 主编	16	2017.02
978-7-5643-5282-0	D630.3	公务员面试技巧与真题	邓天丽 主编	16	2017.02
978-7-5643-5295-0	U213.1	高速铁路路基施工及维护（第 2 版）	王瑷琳 主编	16	2017.02
978-7-5643-5259-2	TN911.6	信号与系统（第 2 版）	王颖民 郭爱 编	16	2017.02
978-7-5643-5265-3	U26	机车新技术（第 3 版）	张中央 李益民 江利国 主编	16	2017.02
978-7-5643-5067-3	O141.4	数学建模简明教程	柏宏斌 兰恒友 陈德勤 主编	16	2017.02
978-7-5643-5291-2	U264.2	电力机车制动系统检修与维护	聂小武 主编	16	2017.02
978-7-5643-5286-8	TP368.1	单片机原理与应用系统设计(第二版)	高博 董海棠 主编	16	2017.02
978-7-5643-5186-1	F252	供应链管理理论与案例解析	毛敏 王坤 主编	16	2017.02
978-7-5643-5288-2	O29	应用数学	刘清丽 李晓君 主编	16	2017.02
978-7-5643-5275-2	G647.38	大学生创新与创业	刘彤 王雪梅 主编	16	2017.02
978-7-5643-5311-7	U264.2	电力机车制动系统	李益民 聂小武 马力 伍春发 主编	16	2017.02
978-7-5643-5276-9	TU5；TU8	建筑材料及建筑设备	周洋 刘娜娜 马晓雪 主编	16	2017.02
978-7-5643-5292-9	D923.25	不动产登记典型问题解析	刘守君 编著	16	2017.02
978-7-5643-5125-0	F812	改革开放以来中国财税体制改革研究	赵晔 著	16	2017.02
978-7-5643-5250-9	R173	IT 环境中女性健康常识	黄燕 赵友贵 著	32	2017.02
978-7-5643-5153-3	P342	水文化导论	蒋涛 吴松 秦素粉 主编	16	2017.02
978-7-5643-5220-2	TU241.4-65	四川省农村生土和木结构建筑技术规程	西昌市建筑勘测设计院有限公司 主编	32	2017.03
978-7-5643-5301-8	H102	普通话实用训练教程——理论篇	文静 李筠 刘婷婷 编著	16	2017.03

续表

ISBN	分　类	书　名	作　者	开本	出版时间
978-7-5643-5303-2	G643.1-53	思辨的力量（第二辑）——研究生思想政治理论课论文集	谢瑜　主编	16	2017.03
978-7-5643-5313-1	G451.1	四川省教师省考 15 天高分突破——案例分析·判断解析	博程教育教师公招考试研究中心　编著	16	2017.03
978-7-5643-5235-6	I267.1	脚印	纪连文　著	16	2017.03
978-7-5643-5306-3	F511.41；F840.63	国际货物运输与保险	赵盈盈　尚静　主编	16	2017.03
978-7-5643-5293-6	G806；G812	城镇居民体育锻炼行为干预的理论与实践研究	郭新艳　著	16	2017.03
978-7-5643-5263-9	TN805	电子产品装配与调试	杨秀平　吴雪峰　主编	16	2017.03
978-7-5643-5312-4	J06	设计基础	张荣　汤天然　李铭超　主编	16	2017.03
978-7-5643-5314-8	G645.1	说给你听——一位高校辅导员的工作日志	王鹏　著	32	2017.03
978-7-5643-5334-6	D630.3-44	综合知识标准模拟预测试卷	《综合知识标准模拟预测试卷》编写组　编	8	2017.03
978-7-5643-5327-8	TP312.8	计算机程序设计基础（C/C++）	景红　主编	16	2017.03
978-7-5643-5316-2	U284	信号工作业指导	杜中彦　主编	16	2017.03
978-7-5643-5304-9	G633.552	现代地理教学论——中学地理课程教学理念与方法	周申立　王佑汉　编著	16	2017.03
978-7-5643-5257-8	G64	人的全面发展理论与高校思想政治教育创新发展研究	袁俊平　卜建华　胡玉宁　著	16	2017.03
978-7-5643-5296-7	G758.4-53	新建民族本科院校转型发展探索与实践	郭庆义　主编	16	2017.03
978-7-5643-5264-6	TM774	继电保护装置运行与调试	常国兰　支崇珏　主编	16	2017.03
978-7-5643-5307-0	TU5	土木工程材料	李辉　李坤　主编	16	2017.03
978-7-5643-5302-5	TU47	基础工程	曾志军　孙宏伟　主编	16	2017.03
978-7-5643-5308-7	TU723.3	市政工程计量与计价	张建平　赖应良　主编	16	2017.03
978-7-5643-5329-2	F275	财务管理	闫永海　主编	16	2017.03
978-7-5643-5297-4	O47	几类半导体模型的理论分析	董建伟　著	16	2017.03
978-7-5643-5343-8	TU755-65	四川省建筑工程清水混凝土施工技术规程	成都市建工科学研究设计院 中建三局集团有限公司　主编	32	2017.03
978-7-5643-5339-1	TU982.297.1-65	四川省村规划标准	四川省城乡规划设计研究院　主编	32	2017.03
978-7-5643-5331-5	P642.1；U414	土质与道路建筑材料	张燕　郭秀芹　主编	16	2017.03
978-7-5643-5321-6	F234.4	财务会计实训	申仁柏　主编	16	2017.03
978-7-5643-5189-2	F532.3	西南山区高速铁路建设项目安全保障与风险控制技术	王明慧　蒋树平　张桥　编著	16	2017.03
978-7-5643-5234-9	TU473.1-65	四川省先张法预应力高强混凝土管桩基础技术规程	成都市建设工程质量监督站 四川省建筑科学研究院　主编	32	2017.03
978-7-5643-5340-7	B84	普通心理学	廖全明　主编	16	2017.03
978-7-5643-5333-9	R32-33	医学形态学实验教程（第 2 版）	胡晓松　林友胜　刘馨莲　主编	16	2017.03
978-7-5643-5358-2	I227	中国同题诗歌三人行	赵晓东　主编	16	2017.03
978-7-5643-5298-1	Z89：K264.406	中国工农红军长征图书书目索引	孔辉　编	16	2017.03
978-7-5643-5315-5	P315.9-65	四川省城市抗震防灾规划标准	四川省建筑科学研究院　主编	32	2017.03

续表

ISBN	分　类	书　名	作　者	开本	出版时间
978-7-5643-5191-5	U284	高速铁路信号系统（第 2 版）	李映红	16	2017.03
978-7-5643-5305-6	F323.211	广安市土地资源	广安市第二次全国土地调查领导小组办公室　编	16	2017.03
978-7-5643-5318-6	G634.413	高中英语精练详析（初高中衔接版）	王延华　主编	16	2017.03
978-7-5643-4462-7	G40-44	教育公共基础真题汇编与参考答案解析	黄明友　编著	16	2017.03
978-7-5643-5310-0	K879.299；K879.39	四川石窟及摩崖造像病害及其治理工程实践	何发亮　贺晓东　韦荃　丁建芳　郭如军　编著	16	2017.03
978-7-5643-5344-5	TN919.5	数据通信设备运行与维护	范新龙　张华　郭芊彤　主编	16	2017.03
978-7-5643-5342-1	H102	普通话实用训练教程——测试篇	刘婷婷　李筠　文静　编著	16	2017.03
978-7-5643-5085-7	G61	中等职业学校学前教育专业学生职业技能训练	唐敏　高春玲　主编	16	2017.03
978-7-5643-5336-0	U417.3-65	四川省高分子复合材料检查井盖、水箅技术规程	成都市城市建设科学研究院　主编	32	2017.03
978-7-5643-5337-7	TU55-65	四川省膨胀玻化微珠无机保温板建筑保温系统应用技术规程	四川省建筑科学研究院　主编	32	2017.03
978-7-5643-5367-4	G633.412	快乐英语：游戏设计与课堂教学技巧（第二版）	李思毅　著	16	2017.03
978-7-5643-5269-1	F713.80	哲学思维与广告	王敏　孙晓阳　主编	16	2017.03
978-7-5643-5332-2	D297.6	大学之情：用校园文化点燃青春——遵义师范学院共青团工作实践	唐露萍　主编	16	2017.03
978-7-5643-5349-0	H152.3	应用写作（第五版）（含习题集）	阮航　主编	16	2017.03
978-7-5643-5299-8	J219；B932.2	儿童绘画与中国神话世界	[德]李复华　著　邢飞　校注/整理	16	2017.03
978-7-5643-5351-3	U415-65	四川省城镇道路工程施工与质量验收规范	成都市土木建筑学会　成都市城市建设科学研究院　主编	32	2017.03
978-7-5643-5317-9	TU984.2	温暖的城市：广东省韶关市小岛片区城市设计	漆平　赵炜　主编	12	2017.03
978-7-5643-5347-6	H369.3	日语教学与思维创新研究	李明姬　著	16	2017.03
978-7-5643-5372-8	G615	幼儿园教师职业道德	刘星　申利丽　主编	16	2017.03
978-7-5643-5209-7	B5	从巴赫金到哈贝马斯——20 世纪西方话语理论研究	刘晗　著	16	2017.03
978-7-5643-5242-4	J41	大学摄影基础实用教程（第 2 版）	马松涛　朱森　主编	16	2017.03
978-7-5643-5374-2	G4-53	当代教育(2017)（第 1 册）	王家洋　主编	16	2017.03
978-7-5643-5338-4	TM1-33	电工实验（第二版）	谭述芝　主编	16	2017.04
978-7-5643-5352-0	R135-49	陶瓷和耐火材料生产企业职业病危害及防护职工普及读本	四川省总工会　四川省安全生产监督管理局　编	32	2017.04
978-7-5643-5361-2	U41	公路工程试验检测指导	张燕　郭秀芹　主编	16	2017.04
978-7-5643-5335-3	G635.16	好班主任讲好故事	李元辉　主编	16	2017.04
978-7-5643-5360-5	TP393.18	大学网站色彩评价研究的理论与实践	杨斌芳　著	16	2017.04
978-7-5643-5330-8	G624	学习的斑斓世界——华德福学校的主课课程（上）	李泽武　著	16	2017.04
978-7-5643-5359-9	G789.2	为了孩子，请让观念转个身——现代父母家庭子女教育思想谈	赵喜堂　著	16	2017.04
978-7-5643-5266-0	D63	西部民族地区社会管理现状与对策研究	张为波　仁孜泽仁　主编	16	2017.04

续表

ISBN	分 类	书 名	作 者	开本	出版时间
978-7-5643-5309-4	F506	交通运输商务（第2版）	汤银英 陶思宇 主编	16	2017.04
978-7-5643-5363-6	K297.1-53；K872.71-53	蜀學（第十二輯）	西華大學 四川省人民政府文史研究館 蜀學研究中心 主辦	16	2017.04
978-7-5643-5370-4	H319.3	我的英文名叫“笨”（A Wake-up Call To English Learning）	[新加坡]Andrew·蒋 著 肖渊 译	16	2017.04
978-7-5643-5365-0	F272.7	ERP沙盘经营模拟实训教程	金洪国 邢俊 黄军生 主编	16	2017.04
978-7-5643-5348-3	TU204	室内设计效果图快速表达技法	黄磊 吴安生 主编	16	2017.04
978-7-5643-5350-6	J616	声乐基础教程	胡天龙 编著	16	2017.04
978-7-5643-5414-5	TU57-64	蜀羊SEP系列、HEP系列防水材料构造图集	西南地区建筑标准设计协作领导小组 四川西南建标科技发展有限公司 组编	16	2017.04
978-7-5643-5283-7	TM922.3-65	牵引供电规程	邓小桃 王向东 主编	16	2017.04
978-7-5643-5380-3	G40	实用教育学	申健强 李雄 胡贵勇 主编	16	2017.04
978-7-5643-5328-5	F234.4-53	现代财务与会计探索（第四辑）	李定清 曾林 主编	16	2017.04
978-7-5643-5411-4	G792	经典悦读（第六辑）	徐飞 主编	16	2017.04
978-7-5643-5410-7	G792	经典悦读（第五辑）	徐飞 主编	16	2017.04
978-7-5643-5362-9	F512.765	中国“一带一路”倡议下广东绿色货运可持续发展研究	毛慧 邱小平 编著	16	2017.04
978-7-5643-5387-2	S62	设施农业技术	胡一鸿 等 主编	16	2017.04
978-7-5643-5416-9	F592.764	全域旅游背景下张家界旅游业可持续发展研究	尹华光 蔡建刚 主编	16	2017.04
978-7-5643-5433-6	F125	峨眉论坛：面向“一带一路”的开发论坛与新型国际组织	宋刚 主编	16	2017.04
978-7-5643-5425-1	F511.3	大交通：从“一带一路”走向人类命运共同体	向宏 胡德平 王顺洪 徐飞 主编	16	2017.04
978-7-5643-5429-9	F279.23	企业生态：良性发展的基础与深化改革的关键	左大杰 编	16	2017.04
978-7-5643-5390-2	D822.371.2	增量再平衡：中美战略对话的全球性议题与机制构想	傅浩 著	16	2017.04
978-7-5643-5395-7	F114.41	区域共同市场：后全球化过渡期的市场特性与趋势前瞻	窦祥胜 著	16	2017.04
978-7-5643-5423-7	F125	愿景与行动：“一带一路”倡议的多角度解读	汪铮 主编	16	2017.04
978-7-5643-5383-4	F125	冷思考：“一带一路”深层问题与关键问题梳理及求解	马跃 主编	16	2017.04
978-7-5643-5402-2	F512.9	轨道交通：昨天的辉煌，今天的重任，明天的浪漫	陆绍凯 张化雨 彭遥 编著	16	2017.04
978-7-5643-5409-1	G648.9	智力丝绸之路：“一带一路”沿线的大学合作	程军 邱延峻 主编	16	2017.04
978-7-5643-5400-8	F121.3	战略投资：时髦概念背后的深层功夫与系统能力	程学庆 董大勇 郭姝辛 等 编制	16	2017.04
978-7-5643-5407-7	F269.1	产业经济：“一带一路”倡议实施的关键环节与核心动力	涂锦 钟永祥 编著	16	2017.04
978-7-5643-5389-6	F832.6	资本时代：“一带一路”开启的中国跨境投资新天地	叶勇 编著	16	2017.04
978-7-5643-5398-8	F272.1	循环递进：“一带一路”倡议创造的内外市场及大中小企业协同发展的新契机	蒋玉石 张宏宇 编著	16	2017.04

续表

ISBN	分　类	书　名	作　者	开本	出版时间
978-7-5643-5401-5	F113.4	创新驱动：内外市场互动的创新机制与模式	郭强　等　编著	16	2017.04
978-7-5643-5345-2	TP393	网络设备配置与管理实践	周伟　张靖　张春宇　张杰　主编	16	2017.04
978-7-5643-5382-7	G640	大学生创业教育论纲	陆志荣　邓云晓　著	16	2017.04
978-7-5643-5386-5	X931-54	四川安全生产年鉴（2015）	四川省人民政府安全生产委员会办公室　编	16	2017.04
978-7-5643-5399-5	F763	医药商品学	毛崇武　主编	16	2017.04
978-7-5643-5439-8	F511.3	Transportation and Communication: Towards the community of Common Destiny for Mankind Along the Belt and Road（大交通：从“一带一路”走向人类命运共同体）	向宏　胡德平　王顺洪　徐飞　主编	16	2017.04
978-7-5643-5353-7	TU3	结构工程数值计算及工程应用	余志祥　许浒　齐欣　罗楠　龙丹冰　编著	16	2017.04
978-7-5643-5378-0	U469.7	新能源汽车技术	陈美多　彭新　主编	16	2017.04
978-7-5643-5228-8	TP24	少自由度并联机器人结构分析方法研究	季晔　著	16	2017.04
978-7-5643-5418-3	G633.302	让课堂充满幸福——高中古诗文美育策略研究	陈默　著	16	2017.04
978-7-5643-5385-8	U415.12	公路工程检测技术	张燕　孙道建　郭秀芹　主编	16	2017.04
978-7-5643-5375-9	V221	飞机系统	龙江　周斌　庞杰　编	16	2017.04
978-7-5643-5436-7	I207.42	民族身份、女性意识与自我认同——论新时期以来少数民族女作家小说创作的历史流变	田频　著	16	2017.04
978-7-5643-5354-4	U459.2-65	公路瓦斯隧道技术规程	四川省交通运输厅公路规划勘察设计研究院　主编	32	2017.05
978-7-5643-5355-1	U443.36-65	拉索减震支座与应用技术指南	四川省交通运输厅公路规划勘察设计研究院　主编	32	2017.05
978-7-5643-5356-8	U416.02-65	农村公路路面典型结构设计指南	四川省交通运输厅公路规划勘察设计研究院　主编	32	2017.05
978-7-5643-5392-6	D923.64	不对称信息下服务外包合同设计理论及应用	唐国锋　著	16	2017.05
978-7-5643-5393-3	TB482	现代包装设计理论与实践	周作好　著	16	2017.05
978-7-5643-5405-3	TB482	现代包装设计技巧与综合应用	李帅　著	16	2017.05
978-7-5643-5412-1	H319.36	英语写作同步实践教程	王炤　主编	16	2017.05
978-7-5643-5434-3	D261.42	大学生党课培训教程	王彦　徐文生　主编	16	2017.05
978-7-5643-5364-3	TP323	卡西欧计算器编程及应用	谢旭阳　余金婷　主编	16	2017.05
978-7-5643-5341-4	F713.81	广告策划	王冠韬　王琦　主编	16	2017.05
978-7-5643-5397-1	X16	温室气体排放核算工具	邓立　主编	16	2017.05
978-7-5643-5377-3	S433	植物虫害防治技术	姚丽　高素红　主编	16	2017.05
978-7-5643-5346-9	TU352.1-65	四川省震后建筑安全性应急评估技术规程	四川省建筑科学研究院　主编	32	2017.05
978-7-5643-5415-2	O61-33；O65-33	无机及分析化学实验	何树华　张福兰　庞向东　主编	16	2017.05
978-7-5643-5417-6	H315.9	基于语料库的《红楼梦》拟声词英译研究	黄生太　著	16	2017.05
978-7-5643-5444-2	V242	民航飞机航电设备故障检测与诊断	张德银　包勇　钱伟　王有跃　编著	16	2017.05

续表

ISBN	分　类	书　名	作　者	开本	出版时间
978-7-5643-5413-8	TU973	高层建筑结构设计	郭仕群　主编	16	2017.05
978-7-5643-5241-7	U442.5；O35	计算流体力学在桥梁风工程中的应用研究	黄林　著	16	2017.05
978-7-5643-5376-6	U464	发动机原理	蒋汪萍　主编	16	2017.05
978-7-5643-5428-2	G641	探索与实践——大学生思想政治教育与管理工作研究	马洪奎　张书玉　薛莉华　主编	16	2017.05
978-7-5643-5388-9	K297.13	泸州历史百人百事（全 4 册）	赵晓东　主编	64	2017.05
978-7-5643-5396-4	F718；K891	“一带一路”沿线国家商务礼俗一本通	王琦　舒卷　朱凤梅　著	16	2017.05
978-7-5643-5394-0	TU43	土力学	刘俊芳　主编	16	2017.05
978-7-5643-5424-4	F127.71	贯彻落实“十三五”全面建成小康社会　四川区域发展研究——2016 年四川省市（州）社科联优秀研究报告汇编	四川省社会科学界联合会　编著	16	2017.05
978-7-5643-4481-8	F713.32	零售业背景下公司品牌联想理论与实证研究	李鹏举　著	16	2017.05
978-7-5643-5319-3	TP311.56	LabVIEW 实用程序设计	谢箭　何小群　编著	16	2017.05
978-7-5643-5404-6	G642.0	基础课实践教学“四位一体”的探索	许义文　饶世权　主编	16	2017.05
978-7-5643-5406-0	TS972.117	中式烹调基本功训练	郑昕　郑庆元　主编	16	2017.05
978-7-5643-5427-5	D630.9-49	反腐倡廉与青年的使命——西南交通大学青年学生学习习总书记系列讲话精神成果集	田雪梅　编	16	2017.05
978-7-5643-5440-4	K281.4-53	扎坝藏族文史调查与研究辑要	焦虎三　仲昭明　编著	16	2017.05
978-7-5643-5381-0	J607.2	桂西北民族民间音乐研究	罗相巧　著	16	2017.05
978-7-5643-5447-3	F532.9	中国西南铁路纪事	冯金声　著	16	2017.05
978-7-5643-5249-3	D933.6	泰国法律制度概论	张树兴　主编	16	2017.05
978-7-5643-5384-1	TH82；P25	全站仪与 GNSS 现代测绘技术	蒲仁虎　主编	16	2017.05
978-7-5643-5453-4	F234.2	成本会计	代文　钱红光　主编	16	2017.05
978-7-5643-5422-0	U293.3	铁路客运组织（第 3 版）	谢立宏　王建军　主编	16	2017.05
978-7-5643-5430-5	I247.5	野草	王小方　著	16	2017.05
978-7-5643-5449-7	D669.6	我国养老服务综合配套改革实践与创新	王琼　王敏　黄显官　主编	16	2017.05
978-7-5643-5420-6	TU238.2-39	AutoCAD 室内设计应用	周阳　郑海霞　主编	16	2017.05
978-7-5643-5471-8	I247.5	夏至未满	王小方　著	16	2017.05
978-7-5643-5240-0	J0-03	中西艺术色彩论	马丽　李雁　著	16	2017.05
978-7-5643-5480-0	P228.4	GPS 测量技术与应用（第 2 版）	张福荣　田倩　主编	16	2017.05
978-7-5643-5441-1	TB22	工程控制测量（第 2 版）	杨柳　左智刚　主编	16	2017.05
978-7-5643-5459-6	R457.2-62；R473.5-62	静脉输液治疗护理手册	何琳　主编	16	2017.05
978-7-5643-5432-9	O6-3	基础化学实验	何树华　秦宗会　徐建华　主编	16	2017.05
978-7-5643-5218-9	C8	应用统计学	杨树成　编著	16	2017.05
978-7-5643-5426-8	J528.1	剪纸记忆——高慧兰剪纸作品集萃	高慧兰　著	16	2017.05

续表

ISBN	分　类	书　名	作　者	开本	出版时间
978-7-5643-5437-4	G647.32	高校专业指南针——学长学姐帮你选专业	曹正纲　黄鼎　阮海涛　主编	16	2017.05
978-7-5643-5442-8	I227	清风弄月——赵家镛诗词选	赵家镛　著	32	2017.05
978-7-5643-5231-8	Q786	时滞基因调控网络的稳定性	王政霞　著	16	2017.05
978-7-5643-5446-6	G125	中华文化视域下民族镜像的传播	宋泉桦　著	16	2017.05
978-7-5643-5199-1	TP393.08	网络空间和网络安全（Cyberspace and Cybersecurity)	[美]乔治·科斯托普洛斯　著 赵生伟　译	16	2017.05
978-7-5643-5481-7	P228.4	GPS 测量技术与应用实训	田倩　主编	16	2017.05
978-7-5643-5503-6	H315.9	变译在公示语汉英翻译中的应用	谢丹　著	16	2017.05
978-7-5643-5485-5	D922.144	警察法治建设问题研究	何景　章立早　张发琼　张明勇　著	32	2017.05
978-7-5643-5462-6	X9	安全文化学手稿	邱成　著	16	2017.05
978-7-5643-5457-2	D642-53	长征精神与当代中国——西南交通大学纪念红军长征胜利 80 周年大学生征文选	西南交通大学毛泽东思想和中国特色社会主义理论体系概论教研室　主编	16	2017.06
978-7-5643-5465-7	TU755-65；TU990.03	四川省市政工程清水混凝土施工技术规程	成都市土木建筑学会 成都建工赛利混凝土有限公司　主编	32	2017.06
978-7-5643-5419-0	X799.305-65	四川省城镇生活垃圾收集点设置标准	成都市城市环境管理科学研究院　主编	32	2017.06
978-7-5643-5421-3	U213.2-65	四川省嵌入式连续支承无砟轨道工程技术规程	西南交通大学　主编	32	2017.06
978-7-5643-5451-0	F230	基础会计实验教程	刘银玲　主编	16	2017.06
978-7-5643-5466-4	TU723.3	房屋建筑与装饰工程预算课程设计指南	张建平　张宇帆　编著	16	2017.06
978-7-5643-5124-3	F713.50-05	营销伦理	周秀兰　主编	16	2017.06
978-7-5643-5460-2	G633.602	体育师范生教学技能实训指导	李远华　何祥海　主编	16	2017.06
978-7-5643-5408-4	TU-856；J062	环境设计制图与透视学	吴安生　白芳　尹宝莹　主编	16	2017.06
978-7-5643-5448-0	I253	英声茂实——周术槐新闻作品选	周术槐　著	16	2017.06
978-7-5643-5464-0	TP393.4；TP18；TP360.21	物联网与嵌入式系统应用开发	杨维剑　主编	16	2017.06
978-7-5643-5469-5	F252	现代物流管理	马贵平　谢家贵　主编	16	2017.06
978-7-5643-5198-4	D632.4	中西部连片特困地区生态移民问题探索	冯明放　彭洁　著	16	2017.06
978-7-5643-5463-3	TM-44	电力行业职业技能鉴定高级工理论考试模拟题集(营销类、农网类）	甘涛　胡朝华　主编	16	2017.06
978-7-5643-4900-4	TU85；TM92	郑怀贤武学思想研究	赵斌　王明建　主编	16	2017.06
978-7-5643-5452-7	F592.767.3	贺州市旅游产业链协调发展研究	白晓玉　著	16	2017.06
978-7-5643-5478-7	U239.5	城市轨道交通客流组织工作页	高扬　主编	16	2017.06
978-7-5643-5431-2	O22；TP391.9	建模与仿真技术	董钢　涂敦兰　编著	16	2017.06
978-7-5643-5479-4	U492.8	道路旅客运输企业安全生产规范	四川交通职业技术学院　主编	16	2017.06
978-7-5643-5498-5	K928.971.93	遇见濯水	陈彤　著	16	2017.06
978-7-5643-5455-8	TU204-44	画法几何及土建制图习题集	谢平　谢春娟　陈海雷　主编	8	2017.06
978-7-5643-5483-1	U284.48	城市轨道交通列车运行自动控制系统	张建平　主编	16	2017.06

续表

ISBN	分 类	书 名	作 者	开本	出版时间
978-7-5643-5450-3	F207	区域经济治理	邢俊 翟璇 柯海倩 著	16	2017.06
978-7-5643-5500-5	I227	濯水诗百首	陈彤 主编	16	2017.06
978-7-5643-5515-9	G4-53	当代教育（2017）第 2 册	王家洋 主编	16	2017.06
978-7-5643-5454-1	TU204	画法几何及土建制图	谢平 涂晓斌 周慧芳 主编	16	2017.06
978-7-5643-5508-1	TP212.1	基于 Protues 的温度数据采集系统设计	王来志 王小平 杨定慧 著	16	2017.06
978-7-5643-5482-4	O151.21	M-矩阵（张量）最小特征值估计及其相关问题研究	赵建兴 著	16	2017.06
978-7-5643-5473-2	D267.1-62	企业纪律监督创新模式——正负清单监督手册	中铁二局纪委 编著	16	2017.06
978-7-5643-5458-9	I217.1	诗无邪：全国大学生“野草文学奖”获奖作品选（2016）	陈永华 主编	16	2017.06
978-7-5643-5494-7	U293.22	城市轨道交通票务处理工作页	徐秋梅 邹韵 主编	16	2017.06
978-7-5643-5239-4	O62	有机化学学习指导	朱万仁 韦庆敏 主编	16	2017.06
978-7-5643-5326-1	B952；H113	六朝上清经用韵研究	夏先忠 著	32	2017.06
978-7-5643-5320-9	U44-53	谈桥梁	钱冬生 著	32	2017.06
978-7-5643-5323-0	H319.4	英语读背 90 篇	陈怀志 罗伦全 主编	16	2017.06
978-7-5643-5322-3	J292.1	实用书法教程	方正 主编	16	2017.06
978-7-5643-5325-4	Z126	中华国学纂言钩玄掌中珠：源泉篇	周祖庠 编著	32	2017.06
978-7-5643-5489-3	TK01	新能源专业英语	范佩芳 丁燕琼 冯黎成 主编	16	2017.06
978-7-5643-5475-6	TU3	既有建筑结构检测鉴定与加固	唐红元 编著	16	2017.06
978-7-5643-5486-2	F243	人力资源管理教程	李成思 江国才 余益民 主编	16	2017.06
978-7-5643-5501-2	J06	艺术设计表现技法	刘静 主编	16	2017.06
978-7-5643-5495-4	C53	欲飞——中共晴隆县委党校 2012—2017 科研文集	朱铧锟 主编	16	2017.06
978-7-5643-5572-2	G229.2	城市广播电视全媒体规程	王正明 陈洪友 余庆华 编著	16	2017.06
978-7-5643-5470-1	V2	飞行英语阅读(第 2 版）	李明良 主编	16	2017.06
978-7-5643-4517-4	TP7	高速铁路牵引供电	张刚毅 主编	16	2017.06
978-7-5643-5519-7	F284	工程项目管理（第 2 版）	项勇 张璐 主编	16	2017.06
978-7-5643-5272-1	K203	中国传统文化指要	曹晓宏 主编	16	2017.06
978-7-5643-5467-1	X832	水质监测与评价	王雪琴 童赛红 陈萍花 主编	16	2017.06
978-7-5643-5490-9	F241.4	创新创业导引	邓泽功 周光明 丁涛 主编	16	2017.06
978-7-5643-5521-0	TP332	嵌入式技术基础	吴畏 唐丽均 主编	16	2017.06
978-7-5643-5517-3	I247.7	幻影	王小方 著	16	2017.06
978-7-5643-5510-4	U293.22	城市轨道交通乘客服务工作页	郭燕芬 主编	16	2017.06
978-7-5643-5520-3	U272	铁路货车涂装色彩的符号语义	徐伯初 何思俊 著	16	2017.06
978-7-5643-5549-4	TG659-45	数控编程与加工实训教程	江书勇 宋鸣 主编	16	2017.06
978-7-5643-5576-0	TH-39	机电控制技术基础（第二版）	任同 主编	16	2017.06

续表

ISBN	分　类	书　名	作　者	开本	出版时间
978-7-5643-5477-0	J327；J527	拿捏·意趣--赵轩泥哨·陶笛作品集	赵轩　作	16	2017.06
978-7-5643-5531-9	G852-64	绝技写春秋——武医宗师郑怀贤	赵斌　王明建　主编	16	2017.06
978-7-5643-5539-5	TP312	PHP 程序设计教程实验及课程设计	黎远松　曾静楣　主编	16	2017.06
978-7-5643-5505-0	P19	时间的终极问题——计时时间与存在时间的区别	吴粲　著	32	2017.06
978-7-5643-5535-7	D922.296	民用航空法规	王剑辉　主编	16	2017.06
978-7-5643-5484-8	TV672	隧洞工程施工新技术应用及线性工程管理研究——以龙开口电站水资源综合利用一期工程为例	杨继清　丁红春　陆金才　著	16	2017.06
978-7-5643-5476-3	J722.221.4；J722.227.4	藏羌歌舞	张进伟　主编	16	2017.06
978-7-5643-5566-1	O15-44	高等代数考研 600 题精解	高金泰　编著	16	2017.06
978-7-5643-5324-7	O241.82-39	大型有限元程序的原理、结构与使用	康国政　阚前华　张娟　编著	16	2017.06
978-7-5643-5366-7	G645.57	大学之星：我的社团我做主——遵义师范学院大学生社团活动实践	李瑾　主编	16	2017.07
978-7-5643-5527-2	O13-42	数学课程与教材分析	冯国平　彭燕伟　王三福　编著	16	2017.07
978-7-5643-5580-7	TB12	工程应用力学（第 2 版）	杨新伟　朱爱军　主编	16	2017.07
978-7-5643-5581-4	TB12	工程应用力学实训（第 2 版）	杨新伟　朱爱军　主编	16	2017.07
978-7-5643-5528-9	I267	碎影	贾静　著	16	2017.07
978-7-5643-5529-6	V275	直升机飞行原理	王永虎　编	16	2017.07
978-7-5643-5546-3	F272.92	可雇佣性对员工态度行为作用机制研究	朱朴义　著	16	2017.07
978-7-5643-5456-5	G451.1-44	四川省教师招聘考试博承名师预测题——教育公共基础	博承教育教师公招考试研究中心　编著	8	2017.07
978-7-5643-5461-9	J223.8	平视风景——李强油画风景作品集	李强　著	16	2017.07
978-7-5643-5468-8	TB383	硅纳米晶发光增强研究	陈家荣　著	16	2017.07
978-7-5643-5474-9	U213.2	无砟轨道施工与组织	陈小平　编	16	2017.07
978-7-5643-5579-1	C53	西华青年文萃——西华大学研究生优秀论文选（2017 年）	费凌　刘小兵　主编	16	2017.07
978-7-5643-5541-8	U239.5	城市轨道交通运营管理专业标准化实训项目指导书	马成正　主编	16	2017.07
978-7-5643-5552-4	U216.65	钢轨打磨设备及运用	冯娜娜　主编	16	2017.07
978-7-5643-5542-5	U268.48	重载列车司机实务（第 2 版）	张红涛　李建龙　主编	16	2017.07
978-7-5643-5584-5	G641-53	新时期高校思想政治理论课教学方法探讨——贵州师范大学马克思主义学院教育思想大讨论文集	贵州师范大学马克思主义学院　编	16	2017.07
978-7-5643-5582-1	K876.34	中国古代瓦当纹饰审美艺术	叶木桂　著	16	2017.07
978-7-5643-5561-6	G322；F124.3	科技资源配置对技术创新能力的影响研究	周琼琼　华青松　著	16	2017.07
978-7-5643-5533-3	U231-65	成都市地铁设计规范	中铁二院工程集团有限责任公司　主编	32	2017.07
978-7-5643-5543-2	TH	工程训练	孙付春　李玉龙　钱扬顺　主编	16	2017.07
978-7-5643-5502-9	G451.1-44	四川省教师招聘考试高分题库——教育公共基础真题 1573（上、下册）	博承教育教师公招考试研究中心　编著	16	2017.07

续表

ISBN	分　类	书　名	作　者	开本	出版时间
978-7-5643-5564-7	O6-39	计算机在化学中的应用	刘卫　总主编　黄兆龙　主编	16	2017.07
978-7-5643-5538-8	I217.1	诗无邪：云南高校野草文学奖作品选（2013—2015）	陈永华　主编	16	2017.07
978-7-5643-5585-2	I207.42-53	黔北作家论坛：第一辑	遵义市文联　遵义师范学院人文与传媒学院　遵义市文艺理论家协会　遵义市作家协会　编	16	2017.07
978-7-5643-5592-0	G640	大学生软能力可视化培养理论与实践	陈盛兴　著	16	2017.07
978-7-5643-5575-3	TN91-65	通信施工安全与管理规程	刘定智　王道乾　姚勇　主编	16	2017.07
978-7-5643-5570-8	H364.2	现代日语副词习得研究	杨红　著	16	2017.07
978-7-5643-5616-3	TU983	现代景观设计教程	蔡文明　刘雪　主编	16	2017.07
978-7-5643-5571-5	F511.41	国际多式联运运输优化建模与算法研究	熊桂武　著	16	2017.07
978-7-5643-5613-2	H193.2	普通话与交际口语（第2版）	岑玲　主编	16	2017.07
978-7-5643-5588-3	G451.1-44	四川省教师招聘考试历年真题试卷——教育公共基础	博承教育教师公招考试研究中心　编著	8	2017.07
978-7-5643-5507-4	V271	民用运输机航空电子系统	何晓薇　徐亚军　包勇　主编	16	2017.07
978-7-5643-5487-9	TU528-65	工业化混凝土构件性能评价通则	成都市建筑材料行业协会　主编	16	2017.07
978-7-5643-5596-8	TM75	大弯矩方形钢筋混凝土电杆	四川锦能电力设计有限公司　成都银线电杆有限公司　成都市建筑材料行业协会　主编	16	2017.07
978-7-5643-5595-1	U449.82	预制混凝土箱涵	成都市建筑材料行业协会　中国市政工程西南设计研究总院有限公司　主编	16	2017.07
978-7-5643-5544-9	G641.41	大学生形势与政策热点问题解答	王彦　徐文生　主编	16	2017.07
978-7-5643-5600-2	TU	土木工程实用英语 Practical English for Civil Engineering	刘娟　李春香　编著	16	2017.07
978-7-5643-5607-1	P207；TP312.8	测量平差程序设计（第2版）	李玉宝　莫才健　兰济昀　刘福臻　主编	16	2017.07
978-7-5643-5488-6	TU528.1-65	工业化住宅混凝土部品尺寸协调规范	成都市建筑材料行业协会　主编	16	2017.07
978-7-5643-5620-0	U216.42	铁路线路养护维修（第2版）	刘永孝　主编	16	2017.07
978-7-5643-5565-4	TM3；TM921.5	电机及电气控制	赵淑娟　周北明　王俊洲　主编	16	2017.07
978-7-5643-5626-2	TP368.1；TP312.8	单片机技术与项目训练（C语言版）	肖前军　李会军　主编	16	2017.07
978-7-5643-5536-4	U448.13	高速铁路桥涵施工与维护	焦胜军　主编	16	2017.07
978-7-5643-5590-6	TN915.05	网络设备配置实用技术	梁雪梅　武春岭　主编	16	2017.07
978-7-5643-5605-7	F592.7；F127.8	西南民族地区旅游扶贫理论与实践	冯伟林　向从武　毛娟　著	32	2017.07
978-7-5643-5545-6	U238；U285	高速铁路移动通信系统与设备维护	庞高荣　主编	16	2017.07
978-7-5643-5603-3	G212.2	新媒体视野下新闻写作实训教程	廖建国　范中丽　编著	16	2017.07
978-7-5643-5604-0	G212	新媒体视野下新闻采访实训教程	廖建国　范中丽　编著	16	2017.07
978-7-5643-5599-9	TM571.2；TM571.6	电气控制与PLC	王元芳　刘玲　主编	16	2017.07
978-7-5643-5619-4	O6-39；TQ015.9	计算机在化学化工中的应用	吕利平　徐建华　魏顺安　主编	16	2017.07
978-7-5643-5586-9	G115	跨文化交流——轨道交通类专业境外服务交流技能	李莉　龚娟　封志华　主编	16	2017.07

续表

ISBN	分　类	书　名	作　者	开本	出版时间
978-7-5643-5525-8	V355.1	空中交通安全管理	杨昌其　主编	16	2017.07
978-7-5643-5614-9	R194.3；R179	武陵民族地区青少年体质水平与健康危险行为研究	张天成　张福兰　著	16	2017.07
978-7-5643-5606-4	U292.15	接发列车作业（第 2 版）	王金香　主编	16	2017.07
978-7-5643-5373-5	G807.4；G647.9	大学体育与健康	杨爱华　王媛　陈凤超　杨毅　主编	16	2017.07
978-7-5643-5594-4	X956-49	跟着姐姐去上学	黄立青　编著	16	2017.07
978-7-5643-5445-9	F717.6	实用连锁门店选址技术	李依璘　李轻舟　边明伟　蔺琛　主编	16	2017.07
978-7-5643-5491-6	TP393.092.1	网站安全管理与维护	曹小平　周经龙　主编	16	2017.07
978-7-5643-5624-8	J607.215	沙漠绿洲中的艺术奇葩——新疆和田地区《十二木卡姆》调查研究	王建朝　著	32	2017.07
978-7-5643-5589-0	D922.161	教育法学	黄明友　编著	16	2017.07
978-7-5643-5559-3	TN94	Premiere Pro CS5.5 影视制作项目实践	谢小璐　尹敬齐　李芳　主编	16	2017.07
978-7-5643-5435-0	F590-05	实用旅游文化英语	马之成　张莲　徐飞　主编	16	2017.07
978-7-5643-5646-0	J524.4	标志设计	周增辉　王阳漫　主编	16	2017.07
978-7-5643-5623-1	F512.3	不确定收益下交通 BOT 项目特许期决策模型	吕俊娜　著	16	2017.07
978-7-5643-5492-3	G634.591	闪闪红星耀甜城	林海亮　艾艳萍　总主编　艾艳萍　李雪　徐孝勇　主编	16	2017.07
978-7-5643-5493-0	G624.451	闪闪红星耀东兴	林海亮　艾艳萍　总主编　李雪　艾艳萍　袁弢　主编	16	2017.07
978-7-5643-5609-5	U21	兰新铁路线上的传说	朱坤　编著	32	2017.07
978-7-5643-5230-1	G634.263	校园安全与农村中小学性侵害防治教育	廖怀高　著	16	2017.07
978-7-5643-5638-5	X43	大型自然灾害紧急救援伦理决策行为研究	李良　著	16	2017.07
978-7-5643-5652-1	U264.91	电力机车行车安全设备	王峰　主编	16	2017.08
978-7-5643-5598-2	U264.2	交流传动机车网络监控与诊断系统（第 2 版）	毕红雪　李建龙　主编	16	2017.08
978-7-5643-5608-8	G649.287.11	SOUTHWEST JIAOTONG UNIVERSITY（西南交通大学 2017—2018）	钟冲　主编	16	2017.08
978-7-5643-5573-9	TP393	计算机网络	朱晓姝　主编	16	2017.08
978-7-5643-5583-8	TM571.2；TM571.6	现代电气控制及 PLC 应用技术——项目教程	徐桂敏　杨正祥　主编	16	2017.08
978-7-5643-5628-6	U239.5	城市轨道交通车站设备工作页	张娜　刘思雨　编著	16	2017.08
978-7-5643-5391-9	U264.91	电力机车制动技术	陈君　吴明华　郑小磊　主编	16	2017.08
978-7-5643-5562-3	G633.413	体验式英语语音教学设计	许立红　金洋琼　主编	16	2017.08
978-7-5643-5676-7	V221；V323.1	重量平衡与飞行计划	王可　肖艳平　刘志强　主编	16	2017.08
978-7-5643-5657-6	U415.13	公路工程计量与计价	蒲翠红　赖应良　主编	16	2017.08
978-7-5643-5695-8	TV-53	水力学与水利信息学进展 2017	陈云华　刘之平　章晋雄　主编	16	2017.08
978-7-5643-5662-0	D922.161	医事法学	杨支才　主编	16	2017.08
978-7-5643-5610-1	V21	飞行员航空理论教程（上、中、下册）（第三版）	赵廷渝　朱代武　杨俊　主编	16	2017.08

续表

ISBN	分 类	书 名	作 者	开本	出版时间
978-7-5643-5049-9	TU204.2	土木工程制图与识图	张敏 孟萍 主编	16	2017.08
978-7-5643-5658-3	F740.4	国际贸易实务教程	尚静 吴珍彩 赵盈盈 主编	16	2017.08
978-7-5643-5618-7	D90-059	法经济学基础理论研究	汤自军 著	16	2017.08
978-7-5643-5688-0	U292.13；U292.14	车站作业计划与统计	刘婉玲 主编	16	2017.08
978-7-5643-5591-3	U239.5	城市轨道交通列车接发工作页	丁瑜 主编	16	2017.08
978-7-5643-5569-2	TP312.8	JAVA 程序设计理实一体化教程	廖丽 李学国 主编	16	2017.08
978-7-5643-5689-7	F230	基础会计实训	程岩 主编	16	2017.08
978-7-5643-5649-1	G633.955.2	桂东南风情写生研究	杨一笔 主编	16	2017.08
978-7-5643-5647-7	G649.287.19	重庆文理学院志（1976—2016）	刘灿国 主编	16	2017.08
978-7-5643-5640-8	O29	高等应用数学（下册）（第二版）	陈华峰 袁佳 万轩 主编	16	2017.08
978-7-5643-5639-2	O29	高等应用数学（上册）（第二版）	陈华峰 瞿先平 沈玉玲 主编	16	2017.08
978-7-5643-5622-4	D922.297；D922.181	建筑法规与房地产法规实务(第 3 版)	何峰 晏芳 李丹 主编	16	2017.08
978-7-5643-5567-8	U22	城市轨道交通电气设备测试	何发武 主编	16	2017.08
978-7-5643-5617-0	TN-33	电子技术实验（第二版）	谭述芝 主编	16	2017.08
978-7-5643-5625-5	TQ050.7	化工仪表维修工高技能人才培训教材	潘家平 主编	16	2017.08
978-7-5643-5651-4	V24	现代导航技术与方法	张光明 编著	16	2017.08
978-7-5643-5526-5	U292.12	技术站能力查定及其自动化	薛锋 杨运贵 编著	16	2017.08
978-7-5643-5627-9	J41；TP391.413	摄影与图像处理技艺	段光奎 刘晓霞 秦亚军 主编	16	2017.08
978-7-5643-5602-6	D616	中国特色社会主义道路形成研究	何花 著	16	2017.08
978-7-5643-5601-9	U418.3	大型养路机械电气控制技术	陈光伟 戴明宏 主编	16	2017.08
978-7-5643-5534-0	U215.1；U415.13	铁路及公路工程概预算实训教程	陈超 许红叶 谢黔江 主编	16	2017.08
978-7-5643-5671-2	U279.3	城市轨道交通车辆结构与驾驶	郝磊 主编	16	2017.08
978-7-5643-5677-4	G647.38	创业基础	郭璐 吴志兴 石兴安 张莉萍 编著	16	2017.08
978-7-5643-5654-5	G641.41	形势与政策（2017）	范光杰 支果 朱炎 主编	16	2017.08
978-7-5643-5621-7	TU37	钢纤维微膨胀钢管混凝土材料性能与其受拉、受弯力学行为研究	周孝军 牟廷敏 著	16	2017.08
978-7-5643-5661-3	TB237	AutoCAD2014 工程绘图实例教程	贺振通 徐光华 武国平 主编	16	2017.08
978-7-5643-5284-4	TM922.3-39	牵引供电新技术	张刚毅 主编	16	2017.08
978-7-5643-5403-9	U213.2	铁路轨道	解宝柱 赵勇 主编	16	2017.08
978-7-5643-5648-4	D632.4	西部地区生态移民可持续生计问题研究	冯伟林 著	16	2017.08
978-7-5643-5371-1	R47	护理学基础学习指导	张玉明 余静 主编	16	2017.08
978-7-5643-5644-6	H314	实用英语语法	祝帆 贾委 编著	16	2017.08
978-7-5643-5195-3	D922.54	安全生产法律法规教程	郭晓晓 陈晨 主编	16	2017.08
978-7-5643-5705-4	G451.6	教师职业理念与职业道德	黄明友 编著	16	2017.08

续表

ISBN	分　类	书　名	作　者	开本	出版时间
978-7-5643-5672-9	TB301	材料力学学习与考研指导	西南交通大学材料力学教研室　编	16	2017.08
978-7-5643-5557-9	C93	管理学	韩利红　赖应良　主编	16	2017.08
978-7-5643-5693-4	U268.48	高速铁路动车组操纵与安全	洪从鲁　董黎生　主编	16	2017.08
978-7-5643-5574-6	TM1	电力电子技术项目教程	崔晶　王博　主编	16	2017.08
978-7-5643-5696-5	U264	电力机车规章与操纵	陈凡　薛振洲　李健　主编	16	2017.08
978-7-5643-5686-6	U294.1	铁路货运组织	蔡昱　主编	16	2017.08
978-7-5643-5669-9	E0；E9	大学军事理论与技能训练	冯正广　主编	16	2017.08
978-7-5643-5509-8	TQ016	化学工程与工艺专业实验	刘红　潘玲　陈燕芹　编著	16	2017.08
978-7-5643-5629-3	TM13-33；TN-33	电路与电子技术实验	殷志坚　熊朝松　占华林　罗强　主编	16	2017.08
978-7-5643-5642-2	TH11-33	机械专业实验教程	拓耀飞　主编	16	2017.08
978-7-5643-5706-1	G633.302	教师成长之路——高中语文生态有效课堂教学研究与反思	罗华勇　著	16	2017.08
978-7-5643-5716-0	H319.39	高职英语实用基础教程	杨桂华　主编	16	2017.08
978-7-5643-5713-9	U284.92	铁路信号基础设备维护检修	张进利　主编	16	2017.08
978-7-5643-5683-5	U21	铁路轨道工程	王海彦　主编	16	2017.08
978-7-5643-5690-3	G623.92	小学财商课程的开发与实施	黄伟　柳舒　刘燕　游文秀　编著	16	2017.08
978-7-5643-5665-1	G649.287.19-54	重庆文理学院年鉴（2017）	蔡华锋　主编	16	2017.08
978-7-5643-5678-1	F0	政治经济学基础实用教程	吴正俊　吴志斌　主编	16	2017.08
978-7-5643-5679-8	TN702.2	EDA 实用技术	涂敦兰　董钢　主编	16	2017.08
978-7-5643-5637-8	G641	“微时代”高校思想政治教育创新研究	刘秉亚　著	16	2017.08
978-7-5643-5682-8	G633.72	初中物理“物美乐学”导学案	王琦　著	16	2017.08
978-7-5643-5684-2	TB22	工程测量练习题与实训指导书	陈彦恒　耿文燕　主编	16	2017.08
978-7-5643-5667-5	G123-53	成都市“小康社会的现代公共文化服务体系建设”高峰会议论文集	成都市龙泉驿区文体广新和旅游局编	16	2017.08
978-7-5643-5668-2	G647-53	高校新媒体发展案例选编	王顺洪　主编	16	2017.08
978-7-5643-5660-6	Q948.527.11；Q958.527.11	借问芳名——西南交通大学风物志（犀浦·春）	汪铮　罗蕾　著	16	2017.08
978-7-5643-5597-5	TS664.01	产品效果图表达	陈伟强　陈飞健　葛堃　编著	16	2017.08
978-7-5643-5369-8	I253	大学之声：让青春充满正能量——遵义师范学院大学生新闻中心活动实践	田伟力　主编	16	2017.08
978-7-5643-5643-9	U266	动车组电机与电器（第 2 版）	张龙　主编	16	2017.08
978-7-5643-5698-9	TN929.11	光传输网络和设备——SDH 与 PTN	王碧芳　杜玉红　主编	16	2017.08
978-7-5643-5149-6	O31	理论力学（第二版）	张伯奋　王振玉　程精涛　郑菲　主编	16	2017.08
978-7-5643-5663-7	TS971.22	四川酒文化资源管理与开发利用	谷满意　彭煦　等　编著	16	2017.08
978-7-5643-5685-9	U21；U291	铁路线路及站场	孙桂岩　主编	16	2017.08
978-7-5643-5687-3	U224	基于工作过程的牵引变电所运营与维护教程（第二版）	方彦　主编	16	2017.08

续表

ISBN	分　类	书　名	作　者	开本	出版时间
978-7-5643-5691-0	G641	思想政治理论课实践教学指导（三年级）（第二版）	万颖　赵波　主编	16	2017.08
978-7-5643-5664-4	J221.8	杨一笔画集	杨一笔　著	16	2017.08
978-7-5643-5721-4	F713.365	电子商务运营	曾彬　万静　主编	16	2017.08
978-7-5643-5593-7	I207.41	明清小说与历史叙事	刘云春　著	16	2017.08
978-7-5643-5700-9	TP312.8	Java 程序设计应用与实践	朱林　左梅　郁佳佳　主编	16	2017.08
978-7-5643-5379-7	G651	大学之德：沿着正确的方向前进——遵义师范学院政治学习与团队活动实践	颜永强　主编	16	2017.08
978-7-5643-5710-8	F713.365.2	网店虚假促销溢出效应研究	花海燕　杨锐　著	16	2017.08
978-7-5643-5760-3	S85	兽医学技术基础	冯平　主编	16	2017.08
978-7-5643-5731-3	J607.215；J607.236	乐起田野——以维吾尔族、哈萨克族传统音乐研究为例	王建朝　著	32	2017.08
978-7-5643-5516-6	K871.34	蜀都碎事校注	王斌　靳雅婷　校注	16	2017.08
978-7-5643-5659-0	P228.4；TN967.1	轻松学科学——卫星定位与导航技术	曾建奎　编著	16	2017.08
978-7-5643-5670-5	G254.97	大数据时代的信息素养教育理论与实践	陈晓红　著	32	2017.08
978-7-5643-5205-9	U264.2	电力机车制动系统检修与维护（DK-1电控制动机）	王慧　主编	16	2017.08
978-7-5643-5714-6	G434	信息化教学能力培养教程	高方银　主编	16	2017.08
978-7-5643-5681-1	D262.13	中国共产党组织纪律建设研究	廖冲绪　著	16	2017.08
978-7-5643-5715-3	H319.37	跨文化交际案例阅读	陈宝翠　李东伟　主编	16	2017.08
978-7-5643-5732-0	U216.41；U453.2	落石冲击下拱形明洞结构概率可靠度分析	王玉锁　著	16	2017.08
978-7-5643-5076-5	F842.69	中小学强制责任保险制度研究	杨定玉　著	16	2017.08
978-7-5643-5271-4	D912.290.4	反垄断法的国际冲突与协作	程璐　著	16	2017.08
978-7-5643-5645-3	D267.6	新形势下民办高校党组织作用：探索与展望	冉小平　主编	16	2017.08
978-7-5643-5703-0	U284.43	区间信号自动控制系统（含图册）	田光超　蒋荣　李凯兵　主编	16	2017.08
978-7-5643-5612-5	U293.22	城市轨道交通客服英语口语	刘康　王芳梅　主编	16	2017.08
978-7-5643-5114-4	U41	市政道路工程	王蓓　李娇娜　主编	16	2017.08
978-7-5643-5615-6	F530.9	城市轨道交通客运服务心理学	邹雄　熊慧茹　主编	16	2017.08
978-7-5643-5704-7	TP317	智能算法及应用	葛显龙　王伟鑫　李顺勇　编著	16	2017.08
978-7-5643-5711-5	TU723.3	建筑工程概预算	张晓华　主编	16	2017.08
978-7-5643-5724-5	TB12-44	工程力学练习题	张超平　主编	16	2017.08
978-7-5643-5511-1	U239.5	电客车检修调度员	宁波市轨道交通集团有限公司运营分公司　编	16	2017.08
978-7-5643-5514-2	U239.5	综合调度员	宁波市轨道交通集团有限公司运营分公司　编	16	2017.08
978-7-5643-5635-4	U266	高速铁路动车组运用与管理	时蕾　石高山　主编	16	2017.08
978-7-5643-5674-3	U298	铁路劳动安全概论	李海军　主编	16	2017.08
978-7-5643-5513-5	U279.3	车辆段工艺设备维修员	宁波市轨道交通集团有限公司运营分公司　编	16	2017.08

续表

ISBN	分　类	书　名	作　者	开本	出版时间
978-7-5643-5563-0	U239.5	电客车司机	宁波市轨道交通集团有限公司运营分公司　编	16	2017.08
978-7-5643-5512-8	U239.5	站务员	宁波市轨道交通集团有限公司运营分公司　编	16	2017.08
978-7-5643-5697-2	TU204	Civil Engineering Drawing 土木工程制图	王宁　赵莉香　杨万里　编著	16	2017.08
978-7-5643-5499-2	U239.5	自动售检票系统（AFC）巡检员	宁波市轨道交通集团有限公司运营分公司　编	16	2017.08
978-7-5643-4479-5	TU723.3	城市给水排水新技术与市政工程生态核算	杨顺生　黄芸　著	16	2017.08
978-7-5643-5558-6	TU998.1	基于稀疏表达的火焰与烟雾的探测方法研究	蒋先刚　著	16	2017.08
978-7-5643-5742-9	F542.9	滇缅大通道上的交大人	桂富强　主编	16	2017.08
978-7-5643-5748-1	F127.713-64	宜宾市精准脱贫图鉴(2017)	中共宜宾市委党史研究室 宜宾市地方志办公室 宜宾市扶贫和移民工作局　编	16	2017.08
978-7-5643-5719-1	R473.5	内科护理学——导教·导学·导考	程颖　主编	16	2017.08
978-7-5643-5726-9	G633.82	中学化学教学设计	张婷　谭建红　主编	16	2017.08
978-7-5643-5673-6	U293	高速铁路客运乘务实训教程	闫莹娜　王慧　王珏　主编	16	2017.08
978-7-5643-5522-7	U41；U2	道路与铁道工程数值计算及工程应用	王平　任娟娟　易思蓉 蒋鑫　蒋良潍　编著	16	2017.08
978-7-5643-5736-8	I0-03	文化阐释与比较文学	秦鹏举　著	16	2017.08
978-7-5643-5762-7	G641	大学生思想政治教育研究	汪铮　主编	16	2017.08
978-7-5643-5729-0	I207.41	英语世界清小说研究	何敏　著	16	2017.08
978-7-5643-5735-1	TP18	基于格值逻辑的语义归结自动推理	张家锋　著	16	2017.08
978-7-5643-5771-9	U239.5	城市轨道交通概论	罗钦　主编	16	2017.08
978-7-5643-5738-2	G647.2-53	西南交通大学机关“做成做优”文化的理论探索与实践	苏小桦　主编	16	2017.08
978-7-5643-5081-9	TQ569	结构阻燃与新技术教程	陈宝书　主编	16	2017.08
978-7-5643-5740-5	TU545-53；TU892-53	2016.2017 年中国消防协会防火材料分会与建筑防火专业委员会学术会议论文集	中国消防协会防火材料分会 中国消防协会建筑防火专业委员会编	16	2017.08
978-7-5643-5357-5	G647.38	大学之学：“双创”活动优秀文论——遵义师范学院大学生创新创业活动经验总结	李强　主编	16	2017.09
978-7-5643-5707-8	I106	外国文学经典作品赏析	吴静　刘会　李轶天　主编	16	2017.09
978-7-5643-5720-7	J905	当代影视鉴赏与读解	李轶天　张梅　刘会　主编	16	2017.09
978-7-5643-5752-8	U293.2-62	代用票与客运杂费实务指南（列车部分）	范先云　张大伟　徐斯强　主编	16	2017.09
978-7-5643-5014-7	G40-092.6；G712	陶行知职业教育思想研究	张东　著	16	2017.09
978-7-5643-5766-5	D219	大学生入党培训教程（第二版）	文志刚　主编	16	2017.09
978-7-5643-5768-9	O4-33	大学物理实验（一）	熊泽本　张定梅　李传新　主编	16	2017.09
978-7-5643-5733-7	G711	德育（下册）第 2 版	李春青　鞠玉洁　史淑娟　主编	16	2017.09
978-7-5643-5769-6	K203	文化旅行：中国传统与传统中国	朱金林　编著	16	2017.09

续表

ISBN	分 类	书 名	作 者	开本	出版时间
978-7-5643-5717-7	F326.11	城镇化背景下四川粮食生产可持续发展研究	杨莉芸 著	16	2017.09
978-7-5643-5587-6	TN929.5	移动通信技术	何晓明 胡嫣 张琦 主编	16	2017.09
978-7-5643-5712-2	G711	德育（上册）第2版	李春青 史淑娟 鞠玉洁 主编	16	2017.09
978-7-5643-5751-1	TU723.3	工程造价管理	任彦华 董自才 主编	16	2017.09
978-7-5643-5702-3	TN929.11-65	四川省住宅建筑光纤到户通信设施工程技术规程	中国建筑西南设计研究院有限公司 四川通信科研规划设计有限责任公司 主编	32	2017.09
978-7-5643-5764-1	A5	面向未来的思考——马克思主义经典著作选读	杨晓玉 刘子菱 主编	16	2017.09
978-7-5643-5692-7	U239.5	城市轨道交通客运组织（含实训指导）	丛丛 李俊辉 主编	16	2017.09
978-7-5643-5765-8	G718.5-62	四川交通职业技术学院学生手册	四川交通职业技术学院 编	16	2017.09
978-7-5643-5636-1	TB12	工程力学	张超平 主编	16	2017.09
978-7-5643-5734-4	J5	民间实用美术	郭建原 编著	16	2017.09
978-7-5643-5753-5	U418.3	大型养路机械设备与运用	李德福 主编	16	2017.09
978-7-5643-5772-6	K296.4	瓦乡人传统文化当代变迁研究	田光辉 著	16	2017.09
978-7-5643-5763-4	Q948.526.43	张家界本土植物资源及利用	秦位强 编著	16	2017.09
978-7-5643-5761-0	F713.851	影视广告实务	唐英 余庆华 主编	16	2017.09
978-7-5643-5722-1	TU473.1-65	四川省载体桩施工工艺规程	四川建筑职业技术学院 主编	32	2017.09
978-7-5643-5767-2	G634	凉山薪火教育·物理（八年级上）	贾凤祎 主编	16	2017.09
978-7-5643-5756-6	G634	凉山薪火教育·英语（七年级上）	张尔云 主编	16	2017.09
978-7-5643-5746-7	G634	凉山薪火教育·英语（八年级上）	张尔云 主编	16	2017.09
978-7-5643-5757-3	G634	凉山薪火教育·英语（九年级上）	冯琴 主编	16	2017.09
978-7-5643-5745-0	G624	凉山薪火教育·数学（六年级上）	蒋丽华 孙向云 主编	16	2017.09
978-7-5643-5725-2	G624.503	凉山薪火教育·数学（四年级上）	汤晓鹭 孙向云 主编	16	2017.09
978-7-5643-5750-4	G634	凉山薪火教育·物理（九年级上）	贾凤祎 主编	16	2017.09
978-7-5643-5749-8	G624	凉山薪火教育·数学（五年级上）	朱真龙 孙向云 主编	16	2017.09
978-7-5643-5791-7	G634	凉山薪火教育·数学（九年级上）	何良仆 主编	16	2017.09
978-7-5643-5754-2	G624	凉山薪火教育·语文（四年级上）	张萍 主编	16	2017.09
978-7-5643-5743-6	G624	凉山薪火教育·语文（五年级上）	袁姣 主编	16	2017.09
978-7-5643-5755-9	G624	凉山薪火教育·语文（六年级上）	郑又玲 主编	16	2017.09
978-7-5643-5737-5	G634	凉山薪火教育·语文（七年级上）	吴边 主编	16	2017.09
978-7-5643-5739-9	G634	凉山薪火教育·语文（八年级上）	郭飞 主编	16	2017.09
978-7-5643-5741-2	G634	凉山薪火教育·语文（九年级上）	李雪 主编	16	2017.09
978-7-5643-5747-4	G634	凉山薪火教育·政治（七年级上）	刘林 宋玲 主编	16	2017.09
978-7-5643-5730-6	G634.203	凉山薪火教育·政治（九年级上）	宋玲 刘林 主编	16	2017.09
978-7-5643-5443-5	G645.1	美育视野下的高校辅导员角色示范研究	秦玉国 著	16	2017.09

续表

ISBN	分 类	书 名	作 者	开本	出版时间
978-7-5643-5773-3	S852.6；S852.4	兽医微生物学及免疫学	王国栋 杜磊 冯晓敏 主编	16	2017.09
978-7-5643-5524-1	S855	家畜传染病学	王国栋 章四新 冯东亚 主编	16	2017.09
978-7-5643-5656-9	U445	桥涵施工技术	杨万忠 张燕 主编	16	2017.09
978-7-5643-5655-2	U445	《桥涵工程施工》工作页	杨万忠 郭瑞东 刘新翠 主编	16	2017.09
978-7-5643-5759-7	U294	铁路普通货物运输学生工作页	张晓玲 原方方 主编	16	2017.09
978-7-5643-5709-2	R473.71	妇产科护理学学习指导	张玉明 刘芳 主编	16	2017.09
978-7-5643-5708-5	R473.72	儿科护理学学习指导	李代强 肖伟 主编	16	2017.09
978-7-5643-5744-3	TN913.3	通信线路工程施工管理与监理	田绍川 梁卫华 主编	16	2017.09
978-7-5643-5785-6	G634	凉山薪火教育·数学（七年级上）	何良仆 主编	16	2017.09
978-7-5643-5799-3	G634	凉山薪火教育·数学（八年级上）	何良仆 主编	16	2017.09
978-7-5643-5797-9	G4-53	当代教育(2017)第 3 册	王家洋 主编	16	2017.09
978-7-5643-5783-2	F241.4-39	互联网创业管理	苗苗 刘鑫 黄晓波 宾勇刚 主编	16	2017.09
978-7-5643-5801-3	G444	大学生心理健康成长导航	丁志强 主编	16	2017.09
978-7-5643-5776-4	R459.7	现场急救与突发事故处理	李春梅 张钰华 张惠娟 编著	16	2017.09
978-7-5643-5650-7	TU201.4	BIM 工程概论	袁翱 主编	16	2017.09
978-7-5643-5817-4	U239.5	城市轨道交通运营组织与管理实习实践教程	王志强 主编	16	2017.09
978-7-5643-5814-3	TH126-44	机械制图习题集（第二版）	汪勇 王和顺 主编	8	2017.09
978-7-5643-5718-4	K297.1-53；K872.71-53	蜀學（第十三輯）	西华大学 四川省人民政府文史研究馆 蜀学研究中心 主办	16	2017.09
978-7-5643-5784-9	F532.9	铁路货物运输发展演化机理研究	王宇 著	16	2017.09
978-7-5643-5788-7	U459.9	基于结构可靠性理论的黄土隧道结构设计及工程应用研究	牛泽林 著	16	2017.09
978-7-5643-5802-0	B834.3	职业形象塑造实训教程	邸玲 主编	16	2017.09
978-7-5643-5368-1	G647.38	创新创业案例研究——以艺术设计公司为背景	赵恒 李采 舒杨 著	16	2017.09
978-7-5643-5793-1	I217.1	文苑新葩	邓国军 刘华俊 主编	16	2017.09
978-7-5643-5796-2	U239.5	城市轨道交通运营组织与管理	罗钦 主编	16	2017.09
978-7-5643-5244-8	G633.302	初中语文微问题解决 100 例	李德树 丁瑞根 卿平海 主编	16	2017.09
978-7-5643-5666-8	U239.5	城市轨道交通运营信号基础	徐纪康 赵晓峰 周艳丽 主编	16	2017.09
978-7-5643-5694-1	J121	郃光忠艺术设计作品集	郃光忠 编著	16	2017.09
978-7-5643-5758-0	G718.3	卫校达人养成攻略	黄婷婷 戴晓雪 唐宏彬 主编	16	2017.09
978-7-5643-5779-5	F713.80	川渝地区户外广告语言使用现状调查与研究	王浩 代晓冬 著	16	2017.09
978-7-5643-5675-0	U239.5	城市轨道交通运营设备	张发庆 主编	16	2017.09
978-7-5643-5806-8	O6-3	实用综合化学实验	邹勇 胡秀虹 主编	16	2017.09
978-7-5643-5795-5	TU57	丙烯酸盐喷膜防水工程构造——建筑及市政工程	中国建筑西南设计研究院有限公司 主编	16	2017.09

续表

ISBN	分　类	书　名	作　者	开本	出版时间
978-7-5643-5794-8	TS973.5	手工布艺玩偶基础	刘建兰　张逸柳　王珊　编著	16	2017.09
978-7-5643-5781-8	G718.5	现代职教体系视角下高职集团化发展创新研究	梁俊　著	16	2017.09
978-7-5643-5472-5	TP316.7；TP317.1	大学计算机基础——汉藏双语案例式教程（Windows7+Office2010）	高定国　普布旦增　高红梅　仁青诺布　编著	16	2017.09
978-7-5643-5803-7	G711	高职院校思想政治理论课“三维课堂”立体化建设研究	姜友维　编著	16	2017.09
978-7-5643-5701-6	U442.5	桥梁总体设计构思	张师定　著	16	2017.09
978-7-5643-5553-1	U239.5	轨道维护员	宁波市轨道交通集团有限公司运营分公司　编	16	2017.09
978-7-5643-5523-4	U239.5	综合监控系统（ISCS）与电力监控系统（SCADA）维护员	宁波市轨道交通集团有限公司运营分公司　编	16	2017.09
978-7-5643-5532-6	U293.22	核对员	宁波市轨道交通集团有限公司运营分公司　编	16	2017.09
978-7-5643-5555-5	U293.22	自动售检票系统（AFC）中央系统维护员	宁波市轨道交通集团有限公司运营分公司　编	16	2017.09
978-7-5643-5540-1	TU998.13；X83	火灾报警系统（FAS）与环境监控系统（BAS）维护员	宁波市轨道交通集团有限公司运营分公司　编	16	2017.09
978-7-5643-5550-0	U239.5	环控维修员	宁波市轨道交通集团有限公司运营分公司　编	16	2017.09
978-7-5643-5496-1	U239.5	值班站长	宁波市轨道交通集团有限公司运营分公司　编	16	2017.09
978-7-5643-5551-7	U239.5	值班员	宁波市轨道交通集团有限公司运营分公司　编	16	2017.09
978-7-5643-5497-8	TU228	安全门维护员	宁波市轨道交通集团有限公司运营分公司　编	16	2017.09
978-7-5643-5568-5	U239.5	接触网维护员	宁波市轨道交通集团有限公司运营分公司　编	16	2017.09
978-7-5643-5530-2	U279.3	电客车维修员	宁波市轨道交通集团有限公司运营分公司　编	16	2017.09
978-7-5643-5560-9	U469.6	工程车维修员	宁波市轨道交通集团有限公司运营分公司　编	16	2017.09
978-7-5643-5723-8	TS235.2	马铃薯淀粉加工工艺与检测技术	巩发永　李凤林　彭徐　编著	16	2017.09
978-7-5643-5782-5	D219	踏上崇高的信仰之路——新编高等学校党课培训教程	喻洪麟　奚正新　主编	16	2017.09
978-7-5643-5554-8	TU96	给排水维修员	宁波市轨道交通集团有限公司运营分公司　编	16	2017.09
978-7-5643-5789-4	U418.5	山区高速公路病害成因及处治技术	朱红兴　魏家旭　刘坤珏　杨斌　著	16	2017.09
978-7-5643-5727-6	TM；TN	电工电子实验及课程设计	傅钦翠　张冬波　主编	16	2017.09
978-7-5643-5800-6	U2	铁路运输设备（第2版）	李海军　主编	16	2017.09
978-7-5643-5548-7	U239.5	通信维护员	宁波市轨道交通集团有限公司运营分公司　编	16	2017.09
978-7-5643-5778-8	G807	学校体育文化节的构建与传播	顾春先　等著	16	2017.09
978-7-5643-5813-6	TU375	新型钢—混凝土组合结构抗震性能研究与基本力学性能分析	刘阳冰　杨庆年　王爽　著	16	2017.09
978-7-5643-5798-6	G206.2-53	贵州传媒教育改革	娄立原　吴俊　主编	16	2017.09
978-7-5643-5653-8	B223.15	《老子》基础	周祖庠　讲疏	16	2017.10
978-7-5643-5775-7	TM；TN	电工电子实训教程(第2版)	高家利　杨渠　汪科　主编	16	2017.10

续表

ISBN	分　类	书　名	作　者	开本	出版时间
978-7-5643-5630-9	TP311.5	网构软件可靠性技术研究	张靖　著	16	2017.10
978-7-5643-5807-5	G639.2	基础教育本质新论	查建华　于海洪　著	16	2017.10
978-7-5643-5868-6	O141.4-53	数学建模优秀论文精选	袁俭　王璐　蒲伟　主编	16	2017.10
978-7-5643-5830-3	I217.1	捡拾星湖的记忆	李天福　主编	16	2017.10
978-7-5643-5832-7	TB472	点亮银发社会的 100 个创意	西南交通大学国际老龄科学研究院课题组　编著	16	2017.10
978-7-5643-5827-3	TG659	数控系统要义	郭金基　著	16	2017.10
978-7-5643-5808-2	I217.2	点亮自己——黄健云诗文集	黄健云　著	16	2017.10
978-7-5643-5831-0	TU111-53；TU201.5-53	低能耗宜居建筑营造理论与实践——2017 全国建筑热工与节能学术会议论文集	中国建筑学会建筑物理分会建筑热工与技能委员会 中国建筑西南设计研究院有限公司 四川省绿色建筑与节能青年委员会　编	16	2017.10
978-7-5643-5810-5	G633.202	思想政治课教学中运用微格教学的理论与实践探索	张思军　主编	16	2017.10
978-7-5643-5826-6	J292.28	高远树联墨	高选树　著	12	2017.10
978-7-5643-5860-0	F592.764	对标提质背景下张家界旅游业创新发展研究	尹华光　蔡建刚　主编	16	2017.10
978-7-5643-5786-3	G451.2	教师专业发展概论	郭平　熊艳　主编	16	2017.10
978-7-5643-5856-3	G852	峨眉武术的前世今生	于铁成　著	16	2017.10
978-7-5643-5728-3	TU375.404	多层框架结构设计实训教程	李峥　主编	16	2017.10
978-7-5643-5873-0	P2-53	刘文熙教授文集	谢成枢　主编	16	2017.10
978-7-5643-5838-9	TP393.08	计算机网络安全	李芳　唐磊　张智　主编	16	2017.10
978-7-5643-5824-2	G451.2	创造型教师职前培养研究	谭小宏　侯小兵　吕林　著	16	2017.10
978-7-5643-5787-0	D63-31	第三方评估的实证理论与实证探索	马旭红　唐正繁　著	16	2017.10
978-7-5643-5829-7	TU4	土力学与地基基础	苏欣　杨继清　主编	16	2017.10
978-7-5643-5792-4	I207.22	中国古典诗词创作与鉴赏（第二版）	曾晓鹰　著	16	2017.10
978-7-5643-5641-5	U284-61	铁路信号英汉词汇	林瑜筠　曹峰　主编	16	2017.10
978-7-5643-5547-0	U239.5	信号维护员	宁波市轨道交通集团有限公司运营分公司　编	16	2017.10
978-7-5643-5556-2	U239.5	行车调度员与车场调度员	宁波市轨道交通集团有限公司运营分公司　编	16	2017.10
978-7-5643-5835-8	U238	西南山区高速铁路建设技术与实践	王明慧　编著	16	2017.10
978-7-5643-5821-1	F832.48	中国居民家庭金融资产配置：规模、结构与效率	杜朝运　丁超　著	16	2017.10
978-7-5643-5164-9	F252.14	人道物流中的快速信任研究	张怡　冯春　著	16	2017.10
978-7-5643-4476-4	TU991	城市给水排水工程	陈春光　等编著	16	2017.10
978-7-5643-5818-1	TM-33	电工技术实验与实践	王彦军　李雨欣　万增利　主编	16	2017.10
978-7-5643-5825-9	G718.5	职业院校技能人才培养要素研究	何应林　著	16	2017.10
978-7-5643-5819-8	G61	0～3 岁婴幼儿核心能力与学习进程观察量表	文颐　石贤磊　编著	16	2017.10

续表

ISBN	分 类	书 名	作 者	开本	出版时间
978-7-5643-5840-2	TP242-49	机器人（三至六年级）	马书根 苏东红 主编	16	2017.10
978-7-5643-5839-6	TP242-49	机器人（一至二年级）	马书根 苏东红 主编	16	2017.10
978-7-5643-5846-4	TU990.3-65	四川省城市综合管廊工程技术规范	四川西南交大土木工程设计有限公司 主编	32	2017.10
978-7-5643-5816-7	U293.2	铁路旅客售票市场调查与研究	荣文竽 刘迪 著	16	2017.10
978-7-5643-5823-5	H319.9	实用英语口语全突破	王惠宁 编著	16	2017.10
978-7-5643-5805-1	J904	“剧”说网络小说（IP）：改编剧发展供给侧研究	王雪梅 陈翠云 郝雯婧 著	16	2017.10
978-7-5643-5804-4	J904	“剧”说网络小说（IP）：改编剧对外传播研究	郝雯婧 王雪梅 安静 著	16	2017.10
978-7-5643-5811-2	TP332.1	FPGA 技术及应用	李翠锦 朱济宇 钱雅楠 李成勇 编著	16	2017.10
978-7-5643-5837-2	G633.302	行走在语文路上	程一凡 著	16	2017.10
978-7-5643-5822-8	G525.1	现实与跨越：甘肃农村教师生活境况的调查研究	刘文华 王茂华 著	16	2017.10
978-7-5643-5874-7	J604	四川作曲家现当代音乐创作与作品分析	陈国威 著	16	2017.10
978-7-5643-5847-1	I227	广安雅韵	李成轩 主编	32	2017.11
978-7-5643-5869-3	U293.2-44	代用票与客运杂费实务指南（列车部分）习题册	吴荣波 范先云 徐斯强 主编	16	2017.11
978-7-5643-5855-6	F426.4	智能制造的探索与实践	祝林 编著	16	2017.11
978-7-5643-5889-1	G718.5	新时期高等职业教育内涵建设研究	廖策权 刘进 著	16	2017.11
978-7-5643-5877-8	F560.6	航空公司生产组织与计划(第 2 版)	孙宏 文军 著	16	2017.11
978-7-5643-5881-5	F822.2	内生性外汇储备增长与中国外汇储备有效管理	曾红艳 著	16	2017.11
978-7-5643-5904-1	TH17	机械故障诊断与维修	谭修彦 主编	16	2017.11
978-7-5643-5906-5	J292.1	书法训练与测试教程	谢委 艾虹 主编	16	2017.11
978-7-5643-5809-9	U415.1-62	公路工程标准化施工工艺实用手册（上下册）	王成 朱红兴 魏家旭 刘昆珏 著	16	2017.11
978-7-5643-5780-1	U491	交通运输安全技术	唐智慧 牟瑞芳 左廷亮 编著	16	2017.11
978-7-5643-5820-4	G852.9；G853.126	中韩民俗体育庆典仪式研究	陶坤 著	16	2017.11
978-7-5643-5841-9	D035.2	公共部门人力资源管理	唐志红 主编	16	2017.11
978-7-5643-5790-0	O241；TP317	数值计算方法与 Matlab 程序设计	鲁祖亮 曹龙舟 李林 编著	16	2017.11
978-7-5643-5879-2	I25	我和我的学友们	夏明宇 编著	16	2017.11
978-7-5643-5815-0	G40-092.6	陶行知教育思想及其当代价值研究	龚光军 编著	16	2017.11
978-7-5643-5878-5	H0-05	认知语言学理论研究	谭爱平 著	16	2017.11
978-7-5643-5853-2	F127.714	国家精准扶贫工作成效第三方评估方法案例——以阿坝师范学院对汶川县 2017 年评估检查为例	肖幼林 何远祯 主编	16	2017.11
978-7-5643-5883-9	G40-014	大学生审美鉴赏论	彭明福 著	16	2017.11
978-7-5643-5859-4	U491	城市路桥安全应急管理	重庆市城市建设投资（集团）有限公司 重庆市城投路桥管理有限公司 编	16	2017.11

续表

ISBN	分　类	书　名	作　者	开本	出版时间
978-7-5643-5858-7	G718.5	高职院校执行力研究	马莉　编著	16	2017.11
978-7-5643-5890-7	B815	现代逻辑视域下的哲学逻辑研究	高航　著	16	2017.11
978-7-5643-5882-2	TS262.61	葡萄酒酿造与品鉴	余蕾　著	16	2017.11
978-7-5643-5886-0	G807.4；G647.9	体育与健康	温常宏　主编	16	2017.11
978-7-5643-5900-3	F113.7；F276.7	经济波动与跨国公司经营战略研究	刘军荣　郑磊　李光绪　著	16	2017.11
978-7-5643-5932-4	TU94	化学腐蚀下深部巷道围岩力学响应与安全控制	刘永胜　著	16	2017.11
978-7-5643-5888-4	B84	觉知心理学	甄青川　刘力力　著	16	2017.11
978-7-5643-5845-7	D262	基层服务型党组织建设研究	殷焕举　胡海　编著	16	2017.11
978-7-5643-5506-7	R195.1-54；C924.21-54	四川卫生和计划生育统计年鉴（2016）	四川省卫生和计划生育委员会　编	16	2017.11
978-7-5643-5834-1	I207.41	清代文言小说中的女侠形象研究	罗莹　著	16	2017.11
978-7-5643-5894-5	TP312.8	Java 程序设计教程	居锦武　王兰英　主编	16	2017.11
978-7-5643-5907-2	G623.502	小学数学教材分析与教学研究	和小军　毋翠玲　编著	16	2017.11
978-7-5643-5926-3	F127.71	四川经济活力研究	易伟　编著	16	2017.11
978-7-5643-5903-4	I712.072	威廉·卡洛斯·威廉斯早期诗歌中的印象主义 Impressionism in William Carlos Williams'Early Poetry	李慧　著	16	2017.11
978-7-5643-5913-3	R199.2-54；C924.21-54	四川卫生和计划生育年鉴 2017	《四川卫生和计划生育年鉴》编纂委员会　编	16	2017.11
978-7-5643-5941-6	J613.1	视唱练耳实战强化训练	文艺元　叶卫国　主编	16	2017.11
978-7-5643-5930-0	G634.413	高中英语精练详析（高三版上篇）	王延华　主编	16	2017.11
978-7-5643-5885-3	O415.5	复杂系统的动力学分析与同步控制	李德奎　编著	16	2017.11
978-7-5643-5777-1	TP391.98	Vega Prime 开发与仿真应用	王文恽　王文双　侯学隆　李春洪　晋玉强　著	16	2017.11
978-7-5643-5902-7	J121	艺脉相通——李柏山文学绘画设计作品集	李柏山　著	16	2017.11
978-7-5643-5939-3	U284.48	200C 型车载设备故障数据案例分析	张丽　编著	16	2017.11
978-7-5643-5933-1	J825.52	高密茂腔研究	单晓杰　著	32	2017.11
978-7-5643-5944-7	B84	高校心理学课程教学方法改革实践与理论探索	张海钟　编著	16	2017.11
978-7-5643-5908-9	S68	洞庭湖区园林植物资源研究	向国红　吴志明　著	16	2017.12
978-7-5643-5929-4	F127	基于资源产业集群视角的区域创新能力研究	杜心灵　著	16	2017.12
978-7-5643-5891-4	F124.5	资源优化配置论	刘定祥　刘悦　著	16	2017.12
978-7-5643-5880-8	K872.713.2	达州珍档	达州市档案馆　编	16	2017.12
978-7-5643-5916-4	U459.91	西南山区煤与瓦斯突出隧道施工技术	王明慧　张忠爱　编著	16	2017.12
978-7-5643-5611-8	B84-49	心理学	赵燕　主编	16	2017.12
978-7-5643-5851-8	U293.2	自动检售票系统（AFC）检修工	成都地铁运营有限公司　编	16	2017.12
978-7-5643-5852-5	U239.5	车辆检修工	成都地铁运营有限公司　编	16	2017.12
978-7-5643-5854-9	TP23	自动化检修工	成都地铁运营有限公司　编	16	2017.12

续表

ISBN	分　类	书　名	作　者	开本	出版时间
978-7-5643-5862-4	U239.5	综合监控检修工	成都地铁运营有限公司　编	16	2017.12
978-7-5643-5934-8	F284	巨项目组织联盟合作协调机制研究	晏永刚　著	16	2017.12
978-7-5643-5866-2	U239.5	站务员	成都地铁运营有限公司　编	16	2017.12
978-7-5643-5872-3	U284.92	信号检修工	成都地铁运营有限公司　编	16	2017.12
978-7-5643-5864-8	U239.5	供电综合工	成都地铁运营有限公司　编	16	2017.12
978-7-5643-5940-9	U260.37	机车免调试精密撒砂阀研制	张俊峰　著	16	2017.12
978-7-5643-5871-6	U293.6	值班员	成都地铁运营有限公司　编	16	2017.12
978-7-5643-5946-1	I251	我的高考 我的大学——遵义师专一九七七级中文班高考四十年纪念文集	周帆　金泽坤　彭一三　主编	16	2017.12
978-7-5643-5867-9	U239.5	通信检修工	成都地铁运营有限公司　编	16	2017.12
978-7-5643-5863-1	U239.5	行车调度员	成都地铁运营有限公司　编	16	2017.12
978-7-5643-5945-4	U292.4	路网条件下铁路列车运行方案图优化理论与方法	陈钉均　陈韬　吕苗苗　张杰　著	16	2017.12
978-7-5643-5928-7	J06	静水深流——探究台湾设计艺术	白云　著	16	2017.12
978-7-5643-5910-2	U239.5	电客车司机	成都地铁运营有限公司　编	16	2017.12
978-7-5643-5842-6	J222.7	花涧幽梦——廖桂华工笔画作品集	廖桂华　著	12	2017.12
978-7-5643-5948-5	A849；G40-05	邓小平教育科技理论与实践研究	邓小平图书馆课题组　邻水经济社会发展研究会课题组　编著	16	2017.12
978-7-5643-5870-9	U231.4	站台门检修工	成都地铁运营有限公司　编	16	2017.12
978-7-5643-5981-2	X932-53	2017 中国工程建设标准化协会防火防爆专业委员会第六届学术交流会论文集	中国工程建设标准化协会防爆专业委员会　主编	16	2017.12
978-7-5643-5952-2	G718.5	高职院校专业建设创新研究	徐友辉　张凯　编著	16	2017.12
978-7-5643-5953-9	G719.2	职业能力培养学校创立与运营研究	舒文　著	16	2017.12
978-7-5643-5982-9	U239.5	跨座式单轨交通供电系统	吴新安　贺观　主编	16	2017.12
978-7-5643-5968-3	TP311.13	面向动态数据高效属性约简算法研究	景运革　著	16	2017.12
978-7-5643-5955-3	H319.3	慕课与高校英语学习方式研究	郑立　姜桂桂　著	16	2017.12
978-7-5643-5935-5	TN911.23	时空域脉搏信号检测方法研究	杨力铭　著	16	2017.12
978-7-5643-5976-8	G4-53	当代教育（2017）第 4 册	王家洋　主编	16	2017.12
978-7-5643-5949-2	F127.719；F812.771.9	区域发展与财政政策研究——以重庆为例	何佳晓　著	16	2017.12
978-7-5643-5974-4	S511.041	水稻种衣剂应用与研究	胡一鸿　汤健良　张浩　尹洛毅　著	16	2017.12

（八）2017年度重要文件索引

序号	文　号	文件标题
1	西交党〔2017〕4 号	关于同意中共西南交通大学材料科学与工程学院委员会和纪律检查委员会组成的批复
2	西交党〔2017〕5 号	关于同意中共西南交通大学物理科学与技术学院委员会和纪律检查委员会组成的批复

续表

序号	文　号	文件标题
3	西交党〔2017〕6号	关于同意中共西南交通大学土木工程学院委员会和纪律检查委员会组成的批复
4	西交党〔2017〕8号	关于同意中共西南交通大学生命科学与工程学院纪律检查委员会组成的批复
5	西交党〔2017〕9号	中共西南交通大学委员会关于2017年党委中心组学习的安排意见
6	西交党〔2017〕13号	中共西南交通大学委员会关于开展2015—2017年“创先争优”评选表彰的通知
7	西交党〔2017〕15号	中共西南交通大学委员会基层党组织党建工作考核办法（修订）
8	西交党〔2017〕16号	关于同意增补中共成都西南交通大学产业（集团）有限公司委员会委员的批复
9	西交党〔2017〕17号	中共西南交通大学委员会关于推进“两学一做”学习教育常态化制度化实施方案
10	西交党〔2017〕20号	关于印发《西南交通大学保密委员会2017年工作要点》和《西南交通大学保密委员会2016年工作总结》的通知
11	西交党〔2017〕21号	关于表彰2016年度保密工作先进集体和先进个人的决定
12	西交党〔2017〕22号	中共西南交通大学委员会关于印发《西南交通大学校内二级单位党政联席会议议事规则》的通知
13	西交党〔2017〕23号	关于印发《中共西南交通大学委员会关于中层领导班子和领导干部年度考核办法》的通知
14	西交党〔2017〕24号	中共西南交通大学委员会关于印发《西南交通大学调研员管理暂行办法（修订）》的通知
15	西交党〔2017〕25号	中共西南交通大学委员会关于表彰2015-2017年先进基层党组织、“十佳”先进党支部、“十佳”优秀共产党员、先进党支部（党小组）、优秀共产党员和优秀党务工作者的决定
16	西交党〔2017〕26号	中共西南交通大学委员会关于印发《西南交通大学领导干部兼职管理办法（试行）》的通知
17	西交党〔2017〕27号	中共西南交通大学委员会关于印发《西南交通大学加强教师思想政治工作和师德师风建设实施细则（试行）》的通知
18	西交党〔2017〕28号	中共西南交通大学委员会 中共西南交通大学纪律检查委员会关于对照中管高校巡视发现的问题 结合学校实际进行专项整改工作的通知
19	西交党〔2017〕31号	关于印发《中共西南交通大学委员会关于进一步加强和改进离退休人员工作的意见》的通知
20	西交党〔2017〕33号	中共西南交通大学委员会关于印发《西南交通大学举办形势报告会和哲学社会科学报告会、研讨会、讲座、论坛及读书会、学术沙龙管理办法》等三个文件的通知
21	西交党〔2017〕32号	中共西南交通大学委员会关于印发《西南交通大学共青团改革实施方案》的通知
22	西交党〔2017〕36号	关于成立中共西南交通大学后勤与基建管理处委员会的通知
23	西交党〔2017〕39号	中共西南交通大学委员会关于学习宣传贯彻党的十九大精神的通知
24	西交党〔2017〕40号	中共西南交通大学委员会关于印发《西南交通大学科职干部岗位聘任管理办法（修订）》的通知
25	西交党〔2017〕44号	关于同意中共西南交通大学利兹学院直属支部委员会委员候选人的批复
26	西交党〔2017〕45号	关于同意增补中共西南交通大学机关纪律检查委员会委员的批复
27	西交党〔2017〕46号	中共西南交通大学委员会关于印发《中共西南交通大学委员会二级党组织委员会议议事决策规则》的通知

续表

序号	文　号	文件标题
28	西交党〔2017〕47号	中共西南交通大学委员会关于印发《中共西南交通大学委员会教职工党支部工作条例》的通知
29	西交党〔2017〕48号	中共西南交通大学委员会关于同意共青团西南交通大学第二十二届委员会候选人的批复
30	西交党〔2017〕49号	中共西南交通大学委员会关于同意增补中共西南交通大学后勤与基建管理处纪律检查委员会委员的批复
31	西交党〔2017〕51号	中共西南交通大学委员会关于转发《高校思想政治工作质量提升工程实施纲要》的通知
32	西交党〔2017〕52号	中共西南交通大学委员会关于成立中国共产党西南交通大学竺可桢书院总支部委员会的通知
33	西交党〔2017〕53号	中共西南交通大学委员会关于印发《西南交通大学辅导员队伍建设规定》的通知
34	西交校〔2017〕1号	西南交通大学关于印发《西南交通大学安全生产工作责任追究实施办法（试行）》的通知
35	西交校〔2017〕3号	西南交通大学关于印发《西南交通大学2017年工作要点》和《西南交通大学2016年工作总结》的通知
36	西交校〔2017〕4号	西南交通大学关于印发《西南交通大学外事接待管理办法》的通知
37	西交校〔2017〕5号	西南交通大学关于2016—2017学年第二学期暑假、2017—2018学年第一学期寒假及新学期开学时间的通知
38	西交校〔2017〕6号	西南交通大学关于印发《西南交通大学-利兹学院学籍管理规定》等文件的通知
39	西交校〔2017〕9号	西南交通大学关于聘任2017届校友工作班级理事的决定
40	西交校〔2017〕10号	西南交通大学关于印发《西南交通大学第二、三课堂建设实施办法的通知（试行）》
41	西交校〔2017〕11号	西南交通大学关于印发《西南交通大学网络与信息安全管理办法（试行）》的通知
42	西交校〔2017〕12号	西南交通大学关于印发《西南交通大学信息化建设管理办法（试行）》的通知
43	西交校〔2017〕13号	西南交通大学关于印发《西南交通大学法律事务管理办法（试行）》、《西南交通大学合同管理办法（试行）》的通知
44	西交校〔2017〕14号	西南交通大学关于印发《西南交通大学体育工作建设实施办法(试行）》的通知
45	西交校〔2017〕15号	西南交通大学关于印发《西南交通大学教职工“阳光体育运动”工作方案》的通知
46	西交校〔2017〕20号	西南交通大学关于印发《西南交通大学贯彻落实<关于深化高等教育领域简政放权放管结合优化服务改革的若干意见>强化监管优化服务实施办法（试行）》的通知
47	西交校〔2017〕26号	西南交通大学关于公布第八届青年教师教学竞赛获奖名单的通知

（九）2017年度新闻媒体报道西南交通大学的主要消息索引

平面媒体				
序号	标　题	发表日期	媒　体	作　者
1	70余位大学校长聚焦“双一流”大学建设	2017.01.20	人民日报	史一棋
2	贯彻国家重大战略决策部署——“双一流”有了实施路径	2017.02.16	人民日报	赵婀娜

续表

平面媒体				
序号	标题	发表日期	媒体	作者
3	四川动能转换转出加速度	2017.03.06	人民日报	董世梅　陈　岩
4	科研创新应瞄准国家需求	2017.07.20	人民日报	王顺洪
5	从3年转化7项专利到1年成立8家公司 一所高校的“小岗村试验”	2017.09.05	人民日报	刘裕国　王明峰　梁小琴
6	幸福感源自祖国——科技攻坚 中国高铁技术领军人物翟婉明	2017.10.01	人民日报	宋豪新
7	Province focused on transforming research into profit	2017.05.23	China Daily	Zhuan Ti
8	Sichuan's innovation-driven projects are booming	2017.10.19	China Daily	Li You
9	一辈子都在寻找更好的超导材料——记国家最高科技奖得主赵忠贤	2017.01.10	光明日报	詹　媛
10	学人小传：茅以升	2017.02.13	光明日报	
11	西南交大供给侧发力提高就业质量	2017.02.15	光明日报	李晓东
12	四川：以产权分享促科技成果转化	2017.05.24	光明日报	李晓东
13	高校院所科技成果不妨“先确权、后转化”	2017.06.08	光明日报	谢商华
14	用90分钟与青年学子“同频共振”——西南交通大学校领导集体讲授思政课	2017.06.27	光明日报	乔真真　李晓东
15	运用磁悬浮技术是未来高铁的发展方向	2017.09.04	光明日报	李晓东
16	办好轨道交通领域的高水平特色大学——访西南交通大学党委书记王顺洪	2017.09.08	光明日报	李晓东
17	中国“超级高铁”何时梦想成真	2017.09.11	光明日报	詹　媛
18	西南交通大学教授戴虹：开在雪域高原的格桑花	2017.09.12	光明日报	李晓东　冯　帆
19	书写“一带一路”和中国高铁新征程	2017.09.28	光明日报	忻雁翔
20	第五届中国高铁走出去战略高峰论坛在蓉举行 让中国高铁为世界人民服务	2017.12.09	光明日报	李晓东
21	寄语·2017	2017.01.03	中国科学报	
22	朱铃：潜心问道 以德施教	2017.01.10	中国科学报	蔡京君　石　钰　于洋洋
23	重振丝路雄风 再创丝路辉煌——第四届中国高铁“走出去”战略高峰论坛发言摘登	2017.01.24	中国科学报	陈　彬　王之康 阚凤云　赵　鹏
24	创业教育“过火”了吗	2017.03.14	中国科学报	许金砖　陈丝丝
25	科技成果凭什么实现“三级跳”	2017.04.17	中国科学报	韩　锋　曹文翰
26	西南交通大学：培养大师风范的一流建设者	2017.05.09	中国科学报	王顺洪
27	工程流体力学家康振黄：让生命之花灿烂	2017.06.12	中国科学报	蔡京君
28	王顺洪：行业特色大学建设应有中国特色	2017.08.08	中国科学报	王顺洪
29	西南交通大学：发现埃级别狭缝中离子的传输机理	2017.10.31	中国科学报	王义桅
30	读懂高铁开启的中国外交3.0时代	2017.11.10	中国科学报	温才妃

续表

平面媒体				
序号	标　题	发表日期	媒　体	作　者
31	海外经历 职称评审“硬杠杠”？	2017.11.28	中国科学报	陈　彬　温才妃　王之康　黄　辛　许　悦
32	大学校长们眼中的2017年	2017.12.12	中国科学报	陈　彬　温才妃　王之康　黄　辛　许　悦
33	从未停止的磁悬浮	2017.12.28	中国科学报	汪启明　才　颖
34	中国高铁：新名片的喜与忧	2017.12.28	中国科学报	武欣中
35	汉语文献方言学及研究再思	2017.02.07	中国社会科学报	朱娟娟　谢　洋
36	“我拿到了最中意的大奖”	2017.01.09	中国青年报	武欣中
37	好校长是一种稀缺资源——2016年“学生喜爱的大学校长”颁奖大会侧记	2017.01.09	中国青年报	章　正
38	“自强之星”效应：响当当的品牌 硬邦邦的事迹	2017.03.30	中国青年报	章　正
39	西南交通大学校长徐飞：媒体融合 三横一竖方为王	2017.06.05	中国青年报	徐　飞
40	媒体融合：三横一竖方为王	2017.06.05	中国青年报	李师荀
41	西南交通大学：新媒体联盟促进校园媒体改革	2017.06.06	中国青年报	范　雪
42	30余所高校师生齐聚西南交通大学论剑——融合时代的校园媒体何去何从	2017.06.06	中国青年报	朱　炜　郑　源
43	西南交大新媒体让思政工作“活”起来	2017.08.07	中国青年报	倪　秀　杜　蕾
44	在青藏高原画出最美弧线——记西南交通大学材料科学与工程学院教授戴虹	2017.04.06	中国教育报	倪　秀
45	成都天府新区西南交大研究院落成	2017.04.08	中国教育报	鲁　磊
46	西南交通大学以“学”为中心强化本科生教育，夯实“双一流”之基	2017.04.15	中国教育报	鲁　磊
47	西南交大校领导班子集体走上思政课讲台	2017.05.30	中国教育报	刘　磊
48	把十九大精神带回“家”	2017.11.20	中国教育报	
49	院士进宿舍宣讲十九大	2017.11.30	中国教育报	
50	新能源空铁：立体交通生力军	2017.02.17	中国交通报	朱姜郦　任雪梅
51	罗霞代表建议：加快川藏高速公路 通道建设	2017.03.15	中国交通报	卢　锐
52	综合交通大数据国家实验室成立	2017.03.29	中国交通报	闻　欣
53	综合交通大数据国家实验室成立	2017.03.30	中国交通报	闻　欣
54	让高温超导磁浮列车更快更安全	2017.05.10	中国交通报	赵　勇
55	王平：“顶天立地”护佑高铁平稳	2017.06.20	中国交通报	夏小童　于　洋　徐　斐
56	悬索桥的前世今生	2017.07.13	中国交通报	李亚东
57	中外专家学者探讨轨道交通科技发展	2017.07.25	中国交通报	夏小童　蔡京君
58	跳出交通看交通 立足全局谋发展	2017.12.19	中国交通报	杨　飞

续表

平面媒体				
序号	标　题	发表日期	媒　体	作　者
59	全国人大代表罗霞：治气不能忽视理论科学研究	2017.03.14	中国环境报	刘晓星
60	国家中心城市建设的航空步伐	2017.03.13	中国民航报	王　芳
61	“西南交大九条”：打破科技成果转化的坚冰，探索职务科技成果所有权改革	2017.02.22	中国知识产权报	王　康　徐子航
62	西南交通大学校长徐飞访美谈高铁	2017.09.22	世界日报	Wayne 梁
63	严金秀：隧道攻坚的女专家	2017.03.08	经济日报	齐　慧
64	成都积极参与全球资源整合和竞争	2017.03.16	经济日报	刘　畅
65	高科技接地气　点亮“医食住行”	2017.01.10	科技日报	唐　婷　付丽丽
66	王平：高速铁路轨道平顺稳定筑梦者	2017.01.20	科技日报	李　杰
67	四川：单位将不再独占职务科技成果产权	2017.01.24	科技日报	盛　利
68	科学家创业成少败多，问题出在哪儿	2017.03.03	科技日报	王延斌
69	《专利法》能否对职务科技成果混合所有制“放行”？	2017.03.04	科技日报	王延斌　盛　利
70	“下嫁寒门”，大科学工程另有妙用	2017.03.08	科技日报	王延斌
71	科技园区“同质化”竞争，没啥	2017.03.08	科技日报	王延斌
72	罗霞代表：研究雾霾成因需要联合攻关	2017.03.13	科技日报	王延斌
73	西南交大：全力支撑一带一路沿线国家人才培养	2017.04.18	科技日报	付丽丽
74	高宗余：在创新中谱绘桥梁人生	2017.05.27	科技日报	矫　阳
75	时速 4 000 km 的“超级高铁”，或是一场全球磁浮技术的“星际争霸”	2017.09.04	科技日报	俞慧友
76	他们眼中的她	2017.03.09	教育导报	杜　蕾
77	“不搞教学，大学就失去了意义”	2017.04.15	教育导报	鲁　磊
78	浓浓书香满校园　西南交大举行阅读推广高端论坛	2017.04.25	教育导报	何元凯　杜　蕾 倪　秀　吴宇婷
79	八旬院士走进学生宿舍宣讲十九大精神	2017.11.28	教育导报	
80	西南交通大学探索培养创新拔尖人才 ——32 门跨学科课程撬动学生创新思维	2017.12.02	教育导报	陈姝君
81	中国高铁凭什么领先世界	2017.03.08	学习时报	孙红林
82	中国桥梁 ：科技震撼世界	2017.11.29	学习时报	孙红林　唐　曼
83	罗霞代表：发展互联网+高效物流，着力智能物流信息系统建设	2017.03.13	现代物流报	董建伟
84	2017 西部财经掀起头脑风暴	2017.02.28	金融投资报	康　曦　吉雪娇
85	交大学子支教　用书香点燃孩子的梦	2017.06.07	工人日报	单　琴
86	“高铁新时速”告诉我们什么 ——专访西南交通大学校长徐飞	2017.09.22	解放日报	顾学文
87	西南交大经典“悦”读传承中华文化	2017.10.12	精神文明报	孙红林

续表

平面媒体				
序号	标　题	发表日期	媒　体	作　者
88	西南交通大学材料科学与工程学院黄楠：挑战血管支架介入并发症	2017.09.18	医学科学报	黄　楠
89	上海书展将推出一系列主题图书 ——用有体温的书写奏响中国旋律	2017.08.15	文汇报	李　婷
90	西南交大校长徐飞开学为“自时代”新生配送“三大件”	2017.09.01	文汇报	姜　澎
91	从“丝绸之路”到高铁飞驰，“一带一路”相关图书成出版热点	2017.09.04	文汇报	蒋楚婷
92	“自时代”大学生该如何自我修炼	2017.09.15	文汇报	徐　飞
93	去年蓉欧快铁开行数超 450 列	2017.01.05	四川日报	寇敏芳
94	四川 30 个项目获国家科技奖	2017.01.10	四川日报	熊筱伟　郭静雯 寇敏芳　卢　浩
95	西南交大教授刘成龙：搞科研别指望"岁月静好"	2017.02.04	四川日报	张守帅
96	四川的一小步，能否成为全国的一大步？	2017.03.04	四川日报	李欣忆　陈　岩　刘　佳
97	行李箱里的秘密	2017.03.04	四川日报	李欣忆
98	运用大数据技术推进精准扶贫	2017.03.05	四川日报	钟振宇
99	康凯宁：成都在新制式轨道交通上大有可为	2017.03.10	四川日报	张海明
100	带着“呼声”上会喊响民生“强音” ——基层代表、委员履职记（中）	2017.03.13	四川日报	张守帅　钟振宇　张立东
101	职务科技成果改革为何必须动所有权？	2017.03.14	四川日报	熊筱伟
102	成都探索，用实力说话	2017.03.17	四川日报	张明海
103	“项目年”抓项目 要“见成效”先解三道题	2017.03.22	四川日报	罗之飏　朱雪黎　熊筱伟
104	千余个日日夜夜 终于梦想成真 ——四川自贸试验区“诞生记”	2017.04.01	四川日报	曾小清
105	天府新区西南交大研究院落成	2017.04.06	四川日报	江芸涵
106	西南交大举办阅读推广高端论坛	2017.04.25	四川日报	张庭铭
107	省铁投集团与西南交大合作助推现代综合交通运输体系建设	2017.04.30	四川日报	王眉灵
108	翟婉明：今年川人可乘坐新能源空铁	2017.05.08	四川日报	熊筱伟
109	尹力在成都调研轨道交通产业发展时强调：全产业链推动轨道交通产业发展	2017.06.15	四川日报	胡彦殊
110	西南交通大学校长徐飞：高校要承担创新四大支撑使命	2017.06.27	四川日报	江芸涵
111	“一号工程”的四川探索——写在第五届中国(绵阳)科技城国际科技博览会开幕之际	2017.09.11	四川日报	熊筱伟　祖明远
112	“孔雀西南飞”——四川积极引进海外人才助推创新创业	2017.09.13	四川日报	谢　佼　李倩薇
113	重磅！四川 8 所高校入选国家“双一流”，快看你的学校上榜没？	2017.09.21	四川日报	阳　帆　江芸涵　刘芷菡

续表

平面媒体				
序号	标　题	发表日期	媒　体	作　者
114	成都职务科技成果混合所有制改革进程再创新——“天使前投资”助推科技成果转化	2017.09.27	四川日报	范坤鹏　冉倩婷
115	十九大时光丨四川各地干部群众积极收看党的十九大开幕直播	2017.10.18	四川日报	
116	十九大代表翟婉明：我们的目标是让中国轨道交通引领世界	2017.11.02	四川日报	江芸涵
117	我省高校掀起学习贯彻党的十九大精神热潮推动十九大精神进课堂进头脑	2017.11.12	四川日报	江芸涵　阳　帆
118	程永亮：为“中国制造”赢得尊严	2017.03.31	湖南日报	陈　薇　王　斐
119	四川一大学生为家乡创作村歌	2017.04.12	四川工人日报	单　琴
120	朗朗书声响彻校园 马尔康市中学迎来阅读+创作大赛	2017.04.26	四川工人日报	单　琴
121	支教学子连续三年创作写词致高考	2017.06.10	四川工人日报	单　琴
122	分享支教心路历程 学弟学妹点赞	2017.12.06	四川工人日报	单　琴
123	6所在蓉高校获8项2016年度国家科学技术奖	2017.01.10	成都日报	王李科
124	全球五百强CEO母校排名发布 西南交大位居国内第7、全球57	2017.03.02	成都日报	周　波
125	抓好全面创新改革 要做好科技成果转化这篇大文章	2017.03.07	成都日报	王琳黎　李　霞 胡　清　王雪钰
126	罗霞：天府国际机场引导临空产业集聚发展打造“一区两片多组团”空间格局	2017.03.08	成都日报	
127	西南交大学生 获四川省翻译大赛总冠军	2017.03.16	成都日报	周　波
128	省内两大学校长“最受学生喜爱”	2017.03.16	成都日报	周　波
129	川内5所自主招生高校出台2017年自主招生简章	2017.03.23	成都日报	王李科
130	全方位开放 深入实施“蓉欧+”战略 打造“一带一路”大通道	2017.03.10	成都日报	杨　富
131	我国首个交通大数据国家实验室建成	2017.03.30	成都日报	王李科
132	我国首个交通大数据国家实验室建成	2017.04.01	成都日报	王李科
133	你的未来将如夏花般灿烂	2017.06.09	成都日报	王李科　赵子君
134	川内5所高校自主招生 考题重在考查学生“创新潜质”	2017.06.12	成都日报	王李科
135	轨道交通引领城市发展格局 成都“智造”打破国外垄断	2017.07.24	成都日报	温珙竹　刘金陈
136	新学期 天府文化走进“第一课”	2017.09.01	成都日报	赵子君　晨　迪 何　良　王李科
137	新时代 新思想 新目标 新征程丨我市各级各部门各单位积极关注和热议党的十九大开幕盛况	2017.10.20	成都日报	王李科
138	50名专家齐聚蓉城 共话海绵城市建设的理论与实践	2017.12.06	成都日报	王李科

续表

平面媒体				
序号	标题	发表日期	媒体	作者
139	绍兴志愿者赴海外讲述“中国故事”传递温暖	2017.08.23	绍兴日报	童　波
140	两个关键词读懂中国　再造中国	2017.09.04	天津日报	白洁莹
141	激发科研动力还需更多“确权式”创新	2017.09.08	北京日报	张　砥
142	丁绣峰会见西南交大党委常委沈火明一行	2017.06.21	唐山劳动日报	韩　冬
143	宜兴籍教授张卫华再获国家科学技术进步奖	2017.01.10	宜兴日报	王　玉
144	程永亮：为“中国制造”赢得尊严	2017.04.01	湖南日报	陈　薇　王　斐

电视媒体			
序号	标题	发表日期	媒体
1	《走遍中国》5集系列片《了不起的高铁》宣传片	2017.02.06	中央电视台
2	《了不起的高铁》第一集踏地而飞	2017.02.03	中央电视台
3	《了不起的高铁》第二集一路守护	2017.02.14	中央电视台
4	《了不起的高铁》第三集体面出行	2017.02.15	中央电视台
5	《了不起的高铁》第四集极限挑战	2017.02.16	中央电视台
6	《了不起的高铁》第五集未来高铁	2017.02.17	中央电视台
7	《新闻联播》头条再度聚焦西南交大科技制度创新	2017.05.30	中央电视台
8	《新闻联播》报道翟婉明院士回校传达十九大精神	2017.10.29	中央电视台
9	第一时间好书推荐：《纵横“一带一路”》	2017.10.03	中央电视台财经频道
10	翟婉明：让中国轨道交通引领世界	2017.10.01	四川卫视
11	不忘初心·党代表风采　翟婉明：让中国高铁引领世界	2017.05.17	四川卫视
12	四川电视台“高校思政·立德树人”专题报道西南交大辅导员于楠事迹	2017.04.17	四川电视台
13	抓创新　谋未来　引领城市持续发展	2017.05.08	成都电视台
14	抓创新　谋未来　引领城市持续发展	2017.04.17	成都电视台
15	西南交大青岛轨道交通研究院在高新区成立	2017.12.27	红岛 TV
16	西南交通大学代表团访问俄罗斯马里国立大学	2017.11.28	俄罗斯电视台

（十）2017年西南交通大学董事单位名单

序号	单位名称	加入时间
1	唐山市人民政府	1997年
2	鄂尔多斯市人民政府	2012年
3	成都市金牛区人民政府	1998年

续表

序号	单位名称	加入时间
4	成都市双流县人民政府	1996 年
5	成都市新都区人民政府	2010 年
6	成都市郫都区人民政府	2004 年
7	遂宁市大英县人民政府	2000 年
8	深圳市交通局	1997 年
9	茅以升科技教育基金会	2004 年
10	沈阳铁路局	1994 年
11	郑州铁路局	1994 年
12	北京铁路局	1994 年
13	广州铁路（集团）公司	1994 年
14	乌鲁木齐铁路局	2002 年
15	成都铁路局	1994 年
16	兰州铁路局	1995 年
17	呼和浩特铁路局	1994 年
18	哈尔滨铁路局	2004 年
19	昆明铁路局	1998 年
20	中国铁路物资总公司	1995 年
21	中国铁道科学研究院	2005 年
22	中国中铁股份有限公司	1994 年
23	中国铁建股份有限公司	1994 年
24	中铁一局集团有限公司	1994 年
25	中铁二局集团有限公司	1994 年
26	中铁三局集团有限公司	1994 年
27	中铁四局集团有限公司	1994 年
28	中铁五局集团有限公司	1994 年
29	中铁六局集团有限公司	1994 年
30	中铁丰桥桥梁有限公司	1994 年
31	中铁八局集团有限公司	2004 年
32	中铁电气化局集团有限公司	1994 年
33	中铁大桥局集团有限公司	1994 年
34	中铁隧道集团有限公司	1994 年
35	中铁十一局集团有限公司	2002 年
36	中铁十四局集团有限公司	1994 年
37	中铁十五局集团有限公司	1997 年
38	中铁十七局集团有限公司	2001 年

续表

序号	单位名称	加入时间
39	中铁二十局集团有限公司	2001 年
40	中铁二十三局集团有限公司	2004 年
41	中铁二十五局集团有限公司	2005 年
42	中国土木工程集团公司	1994 年
43	中铁建工集团有限公司	2000 年
44	中铁建大桥局集团有限公司	2014 年
45	中铁建电气化局集团有限公司	2012 年
46	中铁第一勘察设计院集团有限公司	1994 年
47	中铁二院工程集团有限责任公司	1994 年
48	铁道第三勘察设计院集团有限公司	1994 年
49	中铁第四勘察设计院集团有限公司	1994 年
50	中铁西北科学研究院有限公司	2012 年
51	中国中车股份有限公司	1994 年
52	中国中车集团株洲电力机车研究所有限公司	1999 年
53	中国中车集团资阳机车有限公司	1997 年
54	中国中车成都机车车辆公司	1997 年
55	中国中车集团眉山车辆有限公司	1994 年
56	中国中车集团四方机车车辆股份有限公司	1999 年
57	中国中车集团株洲电力机车有限公司	1999 年
58	中国中车集团唐山轨道客车有限责任公司	2012 年
59	中国中车集团太原轨道交通装备有限责任公司	1994 年
60	中国中车集团大同电力机车有限责任公司	1994 年
61	中国中车集团长春轨道客车股份有限公司	2012 年
62	中国中车集团大连机车车辆有限公司	1998 年
63	中国中车集团大连机车研究所有限公司	1998 年
64	北京地铁监理公司	1994 年
65	神华集团朔黄铁路公司	1994 年
66	成都地铁有限责任公司	2007 年
67	达成铁路有限责任公司	2000 年
68	广西建工集团有限公司	2012 年
69	云南铜业股份有限公司	2011 年
70	湘电集团有限公司	2000 年
71	西门子（中国）有限公司	1998 年
72	成都市新筑路桥机械股份有限公司	2007 年
73	四川同汇投资管理股份有限公司	2012 年

续表

序号	单位名称	加入时间
74	成都汇富投资有限公司	2012 年
75	中国智能交通系统（控股）有限公司	2010 年
76	深圳中航电脑系统工程有限公司	2011 年
77	常州长青交通股份有限公司	2011 年
78	南京瑞尔士轨道检测有限公司	2011 年
79	今创集团	2011 年
80	江苏虎甲投资有限公司	2011 年
81	四川启迪物流有限公司	2011 年
82	四川通达企业集团	2000 年
83	四川水井坊股份有限公司	1998 年
84	四川剑南春集团有限责任公司	2004 年
85	成都天台山制药有限公司	1994 年
86	四川省兴民房地产开发有限责任公司	2002 年
87	成都军蓉房地产开发有限责任公司	2004 年
88	同冠教育集团	2014 年
89	四川亘缘有限公司	2015 年
90	中国十九冶集团有限公司	2015 年
91	中电建路桥集团有限公司	2015 年
92	中铁隆工程集团有限公司	2015 年
93	神州高铁技术股份有限公司	2015 年
94	四川缘满集团	2017 年

（十一）2017年与学校签订合作协议的单位

序号	签约单位	签约时间
1	云南建设投资控股集团有限公司	2017.03
2	国家认监委研究所	2017.03
3	宜宾市人民政府	2017.04
4	四川省铁路产业投资集团公司	2017.04
5	喜洲资本管理有限公司	2017.04
6	中华职业教育社（精准扶贫毕节市专项合作协议）	2017.05
7	中华职业教育社（战略合作协议）	2017.05
8	中国联通贵州分公司	2017.05
9	中国铁建股份有限公司（联合组建“西南交大-中铁磁浮交通研究院”）	2017.06
10	中国铁建股份有限公司（磁浮技术战略合作）	2017.06

续表

序号	签约单位	签约时间
11	中国铁建股份有限公司（共建企业院士工作站）	2017.06
12	四川省金堂监狱	2017.06
13	北京全路通信信号研究设计院集团有限公司	2017.06
14	四川省国土资源厅	2017.06
15	国家基础地理信息中心	2017.07
16	西藏自治区人民政府	2017.07
17	西藏自治区教育厅	2017.07
18	西藏自治区农牧厅	2017.07
19	西藏自治区国土厅	2017.07
20	西藏自治区交通厅	2017.07
21	西藏自治区住建厅	2017.07
22	成都市新都区人民政府（战略合作协议）	2017.07
23	成都市新都区人民政府（备忘录）	2017.07
24	公安消防部队高等专科学校	2017.09
25	中国航天科工集团第三研究院	2017.09
26	烟台市人民政府	2017.10
27	四川省煤田地质局	2017.11
28	青岛海检集团有限公司	2017.11
29	新疆农业大学	2017.12